LOS DISPOSITIVOS EN LA FLOR

LOS DISPOSITIVOS EN LA FLOR

Cuba: literatura desde la revolución
selección, prólogo y epílogo
de

EDMUNDO DESNOES

con
Willi Luis

Ediciones del Norte

Primera edición 1981

©Edmundo Desnoes: prólogo, epílogo, selección, notas
©Ediciones del Norte: esta edición y las subsiguientes en español

P.O. Box A 130
Hanover, N.H.
U.S.A.

*La política está llegando a la raíz del mundo,
a los átomos,
a los electrones.*

*El cielo parece libre,
los árboles, ajenos a la historia,
la mariposa, ausente del periódico.*

*Todavía
podemos ir al mar
y pensar en los griegos,
o, tal vez, sumergirnos
en la feroz frescura del olvido.*

*Naturaleza, en suma
(aquí donde no caen bombas
todavía)
es una torre de marfil inesperada.*

*Mas no hay que preocuparse, pues ya será la última.
Los dispositivos están situados en el centro de la flor.*

"Torre de marfil"

Cintio Vitier

INDICE

no es un prólogo para cubanos   xv

I. ANTES DESDE AHORA

ALEJO CARPENTIER
La llegada de Colón   3

GUILLERMO CABRERA INFANTE
En el grabado se ve la ejecución   19

MIGUEL BARNET
El barracón   21

JOSE LEZAMA LIMA
En su interior el colegio   37

FIDEL CASTRO
Comentarios de infancia y juventud   65

LISANDRO OTERO
La situación:
   Domingo 26 de agosto de 1951   79
   10 de marzo de 1952   91

II. AHORA LA REVOLUCION

GUILLERMO CABRERA INFANTE
El ambicioso general   109

FIDEL CASTRO
    El ataque al cuartel Moncada   111
    Desde la cárcel   131

AMBROSIO FORNET
    Yo no vi na...   137

ERNESTO CHE GUEVARA
    Alegría del Pío   143
    El cachorro asesinado   147
    Lidia y Clodomira   151

CALVERT CASEY
    El regreso   155

SEVERO SARDUY
    La bomba   171

GUILLERMO CABRERA INFANTE
    Como a muchos cubanos   181

JESUS DIAZ
    El capitán   185

REINALDO ARENAS
    Mi primer desfile   193

ROBERTO FERNANDEZ RETAMAR
    El otro   205

CELIA SANCHEZ, HAYDEE SANTAMARIA
    Recuerdos   207

GUILLERMO CABRERA INFANTE
    Tenía una cara mezquina   215

NICOLAS GUILLEN
    Canta el sinsonete en el Turquino   217
    Tengo   221

III. ACCIONES

FIDEL CASTRO
   Playa Girón   225

VARIOS
   Hablan los invasores   235
   Hablan los defensores   255

NICOLAS GUILLEN
   La sangre numerosa   267

EDUARDO HERAS LEON
   Modesto   269

NORBERTO FUENTES
   El capitán descalzo   279
   Santa Juana   283
   La Yegua   287
   Para la noche   289

LUIS ROGELIO NOGUERAS
   Si muero mañana...   293

IV. CAMBIOS

ALEJO CARPENTIER
   Los convidados de plata   331

ANTONIO BENITEZ ROJO
   Estatuas sepultadas   351

H. ZUMBADO
   Solicitud personal   365

ROBERTO FERNANDEZ RETAMAR
   Con las mismas manos   371

MANUEL PEREIRA
   El Comandante Veneno   375

NELSON HERRERA
   Como una canción de amor   389

NANCY MOREJON
   Mujer negra   393

V. OBSESIONES

GUILLERMO CABRERA INFANTE
   Salieron las amas de casa...   397

HUMBERTO ARENAL
   Cerdos o perros adiestrados para encontrar trufas   399

JESUS DIAZ
   Amor, La Plata Alta   413

NICOLAS GUILLEN
   Digo que yo no soy un hombre puro   419

CALVERT CASEY
   La ejecución   421

EDMUNDO DESNOES
   Aquí me pongo   435

VI. CANCIONES

SILVIO RODRIGUEZ
   Playa Girón   457
   La vergüenza   459
   Días y flores   460

PABLO MILANES
   La vida no vale nada   463
   Para vivir   465

NOEL NICOLA
    Comienzo el día   467
    María del Carmen   469

VII. CONTRADICCIONES

HEBERTO PADILLA
    En tiempos difíciles   475
    El discurso del método   477
    Los poetas cubanos ya no sueñan   478
    Sobre los héroes   479
    Mis amigos no deberían exigirme   480
    Poética   481
    Fuera del juego   482
    Instrucciones para ingresar en una nueva sociedad   484
    El hombre que devora los periódicos de nuestros días   485
    No fue un poeta del porvenir   486

CINTIO VITIER
    Torre de marfil   489
    Consignas   490
    El aire, aquí   491
    Escasez   492
    Compromiso   493
    Cántico nuevo   494
    Estamos   496
    Ante el retrato de Guevara yacente   498
    No me pidas   499
    Clodomira   500

VIII. VISIONES

FIDEL CASTRO
    Angola y el internacionalismo cubano   503

ERNESTO CHE GUEVARA
    Diario de Bolivia   511
    El hombre nuevo   525

Epílogo para intelectuales   533

Bibliografía   553

NO ES UN PROLOGO PARA CUBANOS

Mi antología nace de una suerte de irritación y de arrogancia.
Irritación frente a la imagen distorsionada, persistente, de la revolución cubana. Distorsión a veces deliberada, otras producto de la ignorancia o del descuido. Muchos han capitalizado a partir de la resonancia mundial del mito de David a sólo noventa millas de Goliat. Son los pequeños mercachifles del mundo literario. Los de siempre.
La ignorancia engendra sus antologías después de una visita fugaz a La Habana, entrevistas con varios intelectuales, oficiales o marginados, lecturas apresuradas de textos recogidos al azar o sometidos por los escritores que acosan a cualquiera que asuma ese súbito y mediocre poder de convertir manuscritos en libros.
Punto y aparte merecen los prejuicios de siempre: los que ven le revolución como el paraíso en la isla, el ideal que satisface sus frustraciones y aspiraciones utópicas; y están los que utilizan la religión, el opio de la calidad estética para huir de la turbia, luminosa, apasionada y decisiva influencia de una revolución radical que trastoca todos los valores, presupuestos y diques de propiedad -al poseer y al escribir.
La revolución, en la mayoría de las antologías que he consultado, se convierte así en una mercancia literaria, la visión de una utopía social, el infierno de la historia, la pesadilla de la historia que tanto aspiraba James Joyce a vencer en una vigilia libre de las contingencias del tiempo, salvada por una voluntad estética que pretende la imposible imparcialidad del artista que se limpia las uñas —y hoy en día goza— mientras el mundo arde y se autoconsume.
No pretendo estar por encima de las contaminaciones de vivir dentro y fuera de la revolución. Sea por los años, por el conocimiento intenso de ambos mundos. Soy víctima también de la utopía, del paraíso recobrado y del infierno de la revolución. Una revolución que me asfixia, abraza y conforta al mismo tiempo. Como tampoco me he librado por completo de un sentimiento relativo, mágico y huidizo: la escritura como salvación.

Esa es la irritación. La arrogancia está en mi antología, en creer que puedo presentar las contradicciones, la dialéctica de la revolución cubana. Su cielo y su infierno. Desde el limbo moral del escritor.

Mi experiencia, después de dos años en Estados Unidos, hablando y contestando preguntas sobre la revolución cubana, es la experiencia de mucho ruido y pocas nueces. A veces, en medio de una charla, me he sentido el habitante de otro planeta, de otro mundo, embarcado en una empresa de ciencia-ficción política, a mil millas del contexto de las preguntas, de los presupuestos —libertad, creación, justicia— que asumimos sin preguntarnos sobre su aplicación universal.

Los presupuestos inconcientes, el contexto de la sociedad occidental —individualismo, libertad de expresión, competencia— no conducen a una armonía espiritual, como tampoco conducen a una utopía social la revolución —responsabilidad colectiva, igualdad de oportunidades, colaboración—; los valores del mundo occidental satisfacen ciertas necesidades espirituales y los valores de una revolución en el poder, del socialismo, resuelven otra serie de problemas. La relación entre individuo y sociedad sigue dependiendo, en última instancia, de la organización económica y social. Pero la forma justa y armoniosa es algo que todavía se nos escapa.

Quiero presentarles una suma de aproximaciones que nos permita ver, reconocer, la complejidad, la intensidad de un proceso revolucionario del que ningún habitante de la isla de Cuba puede sustraerse. Ni siquiera en el exilio.

II

Esta antología de literatura cubana abarca más de veinte años de la revolución cubana. Es también ambiciosa. Me propongo reunir aquí, ordenar una serie de textos que permitan al lector sentirse atravesado por una de las experiencias más creadoras y desgarradoras de la historia contemporánea. Hemingway, ese admirado enemigo, escribió al prologar una antología sobre la guerra, que sólo una revolución superaba la experiencia bélica sin la cual todo escritor padece de una manquedad irreparable. Si la guerra trastoca todo el mundo físico y nos coloca cara a cara con la muerte, una revolución trastoca no sólo la realidad física, no sólo nos enfrenta con la muerte, sino que también destruye todos nuestros valores, nuestra **weltanschauung**, *los presupuestos que casi nunca ponemos en duda y con los que salimos a la calle convencidos de que la tierra que pisamos sigue ahí.*

La conclusión no desemboca en asumir que la experiencia es intransferible, en engrosar la cortina de hierro, o de caña, de la incomunicabilidad. Es el refugio de las mujeres que afirman que ningún hombre podrá jamás comprender sus humillantes experiencias; de los negros que consideran infranqueable la barrera de las razas; de los hombres y mujeres del tercer mundo que afirman la superioridad moral de su opresión, y se niegan al diálogo. Es la solución de la impotencia romántica.

Todo obedece a la creciente desconfianza de la criatura contemporánea en la razón, en el diálogo, en la unidad posible de todos los hombres y las mujeres que actúan y piensan en el mundo. Es la crisis del humanismo que culminó en Karl Marx. Creo —porque acepto que se trata hasta cierto punto de un problema de convicción y experiencia— en la acción revolucionaria y en el diálogo. De lo contrario no me hubiera propuesto reunir los textos de Los dispositivos en la flor. *Aunque también haya padecido dudas sobre la comunicación, reticencias que venció Frank Janney, el editor de mi antología. A quien agradezco su paciencia, su estímulo, su irritación a veces, pero que creyó en este proyecto.*

Y a la revolución cubana que destruyó con la acción, el pensamiento, la emoción y el coraje mi escepticismo pequeñoburgués. Antes de 1959 creía, como Samuel Becket, "you're alive, there is no cure for that." Ahora creo, como creyó Marx, que "la humanidad siempre se propone sólo aquello que puede resolver."

III

Todos los fragmentos —sean cuentos, poemas, capítulos de novelas, canciones o testimonios— aspiran a integrar —y podemos considerar la selección arbitraria o rigurosa— una visión coral, totalizadora. Para empezar hemos violentado, sin vacilar, el concepto tradicional de literatura. Sencillamente porque las fronteras del arte han sufrido tantos cambios, tantas modificaciones formales y teóricas que nos sentimos dentro de un territorio literario más vasto.

Los textos de Fidel Castro, Ernesto Che Guevara, Haydée Santamaría o Celia Sánchez pueden haber aparecido como testimonios, discursos, cartas o entrevistas: pero son la narración de acontecimientos históricos, anécdotas personales, experiencias. Y aunque ninguno se considera o consideró específicamente un escritor —la selección del tema, de cada palabra, el ordenamiento cronológico y dramático obedece a convenciones literarias. Con excepción de El socialismo y el hombre en Cuba.

La revolución, como destrucción creadora, como reordenamiento social bajo presión, tiene la extraña virtud de ser realista, objetiva, y al mismo tiempo alucinante, personal, desmedida. Estas dos caras vertiginosas son las caras que intenta recoger esta antología.

Antes desde ahora *habla del pasado pero desde la óptica de la revolución, irradia a partir de su publicación, de su posibilidad editorial dentro del proceso cultural cubano. Desde la voz y el tono de Colón, amplificado por Alejo Carpentier, hasta las confesiones de Esteban Montejo, el negro cimarrón, al joven y astuto Miguel Barnet. Su presentación de* Canción de Rachel *podrían aplicarse por igual a Montejo: "su vida, tal como ella me la contó y tal como yo luego se la conté a ella." La revolución es el generador. Con la posible excepción del capítulo VIII de* Paradiso *de Lezama Lima, todo está teñidas por la óptica de la nueva sociedad. Y el capítulo de Lezama Lima refleja el puritanismo de cierto sector de la dirigencia revolucionaria: fue víctima de las objeciones oficiales antes de su publicación, por la grotesca erotomanía de un adolescente, y posteriormente tuvo la dudosa virtud de haber sido el único capítulo que devoró con curiosidad enfermiza la mayoría de los lectores cubanos. Cuando Fidel Castro habla de su infancia, los recuerdos fluctúan entre lo que pudo haber sido y lo que se contó a sí mismo ya absuelto por la historia.*

Ahora la revolución *contiene la visión circular, estructural de los años de lucha armada que culminaron con el triunfo de las tropas rebeldes. Incluye tanto la expresión de los participantes activos, como la visión de los escritores dentro y fuera de la revolución. El fragmento de Fidel Castro, la descripción del asalto al cuartel Moncada, de Santiago de Cuba, está tomado de* La historia me absolverá, *su vehemente alegato jurídico presentado durante su juicio por el frustrado ataque. Las cartas desde la prisión de Isla de Pinos nos descubren la intimidad de un hombre que está a punto de convertirse en el mito de sí mismo, en Fidel Castro. Las tres narraciones del Che Guevara sobre la lucha en la Sierra Maestra contra la dictadura están cargados de su visión política, su moral insobornable y su contenida ternura. Los recuerdos, trágicos y felices de Haydée Santamaría y Celia Sánchez tienen la minuciosidad secreta de lo cotidiano y la intensidad de los que arriesgaron sus vidas y sobrevivieron. Los textos de Ambrosio Fornet, Calvert Casey, Severo Sarduy, Jesús Díaz y Reinaldo Arenas recurren a diferentes técnicas narrativas, desde los ecos poderosos* *de William Faulkner hasta los recursos cartesianos de la nueva novela francesa —pero siempre unidos por el tema, los años de lucha, y separados por la repercusión y recreación personales. Y no puede faltar mi mano, mi selección personal del cuento de Calvert Casey por razones de afinidad emocional, dominada por el recuerdo de su amistad y la noticia de su suicidio en Roma varios años después de abandonar la revolución. Las viñetas de Guillermo Cabrera Infante son la cruda visión del exilado, del hombre que no puede olvidar su historia, su condición de animal territorial. Los poemas de Roberto Fernández Retamar y Nicolás Guillén se complementan: "El otro" revela su admiración, el complejo de culpa, la deuda del intelectual hacia los hombres de acción; "Canta el sinsonte en el Turquino" y "Tengo" son puro Nicolás Guillén, el canto de un hombre que ha dedicado su vida intelectual a la poesía social, y que ha captado mejor que ningún otro escritor de la isla la musicalidad, el tono y el ritmo desenfadados de la voz cubana. Lo femenino y lo masculino de la isla.*

Acciones *se justifica y explica por sí mismo. Si algo es decisivo y determinante del futuro, de la existencia misma de la revolución —es la acción. La acción y la unidad. Aunque la unidad pueda convertirse luego en una limitación, la posible represión de cualquier opinión independiente. Todo tiene su precio. La unidad es algo más que una necesidad, es la reacción natural de un pueblo que se siente amenazado desde adentro y desde afuera. Aquí enfocamos el ataque de fuerzas invasoras, respaldadas por Estados Unidos, desde ángulos diferentes. Fidel Castro describe y analiza la invasión de Playa Girón, para los cubanos, y Bahía de Cochinos para el extranjero. (Las implicaciones semánticas no son casuales. La diferencia entre una "playa" y una "bahía de cochinos" definen los puntos de vista de la confrontación. Playa Girón es el sitio de la victoria y Bahía de Cochinos el lugar profanado por la derrota.) Aquí está la voz de los invasores y la voz de los defensores— los defensores de siempre, sin los cuales ni la revolución hubiera llegado al poder ni nosotros, los escritores, hubiéramos emborronado páginas y publicado libros. Ellos, anónimos siempre, han mantenido la revolución.*

Un poema separa la agresión externa del alzamiento interno: "La sangre numerosa" de Nicolás Guillén. El poema dedicado el miliciano que escribió con sangre el nombre de Fidel —el cuerpo, el símbolo de la revolución para este humilde defensor del aeropuerto militar. Lo sugestivo del poema está en la forma, el estilo clásico, casi retórico utilizado por Guillén. Por algo escribió Marx: "La tradición de todos los muertos pesa como los Alpes sobre la conciencia de los vivos." Pesa "al crear algo que nunca había existido hasta ese momento; precisamente en épocas semejantes de crisis revolucionaria los hombres ansiosamente conjuran el espíritu del pasado para justificarse, tomando en préstamo los nombres, las consignas de batalla, inclusive el ropaje para presentar la nueva realidad histórica vestida por el prestigio de las formas del pasado y el lenguaje del pasado."

Después tenemos los concentrados cuentos de Norberto Fuentes, cuentos que presentan las miserias y la grandeza de la lucha contra los campesinos alzados, fundamentalmente pequeños propietarios, armados desde el exterior, contra el gobierno. Los cuentos de Fuentes también bebieron en una conocida fuente literaria, los bárbaros y refinados cuentos de Isaac Babel en Caballería roja. *Pero configurando los hechos y la psicología de un pueblo de tradición afro-española. Los fragmentos de* Si muero mañana..., *la novela detectivesca de Luis Rogelio Nogueras, cierran esta sección por dos razones: una cronológica, pues pertenecen a un libro premiado en 1978, y otra cultural, pues revelan un género nuevo, artificioso, surgido después de la crisis ideológica creada por el arresto de Padilla y el cambio de la política cultural que provocó la retirada, impuesta o voluntaria, de numerosos escritores marcados por el "pecado original" de haberse formado antes de la revolución y dentro de la concepción del artista como conciencia de la sociedad. Esta nueva novela de aventuras, auspiciada por el concurso literario creado por la Sección Política de las Fuerzas Armadas, cumple la función de entretener exaltando los estereotipos revolucionarios. Una literatura necesaria para consolidar los nuevos valores, pero que traslada los conflictos desde el interior de cada revolucionario a la fácil dicotomía héroe positivo/ enemigo corrompido. Luis Rogelio Nogueras es un escritor hábil, un poeta primero, y después un inventor de fábulas revolucionarias —pues describe unos Estados Unidos que desconoce pero intuye con imaginación.*

Cambios *es el encuentro entre los viejos y los nuevos valores, con la voz del narrador inclinándose siempre hacia la pujanza del nuevo ordenamiento social.* Los convidados de plata *de Alejo Carpentier es una reconstrucción dilatada, casi épica de la caída de Batista presentida desde La Habana: "Había algo cambiado, no diría yo en la atomósfera, sino en las energías secretas de la ciudad que, como ciudad al fin, tenía sus mecanismos soterrados, acaso invisibles, actuantes sobre el amasijo de casas, de palacios, de tugurios, de azoteas y columnatas, que la componían." Y no podía faltar el rebelde de bue-*

na familia que regresa de la guerra con las botas enlodadas y deja sus huellas indelebles en el limpio y pulido piso de una residencia con pretensiones aristocráticas, donde el cocinero discute con habilidad sobre la revolución francesa mientras la "nurse" descubre, ojeando las páginas de Paris-Match, *la existencia de barbudos heroicos en las montñas de la región oriental de la isla. Todo es irónico y trascendental en estos fragmentos de la novela inconclusa de Carpentier. ¿Inconclusa porque los hechos estaban demasiado próximos para su imaginación barroca, o inconclusa por la dificultad de trabajar con materiales todavía demasiado calientes, cotidianos? Carpentier, sin embargo, es el escritor cuyo mundo real maravilloso se aproxima más a la visión de los participantes que reconocen en su voz el tono grandilocuente que deseaban ver en la nueva literatura, y no la visión a ras de tierra de la mayoría de los escritores cubanos. "Estatuas sepultadas" es un cuento de intención simbólica, donde los hechos de la revolución arrinconan y destruyen a una familia burguesa que se refugia tras las frágiles rejas de su mansión señorial. Este cuento de Antonio Benítez es la fuente de* Los sobrevivientes, *filme de Tomás Gutiérrez Alea, con guión de propio Benítez, donde una familia que se aisla y en su involución pasa del capitalismo al feudalismo al esclavismo y termina en el canibalismo al rechazar el proceso histórico, al intentar detener el tiempo y recobrar el paraíso de una clase que ha perdido el control de los medios de producción. Mientras, en el poema de Fernández Retamar, las manos que construyen casas nuevas son "las mismas manos de acariciarte". Nelson Herrera, el más jóven de los escritores de esta sección, canta sin dudas ni mala conciencia, el proceso que puso fin a las barreras invisibles pero sólidas que impedían que su madre violentara los confines de la casa, saliera y contribuyera con su trabajo directo, socializado, al desarrollo de la revolución. Madre e hijo, militante del partido la primera y poeta el segundo, se reconcilian en "Como una canción de amor." Lo nuevo, sin embargo, no excluye los absurdos problemas burocráticos que motivaron "Solicitud personal" de H. Zumbado.* El capitán Veneno, *de Manuel Pereira, corresponde, por el tema, a la campaña de alfabetización, a los primeros años de la revolución, pero su ejecución es de 1977. Sus peripecias, sus juegos verbales y su desbocada imaginación crean una visión idealizada, limpia, de la turbulento y creadora campaña de alfabetización. Una nueva generación de escritores cubanos ya no tiene que buscar sus modelos en la literatura de otras lenguas y culturas; García Márquez permite a Pereira recrear la campaña en una ficción de raíces políticas y culturales.*

Obsesiones *incluye las mayores tensiones posibles entre la realidad y el deseo. La realidad se intensifica hasta convertirse en pesadilla o eyaculación. La escasez es la obsesión fundamental de los primeros textos seleccionados, desde la manifestación de las amas de casa que salen a la calle golpeando sus cazuelas en la viñeta de Cabrera Infante hasta el cuento de Humberto Arenal sobre la pareja que intenta cocinar un pescado, "un emperador así de grande", a la manera del ancien regime, con todos los ingredientes de la ley y la tradición. El final violenta las barreras del realismo para convertirse en la mejor expresión dentro de las letras cubanas del intento de recobrar el pasado, partiendo de un ejemplo trivial y culminando en la descomposición y la muerte. El otro tema inevitable, cuando se produce la exacerbación de los deseos y las aspiraciones que siempre desencadena una sociedad dinamitada, es el amor. El cuento de Jesús Díaz, "Amor, la Plata Alta", entreteje con habilidad el esfuerzo de un grupo de jóvenes que escalan el Pico Turquino, el más alto de la Sierra Maestra, rito de peregrinaje revolucionario, con el llamado de la carne. A medida que ascienden aumenta la obsesión sexual del narrador hacia su compañera de ruta; se llenan de lodo y deseo, se sienten vigilados y liberados, hasta culminar en la proeza revolucionaria y erótica. El poema de Nicolás Guillén es único dentro de su obra, asume la defensa de una impureza pura frente a cierto creciente puritanismo revolucionario que recomienda una pureza política sin cuerpo ni deseos carnales. Poema machista hasta la médula pero combatiente por una auténtica sensualidad, no tropical, sino humana: "Yo te digo que no soy un hombre puro, / yo no te digo eso, sino todo lo contrario./ Que amo (a las mujeres, naturalmente, pues mi amor puede decir su nombre), / me gusta comer carne de puerco con papas,/ y garbanzos y chorizos, y/ huevos, pollos, carneros, pavos,/ pescados y mariscos,/ y bebo ron y cerveza y aguardiente y vino,/ y fornico (incluso con el estómago lleno)."*

"La ejecución" de Calvert Casey tiene menos de metafísica kafkiana que de los temores que pesaban sobre Casey, temor a la intensidad agresiva de la revolución, al puritanismo que sentía cerrarse, asediar su vida privada de homosexual. Y fueron perseguidos y anatemizados por algunos años, hasta que el agua recobró su nivel. El homosexualismo se juzga hoy en Cuba por la conducta social y no por la vida privada. La sociedad, el sistema educativo, sin embargo, favorece una familia fuerte y una definición clara del papel social de los sexos. Mi cuento, que por pudor o falsa humildad tal vez no debí incluir, responde a otra desconfianza social, ideológica, que el Che

definió como "la culpabilidad de nuestros intelectuales y artistas" y que "reside en su pecado original; no son autenticamente revolucionarios. Podemos intentar a injertar el olmo para que dé peras; pero simultáneamente hay que sembrar perales."

Canciones muestra que las canciones populares a veces expresan mejor que la poesía escrita, tradicional, la problemática y la resolución dramática de los conflictos. Una antología de las canciones de Silvio Rodríguez tal vez nos diga más sobre la vida cotidiana y trascendental de la revolución que muchos de los mejores libros de poemas publicados en los últimos años. "Playa Girón" canta con astucia, afirmándose en su negación, el conflicto entre literatura y realidad. "La verguenza" es prueba de la limpieza moral, entre bohemia y política, que pasando por el Che llega hasta José Martí. "Días y flores" es, como tantas canciones de Silvio, un intento de reconciliar naturaleza y justicia social, amor y violencia. Pablo Milanés, el más tradicional de los nuevos trovadores, da un giro nuevo a una vieja expresión popular casi siempre cargada de escepticismo: "La vida no vale nada", típica de canciones tradicionales, cargadas de desilusión amorosa, como aquella españolada, y cito de memoria, que dice: "La luna es un pozo chico, la vida no vale nada, lo que valen son tus brazos cuando de noche aprietan." Pero para Milanés "la vida no vale nada/ cuando otros se están matando/ y yo sigo aquí cantando/ cual si no pasara nada." Las dos canciones de Noel Nicola forman ya parte de la historia musical de la revolución. "Comienzo el día" mantiene hasta las dos últimas palabras la tensión, el conflicto entre la seguridad de la casa donde "comienzo el día, así como si nada,/ apretado a tus pechos, pidiéndote café y amor," y la hostilidad que persiste en la calle: "Afuera la vida apenas comenzó,/ afuera todo tiene que cambiar,/ afuera los lobos son lobos aún,/ afuera hay que salir armado." Y concluye, después de innumerables vacilaciones: "Afuera me están llamando —y voy." "María del Carmen" es un esfuerzo por reflejar el desarrollo espiritual y social de la mujer en Cuba. (Aquí quisiera hacer un aparte y expresar que si bien los problemas raciales han quedado virtualmente resueltos, los problemas de la igualdad de la mujer siguen perpetuándose, a pesar de los esfuerzos de la revolución, y sólo han sido parcialmente resueltos. La igualdad entre hombres y mujeres parece pertenecer a otro orden de cosas. A un problema que una revolución socialista sólo puede mejorar, aliviar, pero no resolver. Esto también explica la pobre contribución de la mujer a esta antología. Poco fue lo que pude recoger e incluir. Aunque también es posible que se deba a mis propias limitaciones.

El poema "Mujer negra," de Nancy Morejón nos lleva, a través del mismo cuerpo sucesivo, que comienza con "todavía huelo la espuma del mar que me hicieron atravesar", pasando por "bordé la casaca de Su merced y un hijo macho le parí" hasta bajar de la Sierra "iguales míos, aquí los veo bailar/ alrededor del árbol que plantamos para el comunismo./ Su pródiga madera ya resuena." Es la mujer en la historia, y en su propia historia de doble opresión, como mujer y como mujer esclava y colonizada hasta su liberación sin perder la identidad negra.)

Contradicciones *no se detiene ante las contradicciones objetivas del sistema, sino que se adentra en las disposiciones subjetivas. Heberto Padilla y Cintio Vitier acometen temas semejantes desde ángulos opuestos. Padilla se reserva y Vitier se entrega. Padilla es el escepticismo histórico, la duda metodológica, el temor a una entrega que puede desembocar en la desilusión. Vitier, un poeta católico y secreto, descubre y canta sin temores a la solidaridad, al compromiso, a la escasez que ve como abundancia espiritual —inclusive rechaza los elementos formales que durante tantos años pulieron y dominaron su poesía. Después de* Entrando en materia *los recursos literarios son secundarios frente al descubrimiento de una nueva identidad, donde la "justicia es mi ser desesperante,/ el que no alcanzo nunca." Pero "nada me pertenece/ ni un instante/ que no sea de todos pensamiento." La estética de Vitier, desde "Torre de márfil" hasta "Clodomira", donde descubre la existencia de las clases sociales después de los cincuenta años, cruje bajo los efectos de una técnica sutil y refinada que va penetrando la materia donde "Todo depende/ increíblemente de las circunstancias." Y "estás/ haciendo/ un esfuerzo conmovedor en tu pobreza,/ pueblo mío,/ y hasta horribles carnavales, y hasta/ feas vidrieras, y hasta/ luna./ Repiten los programas,/ no hay perfumes/ (adoro esa repetición, ese perfume):/ no hay, no hay, pero resulta que hay./ Estás, quiero decir, estamos." Colocado diametralmente frente a la realidad con otra perspectiva, Padilla insiste: "Mis amigos no deberían exigirme/ que rechace estos símbolos perplejos/ que han asaltado mi cultura." Porque "Yo rechazo su terca persuasión de última hora,/ las emboscadas que me han tendido./ Que de una vez aprendan que sólo siento amor/ por el desobediente de los poemas sin ataduras..."*

En "Cántico nuevo" de Vitier y "Poética" de Padilla chocan, se anulan y sobreviven las dos visiones. "Este libro no es tanto de poesía/ como de conciencia. Sus versos resultan duros y desabridos/ pero dicen la verdad de mi corazón/ cambiante y una/ como la profunda luz de agosto./ Ya no vale la pena escribir/ una línea/ que no sea completa, aunque después resulte poca,/ la verdad." Es Vitier; y Padilla: *"Di la verdad./ Di, al menos, tu verdad./ Y después deja que cualquier cosa ocurra:/ que te rompan la página querida,/ que te tumben a pedradas la puerta,/ que la gente/ se amontone delante de tu cuerpo/ como si fueras/ un prodigio o un muerto."*

Visiones *es la sección que, de cierta manera, articula todo el libro. Siento que mi espina dorsal, mi identidad cultural está fundada por un puñado de palabras en acción y hechos que cantan. Creo haber nacido cuando Bolívar proclamó que los americanos (meridionales) siempre podían contar con la vida, aun siendo indiferentes, y los españoles con la muerte si no tomaban el partido de la independencia. Luego crecí cuando Martí consideró que una injusticia en Cuba decidiría el equilibrio del mundo. Y he vivido el momento crucial en que Fidel rechazó, a pesar a los acuerdos entre Jruschov y Kennedy, la inspección del territorio cubano durante la retirada de los cohetes y bombarderos de la isla in 1962. Si el Che no hubiera vivido me sentiría moralmente disminuido en un mundo tan corrompido. La muerte de Allende reafirma mi confianza en el destino de Nuestra América. Son figuras fundadoras ante las cuales me siento aplastado y exaltado al mismo tiempo. Los escritores sólo me revelan las contradicciones, las caídas hondas de los Cristos del alma, las modas, experiencias, ambiciones, virtudes y defectos que todos padecemos. Lo mismo en estas páginas.*

Quisiera cerrar esta introducción con una frase del Che: lanzarla contra la visión de todo lo que llena las páginas antologadas: "El esqueleto de nuestra libertad completa está formado; falta la sustancia proteica y el ropaje: los crearemos." El esqueleto es obra de los hombres de acción que dirigieron y dirigen la revolución. La vida cubana que refleja y crea la literatura de estos años es aquí esa sustancia proteica y ese ropaje. Sólo hemos logrado ciertas aproximaciones a sus ilimitadas y radicales aspiraciones. Sería faltarle al Che su debido respeto si no hubiéramos incluido las veces que caemos de bruces intentando crear la sustancia proteica y el ropaje.

¿Los crearemos?

E. Desnoes

I. ANTES DESDE AHORA

ALEJO CARPENTIER
(1904-1980)

Nace en La Habana, de padre francés y madre rusa. Abandona los estudios de arquitectura en la Universidad de La Habana para dedicarse al periodismo. Participa en la fundación del Grupo Minorista, y la Revista de Avance *(1927-1930)*. Es encarcelado por la policía del dictador Gerardo Machado y comienza a escribir su primera novela, Ecue-Yamba-O *(1933)*. Se establece en París *(1928)*. Colabora como crítico musical en periódicos y revistas; se vincula al movimiento surrealista. En 1937 asiste en Madrid al Segundo Congreso de Intelectuales en Defensa de la Cultura. Regresa a Cuba *(1939)* y trabaja en la radio. Se establece en Caracas *(1945)*, dedicándose tanto a la publicidad como a la crítica literaria y musical. Escribe El reino de este mundo *(1949)*, donde plantea por primera vez su estética literaria, su visión de lo "real maravilloso" en América. Publica Los pasos perdidos *(1953)*, El acoso *(1956)* y la colección de cuentos Guerra del tiempo. Regresa a Cuba al triunfo de la revolución. El siglo de las luces *(1962)* es, tal vez, su obra más ambiciosa. Es nombrado director de la Editorial Nacional de Cuba. En 1966 regresa a Francia como embajador cultural de Cuba en Europa. Publica Concierto barroco *(1974)*, El recurso del método *(1974)*, La consagración de la primavera *(1978)* y El arpa y la sombra *(1979)*. Recibe el Premio Miguel de Cervantes de 1978 en España. Sus dos libros de ensayos —La música en Cuba *(1946)* y Tientos y diferencias *(1964)*— revelan las claves de su obra literaria. La búsqueda de un enfoque y un lenguaje que expresen su visión de América Latina: "Pero la prosa que le da vida y consistencia, peso y medida, es una prosa barroca, forzosamente barroca, como toda prosa que ciñe el detalle, lo menudea, lo colorea, lo destaca, para darle relieve y definirlo... Pero resulta que ahora nosotros, novelistas latinoamericanos, tenemos que nombrarlo todo —todo que nos define, envuelve y circunda: todo lo que opera con energía de contexto— para situarlo en lo universal."

La llegada de Colón

La noche del 9 de Octubre, tuve noticias de que se estaba urdiendo una conjura a bordo de las naves. Al día siguiente me vinieron los marinos —en tono suplicante, primero; luego, más subidos de palabras, y más, y más, y más, hasta alzarse en insolencia— para decirme que ya no podían sufrir tan larga navegación, que eran muchas las angustias, que se engusanaban los bizcochos y la cecina, que eran numerosos los enfermos, que tenían el ánimo caído y sin voluntad de seguir adelante, y que era tiempo ya de renunciar a esta empresa sin término que a nada bueno había de conducir. Usando de toda mi energía y usando de la misma elocuencia demostrada en controversias con soberanos, teólogos y hombres doctos, amenazando en algo con la horca —sin insistir mucho, aunque indirectamente, metafóricamente— a los más irrespetuosos y levantiscos, pinté un tal cuadro de riquezas y provecho, pronto a mostrarse en el horizonte, pidiendo sólo tres, cuatro días más, para mostrarlo, que logré capear el temporal de voces que se me echaba encima, bajo la mirada socarrona de Martín Alonso —cada día me gusta menos— que me decía: "cuélguelos"... "cuélguelos", a sabiendas de que si me resolvía a ordenar que ahorcaran a alguno, nadie me hubiese obedecido —y menos los malditos gallegos y vizcaínos que para desgracia mía llevaba conmigo— perdiendo yo, al punto, toda autoridad, mando y vergüenza (y esto era, acaso, lo que quería el Martín Alonso...) ...Yo sabía, de todos modos, que ahora mis días de navegación estaban contados. Si algo extraordinario no ocurría mañana, pasado mañana, o al día siguiente, habría que regresar a Castilla, en tal miseria de ilusiones rotas, que no me atrevía a pensar con qué ceño me acogería, y con razón, la de Madrigal de las Altas Torres, que, cuando se enfurecía, sabía hacerlo con regio vocabulario de arrieros, remedando a los moros en lo de afear y mancillar, hasta quintas generaciones, la ascendencia materna del culpable... Pero lo extraordinario se produjo el jueves 11, con la pesca, por mi gente, de una maderilla curiosamente labrada por mano humana. Los de la *Niña,* por su lado, hallaron, flotando, un palillo cubierto de escaramujos. Estábamos todos en espera, ansiosos, expectantes. Algunos decían que la brisa olía a tierra. A las diez de la noche, me pareció divisar unas lumbres en la lejanía. Y por estar más seguro, llamé al veedor Rodrigo Sánchez, y al repostero de estrados del Rey, que fueron de mi parecer... Y a las dos de la madrugada del viernes, lanzó Rodrigo de Triana su grito de: "*¡Tierra! ¡Tierra!*" que a todos nos sonó a música de Tedéum... Al punto amainamos todas las velas, quedando sólo con el treo, y nos pusimos a la corda, esperando el día. Pero, ahora a nuestra alegría, pues no sabíamos lo que íbamos a hallar, se añadían preguntas curiosas. ¿Insula? ¿Tierra firme? ¿Habíamos alcanzado, de verdad, las Indias? Además, todo marino sabe que las Indias son tres: las de Catay y Cipango, además de la grande —¿el Quersoneso Aureo de los antiguos?— con las muchas tierras menores, que es de donde se traen las especias. (Por mi parte, pensaba también el peligro que entrañaba la fiereza y acometividad de los monicongos de Vinlandia...) Nadie podía dormir, pensando que, ahora que habíamos llegado, tantas venturas como fatales tribulaciones podían aguardarnos allí donde, en la costa, seguían rebrillando unas hogueras. En eso me vino Rodrigo de Triana a reclamar el jubón de seda, prometido como premio a quien avistase la tierra. Díselo en el acto, con gran contento, pero el marino quedaba ahí, como esperando algo más. Luego de un silencio, me recordó la renta de diez mil maravedís, acordada por los Reyes, además del jubón. —"Eso lo verás cuando hayas regresado" —dije. —"Es que..." ...—"¿Qué? ...—"¿No podría Vuestra Merced, señor Almirante, adelantarme alguna monedilla a cuenta?" —"¿Para qué?" —"Para irme de putas, y con perdón... Hace más de cincuenta días que no obro." —"¿Y quién te dijo que hay putas en estas tierras?" —"A donde llegan marineros, siempre hay putas." —"Aquí no valen monedas; que, en estas tierras, según tengo entendido por los relatos del veneciano Marco Polo, todo se paga en pedazos de papel del tamaño de una mano, donde se estampa el cuño del Gran Khan"... Rodrigo se fue, contrito, con su jubón echado sobre un hombro... En cuanto a su renta de diez mil maravedís (y esto sí habré de decirlo al confesor) podrá anotarla en hielo —¡y cuidado no ande reclamando mucho o alborotando más de la cuenta, ya que le sé cosas que no le conviene que se sepan!—, porque esa renta me la he apropiado ya en beneficio de mi Beatriz, la guapa vizcaína de quien tengo un hijo sin haberla llevado al altar, y que, desde hace tiempo, en lágrimas padecía mi desapego y mi olvido —desapego y olvido debidos al Real Favor que sobre mí hubiera derramado, cual brotada de cornucopia romana, la fortuna de tres naves prestas a zarpar, con la confusión de mis enemigos, la embriaguez de nuevos rumbos, la gloria de estar aquí esta noche, esperando la salida de un sol que tarda, que tarda —¡y cómo tarda, coño!— en asomar, y acaso la inmortalidad, en la memoria de los hombres, de Quien, salido de donde salí, podía aspirar ya al título de Ensanchador del Mundo... ¡No, Rodrigo! ¡Te jodiste! ¡Me quedo con tus diez mil maravedís de renta!... Yo también pude gritar: "*¡Tierra!*", cuando vi las candelillas, y no lo hice. Podía haber gritado antes que tú, y no lo hice. Y no lo hice porque, en habiendo divisado tierra, al haber puesto un término a mis angustias, no podía sonar mi voz como la de un simple vigía ansioso de ganarse una recompensa que resultaba pequeña para mi repentina grandeza. Estrecho hubiese quedado el jubón que te llevas, Rodrigo, a quien desde hace un momento se ha acrecido a la talla de Gigante Atlas; estrecha me queda una renta de diez mil maravedís, que ahora, desdeñada por mi incipiente fortuna, irán a parar a las manos de *quien yo disponga,* mujer engrosada, empreñada, con vástago al cabo, de Quien acaba de cobrar dimensión de Anunciador, de Vidente, de Descubridor. Soy quien soy, como el Señor de las Batallas, y a partir de este minuto se me habrá de llamar *Don,* pues a partir de este minuto —ténganlo todos presente y que se diga...— soy Almirante Mayor de la Mar Océana y Virrey y Gobernador Perpetuo de Todas las Islas y Tierra Firme que yo descubra y que de ahora en adelante, bajo mi mando, se descubran y tomen en la Mar Océana.

Horas de grande desasosiego y perplejidad. Interminable se me hace esta noche que pronto, sin embargo, habrá de alcanzar un alba —para mi ánimo, extrañamente demorada. Me he vestido con mis mejores galas, e igual están haciendo los españoles todos a bordo de las naves. Del arca grande he sacado la bandera real, montándola en asta, e igual hice para las dos banderas de la Cruz Verde que habrán de llevar mis dos capitanes —tremendos hijos de puta me resultaron a la postre—, y que ostentaban vistosamente, bajo sus correspondientes coronas bordadas en el raso, las iniciales *F* e *Y* —esta última, especialmente grata a mi entendimiento, ya que, asociándola a las cinco letras que completan el nombre, se me vuelven imagen casi presente de la persona a quien debo mi elección e investidura. Pero ahora, hay gran movimiento de españoles en la cubierta: bronces que ruedan y se arrastran, hierros que se entrechocan. Y es que he mandado a tener listas las lombardas y espíngolas, por lo que pudiese suceder. Todos, además, bajaremos a tierra armados, porque, en esta espera que termina, cualquier suposición es válida. Hay gente a poca distancia —pues, donde no hay gente, no hay hoguera. Pero me resulta imposible hacerme una idea de la naturaleza de esas gentes. No puede ser la misma de Vinlandia, porque estamos mucho más al Sur —aunque debo confesar que, entre las brújulas que se nos volvieron locas a media travesía, mi enredo entre millas arábigas y millas genovesas, mi poca pericia (lo he comprobado yo mismo) en el manejo del astrolabio, y los embustes con los cuales vine engañando a los demás en cuanto a las distancias recorridas en un mar mucho más ancho de lo que creía, no tengo ni idea de dónde vinimos a parar. Puede ser ésta una tierra de monicongos valientes y aguerridos, como los que pusieron en fuga a los colosos rubios de la Ice-landia; puede ser nación de monstruos, como los descritos por San Isidoro; puede ser alguna provincia avanzada del reino del Gran Khan, y, en tal caso, si sus soldados se nos muestran hostiles, habremos de vérnosla con guerreros acorazados, cascos relumbrantes, tremebundos jinetes, de los que por bandera enarbolan colas de caballos en el cuello de una lanza... Pero poco temor tengo a esto, en fin de cuentas, ante una amenaza contra mí dirigida que bien puede definírseme, de terrible manera, en cuanto salga el sol. Lo que más temo en esta espera (¡va a ser terrible confesarlo al confesor!) es que en la ribera ignota que ya siento tan presente y consustanciada con mi destino, la luz del día me ofrezca la visión, la inequívoca visión, en forma y obra, de un campanario. Porque allí, en aquellas tinieblas que interrogan mis ojos, puede haber una capilla cristiana, un santuario cristiano, una catedral cristiana. No sólo he leído atentamente a Marco Polo, cuyos relatos de viaje he anotado de mi puño y letra, pero mucho he leído también a Juan de Monte Corvino —pero nunca lo cité, por conveniencia, en mis discursos—, quien, también salido de Venecia, llegó a la grandísima ciudad de Cambaluc, capital del Gran Khan, donde no sólo edificó una iglesia cristiana de tres campanas, sino que procedió a unos seis mil bautizos, tradujo los *Salmos* a la lengua tártara, y hasta fundó una canturía infantil de niños consagrados a entonar, con sus tiernas voces, alabanzas al Señor. Allí lo encontró Oderico de Pordenone —otro a quien bien conozco—

hecho todo un arzobispo, con iglesia pasada a catedral, con acólitos y sufragáneos, deseosos de que se le mandaran misioneros en gran número, pues había encontrado en el país —y se regocijaba de ello— una magnífica tolerancia en gente que admitía cualquier religión que no afectara los intereses del Estado —tolerancia que, por cierto, había propiciado una enojosa propagación de la herejía nestoriana, cuyos abominables yerros hubiese denunciado ya, en su tiempo, el Egregio Doctor de Sevilla, en sus *Etimologías*... No sería improbable, pues, que la catequización de Juan de Monte Corvino se hubiese extendido hasta aquí —¡y por obra de franciscanos, gente que muchísimo camina!... En ese caso, Cristóbal, Cristobalillo, tú que te inventaste, durante el viaje, el nombre de *Christo-phoros,* pasador de Cristo, cargador de Cristo, San Cristóbal, metiéndote, de a bragas, en los textos más insignes e inamovibles de la Fe, asignándote una misión de Predestinado, de Hombre Único y Necesario —una misión sagrada—, tú, que ofreciste tu empresa al mejor postor, acabando por venderte por un millón de maravedís; en ese caso, embaucador embaucado, no tendrías más remedio que izar nuevamente las velas, orzar de regreso, e irte al carajo, con *Niña, Pinta, Santa María* y todo, a morirte de vergüenza a los pies de tu dueña de las Altas Torres. En esta hora menguada —hora tercia— considera, marino desnortado, pues la misma brújula se te fue del Norte, que lo peor que pudiese ocurrirte es que te salgan los Evangelios al encuentro. Es cierto que, por voluntad de tu dueña, de prisa te fueron concedidas las órdenes menores franciscanas y que autorizado estás a usar el sayal sin capucha de los mendicantes. Pero... ¿qué harás tú, pobre ostiario, mediocre lector, exorcista y acólito aún improbado, ante un diácono, un obispo que, levantando la mano, te dijera: "Vuélvete, que estás de más aquí." En esta espera deseo, sí, deseo, que los Evangelios no hayan viajado como mis carabelas. Es conflicto del Verbo contra el Verbo. Verbo viajando por el Oriente, que debo madrugar yendo hacia el Poniente. Absurda porfía que puede matarme en cuerpo y obra. Batalla desigual, pues no llevo los Evangelios a bordo —ni capellán que, al menos, pudiera narrarlos. ¡Fuego de lombardas y espíngolas ordenaría yo contra los Evangelios, puestos frente a mí, si me fuese posible hacerlo!... Pero, no: bajo sus tapas de oro incrustadas de pedrerías, ellos se mofarían de los disparos. Si la Roma de los Césares no pudo con ellos, menos puede ahora este mísero marinero que, en alba ansiosamente esperada, aguarda la hora en que la luz del cielo le revele si fue inútil su empresa o si habrá de levantarse en gloria y perdurabilidad. Si Mateo y Marcos Y Lucas y Juan me aguardan en la playa cercana, estoy jodido. Dejo, ante la posteridad, de ser *Christo-phoros* para regresar a la taberna de Savona. A menos de que hallara muchas, muchas especias. Rico baile de Doña Canela con Don Clavo del Clavero. Pero es que aquí dije que reinaba el Gran Khan. Y sus gentes, ya maleadas por el comercio nuestro, no regalan el pimiento ni el aroma, sino que los hacen pagar a buen precio, que no es el de las baratijas, compradas a última hora, que traigo, para trueques, en estas naves. Y en cuanto al oro y las perlas: menos se regalan que el jengibre, tan bien descrito y comparado, por Juan de Monte Corvino, con una raíz del gladiolo... Mis españoles dicen y cantan una *Salve*, a la vez impacientes e inquietos —aunque por otros motivos que yo— pues ahora termina la aventura de mar y empieza la aventura de tierra... Y, de pronto, es el alba: un alba que se nos viene encima, tan rápida en su ascenso de claridades que jamás vi semejante portento de luz en los muchos reinos conocidos por mí hasta ahora. Miro intensamente. No hay edificaciones, casas, castillos, torres o almenajes a la vista. No asoma una cruz por encima de los árboles. Luego, al parecer, no hay iglesias. No hay iglesias. No escucharé, todavía, el temido son de una campana fundida en bronce del bueno... Grato ruido de los remos nuestros moviendo un agua maravillosamente quieta y transparente, en cuyo fondo de arenas advierto la presencia de grandes caracolas de formas nuevas. Ahora, mi ansiedad se va transformando en júbilo. Y ya estamos en tierra, donde crecen árboles de una traza desconocida para nosotros, salvo unas palmeras que en algo se asemejan a las del África. Al punto cumplimos con las formalidades de Toma de Posesión y correspondiente asentamiento de fe y testimonio —lo cual no acaba de hacer el escribano Rodríguez de Escobedo, turulato, porque hay ruido de voces en las malezas, se apartan las hojas, y nos vemos, de repente, rodeados de gente. Caído el susto primero, muchos de los nuestros se echan a reír, porque lo que se les acerca son hombres desnudos, que apenas si traen algo como un pañizuelo blanco para cubrirse las vergüenzas. ¡Y nosotros que habíamos sacado las corazas, las cotas y los cascos, en previsión de la posible acometida de tremebundos guerreros con las armas en alto!... Éstos, en cuanto a armas, sólo traen unas azagayas que parecen aguijadas de boyeros, y me barrunto que deben ser miserables, muy miserables, tremendamente miserables, puesto que andan todos en cueros —o casi— como la madre que los parió, incluso una moza cuyas tetas al desgaire miran mis hombres, ansiosos de tocarlas, con una codicia que enciende mi ira, obligándome a dar unos gritos mal avenidos con el porte solemne que ha de guardar quien alza el estandarte de Sus Altezas. Algunos traían papagayos verdes que acaso no hablaban por asustados, y un hilo de algodón en ovillos —menos bueno, por cierto, que el conseguido en otras Indias. Y todo lo cambiaban por cuentecillas de vidrio, cascabelas —cascabeles, sobre todo, que se arrimaban a las orejas para sonarlos mejor—, sortijas de latón, cosas que no valían un carajo, que habíamos bajado a la playa en previsión de trueques posibles, sin olvidar los muchos bonetes colorados, comprados por mí en los bazares de Sevilla, recordando, en vísperas de zarpar, que los monicongos de la Vinlandia eran sumamente aficionados a las telas y ropas coloradas. A cambio de esas porquerías, nos dieron sus papagayos y algodones, pareciéndonos que eran hombres mansos, inermes, aptos a ser servidores obedientes y humildes —ni negros ni blancos, sino más bien del color de los canarios, los cabellos no crespos, sino corridos y gruesos como sedas de caballos. Aquel día no hicimos más, atarantados como lo estábamos por la descubierta, la toma de posesión de la isla y el deseo de descansar, tras de una noche sin sueño. —"¿A dónde hemos llegado, Señor Almirante?" —me pregunta el Martín Alonso, con el veneno oculto bajo la máscara risueña. —"La cuestión es haber llegado" —le respondo... Y ya de regreso a bordo de la nao capitana, miraba yo de alto, empinado en mi legítimo orgullo, a los bellacos, que, dos días antes, habían alzado la voz —y hasta los puños— ante mí, prestos a amotinarse —y no tanto los parleros andaluces, casi todos, calafates, carpinteros, toneleros, que venían a bordo; no tanto los judíos que, habiéndose juntado conmigo, se habían salvado de la expulsión; no tanto los cristianos nuevos que demasiado miraban hacia la Meca a la puesta del sol, como los malditos vizcaínos, díscolos, tozudos, irrespetuosos, que formaban la camarilla de Juan de la Cosa, harto empachado de sus conocimientos de cartografía, siempre aupado *en su ciencia* (lo sabía yo por el otro enredador de Vicente Yáñez, tan cabrón como el Martín Alonso, pero mejor capitán...) para afirmar que yo era marino de mera baladronada y ambición, navegante de recámaras palaciegas, enredador de latitudes, trastocador de millas marinas, incapaz de conducir a buen término una empresa como ésta.

...Ahora suenan unas esquilas, quedamente, en la tenue llovizna que moja los techos de la ciudad donde se cobija mi sombra, protagonista de mi propio ocaso. Pasa en la calle un balante rebaño. Y el confesor que no llega. Y esta luz de otoño, a pesar de que estemos en mayo, que me saca de mis recuerdos de las Islas Resplandecientes donde —acaso por no llevar un capellán en las naves, acaso por no haber pensado jamás en convertir o adoctrinar a quienquiera— me esperaba el Demonio para hacerme caer en sus trampas. Y la constancia de tales trampas está aquí, en estos borradores de mis relaciones de viajes, que tengo bajo la almohada, y que ahora saco con mano temblorosa —asustada de sí misma— para releer lo que, en estos postreros momentos, tengo por un vasto Repertorio de Embustes —y así lo diré a mi confesor que tanto tarda en aparecer. Repertorio de embustes que se abre en la fecha del 13 de Octubre, con la palabra ORO. Porque aquel sábado había vuelto yo a la isla recién descubierta con ánimo de ver qué podía sacarse de ella, fuera de papagayos —y ya no sabíamos qué hacer con tantos papagayos como cagaban ya, en blanco, en blanco de cagaleche, la madera de las cubiertas— y ovillejos de algodón, cuando observé, con asombrado sobresalto, que unos indios (vamos a llamarlos *indios,* ya que estamos probablemente en los primeros contrafuertes naturales de unas Indias Occidentales) traían unos pedazuelos de oro colgados de las narices. Dije: ORO. Viendo tal maravilla, sentí como un arrebato interior. Una codicia, jamás conocida, me germinaba en las entrañas. Me temblaban las manos. Alterado, sudoroso, empecinado, fuera de goznes, atropellando esos hombres a preguntas gesticuladas, traté de saber de dónde venía ese oro, cómo lo conseguían, dónde yacía, cómo lo extraían, cómo lo labraban, puesto que, al parecer, no tenían herramientas ni conocían el crisol. Y palpaba el metal, lo sopesaba, lo mordía, lo probaba, secándole la saliva con un pañuelo para mirarlo al sol, examinarlo en la luz del sol, hacerlo relumbrar en la luz del sol, tirando del oro, poniéndomelo en la palma de la mano, comprobando que era oro, oro cabal, oro verdadero —oro de ley. Y ellos, que lo traían, atónitos, agarrados por sus adornos como buey por el narigón, sacudidos, zarandeados por mi apremio, me dieron a entender que yendo hacia el Sur había otra isla donde un gran Rey tenía enormes vasos llenos de oro. Y que en su nación no sólo había oro, sino también piedras preciosas. Aquello, por la descripción debía ser cosa de Cipango, más que de Vinlandia. Y, por lo mismo, movido por un Espíritu Nefando que, de repente, se alojó en mi alma, pasando a la violencia mandé tomar prisioneros a siete de esos hombres que a trallazos metimos en las calas, sin reparar en gritos y lamentos, ni en las protestas de otros a quienes amenacé con mi espada —y ellos sabían, por haber tocado una de nuestras espadas, que las espadas nuestras cortaban recio y abrían surcos de sangre... Nos hicimos a la mar nuevamente, el Domingo, día del Señor, sin apiadarnos de las lágrimas de los cautivos a quienes habíamos amarrado en la proa para que guiasen nuestra navegación. Y, a partir de ese día, la palabra ORO será la más repetida, como endemoniada obsesión, en mis Diarios, Relaciones y Cartas. Pero poco oro había en las isletas que ahora descubríamos, siempre pobladas de hombres en cueros y de mujeres que por todo traje llevaban —como lo escribí a Sus Altezas— "cosillas de algodón que escasamente les cobijaba su natura" —natura tras de la cual a veces se me iban los ojos, sea dicho de paso, tanto como se les iban los ojos a mis españoles— tanto, tanto, que hube de amenazarlos de castigo si, con las braguetas hinchadas como las tenían, se dejaban llevar por algún impulso de lascivia. ¡Si me contenía yo, que también se contuviesen ellos! Aquí no se venía a joder, sino a buscar oro, el oro que ya empezaba a mostrarse, que ya se asomaba en cada isla; el oro que, en lo adelante, sería nuestro guía, la brújula mayor de nuestras andaduras. Y, para que se nos pusiese mejor sobre el buen rumbo del oro, seguíamos prodigando bonetes rojos, cascabeles de halconería, y otras basuras —¡y ufano llegué a jactarme de la desigualdad de los trueques ante los Reyes!— que no valían un maravedí, aunque muchos trocitos del adorable metal que rebrillaba obtuvimos a cambio de ello. Pero yo no me satisfacía ya con el oro colgado de narices y de orejas, pues ahora me hablaban de la gran tierra de Cobla, o Cuba, donde sí parecía que hubiese oro, y perlas también, y hasta especias; y a ella fuimos, arribando en domingo, día del Señor.

Fui sincero cuando escribí que aquella tierra me pareció la más hermosa que ojos humanos hubiesen visto. Era recia, alta, diversa, sólida, como tallada en profundidad, más rica en verdes-verdes, más extensa, de palmeras más arriba, de arroyos más caudalosos, de altos más altos y hondonadas más hondas, que lo visto hasta ahora, en islas que eran para mí, lo confieso, como islas locas, ambulantes, sonámbulas, ajenas a los mapas y nociones que me habían nutrido. Había que describir esa tierra nueva. Pero, al tratar de hacerlo, me hallé ante la perplejidad de quien tiene que nombrar cosas totalmente distintas de todas las conocidas —cosas que deben tener nombres, pues nada que no tenga nombre puede ser imaginado, mas esos nombres me eran ignorados y no era yo un nuevo Adán, escogido por su Criador, para poner nombres a las cosas. Podía inventar palabras, ciertamente; pero la palabra sola *no muestra la cosa,* si la cosa no es de antes conocida. Para ver una mesa, cuando alguien dice *mesa,* menester es que haya, en quien escucha, una *idea-mesa,* con sus consiguientes atributos de *mesidad.* Pero aquí, ante el admirable paisaje que contemplaba, sólo la palabra *palma* tenía un valor de figuración, pues palmas hay en el África, palmas —aunque distintas de las de aquí— hay en muchas partes, y, por lo tanto, la palabra *palma* se acompaña de una cabal imagen —y más para quienes saben, por su religión, lo que significa un Domingo de Ramos. En día domingo habíamos llegado aquí, y la pluma memorialista se me quedaba en suspenso al tratar de pasar de las cinco letras de la *palma.* Un retórico, acaso, que manejara el castellano con mayor soltura que yo; un poeta, acaso, usando de símiles y metáforas, hubiesen ido más allá, logrando describir lo que no podía yo describir: esos árboles, muy enmarañados, cuyas trazas me eran ignoradas; aquél, de hojas grises en el lomo, verdes en las caras, que al caer y secarse se crispaban sobre sí mismas, como manos que buscaran un asidero; aquel otro, rojizo, de tronco que largaba los pellejos transparentes como escamas de serpientes en muda; el de más allá, solitario y monumental, en medio de una pequeña llanura, con sus ramas que le salían, horizontales, como de un collar, en lo alto de un grueso tronco erizado de púas, con empaque de columna rostral... Y las frutas: ésa, de cáscara parda y carne roja, con semilla como tallada en caoba; la otra, de pulpa violácea, con los huesos encerrados en obleas de gelatina; la otra, más grande, más pequeña, nunca semejante a la vecina, de entraña blanca, olorosa y agridulce, siempre fresca y jugosa en el gran calor del mediodía... Todo nuevo, raro, grato a pesar de su rareza; pero nada muy útil hasta ahora. Ni Doña Moscada, ni Doña Pimienta, ni Doña Canela, ni Doña Cardamoma, asomaban aquí por ninguna parte. En cuanto al oro, decían que lo había en cantidad. Y yo pensaba que era tiempo ya de que apareciese el divino metal, pues ahora que demostrada era su existencia en estas islas, un problema nuevo se me echaba encima: las tres carabelas significaban una deuda de dos millones. No mucho me preocupaba el millón del banquero Santángel, pues los reyes saldan sus deudas como pueden y cuando pueden, y en cuanto a las joyas de Columba, eran joyas de fondo de joyero, y harto lista era ella, varona como era cuando lo quería, para no haberlas recuperado a estas horas, y más en días de enfardelamientos de judíos. Pero quedaba el otro millón: el de los genoveses de Sevilla que me harían la vida imposible si regresaba de acá con las manos vacías... Por lo tanto, dar tiempo al tiempo: *"Es ésta la tierra más hermosa que ojos humanos hayan visto...",* y por ahí seguimos, con afinación de epitalamio. En cuanto al paisaje, no he de romperme la cabeza: digo que las montañitas azules que se divisan a lo lejos son como las de Sicilia, aunque en nada se parecen a las de Sicilia. Digo que la hierba es tan grande como la de Andalucía en abril y mayo, aunque nada se parece, aquí, a nada andaluz. Digo que cantan ruiseñores donde silban unos pajaritos grises, de pico largo y negro, que más parecen gorriones. Hablo de campos de Castilla, aquí donde nada, pero nada, recuerda los campos de Castilla. No he visto árboles de especias, y auguro que aquí debe haber especias. Hablo de *minas de oro* donde no sé de ninguna. Hablo de perlas, muchas perlas, tan sólo porque vi algunas almejas "que son señal de ellas". Sólo he dicho algo cierto: que aquí los perros parece que no ladran. Pero con perros que ni siquiera saben ladrar no voy a pagar el millón que debo a los malditos genoveses de Sevilla, capaces de mandar su madre a galeras por una deuda de cincuenta maravedís. Y lo peor de todo es que no tengo la menor idea de dónde estamos; esta tierra de Colba o Cuba lo mismo puede ser el extremo meridional de la Vinlandia, que una costa occidental de Cipango —sin olvidar que las Indias son tres. Yo digo que esto es continente, tierra firme, de infinita extensión. Juan de la Cosa, siempre encontrado conmigo, pues basta que yo diga algo para que me contradiga, afirma que es isla. No sé qué pensar. Pero digo que es continente, y basta —que soy el Almirante y sé lo que digo. El otro habla de bojeo, y yo le digo que en no habiendo isla no hay bojeo. Y coño... ¡se acabó!... Vuelvo a tomar la pluma y sigo redactando mi Repertorio de Buenas Nuevas, mi Catálogo de Relucientes Pronósticos. Y aseguro —me aseguro a mí mismo— que muy pronto le veré la cara al Gran Khan. (Eso del *Gran Khan* suena a oro, oro en polvo, oro en barras, oro en arcas, oro en toneles: dulce música del oro acuñado cayendo, rebrincando, sobre la mesa del banquero: música celestial...)

...cuando me asomo al laberinto de mi pasado en esta hora última, me asombro ante mi natural vocación de farsante, de animador de antruejos, de armador de ilusiones, a manera de los saltabancos que en Italia, de feria en feria —y venían a menudo a Savona— llevan sus comedias, pantomimas y mascaradas. Fui trujamán de retablo, al pasear de trono en trono mi Retablo de Maravillas. Fui protagonista de *sacra reppresentazione* al representar, para los españoles que conmigo venían, el gran auto de la Toma de Posesión de Islas que ni se daban por enteradas. Fui ordenador magnífico de la

Gran Parada de Barcelona —primer gran espectáculo de Indias Occidentales, con hombres y animales auténticos, presentado ante los públicos de la Europa. Más adelante —fue durante mi tercer viaje— al ver que los indios de una isla se mostraban recelosos en acercarse a nosotros, improvisé un escenario en el castillo de popa, haciendo que unos españoles danzaran bulliciosamente al son de tamboril y tejoletas, para que se viese que éramos gente alegre y de un natural apacible. (Pero mal nos fue en esa ocasión, para decir la verdad, puesto que los caníbales, nada divertidos por moriscas y zapateados, nos dispararon tantas flechas como tenían en sus canoas...) Y, mudando el disfraz, fui Astrólogo y Milagrero en aquella playa de Jamaica donde nos hallábamos en la mayor miseria, sin alimentos, enfermos, y rodeados, para colmo, por habitantes hostiles, listos a asaltarnos. En buena hora se me ocurrió consultar el libro de *Efemérides* de Abraham Zacuto, que siempre llevaba conmigo, comprobé que aquella noche de febrero veríase en eclipse de luna, y al punto anuncié a nuestros enemigos que si esperaban un poco, en paz, asistirían a un grande y asombroso portento. Y, al llegar el momento, aspándome como molino, gesticulando como nigromante, clamando falsos ensalmos, ordené a la luna que se ocultase... y ocultóse la luna. Fuime en seguida a mi cámara, y luego de esperar a que corriese el reloj de arena el tiempo que hubiese de durar el milagro —tal cual estaba indicado en el tratado— reaparecí ante los caníbales aterrados, ordenando a la luna que volviese a mostrarse —cosa que hizo sin demora, atendiendo a mi mandato. (Acaso por tal artimaña llegué vivo a la fecha de hoy...) Y fui Gran Inquisidor, amenazante y terrible —no querría recordarlo— aquel día en que, en las costas de Cuba, hice preguntar a los marinos si alguna duda abrigaban de que esa gran tierra fuese Tierra Firme, nación continental, comarca avanzada de las vastas Indias cuyo regalo —¡menudo regalo!— se esperaba de mí en España. E hice proclamar, por voz de notario, que quien pusiese en tela de juicio que esta tierra de Cuba fuese un continente pagara una multa de diez mil maravedís, y, además, tuviese la lengua cortada. *La lengua cortada.* Nada menos. Pero el Yo-Inquisidor consiguió lo que quería. Todos los españoles —sin olvidar a los gallegos y vizcaínos a quienes siempre vi como gente diferente— me juraron y volvieron a jurar, pensando que con ello habrían de conservar lo que, según Esopo, es lo mejor y lo peor que en el mundo existe. *Yo necesitaba que Cuba fuese continente y cien voces clamaron que Cuba era continente...* Pero pronto es castigado el hombre que usa de fullería, engaño, amenaza o violencia, para alcanzar algún propósito. Y, para mí, los castigos empezaron acá abajo, sin esperar al más allá, puesto que todo fue desventura, malandanza y expiación de culpas en mi último viaje —viaje en que vi mis naves treparse a olas como montañas y descender a abismos mugientes, levantadas, sorbidas, azotadas, quebradas, antes de ser lanzadas nuevamente al mar por un río de Veragua que se hinchó de lluvias, de repente, empujándonos hacia fuera, como negado a darnos amparo. Y aquellos días de renovadas desdichas, tras una última y desesperada búsqueda del oro en tierra firma, terminaron en miseria de naves carcomidas, llagas engusanadas, fiebres malignas, hambres, desconsuelo sin término, allí donde, casi amortecido, oí la voz de quien me dijo: *"¡Oh estulto y tardo en creer y servir a tu Dios, Dios de todos!",* sacándome de la lóbrega noche de mi desesperación con palabras de aliento, a las cuales respondí con la promesa de ir a Roma, con hábito romero, si de tantas tribulaciones salía con vida. (Pero incumplida quedó mi promesa, como tantas otras que hice...) Y volví al punto de partida, arrojado, como quien dice, del mundo descubierto, recordando como criaturas de pesadilla a los *monicongos de Cipango* —a quienes menciono en mi testamento dado ayer— que, en fin de cuentas, jamás tuvieron idea alguna de haber pasado a condición mejor, considerando mi aparición ante sus playas como una horrible desgracia. Para ellos, Christophoros —un Christophoros que ni un solo versículo de los Evangelios citó al escribir sus cartas y relaciones— fue, en realidad, un Príncipe de Trastornos, Príncipe de Sangre, Príncipe de Lágrimas, Príncipe de Plagas —jinete de Apocalipsis. Y en lo que se refiere a mi conciencia, a la imagen que de mí se yergue ahora, como vista en espejo, al pie de esta cama, fui el Descubridor descubierto —descubierto, puesto *en descubierto,* pues *en descubierto* me pusieron mis relaciones y cartas ante mis regios amos; *en descubierto* ante Dios, al concebir los feos negocios que, atropellando la teología, propuse a Sus Altezas; *en descubierto* ante mis hombres que me fueron perdiendo el respeto de día en día, infligiéndome la suprema humillación de hacerme aherrojar por un cocinero —¡a mí, Don, Almirante y Virrey!—; *en descubierto,* porque mi ruta a las Indias o la Vinlandia meridional o a Cipango o a Catay —cuya provincia de Mangui bien puede ser la que conocí por el nombre de Cuba—, ruta que abrí con harta facilidad por tener conocimiento de la saga de los normandos, la siguen ahora cien aventureros —¡hasta los sastres, dije, que abandonan la aguja y las tijeras por el remo!—, hidalgos sin blanca, escuderos sin amo, escribanos sin oficina, cocheros sin tronco, soldados sin empleo, pícaros con agallas, porquerizos de Cáceres, fanfarrones de capa raída, perdularios de Badajoz, intrigantes colados y apadrinados, asomados de toda laya, cristianos de nombre cambiado ante notario, bautizados que fueron andando a la pila, chusma que hará cuanto pueda por menguar mi estatura y borrar mi nombre de las crónicas. Acaso ni me recuerden, ahora que lo gordo está hecho, que se traspasaron los límites geográficos de mi empresa, poniendo nombre a ciudades —¡ciudades las llaman!— de diez bohíos cagados de pájaros... Fui el Descubridor-descubierto, puesto en descubierto; y soy el Conquistador-conquistado pues empecé a existir para mí y para los demás el día en que llegué *allá*, y, desde entonces, son aquellas tierras las que me definen, esculpen mi figura, me paran en el aire que me circunda, me confieren, ante mí mismo, una talla épica que ya me niegan todos, y más ahora que ha muerto Columba, unida a mí en una hazaña lo bastante poblada de portentos para dictar una canción de gesta —pero canción de gesta borrada, antes de ser escrita, por los nuevos temas de romances que se ofrecen a la avidez de las gentes. Ya se dice que mi empresa fue mucho menos riesgosa que la de Vasco de Gama, quien no vaciló en retomar el camino donde habían desaparecido varias armadas sin dejar huellas; menos riesgosa que la del gran veneciano que estuvo veinticinco años ausente y dado por muerto... Y eso lo dicen los españoles, que siempre te vieron como extranjero. Y es porque nunca tuviste patria, marinero: por ello es que la fuiste a buscar *allá* —hacia el Poniente— donde nada se te definió jamás en valores de nación verdadera, en día que era día cuando acá era noche, en noche que era noche cuando acá era día, meciéndote, como Absalón colgado por sus caballos, entre sueño y vida sin acabar de saber dónde empezaba el sueño y dónde acababa la vida. Y ahora que entras en el Gran Sueño de nunca acabar, donde sonarán trompetas inimaginables, piensas que tu única patria posible —lo que acaso te haga entrar en la leyenda, si es que nacerá una leyenda tuya...— *es aquella que todavía no tiene nombre,* que no ha sido hecha imagen por palabra alguna. *Aquello* todavía no es *Idea;* no se hizo concepto, no tiene contorno definido, contenido ni continente. Más conciencia de *ser quien es* en tierra conocida y delimitada la posee cualquier monicongo de *allá* que tú, marino, con tus siglos de ciencia y teología a cuestas. Persiguiendo un país nunca hallado que se te esfumaba como castillo de encantamientos cada vez que cantaste victoria, fuiste transeúnte de nebulosas, viendo cosas que no acababan de hacerse inteligibles, comparables, explicables, en lenguaje de Odisea o en lenguaje de Génesis. Anduviste en un mundo que te jugó la cabeza cuando creíste tenerlo conquistado y que, en realidad, te arrojó de su ámbito, dejándote sin *acá* y sin *allá*. Nadador entre dos aguas, náufrago entre dos mundos, morirás hoy, o esta noche, o mañana, como protagonista de ficciones, Jonás vomitado por la ballena, durmiente de Éfeso, judío errante, capitán de buque fantasma... Pero lo que no habrá de ser olvidado, cuando hayas de rendir cuentas donde no hay recurso de apelación ni de casación, es que, con tus armas que tenían treinta siglos de ventaja sobre las que pudieran oponérsete, con tu regalo de enfermedades ignoradas donde arribaste, en tus buques llevaste la codicia y la lujuria, el hambre de riquezas, la espada y la tea, la cadena, el cepo, y la tralla que habría de restallar en la lóbrega noche de las minas, allí donde se te vio llegar como hombre venido del cielo —y así lo dijiste a los Reyes—, vestido de azur más que de gualda, portador, acaso, de una venturosa misión. Y recuerda, marinero, al Isaías que durante tantos años invocaste para avalar tus siempre excesivas palabras, tus siempre incumplidas promesas: *"¡Malhaya de quienes se tienen por sabios/y se creen más listos de la cuenta!"* Y recuerda ahora el Eclesiastés, que tantas veces has repasado: *"Aquel que ama el oro carga con el peso de su pecado / aquel que persigue el lucro será víctima del lucro. /Inevitable era la ruina de quien fue presa del oro."* Y, en un trueno que retumba ahora sobre los techos mojados de la ciudad, de lo profundo te clama de nuevo Isaías, estremeciéndote de espanto: *"Puedes multiplicar las plegarias / que yo no las escucho / porque tus manos están tintas de sangre"* (I, 15).

Oigo, en la escalera, los pasos del Bachiller de Mirueña y de Gaspar de la Misericordia, que me vienen con el confesor. Oculto mis papeles bajo la cama y vuelvo a acostarme, después de apretar el cordón de mi sayal, con las manos juntas, tieso el cuerpo, tal yacente en tapa de sepultura real. Llegó la hora suprema de hablar. Hablaré mucho. Me quedan fuerzas para hablar mucho. Lo diré todo. Lo largaré todo. Todo.

GUILLERMO CABRERA INFANTE
(1929-   )

Nace en Gibara, provincia de Holguín, en una familia de obreros. A los doce años se traslada a La Habana. Después de terminar su bachillerato estudia en la Escuela de Periodismo. Pasa de corrector de pruebas a redactor, a —con el seudónimo de G. Caín— crítico de cine. Al triunfar la revolución dirige el suplemento literario más importante del momento: Lunes de Revolución. Publica un libro de cuentos en 1960, Así en la paz como en la guerra. En 1962 viaja a Bélgica, después de la clausura de Lunes, como agregado cultural. En 1964 gana el Premio Biblioteca Breve con su novela Tres tristes tigres. En 1965 viaja a Cuba a los funerales de su madre, renuncia a la diplomacia y regresa a Europa. Ahora vive en Londres. Su recopilación de críticas de cine, Un oficio del siglo XX, se publica primero en la Habana en 1963 y luego, diez años más tarde, en España. Las viñetas seleccionadas en esta antología aparecen en Vista del amanecer en el Trópico *(1974).* Sus obsesiones son el cine y Cuba. Diecisiete años después de haber abandonado la isla publica su novela: La Habana para un infante difunto. Cabrera Infante, un escritor medularmente cubano, es un enemigo visceral de la revolución. Traducimos aquí, del inglés, su respuesta, en entrevista de Rita Guibert, sobre su posición política y filosófica: "Uno, soy anti-utopista. Creo que Arcadia, el Paraíso, o lo que quieran llamar a ese horizonte, yace a nuestras espaldas, siempre en el remoto pasado y nunca en el futuro. Dos, creo que todas las idelogías son reaccionarias; el poder corrompe tanto las ideas como a los hombres: el comunismo es simplemente el fascismo del pobre. Tres, filosoficamente hablando, soy un esceptico total: no existe ni un solo cuerpo de ideas irrefutables. Como todo escético me siento atraido por el estoicismo. Un sistema de supersticiones nos ayuda a dominar ese sentimiento de soledad impuesto por nuestro propio agnosticismo —pero, la palabra operativa es duda."

En el grabado se ve la ejecución

En el grabado se ve la ejecución, más bien el suplicio, de un jefe indio. Está atado a un poste a la derecha. Las llamas comienzan ya a cubrir la paja al pie del poste. A su lado, un padre franciscano, con su sombrero de teja echado sobre la espalda, se le acerca. Tiene un libro—un misal o una biblia—en una mano y en la otra lleva un crucifijo. El cura se acerca al indio con algún miedo, ya que un indio amarrado siempre da más miedo que un indio suelto: quizá porque pueda soltarse. Está todavía tratando de convertirlo a la fe cristiana. A la izquierda del grabado hay un grupo de conquistadores, de armadura de hierro, con arcabuces en las manos y espadas en ristre, mirando la ejecución. Al centro del grabado se ve un hombre minuciosamente ocupado en acercar la candela al indio. El humo de la hoguera ocupa toda la parte superior derecha del grabado y ya no se ve nada. Pero a la izquierda, al fondo, se ven varios conquistadores a caballo persiguiendo a una indiada semidesnuda—que huye veloz hacia los bordes del grabado.
  La leyenda dice que el cura se acercó más al indio y le propuso ir al cielo. El jefe indio entendía poco español pero comprendió lo suficiente y sabía lo bastante como para preguntar: "Y los españoles, ¿también ir al cielo?" "Sí, hijo", dijo el buen padre por entre el humo acre y el calor, "los buenos españoles también van al cielo", con tono paternal y bondadoso. Entonces el indio elevó su altiva cabeza de cacique, el largo pelo negro grasiento atado detrás de las orejas, su perfil aguileño todavía visible en las etiquetas de las botellas de cerveza que llevan su nombre, y dijo con calma, hablando por entre las llamas: "Mejor yo no ir al cielo, mejor yo ir al infierno".

MIGUEL BARNET
(1940-   )

Nace en La Habana. Se educa en escuelas norteamericanas en Cuba. Miembro marginal de El Puente. Trabaja en el Instituto de Etnología y Folklore de la Academia de Ciencias bajo la dirección de Fernando Ortíz. Es poeta y etnólogo. Como poeta publica en 1963 La piedra fina y el pavo real *y en 1964* Isla de Güijes. *En 1967 obtiene mención Casa de las Américas con* La sagrada familia. *Como etnólogo y narrador recibe aclamación mundial por la novela-testimonio* Biografía de un cimarrón *(1966). También escribe* Canción de Rachel *(1969). En 1978 publica un libro de fábulas cubanas* Akeké y la jutía. *"Realizo investigaciones etnográficas y escribo libros como* Cimarrón *y* Rachel—*afirma Barnet*—*porque completan mi concepción del mundo. No creo que el poeta pueda en este siglo dedicarse por entero a la poesía. Para mí la novela testimonio como yo la veo es un canal de expresión extraordinario, útil, necesario—casi diría yo inevitable—para un país como el nuestro, que aún no puede definir porque se conoce muy poco. Yo he hecho como el avestruz, he metido la cabeza en las arenas sociales, etnológicas de mi país, en su historia, sólo que no por temor al tratar de provocar el vendaval. Mi obsesión es Cuba. Toda mi labor está dirigida a la búsqueda de sus raíces sociales. La poesía es, si se quiere, mi salida emotiva, la novela testimonio una salida más consciente." La última novela de Barnet se titula* Gallegos *(1981).*

El barracón

Todos los esclavos vivían en barracones. Ya esas viviendas no existen, así que nadie las puede ver. Pero yo las vide y no pensé nunca bien de ellas. Los amos sí decían que los barracones eran tacitas de oro. A los esclavos no les gustaba vivir en esas condiciones, porque la cerradera les asfixiaba. Los barracones eran grandes aunque había algunos ingenios que los tenían más chiquitos; eso era de acuerdo a la cantidad de esclavos de una dotación. En el del Flor de Sagua vivían como doscientos esclavos de todos los colores. Ese era en forma de hileras: dos hileras que se miraban frente a frente, con un portón en el medio de una de ellas y un cerrojo grueso que trancaba a los esclavos por la noche. Había barracones de madera y de mampostería, con techos de tejas. Los dos con el piso de tierra y sucios como carajo. Ahí sí que no había ventilación moderna. Un hoyo en la pared del cuarto o una ventanita con barrotes eran suficientes. De ahí que abundaran las pulgas y las niguas que enfermaban a la dotación de infecciones y maleficios. Porque esas niguas eran brujas. Y como único se quitaban era con sebo caliente y a veces ni con eso. Los amos querían que los barracones estuvieran limpios por fuera. Entonces los pintaban con cal. Los mismos negros se ocupaban de ese encargo. El amo les decía: "cojan cal y echen parejo". La cal se preparaba en latones dentro de los barracones, en el patio central.

Los caballos y los chivos no entraban a los barracones, pero siempre había su perro bobo rondando y buscando comida. Se metían en los cuartos de los barracones que eran chiquitos y calurosos. Uno dice cuartos cuando eran verdaderos fogones. Tenían sus puertas con llavines, para que no fuera nadie a robar. Sobre todo para cuidarse de los criollitos que nacían con la picardía y el instinto del robo. Se destaparon a robar como fieras.

En el centro de los barracones las mujeres lavaban las ropas de sus maridos y de sus hijos y las de ellas. Lavaban en bateas. Las bateas de la esclavitud no son como las de ahora. Esas eran más rústicas. Y había que llevarlas al río para que se hincharan porque se hacían de cajones de bacalao, de los grandes.

Fuera del barracón no había árboles, ni dentro tampoco. Eran planos de tierra vacíos y solitarios. El negro no se podía acostumbrar a eso. Al negro le gusta el árbol, el monte. ¿Todavía el chino...! África estaba llena de árboles, de ceibas, de cedros, de jagüeyes. China no, allá lo que había era yerba de la que se arrastra, dormidera, verdolaga, diez de la mañana... Como los cuartos eran chiquitos, los esclavos hacían sus necesidades en un excusado que le llaman. Estaba en una esquina del barracón. A ese lugar iba todo el mundo. Y para secarse el *fotingo,* después de la descarga, había que coger yerbas como la escoba amarga y las tusas de maíz.

La campana del ingenio estaba a la salida. Esa la tocaba el contramayoral. A las cuatro y treinta antes meridiano tocaban el Ave María. Creo que eran nueve campanazos. Uno se tenía que levantar en seguida. A las seis antemeridiano, tocaban otra campana que se llamaba de la jila y había que formar en un terreno fuera del barracón. Los varones a un lado y las mujeres a otro. Después para el campo hasta las once de la mañana en que comíamos tasajo, viandas y pan. Luego, a la caída del sol, venía la Oración. A las ocho y treinta tocaban la última para irse a dormir. Se llamaba el Silencio.

El contramayoral dormía adentro del barracón y vigilaba. En el batey había un sereno blanco, español él, que también vigilaba. Todo era a base de cuero y vigilancia. Cuando pasaba algún tiempo y la *esquifación,* que era la ropa de los esclavos, se gastaba, le daban a los hombres una nueva a base de tela de rusia; una tela gruesa y buena para el campo, tambor, que eran pantalones con bolsillos grandes y parados, lonilla y un gorro de lana para el frío. Los zapatos eran por lo general de vaqueta, corte bajo, con dos rejitas para amarrarlos. Los viejos usaban chacualas, que eran de suela chata con cordel amarrado al dedo gordo. Eso siempre ha sido moda africana, aunque ahora se las ponen las blancas y les llaman chancletas o pantuflas. Las mujeres recibían camisón, saya, sayuela y cuando tenían conuco ellas mismas se compraban sayuelas de las blancas que eran más lindas y paraditas. Se ponían argollas de oro en las orejas y dormilonas. Estas prendas se las compraban a los moros o turcos que iban de vez en cuando a los mismos barracones. Llevaban unos cajones colgados al hombro con una faja de cuero muy gorda.

También en los barracones se metían los billeteros. Engañaban a los negros, vendiendo los billetes más caros y cuando un billete salía premiado no se aparecían más por allí. Los guajiros iban a negociar tasajo por leche. Vendían a cuatro centavos la botella. Los negros las compraban porque el amo no daba leche. Le leche cura las infecciones y limpia. Por eso había que tomarla.

Pero eso de los conucos fue lo que salvó a muchos esclavos. Lo que les dio verdadera alimentación. Casi todos los esclavos tenían sus conucos. Estos conucos eran pequeños trozos de tierra para sembrar. Quedaban muy cerca de los barracones; casi detrás de ellos. Ahí se cosechaba de todo: boniato, calabaza, quinbombó, maíz, gandul, fríjol caballero, que es como las habas limas, yuca y maní. También criaban sus cochinaticos. Y algunos de estos productos se los vendían a los guajiros que venían directamente del pueblo. La verdad es que los negros eran honrados. Como no sabían mucho todavía, les salía eso de ser honrados, al natural. Vendían sus cosas muy baratas. Los cochinos enteros valían una onza u onza y media, en onzas de oro como eran antes las monedas. Las viandas nunca les gustaba venderlas. Yo aprendí de los viejos a comer vianda, que es muy *nutricia*. En la esclavitud lo principal era el cochino. Las viandas las usaban para alimentarlos. Los cochinos de antes daban más manteca que los de ahora. Yo creo que porque hacían más vida natural. Al cochino había que dejarlo revolcarse bien en los chiqueros. Esa manteca de ellos se vendía a diez kilos la libra. Toda la semana venían los guajiros a buscar su ración. Siempre pagaban medios plata. Más tarde ese medio bajó a un cuartillo, o sea la mitad del medio. Todavía el centavo no se conocía porque no habían coronado a Alfonso XIII. Después de la coronación fue que vino el centavo. El rey Alfonso quiso cambiar hasta el dinero. Llegó a Cuba la calderilla que creo que valía dos centavos y otras novedades en cuestión de plata, debidas al Rey.

Aunque parezca raro, los negros se divertían en los barracones. Tenían su entretenimiento y sus juegos. También había juegos en las tabernas, pero esos eran distintos. Uno de los que más se jugaba en los barracones era el tejo: se ponía una tusa de maíz, partida por la mitad en el suelo, encima se colocaba una moneda, se hacía una raya a poca distancia y se tiraba una piedra desde la raya para alcanzar la tusa. Si la piedra alcanzaba la tusa y el dinero caía sobre ella, el individuo lo recogía y era de él. Si caía cerca de la tusa, no. El tejo traía confusión. Entonces se medía con una pajita para ver si el dinero estaba más cerca de él que de la tusa.

Este juego se hacía en el patio, como el de los bolos. Pero el de los bolos se jugaba poco. Yo lo vide creo que dos o tres veces nada más. Había unos toneleros negros que hacían los palos en forma de botellas y los bolos de madera para jugar. Era un juego libre y todo el mundo entraba. Menos los chinos, que eran muy *separatistas*. Los bolos se tiraban por el piso de tierra, para que tumbaran los cuatro o cinco palos que se colocaban en un extremo. Ese juego era igual que el de hoy, que el que se juega en la ciudad, pero con la diferencia que éste traía broncas por el dinero que se apostaba. Eso sí que no le gustaba a los amos. Por eso prohibían algunos juegos y había que hacerlos cuando el mayoral no estuviera atento. El mayoral era el que le corría las noticias; las noticias y los chismes.

El juego de mayombe estaba amarrado a la religión. Hasta los propios mayorales se metían para buscarse sus beneficios. Ellos creían en los brujos, por eso hoy nadie se puede asombrar de que los blancos crean en estas cosas. En el mayombe se tocaba con tambores. Se ponía una nganga o cazuela grande en el medio del patio. En esa cazuela estaban los poderes; los santos. Y el mayombe era un juego utilitario. Los santos tenían que estar presentes. Empezaban a tocar tambores y a cantar. Llevaban cosas para las ngangas. Los negros pedían por su salud, y la de sus hermanos y para conseguir la armonía entre ellos. Hacían *enkangues* que eran trabajos con tierras del cementerio. Con esas tierras se hacían montoncitos en cuatro esquinas, para figurar los puntos del universo. Dentro de la cazuela, ponían pata de gallina, que era una yerba con paja de maíz para asegurar a los hombres. Cuando el amo castigaba a algún esclavo, los demás recogían un poquito de tierra y la metían en la cazuela. Con esa tierra resolvían lo que querían. Y el amo se enfermaba o pasaba algún daño en la familia. Porque mientras la tierra esa estaba dentro de la cazuela el amo estaba apresado ahí y ni el diablo lo sacaba. Esa era la venganza del congo con el amo.

Cerca de los ingenios estaban las tabernas. Había más tabernas que niguas en el monte. Eran como una especie de vendutas donde se podía comprar de todo. Los mismos esclavos negociaban en las tabernas. Vendían el tasajo que acumulaban en los barracones. En horas del día y a veces hasta en la tarde los esclavos podían ir a las tabernas. Pero eso no pasaba en todos los ingenios. Siempre había el amo que no le daba permiso al esclavo para ir. Los negros iban a las tabernas a buscar aguardiente. Tomaban mucho para mantenerse fortalecidos. El vaso de aguardiente del bueno costaba a medio. Los dueños también tomaban mucho aguardiente y se formaban cada *jirigays* que no eran para cuento. Algunos taberneros eran españoles viejos, retirados del ejército que ganaban poco; unos cinco o seis pesos de retiro.

Las tabernas se hacían de madera y yaguas. Nada de mampostería como las bodegas de ahora. Tenía uno que sentarse en unos sacos de yute que se montonaban en pila, o estar de pie. En las tabernas vendían arroz, tasajo, manteca y frijoles de todas las familias del frijol. Yo vide casos de dueños duros que engañaban a los esclavos dándoles precios falsos. Y vide broncas donde salía castigado el negro y no podía regresar a las tabernas. En las libretas que daban se apuntaban todos los gastos y cuando un esclavo gastaba un medio, pues ponían una rayita y cuando gastaba dos, pues dos rayitas. Así era el sistema que había para comprar lo demás: las galletas de queques, redondas y dulces, las de sal, los confites del tamaño de un garbanzo y hechos de harina de distintos colores, el pan de agua y la manteca. El pan de agua valía un medio la flauta. Era muy distinto al de hoy. Yo prefería ése. También me acuerdo que se vendían unos dulces que les llamaban "capricho", de harina de castilla y ajonjolí y maní. Ahora, esto del ajonjolí era cosa de chinos, porque había vendedores ambulantes que recorrían los ingenios vendiéndolos. Estos chinos eran contratados viejos que ya no podían mover el brazo para la caña y se ponían a vender.

Las tabernas eran apestosas. Sacaban un olor fuerte por las colgaderas que hacían en el techo, de salchichones, jamones para curar y mortadella roja. Pero con todo y eso ahí se jugaba de relajo. Se pasaban la vida en esa bobería. Los negros tenían afanes de buenos competidores en los juegos. Yo me acuerdo de uno que se llamaba "la galleta". La operación para ese juego era de poner en un mostrador de madera o en un tablón cualquiera, cuatro o cinco galletas duras de sal y con el miembro masculino golpear fuerte sobre las galletas para ver quién las partía. El que las partía ganaba. Eso traía apuestas de dinero y trago. Lo jugaban igual negros que blancos.

Otro juego de relajo era el de la botija. Cogían una botija grande con un agujero y metían el miembro por él. El que llegara al fondo era el ganador. El fondo estaba cubierto de una capita de ceniza para que cuando el hombre sacara el miembro se viera bien si había llegado o no.

Además, se jugaba a otras cosas, como la baraja. La baraja se jugaba preferiblemente con olea, que es la legítima para jugar. Había muchos tipos de barajas. A unos les gustaba jugar a la cara; a otros al mico, donde se ganaba mucho, pero yo prefería el *monte,* que nació de las casas particulares y después se repartió al campo. El monte se jugaba en la esclavitud, en las tabernas y en las casas de los amos. Pero yo lo vine a practicar después de la abolición. El monte es muy complicado. Hay que poner dos barajas en una mesa y adivinar cuál de esas

25

dos es la primera de las tres que se guarda. Siempre se jugaba de interés, por eso era atractivo. El banquero era el que echaba las barajas y los apuntes ponían el dinero. Se ganaba mucho. Todos los días yo ganaba dinero. La verdad es que el monte era mi vicio; el monte y las mujeres. Y no por nada, pero había que buscar un mejor jugador que yo. Cada baraja tenía su nombre. Como ahora, lo que pasa es que las de ahora no son tan pintadas. Antes había las sotas, el rey, los ases, el caballo y después venían los números desde el dos hasta el siete. Las barajas tenían figuras de hombres con coronas o a caballo. Se veía claro que eran españoles, porque en Cuba nunca existieron esos tipos, con esos cuellos de encaje y esas melenas. Antes lo que había aquí eran indios.

Los días de más bulla en los ingenios eran los domingos. Yo no sé cómo los esclavos llegaban con energías. Las fiestas más grandes de la esclavitud se daban ese día. Había ingenios donde empezaban el tambor a las doce del día o a la una. En Flor de Sagua, desde muy temprano. Con el sol empezaba la bulla y los juegos y los niños a revolverse. El barracón se encendía temprano, aquello parecía el fin del mundo. Y con todo el trabajo la gente amanecía alegre. El mayoral y el contramayoral entraban al barracón y se metían con las negras. Yo veía que los más aislados eran los chinos. Esos cabrones no tenían oído para el tambor. Eran arrinconados. Es que pensaban mucho. Para mí que pensaban más que los negros. Nadie les hacía caso. Y la gente seguía en sus bailes.

El que más yo recuerdo es la yuka. En la yuka se tocaban tres tambores; la caja, la mula y el cachimbo, que era el más chiquito. Detrás se tocaba con dos palos en dos troncos de cedro ahuecados. Los propios esclavos los hacían y creo que les llamaban catá. La yuka se bailaba en pareja con movimientos fuertes. A veces daban vueltas como un pájaro y hasta parecía que iban a volar de lo rápido que se movían. Daban salticos con las manos en la cintura. Toda la gente cantaba para embullar a los bailadores.

Había otro baile más complicado. Yo no sé si era un baile o un juego porque la mano de puñetazos que se daban era muy seria. A ese baile le decían el maní. Los maniceros hacían una rueda de cuarenta o cincuenta hombres solos. Y empezaban a *dar revés*. El que recibía el golpe salía a bailar. Se ponían ropa corriente de trabajo y usaban en la frente y en la cintura pañuelos de colores y de dibujos. Estos pañuelos se usaban para amarrar la ropa de los esclavos y llevarlos a lavar. Se conocían como pañuelos de vayajá. Para que los golpes del maní fueran más calientes, se cargaban las muñecas con una brujería cualquiera. Las mujeres no bailaban pero hacían un coro con palmadas. Daban gritos por los sustos que recibían, porque a veces caía un negro y no se levantaba más. El maní era un juego cruel. Los maniceros no apostaban en el desafío. En algunos ingenios los mismos amos hacían sus apuestas, pero en Flor de Sagua yo no recuerdo esto. Lo que sí hacían los dueños era cohibir a los negros de darse tantos golpes, porque a veces no podían trabajar de lo averiados que salían. Los niños no podían jugar pero se lo llevaban todo. A mí, por ejemplo, no se me olvida más.

Cada vez que anunciaban tambor los negros se iban a los arroyos a bañarse. Cerca de todos los ingenios había un arroyito. Se daba el caso que iba una hembra detrás y se encontraba con el hombre al meterse en el agua. Entonces se metían juntos y se ponían a hacer el negocio. O si no, se iban a la represa, que eran unas pocetas que se hacía en los ingenios para guardar el agua. Ahí también se jugaba a la *escondida* y los negros perseguían a las negras para cogérselas.

Las mujeres que no andaban en ese jueguito se quedaban en los barracones y con una batea se bañaban. Esas bateas eran grandes y había una o dos para toda la dotación.

El afeitado y el pelado de los hombres lo hacían los mismos esclavos. Cogían una navaja grande y como el que pela un caballo, así, le cogían las pasas a los negros. Siempre había uno que le gustaba tusar y ése era el más experimentado. Pelaba como lo hacen hoy. Y nunca dolía, porque el pelo es lo más raro que hay; aunque uno ve que crece y todo, está muerto. Las mujeres se peinaban con el pelo enroscado y con caminitos. Tenían la cabeza que parecían un melón de Castilla. A ellas les gustaba ese ajetreo de peinarse un día de una forma y otro día de otra. Un día era con caminitos; otro día, con sortijas, otro día planchado. Para lavarse los dientes usaban bejuco de jaboncillo, que los dejaba muy blancos. Toda esa agitación era para los domingos.

Ya ese día cada cual tenía su vestuario especial. Los negros compraban unos zapatos de becerro cerrados que yo no he vuelto a ver. Se compraban en unas tiendas cercanas a las que se iba con un permiso del amo. Usaban pañuelos de vayajá y verdes en el cuello. Los negros se los ponían en la cabeza y en la cintura, como en el baile del maní. También se guindaban un par de argollas en las orejas y se ponían en todos los dedos sortijas de oro. De oro legítimo. Algunos no llevaban oro sino pulsos de plata finos, que llegaban casi hasta los codos. Y zapatos de charol.

Los descendientes de franceses bailaban en parejas, despegados.

Daban vueltas lentas. Si había uno que sobresaliera, le ponían pañuelos de seda en las piernas. De todos los colores. Ese era el premio. Cantaban en *patuá* y tocaban dos tambores grandes con las manos. El baile se llamaba "el francés".

Yo conocía un instrumento que se llamaba marímbula y era chiquito. Lo hacían con varillas de quitasol y sonaba grueso como un tambor. Tenía un hueco por donde le salía la voz. Con esa marímbula acompañaban los toques de tambor de los congos, y no me acuerdo si de los franceses también. Las marímbulas sonaban muy raro y a mucha gente, sobre todo a los guajiros no les gustaba porque decían que eran voces del otro mundo.

A mi entender por esa época la música de ellos era con guitarra nada más. Después, por el año noventa, tocaban danzones en unos órganos grandes, con acordeones y güiros. Pero el blanco siempre ha tenido una música muy distinta al negro. La música del blanco es sin tambor, más desabrida.

Más o menos, así pasa con las religiones. Los dioses de África son distintos aunque se parezcan a los otros, a los de los curas. Son más fuertes y menos adornados. Ahora mismo uno coge y va a una iglesia católica y no ve manzanas, ni piedras, ni plumas de gallos. Pero en una casa africana eso es lo que está en primer lugar. El africano es más burdo.

Yo conocí dos religiones africanas en los barracones: la lucumí y la conga. La conga era la más importante. En Flor de Sagua se conocía mucho porque los brujos se hacían dueños de la gente. Con eso de la adivinación se ganaban la confianza de todos los esclavos. Yo me vine a acercar a los negros viejos después de la abolición.

Pero de Flor de Sagua me acuerdo del chicherekú. El chicherekú era conguito de nación. No hablaba español. Era un hombrecito cabezón que salía corriendo por los barracones, brincaba y le caía a uno detrás. Yo lo vide muchas veces. Y lo oí chillar que parecía una jutía. Eso es positivo y hasta en el Porfuerza, hasta hace pocos años, existía uno que corría igual. La gente le salía huyendo porque decían que era el mismo diablo y que estaba ligado con *mayombe* y con muerto. Con el chicherekú no se puede jugar porque hay peligro. A mí en verdad no me gusta mucho hablar de él, porque yo no lo he vuelto a ver más, y si por alguna casualidad... bueno, ¡el diablo son las cosas!

Para los trabajos de la religión de los congos se usaban los muertos y los animales. A los muertos les decían nkise y a los *majases, emboba*. Preparaban unas cazuelas y todo, y ahí estaba el secreto para trabajar. Se llamaban ngangas. Todos los congos tenían sus ngangas para mayombe. Las ngangas tenían que jugar con el sol. Porque él siempre ha sido la inteligencia y la fuerza de los hombres. Como la luna lo es de las mujeres. Pero el sol es más importante, porque él es el que le da vida a la luna. Con el sol trabajaban los congos casi todos los días. Cuando tenían algún problema con alguna persona, ellos seguían a esa persona por un trillo cualquiera y recogían el polvo que ella pisaba. Lo guardaban y lo ponían en la nganga o en un rinconcito. Según el sol iba bajando, la vida de la persona se iba yendo. Y a la puesta del sol la persona estaba muertecita. Yo digo esto porque da por resultado que yo lo vide mucho en la esclavitud.

Si uno se pone a pensar bien, los congos eran asesinos. Pero si mataban a alguien era porque también a ellos les hacían algún daño. A mí nunca nadie trató de hacerme brujería, porque yo he sido siempre separatista y no me ha gustado conocer demasiado de la vida ajena.

La brujería tira más para los congos que para los lucumises. Los lucumises están más ligados a los santos y a Dios. A ellos les gustaba levantarse temprano con la fuerza de la mañana y mirar para el cielo y rezar oraciones y echar agua en el suelo. Cuando menos uno se lo pensaba el lucumí estaba en lo suyo. Yo he visto negros viejos inclinados en el suelo más de tres horas hablando en su lengua y adivinando. La diferencia entre el congo y el lucumí es que el congo resuelve, pero el lucumí adivina. Lo sabe todo por los diloggunes, que son caracoles de África con misterio dentro. Son blancos y abultaditos. Los ojos de *Eleggua* son de ese caracol.

Los viejos lucumises se trancaban en los cuartos del barracón y le sacaban a uno hasta lo malo que uno hacía. Si había algún negro con lujuria por una mujer, el lucumí lo apaciguaba. Eso creo que lo hacían con cocos, obi, que eran sagrados. Son iguales a los cocos de ahora que siguen siendo sagrados y no se pueden tocar. Si uno ensuciaba el coco le venía un castigo grande. Yo sabía cuando las cosas iban bien porque el coco lo decía. El mandaba a que dijeran *Alafia* para que la gente supiera que no había tragedia. Por los cocos hablaban todos los santos, ahora el dueño de ellos era *Obatalá*. Obatalá era un viejo, según yo oía, que siempre estaba vestido de blanco. Ellos decían que Obatalá era el que lo había hecho a uno y no sé cuántas cosas más. Uno viene de la Naturaleza y el Obatalá ese también.

A los viejos lucumises les gustaba tener sus figuras de madera, sus dioses. Los guardaban en el barracón. Todas esas figuras tenían la cabeza grande. Eran llamadas *oché*. A Eleggua lo hacían de cemento, pero *Changó* y *Yemayá* eran de madera y los hacían los mismos carpinteros.

En las paredes de los cuartos hacían marcas de santo, con carbón vegetal y con yeso blanco. Eran rayas largas y círculos. Aunque cada una era un santo, ellos decían que eran secretas. Esos negros todo lo tenían como secreto. Hoy en día han cambiado mucho, pero antes lo más difícil que había era conquistar a uno de ellos.

La otra religión era la católica. Esa la introducían los curas, que por nada del mundo entraban a los barracones de la esclavitud. Los curas eran muy aseados. Tenían un aspecto serio que no jugaba con los barracones. Eran tan serios que hasta había negros que los seguían al pie de la letra. Tiraban para ellos de mala manera. Se aprendían el catecismo y se lo leían a los demás. Con todas las palabras y las oraciones. Estos negros eran esclavos domésticos y se reunían con los otros esclavos, los del campo, en los bateyes. Venían siendo como mensajeros de los curas. La verdad es que yo jamás me aprendí esa doctrina porque no entendía nada. Yo creo que los domésticos tampoco, aunque como eran tan finos y tan bien tratados, se hacían los cristianos. Los domésticos recibían consideraciones de los amos. Yo nunca vide castigar fuerte a uno de ellos. Cuando los mandaban al campo a chapear caña o a cuidar cochinos, hacían el *paripé* de que estaban enfermos y no trabajaban. Por eso los esclavos del campo no los querían ver ni en pintura. Ellos a veces iban a los barracones a verse con algún familiar. Y se llevaban frutas y viandas para la casa del amo. Yo no sé si los esclavos se las regalaban de los conucos o si ellos se las llevaban de por sí. Muchos problemas de fajatiña en los barracones fueron ocasionados por ellos. Los hombres llegaban y se querían hacer los chulos con las mujeres. Ahí venían las tiranteces peores. Tendría yo como doce años y me daba cuenta de todo el jelengue.

Había más tiranteces todavía. Por ejemplo, entre el congo judío y el cristiano no había *compaginación*. Uno era el bueno y el otro, el malo. Eso ha seguido igual en Cuba. El lucumí y el congo no se llevaban tampoco. Tenían la diferencia entre los santos y la brujería. Los únicos que no tenían problemas eran los viejos de nación. Esos eran especiales y había que tratarlos distinto porque tenían todos los conocimientos de la religión.

Muchas *fajatiñas* se evitaban porque los amos se cambiaban a los esclavos. Buscaban la división para que no hubiera molote de huidos. Por eso las dotaciones nunca se reunían.

A los lucumises no les gustaba el trabajo de la caña y muchos se huían. Eran los más rebeldes y valentones. Los congos no; ellos eran más bien cobardones, fuertes para el trabajo y por eso se *disparaban la mecha* sin quejas. Hay una jutía bastante conocida que le dicen conga; muy cobardona ella.

En los ingenios había negros de distintas naciones. Cada uno tenía su figura. Los congos eran prietos aunque había muchos *jabaos*. Eran chiquitos por lo regular. Los mandingas eran medio *coloraúzcos*. Altos y muy fuertes. Por mi madre que eran mala semilla y criminales. Siempre iban por su lado. Los gangás eran buenos. Bajitos y de cara pecosa. Muchos fueron cimarrones. Los carabalís eran como los congos musungos, fieras. No mataban cochinos nada más que los domingos y los días de Pascua. Eran muy negociantes. Llegaban a matar cochinos para venderlos y no se los comían. Por eso les sacaron un canto que decía: "Carabalí con su maña, mata *ngulo* día domingo". A todos estos negros bozales yo los conocí mejor después de la esclavitud.

En todos los ingenios existía una enfermería que estaba cerca de los barracones. Era una casa grande de madera, donde llevaban a las mujeres preñadas. Ahí nacía uno y estaba hasta los seis o siete años, en que se iba a vivir a los barracones, igual que todos los demás y a trabajar. Yo me acuerdo que había unas negras crianderas y cebadoras que cuidaban a los criollitos y los alimentaban. Cuando alguno se lastimaba en el campo o se enfermaba, esas negras servían de médicos. Con yerbas y conocimientos lo arreglaban todo. No había más cuidado. A veces los criollitos no volvían a ver a sus padres porque el amo era el dueño y los podía mandar para otro ingenio. Entonces sí que las crianderas lo tenían que hacer todo. ¡Quién se iba a ocupar de un hijo que no era suyo! En la misma enfermería pelaban y bañaban a los niños. Los de raza costaban unos quinientos pesos. Eso de niños de raza era porque eran hijos de negros forzudos y grandes, de granaderos. Los granaderos eran privilegiados. Los amos los buscaban para juntarlos con negras grandes y saludables.

Después de juntos en un cuarto aparte del barracón, los obligaban a gustarse y la negra tenía que parir buena cría todos los años. Yo digo que era como tener animales. Pues bueno, si la negra no paría como a ellos se les antojaba, la separaban y la ponían a trabajar en el campo otra vez. Las negras que no fueran curielas estaban perdidas porque tenían que volver a pegar el lomo. Entonces sí podían escoger maridos por la libre. Había casos en que una mujer estaba detrás de un hombre y tenía ella misma veinte detrás. Los brujos procuraban resolver esas cuestiones con trabajos calientes.

Si un hombre iba a pedirle a un brujo cualquiera, una mujer, el brujo le mandaba que cogiera un mocho de tabaco de la mujer, si ella fumaba. Con ese mocho y una mosca cantárida, de esas que son verdes y dañinas, se molía bastante hasta hacer un polvo que se les daba con agua. Así las conquistaban.

Otro trabajo era cogiendo el corazón del sunsún y haciéndolo polvo. Ese se lo tiraba a la mujer en el tabaco. Y para burlarse de ellas nada más que había que mandar a buscar cebadilla a la botica. Con ese cebadilla cualquier mujer se moría de vergüenza, porque el hombre la ponía en un lugar a donde ellas se fueran a sentar y si nada más que les rozaba el culo, las mujeres empezaban a tirarse vientos. ¡Había que ver a aquellas mujeres con la cara untada de cascarilla tirándose vientos!

Los negros viejos se entretenían con todo ese jelengue. Cuando tenían más de sesenta años no trabajaban en el campo. Aunque ellos verdaderamente nunca conocían su edad. Pero da por resultado que si un negro se cansaba y se arrinconaba, ya los mayorales decían que estaba para *guardiero*. Entonces a ese viejo lo ponían en la puerta del barracón o del chiquero, donde la cría era grande. O si no ayudaban a las mujeres en la cocina. Algunos tenían sus conucos y se pasaban la vida sembrando. En esas tareas andaban siempre, por eso tenían tiempo para la brujería. Ni los castigaban ni les hacían mucho caso. Ahora, tenían que estar tranquilos y obedientes. Eso sí.

Yo vide muchos horrores de castigos en la esclavitud. Por eso es que no me gustaba esa vida. En la casa de caldera estaba el cepo, que era el más cruel. Había cepos acostados y de pie. Se hacían de tablones anchos con agujeros por donde obligaban al esclavo a meter los pies, las manos y la cabeza. Así los tenían trancados dos y tres meses, por cualquier maldad sin importancia. A las mujeres preñadas les daban cuero igual, pero acostadas boca abajo con un hoyo en la tierra para cuidarles la barriga. ¡Les daban una mano de cuerazos! Ahora, se cuidaban de no estropearle el niño, porque ellos los querían a tutiplén. El más corriente de los castigos era el azote. Se los daba el mismo mayoral con un cuero de vaca que marcaba la piel. El látigo también lo hacían de cáñamo de cualquier rama del monte. Picaba como diablo y arrancaba la piel en tiritas. Yo vide muchos negros guapetones con las espaldas rojas. Después les pasaban por las llagas compresas de hojas de tabaco con orina y sal.

La vida era dura y los cuerpos se gastaban. El que no se fuera joven para el monte, de cimarrón, tenía que esclavizarse. Era preferible estar solo, regado, que en el corral ese con todo el asco y la pudrición. Total, la vida era solitaria de todas maneras, porque las mujeres escaseaban bastante. Y para tener una, había que cumplir veinticinco años o cogérsela, en el campo. Los mismos viejos no querían que los jovencitos tuvieran hembras. Ellos decían que a los veinticinco años era cuando los hombres tenían experiencias. Muchos hombres no sufrían, porque estaban acostumbrados a esa vida. Otros hacían el sexo entre ellos y no querían saber nada de las mujeres. Esa era su vida: la sodomia. Lavaban la ropa y si tenían algún marido también le cocinaban. Eran buenos trabajadores y se ocupaban de sembrar conucos. Les daban los frutos a sus maridos para que los vendieran a los guajiros. Después de la esclavitud fue que vino esa palabra de afeminado, porque ese asunto siguió. Para mí que no vino de África; a los viejos no les gustaba nada. Se llevaban de fuera a fuera con ellos. A mí, para ser sincero, no me importó nunca. Yo tengo la consideración de que cada uno hace de su barriga un tambor.

Cualquiera se cansaba de vivir. Los que se acostumbraban tenían el espíritu flojo. La vida en el monte era más saludable. En los barracones se cogían muchas enfermedades. Se puede decir, sin figuraciones, que ahí era donde más se enfermaban los hombres. Se daba el caso de que un negro tenía hasta tres enfermedades juntas. Cuando no era el cólico era la tosferina. El cólico plantaba un dolor en el ombligo que duraba horas nada más y lo dejaba a uno muerto. La tosferina y el sarampión eran contagiosos. Pero las peores, las que desplumaban a cualquiera, eran la viruela y el vómito negro. La viruela ponía a los hombres como hinchados y el vómito negro sorprendía a cualquiera, porque venía de repente y entre vómito y vómito se quedaba uno tieso. Había un tipo de enfermedad que recogían los blancos. Era una enfermedad en las venas y en las partes masculinas. Se quitaba con las negras. El que la cogía se acostaba con una negra y se la pasaba. Así se curaban en seguida.
En aquellos tiempos no existían grandes medicinas. Los médicos no se veían por ningún lugar. Eran las enfermeras medio brujeras las que curaban con remedios caseros. A veces curaban enfermedades que los médicos no entendían. Porque el problema no está en tocarlo a uno y pincharle la lengua; lo que hay que hacer es tener confianza en las yerbas que son la madre de la medicina. El africano de

allá, del otro lado del charco, no se enferma nunca porque tiene todas las yerbas en sus manos.

Si algún esclavo cogía alguna enfermedad contagiosa lo sacaban del cuarto y lo trasladaban a la enfermería. Allí lo trataban de curar. Si el esclavo empezaba a boquear, lo metían en unos cajones grandes y lo llevaban para el cementerio. Casi siempre venía el mayoral y daba cuenta a la dotación para que fueran a enterrarlo. Decía: "Vamos a enterrá a ese negro que ya cumplió". Y los esclavos iban para allá pronto porque, eso sí es verdad, cuando alguien se moría, todo el mundo bajaba la cabeza.

El cementerio estaba en el mismo ingenio; a dos o tres cordeles del barracón. Para enterrar a los esclavos se abría un hoyo en la tierra, se tapaba y se ponía una cruz amarrada con un alambre. La cruz esa era para alejar a los enemigos y al diablo. Hoy le dicen crucifijo. Todo el que se pone la cruz en el cuello es porque le han echado algún daño.

Una vez enterraron a un negro y levantó la cabeza. Y es que estaba vivito. Ese cuento me lo hicieron a mí en Santo Domingo, después de la esclavitud. Todo el barrio de Jicotea lo sabe. La cosa fue en un cachimbo que se llama el Diamante y era del padre de Marinello, el que habla mucho de Martí. En ese lugar enterraron a un congo y se levantó gritando. La gente se espantó y salió huyendo. Unos días más tarde el congo se apareció en el barracón; dicen que fue entrando despacito para no asustar a nadie. Pero cuando la gente lo vio se volvió a asustar. Entonces el mayoral le preguntó qué le había pasado y él dijo: "Me metieron en el hoyo por la cólera y cuando me curé, salí". Desde entonces cada vez que alguien cogía esa enfermedad o cualquier otra, lo dejaban días y días en la caja hasta que se enfriaba como un hielo.

Esas historias no son inventadas, lo que sí yo creo que es cuento, porque nunca lo vide, es que los negros se suicidaban. Antes, cuando los indios estaban en Cuba, sí existía el suicidio. Ellos no querían ser cristianos y se colgaban de los árboles. Pero los negros no hacían eso, porque ellos se iban volando, volaban por el cielo y cogían para su tierra. Los congos *musundi* eran los que más volaban, desaparecían por medio de la brujería. Hacían igual que las brujas isleñas, pero sin ruido. Hay gente que dicen que los negros se tiraban en los ríos; eso es falso. La verdad es que ellos se amarraban un negocio a la cintura que le decían prenda y estaba cargada. Ahí estaba la fuerza. Eso yo lo conozco palmo a palmo y es positivo.

Los chinos no volaban ni querían ir para su tierra. Ellos sí se mataban. Lo hacían callados. Después que pasaban los días aparecían guindados a un árbol o tirados en el suelo. Todo lo que ellos hacían era en silencio. A los propios mayorales los mataban con palos y puñaladas. No creían en nadie los chinos. Eran rebeldes de nacimiento. Muchas veces el amo les ponía un mayoral de su raza para que entrara en confianza con ellos. A ése no lo mataban. Cuando se acabó la esclavitud yo conocí otros chinos en Sagua la Grande, pero eran distintos y muy finos.

II

A mí nunca se me ha olvidado la primera vez que intenté huirme. Esa vez me falló y estuve unos cuantos años esclavizado por temor a que me volvieran a poner los grillos. Pero yo tenía un espíritu de cimarrón arriba de mí, que no se alejaba. Y me callaba las cosas para que nadie hiciera traición porque yo siempre estaba pensando en eso, me rodeaba la cabeza y no me dejaba tranquilo; era como una idea que no se iba nunca, y a veces hasta me mortificaba. Los negros viejos no eran amigos de huirse. Las mujeres, menos. Cimarrones había pocos. La gente le tenía mucho miedo al monte. Decían que si uno se escapaba de todas maneras lo cogían. Pero a mí esa idea me daba más vueltas que a los demás. Yo siempre llevaba la figuración de que el monte me iba a gustar. Y sabía que el campo para trabajar era como el infierno. Uno no podía hacer nada de por sí. Todo dependía de las palabras del amo.

JOSÉ LEZAMA LIMA
(1912-1976)

Nace y muere en La Habana. Es huérfano en 1919 cuando muere su padre en los Estados Unidos. En 1938 se gradúa de abogado. Trabaja para el Consejo Superior de Defensa Social y para la Dirección de Cultura del Ministerio de Educación. Sale sólo dos veces de Cuba: viaja a México en 1949 y a Jamaica en 1950 pero conoce las calles del mundo. Es guía de un grupo de jovenes poetas que forma parte de la tercera generación republicana. Funda Verbum *(1937) con Rene Villarnovo,* Espuela de plata *(1939-1941) con Guy Pérez Cisneros y Mariano Rodríguez,* Nadie parecía *(1942-1944) con el padre Angel Gaztelu y* Orígenes *(1944-1956) con José Rodríguez Feo. Esta última representa el hermetismo y la evasión de una generación que busca los orígenes en la metáfora. Al triunfo de la revolución, dirige el Departamento de Literatura y Publicaciones del Consejo Nacional de Cultura. Después es investigador y asesor del Instituto de Literatura y Lingüística de la Academia de Ciencias y uno de los seis vicepresidentes de la Unión de Escritores y Artistas de Cuba. Su obra poética consiste en* Muerte de Narciso *(1937),* Enemigo Rumor *(1941),* Aventuras sigilosas *(1945),* La fijeza *(1949) y* Dador *(1960). En 1970 publica su* Poesía Completa *y en 1977* Fragmento a su imán, *poemario póstumo. En 1966 publica* Paradiso, *novela monumental que lo sitúa entre los primeros narradores de la América Latina. Selecciones de ella aparecen en* Orígenes. *En 1977 se publica* Oppiano Licario, *novela postuma que forma parte del mundo de* Paradiso *y la colección de cuentos* Cangrejos, golondrinas. *Se dedica al ensayo y a la investigación en* Arístides Fernández *(1950),* Analecta del reloj *(1953), la introducción a* Gradual de laúdes *(1955),* La expresión americana *(1957),* Tratados en La Habana *(1958),* Antología de la poesía cubana *(1965), el prólogo a una reedición de* El Regañón y el Nuevo Regañón *(1965) y* Juan Clemente Zenea *(1966). Recoge algunos ensayos conocidos en* La cantidad hechizada *(1970),* Coloquio con Juan Ramón Jiménez *(1970),* Introducción a los vasos órficos *(1971) y* Las eras imaginarias *(1971). "La conjugación de un surrealismo estructural y gobernado con un barroquismo irónico, abierto y libre, mediante la levadura hiperbólica y la chispa cubana—afirma Cintio Vitier—, le permitió a Lezama llegar a ser una especie de juglar 'a lo trascendente,' como aquellos 'a lo divino' que conoció la Edad Media."*

En su interior el colegio

En su interior el colegio se abría en dos patios que comunicaban por una puerta pequeña, semejante a la que en los seminarios da entrada al refectorio. Un patio correspondía a la primera enseñanza, niños de nueve a trece años. Los servicios estaban paralelizados con las tres aulas. Las salidas al servicio estaban regladas a una hora determinada, pero como es en extremo difícil que la cronometría impere sobre el corpúsculo de Malpighi o las contracciones finales de la asimilación, bastaba hacer un signo al profesor, para que este lo dejase ir a su disfrute. El sadismo profesoral, en esa dimensión inapelable, se mostraba a veces de una crueldad otomana. Se recordaba el caso, comentado en secreto, de un estudiante que habiendo pedido permiso para colocar su ciamida de amonio y su azufre orgánico, negado dicho permiso se fue a unos retortijones, que se descifraron en peritonitis, haciendo fosa. Ahora, cada alumno, cuando pedía permiso para "ir afuera", trataba de coaccionar sutilmente al profesor, situándose en la posibilidad de ser un adolescente asesinado por los dioses y al profesor en la de ser un sátrapa convulsionado. Cuidaba el patio un alumno de la clase de preparatoria, que entonces era el final de la primera enseñanza, un tal Farraluque, cruzado de vasco semitititánico y de habanera lánguida, que generalmente engendra un leptosomático adolescentario, con una cara tristona y ojerosa, pero dotado de una enorme verga. Era el encargado de vigilar el desfile de los menores por el servicio, en cuyo tiempo de duración un demonio priápico se posesionaba de él furiosamente, pues mientras duraba tal ceremonia desfilante, bailaba, alzaba los brazos como para pulsar aéreas castañuelas, manteniendo siempre toda la verga fuera de la bragueta. Se la enroscaba por los dedos, por el antebrazo, hacía como si le pegase, la regañaba, o la mimaba como un niño tragón. La parte comprendida entre el balano y el glande era en extremo dimenticable, diríamos cometiendo un disculpable italianismo. Esa improvisada falaroscopia o ceremonia fálica, era contemplada, desde las persianas del piso alto, por la doméstica ociosa, que mitad por melindre y mitad por vindicativos deseos, le llevó la desmesura de un chisme priápico a la oreja climatérica de la esposa del hijo de aquel Cuevaroliot, que tanto luchara con Alberto Olaya. Farraluque fue degradado de su puesto de Inspector de Servicios Escolares y durante varios domingos sucesivos tuvo que refugiarse en el salón de estudios, con rostro de fingida gravedad ante los demás compañeros, pues su sola contemplación se había convertido en una punzada hilarante. El cinismo de su sexualidad lo llevaba a cubrirse con una máscara ceremoniosa, inclinando la cabeza o estrechando la mano con circunspección propia de una despedida académica.

Después que Farraluque fue confinado a un destierro momentáneo de su burlesco poderío, José Cemí tuvo oportunidad de contemplar otro ritual fálico. El órgano sexual de Farraluque reproducía en pequeño su leptosomía corporal. Su glande incluso se parecía a su rostro. La extensión del frenillo se asemejaba a su nariz, la prolongación abultada de la cúpula de la membranilla a su frente abombada. En las clases de bachillerato, la potencia fálica del guajiro Laregas, reinaba como la vara de Arón. Su gladio demostrativo era la clase de geografía. Se escondía a la izquierda del profesor, en unos bancos amarillentos donde cabían como doce estudiantes. Mientras la clase cabeceaba, oyendo la explicación sobre el Gulf Stream, Leregas extraía su verga, —con la misma indiferencia majestuosa del cuadro velazqueño donde se entrega la llave sobre un cojín,— breve como un dedal al principio, pero después como impulsado por un viento titánico, cobraba la longura de un antebrazo de trabajador manual. El órgano sexual de Leregas, no reproducía como el de Farraluque su rostro sino su cuerpo entero. En sus aventuras sexuales, su falo no parecía penetrar sino abrazar el otro cuerpo. Erotismo por compresión como un osezno que aprieta un castaño, así comenzaban sus primeros mugidos.

Enfrente del profesor que monótonamente recitaba el texto, se situaban, como es frecuente, los alumnos, cincuenta o sesenta a lo sumo, pero a la izquierda, para aprovechar más el espacio, que se convertía en un embutido, dos bancos puestos horizontalmente. Al principio del primer banco, se sentaba Leregas. Como la tarima donde hablaba el profesor sobresalía dos cuartas, éste unicamente podía observar el rostro del coloso fálico. Con total desenvoltura e indiferencia acumulada, Leregas extraía su falo y sus testículos, adquiriendo, como un remolino que se trueca en columna, de un solo ímpetu el reto de un tamaño excepcional. Toda la fila horizontal y el resto de los alumnos en los bancos, contemplaba por debajo de la mesa del profesor, aquel tenaz cirio dispuesto a romper su balano envolvente, con un casquete sanguíneo extremadamente pulimentado. La clase no parpadeaba, profundizaba su silencio, creyendo el dómine que los alumnos seguían morosamente el hilo de su expresión discursiva. Era un corajudo ejercicio que la clase entera se imantase por el seco resplandor fálico del osezno guajiro. El silencio se hacía arbóreo, los más fingían que no miraban, otros exageraban su atención a las palabras volanderas e inservibles. Cuando la verga de Leregas se fue desinflando, comenzaron las toses, las risas nerviosas, a tocarse los codos para liberarse del estupefacto que habían atravesado. —Si siguen hablando me voy a ver precisado a expulsar algunos alumnos de la clase, decía el profesorete, sin poder comprender el paso de la atención silenciosa a una progresiva turbamulta arremolinada.

Un adolescente con un atributo germinativo tan tronitonante, tenía que tener un destino espantoso, según el dictado de la pitia délfica. Los espectadores de la clase pudieron observar que al aludir a las corrientes del golfo, el profesor extendía el brazo curvado como si fuese a acariciar las costas algosas, los corales y las anémonas del Caribe. Después del desenlace, pudimos darnos cuenta que el brazo curvado era como una capota que encubría los ojos pinchados por aquel improvisado Trajano columnario. El dolmen fálico de Leregas aquella mañana imantó con más decisión la ceñida curiosidad de aquellos peregrinos inmóviles en torno de aquel Dios Término, que mostraba su desmesura priápica, pero sin ninguna socarronería ni podrida sonrisilla. Inclusive aumentó la habitual monotonía de su sexual tensión, colocando sobre la verga tres libros en octavo mayor, que se movían como tortugas presionadas por la fuerza expansiva de una fumarola. Remedaba una fábula hindú sobre el origen de los mundos. Cuando los libros como tortugas se verticalizaban, quedaban visibles las dos ovas enmarañadas en un nido de tucanes. El golpe de dados en aquella mañana, lanzado por el hastío de los dioses, iba a serle totalmente adverso a la arrogancia vital del poderoso guajiro. Los finales de las sílabas explicativas del profesor, sonaron como crótalos funéreos en un ceremonial de la isla de Chipre. Los alumnos al retirarse, ya finalizada la clase, parecían disciplinantes que esperan el sacerdote druída para la ejecución. Leregas salió de la clase con la cabeza gacha y con aire bobalicón. El profesor seriote, como quien acaricia el perro de un familiar muerto. Cuando ambos se cruzaron, una brusca descarga de adrenalina pasó a los músculos de los brazos del profesor, de tal manera que su mano derecha, movida como un halcón, fue a retumbar en la mejilla derecha de Leregas, y de inmediato su mano izquierda, cruzándose en aspa, en busca de la mejilla izquierda del presuntuoso vitalista. Leregas no tuvo una reacción de indignación al sentir sus mejillas trocadas en un hangar para dos bofetadas suculentas. Dio un salto de payaso, de bailador cínico, pesada ave de río que da un triple salto entontecido. El mismo absorto de la clase ante el encandilamiento del faro alejandrino del guajiro, siguió al súbito de las bofetadas. El profesor con serena dignidad fue a llevar sus quejas a la dirección, los alumnos al pasar podían descifrar el embarazo del dómine para explicar el inaudito sucedido. Leregas siguió caminando, sin mirar en torno, llegando al salón de estudio con la lengua fuera de la boca. Su lengua tenía el rosado brioso de un perro de aguas. Se podía comparar entonces el tegumento de su glande con el de su cavidad bucal. Ambos ofrecían, desde el punto de vista del color, una rosa violeta, pero el del glande era seco, pulimentado, como en acecho para resistir la dilatación porosa de los momentos de erección; el de la boca abrillantaba sus tonos, reflejados por la saliva ligera, como la penetración de la resaca en un caracol orillero. Aquella tontería, con la que pretendía defenderse del final de la ceremonia priápica, no estaba exenta de cierto coqueteo, de cierto rejuego de indiferencia y de indolencia, como si la excepcional importancia del acto que mostraba, estuviera en él fuera de todo juicio valorativo. Su acto no había sido desafiante, sólo que no hacía el menor esfuerzo de la voluntad por evitarlo. La clase, en el segundo cuadrante de la mañana, transcurría en un tiempo propicio a los agolpamientos de la sangre galopante de los adolescentes, congregados para oír verdaderas naderías de una didáctica cabeceante. Su boca era un elemento receptivo de mera pasividad, donde la saliva reemplazaba el agua maternal. Parecía que había una enemistad entre esos dos órganos, donde la boca venía a situarse en el polo contrario del glande. Su misma bobalicona indiferencia, se colocaba de parte de la femineidad esbozada en el rosado líquido de la boca. Su eros enarcado se abatió totalmente al recibir las dos bofetadas profesorales. El recuerdo dejado por su boca en exceso húmeda, recordaba como el falo de los gigantes en el Egipto del paleolítico, o los gigantes engendrados por los ángeles y las hijas de los hombres, no era de un tamaño correspondiente a su gigantismo, sino, por el contrario, un agujero, tal como Miguel Angel pintaba el sexo en la creación de los mundos, donde el glande retrotraído esbozaba su diminuto cimborrio. Casi todos los que formaban el coro de sus espectadores, recordaban aquella temeridad enarcante en una mañana de estío, pero Cemí recordaba con más precisión la boca del desaforado provinciano, donde un pequeño pulpo parecía que se desperezaba, se deshacía en las mejillas como un humo, resbalaba por la canal de la lengua, rompiéndose en el suelo en una flor de hielo con hiladas de sangre.

Después que Leregas fue expulsado del colegio, debemos retomar el hilo del otro ejemplar priápico, Farraluque, que después de haber sido condenado a perder tres salidas dominicales, volvió a provocar una prolongada cadeneta sexual, que tocaba en los prodigios. El primer domingo sin salida vagó por los silenciosos patios de recreo, por el salón de estudios, que mostraba una vaciedad total. El transcurrir del tiempo se le hacía duro y lento, arena demasiado mojada dentro de la clepsidra. El tiempo se le había convertido en una sucesión de gotas de arena. Cremosa, goteante, interminable crema batida. Quería borrar el tiempo con el sueño, pero el tiempo y el sueño marchaban de espaldas, al final se daban dos palmadas y volvían a empezar como en los inicios de un duelo, espalda contra espalda, hasta que llegaban a un número convenido, pero los disparos no sonaban. Y sólo se prolongaba el olor del silencio dominical, la silenciosa pólvora algodonosa, que formaban nubes rápidas, carrozas fantasmales que llevaban una carta, con un cochero decapitado que se deshacía como el humo a cada golpe de su látigo dentro de la niebla.

Farraluque volvía en su hastío a atravesar el patio, cuando observó que la criada del director, bajaba la escalera, con el rostro en extremo placentero. Su paso revelaba que quería forzar un encuentro con el sancionado escolar. Era la misma que lo había observado detrás de las persianas, llevándole el drolático chisme a la esposa del director. Cuando pasó por su lado le dijo:

—¿Por qué eres el único que te has quedado este domingo sin visitar a tus familiares? —Estoy castigado, le contestó secamente Farraluque. Y lo peor del caso es que no sé por qué me han impuesto ese castigo. —El director y su esposa han salido, le contestó la criadita. Estamos pintando la casa, si nos ayudas, procuraremos recompensarte. Sin esperar respuesta, cogió por la mano a Farraluque, yendo a su lado mientras subían la escalera. Al llegar a la casa del director, vio que casi todos los objetos estaban empapelados y que el olor de la cal, de los barnices y del aguarrás, agudizaban las evaporaciones de todas esas substancias, escandalizando de súbito los sentidos.

Al llegar a la sala le soltó la mano a Farraluque y con fingida indiferencia trepó una escalerilla y comenzó a resbalar la brocha chorreante de cal por las paredes. Farraluque miró en torno y pudo apreciar que en la cama del primer cuarto la cocinera del director, mestiza mamey de unos diecinueve años henchidos, se sumergía en la intranquila serenidad aparente del sueño. Empujó la puerta entornada. El cuerpo de la prieta mamey reposaba de espaldas. La nitidez de su espalda se prolongaba hasta la bahía de sus glúteos resistentes, como un río profundo y oscuro entre dos colinas de cariciosa vegetación. Parecía que dormía. El ritmo de su respiración era secretamente anhelante, el sudor que le depositaba el estío en cada uno de los hoyuelos de su cuerpo, le comunicaba reflejos azulosos a determinadas regiones de sus espaldas. La sal depositada en cada una de esas hondonadas de su cuerpo parecía arder. Avivaba los reflejos de las tentaciones, unidas a esa lejanía que comunica el sueño. La cercanía retadora del cuerpo y la presencia en la lejanía de la ensoñación.

Farraluque se desnudó en una fulguración y saltó sobre el cuadrado de las delicias. Pero en ese instante la durmiente, sin desperezarse, dio una vuelta completa, ofreciendo la normalidad de su cuerpo al varón recién llegado. La continuidad sin sobresaltos de la respiración de la mestiza, evitaba la sospecha del fingimiento. A medida que el aguijón del leptosomático macrogenitosoma la penetraba, parecía como si se fuera a voltear de nuevo, pero esas oscilaciones no rompían el ámbito de su sueño. Farraluque se encontraba en ese momento de la adolescencia, en el que al terminar la cópula, la erección permanece más allá de sus propios fines, convidando a veces a una masturbación frenética. La inmovilidad de la durmiente comenzaba ya a atemorizarlo, cuando al asomarse a la puerta del segundo cuarto, vio a la españolita que lo había traído de la mano, igualmente adormecida. El cuerpo de la españolita no tenía la distensión del de la mestiza, donde la melodía parecía que iba invadiendo la memoria muscular. Sus senos eran duros como la arcilla primigenia, su tronco tenía la resistencia de los pinares, su flor carnal era una araña gorda, nutrida de la resina de esos mismos pinares. Araña abultada, apretujada como un embutido. El cilindro carnal de un poderoso adolescente, era el requerido para partir el arácnido por su centro. Pero Farraluque había adquirido sus malicias y muy pronto comenzaría a ejercitarlas. Los encuentros secretos de la españolita parecían más oscuros y de más difícil desciframiento. Su sexo parecía encorsetado, como un oso enano en una feria. Puerta de bronce, caballería de nubios, guardaban su virginidad. Labios para instrumentos de viento, duros como espadas.

Cuando Farraluque volvió a saltar sobre el cuadrado plumoso

del segundo cuarto, la rotación de la españolita fue inversa a la de la mestiza. Ofrecía la llanura de sus espaldas y su bahía napolitana. Su círculo de cobre se rendía fácilmente a las rotundas embestidas del glande en todas las acumulaciones de su casquete sanguíneo. Eso nos convencía de que la españolita cuidaba teológicamente su virginidad, pero se despreocupaba en cuanto a la doncellez, a la restante integridad de su cuerpo. Las fáciles afluencias de sangre en la adolescencia, hicieron posible el prodigio de que una vez terminada una conjugación normal, pudiera comenzar otra "per angostam viam". Ese encuentro amoroso recordaba la incorporación de una serpiente muerta por la vencedora silbante. Anillo tras anillo, la otra extensa teoría flácida iba penetrando en el cuerpo de la serpiente vencedora, en aquellos monstruosos organismos que aún recordaban la indistinción de los comienzos del terciario donde la digestión y la reproducción formaban una sola función. La relajación del túnel a recorrer, demostraba en la españolita que eran frecuentes en su gruta la llegada de la serpiente marina. La configuración fálica de Farraluque era en extremo propicia a esa penetración retrospectiva, pues su aguijón tenía un exagerado predominio de la longura sobre la raíz barbada. Con la astucia propia de una garduña pirenaica, la españolita dividió el tamaño incorporativo en tres zonas, que motivaban, más que pausas en el sueño, verdaderos resuellos de orgullosa victoria. El primer segmento aditivo correspondía al endurecido casquete del glande, unido a un fragmento rugoso, extremadamente tenso, que se extiende desde el contorno inferior del glande y el balano estirado como una cuerda para la resonancia. La segunda adición traía el sustentáculo de la resistencia, o el tallo propiamente dicho, que era la parte que más comprometía, pues daba el signo de si se abandonaría la incorporación o con denuedo se llegaría hasta el fin. Pero la españolita, con una tenacidad de ceramista clásico, que con solo dos dedos le abre toda la boca a la jarra, llegó a unir las dos fibrillas de los contrarios, reconciliados en aquellas oscuridades. Torció el rostro y le dijo al macrogenitosoma una frase que éste no comprendió al principio, pero que después lo hizo sonreír con orgullo. Como es frecuente en las peninsulares, a las que su lujo vital las lleva a emplear gran número de expresiones criollas, pero fuera de su significado, la petición dejada caer en el oído del atacante de los dos frentes establecidos, fue: *la ondulación permanente*. Pero esa frase exhalada por el éxtasis de su vehemencia, nada tenía que ver con una dialéctica de las barberías. Consistía en pedir que el conductor de la energía, se golpease con la mano puesta de plano en la fundamentación del falo introducido. A cada uno de esos golpes, sus éxtasis se trocaban en ondulaciones corporales. Era una cosquilla de los huesos, que ese golpe avivaba por toda la fluencia de los músculos impregnados de un Eros estelar. Esa frase había llegado a la españolita como un oscuro, pero sus sentidos le habían dado una explicación y una aplicación clara como la luz por los vitrales. Retiró Farraluque su aguijón, muy trabajado en aquella jornada de gloria, pero las ondulaciones continuaron en la hispánica espolique, hasta que lentamente su cuerpo fue transportado por el sueño.

Se prolongó la vibración de la campana, convocando para la asistencia al refectorio. Era el único comensal en aquel salón preparado para cuatrocientos alumnos ausentes en día del Señor. El mármol de la mesa, la blancura de las losas, la venerable masa del pan, las paredes de cal apuntaladas por las moscas, trajeron con sus motivos de Zurbarán, el contrapeso armonizador de aquel domingo orgiástico.

La cocinera del director se encontró el lunes por la noche con la criada de enfrente. Era la única sirvienta de un matrimonio cerca ya de la cuarentena fatal para los desgastes de la reproducción. Observaba día y noche el inmenso tedio de la pareja a la que servía. El aburrimiento era ya el único imán aglutinante de los caminos. Cuando se ayuntaban en espaciado tiempo, el reloj de ese encuentro chirriaba por la oxidación del disgusto cotidiano, del malhumor en punta. Parte de la frustración del ejemplar femenino, se vaciaba en interminables conversaciones droláticas con la criada, al mismo tiempo que le rascaba unos pies reñidos al minueto. La criada le repetía a la señora todo el relato que a su vez había recibido de la cocinera aún con el recuerdo de la fiebre en el éxtasis de recibir tamaño aguijón. La señora exigió reiteraciones en el relato, detalles en las dimensiones, minuciosas pruebas en las progresiones de lamentos y hosanas del encuentro dichoso. La hacía detenerse, volver sobre un fragmento del suceso, dilatar un instante en que el sueño fingido estuvo a punto de trocarse en un alarido guerrero o en las murmuraciones de la flauta. Pero tanto demandaba la señora en el relato, las detalladas descripciones de la danza y el cuenco, que la criada le decía con extrema humildad: —Señora eso únicamente se puede describir bien cuando uno lo tiene delante, pero, creame, entonces ya uno se olvida de todo y después no puede describir nada en sus detalles.

Llegadas las diez de la noche tibia, la criada comenzó a cerrar las ventanas de la sala, a bajar las ventanas polvosas, preparó el termo para la mesa de noche de la señora. Descorrió las sobrecamas, sacudió los almohadones de la cama que mostraban una voluptuosidad no surcada. Media hora después la señora ganaba el sueño entrecortado por unos suspiros anhelosos. ¿Qué extrañas mariposas venían a posarse al borde mismo de su descanso nocturno?

El segundo domingo para el sancionado transcurrió con un aro subiendo y bajando las hondonadas de un tedio de agua embotellada. Al llegar el crepúsculo una leve brisa comenzó a insinuarse con cautela. Un garzón miquito, hermano de la llamada cocinera mamey, penetró por el patio del colegio en busca de Farraluque. Le dijo que en la casa de enfrente, la señora quería también que le ayudara a pintar la casa. El priápico sintió el orgullo de que su nombre se extendía de la gloriola del patio de la escuela a la fama más anchurosa de la vecinería. Cuando penetró en la casa, vio la escalerilla y a su lado dos cubos de cal, más lejos la brocha, con las cerdillas relucientes, sin ningún residuo de un trabajo anterior. Estaba la brocha sin haber perdido su intacta alegría de un rebuscado elemento para una naturaleza muerta de algún pintor de la escuela de Courbet. Como en una escenografía se situaba de nuevo una puerta entornada. La madura madona fingía sin destreza un sueño de modorra sensual. Farraluque también se creyó obligado a no fingir que creía en la dureza de semejante estado cataléptico. Así, antes de desnudarse, hizo asomar por los brazos todo el escándalo de las progresiones elásticas de su lombriz sonrosada. Sin abandonar el fingimiento de la somnolencia, la mujer empezó a alzar los brazos, a cruzarlos con rapidez, después ponía los dedos índice y medio de cada mano sobre los otros dos, formando un cuadrado, que se soldaba y se rompía frente a las proximidades de la Niké fálica. Cuando Farraluque saltó sobre el cuadrado espumoso por el exceso de almohadones, la mujer se curvó para acercarse a conversar con el instrumento penetrante. Sus labios secos al comienzo, después brevemente humedecidos, comenzaron a deslizarse por la filigrana del tejido poroso del glande. Muchos años más tarde él recordaría el comienzo de esa aventura, asociándola a una lección de historia, donde se consignaba que un emperador chino, mientras desfilaban interminablemente sus tropas, precedidas por las chirimías y atabales de combate, acariciaba una pieza de jade pulimentada casi diríamos con enloquecida artesanía. La viviente intuición de la mujer deseosa, le llevó a mostrar una impresionable especialidad en dos de las ocho partes de que consta una opoparika o unión bucal, según los textos sagrados de la India. Era el llamado mordisqueo de los bordes, es decir, con la punta de dos de sus dedos presionaba hacia abajo, el falo, al mismo tiempo que con los labios y los dientes recorría el contorno del casquete. Farraluque sintió algo semejante a la raíz de un caballo encandilado mordido por un tigre recién nacido. Sus dos anteriores encuentros sexuales, habían sido bastos y naturalizados, ahora entraba en el reino de la sutileza y de la diabólica especialización. El otro requisito exigido por el texto sagrado de los hindúes, y en el cual se mostraba también la especialidad, era el pulimento o torneadura de la alfombrilla lingual en torno a la cúpula del casquete, al mismo tiempo que con rítmicos movimientos cabeceantes, recorría toda a extensión del instrumento operante. Pero la madona a cada recorrido de la alfombrilla, se iba extendiendo con cautela hasta el círculo de cobre, exagerando sus transportes, como si estuviese arrebatada por la bacanal de Tanhauser! Tanteaba el frenesí ocasionado por el recorrido de la extensión fálica, encaminándose con una energía imperial hacia la gruta siniestra. Cuando creyó que la táctica coordinada del mordisqueo de los bordes y de el pulimento de la extensión, iban a su final eyaculante, se lanzó hacia el caracol profundo, pero en ese instante Farraluque llevó con la rapidez que solo brota del éxtasis, su mano derecha a la cabellera de la madona, tirando con furia hacia arriba para mostrar la arrebatada gorgona, chorreante del sudor ocasionado en las profundidades.

Esta vez abandonó la cama, mirando con ojos de félida, la alcoba próxima. El final del encuentro anterior, tenía algo de morderse la cola. Su final tan solo agrandaba el deseo de un inmediato comienzo, pues la extrañeza de aquella inesperada situación, así como la extremada vigilancia ejercida sobre la Circe, afanosa de la gruta de la serpiente, había impedido que la afluencia normal de su energía se manifestase libremente. Quedaba un remanente, que el abrupto final había entrecortado, pesándole un cosquilleo en la nuca, como un corcho inexorable en la línea de flotación.

Con una altiva desnudez, ya sabía lo que le esperaba, penetró en el otro cuarto. Allí estaba el miquito, el hermano de la cocinera del director. Acostado de espaldas, con las piernas alegremente abiertas, mostraba el mismo color mamey de la carne de la hermana, brindando una facilidad externa, pero lleno de complicaciones ingenuas casi indescifrables. Fingía el sueño, pero con una malicia bien visible, pues con un ojo destapado y travieso le daba la vuelta al cuerpo de Farraluque, deteniéndose después en el punto culminante de la lanza.

Su mestizaje no se revelaba en la asimetría del rostro, sino en la brevedad exagerada de la nariz, en unos labios que mostraban la línea de un morado apenas visible, en unos ojos verdosos de felino amansado, la caballera cobra una extensión de exagerada uniformidad, donde era imposible para la mirada aislar una hebra del resto de un grosor de noche cuando va a llover. El óvalo del rostro se cerraba con suavidad, atractivo por la sonriente pequeñez de las partes que albergaba. Los dientes pequeños, de un blanco cremoso. Enseñaba un incisivo cortado en forma triangular, que al sonreír mostraba la movilidad de la punta de su lengua, como si fuese tan solo la mitad de la de una serpiente bífida. La movilidad de los labios se esbozaba sobre los dientes, tiñéndolos como de reflejos marinos. Tenía tres collares extendidos hasta la mitad del pecho. Los dos primeros de una blancura de masa de coco. El otro, mezclaba una semilla color madera con cinco cuentas rojas. El siena de su cuerpo profundizaba todos esos colores, dándole un fondo de empalizada de ladrillo en el mediodía dorado. La astuta posición del miquito, decidió a Farraluque para que aceptase el reto del nuevo lecho, con las sábanas onduladas por las rotaciones del cuerpo que mostraba como una lejana burla sagrada. Antes de penetrar Farraluque, en el cuadrado gozoso, observó que al rotar Adolfito, ya es hora que le demos su nombre, mostró el falso escondido entre las dos piernas, quedándole una pilosa concavidad, tensa por la presión ejercida por el falo en su escondite. Al empezar el encuentro Adolfito rotaba con inconcebible sagacidad, pues cuando Farraluque buscaba apuntalarlo, hurtaba la ruta de la serpiente, y cuando con su aguijón se empeñaba en sacar el del otro de su escondite, rotaba de nuevo, prometiéndole más remansada bahía a su espolón. Pero el placer en el miquito parece que consistía en esconderse, en hacer una invencible dificultad en el agresor sexual. No podía siquiera lograr lo que los contemporáneos de Petronio habían puesto de moda, la cópula *inter femora,* el encuentro donde los muslos de las dos piernas provocan el chorro. La búsqueda de una bahía enloquecía a Farraluque, hasta que al fin el licor, en la parábola de su hombría, saltó sobre el pecho del miquito deleitoso, rotando éste al instante, como un bailarín prodigioso, y mostrando, al final del combate su espalda y sus piernas de nuevo diabólicamente abiertas, mientras, rotando de nuevo, friccionaba con las sábanas su pecho inundado de una savia sin finalidad.

El tercer domingo de castigo, los acontecimientos comenzaron a rodar y a enlazarse desde la mañana. Adolfito se salió de su hermandad con la cocinera del director, para deslizarse hasta el patio y así poder hablar con Farraluque. Ya él había hablado con las dos criadas del director, para que Farraluque, pudiera ausentarse del colegio al comenzar el crepúsculo. Le dijo que *alguien,* seducido por su arte de pintar con cal, lo quería conocer. Le dejó la llave del sitio donde habían de coincidir y al despedirse. como para darle seguridad, le dijo que si tenía tiempo iría a darle compañía. Como ya Ferraluque descifraba con excesiva facilidad lo que quería decir para él pintura de cal, se limitó a inquirir por el *alguien* que debería ir a visitar. Pero el miquito le dijo que ya lo sabría, chasqueando la lengua en la oquedad de su incisivo triangular.

Los habaneros olfatean, entre las cinco y las seis de la tarde, del domingo, ese tedio compartido por las familias, padres e hijos, que abandonan el cine y van de retirada para su casa. Es el momento invariablemente angustioso en que la excepción del tedio se entrega a lo cotidiano soportado por el hombre que rumia su destino, no que lo dirige y lo consume. Farraluque salió de la vaciedad de un patio escolar, en vacaciones de fin de semana, al reto mayor del tedio fuerte en los estados de ánimo, en el sistema nervioso de una ciudad. En el primer café de la esquina, pudo observar como el padre de una niña intentaba quitarle la grasa residual de un mantecado, de su blusa blanca con puntitos azules. En la otra esquina una manejadora, toda de blanco, intentaba arrancar a una niña del farol donde se había trabado su globo rojo con negros signos islámicos. Cerca de la alcantarilla, un garzón soltaba su trompo, traspasándolo después a la palma de la mano. Se rascaba la mano, se sentaba en el quicio, después miraba de un extremo a otro de la calle, muy lentamente.

Llegó al número convenido de la calle Concordia. Introdujo el llavín, se desprendió como un cisco y dio un paso casi tambaleándose, pues había llegado a un bosque de niebla. ¿En qué profundos había caído? Después que su vista se fue acostumbrando, pudo darse cuenta que era una carbonería en donde se encontraba. Las primeras divisiones que rodeaban todo el cuadrado, estaban dedicadas al carbón ya muy dividido, para que los clientes se lo fueran llevando en cartuchos. Más arriba, los sacos traídos de la Ciénaga, grandes como pedruscos, extensos como filamentos de luz fría. Por último, las tortas de carbón vegetal, que se entremezclaban al otro carbón para favorecer el crecimiento de la llamada inicial, cuyo surgimiento le arrancaba tantas maldiciones a los cocineros del siglo pasado, pues había que ser muy diestro para poner a dialogar en su oportunidad el fragmento más combustible de la madera con los pellizcos de la llamarada irritante.

Se adelantó para ver una diminuta pieza, iluminada por un pequeño ojo de buey. Allí se encontraba un hombre, con una madurez cercana a la media secularidad, desnudo, con las medias y los zapatos puestos, con un antifaz que hacía su rostro totalmente irreconocible. Apenas vio la presencia del esperado, se saltó casi para la otra pieza donde la niebla de carbón parecía que pintaba. Como un sacerdote de una hierofanía primaveral, empezó a desnudar al priápico como si le tornease, acariciando y saludando con un sentido reverencial todas las zonas erógenas, principalmente las de mayor longura carnosa. Era regordete, blancón, con pequeños oleajes de grasa en la región ventral. Farraluque comprobó que su papada era del tamaño de su bolsa testicular. La maestría en la incorporación de la serpiente era total, a medida que se dejaba ganar por el cuerpo penetrante, se ponía rojo, como si en vez de recibir fuese a parir un monstruoso animal.

El tono apoplético de este poderoso incorporador del mundo exterior, fue en crescendo hasta adquirir verdadero rugidos oraculares. Con las manos en alto apretaba los cordeles que cerraban los sacos carboníferos, hasta que sus dedos comenzaron a sangrar. Recordaba esas estampas, donde aparece Bafameto, el diablo andrógino, poseído por un cerdo desdentado, rodeada la cintura por una serpiente que se cruza en el sitio del sexo, inexorablemente vacío, mostrando su cabeza la serpiente, flácida, en oscilante suspensión. A la altura de su falo, que no cumplía la ley de la biología evolutiva, de que a mayor función mayor órgano, pues a pesar del neutro empleado que le impartía, su tamaño era de una insignia excepcional, lo que hizo reír a Farraluque, pues lo que en él era una presea de orgullo, algo para mostrar a los trescientos alumnos del patio de los primarios, en el sujeto recipiendario era ocultamiento de indiferencia, flacidez desdeñada por las raíces de la vida. En esa altura indicada, su falo acostumbrado a eyacular sin el calor de una envoltura carnal, se agitó como impulsado por la levedad de una brisa suave, pues dentro de la carbonería hacía un calor de máquina de vapor naval. Los cuerpos sudaban como si se encontraran en los más secretos pasadizos de una mina de carbón. Introdujo la vacilante verga en una hendidura de carbón, sus movimientos exasperados en los momentos finales de la pasión, hicieron que comenzara a desprenderse un cisco. Tiraba de los cordeles, le daba puñetazos a la concavidad de los sacos, puntapiés a los carbones subdivididos para la venta a los clientes más pobres. Esa sanguínea acumulación de su frenesí, motivaron la hecatombe final de la carbonería. Corría el cisco con el silencio de un río en el amanecer, después los carbones de imponente tamaño natural, aquellos que no están empequeñecidos por la pala, rodaban como en una gruta polifémica. Farraluque y el señor del antifaz, fueron a refugiarse a la pequeña pieza vecina. El ruido de las tortas de carbón vegetal, burdos panales negros, era más detonante y de más arrecida frecuencia. Por la pequeñez del local, toda la variedad del carbón venía a rebotar, golpear o a dejar irregulares rayas negras en los cuerpos de estos dos irrisorios gladiadores, unidos por el hierro ablandado de la enajenación de los sexos.

El carbón al chocar con las losetas del suelo, no sonaba en directa relación con su tamaño, sino se deshacía en un crujido semejante a un perro danés que royese a un ratón blanco. Todos los sacos habían perdido su equilibrio de sostén, como si todos ellos hubieran sido golpeados por el maldito furor retrospectivo del caballero del antifaz. Farraluque y su sumando contrario, no podían en la pequeña pieza contigua sostener el hundimiento de la mina. Muy pronto desistieron de cumplimentar el final de su vestimenta y solo se cubrieron con las piezas para el indispensable pudor. Salió primero el del antifaz, con pliegues faciales aún rubicundos por la entrecortada aventura. Al llegar a la esquina pudo ver de soslayo el globo rojo con negros signos islámicos, que aún seguía golpeando el cínico farol sonriente.

Farraluque sólo tuvo tiempo para ponerse los zapatos, el pantalón y el saco con una espiral negra que recorría todo su espaldar. Cruzó las dos sopalas del saco para no mostrar la vellocilla del pecho. Vio en el centro de la calle, sentados en alegre bisbiseo, al del trompo con Adolfito. Para irse quitando el susto, Farraluque se sentó con los dos golfillos. Creyendo penetrar en su alegría, el miquito le sonreía pensando en su fiesta sexual, pues estaba en ese momento en que la cópula era igualmente placentera para él si la ejercía con una albina dotada de la enorme protuberancia de un fibroma, como en un tronco de palma. No asociaba el placer sexual a ningún sentido estético, ni siquiera a la fascinación de los matices de la simpatía. Igualmente la presencia activa o pasiva de la cópula dependía de la ajena demanda. Si la vez anterior que había estado con Farraluque, se había mostrado tan esquivo, no era por subrayar ningún prejuicio moral, sino para preparar posteriores aventuras. La astucia era en él muchos más fuerte que la varonía, que le era indiferente y aún desconocida.

—¿Ya sabes quién era el *alguien* que te esperaba?, le dijo Adolfito, tan pronto se alejó tirando de los cordeles el muchacho con quien hablaba.

Farraluque contestó alzando los hombros. Después se limitó a decir: —no me interesó quitarle el antifaz—.

—Pues detrás del antifaz, te hubieras encontrado con la cara del esposo de la señora de enfrente del colegio. Aquélla que tuviste que tirarle del pelo... terminó Adolfito sonriéndose.

Llegó el último día de clase, por las vacaciones de Navidad, y José Cemí después de despedirse de los poquísimos amigos que tenía en el colegio, penetró en su casa cerca de las cinco de la tarde, pues estuvo un rato sentado en el banco de enfrente de su casa, viendo la marcha de los patinadores hacia el Malecón. Al pasar por la verja, entre la puerta mayor y la puerta por la que se entraba al comedor, observó ya a su tía Leticia y a Doña Augusta, hablando con incesancia de su próximo viaje a Santa Clara. —Estoy enferma, decía Leticia, y tú me tienes que acompañar, pues si no lo hicieras, no serías una buena madre—. La conversación unas veces se remansaba, cuando Leticia tenía el convencimiento de que su madre la acompañaría en su viaje; otras se volvía intranquila, cuando las voces se alzaban y se cruzaban, y era cuando Doña Augusta alegaba que tenía su casa abandonada, que sus otros hijos necesitaban de ella, que estaba aburrida de vivir en provincia, cuando tenía casa en Prado. En esos momentos dubitativos para su compañía, se exasperaba su habitual histerismo, apretaba los dientes y sollozaba, reclamaba las sales, se extendía en el sofá, como si estuviera extremadamente mareada. —Está bien, decía Doña Augusta, condescendiendo en hacer sus valijas, me volveré a ir, todas mis cosas quedarán abandonadas, Rialta se volverá a quedar sola con sus muchachos, hundiéndose cada vez más en el recuerdo de José Eugenio. Tu egoísmo, Leticia, es la única enfermedad que tienes, y una madre acaba siempre por someterse al egoísmo de sus hijos. Además, encuentro a Horacio día tras día más propenso a la melancolía, apenas quiere salir a pasear, por otra parte, Alberto está cada día más majadero. Demetrio lo pierde de vista semanas enteras, y cuando regresa está muy intranquilo, y para vencer esa intranquilidad, apela a procedimientos que lo vuelven más intranquilo aún, hasta llegar a pelearse con el propio Demetrio, que lo tolera sólo por las cosas que me tiene que agradecer de su época de estudiante sin blanca, pero la verdad que ya comienza a cansarse, pues su mujer lo hostiga para que ponga un límite a su paciencia. Cuando tú, Leticia, me arrastras, todo eso queda abandonado y así nos vas llevando a la dispersión y el caos—.

Leticia al ver que llegaba Joseíto, como ella le decía a José Cemí, se dirigió a Rialta, diciéndole: Si tú quisieras yo me llevaría a Joseíto, para que pasase dos semanas conmigo, él no ha estado en el campo, saldrá a ver algún ingenio, alguna granja. Montaría a caballo por la mañana y eso le haría mucho bien para su asma. Lo encuentro que vive muy retraído para su edad. Le hace falta salir, tratar a más gente, tener amigos. Parece que nada más le gusta oírlos a ustedes, cuando le hacen relatos de las Navidades de Jacksonville, de la muerte de los abuelos, y sobre todo de la muerte de su padre. Así lo van haciendo tímido, ya he visto que cuando alguien viene de visita, sale corriendo a esconderse. En realidad Leticia no decía ninguna de esas cosas para inclinar o convencer a Rialta, de que le diera permiso para acompañarle en su viaje a Santa Clara, sino para incluir a alguien más de la familia en el séquito de Doña Augusta, creyendo que así fortalecía su causa.

Cemí oía la escena con indiferencia, pues en esas solicitaciones familiares, le gustaba que fuese su madre la que escogiese. —Yo creo que le haría bien, contestó Rialta, aunque en el fondo no le gustaba separarse de sus hijos. El aire del campo le hará bien a su asma, aunque es una enfermedad tan rara y especial, que a lo mejor le sucede con tantas yerbas y flores, que empeora. Pero como va a estar poco tiempo, porque eso sí, dijo cambiando de acento en la expresión, si está más tiempo iré yo misma a buscarlo.

—No llegaremos a ninguna nota trágica, contestó Leticia, disimulando con una sonrisa, el efecto desagradable causado por las palabras de Rialta. A las dos semanas ya está de nuevo contigo, volvió a decir Leticia, con menos asma y contentísimo y queriendo preparar una nueva excursión.

Rialta consintió para hacerle más agradable los primeros días de Doña Augusta, en su traslado un poco forzado para Santa Clara, que estuviese acompañada por uno de sus nietos, para que no fuese tan brusca la separación del resto de la familia. Sabía que Leticia era un temperamento abusivo y dada a la satisfacción de sus menores deseos domésticos. El resentimiento que le había comunicado el casarse con un hombre mayor de edad, del que nunca estuvo enamorada, unido a los años que había tenido que pasar en provincia, una Olalla como ella, que pertenecía a la crema de la crema, a la aristocracia con casa propia en Prado, la habían vuelto muy tenaz en agrandar los detalles de su vivir cotidiano, queriéndolos convertir en una cabalgata convergente hacia sus deseos. Por lo menos, en la despedida José Cemí y Doña Augusta, estarían en su bando, es decir, en su momentánea compañía en el momento del regreso a la provincia.

Sonaron los primeros avisos para que el tren se pusiera en marcha. Augusta, Rialta con sus tres hijos, Leticia y su esposo, con sus dos hijos, y Demetrio siempre alegre por la contemplación del esposo de Leticia, que le recordaba los amenos días de Isla de Pinos. Se rompió la fila horizontal, pasando los familiares que iban a hacer el viaje al interior de los vagones. Desde la muerte de su padre, Cemí asociaba toda separación a la idea de la muerte. El regreso de toda partida, era la ausencia de morir. A medida que fueron pasando los años, paradojalmente, esa sensación de muerte, que se entrelazaba a sus estados de laxitud, a los comienzos de toda somnolencia, o a la resistencia de un hastío que no se doblega, lo fueron llevando, al cobrar conciencia de esos estados de abstemia, a sentir la vida como una planicie, sobre la que se desenvuelve un espeso zumbido, sin comienzo, sin finalidad, expresión para esos estados de ánimo que redujo con los años, hasta decir con sencillez que la vida era un bulto muy atado, que se desataba al caer en la eternidad.

El tren ya se alejaba y la progresiva lejanía hizo que se fijase en el rostro de su madre, tal vez como nunca lo había hecho. Observó la nobleza serena de su rostro, revelada en sus ojos y en la palidez de su piel. La lejanía parecía ya el elemento propio para que sus ojos adquirieran todo su sentido, el respeto por sus hijos y sus profundas intuiciones familiares. Al paso del tiempo sería el centro sagrado de una inmensa dinastía familiar. Su serenidad, la espera, sin precipitación innoble o interesada, en el desarrollo de las virtudes de sus hijos. Cuando Cemí se acomodó en su asiento, al lado de su abuela, pudo observar el contraste de los dos rostros. Sobre un fondo común de semejanzas, comenzaban a iniciarse sutiles diferencias Doña Augusta aún lucía majestuosa y con fuerza suficiente para dominar toda la asamblea familiar. Pero la muerte que la trabajaba ya por dentro, era aún más majestuosa que su innata majestuosidad. En su espera se veía ya frente a ella a la muerte que también esperaba. Sus ojeras y los pliegues de la cara se abultaban, avisando la enemistad del corpúsculo de Malpighi con las cuatro casas del corazón. La disminución de su fortuna, las majaderías insolentes de Alberto, la muerte del Coronel, el histerismo de Leticia, en dosis desigual la intranquilizaban de tal modo que su enfermedad iba venciendo su indiferencia para atenderla con los médicos, preparando su sombría despedida. La lejanía le hizo visible el rostro de su madre, ascendiendo a la plenitud de su destino familiar. La marcha del tren, en la rapidez de las imágenes que fijaba, le daba al rostro de Doña Augusta, miriadas de pespuntes que se deshacían de una figura oscilante hacia una nada concreta como una máscara.

Cemí encontró cierto placer en la litera, en contra de su tía, fingiendo náuseas y disgustillos por cuanto veía y tocaba, con su reducción de todas las cosas de uso doméstico, la cama, el servicio, pero lo que más le despertó la atención toda la noche, como era costumbre cuando dormía fuera de su casa, que transcurrió para él en vela, fue la hipóstasis que alcanzó el tiempo, para hacerse visible, a través de su transmutación en una incesante línea gris que cubría la distancia. Cerraba los ojos y lo perseguía la línea gris, como si fuese una gaviota que se metamorfoseara en la línea del horizonte, animándolo después con sus chillidos en sus recuerdos de medianoche. Entonces, la línea, al oscilar y reaparecer parecía que chillaba.

La tía Leticia había invitado al hijo de un abogado muy señorial y de un criollismo fiestero, pero de muy noble pinta, por su acuciosidad y fidelidad con la suerte de sus clientes, lo mismo colonos áureos que empleadillos que venían a correr el expediente para jubilarse. El padre de Ricardo Fronesis, que así se llamaba el joven, era de los letrados que aceptaba o rechazaba los *asuntos,* de acuerdo con una recta y no sofisticada interpretación de la ley. Su vida de provincia eran las horas que se pasaba en su biblioteca. El ejercicio de su carrera era un paseo fuera de su biblioteca, copiosa y diversa, en las horas de la mañana, un repaso de algunos amigos, y sobre todo una clásica manera de dosificar el ocio. Su padre había sido un habanero muy dado a los viajes, pero al morir, su hijo se acordó que tenía una carrera con la que podía ayudar a su madre y decidió irse a la provincia, después de su aventura matrimonial en Europa, pues el dinero que tenía que allegar lo conseguiría con menos dolorosa competencia. Era amigo del médico esposo de Leticia, pero con una amistad no dictada por la simpatía, sino por los irrechazables tratos de profesionales, que en las provincias son una exigencia inquebrantable del tedio y de la costumbre.

A las siete de la mañana ya Ricardo Fronesis tocaba la puerta de la tía Leticia. Con cierta sorpresa, pues la puntualidad había sido exactísima, la casa se puso en movimiento para recibir al visitante. Pero ya sabemos que José Cemí, cuando tenía que dormir en casa de algún pariente, se le endurecían los párpados refractarios al sueño. Así pudo salir de inmediato a recibir a Ricardo Fronesis, y evitarse todas las pamemas de presentación provinciana, con enumeración de méritos y horóscopos de familiares presentes y ausentes ilustres. Rápidamente percibió que Fronesis era muy distinto de lo que hasta entonces había tratado en el colegio y en la vecinería. —Mi padre siempre quiere que me presente a la hora en punto de la cita, pero como todas las virtudes que heredamos, desconocemos el riesgo de su adecuación. Llego a la hora— añadió con gracia juvenil—, y toda la casa duerme. Pero ya usted ve como siempre esas virtudes familiares nos salvan, usted parece que estaba desvelado, y eso hace que yo más que un visitante, sea la primera compañía que deshace el desvelo y que nos dice que ya ha empezado una nueva mañana—.

Cemí admiró esa rapidez de un adolescente provinciano para, prescindiendo de la presentación, situarse en los principios de un trato amistoso. Había hablado sin titubeos, con una seguridad señorial de burguesía muy elaborada por el aprendizaje noble de la cortesanía más exquisita. En manera ninguna su cortesía lograba eliminar las líneas viriles de su cuerpo y la belleza de su rostro.

Lo demás de la excursión al ingenio *Tres Suertes*, fue pura estampa, que hizo retroceder la conversación a una categoría de telón de fondo. El elemento plástico se impuso al verbal. La tía Leticia cubría el rostro con una tupida redecilla, tan paradojal en una excursión campestre, que parecía que los pájaros huían entre el avance de la máquina por la carretera que iba al ingenio, temerosos de ser cogidos en esas redes. La mañana en triunfo, de una nitidez avasalladora, se negaba a justificar la aparición del esposo de Leticia, con un guardapolvo que dejaba caer sin gracia el extremo de un anchuroso cinto anaranjado, puesto de moda por Ralph de Palma, en la época de las carreras en pista, con consultas a las mesas metasíquicas, para comprobar si el Moloch de la velocidad pedía sangre. Otra estampilla golosa, al dejar la máquina para lograr el trencillo que los llevaría al *Tres Suertes,* Leticia distribuyó, de acuerdo con un ordenamiento que sólo tenía su consentimiento, —la descomposición de una fila, primero ella, desde luego, y después su esposo, Ricardo Fronesis, José Cemí, y por último, el mayor de sus dos hijos— que fue tomando asiento en el tren dirigido por un jamaicano casi rojo, que a intervalos sonaba un pitazo para anunciar la convocatoria de los tripulantes en aquel sitio y dar la señal de despedida. Leticia se valía de toda clase de sutilezas, desde la interposición momentánea de su figura cuando la fila se hacía irregular de acuerdo con su ordenamiento, o una mirada dejada caer sobre su hijo, con una intensidad graduada de acuerdo con su sentido de la ajena observación.

El *Tres Suertes* era un cachimbo de mediados del siglo XIX, estirado a ingenio al principio de la república, muy alejado del gran central de la plenitud de la zafra en las cuotas asignadas. Su propietario era el coronel de la independencia Castillo Dimas, que pasaba tres meses en el ingenio en la época de la molienda, tres meses en unos cayos que tenía por Cabañas, sitio todo edénico, donde se dormía como una gaviota, se comía como un cazón y se aburría como una marmota en el paranirvana. Pasaba tres meses también con la querindanga habanera, untuosa mestiza octavona ascendida a rubia pintada, dotada de una escandalosa prolijidad gritona en los placeres conyugales. Y el Coronel se reservaba para lo mejor de sí mismo, como acostumbraba decir, tres meses por los sótanos de París en los que, a la manera de los ofitas, le rendía culto a la serpiente del mal. Cuando precisaba que venía visita al *Tres Suertes*, corría a su casa y salía después pintiparado con su guayabera de rizados canelones y su pantalón de un azul murillesco, donde el pañuelo rifoso, en el bolsillo posterior derecho, se hacía una nube con grandes iniciales, angelitos de las esquinas.

En el centro de todas aquellas máquinas estaba una anchurosa cubeta, con un ancho de boca de metro y medio, donde por una canaleta se desliza la espesa melaza, densa como el calor hiriente. Alrededor de la cubeta, con una atención que parecía extraer peces del líquido, el grupo de visitantes, ordenados también alrededor del círculo de acuerdo con la terrestre jerarquía de la tía Leticia.

—Ahí viene Godofredo, el Malo, dijo Fronesis, para romper la monotonía de los veedores, aunque procurando que sólo Cemí lo oyese.

Pasaba frente al grupo estacionado en el contorno de la cubeta, un adolescente de extrema belleza, de pelo rojizo como la llama del azufre. Blanquísima la cara, los reflejos de la llamarada del pelo se amortiguaban en una espiral rosada que se hundía, enrojeciéndose, en el cuello claroscuro. Se acercó, o mejor se detuvo para mirar el grupo en torno a la cubeta, cierto que con visible indiferencia. Traía la camisa desabotonada, las mangas cortas, los pantalones remangados, sin medias, así Cemí pudo observar como la espiral que se inauguraba con tonos rosados se iba agudizando hasta alcanzar un tono frutal por todo su cuerpo, que hacía muy visible la dichosa energía de la mancha y los demonios de esa energía tan caros a Blake. Cuando Cemí oyó, Godofredo el Diablo, le pareció que oía aquellos nombres, Tiriel, Ijina o Heuxos, que había subrayado en sus primeras lecturas de Blake.

Toda la belleza de Godofredo el Diablo, estaba ganada por una furia semejante a la del oso tibetano, llamado también demonio chino, que describe incesantes círculos, como si se fuera a morder a sí mismo. Estaba entuertado y con el ojo de Polifemo que le quedaba, miraba a todos con reto de maligno, como si por todas partes por donde pasase conociesen su vergüenza. El ojo de nublo era el derecho, el que los teólogos llaman el ojo del canon, pues al que le faltaba no podía leer los libros sagrados en el sacrificio. El que no tuviese ese ojo jamás podría ser sacerdote. Parecía como si inconscientemente Godofredo supiese el valor intrínseco que los canónes le dan a ese ojo, pues se contentaba con ser Godofredo el Diablo. Detrás de la nube que cubría su ojo derecho, su pelo de una noble substancia como el de los animales más fieros, dardeaba en la cuerda de los arqueros del séquito del domador de potros. Su inquieta belleza lo asemejaba a un guerrero griego, que al ser herido en un ojos se hubiese pasado a la fila de los sármatas en sus crueles bullicios.

Bello Polifemo adolescente, al ver que todos se fijaban en su único ojo alzado, maldecía por cada uno de los poros de su belleza jamás reconciliada.

El esposo de Leticia se perdió en vagorosas estadísticas, conversando con el coronel Castillo Dimas, sobre la zafra presente, los convenios, la comparanza con los resíduos de mieles de años anteriores. En fin aquella ridícula temática azucarera, como decían los hombres de aquella generación, que hacía que los expertos en problemas azucareros fueran más importantes que todo el país inundado por el paisaje en verde de las cañas. Fronesis sabía disimular su aburrimiento, a cada mirada inexpresiva colocaba una sonrisa cultivada como don bondadoso traído por su madre; el hijo mayor de Leticia no sabía disimular su aburrimiento y con una frecuencia que se hacía más reiterada al paso de la cinta de las estadísticas, regalaba el caimán de un bostezo.

Un tirón de la fisiología la llevó al fingido romanticismo. Le ordenó al chofer que se detuviese, pues siempre que iba al campo entrecortaba un alegato de soledad y de afán de abrazar las buganvillas. Nadie se movió de la máquina, como si compartiesen el secreto de ese romanticismo tardío. Cuando regresó, ya caido el crepúsculo, donde estuvo parada para ceñirse con las buganvillas, se veía un círculo que abrillanta las yerbas y un pequeño grillo exangüe ya para poder fluir por la improvisada corriente.

Cuando la familia del doctor Santurce se despidió de Ricardo Fronesis, formularon insistentes aunque no verídicos deseos de que se quedara a comer con ellos. Se disculpó Fronesis, alegando un examen matinal, pero ya casi al final de la despedida, se viró hacia Cemí y le dijo en entero preludio de una amistad gustosa, que mañana, después de las cinco, lo vendría a buscar para un provinciano café conversable.

Al día siguiente no lo fue a buscar, pero a las cinco menos cuarto Fronesis lo llamó por teléfono, diciéndole que lo esperaba en el café Semiramis, al lado de un hotel de frontis colonial, del cual era como una prolongación oficiosa.

Por primera vez Cemí, en su adolescencia, se sintió llamado y llevado a conversar a un rincón. Sintió como la palabra amistad tomaba carnalidad. Sintió el nacimiento de la amistad. Aquella cita era para la plenitud de su adolescencia. Se sintió llamado, buscado por alguien, más allá del dominio familiar. Además Fronesis mostraba siempre, junto con una alegría que brotaba de su salud espiritual, una dignidad estoica, que parecía alejarse de las cosas para obtener, paradojalmente, su inefable simpatía.

Fronesis le dijo al entrar en la conversación, que había preferido llamarlo telefónicamente a ir a buscarlo, porque se hubiera tenido que quedar de visita, repitiendo con ligeras variantes la visita al *Tres Suertes,* prefiriendo hablar a solas con él, pues como ambos se encontraban en el último año de bachillerato, había mucha tela mágica que cortar. Fronesis salvaba la seca oportunidad de ese lugar común intercalando la palabra mágica, transportando un modismo realista a la noche feérica de Bagdad. Le dijo también que todos los fines de semana se los pasaba en Cárdenas para hacer ejercicios de remos. Cemí observó como la angulosidad cortante del paño que cubría sus brazos, ocultaba una musculatura ejercitada en las prácticas violentas de la natación y de la competencia de canoas. Pero eran ejercicios espaciados que no agolpaban sus músculos en racimos vergonzantes, sino dirigían ciegas energías por sus cauces distributivos.

El verde varonil de los ojos de Fronesis, se fijó en un punto de la lejanía y exclamó de pronto: Ahí viene otra vez Godofredo el Diablo. Cemí dirigió sus miradas en la misma dirección y vio cómo se acercaba el entuertado pelirrojo. Venía silbando una tonadilla dividida como los fragmentos de una serpiente pintada con doradilla.

—Godofredo del Diablo, comenzó a decir Fronesis, tiene el gusto extraño de pasar por enfrente de los que él cree que saben su historia, sin mirarles la cara en señal de un odio indiferente, manifestado tan solo torciendo el rostro. Mi padre como abogado de provincia que está en el centro de casi todos los comentarios que ruedan por el pueblo, sabe su pavorosa historia. Godofredo lo sabe, piensa también que mi padre me la debe de haber relatado y se imagina que a mi vez en cualquier momento voy a comenzar a hacer la historia que termina con su ojo tuerto. No se puede contener, siempre que me ve procura acercarse, pero con el rostro tan torcido, temiendo que si lo miro fijamente puede perder el ojo que le queda.

Godofredo se alucinaba en sus quince años con la esposa de Pablo, el jefe de máquinas del *Tres Suertes*. Pablo a sus treinta y cuatro años, le sacaba a su esposa diez y siete, unido a sus excesos alcohólicos en el sabbat, le daba cierta irregularidad a la distribución de las horas de la noche que tenían que pasar juntos. Fileba, que así se llamaba, algunas noches de estío no lograba licuar la densidad del sueño de Pablo, muy espesado por la carga de espirituosos y broncas vaharadas de los extractos lupulares. A sus requiebros, Pablo colocaba sobre su cabeza un almohadón que impedía que los golpes de las manitos de Fileba lo pudieran despertar. Hasta que cansada se dormía con una rigidez malhumorada, soñando con monstruos que la llevaban desnuda hasta lo alto de las colinas. Se despertaba y Pablo seguía con el almohadón sobre la cabeza. Llovía y la humedad la iba adormeciendo hasta el primer cantío de la madrugada.

Un sábado Godofredo llevó a Pablo a su casa, ayudó a ponerlo en la cama. Estaba tan borracho que casi había que llevarlo sobre los hombros. Se fijó con más cuidado en la palidez de Fileba, en sus ojos agrandados por las mortificaciones de muchas noches. Y empezó a rondar la casa, como un lobezno que sabe que la niña de la casa le ha amarrado una patica a la paloma en la mesa de la cocina.

Creyéndose dueño de un secreto, Godofredo empezó a requebrarla. Ella a negarse a citas y a servir al juego del malvado precoz. Otro sábado que trajo de nuevo a Palbo sobre sus hombros, Fileba lo dejó en la puerta, cuando iba a dar el paso de penetración casera. Pablo se tambaleó, se fue de cabeza al suelo frío de la sala, pero ella le puso una estera y le trajo el almohadón de marras. Mientras preparaba la colación fuerte, se escapaba para echarle un vistazo al embriagado sabatino, vio las rondas luciferinas de Godofredo, pero esta vez apretó bien las ventanas y llamó a unos vecinos para la compañía.

Entonces fue cuando llegó al *Tres Suertes*, el Padre Eufrasio, en vacaciones de cura enajenado. El mucho estudiar la concupiscencia en San Pablo, la cópula sin placer, le habían tomado todo el tuétano, doblegándole la razón. Cómo lograr en el encuentro amoroso, la lejanía del otro cuerpo y cómo extraer el salto de la energía suprema del gemido del dolor más que de toda inefabilidad placentera, le daban vueltas como un torniquete que se anillase en el espacio, rodeado de grandes vultúridos. Sus vacaciones tenían la disculpa de la visita por unos días a un hermano menor que dirigía cuadrillas de corte cañero. Su enajenación era desconocida por la fauna del *Tres Suertes,* sus prolongadísimas miradas inmutables, o sus silencios vidriados, permanecían indescifrables por los alrededores, donde el mugido de las vacas alejaba toda sutileza teológica sobre el sensorio reproductor.

A la llegada del cura, algunas muchachillas para fingir en el *Tres Suertes* que seguían las costumbres del pueblo cercano, comenzaron a visitarlo. Claro que no sabían nada de su enajenación, ni de su excéntrica problemática concupiscible. Fileba se fue haciendo a la mansedumbre de su costumbre, y el Padre Eufrasio conociendo de los almohadones de medianoche al uso de Pablo el maquinista. En susurradas confidencias llegaron a manifestarse que ella conjuraba cercanía carnal, y él las terribles acometidas de la carne alejada, que él necesitaba alejar para extraer sus intocadas reservas vitales. En cuanto cobraba conciencia del acto concupiscible, se desinflaba de punta viril, languideciendo irremisiblemente.

Las noches que Pablo le dedicaba al sabbat, comenzaron a ser aprovechadas por Eufrasio y Fileba, y cuando llego Pablo el maquinista, podía ir entrando en el sueño sin necesidad de colocar sobre su cabeza el almohadón como escudo. Mientras tanto, Godofredo el Diablo comprobaba todos los sábados, la entrada de la pareja en el nidito del hermano menor del cura, que desconocía como el Padre iba poniendo en camino métodos muy novedosos para la curación de sus complejos concupiscibles.

Godofredo fue un día a buscar a Pablo a la barra del pueblo, antes de que llegara al cuarto copetín, que según los griegos era el de la demencia. En el camino hacia el *Tres Suertes*, le fue mostrando todo el itinerario de la traición de Fileba. Le dijo que si lo dudaba podía apostarse por los alrededores y ver a la parejita entrar muy decidida en la casa del pecado. Pablo se escondió detrás de un jagüey, y Godofredo en el lateral de la casa más cercana a la puerta, para rematar en la luz escasa el comprobante de la entrada de los amantes. Cercanas las diez, con la exagerada sonrisa de la luna creciente, por un atajo oblícuo, que no era el caminito apisonado que llevaba a la puerta de la casa, la pareja apareció aligerada por la blancura lunar que les regalaba la palidez del pecado.

Cuando Pablo el maquinista comprobó detrás del jagüey, que la verdad, esta vez de acuerdo con la superstición, lo chupó como un pulpo, se dirigió de nuevo a la barra y se sumó tal ringlera sin mezcla, que la demencia de muchas cuatro copas multiplicadas lo llevó a tal gritería que la pareja de la guardia rural se acercó, y al ver que era Pablo, lo cubrieron con su capota para evitarle el rocío grueso, lo cuidaron hasta que se convencieron de que la llave describía círculos mayúsculos, pero al fin anclaba en el punto clave de la cerradura. Con una estrellita de claridad, se abalanzó sobre el sofá de la sala, donde se había tomado las primeras fotografías recién casado con Fileba, y allí se hundió en la marejada oxidada de ese mueble comprado de segunda mano para su boda, pero que se mantuvo firme en la primera ocasión trágica en que el maquinista Pablo se derrumbó de veras al poner su demonio al servicio de su destino.

Al llegar a esta punto del relato, Cemí se dio cuenta de que Fronesis hacía un esfuerzo para continuarlo, se le veía por ciertas vacilaciones que iba a entrar en el verdadero remolino un tanto atemorizado.

—Godofredo el Diablo rondaba con las uñas las paredes y ventanas, para obtener una mirilla que le permitiese seguir todo el curso de la pasión... Al fin, en un ángulo inferior de la ventana, pudo apostar el ojo izquierdo, por carencia, como ya hemos dicho del ojo del canon. Como quien contempla una aparición marina por los cañutos de un anteojo, pudo precisar una extrañísima combinación de figuras. Fileba desnuda, acostada en la cama lloraba, mostraba toda la plenitud de su cuerpo, pero sin estar recorrida por el placer, antes bien, parecía tan indiferente como frígida. Eufrasio sin los calzones y los pantalones, tenía aún puestos la camiseta y la camisa. De uno de los extremos de la cama se trenzaba una soguilla que venía a enroscarse en los testículos, amoratados por la graduada estrangulación al retroceder Eufrasio con una lentitud casi litúrgica. El falo, en la culminación de su erección, parecía una vela mayor encendida para un ánima muy pecadora. La cara con una rigidez de quemados diedros, recibía manotazos infernales. Cuando al fin saltó la agustiniana razón seminal, la estrangulación testicular había llegado al máximo que podía soportar de anillamiento, una quejumbre sudorosa que luchaba por no exhalar ayes desmesurados, temblaba por todo el cuerpo del enajenado. Fileba lloraba, tapándose la boca para no gritar, pero sus ojos parecían lanzar fulguraciones de un cobre frío, rayos congelados de una mina de cobre en una interminable estepa siberiana. Sus ojos parecían los de un alción muerto en un frío tempestuoso, entrando en la eternidad con los ojos muy abiertos. Con los ojos de una muerta vio a Eufrasio vestirse de nuevo y abandonar el cuarto sin mirarla siquiera. La lejanía del cuerpo y el orgasmo doloroso, que el enajenado creía inquebrantables exigencias paulinas, habían sido logrados a la perfección.

Muy apresurada llegó a su casa, aún temblaba. Pablo estaba acostado con la luz ya apagada y el almohadón sobre su rostro. Procuró dormirse, fingió durante interminables horas que lo lograba, pero comenzó a observar que las manos de Pablo no se cruzaban, como era su costumbre en los sábados de cansancio nocturno, sobre el almohadón escudo del rostro. Su inquietud parecía presumir un final no esperado al ver la flacidez de las manos del que la acompañaba en una última noche. Encendió la luz. Vio atemorizada como la almohada estaba teñida de sangre, la camisa todavía empapada de agua. La guámpara, al lado del cuello degollado, comenzaba a oxidarse con los coágulos de la sangre. Pablo antes de acostarse, para recuperarse, se había lavado la cara con el agua fresca de la noche. Fileba tiró del almohadón contra el suelo, pero como una gorgona empapada de un múrice sombrío, comenzó a extender hilachas y chorros de sangre. Rápidamente encendió todas las luces, abrió la ventana de la sala. Sus gritos aún se recuerdan por algunos desvelados, en la medianoche del *Tres Suertes*.

Por el amanecer, Godofredo el Diablo, se deslizó por frente a la casa de Pablo. Toda la vecinería se agolpaba en la cuadra, aún turbada por los gritos de Fileba. Le llegaron los comentarios que se tejían en torno al perplejo del suicidio del maquinista. Se apresuró a irse por la carretera que a medida que se alejaba del ingenio, la iban envolviendo un ejército indetenible de lianas. Los árboles y los matojos le cerraban el paso. Llevaba colgada del cinto la guámpara de su trabajo de cortador. Gritaba y pateaba a los árboles. Se lanzaba a cortar las lianas, que retrocedían, se curvaban como serpientes verticalizadas. Golpeadas las lianas por su cintura, silbaban como un viento huracanado. Una, entre todas aquellas lianas, le hizo justicia mayor, retrocedió, tomó impulso y le grabó una cruz en el ojo derecho, en el ojo del canon.

Así fue como Godofredo el Diablo, perdió el ojo derecho y perdió también la razón. Sus caminatas describen inmensos círculos indetenibles, cuyos radios zigzaguean como la descarga de un rayo. Cuando llega un abril lluvioso, se echa por las cunetas, dejando de temblar su cuerpo, el humus le adormece la fiebre. La lluvia incesante mitiga también las llamaradas del pelo rojo de Godofredo el Diablo, flor maligna de las encrucijadas.

FIDEL CASTRO RUZ
(1927-   )

Nace en Birán, Holguín, de padres terratenientes. Es estudiante de Derecho en la Universidad de La Habana. En 1947 participa en Cayo Confite, expedición que intenta derrocar al dictador Rafael Trujillo. Es miembro del partido Ortodoxo y candidato para el Congreso. Organiza el ataque al Cuartel Moncada del 26 de julio de 1953. Es encarcelado. Pronuncia durante su juicio La historia me absolverá, *testamento de su defensa. En 1955 consigue la libertad por medio de una amnistía. Ese año viaja a México y prepara el desembarco del Granma (1956). De los ochenta y dos, quince sobreviven y se internan en la Sierra Maestra. Al triunfo de la revolución, entra en La Habana el 8 de enero de 1959. Es proclamado Primer Ministro del gobierno cubano en febrero y es Presidente del Consejo de Estado y Primer Secretario del Comité Central del Partido Comunista de Cuba desde 1975. "*La historia me absolverá*—dice Salvador Arias—, en cierta medida está creando la primera muestra de lo que más tarde podremos reconocer propiamente como literatura de la Revolución Cubana... Pues si* La historia me absolverá *es una muestra elocuente y profunda de la oratoria—con lo cual entronca con una tradición nacional que tuvo en José Martí su más alto exponente— su estilo preciso, ajeno a falsas retóricas, pero en el cual no dejan de emplearse todos los recursos del lenguaje para graduar dramaticamente sus tonos, desde la exposición clara y convincente hasta la apelación de gran fuerza emotiva, la suma de estas características lo hace precursor de la forma más genuina de expresión literaria que posteriormente podrá reconocerse en los textos capitales de la triunfante Revolución Cubana."*

Comentarios de infancia y juventud

Evidentemente nací con una vocación de político, con una vocación de revolucionario. Parece muy difícil que en las condiciones ambientales en que yo crecí se pudiera haber desarrollado un revolucionario. Lo hizo posible simplemente el instinto político y revolucionario que yo tenía.

¿Por qué lo digo? Una de las características más notables es la siguiente: cuando yo tenía diez y ocho años era, desde el punto de vista político, un analfabeto políticamente. Si se tienen en cuenta estas circunstancias: no proceder de una familia de políticos y no haber crecido en un medio político, el haber realizado un rol de tipo revolucionario en un periodo de tiempo relativamente breve y haber realizado un gran aprendizaje revolucionario, no hubiera sido posible en un individuo que no estuviera especialmente llamado para eso.

Cuando yo ingresé en la Universidad, graduado de Bachillerato, no tenía ninguna cultura política, ni en el orden económico, ni en el orden social, ni en el orden ideológico. Hasta esa época me habían preocupado fundamentalmente otras cosas, por ejemplo el deporte, las excursiones en el campo, todo tipo de actividades que en cierto sentido daban cauce a una energía natural, grande, a una pasión grande por las cosas. Creo que en aquella época esa energía, el espíritu de lucha, se traducía en un esfuerzo deportivo, en las lides deportivas, en las excursiones por los campos.

En la Universidad tenía la sensación de que se abría un campo nuevo para mí. Empecé a pensar en los problemas políticos del país, empecé casi como quien sin darse cuenta de eso, sin que nadie se lo inculcara, empecé a sentir espontáneamente una cierta preocupación, un cierto interés por cuestiones cívicas y políticas.

Por todas las circunstancias que rodearon mi vida y mi niñez, y todo lo que yo vi, era más lógico suponer que se hubiesen desarrollado en mí las costumbres, las ideas y los sentimientos que se desarrollan en el seno de una clase social con ciertos privilegios, con egoísmo, insensible a los problemas de los demás.

Porque hay que tener en cuenta las siguientes circunstancias: primero, nací de una familia que era propietaria de tierras, que tenía una situación económica holgada, que era considerada dentro de aquella zona como una familia rica y que como tal era tratada. Viví en medio de esos privilegios que suele tener un muchacho hijo de una familia de terratenientes, al que todos los demás tratan de colmar de atenciones, de halagos, a quien todos los demás tratan de una manera distinta. Me acostumbré en cierto sentido a vivir de una manera que era diferente a la forma de todos los muchachos con los cuales nosotros jugábamos cuando éramos niños. Los otros niños. Con la diferencia que nosotros teníamos zapatos y ellos estaban descalzos; con la diferencia que nosotros teníamos comida siempre tan abundante que nunca teníamos apetito: con nosotros había que pelear en la mesa para que comiéramos.

En los muchachos eso más bien tiende a crear el hábito de una situación privilegiada, el acomodar la mente un poco a sentirse acreedores de las cosas que reciben. Sin embargo, una circunstancia en medio de todo eso fue favorable al desarrollo en nosotros de cierto espíritu humano: el hecho de que todos nuestros amigos, nuestros compañeros, eran muchachitos hijos de campesinos de aquel lugar.

Trato de recordar cuándo puse por primera vez fechas en la pizarra, deben de ser entre el año 30 y 31 aquellas fechas que yo escribía cuando tenía aproximadamente cuatro años.

Por supuesto que la mayor parte del tiempo la empleaba en hacer impertinencias en la escuela. Posiblemente por la situación de la familia, o por la edad, o por lo que sea. Recuerdo que tenía cierta costumbre: cuando no estaba conforme con lo que la maestra me decía, o me ponía bravo, insultaba a la maestra e inmediatamente me marchaba corriendo de la escuela. Existía una especie de guerra entre nosotros y la maestra. He de decir antes que cuando insultábamos a la maestra con malas palabras que habíamos aprendido de los trabajadores, salíamos corriendo, le huíamos.

Un día en que acababa de insultar a la maestra, corrí por el corredor de atrás; había que tirarse, me tiré, y al caer hay una tabla de una cajita de dulce de guayaba, que tenía un clavito, y yo me caigo y me clavo el clavo en la lengua. ¡Y acababa de insultar a la maestra! Nunca se me olvidará, que cuando regresé a la casa, mi madre me dijo: "Dios te castigó por insultar a la maestra". Y en aquella época yo no podía tener la menor duda de que efectivamente era así.

En aquella escuela aprendí desde muy temprano a leer y escribir.

¡Ah!, puedo decir que pasaron distintos maestros, y puedo recordar que mi comportamiento variaba según el maestro que tenía. Recuerdo una maestra que nos había tratado bien, que nos había llevado juguetes y recuerdo que en esa época me porté bien. En cambio, cuando eran métodos de coacción, de fuerza, de castigo, mi comportamiento era completamente distinto.

En mi casa se embullaron y me mandaron a mí con mi hermana para Santiago. No sé si era que yo daba mucho trabajo en la casa, si era que yo me embullé, o si la maestra convenció a mi familia de que sería bueno mandarme a mí a la escuela. Siempre a esa edad, y sobre todo cuando la familia de uno tiene dinero, suelen decir que los hijos son inteligentes, y es uno de los argumentos que usan otras gentes a su favor. Salimos para Santiago en un tren: nunca había estado en Santiago. Recuerdo que llegué a Santiago, nos apeamos en la estación, todo aquello me pareció una cosa extraordinaria: era una estación que tenía arcos de madera, el bullicio, la gente. Llegamos a la ciudad y nos instalamos en casa de una prima de la maestra. Recuerdo que la primera noche me oriné en la cama.

Pero bueno, a los poco días se mudaron para una casa en Santiago de Cuba, que estaba en uno de los sitios más altos de Santiago, no me acuerdo bien el nombre de la calle, cerca de la calle Santa Rita; la primera casa estaba, en cambio, en la Alameda. Todo me parecía maravilloso allí en la ciudad.

Una de las primeras impresiones que yo tengo de hechos de la política es que estando un día —la primera vez que yo fui a Santiago— frente a la casa del Instituto, vi salir a un grupo de estudiantes y pasar por el lado de unos marinos que estaban con el fusil. Estaba yo parado así en el portal de la casa, en la calle de enfrente, como a treinta metros, y pasan los estudiantes; estaban los soldados con sus fusiles. Parece que algo les murmuraron los estudiantes a aquellos marinos; habían caminado un poco más, y los marinos fueron a perseguirlos, se metieron en el edificio y se los llevaron presos dándoles culatazos, para la cárcel. Ese fue un hecho que me impresionó mucho.

Otra cosa que me impresionó fue una vez que llegó una señora que era de allá de Birán, que tenía el marido preso (el marido era mecánico, se llamaba Antonio) y estaba preso en la cárcel porque era comunista. La primera vez que yo fui a una cárcel fue con aquella señora campesina, muy acongojada ella. Y entré en la cárcel, con todos aquellos carceleros; y entramos en una celda donde estaba Antonio. Le recuerdo.

Después era la lucha, cuando más fuerte era la lucha contra Machado, que se ponían bombas todas las noches. En cierto sentido participé de la etapa de terror: yo dormía en un pequeño desván de ésos, cerca de la puerta de atrás, y cuando las bombas sonaban cerca de allí me despertaban por la noche. Es decir, me despertaba varias veces por el estampido de las bombas, en aquella zona que estaba cerca del Instituto, donde ponían muchas bombas todas las noches. Eso debe haber sido en el 32 y yo tenía posiblemente seis años.

Pero ya para esa fecha yo estaba en primer grado en la escuela; ya yo había adquirido, de la vez anterior, conciencia de que nos habían maltratado, y estaba en cierto sentido en guardia. Pero estando yo de externo en la escuela, sin embargo me sentía en situación peor que los que estaban internos, porque los que estaban internos los jueves y los domingos los llevaban al mar, los llevaban a pasear; en cambio, la vida mía se hacía muy monótona. Entonces, yo ante la inconformidad en que estaba, como me amenazaban siempre de si no me portaba bien me llevaban de interno a la escuela, un día, decidí que prefería estar de interno. Todo eso había coincidido con una vez que me habían pegado en la casa; no sé por qué cosa el padrino mío, que era tutor mío, me dio dos buenas nalgadas.

Entonces, yo ya había adoptado la decisión esa, y me insubordiné, insulté a todo el mundo, les dije todas las cosas que tenía ganas desde hacía mucho tiempo de decirles a todos. Y en consecuencia, ante una situación de insoportable conducta, me llevaron derecho y me pusieron de interno en la escuela. Para mí fue una gran conquista, me sentía muy feliz, porque al fin iba a tener una vida igual que la de todos los demás muchachos.

Allí íbamos para Renté los sábados y los domingos. Las primeras vacaciones fuimos para la casa; una gran libertad, tres meses de vacaciones, creo que era la alegría más grande. Cazábamos con tirapiedras, montábamos a caballo, nos bañábamos en los ríos, nos dábamos a una vida completamente libre durante esos meses.

Estando en tercer grado, me acuerdo que un día yo estaba conversando con uno de los inspectores encargados de nosotros. Y estaba hablando de cuánto gana el padre de aquél, cuánto ganaba el padre del otro y me acuerdo que conté algunos cosas que había oído en mi casa: le expliqué que a veces en mi casa había días que ganaban hasta 300 pesos explotando la madera y todos aquellos negocios que tenía mi padre. Aquello asombró mucho al inspector, y a partir de aquel momento empezó a mostrar una conducta muy especial, muy atenta, muy amable con nosotros. Así que ya en la escuela se notaba, aun entre las familias que podían pagar, un diferente trato según los ingresos y las riquezas de la familia. Después de aquel día, estando en tercer grado, hicieron un cuarto especialmente para nosotros tres: para mí, Ramón y Raúl, porque ya Raúl tenía cuatro o cinco años

—yo tenía ocho años—. De tercer grado pasamos a quinto en consideración a eso.

En aquella época nos dedicábamos mucho a jugar pelota, a jugar bolas, a jugar todo lo habido y por haber, todo lo que hacían los muchachos. Claro que en las vacaciones más bien pescábamos, nos bañábamos en el mar. Todos los jueves y domingos íbamos a Renté, en aquel tiempo posesión de una familia muy rica —los Cendoya de Santiago de Cuba— y los hermanos religiosos de La Salle tenían allí una casa de recreo.

Pero esta vez que contaba, estábamos en tercer grado y los jueves y domingos íbamos a Renté en una lanchita que le decían *El Cateto,* que se tardaba como una hora en llegar desde el muelle de la Alameda hasta Renté, cruzando la bahía. Allí pasábamos la tarde jugando, pescando, bañándonos y después regresábamos. Un día en la lanchita tengo una discordia con un muchacho y ese muchacho era muy favorito, muy mimado del hermano religioso que estaba a cargo de todos nosotros. Yo recuerdo que allí en medio del mar, tuvimos una riña con el muchacho. Con las camisas desabrochadas y todo, pero no había quedado resuelto el problema. Cuando regresábamos de Renté, por la noche subíamos por una de las calles de la Alameda al colegio de La Salle, y solíamos atravesar una zona que estaba cerca del mercado de Santiago: era una zona de bares y prostitutas. Y yo recuerdo que se metía la gente mucho con los Hermanos, que iban con la sotana, la gente de los muelles, y sobre todo en el barrio de las prostitutas. Nosotros íbamos en dos filas: una por una acera y otros por otra, y allí se asomaban algunas prostitutas por las ventanas de las casas, y se metían con los muchachos, se metían con el cura. A mí me daba mucha pena, realmente, siempre pasaba una gran pena con la gente en la calle, y un poco sentía cierta sensación de hostilidad, y percibía ese ambiente de hostilidad hacia la gente que iba con sotana, y siempre me daba pena, me daba mucha lástima. Ese día cuando regresábamos de Renté —había surgido aquel problema en la lancha con aquel muchacho que se llamaba Iván Losada, el mimado, el preferido de aquel cura—, y apenas llegamos a la escuela y estuvimos solos, pues nos fajamos. Y él salió mal, porque salió con un ojo abollado. Yo sabía que eso iba a desencadenar en contra mía una tempestad. Cuando llegábamos por la noche, había la bendición, que le llaman, una ceremonia religiosa, y nosotros íbamos allí a la capilla de la sacristía. Yo recuerdo que estando en el medio de la ceremonia religiosa, muy solemne que era, se abre la puerta de la sacristía aquella, y me llama el cura. Salgo, me lleva para un pasillo, y me pregunta qué había pasado con Iván. Y cuando le voy a explicar me dio una bofetada que me dejó prácticamente aturdido por un lado y cuando me viro, me da otra. Me soltó completamente aturdido: era una venganza cruel, inhumana, bárbara. Aquello para mí fue una humillación muy grande, dolorosa. Después en una ocasión posterior —no recuerdo si ese mismo año—, un día íbamos en fila, me volvió a golpear, me dio un coscorrón. Entonces yo me hice el propósito de no permitir más aquello. Jugando pelota allí un día, el que estaba delante en la fila era el que cogía mejor posición. Y yo estaba medio discutiendo con alguien el primer puesto en la fila, cuando llega el cura por detrás y me da un coscorrón. Entonces yo allí mismo ya me le viré al cura, le tiré el pan que tenía por la cabeza y me fajé con él a piñazos, mordidas. Creo que no le hice daño al cura pero aquello fue un hecho histórico en la escuela: el que alguien se atreviera a hacer eso.

Durante las vacaciones en mi casa nos ponían un tenedor de libros para que nos pusiera a hacer cuentas, era muy desagradable que en la época de jugar y divertirse nos pusieran a estudiar. Nosotros nos defendíamos: habíamos conseguido el libro de respuestas de la escuela y cuando nos ponían las cuentas copiábamos y terminábamos rápidos para ir a jugar.

Yo recuerdo que aquel año nuestro padre le daba las quejas a todo el que venía, y decía que le habían dicho en la escuela que sus hijos eran los tres bandoleros más grandes que habían pasado por ella. Era una información injusta pero en mi casa se la habían creído, y en consecuencia tomaron la decisión de que no estudiáramos más. Y ese fue un momento decisivo en mi vida, que si yo no llego a tener una intuición —inexplicable para mí, en esas circunstancias—, creo que yo estaba profundamente convencido de que tenía razón en el problema de la escuela, y que habían sido injustos conmigo, y que el castigo de no dejarme estudiar —no se supone que un muchacho sea muy partidario de estudiar a esa edad—, yo tenía la sensación de que se me hacía daño, un daño injusto.

En consecuencia, cuando llegó el siete de enero, que era la fecha de regresar, a Ramón lo dejaron, y Ramón estaba contento porque a él le gustaba la mecánica, los camiones, y todo eso, y estaba encantado de no ir más a la escuela. A Raúl lo mandaron para un colegio militar, en manos de un maestro cívico-rural —un sargento— con el que después también pasó mucho trabajo. Y a mí me iban a dejar. Entonces, yo recuerdo que me acerqué a mi madre, le expliqué que yo quería seguir estudiando, que no era justo que no me dejasen estudiar.

Mi casa era una casa de madera, grande, de dos pisos, sobre pilotes, porque mi casa era un poco de estilo español; el ganado estaba abajo, la lechería estaba debajo de la casa. Yo entonces llamé a mi madre y le dije que yo quería seguir estudiando, y que si no me mandaban otra vez a la escuela le iba a pegar candela a la casa; la amenacé de que le iba a pegar candela a la casa si no me mandaban a la escuela. En vista de eso, decidieron mandarme otra vez para la escuela, ante la actitud mía. Bueno, no sé si fue por temor o lástima, mi madre abogó para que me mandaran a la escuela. Ella fue siempre muy partidaria de que nosotros estudiármos.

Fui para la escuela con mi padre, que en esa época estaba metido en una campaña política. Un amigo de él andaba en campaña y él lo ayudaba. Yo me acuerdo cómo era la política en aquellos tiempos. Entonces, toda la política consistía en que cuando llegaban las elecciones, se presentaban una serie de señores llamados sargentos políticos, cada uno de los cuales decía que controlaba cuatrocientos votos o doscientos o cien votos. Así mi padre ayudaba a un amigo de él que a su vez tenía negocios, relaciones con mi padre. Entonces la política era a base de dinero y yo me acuerdo cómo entraban y salían en el cuarto o la habitación donde estaba la caja de caudales. A veces por la mañana yo me despertaba, y eran los primeros movimientos en la caja de caudales, porque en época de campañas políticas se gastaban ocho o diez mil pesos.

Yo me hice muy mala opinión de aquello porque oía a mi madre que siempre protestaba de eso. A mi madre de dos cosas yo le oía siempre protestando: una era la política, porque costaba mucho dinero, una "botadera" de dinero, porque mi madre era más ahorrativa, más económica que mi padre y ella defendía mucho el dinero; y los políticos, a los que atacaba mucho. Y también de los periodistas, porque los periodistas que iban a mi casa iban a pedir dinero por algunos artículos y por algunas cosas. Era una botadera de dinero. Le dolía mucho que con lo que ella trabajaba, trabajaba mi padre y todos allí, se fuera mucho dinero en política y periodistas.

Yo me recuerdo que estando nosotros en quinto grado nos mandaron externos para el colegio jesuita de Dolores.

No pasaba hambre desde luego, pero por ejemplo, de lo único que yo disponía para mis gastos extras era de veinte centavos a la semana: diez para el cine los domingos, cinco para un helado después del cine y cinco centavos para comprar unos muñequitos que se llamaban *El Gorrión*, que compraba los jueves.

Por supuesto, llegué atrasado al colegio de Dolores, que era un colegio muy duro, de más alto nivel.

Toda mi vida, desde muchacho, tengo una muy rica experiencia de todas las injusticias, los errores, los maltratos, que reciben los niños. Yo diría que de niño tengo una rica experiencia de explotación, de haber visto cómo los intereses prevalecían por encima de toda consideración humana, y cómo nosotros, dondequiera que llegábamos éramos instrumentos de negocios. Y padecí por experiencia propia toda la falta del más elemental sentido de pedagogía y de psicología para educar a los muchachos. No censuro a mis padres, porque mis padres eran gente que no tenían una preparación, ellos nos dejaban en manos que creían que nos trataban bien, y nosotros pasamos muchos trabajos.

Los tutores míos en Santiago tenían tres hijos ya mayores. A mi hermana la habían mandado también para aquella casa. Si no sacaba las notas máximas, que uno no estaba en condiciones ni de ánimo ni de preparación para sacar, me quitaban los veinte centavos del cine. Y tuve que tomar previsión para defender mis intereses. Yo me dije: bueno, ¿qué pasa si se pierde la libreta de notas? Y dije un día en la escuela que se me había perdido la libreta de notas, y me dieron otra nueva. A partir de ese momento yo ponía las notas en la libreta nueva, y era la que llevaba para la casa, desde luego con notas muy buenas. Tenía dos libretas: una en la que me ponían las notas verdaderas en la escuela, esa la firmaba yo y la llevaba de nuevo a la escuela, y la otra que hacía yo que llevaba a la casa, para que la firmaran allá.

No tenía buenas notas en matemática, en gramática y otras asignaturas, pero en la historia, que me gustaba mucho, sí, y también en geografía.

Entonces llegó el fin del curso, la fiesta en la escuela, todo con mucha emoción, la ropa, el traje de gala, y todas aquellas cosas, estaban todas las familias, todos los muchachos. Y entonces empiezan las distintas lecturas de los premios, con ciertos actos, recitaciones y cosas.

Cuando llegó el turno del quinto grado, yo todavía en ese momento no tenía elaborada la historia, el cuento que yo iba a hacer cuando aquella gente viera que yo no me había llevado la excelencia de todas las notas. Y entonces estoy esperando muy tranquilamente, hasta que dicen: "Quinto Grado, primer premio: Enrique Peralta..." Entonces yo empiezo a poner cara de asombro, como de sorpresa ante aquello. Entonces empiezan a leer los premios de todas las asignaturas y a mí no me tocaba absolutamente nada. Y yo cada vez ponía más cara de asombro y más asombro. Entonces digo: ¡Ah! caray —y recuerdo que les dije— ya sé lo que pasó: como yo entré en diciembre muy tarde, no me computan, me faltan tres meses, y por lo tanto la puntuación total es menor que las de los demás, y por eso yo no me puedo llevar los premios".

Pero cuando llegó el mes de septiembre, me enfermé, con un problema de la apéndice. Me llevaron a la Colonia Española, me operaron; estuve tres meses allí, porque después tuve algunos problemas con la herida.

Me acuerdo que en aquel tiempo en que yo estuve prácticamente solo, recluído en aquel hospital, me hice amigo de todos los enfermos del hospital. Cuento esto, porque creo que demuestra una cierta vena de relaciones humanas que yo tenía, una vena de político.

Cuando no leía muñequitos invertía el tiempo en visitar a los enfermos. Me hice amigo de todos, menos de la sala donde estaban los infecciosos. En aquel tiempo algunos creían que yo iba a tener vocación para médico, y era porque me entretenía con algunas lagartijas y una cuchilla Gillette, un poco impresionado por las operaciones, de lo cual yo había sido víctima, entiendo que fue una operación sin mucha profilaxis y esa fue la consecuencia de que la herida se abriera y que estuviera tres meses en el hospital. Entonces me dedicaba a "operar" lagartijas; lagartijas que por lo general se morían todas, como era natural.

Y después me entretenía viendo cómo las hormigas cargaban aquellas largartijas, cómo se reunían cientos de hormigas y podían cargar la largartija, trasladarla y llevársela para la cueva.

Volví a empezar en sexto grado. Estaba cansado de aquella casa donde estaba, de las incompresiones y maltratos. Llegaba de la escuela, después de estar muchas horas en clases, cuando todo muchacho tiene deseo de llegar a la casa para no hacer nada, oir radio, pasear, y me encerraban en un cuarto y me tenían horas y horas allí, obligado a estudiar. Y yo lo que hacía era pasearme horas y horas y no estudiaba nada. ¿En qué me entretenía? Mi imaginación volaba hacia los problemas de la historia. ¿Qué me ponía a imaginar? Me ponía a imaginar las guerras. Me gustaba mucho la historia, me apasionaban mucho las historias de los combates de los primeros libros que leí de historia. Siempre la fantasía mía se entretenía en fraguar combates. Era militar el entrenamiento en que yo me pasaba las horas en que me ponían a la fuerza allí... Me ponía a jugar: yo mismo agarraba un montón de papelitos y bolitas y los ponía sobre un tablero —tonterías que se pone a hacer uno—, ponía un obstáculo: ¿cuántos pasaban, cuántos no? Y así eran las pérdidas y las bajas y todo eso. Inventaba un juego de guerra y en eso me pasaba horas enteras. Imaginaba, ponía obstáculos, ponía ejércitos uno frente a otro, y me dedicaba a eso.

Pero un día me cansé de aquella casa: también me habían maltratado, y un día me encaré con la señora de la casa, le dije todo lo que pensaba sobre la forma en que me trataban, los mandé para el demonio y esa misma tarde fui a pupilo para la escuela. Por segunda vez yo —tercera, cuarta, quinta vez, que sé yo— había tenido que tomar la determinación de pasar a la acción para salir de una situación en que las circunstancias me habían colocado. La tuve que tomar para que me pusieran interno en La Salle, la tuve que tomar en La Salle, la tuve que tomar en mi casa para que me mandaran a estudiar, en esa casa para que me pusieran interno.

Ya desde entonces yo me goberné definitivamente y decidí sobre todos los problemas de mi vida sin consejo de nadie.

Jugaba fútbol, basquet, pelota, todos los deportes. Mi energía la invertía completamente en eso.

Salíamos también en excursiones en una guagua de la escuela, llegábamos al Cobre, y entonces a mí se me ocurría escalar la montaña. Tenía a la guagua como dos o tres horas esperando por mí. Ibamos cerca del Caney, y yo también iba a escalar la montaña más alta, y regresaba. También llovía, estaban los ríos crecidos, y eso era lo que más me gustaba también: hacer excursiones por los ríos, atravesar ríos, caminar y después volver. Por lo general la guagua siempre estaba esperando por mí. Siempre llegaba dos o tres horas más tarde.

El sacerdote que nos atendía a nosotros, que era el prefecto de nosotros, se llamaba el padre García —nunca realmente me recriminó por eso—. Es curioso que pareciendo una falta de disciplina y un trastorno tremendo, él no me recriminara por eso. Dentro de todo el grupo, el aficionado, el alpinista por excelencia era yo. Y era una tentación cada vez que veía una montaña subirla. ¡Estaba muy lejos de imaginarme que después las montañas iban a jugar un papel muy importante en mi vida!

Tenía doce o trece años. Después al otro año fui a ingreso. A consecuencia del nuevo ambiente, me dediqué a estudiar y ese año fui una de las excelencias de la clase, en Ingreso. Hice el examen de ingreso y entré en el primer año de bachillerato.

Poco después yo, por mi propia cuenta, decidí cambiarme de colegio, en vista de que yo no me encontraba en aquel ambiente, que ya era de los mayores y decidí cambiarme para otra escuela de los mismos jesuitas, el colegio Dolores. De las escuelas jesuitas yo puedo hacer una crítica de las partes buenas y malas, de las positivas y negativas.

Recuerdo que tenía una actitud diferente con la gente que me comprendía y me trataba bien. Mi conducta era totalmente diferenciada, respondía al tratamiento recibido.

Fueron realmente pocas las personas, que yo recuerdo desde niño, en las que encontré comprensión.

Pude observar en las escuelas jesuitas que eran un tipo de sacerdotes, de profesores, de educadores, de religiosos, más preparados. Eran gente muy seleccionada, muy escogida, y estudiaban durante largos años. En la escuela había una disciplina, un espíritu de disciplina. Claro está que no voy a decir que estoy de acuerdo con el método de educación. Empiezo por decir que esa separación total entre los muchachos y las muchachas, esa ausencia de contactos hacía que nosotros, cada vez que había una tómbola, una fiestecita, estuviéramos pendientes de las filas de las muchachas que llegaban de las otras escuelas, deslumbrados y obsesionados por las muchachitas, porque estábamos carentes de todo contacto, con esa separación, me parece muy mal. Yo creo que tiende a crear represiones, hábitos, preocupación excesiva en el niño hacia el problema de la mujer. Lo mismo en la enseñanza religiosa en que nos solían presentar los problemas sexuales como problemas de pecado. A la mujer como instrumento de pecado, instrumento de tentación del diablo. Se relacionaban las dos cosas: un constante hablar de esas cuestiones y al mismo tiempo una separación absoluta y total, que hacía que de una manera mucho más aguda que en un tipo de relaciones normales, nuestras mentes se inclinaran hacia las mujeres, que pensáramos más de la cuenta en eso. No, no estoy de acuerdo con la pedagogía de la separación. Sí voy a decir que la disciplina era buena, el crear hábitos de disciplina, de estudiar. Y, sobre todo, no estoy en contra del tipo de vida, con cierto sentido espartano, que tiene la enseñanza que yo recibí como interno de los jesuitas, porque es vida dura, disciplinada, tienda a habituarle a uno a la separación de la familia, y a la privación de muchas cosas. Y, en general, yo recuerdo que los jesuitas tendían a formar gente de carácter.

Una vez se hizo un concurso de poesía, había una estación de radio y todos los alumnos participaban y los padres votaban por la mejor poesía. Y las mejores no eran las mías. Pero resultaba que yo había desarrollado una gran amistad con todos los muchachos, que creo que en eso se había vuelto a poner en evidencia mi vena política.

Y entonces yo escribía los versos y prácticamente todos los muchachos les pedían a los padres que votaran por mí, y el resultado era que llegaban algunas cartas como ésta —había un muchacho que se llamaba Elpidio Estrada, que hacia versos muy bonitos, mucho mejores que los que yo hacía— pero el resultado era el siguiente: "la poesía de Elpidio a las madres está preciosa, emocionante, nuestro voto, naturalmente es para Fidel..."

LISANDRO OTERO
(1932-   )

Nace en La Habana. Estudia filosofía y letras y periodismo en la Universidad de La Habana. Continúa sus estudios en la Universidad de la Sorbona. En 1955 recibe el premio de periodismo "Juan Gualberto Gómez" por artículos sobre la guerra argelina. Ese mismo año se inicia en la literatura con su colección de cuentos Tabaco para un jueves santo. Viaja por Europa y regresa a Cuba en 1956. Participa en la lucha insurrecconal contra Batista. En los primeros años de la revolución trabaja en la redacción del periódico Revolución y escribe un libro de reportaje Cuba Z.D.A. (1960) y otro de ensayo sobre Hemingway (1963). En 1963 obtiene el primer Premio Casa de las Américas con La situación, primera novela de una trilogía. Es secretario de la Unión de Escritores y Artistas de Cuba, director de las revistas Cuba y Revolución y Cultura. Es autor de Las Villas (1965). En 1966 abandona la técnica documental de esa novela con Pasión de Urbino. Escribe En ciudad semejante (1970), segunda novela de la trilogía y En busca de Viet Nam (1970), libro de reportaje sobre la guerra. Es Consejero cultural de Cuba en Inglaterra y Chile. Este último cargo es durante el Gobierno de la Unidad Popular. Publica Cultural Policy in Cuba (1972) y recoge ensayos conocidos entre 1955 y 1974 en Trazados (1976). En 1980 publica General a caballo. Es director de Información, Prensa y Cultura del Ministerio de Relaciones Exteriores. Actualmente dirige el Centro de Investigaciones Literarias de Casa de las Américas. Dice Otero: "La conversación no es más que literatura que se escapa. El viento se lleva las palabras y no queda nada. Si nos tomamos el trabajo de escribir estas situaciones que nos suceden diariamente, si fijamos en un papel nuestra vida, nuestras relaciones con los demás, ya tenemos una base para ir creando literatura."

La situación:

Domingo 26 de agosto de 1951

El horizonte está enrojecido y no tengo conciencia del tiempo. Estoy aquí en Varadero, frente a este largo muelle de Kawama y existo. Mi nombre es Luis Dascal, son diez letras, un signo convencional, una marca de fábrica para distinguir un producto elaborado; no dice, no quiere decir absolutamente nada: Luis Dascal. Este es el quinto o sexto escoch, no recuerdo. Ahora termina la tarde, el sol va a ocultarse. Sólo en Cuba se ve así. Es una tarjeta postal de mal gusto. El mar está tranquilo y el sol es importante. Se hace angustiosamente necesaria esta plenitud del sol. No hay que apegarse a las cosas. El escoch debe tomarse con agua porque con soda llena más, bloquea el estómago. Es una buena bebida escocesa que hace olvidar la insoportable y constante disyuntiva. No hay que elegir con el uiski (ni con el ron ni el coñac), porque abre un solo camino al que puede el hombre abandonarse; que nos lleva a aceptar como inmejorables todas las situaciones. Esta es la hora del coctel y aparecen el ruido y las luces del bar de Kawama. Todos están ahí. Se habla: Yoni tiene un *tan* tremendo, le contrasta con los ojos azules —comentario femenino. La chiquita Cárdenas tiene una tendencia a dorarse el pelo con el sol, le queda bien de largo —comentario masculino. Ahora los del Kawama hacen combinaciones para pasar agradablemente la noche. Debe ser una gran noche porque es la última de la temporada. Mañana es lunes y todos vuelven a La Habana y en los primeros días de septiembre comienza el colegio, la universidad, la oficina, la compra de ropa invernal, la temporada de invierno con los conciertos de Pro Arte, la Filarmónica, la ópera en el Auditorium y las fiestas de diciembre en los clubs organizadas por los Arellano, cuando Broadway se trasplanta en un grotesco cuadro al Yacht o al Biltmore. Mañana habrá en la carretera una larga fila de autos. Los que llegaron tarde y los que sólo vienen los fines de semana averiguan quién está aquí y en dónde y quién se quedó en La Habana y por qué. También se experimenta sobre la forma de succionar prestigio ajeno por ósmosis. Muchos se preocupan por ostentar, sin estridencias, alguna reciente adquisición. Ahora siento la necesidad de cancelar algo, de ejecutar una acción irracional, una insensatez: vierto el contenido de mi vaso sobre la arena; el escoch corre un instante antes de ser absorbido; el hilo, antes transparente, oscurece el polvo fino con el que se mezcla. Esta insoportable lucidez.

Ahí está la primera estrella. Cuando era niño me aterraba pensar que la luz que ahora veo fue emitida hace millones de años y que el espacio es infinito y que es posible que existan otros sistemas planetarios semejantes al solar y que haya vida en ellos, porque me acobarda lo que no termina, lo que ignoro. El movimiento perpetuo es la síntesis del miedo, la tensión inagotable. Yo inventé los aviones de propulsión, mucho antes de que fueran reales, observando el movimiento errático de los globos inflados a los que se les deja escapar el aire abruptamente. Se ha ido el sol.

Varadero es una playa agradable, la *más* agradable. Estoy un poco borracho, pero ésta es una playa agradable. Porque hay efectismo en el paisaje —esas palmeras que avanzan hacia el mar— y la temperatura es disolvente y me arde la piel bajo esta camisa. Me queda bien la camisa, el azul pálido me gusta y el contacto con el nailon es sabroso. Siempre sucede en Varadero; de pronto es esta alegría sensual de estar vivo y sentir el sol y el agua y el azul del agua y todo estalla en esta luz blanca que quema. Después queda esa íntima satisfacción que es como un calor apagado dentro y comprendo a los gatos cuando ronronean y se frotan contra la pata de una silla. Cuando he nadado unos cuantos metros y después tengo un buen almuerzo y una buena digestión y duermo la siesta y al atardecer bebo un trago conversando con mi amigo y por la noche me tiro alguna mujer que he conocido en el Kastillito... qué más puede pedirse cuando amanece el siguiente día y todo está en su lugar, el mar de un verde claro, transparente, y el horizonte de follaje empinándose detrás de las casas que están junto al mar y los pinos y las uvas caletas que se escapan del cinturón de cemento y se meten en la arena. ¿Qué más puede pedirse? Existe además la serenidad. ¿Existe? Sí, la serenidad del elefante en su grupo cuando el macho que guía la manada no ha caído aún bajo la bala del cazador. Existe el retozo del hipopótamo que ignora que su boca desmesurada, en su vano intento de atrapar el sol, servirá para entretener a millones de espectadores en las sales de cine de todo el mundo. Existe la serenidad del espectador en la sala de cine que fija sus ojos en el monstruo luminoso porque aún no ha comenzado el incendio que le hará buscar la salida en una convulsa crisis nerviosa. "¡Cuidado, hipopótamo! Ese camarógrafo te apunta con una Paillard. ¡Detén el bostezo!" ¿Por qué nutrir de entretenimiento a gente que podría pensar? Sí, hay serenidad, Varadero es el mejor de los mundos.

Me siento bien. Los tragos me han dado un sopor tranquilo y estoy en medio de una campana al vacío que me insensibiliza y me protege; a prueba de balas puedo lanzarme a las mayores audacias sin temor a represalias. Ha oscurecido completamente y sigo aquí en la arena, solo como un idiota; además, se me acabó el uiski. Vuelvo al bar. El bar de Kawama es el mejor de Varadero. Posee una atmosfera discreta muy distante de la pretensión barroca de otros lugares de su rango. Las tardes de invierno, cuando ya ha terminado la temporada, son las mejores para beber en Kawama. Se escucha el gemido de los pinos de la playa y el suave silbido del viento al deslizarse por la ranura de los cristales que dan a la terraza. El bar está solo entonces. Kawama reluce en la noche desde esta arena en penumbra. Esos arcos de piedra de cantería poseen la inmutabilidad feliz de una clase que se sabe segura en su posición. En Kawama se respira dinero.

Camino. Los mocasines se hunden en la arena. Llevo aún el vaso en la mano. Lo lanzo al mar. Encontraré al grupo de siempre: Yoni, Anita, Francisco, Javier, Tina, Margarita y los otros. Se ríen mecánicamente, produciendo sonidos vitales, profundos; es una risa destinada a agradar, no a expresar agrado. Es necesario reír con discreción empleando los tonos que son de buen gusto. El que ríe en si sostenido casi siempre es un arribista. Los muslos de Anita son un capolavoro (una ondulación siempre es el principio de la gracia): la piel tersa surgiendo de las ingles sobre la vigorosa solidez de la carne y los músculos, traza una curva suave que termina en las rodillas, redondas, pulidas; las líneas se abren de nuevo para crear las piernas, la dulce plenitud de las pantorrillas, y coinciden de nuevo con los tobillos estrechos. Los muslos tostados de sol con sus breves vellos rubios contrastan con el blanco del chort y el pelo rubio, lacio, bien cepillado, que cae ordenadamente sobre la blusa roja. Porque los colores enteros son la elegancia de Kawama. Los estampados ponen la nota de folklore, la reminiscencia y la situación geográfica, pero el color sin atenuantes, el color intenso, el color definido como expresión de una cuenta bancaria o el lugar de las próximas vacaciones, es el color que abunda en Kawama.

En el bar estará la vieja Ana de la Guardia que fue Reina de Belleza en los carnavales del Yat en 1920 y ahora es una gorda deforme que se muestra grosera en su juego de exhibir a su dorado fruto en el mercado de la carne: "Aquí, señores, Ana Mendoza de la Guardia, dieciocho años, educada en el Merici de La Habana y el Sagrado Corazón de Boston, socia del Bilmor y del Yat, treinta y cuatro de senos, veintitrés de cintura, treinta y cinco de caderas, brillo en los ojos y en el pelo por una dieta balanceada que no olvida el jugo de naranjas en el desayuno. También ingiere una notable cantidad de proteínas. Vengan, señores, lleven de lo que ofrezco. En dote, la participación en una notaría de excelente clientela y cuatro edificios de apartamientos en el Vedado. ¿Quién da más?" ¿Es posible que esa mujer haya sido alguna vez tan atractiva como su hija? Si lo fue ¿por qué ha dejado de serlo? Es nuestro clima: quince años supremos y luego la flojera, la grasa subcutánea, la pesadez de movimientos. ¡Abajo el calor! ¡Vivan Elizabeth Arden y Helena Rubinstein! ¡Vivan las cremas de hormonas y los aceites de baños y el champú y los baños de cera depilatorios! ¿No es eso suficiente para detener el tiempo? ¿Por qué esa obra de orfebre delicado, los muslos de Anita, deben desaparecer? ¿Por qué no detener el tiempo, eliminando de paso la muerte? Sí, lo sé, he bebido demasiado.

Luis Dascal subió los escalones de piedra, atravesó la terraza y entró al bar de Kawama. En la barra pidió otro whisky con agua natural. La voz le llegó a través de su masa de impresiones: "Tengo copados a Camajuaní, Remedios, Sagua, Zulueta; los medianos. La batalla será en Santa Clara, Sancti Spíritus y Cienfuegos. Ahí chocarán las maquinarias. La mía está aceitada. Los ortodoxos se equivocan se creen que ganarán. El próximo Presidente de la República, anótenlo ahí que lo digo yo, se llamará Carlos Hevia".

Y otra voz: "El suicidio de Chibás puede favorecer a Agramonte". Y otra voz: "No creo que el fanatismo llegue hasta poner en la Presidencia a Masa Boba". Y otra voz: "Batista se está moviendo bastante".

Y de nuevo la voz original, la voz senatorial de Gabriel Cedrón: "Se mueve pero no tiene el menor chance. El último survey de Bohemia demuestra que está liquidado".

Voces diferentes: "La cosa está entre Agramonte y Hevia. Te digo yo que Hevia, no hay otro. Por lo menos, Gabrielito, y no es coba, los auténticos pueden estar seguros que han hecho un buen gobierno. Sí, todo el mundo en Cuba tiene dinero en el bolsillo".

Gabriel Cedrón tiene una tendencia a la adiposidad, una corona de pelo negro en torno a su calva, una voz grave para decir cosas importantes. Y dice: "La verdad, aunque parezca lijoso, es que nosotros hemos hecho en el Poder cosas con las que nadie se atrevió". Las voces ansiosas: "Como el Tribunal de Cuentas. Como el Banco Nacional". Gabriel Cedrón puede jugar con la abstracción llenándose la boca de maníes con la última palabra. Proclama. Confiesa. Reconoce. Anuncia. Publica. Aclara. Enseña. Divulga. Manifiesta. Promulga. Notifica. Para ello su voz es más grave: "Lo que pasa es que éste es un país donde no se puede triunfar sin ser envidiado. Hay una cantidad enorme de víboras por ahí. No perdonan. La cuestión aquí es engordar bastante para no caberle a nadie en la boca. Si no, te devoran. Si se hace el balance de estos años de gobierno Auténtico el resultado es favorable. Cuba tiene un gran futuro y mejoramos de año en año". Aquí, maníes.

Donde hace su aparición Carlos Sarría Santos y Luis Dascal se aparta de la barra.

Los Sarría tienen una casa en Dupont. Dupont es lo mejor de aquí. La casa está en la parte de Dupont llamada La Costa de Oro. La casa tiene diez habitaciones y manchas de Landaluze enmarcadas con austeridad que se supone colonial. La casa está construida en torno a una piscina. En los días atléticos los invitados pueden lanzarse a la piscina desde el tejado del primer piso, apenas salen de la cama. Dascal es invitado de los Sarría. Dascal es amigo de Carlos. Carlos es el único hijo de los Sarría Santos: Alejandro y Cristina. Carlos llega a Kawama.

Dascal siente la necesidad de informar a Carlos de lo que sucede:
—Tú ves a ese tipo, es capaz de convencer a cualquiera. El evolucionismo reformista es el mejor de los caminos. "Duerma en un Biuti-Res, glorifique sus sueños en la magia acolchada de un... mientras el mundo avanza hacia un futuro mejor". Hay otro comercial aún: "Los hombres son buenos. Este es el mejor de los mundos. Dadles un poco de tiempo y la naturaleza hará milagros. Este es un mensaje cortesía de The Pangloss Company y la Pink Glasses Incorporated". Cuando Hevia sea Presidente leeremos sin inquietarnos este anuncio en la edición dominical del New York Times: "Sea feliz. Vaya a Cuba y no piense". Gran anuncio, ¡verdad? El gran sueño de la clase media, sin conmociones, ni bolcheviques hirsutos, ni sangre. El senador Cedrón recogerá todas las cédulas que desee sin preocuparse por los cañaverales en llamas. Lo más grave es que puede tener razón.

—Vamos con el grupo —dice Carlos.

Dascal siente la necesidad de seguir informando de lo que sucede:
—Espérate, ahora lo veo todo claro. Esta es una tierra vulgar y no vale la pena hacer nada porque el clima es insoportable.

—Vamos con el grupo —dice Carlos.

Dascal se dejó llevar y se acercaron a las mesas unidas, del otro lado de la arcada interior, donde el grupo se divertía.

Diversos instrumentos en el grupo que incluye desda la voz de falsete del oboe hasta el contrabajo que afirma la masculinidad.

—Charli, ol-boy, ¿cómo andas?

—Jeeyy, ¿qué dice la buena gente?

—Carlitos, andabas perdido.

Era una buena oportunidad de estar junto a Charlie-old-boy porque a su alrededor se esparcía una aureola de prestigio que hacía resplandecer a quien se acercara. Luis Dascal resplandecía ahora a pesar de ser el tipo ese que anda con Carlitos, lo conozco de vista, ¿quién es ese neurótico?

Temas varios, tonos contrastantes: "Oye, Charlie, estábamos discutiendo el plan de mañana. No, el de hoy. Quipi, mañana podemos ir en tu barco hasta la punta de Hicacos. El problema es hoy, ¿a dónde vamos hoy? A casa de las Sánchez. No puede ser, la abuela está enferma y la han traído a descansar a la playa. ¡Que reviente la vieja! (Risas.) Me voy a jugar a la bolera, cuando se decidan me avisan. Llámame tú, Yoni. ¿Y por qué no vamos al Kastillito? ¡Ay, a ti siempre te gusta la chusma! Mami dice que las muchachas no podemos ir ahí. A mí se me ocurre que podemos ir a casa, como si fuéramos a jugar Monopoly o algo y ponemos el tocadiscos y cuando mami se entere ya tenemos el guateque formado. Chévere, eso mismo. Te la comiste. Cualquier cosa menos ir a casa de las Sánchez, esas niñas son atacantes. Atacantísimas, sí. El otro día sacaron una trusa... Como mamboletas. ¿A qué hora fue? Me perdí eso. Anita, ¿ya tienes entradas para la inauguración del Payret? Creo que mami compró. Van a traer a Aurora Bautista. A mí me gustó mucho en Locura de Amor. Tienes gustos de gallega, hija. A ese cine nada más van las socias de Hijas de Galicia. Pero viene en persona, es muy bonita. ¿Quién aprendió a bailar el Baile del Pingüino! Eso es muy bobo, Francisco Javier. Se divierte uno. (Demostración. Saltos breves usando los pies como resortes. Brazos junto al cuerpo y manos salientes, como alerones.) ¡Ay, qué mal lo haces! (Risas) Tinita, mañana nos vemos en tu casa para bañarnos. Bueno. Voy a hacer como Pepe Angulo. (Risas.)

Canción: *Yo me llamo Pepe Angulo*
y cuando me meto en el mar
el agua me da en la rodilla
cuanda me meto en el mar.

No, no, no, eso no pega.
No, no, no, eso no pega.
Deja que suba la marea..."

Dascal salió a la terraza. La intensidad del aire acondicionado del bar convirtió el calor de afuera en una deliciosa y protectora sensación, como entrar de nuevo al útero materno. El calor era un agradable refugio ahora y lo seguiría siendo durante varios minutos hasta que comenzase a provocar otra vez el sudor amelcochado que rodaría bajo la camisa limpia hasta enterrarse en los surcos adiposos sobre el vientre. El scotch le bullía en el cráneo y el nylon de la camisa le rozaba suavemente la piel. Encendió un cigarro, aspiró profundamente el humo y lo exhaló por la nariz, gustando la seca y aromática sensación que recogían sus mucosas.

Cada uno tiene su color y el tuyo es verde grisáceo. Verde de agua marina estancada. ¿Sabes por qué, Carlos? ¡Imagina si fueras de un malva brillante! (Naturalmente que en esa forma podrías atraer los mosquitos.) El tuyo es gris de ceniza, verde pútrido. El color de lo estacionario. Tú no tienes raíz porque no te interesas en nada. Veamos esto de frente: no eres optimista. El optimismo se genera en las glándulas y está garantizado por una buena digestión. Un excremento pastoso, de consistencia homogénea —ni endurecido, ni licuado— de color siena crudo, es el mejor síntoma de que su productor espera de todo y de todos lo mejor. El grupo, en tu caso, actúa de polos eléctricos y tú te mueves como la aguja imantada, con movimientos de atracción y repulsión. Si fueras optimista enfrentarías un hecho y sanamente tomarías la decisión de seguir un camino. Sí, eso lo sé, estás por encima de Anita y Francisco Javier y Yoni, pero no puedes abandonarlos. Te gusta estar ahí, oírlo todo, verlo, olerlo, gustarlo, sentirlo todo. Y después rechazarlo para volver otra vez. Tienes la estabilidad de una brújula en un mar tempestuoso.

Carlos le puso una mano en el hombro: "¿Te aburriste?" Dascal dejó su vaso sobre una mesa: "Si es alcanzar la condición del burro, sí". "Ahí vienen los viejos", dijo Carlos.
Alejandro Sarría y Cristina Santos. Señores en Dupont. Propietarios de Landaluze y de la piscina. Anfitriones de Dascal. Se acercan sonrientes, tostados, sólidos.

También por la terraza, la aguda visión que Dascal siente como un fino estilete sobre el pecho abriendo la vía a una briosa ansiedad que pronto se ve reforzada por una insatisfacción muy terrena. No sabe aún el nombre que Carlos le dirá muy pronto. La luz naranja le aviva la carne y el rostro de ángulos, planos y curvas; nítido, y se ensombrece en torno a los ojos y en los ojos: sombra complementaria de la masa oscura del cabello. Carlos lo dice ahora: "María del Carmen Cedrón". "La hija del convincente senador Cedrón". "La hija".

Alejandro y Cristina y María del Carmen se acercan en trayectorias concurrentes que inciden en ángulo agudo. María, atrás, cruza las espaldas de los Sarría y continúa hacia el bar. Alejandro Sarría goza chupando su tabaco: volutas, retención de humo, degustación de aroma, suave presión de los dedos que tantean el torcido, observación del color uniforme de la capa y de la ceniza gris clara. El encuentro. Preguntas y respuestas. "¿Se divierten?" "Está casi todo el mundo ahí".

La entrada de los Sarría en Kawama siempre produce expectación y la dorada presencia hace resplandecer todos los rostros. Dascal se siente poderoso ahora. En una mesa. Martini para todos excepto Dascal que sigue fiel a su whisky. Cristina hace observaciones sobre el tiempo y Alejandro pregunta a los muchachos si la siesta fue impedida por el calor. (El aire acondicionado de Carlos está roto.) Gabriel Cedrón saludó. Alejandro saludó. Cedrón se acercó con un vaso en la mano.

—¿Qué pasa, Gabrielito? —dijo Alejandro.

Cedrón extendió su mano a Cristina.

—¿Cómo andas, Cristina?

—¿Oye, ya te vio me abogado?

—Fue por allá, pero no pude atenderlo con los rollos que tenemos ahora.

—¿Entonces, qué? —preguntó Alejandro.

—La semana que viene arreglamos eso. Déjame salir de unas cuantas cosas.

—Es mejor así. Yo también estoy medio enredado estos días.

—Lo del periódico es importante y hay que dedicarle tiempo.

—Es una gran oportunidad, Gabrielito, hay que aprovecharla.

—La propaganda es muy importante.

—Esto no es sólo una cuestión de propaganda. Se trata de orientar a un gran sector. De crear un estado de opinión pública.

—Bueno, nos vemos seguro la semana próxima.

—¿Qué tú crees del acto de hoy en el Teatro Oriente?

—Chico, el problema es que Chibás ha dejado un lío gordísimo. Todos andan fajándose por la herencia, cada uno quiere cogerse el aldabonazo.

Carlos se excusó, a media voz, y se unió al grupo. Cedrón continuó después de un leve gesto de desagrado.

—Por un lado está Agramonte con su gente, la línea antipactista, quieren ir solos a las elecciones, son los *puros:* Pelayo, López Montes, Yuyo, Dominador, Sargén, Beto y Luis Orlando. El otro lado lo capitanea Millo Ochoa y tiene con él a Márquez Sterling y a José Manuel Gutiérrez. Millo y Agramonte aspiran a la postulación presidencial. Lo más probable es que Agramonte triunfe en esta pugna y que le den a Millo la vicepresidencia. Prío se ha pasado este fin de semana en La Altura muerto de la risa con estos rollos.

—Con toda su demagogia, lo de Chibás ha sido lamentable —dijo Alejandro—, daba una nota de colorido, movía el panorama.

—Me acuerdo cuando andábamos juntos en el treinta y tres. Era buena gente pero siempre fue un desquiciado. Ultimamente llegó a extremos intolerables.

—De todas maneras se suicidó porque quiso. Yo no culpo a Aureliano —dijo Alejandro.

—Era un demagogo sin escrúpulos, un loco, un perturbador —dijo Cedrón—, y perdónenme por hablar así de un muerto.

—Tiene usted razón, senador —dijo Cristina—. Pero estas cosas las resuelven ustedes solos que están capacitados para la ley del más fuerte. ¿Me acompañas, Luis?

Salieron a la terraza y otra vez el vaho caliente asaltó la piel y la drenó hasta extraer unas gruesas y relucientes perlas que marcaron como balizas las aperturas de cada poro.

—Hace calor —dijo Cristina.

—Por eso se viene a Varadero, porque hace calor —dijo Dascal.

Cristina no es bella. No es bella por su bocio desarrollado y sus arrugas prematuras. Pero el halo tira hacia ella. El halo está compuesto por la frivolidad como una joya iridiscente, agradable de ver y palpar; el cabello lacio, terso, como una unidad compacta y laqueada donde es difícil distinguir cada unidad del todo, el cabello color de miel, de madera recién cortada.

—No es sólo por eso.

—Es la excusa —dijo Dascal.

—Es una agradable excusa para actividades agradables.

—Hasta donde puedan ser llevadas.

—Siempre debe irse hasta el final.

—Si se tiene el valor. Si el aburrimiento proporciona la fuerza necesaria.
—El aburrimiento no. Es una fea palabra. La nostalgia... otras cosas.

El trío de guaracheros con sus mangas de vuelos y la expresión mecánica de la alegría prefabricada entró al bar: dos guitarras y un par de maracas. Las voces llegaron en sordina, venciendo la resistencia de las puertas de cristal.

> *La múcura está en el suelo,*
> *mamá, no puedo con ella...*

—Yo tengo un gato que se llama Dickens y me entretiene mucho —dijo Cristina.
—No es suficiente. Con él no puedes ir hasta el final.
—Contigo podría llegar, ¿no?
—Es posible. Habría que probar.
—Dickens es una gran compañía. Es elegante. Todo blanco salvo la cara y unos mitones negros.

> *... y es que no puedo con ella*
> *me la llevo a la cabeza,*
> *mamá, no puedo con ella...*

—¿De raza?
—Siamés. Le he puesto un brazalete en torno al cuello y luce bien. Uno de Tiffany.
—Es un buen nombre: Dickens, Siamés de Tiffany.
—Si quieres sustituirlo.
—No me quedan bien los brazaletes en el cuello.
—Sin brazaletes.
—¿Totalmente libre?
—Sólo por el placer.

El trío se ocupaba en otro tema:

> *Ya los majases no tienen cueva*
> *Felipe Blanco se las tapó...*

Alejandro salió del bar.
—No sé cómo aguantan el calor de aquí afuera.
—A veces hay que huir del aire acondicionado —dijo Cristina.

—Vamos para casa. Recuerda que esta noche tenemos una comida en casa de los Selgas.
—Cuando tú quieras.
—¿Y ustedes? —preguntó Alejandro.
—No sé, deja ver qué quiere hacer Carlos —dijo Dascal—. Comeremos por ahí. Esta noche hay varios partis.

Luis Dascal volvió al bar pero el barman no lo atendió porque estaba muy ocupado. Dascal hizo chocar dos vasos con fuerza. El barman lo miró con detenimiento, pero no se atrevió. El nuevo whisky con agua ya no tenía sabor. Carlos conversaba con Francisco Javier. El grupo se había evaporado. María del Carmen también. Cedrón abandonó su tribuna alcohólica. Se acercaba la hora de la comida y las mesas estaban vacías. Las niñas doradas se retiraron para cambiar el color deportivo de la hora del coctel por la sobriedad apropiada para la noche. La nueva oleada comenzaría a afluir alrededor de las nueve. Los guaracheros continuaron creando la atmósfera.

La playa estaba vacía ahora. Dascal caminó hasta el muelle y se detuvo junto al mar. Era agradable aquella oscuridad anónima. El whisky lo había desorganizado. Por las venas le rodaban perdigones que entrechocaban con un ruido endeble, de pequeña audacia. Se acostó sobre la arena y colocó el vaso junto a sí.

Ahora reposo y disminuye el caos. Me llamo Luis Dascal, estoy aquí, en Varadero, y no sé por qué. Llega este Alejandro Sarría con su Alfa y su Omega, su plano para atravesar el laberinto, todas las categorías en su lugar, su lanza de San Jorge, su piedra folosofal, llevando con ligereza la pesada carga del Santo Grial y demuestra que puede atravesar todos los mares sin temer tempestades. ¿Cómo disfrutar ese ocio de dudas? La aristocracia azucarera, los custodios de la tradición. ¡Mierda la tradición! Seguro y tranquilo sobre su tarro, con sus cuatro ideas bien sabidas y la buena hembra de su mujer que se aburre a su lado como una puta en un colegio de monjas.

Hablan de política que es el arte de la supervivencia. Charlatanes como todos los artesanos. En otra época ha sido ciencia de dirección. Por encima de la hijoputada máxima, ha existido el compromiso con la felicidad. Carlomagno y Chorchil incluidos. Aquí es una forma de alcanzar un nicho y permanecer canonizado o beatificado. La utilidad individual es lo importante. Fulanón, después de cuatro años en el Capitolio, adquiere su heráldica, aunque el nombre haga aflorar sagas del cuatrerismo. No temen al tiempo. Apuestan sobre la benevolencia del medio que siempre absuelve sin juzgar. La vida por los sentidos. La fuerza real de la sólida mercadería. Los majases siguen en su cueva. Felipe Blanco es un idiota.

Todos esos viejos gordos que nutren su sensualidad en los camerinos de Tropicana, esas ballenas conformes que ignoraban la posibilidad de Moby Dick, esos viejos cursis con pantalones a media pierna, tengo que decírmelo, tengo que decirlo, es un hecho importante... TODOS tienen oficina en Obispo, en O'Rely, en nuestro Wol Estrit; entretienen las noches viendo películas de Brenda y Lina Salomé y se inquietan cuando leen que el viejo Mossadegh pide a los ingleses un nuevo convenio sobre el petróleo. Con ésos anda Alejandro Sarría, dirigente de ballenas, que alimenta pero no engorda a los suyos, piraña devoradora de provincia. Los distinguidos Sarría. Y Carlos en su contradicción, sin la permanencia de la tierra ni la fuerza de los ríos y dueño de ambos.

Generación va y generación viene, mas la tierra siempre está jodida. Gabriel Cedrón surge del semen de un patriarca que separó a Cuba de España y luego aprendió a mamar de la República. Un senador ilustre que es el resumen de un curso superior de ofidios ha engendrado esa niña hermosa que proyecta la aguda insatisfacción. (Si fuese modelo la calificarían de "besable".) Este viejo de dril cien que se sumerge en "el lago de fuego y azufre donde están la bestía y el falso profeta" nada un insuperable crol. Desconoce al búho y tiene alianza con el rayo y bebe en la copa de ambrosía. El futuro está en el mambo: Tongolele debe ser Ministro.

"Viva la media naranja, viva la naranja entera", cantan en el bar. Lo mismo que cantan en casa de los Hernández y los Sánchez y los Mendoza de la Guardia. Cantan lo mismo en todas partes, esta noche, y hacen lo mismo. Por la mañana, el chort de cuadros escoceses y la chaqueta de felpa blanca. Por la tarde, los bermudas con camisa de quince pesos de El Encanto. Por la noche, el pantalón de dril y la guayabera de hilo. Ahora cantan la media naranja con guayabera y escoch: ha comenzado la sesión de la noche que ha de ser alegre porque mañana estarán en Obispo y O'Rely hablando de azúcar para seguir viniendo a Kawama a cantar la media naranja. Conozco lo que pasa ahí en Kawama: conozco las voces, los saludos y los gritos, el chas chas acompasado de las maracas, el va y viene de los camareros sudorosos con sus chaquetas blancas almidonadas, las guitarras, los colores, las carcajadas, y sobre todo, la solidez, la perfección, los pantalones de raya geométrica, el aliento perfumado (perfume de Juait Leibel o de Forjans), las pitilleras de plata (no hay imitaciones y sé bien los negocios que ha propiciado Alfred Donjil, los cabellos en su lugar y el cutis tostado por el sol de las diez; todo es limpio y hermoso y vital y agradable de mirar.

Ya están todas las piezas en el tablero, las que van a jugar. El rey-blanco-Alejandro, el rey-negro-Gabriel, la reina-Cristina, el alfil-Carlos y el alfil-María del Carmen. Y yo, alfil, caballo o torre, aún no he decidido. Debo ir al grupo, soy asimilable, tengo que pertenecer a algo, ser parte de un cuerpo que me atrae con su monstruosa y bella irisdiscencia. O debo rechazar la vacuidad de ese insecto corrupto, devorado por dentro, una armazón tenue que extiende sus élitros al aire en un intento inútil de aparentar que existe. Mi lugar allí es el del juglar. ¿Debo rechazarlo o disminuirme? Deseo asimilarlo todo, devorarlo todo, penetrar todas las esencias, descubrir los secretos, que todo quede en mí sedimentado, que se transforme; también las hojas se pudren mientras el árbol lo ignora y forman una capa viscosa y son sepultadas por el polvo y se integran al humus y los siglos obran y un carbón de veta azul que no arde permanece en el misterio de la tierra y un día surge la piedra brillante que no tiene fin. Para eso la naturaleza ha trabajado milenios. Mañana, en La Habana, aceptaré este contrato, buscaré a Cristina, la seguiré hasta que la posea y con ella todo lo que ella es, porque la necesito, Dios, la necesito para descargar en su vientre y en su sexo la energía y la ansiedad de este Kawama y para hundirme en un apocalipsis de frotación. No quiero deber más, no siento ya, ni pienso; sólo deseo. ¡Tali Jou! Quiero descansar.

10 de marzo de 1952

Los conjurados —capitanes y tenientes de la guarnición de Columbia— recibieron con muestras de entusiasmo a su antiguo jefe, quien no podía ocultar su emoción y satisfacción. Enseguida fue informado del acatamiento por parte de todas las clases y soldados allí destacados y de la prisión en sus domicilios de la ciudad militar de todos los jefes y oficiales de alta graduación.

El timbre de la puerta sonó incesante, agudo, irritante.

—Mira a ver quién es, Ritica —dijo el senador Cedrón—. Abre con cuidado.

Cedrón se paseaba por la sala, llegaba hasta la terraza y la luz intensa reflejada en las blancas baldosas de la terraza lo rechazaba. Retrocedía a grandes pasos hasta la puerta del cuarto y giraba allí.

Mascaba un largo Corona número uno sin encender. En el sofá, los senadores Veitía y Sánchez Herring miraban en silencio el ir y venir.

—Es Márquez —dijo Ritica.

El senador Márquez entró con el mismo aspecto atribulado de sus colegas.

—Parece que todo se ha consumado. No hay nada que hacer.

—¿Y el Presidente? ¿Qué se sabe del Presidente? —preguntó Veitía.

—Llamé a Palacio y me dijeron que se fue a las provincias para hacerse fuerte con los regimientos leales —respondió Márquez.

—¡Eso es absurdo! —comentó Sánchez Herring—. ¡Es la guerra civil, la sangre!

—Este es un momento en que se juega el todo por el todo. O se es digno hoy o se deja de serlo para siempre —dijo Márquez.

—No hables boberías —dijo Cedrón— hay que ser realistas.

—La realidad es que Batista ha tomado el poder —dijo Sánchez Herring.

—Todavía no se sabe. Parece que Margolles en Oriente y Martín Elena en Matanzas siguen fieles a la legalidad —dijo Veitía.

—La legalidad es la fuerza. La legalidad es el poder. Batista tiene la fuerza y con ella el poder. De ahora en adelante lo que haga estará santificado por la legalidad —replicó Sánchez Herring.

Ritica preguntó si querían café y todos respondieron afirmativamente. Hubo un largo silencio en el que todos meditaban. Sánchez Herring encendió un cigarro y chupó con ansiedad.

—Señores, existe un pueblo. ¿Qué le decimos a ese pueblo? —preguntó Márquez—. ¿Cómo vamos a enfrentarnos con la opinión pública si hoy no actuamos de acuerdo con nuestra historia?

—¿Qué historia? —contestó Sánchez Herring.

—Vamos a no exaltarnos —dijo Cedrón—, la verdad es que ante los tanques no hay pueblo ni opinión pública que importe.

—¿Qué sugieres, Márquez? —preguntó Veitía.

—Vámonos al Capitolio y constituyámonos allí en sesión para desaprobar el golpe de estado.

—Tampoco habrá quorum esta vez. Hoy menos que nunca —dijo Sánchez Herring.

—No importa, con unos cuantos basta. Es una protesta simbólica.

—Ni hablar —Cedrón encendió el tabaco—, antes de salir de casa esta mañana llamé allá: el Capitolio está rodeado por la policía. Además yo me siento mal todavía, no estoy para acrobacias.

—La verdad es que yo no sé cómo has podido moverte con tu operación reciente —dijo Veitía.
—¿Qué querías, que me quedara en casa y me prendieran?
—A lo peor ya andan cazándonos por ahí —especuló Sánchez Herring.
—No creo —dijo Márquez—, la forma en que Batista ha desarrollado el golpe indica que no quiere sangre.
—Si se le opone resistencia se le saldrá la bestia —dijo Sánchez Herring—, por eso me preocupa que el Presidente se haya marchado a encabezar los regimientos leales. Pónganse claros, señores, aquí hay sólo dos caminos: el exilio o el pacto. El poder ha cambiado de manos y no hay marcha atrás.
—¿Y si Prío se levanta en el interior? ¿No crees que Batista se asuste y retroceda? —preguntó Márquez.
—Se ve que no conoces a Batista —respondió Sánchez.
—¿Qué pasa con el café? —preguntó Veitía.
—Voy a ver —dijo Cedrón.
Ritica, en la cocina, terminaba de colar.
—Ayúdame a preparar las tazas —dijo a Cedrón que entraba.
El senador abrió un anaquel de madera y tomo una pequeña bandeja dorada colocando sobre ella cuatro tazas pequeñas.
—Gabriel, acabo de hablar con mi primo Mayito, el teniente...
—¿Estuvo aquí?
—No, por teléfono.
—¿Le dijiste que yo estaba aquí?
—No. Dice que Columbia está llena de gente. Todo el mundo está allí, todo el mundo está hablando con Batista y uniéndose a él, ¿por qué no vas tu también?
—¡Estás loca? Yo me debo a un partido. Además la situación no está clara todavía, aún puede haber cambios.
—Oye mi consejo. Manda a todos ésos para el carajo y vete para Columbia.
—No, no, las cosas no son así. Además ¿tú no te das cuenta que ellos están ansiosos como yo de buscar una salida a su situación!

Los estudiantes lo miran un instante con penosa simpatía después de todo, pese a sus flaquezas políticas y personales, es el representante del poder civil de esas instituciones que hay que defender en todo momento: "Estamos a su lado, Presidente, porque estamos de parte de la Constitución y de la ley. Si usted se dispone a resistir cuente con nosotros".

Dascal abrió los ojos y miró su reloj que descansaba en la mesa de noche. Se dio una ducha y se puso una guayabera. Era la primera vez este año que usaba guayabera, el calor la hacía necesaria.

No había periódicos porque era lunes y Dascal se entretuvo en mirar las fotos de una vieja revista mientras le preparaban el desayuno.

Fina salió de la cocina con la humeante taza de café con leche.

—Caballero, ¿se ha enterado? Dicen que Batista se metió en Columbia.

—No hagas caso, Fina. Son bolas. Siempre hay bolas.

—No, caballero, es verdad. Mientras venía para acá en la guagua vi las estaciones de policía con muchos guardias afuera. Hay movimiento. Todo el mundo dice que Batista dio un golpe.

Dascal encendió el radio y recorrió varias estaciones. Sólo música. En lugar de los noticieros matinales se escuchaban guarachas y danzones.

—¿Ya están levantados los viejos?

—Todavía no.

Dascal tocó en la puerta del cuarto. La voz enrarecida de su padre le contestó: "¿Qué hay, qué pasa?"

—Soy yo, papá. Dicen que Batista dio un golpe de estado.

Escuchó el ruido del bastidor y su padre salió envuelto en una bata de casa.

—¿Cómo? ¿Eso es cierto?

—No sé, pero las estaciones no dan noticias.

Dascal llamó a María del Carmen:

—María ¿es verdad lo que se dice?

—Sí. A papá le avisaron de madrugada y se fue.

—¿Y ahora qué va a pasar?

—No sé. Nadie sabe nada. Aquí el teléfono se cae abajo de gente que pregunta lo mismo.

Dascal llamó a Marcos Malgor. La madre respondió sollozante que Marcos se había ido temprano a la Universidad.

Dascal colgó el teléfono y salió.

—¿A dónde vas, Luis? Hoy no es bueno andar por ahí.

—Voy un momento a la Universidad.

En cada posta de Columbia fueron situados 25 soldados al mando de un oficial. Todos portaban ametralladoros de mano. A cada lado de la entrada fue emplazada una ametralladora de trípode servida por cinco soldados. Posteriormente se reforzó esa guardia.

Entre seis y media y siete de la mañana se produjo un intenso tiroteo en Monserrate entre Refugio y Colón que produjo un estado de alarma en el vecindario próximo al Palacio Presidencial, informándose después que entre los ocupantes de un auto perseguidor de la policía y los centinelas de Palacio se había cruzado un tiroteo. La balacera produjo un saldo de dos muertos y varios heridos.

Se movían como hormigas, zigzagueando, disparándose decididamente hacia una dirección para retroceder enseguida y buscar de nuevo, dudando, tentando rutas, vacilantes, inestables. Se movían así y hablaban así y cuando discutían también era así: los estudiantes en la Plaza Cadenas preparaban el contragolpe. Dascal los vio discutiendo y hablando con gran agitar de brazos, alzando la voz, cargando un acento colérico en algunas sílabas y creando expectación con pausas bien medidas, hablando todos a la vez tratando de decir la misma cosa y hablando todos a la vez tratando de decir cosas diferentes. Buscó a Marcos.

El portero de la Facultad de Derecho le dijo que lo había visto por el Rectorado. Marcos estaba allí, junto al teléfono.

—¿Qué sabes de nuevo? —preguntó Marcos al verlo.

—No sé siquiera lo viejo. Vengo a enterarme de todo.

—Espera —Marcos terminó de hablar y colgó.

—Ahora me llamaron de la Comisión que fue a Palacio. Dicen que Prío nos manda un camión con armas.

—Entonces habrá resistencia. Es el inicio de una guerra civil.

—No sé, nadie sabe nada. Hay que esperar. Batista ha avanzado demasiado para que lo que se intente ahora pueda resultar.

¿Para qué intentarlo, entonces? —preguntó Dascal.

—No sé, hay que hacer algo.

Caminaron hacia la Plaza Cadenas y Marcos Malgor dio la noticia a un grupo de estudiantes. Hubo aplausos y gritos y un poco de entusiasmo.

—A nadie le gusta morir —dijo Marcos— pero no tendrán la oportunidad.

Marcos y Dascal fueron a la cantina de Derecho. Pidieron dos Coca-Colas.

—¿Quién trae las armas? —preguntó Luis.

—El senador Tejera. Prío mismo se lo ordenó.

—¿Y qué van a hacer con las armas?

—No sé, hacernos fuertes aquí. Armar un alboroto.

—No podrán con los tanques ni con las perseguidoras.

—Nadie va a intentar fajarse con ellos.

—¿Para qué quieren las armas?
—Para nada, para tenerlas, para hacer algo.
—Algo, ¿qué cosa es algo? Se intenta un contragolpe o nada. ¿Quién dirige esto?
—Nadie dirige nada. Los muchachos están excitados. Eso es todo.
—No te entiendo, Marcos. Primero no entiendo qué haces aquí. No hace mucho me dijiste que ya habías superado todo esto.
—¿Y tú que haces aquí?
—Vine por curiosidad, a enterarme de cosas.
—¿No vas a pelear?
Dascal dudó un instante antes de responder.
—No, no voy a pelear.
—¿Por qué no vas a pelear?
—Porque creo que es inútil. Lo mismo da una cosa que otra, Prío que Batista, es la misma mierda.
—¿No será por otra razón?
—¿A qué te refieres?
—A nada.
—Nunca he tenido un arma en mi mano.
—Eso es fácil.
—Quizás es porque sea un poco cobarde. ¿Es eso lo que querías decir? que yo soy cobarde. Puede ser cierto. ¿Por qué negarlo? No me gusta la violencia. A lo mejor soy un cobarde. ¿Tú no eres cobarde?
—No —dijo Marcos.
—Debe ser bueno saberlo, haberlo demostrado. En realidad no me interesa esta lucha.
—Tú siempre estás apartado de todo. Es tu manera de sentirte seguro: estar por encima de las cosas, no mezclarte.
—Sea lo que sea, es más contradictorio que tú estés aquí. Eso no lo entiendo.
—¿Sabes que hay gente que está yendo hacia Columbia a sumarse al golpe?
—No lo sabía. Me lo imagino.
—Son unos bandidos. En un día como hoy todo el mundo debía dejar a un lado los egoísmos.
—¿Y tú por qué estás aquí, Marcos?
—Estoy aquí porque Cuba me necesita, hoy me necesita.
—Es una mierda, todo esto es una mierda.
—No me entiendes.
—¿Y si muere algún estudiante? Ahí hay gente que cree.

—No va a morir nadie.

Un obeso adolescente con el rostro cubierto de un acné avanzado llegó jadeante. La gente se impacientaba habían designado una comisión para que pidiera las armas al jefe de la policía universitaria.

—No las va a dar —dijo Marcos— él no puede comprometerse.

—Ya dijo que no las daba —dijo el gordito— pero hay algunos que hablan de quitárselas por la fuerza. ¿Qué tú crees?

—No sé, vamos a ver eso de cerca.

Salieron de la cantina de Derecho. Afuera el sol brillaba con la luz intensa del mediodía pero aun no era tiempo de calor y una brisa suave batía los laureles. Vieron tres autos que se detenían en la calle frente a la Facultad de Pedagogía. Varios hombres salieron de los autos y avanzaron hacia el centro de la Plaza Cadenas.

Marcos Malgor los reconoció y se detuvo.

—Vamos a quedarnos aquí. ¡Lagarto, lagarto! —dijo.

—¿Qué? —preguntó Dascal.

El gordito continuó y se mezcló al grupo que rodeaba a los recién llegados.

—Ese es Masferrer. El otro es el Campesino.

—¿El de la guerra de España?

—No sé cómo se han atrevido. Si hoy no fuera hoy sería muy arriesgado: aquí tiene muchos enemigos. En eso no me mezclo yo —dijo Marcos.

Una parte de los estudiantes se separó del grupo y fue a sentarse en la escalinata de Ciencias. Masferrer, El Campesino y sus hombres avanzaron hacia el portal del Rectorado.

—Me voy —dijo Dascal.

—¿Por qué te vas? Probablemente ni siquiera vengan las armas que prometió Prío.

—Todo está liquidado —dijo Luis— todos son unos comemierdas. En este momento el único en Cuba que sabe lo que está haciendo es Batista.

Un estudiante cruzó corriendo y Marcos lo detuvo por un brazo.

—¿Qué pasa? ¿Por qué corres?

—Dicen que los regimientos de Matanzas y Oriente cayeron ya. Batista lo controla todo.

—Yo me voy —dijo Dascal.

—Quédate, aquí por lo menos se entera uno de cosas.

—No; me voy.

Permaneció algunos minutos en el garage, en la misma actitud vacilante, hasta que resolvió tomar un automóvil de chapa particular. A su lado ocuparon asientos su hermano Antonio y los legisladores Tejera y Megías. Detrás marchó el automóvil con chapa oficial número 49, con miembros de la escolta personal del Presidente.

Uno de los altos oficiales, junto al ascensor preguntó si el Presidente depuesto dejaba algunas instrucciones sobre el Palacio.

—Sí —respondió el contraalmirante—. Dijo que no se repeliera ninguna agresión.

—Ahora debías arrepentirte de no haber aceptado el pacto con el P.A.U. cuando te lo propuso García Montes —dijo Ritica.

—Eso no es nada —respondió el senador Cedrón— mira a Castellanos...

—¿El alcalde?

—Sí... tenía un pacto con Batista y lo rompió hace pocos días. Ese sí está chivado porque el mulato es rencoroso y su veneno no perdona.

—¿Y tú cómo andas con él?

—Ni bien ni mal. Nos conocemos. Siempre me ha saludado con afecto. Nunca me he enfrentado a él.

—Entonces tienes chance.

—Creo que sí.

—¡El cafeeee! —gritó Márquez.

Cedrón volvió a la sala.

Lo cierto y evidente es que como resultado de todo ello, se ha derogado una Constitución que nos costó mucho trabajo hacer y a cuya adopción concurrimos los mandatarios de todo el pueblo cubano. Lo cierto es que se ha frustrado una gran ilusión de la voluntad popular. Me siento por dentro una gran desolación de ciudadanos. Les hablo en nombre de todos los cubanos que no tienen esa facilidad de que yo dispongo para decir su anhelo donde todos lo oigan.

Luis Dascal caminó por la calle L en dirección a 23. Nada sucedía en la calle. Los autobuses se cruzaban cargados de pasajeros y la gente los esperaba en las esquinas y los billeteros exhibían sus billetes y vendían a veces y las cafeterías estaban abiertas y la gente bebía refrescos; el sol no estaba muy alto y aún no había comenzado a arder sobre la piel y era muy temprano en el año para que lo hiciera de todas maneras. Todo estaba tranquilo y las cosas transcurrían normalmente, como todos los días y Dascal subió a una Ruta 26 en la esquina de L y 23. Nadie hablaba: los pasajeros iban en silencio y aún el chofer y el conductor no intercambiaban sus comentarios habituales, un esfuerzo notable dada la circunstancia.

Dascal se entretuvo en leer los anuncios en el techo: Optica El Anteojo, Foto Núñez, Tome Kresto. Abandonó el texto y se entretuvo con los colores y las líneas de los anuncios hasta que el autobús se detuvo en Paseo y Línea. Echó a andar con el calor del incipiente verano que le exprimía las costillas.

Se detuvo en un café y llamó por teléfono a Carlos. No quería ir a casa de los Sarría por temor a encontrarse a Alejandro o a Cristina. Desde el incidente, si se le podía llamar así, en casa de los Mendoza, no había llamado a Cristina y ella tampoco daba evidencia de interesarse en él. Carlos le dijo que se encontrarían en El Carmelo.

Se presentó con un grueso volumen bajo el brazo y Dascal leyó el título furtivamente al ponerlo sobre la mesa: "Del New Deal a Pearl Harbor". Hablaron del golpe y Carlos le informó que se sintió mal cuando se enteró de la noticia pero que habló con su padre durante el desayuno y tenía razón: el relajo era demasiado grande en Cuba y ya era hora de que alguien terminase con ese estado de cosas: el gansterismo, el robo del tesoro público, la demagogia obrera; todo eso estaba haciendo imposible el desarollo del país. Batista traía la paz y la tranquilidad para la familia cubana. Batista respetaba las tradiciones. Batista sólo tenía un defecto: su tendencia a gobernar con mano fuerte, pero dada la situación del país ese defecto se convertía en virtud. Dascal dijo que a él le daba lo mismo uno que otro y que el golpe de estado venía por lo menos a sacudir la rutina diaria. Decidieron dar una vuelta en el auto de Carlos para ver cómo lucía La Habana.

El tráfico era desviado frente a las estaciones de policía. Los guardias llevaban la chaqueta desabrochada como señal de adhesión al golpe. Cruzaron por Prado en dirección al Parque Central y vieron los carros de asalto frente al Palacio Presidencial. Varias perseguidoras bloqueaban el acceso al Capitolio. Para retornar al Vedado tomaron por Reina hasta Infanta y doblaron por San Lázaro. Frente a la Universidad aguardaba un grupo de perseguidoras con sus hocicos de lata apuntando amenazantes hacia la colina, arrullados por el murmullo de los radios en los autos policíacos que emitían órdenes y cifras para los mensajes en clave. Junto al Alma Mater un altavoz gritaba consignas contra el golpe de estado que apenas eran escuchadas por la gente que pasaba apresurada por la calle San Lázaro. Los policías rieron cuando el altavoz escupió enérgico "¡Batista, asesino de Guiteras!"

Carlos lo invitó a su casa para tratar de enterarse de nuevas noticias. Dascal mintió diciendo que iría al periódico para tratar de informarse. Hacía varios días que no iba por allí pretextando una enfermedad y hacía que su madre enviara recados al señor Duarte informándole del progreso de "un fuerte ataque gripal". Mientras conducía por el Malecón, Carlos le dijo que pensaba irse a New York para aprender pintura. Iba a ingresar en una academia de artes plásticas y salir de todo este ambiente. Su padre no le demostraba confianza, lo miraba extrañamente por su vocación artística. No se sentía bien aquí. Ultimamente su madre y su padre andaban embrollados, no se hablaban. La situación en la casa era tirante y molesta y ahora, para colmo, el mulato venía a complicar más las cosas. Dascal dijo secamente que le parecía bien que se fuera a New York y le pidió a Carlos que lo dejara en casa de María del Carmen.

WASHINGTON. (AP).—**La Cancillería norteamericana reconocerá rápidamente el régimen de facto de Batista —se informó aquí— porque satisface los requisitos exigidos en la política exterior por los Estados Unidos.**
Los hombres de negocios norteamericanos no están preocupados con respecto a la nueva situación cubana, dijeron los diarios de Wall Street.
El "Journal of Commerce", la conocida publicación mercantil neoyorquina, ha expresado su optimismo de que el establecimiento del régimen de Batista en Cuba pueda significar la adecuada coyuntura para la revisión de las tarifas arancelarias negociadas en la conferencia de Torquay que garantizaron la existencia de la industria textil cubana.

—¿Y qué hago yo aquí? —preguntó Sánchez Herring perplejo—. Porque yo no soy un delincuente, qué hago aquí como un perseguido! Yo soy un senador de la República, tengo una investidura pública. Ustedes también. ¿Qué hacemos aquí? Vamos a pensar. Hasta ahora no hemos recibido ni una noticia, pero ni una sola, de que un senador haya sido detenido. Existe un nuevo poder. Por encima del deber partidista tenemos un deber con el oficio público: ¡somos senadores!

—Esa nueva modalidad del estado —dijo Márquez— incluye la supresión del Poder Legislativo.

—Muy bien, entonces al lugar que nos indiquen. Batista formará otra cosa, una Cámara de Consejeros, un Cuerpo de Asesores, algo. Ahí debemos estar nosotros para ayudar a orientar a la República.

—¿Qué sugieres? —preguntó Cedrón.

—Nada, ir a Columbia, ver cómo está la situación.

—No, eso no, por lo menos ahora no —dijo Cedrón.

—Pues ir entonces a la casa y esperar a que nos llamen.

—Batista no nos llamará. En este momento sólo va a contar con los suyos —dijo Veitía.

—¡Pero algo hay que hacer! No podemos quedarnos aquí todo el día.
—Vamos a esperar a ver qué hace Prío —dijo Márquez.
—Prío es un idiota —respondió Sánchez Herring.
—Un hombre que no ha sabido defender el poder. Se lo han quitado como se le quita un caramelo a un niño. ¿No nos dijeron que estaba endrogado en La Chata cuando le dieron la noticia?
—No sabemos si eso es verdad —dijo Veitía.
—Hagan lo que quieran. Yo me voy —dijo Sánchez Herring poniéndose su jipi y ajustándose los espejuelos calobares.
—Vamos a esperar un poco más —dijo Cedrón.
—No, no, ¡me voy!
Sánchez Herring abrió la puerta y se marchó sin cerrarla.
—¿Y ahora qué? —preguntó Veitía.
—Ahora... nada —dijo Cedrón.
—Yo me voy también —dijo Veitía—. Estaré en casa. Me llaman para lo que quieran.
Márquez resgistró sus bolsillos hasta encontrar un tabaco y lo encendió con la larga llama de una fosforera mientras lo hacía girar para que ardiera con uniformidad.
—Vamos a esperar, Gabriel. Algo saldrá de todo esto.
—¿Algo saldrá? —preguntó Cedrón—. De aquí lo único que saldrá somos nosotros. ¡Rita, dame un whiski!
Rita salió del cuarto protestando:
—Tú no puedes...
—¡Dame el trago, coño, y no me discutas!
—Otro para mí —pidió Márquez.

Como no es concebible que tamaña subversión del régimen constitucional se haya producido por capricho o por apetito de poder, imaginamos que existirían condiciones de gravedad, de extrema emergencia, desconocidas para la opinión pública y para la prensa, pero que por considerarlas los militares conocedores de ellas una amenaza temible e inminente para la República, procedieron a aplicar este radical remedio.
Si la serenidad demostrada por el pueblo conjuga con el mínimo de alarde de fuerza de que se hizo gala, es de creer que a reserva de todas las contingencias políticas, se pueda lograr la cordura tan necesaria en esta hora en que pende de la balanza la tranquilidad económica de la nación.

María del Carmen hablaba por teléfono cuando Dascal entró. Aún vestía un piyama de nylon y una bata de casa. Dijo que hablaba con su padre y que no había noticias claras de la situación. Pidió permiso para cambiarse. Dascal recorrió la casa mientras esperaba. No se sentía intimidado, como otras veces, por la pretenciosa decoración; el golpe de estado había rebajado el esplendor de los Cedrón. Dascal abrió la puerta de la biblioteca. Sobre un estante de libros dos bustos: Maquiavelo y Napoleón. Se sorprendió a sí mismo actuando desde una posición de fuerza: el golpe de estado lo contagiaba todo, se extendía a los palacios del gobierno, a la calle, a la conciencia. Permitiéndose satisfacer esta curiosidad se convertía en un secuaz de Batista. Si en otras ocasiones no se habría permitido este espontáneo paseo ¿por qué hoy? ¿Por qué precisamente hoy? Cerró la puerta y volvió al pasillo y por él a la terraza del fondo como otras veces. Se apresuró temiendo ser sorprendido en su profanación de la intimidad.

Encendió un cigarro. Carlos no había querido acompañarlo. Carlos quiso volver a su casa y esperar la llegada de su padre para escuchar noticias. Carlos vive con el cordón umbilical intacto, pensó Dascal, y el cordón umbilical lo une no sólo a la madre sino al padre también y a la casa del Vedado y a los recuerdos en cada rincón de la casa y a los primos y tíos y a la casa que construyó el abuelo en el Central Manuelita. También lo une la inseguridad del que nunca ha construido nada con sus manos. En este momento en que se ha violado el orden establecido, Carlos acude al criterio del orden establecido para encontrarse, para saber dónde está pisando; no puede, no quiere pensar.

María del Carmen entró con unos slacks ajustados y una blusa.

—¿No has sabido nada nuevo? —preguntó María del Carmen.

—No, lo mismo que tú creo... lo que se dice.

—Es terrible esto.

—¿La falta de noticias?

—El golpe, lo que ha hecho Batista. Ha retrasado a Cuba veinte años.

—¿Tú crees?

—¿Tú no crees?

—No sé.

—¿No te das cuenta? Con Batista desaparece la libertad. Batista es el asesinato, la violencia. Ahora volveremos a estar como cuando Machado. Había costado mucho tiempo el rescate del poder civil.

—¡Qué poder civil?

—El poder civil, el gobierno civil. Ahora mandan los militares, ahora viene el poder de los brutos y zoquetes: de la casta militar.

—En Cuba no hay casta militar. Hablas como si fuera Alemania.

Aquí hay sargenticos aprovechados, oficiales con mentalidad de chuchero de barrio.
—Pero crean un estilo de gobierno: la fusta, el palmacristi.
—En el fondo es lo mismo. Grau y Prío daban botellas y mandaban a asesinar.
—Aquí había libertad, se podía hablar. Esto era una democracia.
—Batista también será una democracia. La democracia es un nombre. Cualquier nombre es bueno.
—Batista no dejará hablar.
—Sí dejará hablar; lo que le conviene, como Grau y Prío.
—No, uno de los errores de Grau fue el libertinaje, el exceso de libertades.
—No hagas castillos en el aire, María, la legitimidad es consecuencia de la audacia. Lo que empieza siendo una nota disonante termina armonizando. El cristianismo era perseguido en Roma y ya ves, dura desde hace veinte siglos como suma de legalidades. Los apóstatas del siglo quince son hoy cabezas respetadas de las iglesias protestantes. Estás ahí diciendo que si la democracia y esto y lo otro. Los demócratas eran llevados al potro de tortura en el siglo dieciocho por los nobles franceses. Toda intención ilegítima termina siendo la legalidad si insistes en ella el tiempo necesario y encuentras bastantes buenas razones. ¿Te has puesto a pensar que todos los reyes no son en su inicio más que pastores o cazadores a los que la necesidad ha hecho guerreros y en la guerra han demostrado cualidades excepcionales que los han llevado al reinado? Piensa en la monarquía británica, santa y buena, estable, sólida, respetable, tradicional hasta el exceso, el colmo de la legalidad; bueno, pues detrás de todo eso hay asesinatos, traiciones, parricidios, incestos, conspiraciones. Toda herejía termina siendo ortodoxia. El poder es la razón porque ennoblece lo que toca.
—Eso es cinismo, maquiavelismo... no sé. La moral no es tan relativa como todo eso.
—Desde el punto de vista de la moral absoluta la política es inmoral, el poder lo corrompe todo. Nadie ha podido gobernar a los hombres sin perder un poco de sí mismo, sin negar algo de lo que antes creyó.
—Es cierto que los ideales de la Revolución del 33 no se han llevado a cabo del todo, pero una parte se ha cumplido. Grau y Prío hicieron un gobierno liberal, de izquierda, de servicio al pueblo.
—¿De veras crees eso, María del Carmen? ¿No tratas de engañarte? Grau y Prío hicieron lo mismo que hará Batista, lo mismo que hi-

cieron todos en Cuba desde Diego Velázquez y lo mismo que harán todos mientras el mundo sea mundo.

—No creo, de veras. Tú eres muy pesimista.

—No soy pesimista, pero tú tratas de justificar a tu padre, perdona que te diga eso, tratas de encontrar razones para respetarlo. ¿No es él la Revolución del 33?

—No; yo creo en el Hombre.

—No me hagas reír. La condición humana es invariable.

—¿Qué crees tú que debe hacerse ante el golpe de estado?

—Nada... mejor dicho: adaptarse a la nueva situación. Seguir viviendo igual que siempre bajo nuevas maneras. Batista impone un estilo de gobierno. Para jugar hay que aprender las reglas del juego.

—No, Luis, no, no. Hay que resistir con todo lo posible. Si no oponemos una resistencia seremos culpables del golpe.

—Yo no soy culpable de nada, yo no contribuyo a nada.

—Pero tampoco impides.

—Lo que yo haga no lo impediría.

—Pero mucha gente sí puede tumbarlo.

—¿Hoy?

—No, el golpe está consumado. La lucha empieza ahora.

—Ahora lo que empieza son las carreras para instalarse en el jamón. Sinceramente apruebo a toda esa gente que está corriendo hacia Columbia. Si yo fuera político haría lo mismo.

—Eso es mentira; lo dices, quizás lo piensas, pero no lo harías.

—¿Y tú qué vas a hacer?

—Yo no sé, pero algo habrá que hacer. Todavía no he podido localizar a Tony —dijo María del Carmen, que comenzaba a irritarse con Dascal y puso un énfasis apasionado en el *algo*. Dascal intuyó el surgimiento vacilante de la llama sagrada conocida por patriotismo con la que no tenía nada que ver y deseó una excelente combustión purificadora para María y no quiso hablar más. No sabía qué decir y jugó con un cenicero de loza. María del Carmen se excusó y salió un instante y al volver dijo que el almuerzo estaba servido, que si quería comer con ellos. Dascal dijo que no y prometió que llamaría si se enteraba de algo y se marchó.

Batista dijo a los reporteros de las agencias cablegráficas que su gobierno era "transitorio y que propiciaría unas elecciones justas y honestas inmediatamente que la situación fuese normalizada".

Una de las primeras medidas adoptadas por el General Batista fue la de aumentar los sueldos a policías y soldados a 150 y 100 pesos respectivamente.

Puede decirse que luego del golpe de estado la maquinaria administrativa se detuvo: la basura se acumula en muchas calles, las obras públicas están paralizadas, la asistencia escolar es muy pobre.

Singular tónica acusó la radio hasta la una de la tarde: ni una sola noticia ni un solo comentario, sólo música. Cada estación de radio fue ocupada por policías con armas largas.

Dascal almorzó en su casa y durmió una siesta. Se despertó a eso de las cuatro y buscó los periódicos del domingo y encontró en los anuncios un buen programa en el Trianón. Llegó al cine cuando abrían la taquilla, compró un cartucho de bombones y se sentó con las luces encendidas a observar la pantalla blanca que tenía un imperceptible desgarramiento en una esquina. Las luces se apagaron y apareció el león de la Metro y se olvidó de todo.

A las ocho de la noche salió del cine y vio un grupo conversando en la esquina de Línea y A y caminó hasta allí. Eran periodistas. Conocía a Antonio Telles Aura, de la redacción de Información y le preguntó. Prío se había asilado hacía un rato en la Embajada de México y estaban esperando por si concedía alguna entrevista o entregaba declaraciones. El resplandor de un flash iluminó la calle. Dascal siguió caminando hacia su casa. Detuvo a un vendedor de periódicos, compró uno y leyó los titulares bajo un farol:

DEPUESTO CARLOS PRIO Y SU GOBIERNO
POR UN GOLPE MILITAR QUE ENCABEZO
EL GENERAL FULGENCIO BATISTA
El Presidente Carlos Prío dejó
Palacio a las 9 de la mañana
EL DESARROLLO
DEL MOVIMIENTO
EN EL INTERIOR
Cabrera, Soca y Uría
llegaron a Miami
en un avión militar
REITERASE QUE NO VOLVERAN LOS
COMUNISTAS A CONTROLAR LA CTC
Todo indica que E.U. reconocerá
enseguida al régimen de Batista

Nada realmente importante ha pasado hoy, pensó Dascal, nada importante; nada que pueda alterar esta isla florecida de caña, sumergida en un mar de mierda, flotando hacia la nada, cubierta de relajo, orgasmos y fetiches, devota del azar, quebrada por la ineficacia, sucia de ansiosa violencia, cruzada de ciclones, aburrida de palmas, triste, rota, anárquica, tumultuosa, embriagada, convulsa, ruidosa. Nadie se siente bien y esto que es lo otro, es lo mismo: con su Prío de todos los días y su Batista para amanecer y siempre un Machado, un Grau, un Zayas para romperlo todo y gastarnos la vida que se nos va.

Aquí no ha pasado nada.

II. AHORA LA REVOLUCION

GUILLERMO CABRERA INFANTE
El ambicioso general

El ambicioso general aparece rodeado de militares pero él está de civil. Éste es su tercer golpe de estado en veinte años y se le ve satisfecho con su poder. El general, a quien le gustan los símbolos, lleva puesto un jacket de cuero: el mismo que llevó en ocasiones similares anteriores. Después jurará que en el bolsillo del jacket llevaba una pistola con una "bala en el directo"—para matar o morir si el golpe de estado fracasaba. Pero bien poco arriesgaba con el jefe del ejército atrapado durmiendo en calzoncillos. El general está en el centro con un pie de grabado que dice: "¡Éste es el hombre!" Ese *ecce homo* quiere ser adulatorio. El general vestido de civil, sonriente, quizá piense en las fuerzas históricas que acaba de desencadenar pero no se le ve. A su alrededor hay coroneles y capitanes que bien pronto, en unas horas apenas, serán generales y brigadieres. Este ascenso violento dividirá la isla en dos. Pero a los hombres que están en la foto parece no importarles.

FIDEL CASTRO
El ataque al cuartel Moncada

I

¡Pobre pueblo! Una mañana la ciudadanía se despertó estremecida; a las sombras de la noche los espectros del pasado se habían conjurado, mientras ella dormía y ahora la tenían agarrada por las manos, por los pies y por el cuello. Aquellas garras eran conocidas, aquellas fauces, aquellas guadañas de muerte, aquellas botas... No; no era una pesadilla; se trataba de la triste y terrible realidad: un hombre llamado Fulgencio Batista acababa de cometer el horrible crimen que nadie esperaba.

Ocurrió entonces que un humilde ciudadano de aquel pueblo que quería creer en las leyes de la República y en la integridad de sus Magistrados a quienes había visto ensañarse muchas veces contra los infelices, buscó un Código de Defensa Social para ver qué castigos prescribía la sociedad para el autor de semejante hecho y encontró lo siguiente:

"Incurrirá en una sanción de privación de libertad de seis a diez años el que ejecutare cualquier hecho encaminado directamente a cambiar en todo o en parte, por medio de la violencia, la Constitución del Estado o la forma de Gobierno establecido."

"Se impondrá sanción de privación de libertad de tres a diez años al autor de un hecho dirigido a promover un alzamiento de gentes armadas contra los Poderes Constitucionales del Estado. La sanción será de privación de libertad de cinco a veinte años si se llevase a efecto la insurrección."

"El que ejecutare un hecho con el fin determinado de impedir, en todo o en parte, aunque fuese temporalmente al Senado, a la Cámara de Representantes, al Presidente de la República o al Tribunal Supremo de Justicia, el ejercicio de sus funciones constitucionales, incurrirá en una sanción de privación de libertad de seis a diez años."

"El que tratare de impedir o estorbar la celebración de elecciones generales, incurrirá en una sanción de privación de libertad de cuatro a ocho años."

"El que introdujere, publicare, propagare o tratare de hacer cumplir en Cuba, despacho, orden o decreto... que tienda a provocar la inobservancia de las leyes vigentes incurrirá en una sanción de privación de libertad de dos a seis años."

"El que sin facultad legal para ello ni orden del Gobierno, tomare el mando de tropas, plazas, fortalezas, puestos militares, poblaciones o barcos o aeronaves de guerra, incurrirá en una sanción de privación de libertad de cinco a diez años."

"Igual sanción se impondrá al que usurpare el ejercicio de una función atribuida por la Constitución como propia de alguno de los poderes del Estado."

Sin decir ni una palabra a nadie, con el Código en una mano y los papeles en la otra, el mencionado ciudadano se presentó en el viejo caserón de la capital donde funcionaba el tribunal competente, que estaba en la obligación de promover causa y castigar a los responsables de aquel hecho, y presentó un escrito denunciando los delitos y pidiendo para Fulgencio Batista y sus 17 cómplices la sanción de 1 a 8 años de cárcel como ordenaba el Código de Defensa Social con todas las agravantes de reincidencia, alevosía y nocturnidad.

Pasaron los días y pasaron los meses. ¡Qué decepción! El acusado no era molestado, se paseaba por la República como un amo, le llamaban honorable señor y general, quitó y puso Magistrados y nada menos que el día de la apertura de los Tribunales se vio al reo sentado en el lugar de honor, entre los augustos y venerables patriarcas de nuestra justicia.

Pasaron otra vez los días y los meses. El pueblo se cansó de abusos y de burlas. ¡Los pueblos se cansan! Vino la lucha, y entonces aquel hombre que estaba fuera de la ley, que había ocupado el poder por la violencia, contra la voluntad del pueblo y agrediendo el orden legal, torturó, asesinó, encarceló y acusó ante los tribunales a los que habían ido a luchar por la ley a devolverle al pueblo su libertad.

II

Señores magistrados: Yo soy aquel ciudadano humilde que un día se presentó inútilmente ante los tribunales para pedirles que castigaran a los ambiciosos que violaron las leyes e hicieron trizas nuestras instituciones, y ahora, cuando es a mí a quien se acusa de querer derrocar este régimen ilegal y restablecer la Constitución legítima de la República, se me tiene 76 días incomunicado en una celda, sin hablar con nadie ni ver siquiera a mi hijo; se me conduce por la ciudad entre dos ametralladoras de trípode, se me traslada a este hospital para juzgarme secretamente con toda severidad y un fiscal con el Código en la mano, muy solemnemente, pide para mí 26 años de cárcel.

Me diréis que aquella vez los magistrados de la República no actuaron porque se lo impedía la fuerza; entonces, confesadlo: esta vez, también la fuerza os obligará a condenarme. La primera no pudisteis castigar al culpable; la segunda tendréis que castigar al inocente. La doncella de la justicia, dos veces violada por la fuerza.

¡Y cuánta charlatanería para justificar lo injustificable, explicar lo inexplicable y conciliar lo inconciliable! Hasta que han dado por fin en afirmar, como suprema razón, que el hecho crea el derecho. Es decir que el hecho de haber lanzado los tanques y los soldados a la calle, apoderándose del Palacio Presidencial, Tesorería de la República y los demás edificios oficiales, y apuntar con las armas al corazón del pueblo, crea el derecho a gobernarlo. El mismo argumento pudieron utilizar los nazis que ocuparon las naciones de Europa e instalaron en ellas gobiernos de títeres.

Admito y creo que la revolución sea fuente de derechos; pero no podrá jamás llamarse revolución al asalto nocturno a mano armada del 10 de marzo. En el lenguaje vulgar, como dijo José Ingenieros, suele darse el nombre de revolución a los pequeños desórdenes que un grupo de insatisfechos promueve para quitar a los hartos sus prebendas políticas o sus ventajas económicas, resolviéndose generalmente en cambios de hombres por otros, en un reparto nuevo de empleos y beneficios. Ese no es el criterio del filósofo de la historia, no puede ser el del hombre de estudio.

No ya en el sentido de cambios profundos en el organismo social, ni siquiera en la superficie del pantano público se vio mover una ola que agitase la podredumbre reinante. Si en el régimen anterior había politiquería, robo, pillaje y falta de respeto a la vida humana, el régimen actual ha multiplicado por cinco la politiquería, ha multiplicado por diez el pillaje y ha multiplicado por cien la falta de respeto a la vida humana.

III

Es necesario que me detenga a considerar un poco los hechos. Se dijo, por el mismo gobierno, que el ataque al Cuartel Moncada de

Santiago de Cuba fue realizado con tanta precisión y perfección que evidenciaba la presencia de expertos militares en la elaboración del plan. ¡Nada más absurdo! El plan fue trazado por un grupo de jóvenes, ninguno de los cuales tenía experiencia militar: y voy a revelar sus nombres, menos dos de ellos que no están ni muertos ni presos: Abel Santamaría, José Luis Tasende, Renato Guitart Rosell, Pedro Miret, Jesús Montané y el que les habla. La mitad han muerto, y en justo tributo a su memoria puedo decir que no eran expertos militares, pero tenían patriotismo suficiente para darle, en igualdad de condiciones, una soberana paliza, a todos los generales del 10 de marzo juntos, que no son ni militares ni patriotas.

Más difícil fue organizar, entrenar y movilizar hombres y armas bajo un régimen represivo que gasta millones de pesos en espionaje, soborno y delación, tareas que aquellos jóvenes y otros muchos realizaron con seriedad, discreción y constancia verdaderamente increíbles; y más meritorio todavía será siempre darle a un ideal todo lo que se tiene y, además, la vida.

La movilización final de hombres que vinieron a esta provincia desde los más remotos pueblos de toda la Isla se llevó a cabo con admirable precisión y absoluto secreto. Es cierto igualmente que el ataque se realizó con magnífica coordinación. Comenzó simultáneamente a las 5:15 antemeridiano, tanto en Bayamo como en Santiago de Cuba, y, uno a uno, con exactitud de minutos y segundos prevista de antemano, fueron cayendo los edificios que rodean el campamento. Sin embargo, en aras de la estricta verdad, aun cuando disminuya nuestro mérito, voy a revelar por primera vez también otro hecho que fue fatal: la mitad del grueso de nuestras fuerzas y la mejor armada, por un error lamentable se extravió a la entrada de la ciudad y nos faltó en el momento decisivo. Abel Santamaría, con 21 hombres había ocupado el Hospital Civil; iban también con él para atender a los heridos un médico y dos compañeras nuestras. Raúl Castro, con 10 hombres, ocupó el Palacio de Justicia; y a mí me correspondió atacar el campamento con el resto, 95 hombres. Llegué con un grupo de 45 precedido por una vanguardia de ocho que forzó la posta tres. Fue aquí precisamente donde se inició el combate al encontrarse mi automóvil con una patrulla de recorrido exterior armada de ametralladoras. El grupo de reserva, que tenía casi todas las armas largas, pues las cortas iban a la vanguardia, tomó por una calle equivocada y se desvió por completo dentro de una ciudad que no conocía. Debo aclarar que no albergo la menor duda sobre el valor de esos hombres, que al verse extraviados sufrieron gran angustia y desesperación. Debido al tipo de acción que se estaba desarrollando y al idéntico color de los uniformes entre ambas partes combatientes, no era fácil restablecer el contacto. Muchos de ellos, detenidos más tarde, recibieron la muerte con verdadero heroísmo.

Todo el mundo tenía instrucciones muy precisas de ser, ante todo, humanos en la lucha. Nunca un grupo de hombres armados fue más generoso con el adversario. Se hicieron desde los primeros momentos numerosos prisioneros, cerca de veinte en firme; y hubo un instante, al principio, en que tres hombres nuestros, de los que habían tomado la posta: Ramiro Valdés, José Suárez y Jesús Montané, lograron penetrar en una barraca y detuvieron durante un tiempo a cerca de cincuenta soldados. Estos prisioneros declararon ante el tribunal, y todos, sin excepción lo han reconocido, que se les trató con absoluto respeto, sin tener que sufrir ni siquiera una palabra vejaminosa. Sobre este aspecto sí tengo que agradecerle algo, de corazón, al señor Fiscal: que en el juicio donde se juzgó a mis compañeros, al hacer el informe, tuvo la justicia de reconocer, como un hecho indudable, el altísimo espíritu de caballerosidad que mantuvimos en la lucha.

La disciplina por una parte del ejército fue bastante mala. Vencieron en último término por el número, que les daba una superioridad de 15 a 1, y por la protección que les brindaban las defensas de la fortaleza. Nuestros hombres tiraban mucho mejor y ellos mismos lo reconocieron. El valor humano fue igualmente alto de parte y parte.

Considerando las causas del fracaso táctico, aparte del lamentable error mencionado, estimo que fue una falta nuestra dividir la unidad de comandos que habíamos entrenado cuidadosamente. De nuestros mejores hombres y más audaces jefes, había 27 en Bayamo, 21 en el Hospital Civil y 10 en el Palacio de Justicia; de haber hecho otra distribución, el resultado pudo haber sido distinto. El choque con la patrulla (totalmente casual, pues veinte segundos antes o veinte segundos después, no habría estado en ese punto), dio tiempo a que se movilizara el campamento, que de otro modo habría caído en nuestras manos sin disparar un tiro, pues ya la posta estaba en nuestro poder. Por otra parte, salvo los fusiles calibre 22, que estaban bien provistos, el parque de nuestro lado era escasísimo. De haber tenido nosotros granadas de mano, no hubieran podido resistir quince minutos.

Cuando me convencí de que todos los esfuerzos eran ya inútiles para tomar la fortaleza, comencé a retirar nuestros hombres en grupos de ocho y diez. La retirada fue protegida por seis francotiradores que, al mando de Pedro Miret y de Fidel Labrador, le bloquearon heroicamente el paso al ejército. Nuestras pérdidas en la lucha habían sido insignificantes: el 95% de nuestros muertos fueron producto de la crueldad y la inhumanidad cuando aquella hubo cesado. El grupo del Hospital Civil no tuvo más que una baja; el resto fue copado al situarse las tropas frente a la única salida del edificio, y sólo depusieron las armas, cuando no les quedaba una bala. Con ellos estaba Abel Santamaría, el más generoso, querido e intrépido de nuestros jóvenes, cuya gloriosa resistencia lo inmortaliza ante la historia de Cuba. Ya veremos la suerte que corrieron y cómo quiso escarmentar Batista la rebeldía y heroísmo de nuestra juventud.

Nuestros planes eran proseguir la lucha en las montañas caso de fracasar el ataque al regimiento. Pude reunir otra vez, en Siboney, la tercera parte de nuestra fuerza; pero ya muchos estaban desalentados. Unos veinte decidieron presentarse; ya veremos también lo que ocurrió con ellos. El resto, 18 hombres, con las armas y el parque que quedaban, me siguieron a las montañas. El terreno era totalmente desconocido para nosotros. Durante una semana ocupamos la parte alta de la cordillera de la Gran Piedra y el ejército ocupó la base. Ni nosotros podíamos bajar ni ellos se decidieron a subir. No fueron, pues, las armas; fueron el hambre y la sed los que vencieron la última resistencia. Tuve que ir distribuyendo los hombres en pequeños grupos; algunos consiguieron filtrarse entre las líneas del ejército, otros fueron presentados por monseñor Pérez Serantes. Cuando sólo quedaban conmigo dos compañeros; José Suárez y Oscar Alcalde, totalmente extenuados los tres, al amanecer del sábado 1º de agosto, una fuerza al mando del teniente Sarría nos sorprendió durmiendo. Ya la matanza de prisioneros había cesado por la tremenda reacción que provocó en la ciudadanía, y este oficial, hombre de honor, impidió que algunos matones nos asesinasen en pleno campo con las manos atadas.

No necesito desmentir aquí las estúpidas sandeces que, para mancillar mi nombre, inventaron los Ugalde Carrillo y su comparsa, creyendo encubrir su cobardía, su incapacidad y sus crímenes. Los hechos están sobradamente claros.

Mi propósito no es entretener al tribunal con narraciones épicas. Todo cuanto he dicho es necesario para la comprensión más exacta de lo que diré después.

Quiero hacer constar dos cosas importantes para que se juzgue serenamente nuestra actitud. Primero: pudimos haber facilitado la toma del regimiento deteniendo simplemente a todos los altos oficiales en sus residencias, posibilidad que fue rechazada, por la consideración muy humana de evitar escenas de tragedia y de lucha en las casas de familia. Segundo: se acordó no tomar ninguna estación de radio hasta tanto no se tuviese asegurado el campamento. Esta actitud nuestra, pocas veces vista por su gallardía y grandeza, le ahorró a la ciudadanía un río de sangre. Yo pude haber ocupado, con sólo diez hombres, una estación de radio y haber lanzado al pueblo a la lucha. De su ánimo no era posible dudar: tenía el último discurso de Eduardo Chibás en la CMQ, grabado con sus propias palabras; poemas patrióticos e himnos de guerra capaces de estremecer al más indiferente, con mayor razón cuando se está escuchando el fragor del combate, y no quise hacer uso de ello, a pesar de lo desesperado de nuestra situación.

Se ha repetido con mucho énfasis por el gobierno que el pueblo no secundó el movimiento. Nunca había oído una afirmación tan ingenua y, al propio tiempo, tan llena de mala fe. Pretenden evidenciar con ello la sumisión y cobardía del pueblo; poco falta para que digan que respalda a la dictadura, y no saben cuánto ofenden con ello a los bravos orientales. Santiago de Cuba creyó que era una lucha entre soldados y no tuvo conocimiento de lo que ocurría hasta muchas horas después. ¿Quién duda del valor, el civismo y el coraje sin límites del rebelde y patriótico pueblo de Santiago de Cuba? Si el Moncada hubiera caído en nuestras manos ¡hasta las mujeres de Santiago de Cuba habrían empuñado las armas! ¡Muchos fusiles se los cargaron a los combatientes las enfermeras de Hospital Civil! Ellas también pelearon. Eso no lo olvidaremos jamás.

No fue nunca nuestra intención luchar con los soldados del regimiento, sino apoderarnos por sorpresa del control y de las armas, llamar al pueblo, reunir después a los militares e invitarlos a abandonar la odiosa bandera de la tiranía y abrazar la de la *libertad,* defender los grandes intereses de la nación y no los mezquinos intereses de un grupito; virar las armas y disparar contra los enemigos del pueblo, y no contra el pueblo, donde están sus hijos y sus padres; luchar junto a él, como hermanos que son, y no frente a él, como enemigos que quieren que sean; ir unidos en pos del único ideal hermoso y digno de ofrendarle la vida, que es la grandeza y felicidad de la Patria. A los que dudan que muchos soldados se hubieran sumado a nosotros, yo les pregunto: ¿Qué cubano no ama la gloria? ¿Qué alma no se enciende en un amanecer de libertad?

IV

El señor Fiscal estaba muy interesado en conocer nuestras posibilidades de éxito... Esas posibilidades se basaban en razones de orden técnico y militar y de orden social. Se ha querido establecer el mito de las armas modernas como supuesto de toda imposibilidad de lucha abierta y frontal del pueblo contra la tiranía. Los desfiles militares y las exhibiciones aparatosas de equipos bélicos tienen por objeto fomentar este mito y crear en la ciudadanía un complejo de absoluta impotencia. Ningún arma, ninguna fuerza es capaz de vencer a un pueblo que se decide a luchar por sus derechos. Los ejemplos históricos pasados y presentes son incontables. Está bien reciente el caso de Bolivia, donde los mineros con cartuchos de dinamita, derrotaron y aplastaron a los regimientos del ejército regular. Pero los cubanos, por suerte no tenemos que buscar ejemplos en otro país, porque ninguno es tan elocuente y hermoso como el de nuestra propia Patria. Durante la guerra del 95 había en Cuba cerca de medio millón de soldados españoles sobre las armas, cantidad infinitamente superior a la que podía oponer la dictadura frente a una población cinco veces mayor. Las armas del ejército español eran sin comparación más modernas y poderosas que las de los mambises; estaba equipado muchas veces con artillería de campaña, y su infantería usaba el fusil de retrocarga, similar al que usa todavía la infantería moderna. Los cubanos no disponían por lo general de otra arma que los machetes porque sus cartucheras estaban casi siempre vacías. Hay un pasaje inolvidable de nuestra Guerra de Independencia narrado por el general Miró Argenter, Jefe del Estado Mayor de Antonio Maceo, que pude traer copiado en esta notica para no abusar de la memoria.

"La gente bisoña, que mandaba Pedro Delgado, en su mayor parte provista solamente de machetes, fue diezmada al echarse encima de los soldados españoles, de tal manera, que no es exagerado afirmar que de cincuenta hombres, cayeron la mitad. Atacaron a los españoles con los puños, ¡sin pistolas, sin machetes y sin cuchillos! Escudriñando las malezas del Río Hondo, se encontraron quince muertos más del partido cubano, sin que de momento pudiera señalarse a qué cuerpo pertenecían. No presentaban ningún vestigio de haber empuñado arma: el vestuario estaba completo y pendiente de la cintura no tenían más que el vaso de lata; a dos pasos de allí el caballo exánime con el equipo intacto. Se reconstruyó el pasaje culminante de la tragedia: esos hombres siguiendo a su esforzado jefe, el teniente coronel Pedro Delgado, habían obtenido la palma del heroísmo; se arrojaron sobre las bayonetas con las manos solas: el ruido del metal, que sonaba en torno a ellos, era el golpe del vaso de beber al dar contra el muñón de la montura. Maceo se sintió conmovido, él, tan acostumbrado a ver la muerte en todas las posiciones y aspectos, murmuró este panegírico: ¡Yo nunca había visto eso, la gente novicia que ataca inerme a los españoles, con el vaso de beber agua por todo utensilio! ¡Y yo le daba el nombre de impedimenta!..."

¡Así luchan los pueblos cuando quieren conquistar su libertad: les tiran piedras a los aviones y viran los tanques boca arriba!

Una vez en poder nuestro la ciudad de Santiago de Cuba, hubiéramos puesto a los orientales inmediatamente en pie de guerra, Bayamo se atacó precisamente para situar nuestras avanzadas junto al rió Cauto. No se olvide nunca que esta provincia que hoy tiene millón y medio de habitantes es, sin duda, la más guerrera y patriótica de Cuba; fue ella la que mantuvo encendida la lucha por la independencia durante treinta años y le dio el mayor tributo de sangre y sacrificio y heroísmo. En Oriente se respira todavía el aire de la epopeya gloriosa, y al amanecer, cuando los gallos cantan como clarines que tocan diana llamando a los soldados y el sol se eleva radiante sobre las empinadas montañas, cada día parece que va a ser otra vez el de Yara o el de Baire.

V

Dije que las segundas razones en que se basaba nuestra posibilidad de éxito eran de orden social, porque teníamos la seguridad de contar con el pueblo. Cuando hablamos de pueblo no entendemos por tal a los sectores acomodados y conservadores de la nación, a los que viene bien cualquier régimen de opresión, cualquier dictadura, cualquier despotismo, postrándose ante el amo de turno hasta romperse la frente contra el suelo. Entendemos por pueblo, cuando hablamos de lucha, la gran masa irredenta, a la que todos ofrecen y a la que todos engañan y traicionan, la que anhela una Patria mejor y más digna y más justa; la que está movida por ansias ancestrales de justicia por haber padecido la injusticia y la burla generación tras generación, la que ansía grandes y sabias transformaciones en todos los órdenes y está dispuesta a dar para lograrlo, cuando crea en algo o en alguien, sobre todo cuando crea suficientemente en sí misma, hasta la última gota de sangre. La primera condición de la sinceridad y de la buena fe en su propósito, es hacer precisamente lo que nadie hace, es decir, hablar con entera claridad y sin miedo. Los demagogos y los políticos de profesión obran el milagro de estar bien en todo y con todos, engañando necesariamente a todos en todo. Los revolucionarios han de proclamar sus ideas valientemente, definir sus principios y expresar sus intenciones para que nadie se engañe, ni amigos ni enemigos.

Nosotros llamamos pueblo, si de lucha se trata, a los seiscientos mil cubanos que están sin trabajo deseando ganarse el pan honradamente sin tener que emigrar de su Patria en busca de sustento; a los quinientos mil obreros del campo que habitan en los bohíos miserables, que trabajan cuatro meses al año y pasan hambre el resto compartiendo con sus hijos la miseria, que no tienen una pulgada de tierra para sembrar y cuya existencia debiera mover más a compasión si no hubiera tantos corazones de piedra; a los cuatrocientos mil obreros industriales y braceros cuyos retiros, todos, están desfalcados, cuyas conquistas les están arrebatando, cuyas viviendas son las infernales habitaciones de las cuarterías, cuyos salarios pasan de las manos del patrón a las del garrotero, cuyo futuro es la rebaja y el despido, cuya vida es el trabajo perenne y cuyo descanso es la tumba; a los cien mil agricultores pequeños, que viven y mueren trabajando una tierra que no es suya, contemplándola siempre tristemente como Moisés a la tierra prometida, para morirse sin llegar a poseerla, que tienen que pagar por sus parcelas como siervos feudales una parte de sus productos, que no pueden amarla, ni mejorarla, ni embellecerla, plantar un cedro o un naranjo porque ignoran el día que vendrá un alguacil con la guardia rural a decirles que tienen que irse; a los treinta mil maestros y profesores tan abnegados, sacrificados y necesarios al destino mejor de las futuras generaciones y que tan mal se les trata y se les paga; a los veinte mil pequeños comerciantes abrumados de deudas, arruinados por la crisis y rematados por una plaga de funcionarios filibusteros y venales; a los diez mil profesionales jóvenes: médicos, ingenieros, abogados, veterinarios, pedagogos, dentistas, farmacéuticos, periodistas, pintores, escultores, etc. que salen de las aulas con sus títulos, deseosos de lucha y llenos de esperanza para encontrarse en un callejón sin salida, cerradas todas las puertas, sordas al clamor y a la súplica. ¡Ese es el pueblo, el que sufre todas las desdichas y es por tanto capaz de pelear con todo el coraje! A ese pueblo, cuyos caminos de angustias están empedrados de engaños y falsas promesas, no le íbamos a decir: "te vamos a dar", sino: "¡Aquí tienes, lucha ahora con todas tus fuerzas para que sea tuya la libertad y la felicidad!"

VI

Unicamente inspirados en tan elevados propósitos, es posible concebir el heroísmo de los que cayeron en Santiago de Cuba. Los escasos medios materiales con que hubimos de contar, impidieron el éxito seguro. A los soldados les dijeron que Prío nos había dado un millón de pesos; querían desvirtuar el hecho más grave para ellos: que nuestro movimiento no tenía relación alguna con el pasado, que era una nueva generación cubana con sus propias ideas, la que se erguía contra la tiranía, de jóvenes que tenían apenas 7 años cuando Batista comenzó a cometer sus primeros crímenes en el año 34. La mentira del millón no podía ser más absurda. Si con menos de veinte mil pesos armamos 165 hombres y atacamos un regimiento y un escuadrón, con un millón de pesos hubiéramos podido armar ocho mil hombres, atacar cincuenta regimientos, cincuenta escuadrones, y Ugalde Carrillo no se habría enterado hasta el domingo 26 de julio a las 5 y 15 de la mañana. Sépase que por cada uno que vino a combatir se quedaron veinte perfectamente entrenados que no vinieron porque no había armas. Esos hombres desfilaron por las calles de La Habana con la manifestación estudiantil en el Centenario de Martí y llenaban 6 cuadras en masa compacta. Doscientos más que hubieran podido venir o veinte granadas de mano en nuestro poder y tal vez le habríamos ahorrado a este honorable tribunal tantas molestias.

Los políticos se gastaron en sus campañas millones de pesos sobornando conciencias y un puñado de cubanos que quisieron salvar el honor de la patria, tuvo que venir a afrontar la muerte con las manos vacías por falta de recursos. Eso explica que al país lo hayan gobernado hasta ahora, no hombres generosos y abnegados, sino el bajo mundo de la politiquería, el hampa de nuestra vida pública.

Con mayor orgullo que nunca digo que consecuentes con nuestros principios, ningún político de ayer nos vio tocar a sus puertas pidiendo un centavo, que nuestros medios se reunieron, con ejemplos de sacrificio que no tienen paralelo, como el de aquel joven, Elpidio Sosa, que vendió su empleo y se me presentó un día con trescientos pesos "para la causa"; Fernando Chenard, que vendió los aparatos de su estudio fotográfico, con el que se ganaba la vida; Pedro

Marrero, que empeñó su sueldo de muchos meses y fue preciso prohibirle que vendiera también los muebles de su casa. Oscar Alcalde, que vendió su laboratorio de productos farmacéuticos; Jesús Montané, que entregó el dinero que había ahorrado durante más de cinco años; y así por el estilo muchos más, despojándose cada cual de lo poco que tenía.

VII

Las cosas que afirmó el Dictador desde el polígono del campamento de Columbia, serían dignas de risa si no estuviesen tan empapadas de sangre. Dijo que los atacantes eran un grupo de mercenarios entre los cuales había numerosos extranjeros; dijo que la parte principal del plan era un atentado contra él —él, siempre él— como si los hombres que atacaron el baluarte del Moncada no hubieran podido matarle a él y a veinte como él, de haber estado conformes con semejantes métodos; dijo que el ataque había sido fraguado por el ex-presidente Prío y con dinero suyo, y se ha comprobado ya hasta la saciedad, la ausencia absoluta de toda relación entre este movimiento y el régimen pasado; dijo que estábamos armados de ametralladoras y granadas de mano y aquí los técnicos del Ejército han declarado que sólo teníamos una ametralladora y ninguna granada de mano; dijo que habíamos degollado a la posta y ahí han aparecido en el sumario de los certificados de defunción y los certificados médicos correspondientes a todos los soldados muertos o heridos, de donde resulta que ninguno presentaba lesiones de arma blanca. Pero sobre todo, lo más importante, dijo que habíamos acuchillado a los enfermos del Hospital Militar, y los médicos de ese mismo hospital ¡nada menos que los médicos del Ejército! han declarado en el juicio que ese edificio nunca estuvo ocupado por nosotros, que ningún enfermo fue muerto o herido y que sólo hubo allí una baja, correspondiente a un empleado sanitario que se asomó imprudentemente por una ventana.

Cuando un Jefe de Estado, o quien pretende serlo, hace declaraciones al país, no habla por hablar: alberga siempre algún propósito, persigue siempre un efecto, lo anima siempre una intención. Si ya nosotros habíamos sido militarmente vencidos, si ya no significábamos un peligro real para la dictadura, ¿por qué se nos calumniaba de ese modo? Si no está claro que era un discurso sangriento, si no es evidente que pretendía justificar los crímenes que se estaban cometiendo desde la noche anterior y que se irían a cometer después, que hablen por mí los números: el 27 de julio, en su discurso desde el polígono militar, Batista dijo que los atacantes habíamos tenido 33 muertos; al finalizar la semana los muertos ascendían a más de 80. ¿En qué batalla, en qué lugares, en qué combates murieron esos jóvenes? Antes de hablar Batista se habían asesinado más de 25 prisioneros; después que habló Batista se asesinaron 50.

¡Qué sentido del honor tan grande el de esos militares, modestos técnicos, y profesionales del Ejército, que al comparecer ante el tribunal no desfiguraron los hechos y emitieron sus informes ajustándose a la estricta verdad! ¡Esos si son militares que honran el uniforme, ésos sí son hombres! Ni el militar verdadero, ni el verdadero hombre, es capaz de manchar su vida con la mentira o el crimen. Yo sé que están terriblemente indignados con los bárbaros asesinatos que se cometieron, yo sé que sienten con repugnancia y vergüenza el olor a sangre homicida que impregna hasta la última piedra del cuartel Moncada.

Emplazo al Dictador a que repita ahora, si puede, sus ruines calumnias por encima del testimonio de esos honorables militares, lo emplazo a que justifique ante el pueblo de Cuba su discurso del 27 de julio, ¡que no se calle, que hable, que diga quiénes son los asesinos, los despiadados, los inhumanos, que diga si la Cruz de Honor que fue a ponerles en el pecho a los héroes de la masacre era para premiar los crímenes repugnantes que se cometieron; que asuma desde ahora la responsabilidad ante la Historia y no pretenda decir después que fueron los soldados sin órdenes suyas, que explique a la nación los setenta asesinatos: ¡fue mucha la sangre! La nación necesita una explicación, la nación lo demanda, la nación lo exige.

Se sabía que en 1933, al finalizar el combate del hotel Nacional, algunos oficiales fueron asesinados después de rendirse, lo cual motivó una enérgica protesta de la revista "Bohemia"; se sabía también que después de capitulado el fuerte de Atarés las ametralladoras de los sitiadores barrieron una fila de prisioneros y que un soldado, preguntando quién era Blas Hernández, lo asesinó disparándole un tiro en pleno rostro, soldado que en premio de su cobarde acción fue ascendido a oficial. Era conocido que el asesinato de prisioneros está fatalmente unido en la historia de Cuba al nombre de Batista. ¡Torpe ingenuidad nuestra que no la comprendimos claramente! Sin embargo, en aquellas ocasiones los hechos ocurrieron en cuestión de minutos no más que los de una ráfaga de ametralladoras cuando los ánimos estaban todavía exaltados, aunque nunca tendrá justificación semejante proceder. No fue así en Santiago de Cuba. Aquí todas las formas de crueldad, ensañamiento y barbarie fueron sobrepasadas. No se mató durante un minuto, una hora o un día entero, sino que en una semana completa, los golpes, las torturas, los lanzamientos de azoteas y los disparos no cesaron un instante como instrumentos de exterminio manejados por artesanos perfectos del crimen. El cuartel Moncada se convirtió en un taller de tortura y de muerte, y unos hombres indignos convirtieron el uniforme militar en delantales de carniceros. Los muros se salpicaron de sangre; en las paredes las balas quedaron incrustadas con fragmentos de piel, sesos y cabellos humanos, chamuscados por los disparos a boca de jarro, y el césped se cubrió de oscura y pegajosa sangre. Las manos criminales que rigen los destinos de Cuba habían escrito para los prisioneros a la entrada de aquel antro de muerte, la inscripción del Infierno: "Dejad toda esperanza."

No cubrieron ni siquiera las apariencias, no se preocuparon lo más mínimo por disimular lo que estaban haciendo: creían haber engañado al pueblo con sus mentiras y ellos mismos terminaron engañándose. Se sintieron amos y señores del universo, dueños absolutos de la vida y la muerte humana. Así, el susto de la madrugada lo disiparon en un festín de cadáveres, en una verdadera borrachera de sangre.

Conozco muchos detalles de la forma en que se realizaron esos crímenes por boca de algunos militares que llenos de vergüenza me refirieron las escenas de que habían sido testigos.

Terminado el combate se lanzaron como fieras enfurecidas sobre la ciudad de Santiago de Cuba y contra la población indefensa saciaron las primeras iras. En plena calle y muy lejos del lugar donde fue la lucha le atravesaron el pecho de un balazo a un niño inocente que jugaba junto a la puerta de su casa, y cuando el padre se acercó para recogerlo, le atravesaron la frente con otro balazo.

Al "Niño" Cala, que iba para su casa con un cartucho de pan en las manos lo balacearon sin mediar palabra. Sería interminable referir los crímenes y atropellos que se cometieron contra la población civil. Y si de esta forma actuaron con los que no habían participado en la acción, ya puede suponerse la horrible suerte que corrieron los prisioneros participantes, o que ellos creían haber participado: porque así como es esta causa involucraron a muchas personas ajenas por completo a los hechos, así también mataron a muchos de los primeros detenidos que no tenían nada que ver con el ataque; éstos no están incluidos en las cifras de víctimas que han dado, las cuales se refieren exclusivamente a los hombres nuestros. Algún día se sabrá el número total de inmolados.

El primer prisionero asesinado fue nuestro médico, el doctor Mario Muñoz, que no llevaba armas ni uniforme y vestía su bata de galeno, un hombre generoso y competente que hubiera atendido con la misma devoción, tanto al adversario como al amigo herido. En el camino del Hospital Civil al cuartel le dieron un tiro por la espalda y allí lo dejaron tendido boca abajo en un charco de sangre. Pero la matanza en masa de prisioneros no comenzó hasta pasadas las tres de la tarde.

Hasta esa hora esperaron órdenes. Llegó entonces de La Habana el general Martín Díaz Tamayo, quien trajo instrucciones concretas salidas de una reunión donde se encontraban Batista, el Jefe del Ejército, el Jefe del SIM, el propio Díaz Tamayo y otros. Dijo que "era una vergüenza y un deshonor para el Ejército haber tenido en el combate tres veces más bajas que los atacantes y que había que matar diez prisioneros por cada soldado muerto". ¡Esa fue la orden!

En todo grupo humano hay hombres de bajos instintos, criminales natos, bestias portadoras de todos los atavismos ancestrales revestidas de forma humana, monstruos refrenados por la disciplina y el hábito social, pero que si se les da a beber sangre en un río no cesarán hasta que lo hayan secado. Lo que estos hombres necesitaban precisamente era esa orden. En sus manos pereció lo mejor de Cuba: lo más valiente, lo más honrado, lo más idealista. El tirano los llamó mercenarios, y allí estaban ellos muriendo como héroes en manos de hombres que cobran un sueldo de la República y que con las armas que ella les entregó para que la defendieran, sirven los intereses de una pandilla y asesinan a los mejores ciudadanos.

En medio de las torturas les ofrecían la vida si traicionando su posición ideológica se presentaban a declarar falsamente que Prío les había dado el dinero, y como ellos rechazaban indignados la proposición, continuaban torturándolos horriblemente. Les trituraron los testículos y les arrancaron los ojos, pero ninguno claudicó, ni se oyó un lamento ni una súplica: aún cuando les habían privado de sus órganos vitales, seguían siendo mil veces más hombres que todos sus verdugos juntos. Las fotografías no mienten y esos cadáveres aparecen destrozados. Ensayaron otros medios: no podían con el valor de los hombres y probaron el valor de las mujeres. Con un ojo humano ensangrentado en las manos, se presentó un sargento y varios hombres en el calabozo donde se encontraban las compañeras Melba Hernández y Haydée Santamaría, y dirigiéndose a la última, mostrándole el ojo, le dijeron: "Este es de tu hermano, si tú no dices lo que él no quiso decir, le arrancaremos el otro". Ella, que quería a su valiente hermano por encima de todas las cosas, les contestó llena de dignidad: "Si ustedes le arrancaron un ojo y él no lo dijo, mucho menos lo diré yo". Más tarde volvieron y la quemaron en los brazos con colillas encendidas, hasta que por último, llenos de despecho, le dijeron nuevamente a la joven Haydée Santamaría: "Ya no tienes novio porque te lo hemos matado también". Y ella les contestó imperturbable otra vez: "El no está muerto, porque morir por la patria es vivir". Nunca fue puesto en un lugar tan alto de heroísmo y dignidad el nombre de la mujer cubana.

No respetaron ni siquiera a los heridos en el combate que estaban recluidos en distintos hospitales de la ciudad, a donde los fueron a buscar como buitres que siguen la presa. En el Centro Gallego penetraron hasta el salón de operaciones en el instante mismo en que recibían transfusiones de sangre dos heridos graves; los arrancaron de las mesas, y como no podían estar de pie, los llevaron arrastrados hasta la planta baja donde llegaron cadáveres.

No pudieron hacer lo mismo en la Colonia Española donde estaban recluidos los compañeros Gustavo y José Ponce, porque se los impidió valientemente el doctor Posada diciéndoles que tendrían que pasar por sobre su cadáver.

A Pedro Miret, Abelardo Crespo y Fidel Labrador, les inyectaron aire y alcanfor en las venas para matarlos en el Hospital Militar. Deben sus vidas al capitán Tamayo, médico del Ejército y verdadero militar de honor, que a punta de pistola se los arrebató a los verdugos y los trasladó al Hospital Civil. Estos cinco jóvenes fueron los únicos heridos que pudieron sobrevivir.

Por las madrugadas eran sacados del campamento grupos de hombres y trasladados en automóviles a Siboney, La Maya, Songo y otros lugares donde se les bajaba atados y amordazados, ya deformados por las torturas, para matarlos en parajes solitarios. Después los hacían constar como muertos en combate con el Ejército. Esto lo hicieron durante varios días y muy pocos prisioneros de los que iban siendo detenidos sobrevivieron. A muchos los obligaron antes de matarlos a cavar su propia sepultura. Uno de los jóvenes cuando realizaba aquella operación se volvió y marcó el rostro con la pica a uno de los asesinos. A otros, inclusive, los enterraron vivos con las manos atadas a la espalda. Muchos lugares solitarios sirven de cementerio a los valientes. Solamente en el campo de tiro del Ejército hay cinco enterrados. Algún día serán desenterrados y llevados en hombros del pueblo hasta el monumento que junto a la tumba de Martí, la patria libre habrá de levantarle a los "Mártires del Centenario".

El último joven que asesinaron en la zona de Santiago de Cuba fue Marcos Martí. Lo habían detenido en una cueva de Siboney el jueves 30 por la mañana junto con el compañero Ciro Redondo. Cuando los llevaban caminando por la carretera con los brazos en alto le dispararon al primero un tiro por la espalda y ya en el suelo lo remataron con varias descargas más. Al segundo lo condujeron hasta el campamento; cuando lo vio el comandante Pérez Chaumont exclamó: "¡Y a éste para qué me lo han traído!" El tribunal pudo escuchar la narración del hecho por boca de este jóven que sobrevivió gracias a lo que Pérez Chaumont llamó "una estupidez de los soldados".

La consigna era general en toda la provincia. Diez días después del 26, un periódico de esta ciudad publicó la noticia de que en la carretera de Manzanillo a Bayamo habían aparecido dos jóvenes ahorcados. Más tarde se supo que eran los cadáveres de Hugo Camejo y Pedro Vélez. Allí también ocurrió algo extraordinario: las víctimas eran tres; los habían sacado del cuartel de Manzanillo a las 2 de la madrugada; en un punto de la carretera los bajaron y después de golpearlos hasta hacerlos perder el sentido, los estrangularon con una soga. Pero cuando ya los habían dejado por muertos, uno de ellos, Andrés García, recobró el sentido, buscó refugio en casa de un campesino y gracias a ello también, el tribunal pudo conocer con todo lujo de detalles el crimen. Este joven fue el único sobreviviente de todos los prisioneros que hicieron en la zona de Bayamo.

Cerca del río Cauto, en un lugar conocido por Barrancas, yacen en el fondo de un pozo ciego los cadáveres de Raúl de Aguiar, Armando del Valle y Andrés Valdés, asesinados a media noche en el camino de Alto Cedro a Palma Soriano por el sargento Montes de Oca, jefe del puesto del cuartel de Miranda, el cabo Maceo y el Teniente jefe de Alto Cedro donde aquellos fueron detenidos.

En los anales del crimen merece mención de honor el sargento Eulalio González, del cuartel Moncada, apodado "El Tigre". Este hombre no tenía después el menor empacho en jactarse de sus tristes hazañas. Fue él quien con sus propias manos asesinó a nuestro compañero Abel Santamaría. Pero no estaba satisfecho. Un día que volvía de la prisión de Boniato, en cuyos patios sostiene una cría de gallos finos, montó el mismo ómnibus en donde viajaba la madre de Abel. Cuando aquel monstruo comprendió de quien se trataba comenzó a referir en alta voz sus proezas y dijo bien alto para que lo oyera la señora vestida de luto: "Pues yo sí saqué muchos ojos y pienso seguirlos sacando". Los sollozos de aquella madre ante la afrenta cobarde que le infería el propio asesino de su hijo expresan mejor que ninguna palabra el oprobio moral sin precedentes que está sufriendo nuestra Patria. A esas mismas madres cuando iban al cuartel Moncada preguntando por sus hijos, con cinismo inaudito les contestaban: "¡Cómo no, señora!, vaya a verlo al hotel Santa Ifigenia[1] donde ya se lo hemos hospedado". ¡O Cuba no es Cuba, o los responsables de estos hechos tendrán que sufrir un escarmiento terrible! Hombres desalmados que insultaban groseramente al pueblo cuando se quitaban los sombreros al paso de los cadáveres de los revolucionarios.

Tantas fueron las víctimas que todavía el gobierno no se ha atrevido a dar las listas completas; saben que las cifras no guardan proporción alguna. Ellos tienen los nombres de todos los muertos porque antes de asesinar a los prisioneros les tomaban las generales. Todo ese largo trámite de identificación a través del Gabinete Nacional fue pura pantomima; y hay familias que no saben todavía la suerte de sus hijos. ¿Si ya han pasado casi tres meses, por qué no se dice la última palabra?

Quiero hacer constar que a los cadáveres se les registraron los bolsillos buscando hasta el último centavo y se les despojó de las prendas personales, anillos y relojes, que hoy están usando descaradamente los asesinos.

Igual que admiré el valor de los soldados que supieron morir, admiro y reconozco que muchos militares se portaron dignamente y no se mancharon las manos en aquella orgía de sangre. No pocos prisioneros que sobrevivieron les deben la vida a la actitud honorable de militares como el teniente Sarría, el teniente Camps, el capitán Tamayo y otros que custodiaron caballerosamente a los detenidos. Si hombres como ésos no hubiesen salvado en parte el honor de las Fuerzas Armadas hoy sería más honroso llevar arriba un trapo de cocina que un uniforme.

Para mis compañeros muertos no clamo venganza. Como sus vidas no tenían precio, no podrían pagarla con la suya todos los criminales juntos. No es con sangre como pueden pagarse las vidas de los jóvenes que mueren por el bien de un pueblo. Mis compañeros, además, no están ni olvidados ni muertos; viven hoy más que nunca y sus ma-

---

[1]*Santa Ifigenia* es el nombre del cementerio de Santiago de Cuba.

tadores han de ver aterrorizados cómo surge de sus cadáveres heroicos el espectro victorioso de sus ideas. Que hable por mí el Apostol: "Hay un límite al llanto sobre las sepulturas de los muertos, y es el amor infinito a la patria y a la gloria que se mira sobre sus cuerpos, y que no teme, ni se abate, ni se debilita jamás; porque los cuerpos de los mártires son el altar más hermoso de la honra."

VIII

Termino mi defensa, pero no lo haré como hacen siempre todos los letrados, pidiendo la libertad del defendido; no puedo pedirla cuando mis compañeros están sufriendo ya en Isla de Pinos ignominiosa prisión. Enviadme junto a ellos a compartir su suerte, pues es concebible que los hombres honrados estén muertos o presos en una República donde está de Presidente un criminal y un ladrón.

A los señores Magistrados, mi sincera gratitud por haberme permitido expresarme libremente, sin mezquinas coacciones; no os guardo rencor, reconozco que en ciertos aspectos habéis sido humanos y sé que el Presidente de este Tribunal, hombre de limpia vida, no puede disimular su repugnancia por el estado de cosas reinante que lo obliga a dictar un fallo injusto. Queda todavía a la Audiencia un problema más grave: ahí están las causas iniciadas por los setenta asesinatos, es decir, la mayor masacre que hemos conocido; los culpables siguen libres con un arma en la mano, que es amenaza perenne para la vida de los ciudadanos; si no cae sobre ellos todo el peso de la ley, por cobardía o porque se lo impidan, y no renuncien en pleno todos los magistrados, me apiado de vuestras honras y compadezco la mancha sin precedentes que caerá sobre el Poder Judicial.

En cuanto a mí, sé que la cárcel será dura como no lo ha sido nunca para nadie, preñada de amenazas, de ruin y cobarde ensañamiento, pero no la temo, como no temo la furia del tirano miserable que arrancó la vida a setenta hermanos míos. *Condenadme, no importa, la historia me absolvera.*

Desde la cárcel

1953

DICIEMBRE 31

Quizás en muchos hogares pobres, sobre todo allá por la indómita Oriente, al escuchar el himno nacional, los hijos nobles y buenos de esta tierra hayan dedicado un pensamiento a los caídos.

Para mí el momento más feliz de 1953, de toda mi vida, fue aquel en que volaba hacia el combate, como fue el más duro cuando tuve que afrontar la tremenda adversidad de la derrota con su secuela de infamia, calumnia, ingratitud, incomprensión y envidia.

No hay nada superior a la terquedad de un hombre que cree en sus ideas y en su verdad; es invencible, y todas las ventajas del mundo se estrellan contra él. Yo contemplo con cierta alegría los primeros frutos en verdades que se afirman sin réplica posible.

1954

MARZO 22

Ya tengo luz; estuve cuarenta días sin ella y aprendí a conocer su valor. No lo olvidaré nunca, como no olvidaré la hiriente humillación de las sombras; contra ellas luché logrando arrebatarles casi doscientas horas con una lucecita de aceite pálido y tembloroso, los ojos ardientes, el corazón sangrando de indignación. De todas las barbaridades humanas, la que menos concibo es el absurdo.

MARZO 23

Uno se encariña con las personas y le parece después que las ha querido siempre; llega hasta costar trabajo imaginarse que todo tuvo un principio. Agrada hacerlo, sin embargo, cuando tenemos la convicción de haber ido construyendo algo sólido e indestructible con esa cosa sutil e impalpable como es el sentimiento. Imagino el cariño como un diamante. Primeramente, es más duro y limpio que todos los demás minerales, raya todos los cuerpos y no puede ser rayado por ninguno. Pero no basta con pulirlo de un solo lado. No es perfecto sino cuando se ha ido labrando y modelando por todos los costados, entonces brilla con luz inigualable desde todos los ángulos. La imagen sería perfecta si además el diamante una vez pulido y acabado pudiera crecer de tamaño... Vale decir que un verdadero cariño no se funda en un solo sentimiento, sino en muchos que van equilibrándose unos con otros y reflejando cada uno la luz de los demás.

A grandes rasgos mi opinión sobre algunos puntos. Robespierre fue idealista y honrado hasta su muerte. La revolución en peligro, las fronteras rodeadas de enemigos por todas partes, los traidores con el puñal levantado a la espalda, los vacilantes obstruyendo la marcha; era necesario ser duro, inflexible, severo; pecar por exceso, jamás por defecto cuando en él pueda estar la perdición. Eran necesarios unos meses de terror para acabar con un terror que había durado siglos. En Cuba hacen falta muchos Robespierres. No te olvides de lo que dice Mira en su capítulo *Psicología de la conducta revolucionaria:* "el instante en que los más radicales llevan la bandera y conducen la revolución a su punto culminante, después, comienza a bajar el nivel de la marea." En Francia se inicia esta etapa precisamente con la caída de Robespierre. Lo que uno de ellos dijo: "La Revolución como Saturno devora a sus propios hijos". Más adelante quizás pueda darte una explicación mejor.

Es cierto que Giuliano puede haberse parecido a Robin Hood. Todo el que le ha quitado a los ricos para darle a los pobres se ha ganado en todos los tiempos y en todas partes la simpatía de los pueblos. Hay épocas que justifican más o menos los medios y circunstancias que favorecen o dificultan la leyenda. Robin Hood pertenece a la época romántica y caballeresca de la edad media llena de prerrogativas individuales; Giuliano a la contemporánea, de grandes revoluciones sociales, Estados poderosos y movimientos de masa.

ABRIL 4

Yo tengo sol varias horas todas las tardes y los martes, jueves y domingos también por la mañana. Un patio grande y solitario, cerrado por completo con una galería. Paso allí horas muy agradables. Me volveré mudo.

Son las 11 de la noche. Desde las 6 de la tarde he estado leyendo seguido una obra de Lenin, *El Estado y la revolución,* después de terminar *El 18 Brumario de Luis Bonaparte* y *Las guerras civiles en Francia,* ambos de Marx, muy relacionados entre sí los tres trabajos y de un incalculable valor.

Tengo hambre y puse a hervir unos spaghetti con calamares rellenos. Mientras, cogí la pluma para hacerte unas líneas más ya que te robé tiempo por la tarde. No te había dicho que arreglé mi celda el viernes. Baldié el piso de granito con agua y jabón primero, polvo de mármol después, luego con lavasol y por último agua con creolina. Arreglé mis cosas y reina aquí el más absoluto orden. Las habitaciones del Hotel Nacional no están tan limpias... Me estoy dando ya dos baños al día "obligado" por el calor. ¡Qué bien me siento cuando acabo! Cojo mi libro y soy feliz en ciertos instantes. Me han servido de mucho mis viajes por el campo de la filosofía. Después de haber roto un buen poco la cabeza con Kant, el mismo Marx me parece más fácil que el padrenuestro. Tanto él como Lenin poseían un terrible espíritu polémico y yo aquí me divierto, me río y gozo leyéndolos. Eran implacables y temibles con el enemigo. Dos verdaderos prototipos de revolucionarios.

Me voy a cenar: spaghetti con calamares, bombones italianos de postre, café acabadito de colar y después un H Upmann 4, ¿No me envidias? Me cuidan, me cuidan un poquito entre todos... No le hacen caso a uno, siempre estoy peleando para que no manden nada. Cuando cojo sol por la mañana en shorts y siento el aire de mar, me parece que estoy en una playa, luego un pequeño restaurant aquí. ¡Me van a hacer creer que estoy de vacaciones! ¿Qué diría Carlos Marx de semejantes revolucionarios?

ABRIL 17

Me han dicho el entusiasmo tan grande con que están luchando; sólo siento la inmensa nostalgia de estar ausente.

1º No se puede abandonar un minuto la propaganda porque es el alma de toda lucha. La nuestra debe tener su estilo propio y ajustarse a las circunstancias. Hay que seguir denunciando sin cesar los asesinatos... Es preciso que se conmemore además dignamente el 26 de Julio. Hay que lograr de todas maneras que se dé un acto en la escalinata universitaria, será esto un golpe terrible al gobierno qu es necesario preparar desde ahora mismo con mucha inteligencia; así como también actos en los Institutos, en Santiago de Cuba y en el extranjero: Comité Ortodoxo de Nueva York, México y Costa Rica. Gustavo Arcos debe hablar con los dirigentes de FEU para el acto de la escalinata.

2º Hay que coordinar el trabajo entre la gente nuestra de aquí y la del extranjero. Prepara a este fin cuanto antes un fiaje a México para que te reúnas allí con Raúl Martínez y Léster Rodríguez y después de estudiar cuidadosamente la situación decidan sobre la línea a seguir. Hay que que considerar con extremo cuidado cualquier propósito de coordinación con otros factores no sea que se pretenda utilizar simplemente muestro nombre como hicieron con Pardo Llada y compañía, es decir, la táctica de manchar con su desprestigio todo núcleo que les haga sombra. No admitir ningún género de subestimación; no llegar a ningún acuerdo sino sobre bases firmes, claras, de éxito probable y beneficio positivo para Cuba. De lo contrario, es preferible marchar solos y mantener ustedes la bandera en alto hasta que salgan estos muchachos formidables que están presos y que se preparan con el mayor esmero para la lucha. "Saber esperar —dijo Martí— es el gran secreto del éexito".

3º Mucha mano izquierda y sonrisa con todo el mundo. Seguir la misma táctica que se siguió en el juicio: defender nuestros puntos de vista sin levantar ronchas. Habrá después tiempo de sobra para aplastar a todas las cucarachas juntas. No desanimarse por nada ni por nadie, como hicimos en los más difíciles momentos. Un último consejo: cuídense de la envidia; cuando se tiene la gloria y el prestigio de ustedes, los mediocres encuentran fácilmente motivos o pretextos para susceptibilidades. Acepten todo el que quiera ayudarles, pero recuerden, con confíen en nadie.

JUNIO 12

Sólo tengo compañía cuando en la pequeña funeraria que está delante de mi celda tienen algún preso muerto que en ocasiones son ahorcados misteriosos, asesinatos extraños en hombres cuya salud fue aniquilada a fuerza de golpes y torturas. Pero no puedo verlos porque hay perennemente una mampara de seis pies de alto frente a la única entrada de mi celda para que no pueda ver ningún ser humano, ni vivo ni muerto. ¡Sería demasiada magnanimidad permitirme la compañía de un cadáver!

AMBROSIO FORNET
(1932-   )

Nace en Veguita, Granma. Estudia Filosofía y Letras en la Universidad de La Habana. Se inicia en Ciclón, *revista bajo la dirección de José Rodríguez Feo y Virgilio Piñera. Trabaja en el Instituto del libro. Pertenece al comité de redacción de Casa de las Américas. Es editor de la revista* Universidad de La Habana. *Actualmente trabaja para el Instituto Cubano de Arte e Industrias Cinematográficas. En 1958 publica la colección de cuentos* A un paso del diluvio. *Es más conocido por sus ensayos. Escribe* En tres y dos *(1964) y* En blanco y negro *(1967). Publica* Antología del cuento cubano contemporaneo *(1967) y* Cuentos de la revolución cubana *(1971). Es responsable de la colección* Poemas al Che *(1969) y* Recopilación de textos sobre Mario Benedetti *(1976). Es guionista de la película de largometraje* Retrato de Teresa *(1978). Se anuncia próximamente* El libro en Cuba. *"El método no es neutral—dice Fornet en un simposio sobre la crítica literaria en Cuba—. El método es el hombre con su visión del mundo. Y aquí estamos de nuevo en la dialéctica de los medios y los fines. Decía más arriba que nuestra función más importante, como críticos, es contribuir al desarrollo de la conciencia nacional y con ella de la conciencia socialista. Se trata de afirmar nuestra identidad cultural y a la vez de movernos hacia nuestro objetivo: la formación de un hombre nuevo, destinado a vivir en una sociedad verdaderamente humana y verdaderamente libre. Puesto que la elección de los medios determina los fines, necesitamos plantearnos también los problemas metodológicos propios de nuestro oficio con el mismo rigor y perspectiva con que tratamos de asumir nuestra decisión de ser reales y útiles. Si no queremos convertirnos, como decía Thoreau, en instrumento de nuestros propios instrumentos, tenemos que ser creadoramente fieles a esa tradición antidogmática, patriótica y humanista que empezó con Varela y que aún está vigente en nuestros días."*

Yo no vi na...

Ya eran como las once y el sargento no pasaba. La vieja me había dicho: "No te muevas de aquí". Eso era peor. Le pregunté: "¿Por qué?" "Hazme caso, carajo —gritó—, que yo sé lo que digo". Así que estuve majaseando en la casa hasta que ella cogió la jaba y salió. "No le abras a nadie, ¿oíste?, a nadie", y yo dije "está bien" y me asomé por la rendija de la puerta. En cuanto la vi doblar por la algarroba hice así —rán— y saqué el cajón y me senté en la esquina como si ná.

Por García no pasaba ni un gato, pero por Cerería, sí, guardias cantidá y yo pensando mala suerte que ni siquiera traje unas postalitas, pa tener algo que mirar guillao, no fueran a creer que yo estaba allí na má que chequeándolos a ellos. Yo pa allá no miraba, pero en una de esas miré de reojo sin querer y me entró una tembladera que yo creí que me moría. Entonces no pude más y me rasqué el cocote pa mirar con disimulo y sentí que me volvía el alma al cuerpo. Había un yipi parqueado a la entrada y ni yo podía verlos a ellos, ni ellos podían verme a mí. Eso tampoco me convenía, la verdá, porque yo quería que ellos me miraran pa que vieran que yo no los estaba mirando a ellos.

En eso el yipi arrancó y yo apreté la quijá. Pero venía despacito y de pronto frenó y yo no abrí los ojos hasta que acabé de orinarme y oí la voz. Entonces vi al cabo con mucho casco y tó.

—¿Y tú qué haces aquí?—dijo.

—Quiay, cabo —dije yo.

—Ten cuidado no vayas a coger un planazo bobo.

—¿No quiere que le pase el paño?— dije yo.

—Vete al carajo— gritó, y le dijo algo a los que iban con él, que se empezaron a reír.

Cuando dobló la esquina me levanté un poquito y me sacudí los pantalones. La banqueta estaba mojá y abajo el suelo también y arriba el sol estaba como un tizón, encandelao. "Si me paro un ratico esto se seca" —pensé. Pero no quería estar parao allí y además sentía fresquecitas las nalgas, así que apoyé los brazos en las rodillas y la cabeza en los brazos y vi el charquito en la acera y escupí. Escupí y escupí otra vez y pensé así creeran que es saliva y volví a escupir, pero ya no tenía más y cerré los ojos. Entonces pensé que a lo mejor creían que me estaba haciendo el dormío y me enderecé, guillao.

Yo estaba en la esquina de Cerería y podía ver lo mismo a los que iban por la algarroba que a los que salían del cuartel. Toas las ventanas, hasta la de Inesita, estaban cerrás, parecía que habían arrastrao muertos y me puse a silbar pa no pensar en eso, porque la vieja siempre dice que en la cara se le conoce a uno la mala idea.

Los yipis salían disparaos del cuartel. Cuando cogían la curva yo apretaba los dientes y ... ¡qué clase de chillío pegaban las ruedas! Parecían un macho cuando le meten una puñalá. Pero lo peor no era eso. A cada rato —pac-pac-pac— una pareja a caballo doblaba por García, y el corazón —pum-pum-pum— se me quería salir del pecho. Pasaban cerquita y yo empezaba a sudar y me pegaba a la pared. A lo mejor se me echaban encima na má que por hacer la maldá. Y eran unos caballones que el que cogieran por alante lo hacían leña. ¡Yo a esos bichos sí que les tengo un respeto!.... Uno mansito, digo, que parecía mansito, fue el que por nadita me arranca la pierna de una patá.

En eso veo acercarse a Cacha, que se me para alante y dice:

—¿Fela sabe que tú estás aquí?

Yo iba a decirle y a usté qué le importa, pero hice así y me metí el dedo en la nariz y no dije ná. Yo con ella no quería cuento. Un día yo estaba en el portal allí enfrente, y ella vino y me dio un manotazo en la cabeza que me dejó turulato y entonces me cogió por una guataca y me arrastró hasta casa gritando por to el camino puerco, puerco, puerco. Y la gente se paraba a mirarme y se reía. La vieja dijo: "¿Qué pasa, Cacha?". "Este, que estaba ahí asomado a la ventana de Inés, haciendo porquerías en plena calle" y la vieja empezó a gritar: "Te voy a matar, condenao, te voy a matar", y me golpeaba con los puños. "¡Ay, Cacha!, ¿qué habré hecho yo pa merecer esta prueba? Virgen Santísima, ¿qué voy a hacer con este maldito muchacho?" "No te ocupes. La próxima vez, ¿tú sabes lo que vamos a hacer? —dijo Cacha y me miró—, le vamos a echar chapapote ahí, chapapote caliente, ¿oíste? y tú vas a ver cómo más nunca se vuelve a tocar". Era una mujer del cará.

—¿Fela sabe que tú estás aquí?— volvió a decir.

Yo iba a decirle no cuando en eso pasa un guardia y dice:

—A ver, vieja, circule.

—¿Circule de qué?

—No puede estar ahí.

—¿Se puede saber por qué?
—Porque no.
—¿Y por qué no, a ver?
Porque a mí no me da la gana.
—La acera es pública.
—Mire, vieja, no arrugue, que no hay quien planche. Cruce pa allá.
Y la cogió por el brazo y se la llevó. Y yo gozando.
El guardia volvió.
—Y tú, ¿cuánto has hecho hoy?
Yo encogí los hombros y dije:
—Ná.
Entonces él dijo:
—Mira, recoge eso ya y vete pa la casa.
Yo sacudí la cabeza y dije:
—No, no.
El se quedó mirándome y suspiró.
—Ahora quisiera ser tú, por mi madre— dijo. Y se fue.

La sombra del poste daba en el borde de la acera: ya la vieja estaba al gotear. Y el sargento no aparecía por tó aquello. Sentía el ruido lejos y enseguida un poco más cerca y miré. El sol se había puesto blanco y me puse la mano en la frente y volví a mirar. Arriba de los pinos habían unas nubes blancas, y atrás el cielo, y un poco más acá unas nubes blancas y ahí mismo... —Fuiiín— la tatagua pasó por encima del tanque de agua y siguió pal Almirante. Era la avioneta que fumigaba arroz, pero to el mundo le decía la tatagua y el dueño, Vásquez, le decía la tatagua también. Una vez yo le estaba limpiando los zapatos y sin que le dijera ná, me dijo: "Un día de éstos te voy a dar un paseíto en la tatagua". Yo levanté el paño y lo soné. "Cuando te quiten eso" —yo todavía tenía la pierna enyesá. "¿Y sabes hasta dónde te voy a llevar? Hasta Cauto Embarcadero, para que veas todo el río".

Era buena gente y socio fuerte del cabo. El también estaba allí el día que el caballo me largó la patá. Estaba sentao en el murito y el cabo estaba cogiendo agua en la pluma de la caballeriza y me llamó. "¿Ya acabaste de trapear ahí atrás?" Yo dije: "Sí". "¿Te quieres ganar un níquel?" Yo dije: "Sí". "Oye, chico, no seas abusador", dijo Vásquez. Eso vale bien un real". "Una bomba, vaya", dijo el cabo, y sacó una peseta y me la tiró. Yo la agarré al vuelo y me la metí en la oreja. El cabo se sentó al lao de Vásquez y dijo: "Dale un poco de rasqueta al potrico ese, pero a conciencia, ¿eh?" "¿Y al rabo, no?"

dijo Vásquez. "El rabo, que se lo peine, claro", dijo el cabo. Ya que lo va a hacer, que lo haga completo". "¿A qué potrico?" dije yo. "A ese, a ese rucio que está ahí", dijo el cabo. Era un caballo que tenía por lo menos siete palmos de alzá. Cogí la rasqueta y me acerqué. El caballo estaba en el primer corral y siguió comiendo tan tranquilo. Fuí a decir algo, pero Vásquez y el cabo me miraban tan serios que me acerqué un poco más. Hice así y le dí un pase suavecito, a ver si podía entrarle de costao, y después le pasé la mano por un lao y por el otro la rasqueta, despacito, hasta abajo, y ahí mismo fue. Desde ese día les tengo un respeto a esos bichos, que de verlos na má me dan sudores.

Eché un pie hasta casa y cerré la puerta rápido. Me asomé a la rendija, na, hice así y metí el cajón abajo de la cama y me volví a asomar. Entonces vi a la vieja con la jaba en una mano y un cartucho en la otra. Corrí pa la saleta y me senté, guillao. Estaba sofocao. ¡Toa la mañana al resistero del sol, total, pa ná! Y lo único que quería era que el sargento viera que yo estaba allí como siempre. Lo otro no era culpa mía. Ya parecía que había pasao tó y yo no iba a seguir aguantando las ganas sin necesidá. La verdá es que al que gritaba "viva Cuba libre", "abajo Batista" y tó eso, yo no lo vi. Estaba en el suelo cuando el sargento le disparó, pero la rendija del excusado queda muy alta y yo no quise seguir mirando y además, tuve que sentarme otra vez.

La vieja tocó. Yo iba a abrir, pero en ese momento me di cuenta y pregunté:

—¿Quién es?

—Soy yo.

Entonces abrí. La vieja entró y volvió a cerrar enseguida, pero sin pestillo, y se quedó para atrás de la puerta. Traía la jaba en una mano y en la otra no traía ná. Al poquito rato sonaron unos golpecitos en la puerta y la vieja preguntó a toa voz.

—¿Quién es?

Al otro lao alguien gritó:

—Se te olvidó el cartucho—. Era Cacha.

Entonces la vieja abrió y fue y puso la jaba al pie de la mesa. Cacha entró, pasó el pestillo y dejó el cartucho en una silla. Ni siquiera me miró.

—No eran guardias— dijo la vieja.

—Razón tenía Tato— dijo Cacha.

—Baja la voz... Era que estaban disfrazados.

—Iba por el Almirante y vio a dos. Se escondieron atrás de unos matojos. El se hizo el que no los había visto y siguió de largo.
—Los ven desde arriba— dijo la vieja—. Anda un avión en eso nada más.
—Dicen que en Santiago hubo algo también— dijo Cacha y bostezó—. Estoy muerta.
—Los cogen— dijo la vieja.
—No he pegado los ojos en toda la noche— dijo Cacha.
—¡Los matan, Virgen Santísima!— dijo la vieja—. Los matan como perros.
¡Y no se callaban, coño! La puerta de la cocina que daba al patio estaba abierta.
—No digas eso, Fela. A lo mejor no.
—¡Ay, mi hija! Ahí mismo, ahí atrás... Este lo vio.
—¿Lo vio?— dijo Cacha.
Yo di un salto y pregunté:
—¿Quién?, ¿yo?
—Los matan— dijo la vieja—. Este salió un momento al patio, tempranito, y...
Entonces corrí a la cocina y tranqué la puerta.
—¡Mentira, coño!— grité—. Yo no vi ná.

ERNESTO "CHE" GUEVARA
(1928-1967)

Nace en Rosario, Argentina. Desde muy temprana edad padece de fuertes ataques de asma, razón por la cual sus padres se trasladan a Córdoba, donde termina sus estudios secundarios en 1946. Inicia estudios de medicina en la Universidad de Buenos Aires. En 1951 recorre, en motocicleta, varios países de la cordillera andina. Llega, por vía fluvial, hasta Iquitos y San Pedro. Trabaja en el leprosorio. Atraviesa Brasil, Perú y Colombia en una embarcación, "Mambo-Tango", construida por los leprosos de San Pablo. Regresa a Buenos Aires y termina sus estudios de medicina en 1953. Otro viaje: llega a Guatemala en diciembre de 1953. Ofrece sus servicios como doctor, para trabajar con los indios en la selva, pero las autoridades le exigen una reválida de su título para ejercer la medicina en el país. Conoce a su primera esposa, Hilda Gadea, y a un grupo de revolucionarios cubanos, entre ellos a Ñico López, que había participado en el asalto al cuartel Moncada. Cuando es derrocado el régimen progresista de Jacobo Arbenz, Ernesto Guevara se traslada a México. Allí conoce a Fidel Castro. El resto es ya historia. "Hay algo que debe decirse en un día como hoy —declaró Fidel Castro cuando lo asesinaron—; es que los escritos del Che, el pensamiento político y revolucionario del Che, tendrán un valor permanente en el proceso revolucionario cubano y en el proceso revolucionario de América Latina, y no dudamos que el valor de sus ideas, tanto como hombre de acción, como hombre de pensamiento, como hombre de acrisoladas virtudes morales, como hombre de insuperable sensibilidad humana, como hombre de conducta intachable, tiene y tendrá un valor universal."

Alegría del Pío

Alegría de Pío es un lugar de la provincia de Oriente, municipio de Niquero, cerca de Cabo Cruz, donde fuimos sorprendidos el día 5 de diciembre de 1956 por las tropas de la dictadura.
  Veníamos extenuados después de una caminata no tan larga como penosa. Habíamos desembarcado el 2 de diciembre en el lugar conocido por playa de Las Coloradas, perdiendo casi todo nuestro equipo y caminando durante interminables horas por ciénagas de agua de mar, con botas nuevas; esto había provocado ulceraciones en los pies de casi toda la tropa. Pero no era nuestro único enemigo el calzado o las afecciones fúngicas. Habíamos llegado a Cuba después de siete días de marcha a través del Golfo de México y el Mar Caribe, sin alimentos, con el barco en malas condiciones, casi todo el mundo mareado por falta de costumbre de navegación, después de salir el 25 de noviembre del puerto de Tuxpan, un día de norte, en que la navegación estaba prohibida. Todo esto había dejado sus huellas en la tropa integrada por bisoños que nunca habían entrado en combate.
  Ya no quedaba de nuestros equipos de guerra nada más que el fusil, la canana y algunas balas mojadas. Nuestro arsenal médico había desaparecido, nuestras mochilas se habían quedado en los pantanos, en su gran mayoría. Caminamos de noche, el día anterior, por las guardarrayas de las cañas del Central Niquero, que pertenecía a Julio Lobo en aquella época. Debido a nuestra inexperiencia, saciábamos nuestra hambre y nuestra sed comiendo cañas a la orilla del camino y dejando allí el bagazo; pero además de eso, no necesitaron los guardias el auxilio de pesquisas indirectas, pues nuestro guía, según nos enteramos años después, fue el autor principal de la traición, llevándolos hasta nosotros. Al guía se le había dejado en libertad la noche anterior, cometiendo un error que repetiríamos algunas veces durante la lucha, hasta aprender que los elementos de la población civil cuyos antecedentes se desconocen deben ser vigilados siempre que se esté en zonas de peligro. Nunca debimos permitirle irse a nuestro falso guía.

En la madrugada del día 5, eran pocos los que podían dar un paso más; la gente desmayada, caminaba pequeñas distancias para pedir descansos prolongados. Debido a ello, se ordenó un alto a la orilla de un cañaveral, en un bosquecito ralo, relativamente cercano al monte firme. La mayoría de nosotros durmió aquella mañana.

Señales desacostumbradas empezaron a ocurrir a mediodía, cuando los aviones Biber y otros tipos de avionetas del ejército y de particulares empezaron a rondar por las cercanías. Algunos de nuestro grupo, tranquilamente, cortaban cañas mientras pasaban los aviones sin pensar en lo visibles que eran dadas la baja altura y poca velocidad a que volaban los aparatos enemigos. Mi tarea en aquella época, como médico de la tropa, era curar las llagas de los pies heridos. Creo recordar mi última cura en aquel día. Se llamaba aquel compañero Humberto Lamotte y ésa era su última jornada. Está en mi memoria la figura cansada y angustiada llevando en la mano los zapatos que no podía ponerse mientras se dirigía del botiquín de campaña hasta su puesto.

El compañero Montané y yo estábamos recostados contra un tronco, hablando de nuestros respectivos hijos; comíamos la magra ración —medio chorizo y dos galletas— cuando sonó un disparo; una diferencia de segundos solamente y un huracán de balas —o al menos eso pareció a nuestro angustiado espíritu durante aquella prueba de fuego— se cernía sobre el grupo de 82 hombres. Mi fusil no era de los mejores, deliberadamente lo había pedido así porque mis condiciones físicas eran deplorables después de un largo ataque de asma soportado durante toda la travesía marítima y no quería que fuera a perder un arma buena en mis manos. No sé en qué momento ni cómo sucedieron las cosas; los recuerdos ya son borrosos. Me acuerdo que, en medio del tiroteo, Almeida —en ese entonces capitán— vino a mi lado para preguntar las órdenes que había, pero ya no había nadie allí para darlas. Según me enteré después, Fidel trató en vano de agrupar a la gente en el cañaveral cercano, al que había que llegar cruzando la guardarraya solamente. La sorpresa había sido demasiado grande, las balas demasiado nutridas. Almeida volvió a hacerse cargo de su grupo, en ese momento un compañero dejó una caja de balas casi a mis pies, se lo indiqué y el hombre me contestó con cara que recuerdo perfectamente, por la angustia que reflejaba, algo así como "no es hora para cajas de balas", e inmediatamente siguió el camino del cañaveral (después murió asesinado por uno de los esbirros de Batista). Quizás ésa fue la primera vez que tuve planteado prácticamente ante mí el dilema de mi dedicación a la medicina o a mi deber de soldado revolucionario. Tenía delante una mochila llena de medicamentos y una caja de balas, las dos eran mucho peso para transportarlas juntas; tomé la caja de balas, dejando la mochila para cruzar el claro que me separaba de las cañas. Recuerdo perfectamente a Faustino Pérez, de rodillas en la guardarraya, disparando su pistola ametralladora. Cerca de mi un compañero llamado Arbentosa, caminaba hacia el cañaveral. Una ráfaga que no se distinguió de las demás, nos alcanzó a los dos. Sentí un fuerte golpe en el pecho y una herida en el cuello; me di a mí mismo por muerto. Arbentosa, vomitando sangre por la nariz, la boca y la enorme herida de la bala cuarenta y cinco, gritó algo así como "me mataron" y empezo a disparar alocadamente pues no se veía a nadie en aquel momento. Le dije a Faustino, desde el suelo, "me fastidiaron" (pero más fuerte la palabra), Faustino me echó una mirada en medio de su tarea y me dijo que no era nada, pero en sus ojos se leía la condena que significaba mi herida.

Quedé tendido; disparé un tiro hacia el monte siguiendo el mismo oscuro impulso del herido. Inmediatamente, me puse a pensar en la mejor manera de morir en ese minuto en que parecía todo perdido. Recordé un viejo cuento de Jack London, donde el protagonista, apoyado en un tronco de árbol se dispone a acabar con dignidad su vida, al saberse condenado a muerte por congelación, en las zonas heladas de Alaska. Es la única imagen que recuerdo. Alguien, de rodillas, gritaba que había que rendirse y se oyó atrás una voz, que después supe pertenecía a Camilo Cienfuegos, gritando: "Aquí no se rinde nadie..." y una palabrota después. Ponce se acercó agitado, con la respiración anhelante, mostrando un balazo que aparentemente le atravesaba el pulmón. Me dijo que estaba herido y le manifesté, con toda indiferencia, que yo también. Siguió Ponce arrastrándose hacia el cañaveral, así como otros compañeros ilesos. Por un momento quedé solo, tendido allí esperando la muerte. Almeida llegó hasta mí y me dio ánimos para seguir; a pesar de los dolores, lo hice y entramos en el cañaveral. Allí vi al gran compañero Raúl Suárez, con su dedo pulgar destrozado por una bala y Faustino Pérez vendándoselo junto a un tronco; después todo se confundía en medio de las avionetas que pasaban bajo, tirando algunos disparos de ametralladora, sembrando más confusión en medio de escenas a veces dantescas y a veces grotescas, como la de un corpulento combatiente que quería esconderse tras de una caña, y otro que pedía silencio en medio de la batahola tremenda de los tiros, sin saberse bien para qué.

Se formó un grupo que dirigía Almeida y en el que estábamos además el hoy comandante Ramiro Valdés, en aquella época teniente, y los compañeros Chao y Benitez; con Almeida a la cabeza, cruzamos la última guardarraya del cañaveral para alcanzar un monte salvador. En ese momento se oían los primeros gritos: "fuego", en el cañaveral y se levantaban columnas de humo y fuego; aunque esto no lo puedo asegurar, porque pensaba más en la amargura de la derrota y en la inminencia de mi muerte, que en los acontecimientos de la lucha. Caminamos hasta que la noche nos impidió avanzar y resolvimos dormir todos juntos, amontonados, atacados por los mosquitos, atenazados por la sed y el hambre. Así fue nuestro bautismo de fuego, el día 5 de diciembre de 1956, en las cercanías de Niquero. Así se inició la forja de lo que sería el Ejército Rebelde.

El cachorro asesinado

Para las difíciles condiciones de la Sierra Maestra, era un día de gloria. Por Agua Revés, uno de los valles más empinados e intrincados en la cuenca del Turquino, seguíamos pacientemente la tropa de Sánchez Mosquera; el empecinado asesino dejaba un rastro de ranchos quemados, de tristeza hosca por toda la región pero su camino lo llevaba necesariamente a subir por uno de los dos o tres puntos de la Sierra donde debía estar Camilo. Podía ser en el firme de la Nevada o en lo que nosotros llamábamos el firme "del cojo", ahora llamado "del muerto".

Camilo había salido apresuradamente con unos doce hombres, parte de su vanguardia, y ese escaso número debía repartirse en tres lugares diferentes para detener una columna de ciento y pico de soldados. La misión mía era caer por las espaldas de Sánchez Mosquera y cercarlo. Nuestro afán fundamental era el cerco, por eso seguíamos con mucha paciencia y distancia las tribulaciones de los bohíos que ardían entre las llamas de la retaguardia enemiga; estábamos lejos, pero se oían los gritos de los guardias. No sabíamos cuántos de ellos habría en total. Nuestra columna iba caminando dificultosamente por las laderas, mientras en lo hondo del estrecho valle avanzaba el enemigo.

Todo hubiera estado perfecto si no hubiera sido por la nueva mascota: era un pequeño perrito de caza, de pocas semanas de nacido. A pesar de las reiteradas veces en que Félix lo conminó a volver a nuestro centro de operaciones —una casa donde quedaban los cocineros—, el cachorro siguió detrás de la columna. En esa zona de la Sierra Maestra, cruzar por las laderas resulta sumamente dificultoso por la falta de senderos. Pasamos una difícil "pelúa", un lugar donde los viejos árboles de la "tumba" —árboles muertos— estaban tapados por la nueva vegetación que había crecido y el paso se hacía sumamente trabajoso; saltábamos entre troncos y matorrales tratando de no perder el contacto con nuestros huéspedes. La pequeña columna marchaba con el silencio de estos casos, sin que apenas una rama rota quebrara el murmullo habitual del monte; éste se turbó de pronto por los ladridos desconsolados y nerviosos del perrito. Se había quedado atrás y ladraba desesperadamente llamando a sus amos para que lo ayudaran en el difícil trance. Alguien pasó el animalito y otra vez seguimos; pero cuando estábamos descansando en lo hondo de un arroyo con un vigía atisbando los movimientos de la hueste enemiga, volvió el perro a lanzar sus histéricos aullidos; ya no se conformaba con llamar, tenía miedo de que lo dejaran y ladraba desesperadamente.

Recuerdo mi orden tajante: "Félix, ese perro no da un aullido más, tú te encargarás de hacerlo. Ahórcalo. No puede volver a ladrar." Félix me miró con unos ojos que no decían nada. Entre toda la tropa extenuada, como haciendo el centro del círculo, estaban él y el perrito. Con toda lentitud sacó una soga, la ciñó al cuello del animalito y empezó a apretarlo. Los cariñosos movimientos de su cola se volvieron convulsos de pronto, para ir poco a poco extinguiéndose al compás de un quejido muy fijo que podía burlar el círculo atenazante de la garganta. No sé cuánto tiempo fue, pero a todos nos pareció muy largo el lapso pasado hasta el fin. El cachorro, tras un último movimiento nervioso, dejó de debatirse. Quedó allí, esmirriado, doblada su cabecita sobre las ramas del monte.

Seguimos la marcha sin comentar siquiera el incidente. La tropa de Sánchez Mosquera nos había tomado alguna delantera y poco después se oían unos tiros; rápidamente bajamos la ladera, buscando entre las dificultades del terreno el mejor camino para llegar a la retaguardia; sabíamos que Camilo había actuado. Nos demoró bastante llegar a la última casa antes de la subida; íbamos con muchas precauciones, imaginando a cada momento encontrar al enemigo. El tiroteo había sido nutrido pero no había durado mucho, todos estábamos en tensa expectativa. La última casa estaba abandonada también. Ni rastro de la soldadesca. Dos exploradores subieron el firme "del cojo", y al rato volvían con la noticia: "Arriba había una tumba. La abrimos y encontramos un casquito enterrado". Traían también los papeles de la víctima hallados en los bolsillos de su camisa. Había habido lucha y una muerte. El muerto era de ellos, pero no sabíamos nada más.

Volvimos desalentados, lentamente. Dos exploraciones mostraban un gran rastro de pasos, para ambos lados del firme de la Maestra, pero nada más. Se hizo lento el regreso, ya por el camino del valle.

Llegamos por la noche a una casa, también vacía; era en el caserío de Mar Verde, y allí pudimos descansar. Pronto cocinaron un puerco y algunas yucas y al rato estaba la comida. Alguien cantaba una tonada con una guitarra, pues las casas campesinas se abandonaban de pronto con todos sus enseres dentro.

No sé si sería sentimental la tonada, o si fue la noche, o el cansancio... Lo cierto es que Félix, que comía sentado en el suelo, dejó un hueso. Un perro de la casa vino mansamente y lo cogió. Félix le puso la mano en la cabeza, el perro lo miró; Félix lo miró a su vez y nos cruzamos algo así como una mirada culpable. Quedamos repentinamente en silencio. Entre nosotros hubo una conmoción imperceptible. Junto a todos, con su mirada mansa, picaresca con algo de reproche, aunque observándonos a través de otro perro, estaba el cachorro asesinado.

Lidia y Clodomira

Conocí a Lidia, apenas a unos seis meses de iniciada la gesta revolucionaria. Estaba recién estrenado como comandante de la Cuarta Columna y bajábamos, en una incursión relámpago, a buscar víveres al pueblecito de San Pablo de Yao, cerca de Bayamo, en las estribaciones de la Sierra Maestra. Una de las primeras casas de la población pertenecía a una familia de panaderos. Lidia, mujer de unos cuarenta y cinco años, era uno de los dueños de la panadería. Desde el primer momento, ella, cuyo único hijo había pertenecido a nuestra columna, se unió entusiastamente y con una devoción ejemplar a los trabajos de la Revolución.

Cuando evoco su nombre, hay algo más que una apreciación cariñosa hacia la revolucionaria sin tacha, pues tenía ella una devoción particular por mi persona que la conducía a trabajar preferentemente a mis órdenes, cualquiera que fuera el frente de operaciones al cual yo fuera asignado. Incontables son los hechos en que Lidia intervino en calidad de mensajera especial, mía o del Movimiento. Llevó a Santiago de Cuba y a La Habana los más comprometedores papeles, todas las comunicaciones de nuestra columna, los números del periódico *El Cubano Libre;* traía también el papel, traía medicinas, traía, en fin, lo que fuera necesario, y todas las veces que fuera necesario.

Su audacia sin límites hacía que los mensajeros varones eludieran su compañía. Recuerdo siempre las apreciaciones, entre admirativas y ofuscadas, de uno de ellos que me decía: "Esa mujer tiene más... que Maceo, pero nos va a hundir a todos; las cosas que hace son de loco, este momento no es de juego." Lidia, sin embargo, seguía cruzando una y otra vez las líneas enemigas.

Me trasladaron a la zona de la Mina del Frío, en las Vegas de Jibacoa, y allí fue ella dejando el campamento auxiliar del cual había sido jefa, durante un tiempo, y a los hombres a los que mandó gallardamente y, hasta un poco, tiránicamente, provocando cierto resquemor entre los cubanos no acostumbrados a estar bajo el mando de una mujer. Ese puesto era el más avanzado de la Revolución, situado en un lugar denominado la Cueva, entre Yao y Bayamo. Hube de quitarle el mando porque era una posición demasiado peligrosa y, después de localizada, eran muchas las veces que los muchachos tenían que salir a punta de bala de ese lugar. Traté de quitarla definitivamente de allí pero sólo lo conseguí cuando me siguió al nuevo frente de combate.

Entre las anécdotas demostrativas del carácter de Lidia recuerdo ahora el día en que murió un gran combatiente imberbe de apellido Geilín, de Cárdenas. Este muchacho integraba nuestra avanzada en el campamento cuando Lidia estaba allí. Al ella ir hacia el mismo, retornando de una misión, vio a los guardias que avanzaban sigilosamente sobre el puesto, respondiendo sin duda a algún "chivatazo". La reacción de Lidia fue inmediata; sacó su pequeño revólver 32 para dar la alarma con un par de tiros al aire; manos amigas se lo impidieron a tiempo, pues les hubiera costado la vida a todos; sin embargo, los soldados avanzaron y sorprendieron la posta del campamento. Guillermo Geilín se defendió bravamente hasta que, herido dos veces, sabiendo lo que le pasaría después si caía vivo en manos de los esbirros, se suicidó. Los soldados llegaron, quemaron lo que había quemable y se fueron. Al día siguiente encontré a Lidia. Su gesto indicaba la más grande desesperación por la muerte del pequeño combatiente y también la indignación contra la persona que le había impedido dar la alarma. A mí me mataban, decía, pero se hubiera salvado el muchacho; yo, ya soy vieja, él no tenía 20 años. Ese era el tema central de sus conversaciones. A veces parecía que había un poco de alarde en su continuo desprecio verbal por la muerte, sin embargo, todos los trabajos encomendados eran cumplidos a perfección.

Ella conocía cómo me gustaban los cachorros y siempre estuvo prometiéndome traer uno de La Habana sin poder cumplir su promesa. En los días de la gran ofensiva del ejército, llevó Lidia, a cabalidad, su misión. Entró y salió de la Sierra, trajo y llevó documentos importantísimos, estableciendo nuestras conexiones con el mundo exterior. La acompañaba otra combatiente de su estirpe, de quien no recuerdo más que el nombre, como casi todo el Ejército Rebelde que la conoce y la venera: Clodomira. Lidia y Clodomira ya se habían hecho inseparables compañeras de peligro; iban y venían juntas de un lado a otro.

Había ordenado a Lidia que, apenas llegada a Las Villas, después de la invasión, se pusiera en contacto conmigo, pues debía ser el principal medio de comunicación con La Habana y con la Comandancia

General de la Sierra Maestra. Llegué, y a poco encontramos su carta en la cual me anunciaba que me tenía un cachorro listo para regalármelo y que me lo traería en el próximo viaje. Ese fue el viaje que Lidia y Clodomira nunca realizaron. A poco me enteré que la debilidad de un hombre, cien veces inferior como hombre, como combatiente, como revolucionario o como persona, había permitido la localización de un grupo entre los que estaban Lidia y Clodomira. Nuestros compañeros se defendieron hasta la muerte; Lidia estaba herida cuando la llevaron. Sus cuerpos han desaparecido; están durmiendo su último sueño, Lidia y Clodomira, sin duda juntas como juntas lucharon en los últimos días de la gran batalla por la libertad.

Tal vez algún día se encuentren sus restos en algún albañal o en algún campo solitario de este enorme cementerio que fue la isla entera. Sin embargo, dentro del Ejército Rebelde, entre los que pelearon y se sacrificaron en aquellos días angustiosos, vivirá eternamente la memoria de las mujeres que hacían posible con su riesgo cotidiano las comunicaciones por toda la isla, y, entre todas ellas, para nosotros, para los que estuvimos en el Frente número 1 y, personalmente, para mí, Lidia ocupa un lugar de preferencia. Por eso hoy vengo a dejar en homenaje estas palabras de recuerdo, como una modesta flor, ante la tumba multitudinaria que abrió sus miles de bocas en nuestra isla otrora alegre.

CALVERT CASEY
(1924-1968)

Nace en Baltimore, Estados Unidos, de padre norteamericano y madre cubana. Niño aún regresa a Cuba. Estudia y trabaja en la Cuban Telephone Company. Publica, con un seudónimo, una apologia de José Martí. En 1948 regresa solo a Estados Unidos, publica cuentos en inglés, trabaja como traductor de Las Naciones Unidas y viaja por Europa. En 1958 decide regresar a Cuba. Al triunfar la revolución colabora en revistas y periódicos como crítico teatral y literario. Es parte del equipo de escritores que hacen posible Lunes de Revolución. *Publica su primer libro de cuentos,* El regreso, *que alcanza rápidamente una segunda edición y es traducido al italiano y al polaco. En 1964 publica* Memorias de un isla, *crítica y ensayo. Después de abandonar la isla para establecerse en Europa, publica en 1967* Notas de un simulador. *En Roma, donde vive y trabaja como traductor de organismos internacionales, se suicida. Sobre una mesa encuentran un libro de Henry James abierto a una cita reveladora: "Era un hombre demasiado frágil para vivir en este mundo." En comentario sobre uno de los cuentos de* El regreso, *escribe su epitafio literario: "Llego a la creación literaria oscura, ciegamente. Sujeto al azar, el acto va abriéndose paso en el tiempo. Un episodio humorísticos en un burdel de Santiago; la lectura años más tarde de la prosa sucinta de Hemingway; el conocimiento de los adolescentes del primer Moravia; una tarde de violeta nostalgia; todo eso me condujo a* El paseo. *Pero todo pudo perderse también, como tantas otras cosas, en la inadvertencia y el olvido. Como la vida, todo puro azar, pura torpeza."*

El regreso

> *"Mais essayez, essayez toujours..."*
> J.-P. Sartre, *Le jeux sont faits* (Última escena.)

¿Cómo se llamaban esas cosas? ¿Actos fallidos? ¿Alienación del yo? Traducía mal los conceptos psicológicos a la moda, que había leído en inglés sin entenderlos mucho, más bien para impresionar a los demás.

Pero ¿cuál, cuál de los muchos actos que realizaba y que había realizado eran realmente actos auténticos que no respondían a la última lectura apresurada de libros de los que sólo había llegado a cortar las primeras páginas con el rico cortapapel de empuñadura inverosímil, a la conversación oída a medias, a la influencia del último conocimiento que trabara, a la última película vista?

De la gama total de actos posibles había recorrido una enorme variedad en sus cuarenta años de vida, pero ninguno tenía el menor viso de realidad. Todos se habían inscrito como sobre el lecho arenoso de un río de aguas vagas y tenían el mismo sabor desolado de la arena.

Era como si entre él y cada uno de los episodios de su vida, entre él y las gentes que conocía y que parecían tenerle cierto apego, se interpusiera un vacío del que hubieran extraído el aire, y los contemplara del lado de allá, lejanos, como objetos tumefactos a los pocos segundos de nacer, incapaz de cruzar la terrible barrera y tocarlos.

Y después de cada episodio —no admitían otro nombre— viajar, amar, odiar, trabajar, hablar, se quedaba inerte, un poco indestructible, como inviolado y entero, no consumado, no usado, dispuesto de nuevo a henchirse de posibilidades, como una virgen terca cuya virginidad se restaurara milagrosamente al final de cada noche de amor; el cráneo brilloso bajo los cabellos ya muy escasos, las sienes un poco grises, pero el rostro joven, extrañamente adolescente bajo el ralo mechón sin vida.

Las manos delataban su verdadera edad. Eran las manos de un hombre viejo, un poco nudosas, como ajadas por los mil actos sin vida y sin sangre, las mil caricias hechas al azar por falta de otra cosa mejor.

"¡Pero hasta cuándo tendrás tú cara de adolescente!", le decían sus amigas, mujeres interesantes, de elegancia cansada y de amantes más cansados aún, que le envidiaban la eterna frescura de las mejillas.

Su imaginación alcanzaba proporciones no vistas. Y era, se decía a sí mismo con dolorosa lucidez, su única, su auténtica, su verdadera vida.

Caminando por las calles, en la mesa, en la bañadera, después de dormir, leyendo durante horas con la mirada fija en una misma letra, hablando con las gentes sin hablarles, mirándolas sin mirarlas, en el teatro, donde las piezas se le quedaban a medio oír, oyendo música sin entenderla, trabajando sin trabajar: imaginaba.

Imaginaba que podía hablar con todos los seres humanos, de los que se sentía separado por aquel extraño vacío infranqueable. Compensaba el vacío imaginando que hablaba y era escuchado con viva atención y luego citado por todos e invitado a todas partes. Imaginaba que todos le miraban, que los adolescentes se le rendían. Era admirado y deseado por todos. Imaginaba una interminable conversación, brillante, cáustica y profunda, en la que sólo él participaba, y hablaba, hablaba a toda velocidad, con frases inteligentes, plenas de ideas brillantes sobre la filosofía, el poeta o la novela de moda.

Sus episodios amorosos eran casi todos, si no imaginarios, sí altamente imaginativos. Hablaba apasionadamente a sus ídolos —casi siempre muy ocupados para verlo— les escribía cartas interminables, que nunca enviaba, imaginaba grandes escenas de transporte amoroso, de placer físico, de comunión anímica, que nunca pasaban a la realidad. Al irrumpir en imaginarios lugares sorprendía a sus amores de turno, castigándolos con una frase feliz y perdonándolos con una sonrisa cargada de comprensión.

Además, tenía la manía de creerse el hombre providencial que salvaba las situaciones más espinosas, conciliando pareceres, dirimiendo posibles guerras, rescatando países enteros del desastre. Su vida terminaba en un nimbo de ancianidad gloriosa y dorada, consultado por generaciones de prohombres en algún retiro apacible. Temía sobre todo a los sábados lívidos de aquella inmensa Nueva York donde vivía y adonde habían acudido otros millones como él, a los domingos vacíos con su terrible sabor a ceniza.

Esta sensación se agudizaba en los períodos de arrobo profundo con cada nuevo ídolo. Entonces sólo ellos y sus palabras tenían realidad. Todo lo demás se teñía de un color impreciso, perdía contornos y lo rodeaba en un mundo doloroso en el que se arrastraba penosamente, acertando apenas a realizar los actos más necesarios para la vida, y a pronunciar las palabras imprescindibles, apretándose el estómago con las manos en un gesto nervioso que le era habitual, hasta que el ídolo reaparecía y hablaba, y por unas horas su mundo tornaba a sosegarse, a reasumir su realidad.

Cada nuevo huésped tenía el poder de derribar todo un universo de ideas, reales o prestadas, y actitudes. Al llegar Alejandro, tan deliciosamente ignorante de todo, tan maravillosamente contento y apacible en su ignorancia —y luego, tan centrado, tan seguro, tan inconmovible y sin problemas— todo un pasado de lecturas le avergonzó profundamente. ¡Ah, poder ser como Alejandro, poder *ser* Alejandro!

Desde el fondo tranquilo de sus ojos, Alejandro lo miraba a veces con curiosidad, preguntándose quién sería este extraño ser que le colmaba de regalos y le rehuía, que le escribía cartas muy raras y no exentas de cierta melancólica elegancia literaria, y le hablaba de la premonición y la intuición, asegurándole que lo sentía a través de la distancia.

Lo de la premonición le había quedado de otro ídolo, un argentino irascible y áspero, miembro exilado de algún grupo esotérico de Buenos Aires, que junto con un falso acento porteño le dejara un gran amor por autores espiritualistas que nunca tuvo tiempo de leer. La renunciación hinduísta que tomara prestada del porteño se avenía muy bien con un tono elegante de cinismo que él creía de moda en Santiago y que adoptara entusiasmado de una amante chilena.

A todos los imitaba fiel e irresistiblemente, copiaba sus gestos, sus palabras, sus malas o buenas costumbres, y no descansaba hasta haberse convertido en facsímil exacto de ellos, tratando al mismo tiempo de conservar la primera impresión de conquistador, de amante difícil y deseado que creía haberles causado. Por una palabra bondadosa los colmaba de regalos absurdos, les prometía la holganza a sus expensas para toda la eternidad, y más de uno, de aficiones parasitarias, le tomó la palabra.

Tenía unos pocos amigos, matrimonios jóvenes casi todos, en los que presentía la ternura, cuya vida envidiaba suponiéndole una proporción de felicidad que estaba muy lejos de ser la real, de los que recibía atenciones y a los que prestaba servicios cuyo valor exacto desconocía y que él realizaba en la misma actitud sonámbula con que se dirigía al trabajo todas las mañanas. Eran amigos que le estimaban, sin duda, un poco intrigados por la vida evasiva y fantasmal de aquel hombre que se aparecía cuando menos se le esperaba, después de largas ausencias, en que cada crisis, cada nueva pasión se delataba solamente por el recrudecimiento de una violenta tartamudez.

Porque para colmo era tartamudo. Éste era su humilladero sumo, rastro doloroso de alguna tragedia oscura e ignorada de los primeros años. Esperaba angustiado el momento inevitable en que las gentes volverían el rostro para mirar obstinadamente a un punto aparentemente fascinante del suelo a fin de no ver el rostro convulso, contorsionado por la palabra que se empeñaba en no dejarse pronunciar. Pasado el mal momento, enrojecía y palidecía simultáneamente y para probar que el defecto era imaginario, que jamás, jamás, jamás existió, se lanzaba a una perorata rápida e intempestiva que sazonaba con frases brillantes, chistes y carcajadas inoportunas, hasta volver a tropezar con otra palabra desdichada que le producía nuevas convulsiones. Rojo de confusión y vergüenza, buscaba el refugio donde vivía, cerraba a cal y canto las ventanas y aplicaba un fósforo al mechero de gas con que se calentaba, preguntándose melancólicamente si no era preferible dejar fluir el gas sin encender la llama.

Luego volvía a decirse que el mundo de su imaginación era el único digno de vivirse, reunía a su público de las grandes ocasiones, imaginaba las invariables situaciones tremendas, y hechizando a uno y conjurando otras, su vida adquiría nuevo sentido, su corazón se sosegaba y al escuchar los aplausos y recibir los emocionados apretones de mano, sentía las lágrimas rodarle por las mejillas y abrazaba a la humanidad entera en un inmenso abrazo, ferviente y compasivo. ¡Ah, la pobre, la triste, la desdichada humanidad!

Vivía, como tantos otros millones de seres en la enorme ciudad, completamente solo en un viejo apartamento desprovisto de calefacción, que era preciso calentar con gas o con carbón, y que cada mañana amanecía helado. El edificio era uno de muchos miles construidos el siglo anterior para familias obreras. Abandonados por generaciones más prósperas en busca de albergues más modernos, los edificios venidos a menos y semidestruidos estaban ocupados por señoras inmensamente ancianas, viudas que esperaban un cheque providencial de la beneficencia pública para sobrevivir, viejos que desempeñaban funciones de sereno en alguna fábrica en espera de la muerte, pianistas sin piano, violinistas sin violín, cantantes sin voz, en cuyas paredes alguna foto amarillenta recordaba un recital olvidado, actores sin trabajo, actrices sin papel, y por la enorme masa de gentes que arribaba a la ciudad desde las ciudades del interior del país, dotadas de algún pequeño talento que les había hecho abandonar la vida rutinaria y cómoda del pueblo natal y las condenaba a morir de soledad en los pequeños tabucos, saltando todas las mañanas de los lechos vacíos (o transitoriamente ocupados por algún transeúnte compasivo) para encender de prisa los quemadores de gas y desalojar el frío.

Ante la crisis universal de la vivienda, se había puesto de moda entre artistas, pseudo-artistas y gente de mucha originalidad y pocos recursos, alquilar las pequeñas estancias y decorarlas caprichosamente hasta convertirlas en una curiosa mezcla de pobreza extrema y extravagancia inútil. La decoración seguía los gustos o aspiraciones, manifiestas u ocultas, de los moradores. De un corredor mugriento se pasaba a una salita adornada con primorosos espejos de marcos dorados. Un ojo surrealista contemplaba desde algún techo que filtraba la lluvia la vida tormentosa de los inquilinos de turno. Brillantes litografías de castillos franceses anunciaban que sus propietarios habían estado en Europa, y se encontraban muchas veces de vuelta. El olor a incienso que inundaba algunas noches los sucios corredores delataba las inclinaciones de los que meditaban en cuclillas, junto a las viejas cocinas siempre apagadas.

Un mundo de gentes cuya aspiración suprema era estar de vuelta de todo, vivía, pared por medio, con un mundo de rezagados del siglo anterior, que no habían estado en ninguna parte. El tiempo transcurría sosegadamente con la soledad como único elemento común, y las viejas señoras, al subir entre ahogos y disneas los pedazos de leña con que encender sus viejas estufas, notaban poca diferencia entre los pálidos rostros de una generación de inquilinos originales y los pálidos rostros de la generación siguiente.

Su vecina inmediata había llegado soltera del centro de Europa en los remotos tiempos de Francisco José. Sus hijos habían nacido allí y allí la habían abandonado. La mujer lo acogió con cálida simpatía cuando el matrimonio joven que le había cedido sus reducidas estancias que llamaban apartamento decidió que sus filosofías eran incompatibles, y él se instaló, en pleno período japonés, con finísimos kimonos de seda amarilla y perfumada que deslumbraron a la buena señora, y frágiles paneles de papel de arroz y bambú con los que era posible armar y desarmar rápidamente cubículos más pequeños aún. La vecina, descalza como trabajaba en los veranos de la aldea remota, con un pañuelo eternamente atado a la cabeza, lo ayudó a limpiar los restos que tras sí dejara el joven matrimonio, no muy pulcro; deshizo las cajas, se asustó ante las máscaras horribles del teatro japonés, desplegó maravillada los abanicos que pasaron a adornar los muros, desenrolló sin que él pudiera evitarlo la olorosa estera acabada de importar, colgó bajo la experta dirección del pálido inquilino el gran farol plegable que debía adornar la cocina, adosó a una ventana interior los fragmentos de cristal que agitados por el viento llenarían la estancia con una música frágil, le ayudó a guardar los ricos sarapes de purísima lana de una etapa anterior, y aceptó casi con lágrimas el oloroso té verde que sólo vendían en refinados y remotos almacenes de la ciudad.

La amable vecina se retiró discreta al llegar los primeros extasiados.

Ella y una centenaria irlandesa, cubierta por muchas capas de tiempo y mugre, siempre a la espera del cartero providencial, a quien compraba el diario algunas mañanas, habrían de ser el único elemento de continuidad en las sucesivas mutuaciones que él y los escasos metros cuadrados de la vivienda habrían de sufrir.

II

Un día, la terrible conciencia que tenía de cada uno de sus actos alumbró la suma total de los actos de su vida y se quedó absorto. Desechó la idea, pero ésta volvió a asaltarlo, cada vez con más frecuencia. Pasaba y repasaba constantemente y sin tregua, los años de su vida, los días de los años, las horas de los días, sin que la idea le abandonara por un solo instante, atenaceándole y llegando a provocarle náuseas. Pasó mucho tiempo en una especie de estupor en el que marchaba por las calles en un estado de semiconciencia automática, inmovilizadas las ideas en una imagen fija, de la que no podía escapar. Se le vio más rápido, más tartamudo, evitaba a sus viejas amigas, hundía las manos en el estómago con más frecuencia, en el gesto nervioso que le era habitual, y en las contadas reuniones a que asistía se quedaba ausente, mudo, sin nada que decir, muy lejos de aquel ser ocurrente que a todos encantaba.

Una desgracia ocurrida en su lejana y un poco olvidada familia le hizo recordarla y lo sacó de su mutismo. Tuvo que ir a Cuba, su país, donde no había puesto los pies en largos años, descartándolo con un gesto impreciso como incorregible y sin esperanzas. Había nacido allí, de padres extranjeros, pero ni en sus ademanes ni en su manera de hablar ni de ser recordaba en lo más mínimo a sus compatriotas. Cuando los encontraba le acometía una inmensa desazón, se le acentuaba el nerviosismo y se perdía en esfuerzos fútiles y desesperados para demostrarles que era uno de ellos. Pero no se atrevía a dar el viaje. Temía vagamente llegar a sentirse extraño en su propio país y aplazaba indefinidamente el viaje con un gesto displicente: "Lo amo desde lejos."

Al ocurrir el hecho luctuoso en la familia, se sintió súbitamente en el deber de hacer acto de presencia ante los parientes lejanos, sin que pudiera explicarse a sí mismo las razones de la súbita lealtad, y haciendo gran acopio de pociones calmantes, barbitúricos, raíces de la India propiciatorias de la indiferencia y un vestuario extravagante que siempre le ayudaría a diferenciarse de los naturales en caso de apuro, emprendió el viaje.

La sorpresa fue agradable. Aquellas gentes, a las que temía por razones tan desconocidas como las que provocaban su violento tartajeo, lo acogieron con naturalidad y hasta con cariño, sonrieron ante sus crisis nerviosas, le permitieron las vestimentas más extremas con una tolerancia candorosa ante todo lo que viniera del extranjero que le desarmaba, justificándole con un "ha vivido tantos años fuera...".

Sus parientes le concedían discretamente las libertades que él había temido perder en los límites estrechos del pequeño país, y las viejas amistades de la familia le daban cierta importancia, agasajándole con almuerzos suculentos y de difícil digestión, en los que le contemplaban disimuladamente con una admiración ingenua. Cuán diferente de aquella inmensa Nueva York, donde nadie ni nada tenía la menor importancia.

Contemplaba a esta gente vivir, deformándolas con generalidades risueñas. Parecían felices, infinitamente más felices que las de la hosca ciudad donde él vivía. Tenían el rostro plácido, el aire tranquilo, las carnes abundantes y serenas. Lo banal, lo diario, no avergonzaba aquí, como en aquel otro mundo donde vivía. Esta gente sabía estar. Se repitió la frase varias veces: sabían estar, saber estar, regocijado del descubrimiento feliz. En aquel frío Norte, él había perdido el viejo arte de saber estar (la frase allí era incluso intraducible) y tendría que aprenderlo de nuevo, pacientemente, amorosamente.

Conmovido de su hallazgo, se secó la mejilla húmeda, sonriendo vagamente, sabiéndose observado por el chófer del vehículo que le llevaba de la casa de los parientes al centro de La Habana.

Y luego aquel sol, aquel sol maravilloso y omnipresente de enero, que le reconfortaba y le quemaba suavemente los omóplatos, brillando desde un cielo transparente, que le hacía olvidar los dolorosos inviernos del Norte y el tiritar violento que destrozaba sus nervios enfermos, y le despertaba viejas memorias de infancia; las meriendas amables en los colgadizos imaginados, las temporadas en las fincas nunca vistas.

Adivinaba y envidiaba en las relaciones humanas una intimidad inconscientemente sensual que propiciaban el clima espléndido, la brisa de los mediodías, la claridad.

¡Ah, lo que había perdido, lo que había olvidado, en sus largos viajes por otras tierras! Si pudiera recapturarlo todo, repetía, consciente del justo anglicismo.

Al llegar, más por asombrar a los tranquilos parientes (que por otra parte no se asombraron) que por un verdadero deseo de hacerlo, buscó a un artista joven que había causado un pequeño escándalo de crítica y cuyo nombre le mencionara una de las parejas que frecuentaba. Fue difícil dar con él, y más difícil aún que le prestara atención. A pesar de la llaneza de todos, los extraños en Cuba entraban con mucha lentitud en la vida de las gentes, trabada en cosas pequeñas pero al parecer satisfactorias. Por fin vio al pintor, quien lo presentó a sus amigos. Lo demás fue fácil. Aunque causaba extrañeza y su tartajeo turbaba un poco a todos, no tardaron en aceptarlo a pesar de resultarles tan extraño.

Su vago acento extranjero atraía, como también el contraste entre las maneras desacostumbradas, el nombre impronunciable y los patéticos esfuerzos para sonar criollo. Gran lector de contraportadas, sabía cómo y cuándo citar y lo hacía con suma habilidad, dejando las frases incompletas, sugiriendo ideas que los demás completaban, cubriendo su ignorancia de los temas con el aluvión taquicárdico de su charla. Rápidamente pasaba de Kirilov y los actos absurdos a la gratuidad, para saltar a la nueva crítica y al ser para la muerte, y si pronto se descubrió su incompetencia y sus nuevos amigos le remedaron divertidos, jamás lo supo.

Al regresar a Nueva York, cargado de volúmenes representativos de todos los movimientos artísticos y literarios de la patria recuperada, que consideraba su deber leer y jamás leyó, le horrorizó lo que veía alrededor de sí. Volvió a caer en un profundo estupor del que sólo salía para hablar sin detenerse de su viaje, de la patria encontrada, de los campos esmeralda, del sol, del sol, del sol.

Rápidamente, la decoración del pequeño apartamento cambió.

Los biombos orientales fueron eliminados para que el escaso aire corriera sin trabas, como en los balcones y galerías de su país lejano e improbable. Las abstracciones cedieron el lugar a sencillos palmares representados casi fotográficamente, cuando no a crudas litografías sin retoque de los paisajes patrios. El apartamento de la vecina se enriqueció súbitamente con una rica otomana, cuyo vacío ocuparon dos grandes mecedoras, desenterradas de un rastro y reparadas apresuradamente. Dejaron de sonar los discos de jazz y las quejumbrosas danzas de los israelitas del Yemen, y los grises aposentos se inundaron de criollas y boleros, que cantaban un amor dudoso y de mal gusto, siempre con las mismas palabras, y de las notas de alguna vieja danza criolla, repetida una y otra vez, en éxtasis.

Una tarde de domingo, más lívida que todas las demás, se hizo la pregunta. ¿Y si regresara? ¡Dios, Dios!, ¿y si regresara a los suyos, a amarlos a todos, a ser uno de ellos, a vivir aunque fuera entre los más pobres, entre aquellos que a pesar de su pobreza parecían tan tranquilos y contentos, tan sosegados? ¡Cómo le gustaba la palabra! Tan sosegados. ¿No le harían un lugar? ¿No se dejarían conmover por su sinceridad?

La idea no hizo más que insinuarse y su imaginación se encargó del resto. Las pensadas horas de ternura, las imaginarias tardes de amor, las grandes noches fueron rápidamente trasladadas o remplazadas por escenas de la patria recobrada. ¿Y si él fuera el iniciador de un movimiento de vuelta a la patria? Los pródigos... Los Pródigos. ¡Qué bien sonaba! Pronto sería amado de todos. ¡Si era amor, sólo amor lo que él pedía, el mismo amor que en el fondo toda la pobre humanidad deseaba!

Se sintió más vivo, más vital, como decía, que nunca; negó el saludo a los antiguos ídolos, rechazó todas las invitaciones, se rodeó de libros, de ropas, todos procedentes del lejano país y echó a un lado o arrojó, un poco avergonzado, los de todas las patrias previas de adopción.

La decisión estaba hecha. No había más que liquidar las posesiones precarias del apartamento, avisar en el tedioso empleo, y partir. ¡Partir!

Las noticias que traían los periódicos sobre movimientos revolucionarios en Cuba, con su secuela de represalias, no le inquietaban, y hasta sonreía misteriosamente para sí al leerlas. Quién sabe. Con su conocimiento de idiomas, sus nuevos libros, su prudencia, su personalidad inesperada, ¿no podría servir de mensajero de la concordia y la tolerancia entre sus compatriotas? Al fin, todos eran hermanos, se entendían en el gran lenguaje atávico y no hablado con que se entienden los hombres de una misma tierra...

III

Y partió. Más dadivoso que nunca, repartió lo que poseía entre sus pocos amigos, regaló las ropas de abrigo que ya no necesitaría en aquel clima maravilloso que lo aguardaba y del cual no regresaría nunca, nunca. Distribuyó los libros, los de naturalismo, los de hinduísmo, los de yoga, los de espiritismo, las colecciones obscenas, las de socialismo, las colecciones primitivas. Hizo tomar por fuerza a sus viejas vecinas el heterogéneo mobiliario que ellas aceptaban entre gritos de terror, gozo y asombro.

La renovación sería completa, pronto iba a ser él, él, a entrar en su cultura, en su ambiente, donde no tenía que explicarse nada, donde todo "era" desde siempre. Y además entraría por la puerta grande de la *intelligentzia,* en cuyos umbrales dorados le esperaban sus jóvenes amigos, de humor delicioso y mordaz, de charla viva e imaginativa, tan nerviosos, y tan felices.

Cuando llegó, un día por la mañana, encontró la ciudad un poco cambiada. Era difícil precisar en qué consistía el cambio. Como siempre, la gente parecía alegre y despreocupada, pero había cierta inquietud en el ambiente que en un primer momento no supo precisar.

Lo que sí chocó a su vista de inmediato fue la superabundancia de uniformes. En las esquinas de la ciudad se veían a todas horas grupos de soldados y policías con armas automáticas modernas, de grueso calibre. Le llamó la atención que en sus horas de asueto los soldados se pasearan fuertemente armados, llevando de una mano a sus amigas y de la otra el arma formidable de repetición.

Por las calles de la ciudad vieja desfilaban cada varios minutos con monótona regularidad pequeños vehículos militares en servicio de patrulla, invariablemente tripulados por dos soldados y dos marinos que viajaban de espaldas, para cubrir la retirada en caso de ataque.

Para estar más en ambiente se alojó en un hotel del viejo barrio que antaño alojara a huéspedes ilustres de la Colonia, y sonrió, tratando de no verlas, a las jóvenes pálidas que regresaban a sus habitaciones con la mañana, el aire extenuado y el maquillaje corrido. Desde allí trató de localizar a sus amigos, a los que, sin duda por estar ocupados a esas horas, no pudo hallar.

Miró con disgusto sus ropas elegantes, de sello demasiado extranjero, de las que no había podido deshacerse, y se lanzó a la calle en busca de prendas más sencillas, de más sabor local. Volvió agotado, como si el nuevo ambiente le exigiera un gran esfuerzo para cada pequeño acto, y contento, con una finísima camisa de lino de Irlanda adornada de innúmeras alforzas hechas para consumir la vista de varias generaciones de costureras: la guayabera, la prenda campesina pulcra y fresca que en pocos años había invadido a toda Cuba desplazando a la indumentaria europea. Se contempló largo rato al espejo, complacido de su aspecto. Aún era joven, no mal parecido del todo a pesar de la calvicie ya avanzada y de los anteojos que le corregían la fuerte miopía. Podría recomenzar su vida aquí, darle un sentido, ¿por qué no? ¿No había adoptado y abandonado con increíble facilidad y rapidez patrias, religiones, cultura, actitudes, ideas? Ahora iba a adoptar su cultura, su patria la suya, que quizá, quizá le necesitara.

Se tendió en el lecho fresco de la habitación abierta al puerto, y entregándose a detalladas y minuciosas visiones de su futura existencia en el recobrado solar de los mayores, pasó de la vigilia risueña al sueño feliz, sin sentirlo, como lo hacen los niños.

El segundo día de su nueva vida decidió pasarlo junto al mar para fortalecerse con este aire ardiente que iba a cicatrizar los males de su cuerpo y de su espíritu.

Atravesando rápidamente las viejas y amplias galerías y saludando a las ancianas figuras desvaídas que leían sus periódicos junto a las ventanas, bajó a la calle, saltó a un auto de alquiler y le pidió al chófer que lo llevara a la playa, a cualquier playa. Éste le sorprendió hablándole en inglés, y como él insistiera en hablar en español, el otro le ofendió diciéndole que parecía extranjero.

En la playa se sintió molesto al verse rodeado de turistas y más molesto aún al comprobar que, como ellos, también se ponía aceite sobre la piel para protegerla del sol. Se rió un poco de sí mismo, pidió de beber y se tendió al sol.

Las horas pasaron agradablemente, empujadas por el licor del país que penetraba dulcemente los sentidos hasta destruir el sentido del tiempo. (El sentido del tiempo, eso era lo que aquí era tan diferente, ahí radicaba la gran ciencia de este país, de estas gentes.)

Cuando abandonó el balneario ya era casi de noche. Salió al suburbio y aunque las calles estaban mal alumbradas y casi desiertas, decidió andar en dirección de la ciudad, para gozar la brisa suave que soplaba del mar refrescando los ardores del día. Dejaría vagar sus pensamientos, sin rumbo, donde el aire los quisiera llevar. Se sentía feliz, un poco solo, pero ahora no importaba. Mañana empezaría su nueva vida.

Había andado una corta distancia por la avenida bordeada de pinos cuando una luz brutal le dio en el rostro, cegándolo y haciendo resaltar en la oscuridad la nitidez de la camisa campesina de lino de Irlanda. Le enfocaban de un auto cuyas puertas se abrieron rápidamente dando paso a varios hombres de uniforme que esgrimían armas en dirección suya.

"Sube", dijo uno y antes de que él pudiera resistir o preguntar le arrastraron hacia el automóvil que partió en seguida.

Dentro del auto, que marchaba a toda velocidad mientras la sirena chillaba perforante, creyó sufrir una pesadilla. Sintió que le agarraban los puños e inmediatamente comenzó a recibir golpes brutales en el rostro y en las costillas. Los golpes le ahogaban, no podía gritar, y sus aprehensores mantenían un silencio obstinado, como si le conocieran, realizando su tarea metódicamente. Perdió la noción del tiempo, reducida su actividad pensante a esperar cada nuevo golpe.

El auto corrió largo tiempo, ignorando las luces de tránsito y haciendo huir a los peatones. Atravesó parte de la ciudad y luego se detuvo frente a un edificio moderno. Esposándole las dos muñecas, le arrastraron violentamente por una escalera de mármol, amplia y casi lujosa, al final de la cual le hicieron entrar en un recinto iluminado con luces fluorescentes y herméticamente cerrado.

Apoyándose contra un muro, sintió la frescura del granito sobre la mejilla dolorida, y el aire cortante que enviaba desde el muro opuesto un ventilador eléctrico y que le secaba el sudor. Había cerrado los ojos para ver mejor, para pensar, o para no pensar, y al abrirlos vio que estaba rodeado de los hombres que le habían traído y de otros más, todos de aspecto muy similar. Pensó que la similitud quizás obedecía a que todos vestían de uniforme.

El interrogatorio duró exactamente 24 horas.

Al principio trató de preguntar lo que sucedía, pero apenas acertó a pronunciar palabra. Tartamudeaba grotescamente con violentas reacciones de la cabeza y el cuello. A un chiste de uno: "Quítese el caramelito de la boca, compadre...", todos rieron estruendosamente.

Aunque optó por no hablar, le preguntaron el nombre y tuvo que esforzarse en articularlo. Un violento mazazo le derribó por el suelo. Cuando lo levantaron, medio aturdido, oyó que el que parecía el jefe le advertía que no inventara nombres extranjeros, porque le conocían bien. Comenzó a llorar contra su voluntad y con el puño de la guayabera se limpió la sangre de los labios y las lágrimas que le corrían por los pómulos ya negros.

Un hombre hercúleo lo tomó sin violencia, casi delicadamente, de un brazo y le pidió que le mirara los ojos. Cuando lo tuvo frente a sí y tan cerca que podía sentirle el aliento, se le quedó mirando por un momento. Luego, alzando con un movimiento rapidísimo la rodilla formidable, se la hundió en las ingles. Cayó al suelo gimiendo y retorciéndose de dolor. "Es un tiro, Fillo. Eso nunca falla", oyó decir a uno de los hombres.

Para corroborar la afirmación de que aquello era "un tiro", Fillo lo levantó del suelo con la misma delicadeza, y la rodilla formidable se alzó de nuevo. Esta vez cayó exánime.

Cuando recobró el sentido, se encontró acostado en un diván muy blando. Trató de mover las piernas y un dolor brutal en las ingles le nubló la vista. Estaba empapado en sudor. Abrió los ojos y vio a los hombres sentados a los pies del diván. Hablaban y fumaban despreocupadamente. Recordó que no le habían preguntado nada más, procediendo a su tarea como quien realiza un trabajo natural, metódico e ininterrumpido, desde que lo hicieran subir al auto, y como si esperaran que el mero hecho de ejecutarlo rindiera resultados infalibles.

Hablaban de un asalto ocurrido al parecer el día anterior. Adivinaba el inmenso edificio en conmoción. Oía puertas que se abrían y cerraban violentamente, entre pasos y voces incesantes. Varias veces irrumpieron abruptamente en la habitación y al percatarse de que estaba ocupada cerraron la puerta con violencia. Había habido muertos, entre ellos dos altos funcionarios del Gobierno. Pero aún no lograba comprender la acusación que le hacían, porque en realidad no le hacían ninguna. Si le dejaran hablar, llamar a sus jóvenes amigos, les explicaría, se aclararía el monstruoso error. Una frase escalofriante le dio en parte la clave de lo que sucedía: "Si no es éste, es lo mismo..."

Miró en torno. Al otro extremo de la habitación, sentados en el suelo y contra el muro había dos jóvenes que le miraban fijamente. Se dio cuenta de que tenían las muñecas atadas porque uno de ellos se rascó la barbilla contra un hombro. Sus miradas no registraban pensamiento alguno, como si estuvieran desprovistos de vida. El más joven pestañeaba a ratos.

Se dio cuenta de que estaba atado al diván. Volvió la vista a un lado y observó que de su brazo derecho salía un alambre conectado a un interruptor en la pared. De algún lugar que no podía ver salía otro cordón que terminaba en su brazo izquierdo. Cerró los ojos.

La primera descarga tuvo la inmensa virtud de hacerle perder nuevamente el sentido. Al despertar de la segunda, gritaba de dolor. El brazo izquierdo se la había hinchado enormemente. Sintió una sed terrible. Notó que tenía la boca llena de coágulos de sangre que lo ahogaban. Cuando quiso hablar para pedir agua, se dio cuenta de que se había cercenado la lengua con los dientes. Pensó que ya nunca volvería a tartamudear. Sintió que sonreía.

Recuperó de nuevo el conocimiento cuando lo sacaron del auto y la brisa le azotó el rostro. Oyó las olas golpeando la costa con golpes secos y duros y supo que estaba muy cerca del mar. Lo dejaron solo, de pie, sobre las rocas, muy cerca de la carretera. Oyó una voz: "Déjalo ya, Fillo, está acabando."

Las puertas del auto volvieron a cerrarse. Vio la masa negra alejarse detrás del haz de los reflectores. Pudo dar varios pasos, con las piernas muy abiertas para no rozarse los testículos. Abrió la boca para que la brisa de la noche se la refrescara.

Pocos minutos antes de morir perdió la lucidez terrible que le había alumbrado los últimos meses de su vida con una luz intolerable. Antes de perder la razón, recordó detalles aislados e insignificantes de su existencia: el monograma con orla de un pañuelo, la forma de sus uñas, los exabruptos del porteño que más lo habían vejado, las palmas finas y húmedas de las manos de Alejandro.

Luego echó a andar, dando gritos agudos con la boca muy abierta, cantando, tratando de hablar, aullando, meciendo el cuerpo sobre las piernas separadas, logrando un equilibrio prodigioso sobre el afilado arrecife.

Donde primero hundió las tenazas el cangrejerío fue en los ojos miopes. Luego entre los labios delicados.

SEVERO SARDUY
(1937-   )

Nace en Camagüey. *Se inicia en la literatura con un "Poema" en* Ciclón *(1955-59), revista de José Rodríguez Feo y Virgilio Piñera. Al triunfo de la revolución, dirige una página literaria en el* Diario Libre; *colabora en* Nueva Generación, *página literaria del periódico* Revolución *y en su suplemento literario,* Lunes de Revolución, *bajo la dirección de Guillermo Cabrera Infante. En 1960 acepta una beca del Instituto de Cultura para estudiar crítica de arte en París y decide no regresar a Cuba. Se une al grupo Tel Quel y a Roland Barthes. Escribe* Gestos *(1963) y* De donde son los cantantes *(1967), novelas de tema cubano con técnicas del* nouveau roman. *También publica* Cobra *(1972), que recibe el premio Medicis, y* Maitreya *(1978). Recoge algunos ensayos publicados en* Tel Quel *y* Mundo Nuevo *en* Escrito sobre un cuerpo *(1969). Otro libro de crítica es* Barroco *(1974). Sus poemas se recogen en* Flamenco *(1969) con grabados de Ehrardt,* Merveilles de la Nature *(1971), con ilustraciones de Leonard Fini,* Overdose *(1972),* Poupees de Marta Kuhn Weber *(1973), con ilustraciones de Antonio Galvez, y* Big Bang *(1975) con grabados de Ramón Alejandro; este último reune su obra poética. En 1977 publica una colección de obras de teatro radiofónico bajo el título* Para la voz. *Dice Philippe Sollers: "La obra de Sarduy es, a mi juicio, una obra ejemplar para nosotros, los latino-europeos: primero, porque al mezclar varias culturas, anula el privilegio de una cultura única, central, y en consecuencia transgrede profundamente el espacio de nuestro lenguaje; luego, porque, al escapar al Super-yo milenario de la Retórica clásica, nos propone un juego absolutamente libre de Significantes narrativos, culturales, estilísticos. Por esos dos rasgos, la obra de Sarduy me parece representar bien las enormes posibilidades de escritura del continente sudamericano, tal y como las perfila su situación historica."*

La bomba

II

—¡Oiga..., oiga!
Una voz casi ronca, ronca; apagada, se diría, por el ron, por la luz espesa de esta hora. Tibia, cayendo con el calor, como el calor y la luz ahora. Una voz plana, entrecortada de momento: un actor que ha olvidado sus textos. Segura, sin embargo, abierta al final de las palabras. El "oiga", "usted", en lugar de "oye" o "tú"; el "oiga" de los momentos más íntimos que al principio resulta insoportable. Insoportable como el calor, pero ya familiar, monótono. Desde la esquina, desde los bajos de la torre, viene su voz. Él dice "oiga" y se para en firme, como para decir "deténgase, míreme, soy yo quien habla", para después, sonriente, añadir: "¿Ya me ha olvidado?".
Él está aquí. Ahora. Él se acerca. Él forma el centro. Él se acerca cada vez más hacia el primer plano. Como la mancha —del rojo al verde al amarillo, del rojo al verde al amarillo— que se va aproximando, definiendo, aclarando por golpes sucesivos, de un semáforo al otro, de un semáforo al otro en el cauce borroso de la calle; primero indefinida, gris, saltando apenas, y luego más verde, más clara, más verde, hasta que suena el "click" del cambio; y después más apagada, más rápida a medida que se va alejando en sentido inverso: del amarillo al verde al rojo y otra vez al amarillo.
Los zapatos negros, anchos, más bien sucios, siempre desabrochados en el ojal más alto, un poco hinchados, como los que pintan llenos de juguetes en las postales de Reyes. Las medias rojas. El pantalón estrecho, ceñido al cuerpo como si lo abrazara, el pantalón verde que nunca se quita, asciende, arrugado, por las piernas hasta un poco más abajo de la cintura, donde comienza un *pull-over* a rayas blancas y negras (siempre haces la misma pregunta tonta: ¿este *pull-over* es blanco con rayas negras o negro con rayas blancas?) que se continúa bordeando el tórax delgado y estrecho, los brazos algo peludos, para terminar doblándose sobre sí mismo en grandes franjas negras que se decoloran y deflecan, salpicando de copos de

felpa las blancas. El cuello suave, la nuez quizá saliente (masculina tú dices relacionando no sé por qué la forma de la nuez con el sexo). La sombra azul de la barba avanza de trecho en trecho hacia las facciones un tanto burdas. La nariz gruesa, de pequeñas ventanas, es lo que verdaderamente da el aire mulato a todo el rostro. El pelo en desorden.

—¿Ya me ha olvidado? ¿Tomamos un café?
—¿Dónde has estado?
—¿Un café fuerte?
—Te he esperado, ha llovido toda la noche...
—Aquí mismo, en el "Vicky" hay buen café.
—Y he estado caminando, sola...
—¡Oye! ¡Dos cafés!
—...por esta esquina..., por toda la ciudad...
—Son seis.
—Vacía, vacía, siempre lloviendo...
—Seis de diez, cuatro de vuelto, uno dos tres cuatro; gracias.
—Siempre lloviendo. Esta será la última vez...
—Un poco de agua..., sí, tomo agua después del café; sé que se toma antes.
—que te espere..., que piense...
—Así me pone menos nervioso. Quería llegar hasta aquí para tomar café... Sí, hace unos días que no ando por la esquina..., he estado fuera. ¿Cómo? No, fuera de La Habana..., en la selva..., sí, claro, en el bosque digo...
—en ti, que me torture... ésta será la última vez.

Hoy han comenzado las bombas (deme un café). Ha comenzado la guerra en Oriente (café, por favor) y ahora la cosa sí que va en serio (no joda, deme un café) dicen que tienen hasta aviones (un café, coño) que van a venir en una invasión.

Un café, por el amor de Dios (la bomba de anoche). Si no le es molestia, un café (dicen que fue enorme). Yo preferiría café, con este calor no hay otro remedio (ha leído usted los periódicos). Cómo toma usted café (pero tú todavía crees en los periódicos). La C de caliente, la A de amargo, la F de fuerte, la E ¿de qué?..., ¿de hecho al minuto, no? Hoy explotó la primera bomba (hoy explotó la primera bomba). Un café.

La mañana, La Habana. Los ómnibus, los pregones, la gente que pasa de un lado a otro, de un lado a otro sin cesar. Ya se escuchan las voces de algunos negros que pasan por la acera, por la calle, rápidos, en bicicleta, tarareando. Ya comienzan las casas de números a abrir sus puertas, como si dejaran libres de momento toda la zoología de la charada; diálogos. La mancha verde roja amarilla no avanza sola, ahora es un punto débil en un laberinto girante; roja sobre los ómnibus, negra en el café, chocando contra todos los cristales, de plano sobre el asfalto, reverberante. Ya el semáforo no deja sentir su "click", que ahora es un sonido débil en la música que sale de las cuatro victrolas y choca con las voces que la cantan, contra la placa de metal plateado del aparato, chillante, contra los claxons y las voces de los chóferes que maldicen en nombre del calor, que piden una y otra vez al pasar un café, que van y vienen.

Ellos ahora conversan, apartados. La puerta está cerrada y el ruido de la calle sólo entra, como una ráfaga, cuando ésta se abre para dejar pasar algún cliente. Es él quien habla. Sus manos reposan abiertas sobre el grueso cristal de la mesa, bajo el cual ella pone en sentido inverso las suyas hasta que ambas parecen una sola, el reflejo de una mano sobre sí misma.

—¿Oíste la bomba de anoche?
—Sí, se ha sentido en toda la ciudad.
—Yo estaba dormida, pero he leído la noticia en los periódicos. Traen la foto de una mujer herida. Da miedo. Dicen que fue la misma mujer quien la puso.
—¿Quién dice?
—El periódico.
—¿Pero tú crees en los periódicos?

Salen del bar. El callejón desemboca como un palco contra el teatro barroco de la iglesia del Carmen.

—Qué calor, ¿verdad?
—Sí, como siempre.

Van por la calle Infanta, por el corredor húmedo que forma la sucesión de portales. Las ventanas enrejadas se abren hacia las salas, coronadas por vitrales de medio punto cuyos dibujos el sol hace dar vueltas sobre la geometría blanca y negra de los mosaicos. Por fuera, las columnas uniformes, los estanquillos de periódicos, las carteleras de cine recortadas como bandas negras contra la claridad de la calle.

Van por el bar de estudiantes de la esquina; una vidriera de números, una victrola, gente que se mueve, habla a gritos, discute, baila, gira, gira, gira en torno a las mesas, a la vidriera, al portal mismo; como un remolino incesante, la gente gira. A veces de en medio de los portales la multitud se desplaza hacia el centro de la calle para ver de cerca la novia que abandona su auto negro lleno de flores y entra a la iglesia precedida de los padrinos y el público de la boda; la cola blanca del traje ondula sobre la calle, sobre la acera, alcanza la alfombra del templo.

Van frente a los grandes afiches de cartón que anuncian la película, bajo el letrero lumínico que parpadea, frente al mostrador donde se toma guarapo, junto a la fila de periódicos abiertos sobre el suelo cuyos titulares la gente comenta. Cruzan la calle. Van ahora hacia abajo, en dirección a La Habana, por una calle estrecha, de casas altas y uniformes desde cuyos balcones cuelgan tiestos llenos de plantas que parecen desprenderse. Se oye el teclear desarticulado de un piano que repite una y otra vez la misma frase, la misma escala: un conjunto de notas bajas que van ascendiendo gradualmente y luego regresan al punto de partida. voces de niños que deben de jugar en un patio: strike, out, home, strike, out, home. La pelota azul sale rodando hacia el tragante, al tragante. ¡Coño! Frenéticas ante lo irremediable, agarradas una a la otra, dos niñas negras dan zapatazos contra el suelo. Por el pasillo, como liberados por un resorte, comienzan a salir niños de todos tamaños, de todos los tonos posibles desde el blanco al negro, que corren hasta el tragante y repiten casi al unísono las mismas palabras, los mismos gestos.

Ellos toman ahora un pasaje entre dos edificios. En las paredes, muy próximas entre sí, los anuncios, los pasquines políticos pegados y arrancados, el agua, la humedad, el sol y los garabatos de los niños han formado una superficie rugosa, agrisada, de distintas texturas; bordeados de un espesor musgoso, de grandes manchas negras, aparecen pedazos de tipografía rayados, nombres de políticos, retratos amarillados, números sueltos, muñecones con enormes cabezas y brazos que arrancan del cuello, dibujos fálicos acompañados de pie de grabado, adivinanzas, jerigonzas, descripciones de sexos, dedicatorias.

Ahora comienzan a ascender una escalera de hierro cuyos peldaños herrumbrosos y crujientes están dispuestos en torno a una gruesa varilla. A cada vuelta el dominio de la vista se va extendiendo. Primero, el patio posterior de la casa, pequeño, cuadrado, dividido en cuatro bloques de césped; una fuente rectangular ocupa el centro; desde arriba se distinguen, móviles entre los círculos oscuros de las hojas, las manchas rojas de los peces. Algunas vueltas más descubren dos patios laterales, un pasillo y otra escalera de caracol que debe dar acceso a las terrazas del edificio contiguo; ambos patios están divididos por líneas paralelas de alambre de las que cuelgan rectas sábanas blancas que destilan agua. Van apareciendo un alero cubierto de palomas que van y vienen desde un sitio que aún no vemos, varias azoteas, la forma irregular de una piscina en el centro de un patio cuyas aguas dejan ver el mosaico azul del fondo; una hilera de tiestos de geranios que bordea un balcón, los fragmentos de dos habitaciones del piso inferior en una de las cuales sólo se ve un espejo, un edredón blanco de flecos largos que cubre la cama y dos sillas reclinables de lona negra abiertas junto a una ventana; un nuevo pasillo que comunica con la escalera anterior, la entrada de dos edificios vecinos.

Las últimas vueltas descubren todo el panorama: el esquema, en círculos concéntricos, de la ciudad cuyas calles arrancan ondulando, interrumpidas unas por otras, mientras más lejanas más rectas, más estrechas, hasta que en el horizonte no son más que líneas rayadas, mientras más lejanas más rectas, más estrechas..., más grises..., mientras más lejanas.

Los bloques blancos de los rascacielos reflejan por golpes el sol quemante. Los ómnibus corren por el borde del malecón, mientras que sobre el mar los barcos permanecen estáticos; las lonas claras ardiendo bajo las banderas, bajo la flecha de los pájaros que vuelan contra el viento de la tierra, o que parten con él lejos de la costa, donde en el mar negro los peces se agrupan en ríos fosforescentes.

Ellos dejan la escalera, la azotea. Marchan sobre un espacio rojo, de ladrillo. La puerta. Una sala de paredes blancas, un tanto oscura. Un bombillo que comienza a moverse con el aire cuelga al centro de la sala; su sombra se desplaza de un extremo a otro de una lámina enmarcada en madera barnizada que adorna una pared. Los tres muebles —un sofá y dos sillones—, están tapizados de lo que debió ser una seda a líneas verdes y blancas, rematada por una cinta de flores doradas, que ha devenido un trapo. Agujeros de borde ceniciento dejan ver en el verde quemado la guata interior del mueble y las espirales metálicas de los cojines. El café también ha dejado sus manchas dispersas, más o menos extendidas según la altura de que ha caído la gota.

—Es aquí donde he estado.
—¿Aquí?

La puerta que conduce a la habitación contigua. Al entrar, la sala parece espaciosa y clara. Una segunda puerta, gruesa, negra, cerrada por un candado.

Afuera debe haber sol. Afuera ahora debe de hacer calor y el asfalto aún un poco blando, recién echado sobre las piedras de la calle, debe de estar reverberando y sentirse gomoso bajo las suelas. La gente debe estar sudando. Afuera debe hacer calor. La gente dirá "como siempre" y se echará fresco por el cuello de las guayaberas. Los autos al pasar levantarán el polvo de la calle y los ómnibus irán atestados; los niños negros viajarán medio desnudos, colgados de las ventanas y las plataformas. Colgando medio desnudos, en racimo, y cantando sones improvisados sobre el conductor, sobre una muchacha que pasa, sobre los negros de La Habana. Afuera el calor.

—...en esta selva.

Chirrido. La puerta negra abierta. Una selva. Una verdadera selva. Inmóvil. Donde no se escucha el grito de las fieras y los pájaros ni el rumor de la hierba creciendo. Donde los árboles no se pueden talar para formar un camino ni apartar para que recobren luego, elásticos, su posición anterior, sino trasladar en peso para formar otras selvas que permanecerán estáticas, secretas. Frondosa de ametralladoras. Las lianas unen pistolas, granadas, niples.

La escalera de metal cruje al paso de alguien que baja. Pisadas firmes, marchadas con un ritmo regular. Alguien se detiene en el piso de abajo. Afuera, en la calle, debe hacer calor.

Hoy explotó, ahora que me acuerdo, la primera bomba. La primera, digo, porque, ahora que me acuerdo, han dicho que explotarán muchas bombas. Ha sido increíble. Ha hecho un hueco en el centro de la calle. Ha roto una vidriera y las piernas de un hombre. Yo no la sentí, dormía. Recuerdo el ruido de algo que caía, que se desplomaba, pero quizá fue cosa del sueño. Es aquí donde has estado (quería llegar para tomar café), donde dijiste que estabas (sí..., fuera de La Habana..., en la selva). Hoy explotó la primera bomba. Lo dicen los periódicos. Claro está que no se puede creer en los periódicos. Ha comenzado, dicen, la guerra en Oriente. Ahora sí que la cosa va en serio. Dicen que van a invadir. Hoy explotó la primera bomba, llovía.

III

Un aire denso. Llueve. El aguacero compacto sobre el asfalto. Brilla la superficie de la calle, la división geométrica de los adoquines. El agua corre hasta los bordes de la acera, se acumula en las esquinas, anega cuadras enteras. Los autos pasan lanzando el agua en cúmulos contra las paredes, contra la gente. Ella camina bajo el aguacero, los pies húmedos, el vestido. Los tubos mohosos y bifurcados de los desagües chorrean como gárgolas. Las líneas negras, el agua a borbotones rompiendo contra el piso los pies mojados. Sobre el libreto, la tinta de los textos se va lavando, desdibujando. Gotas violáceas manchan la carátula. Ella corre. Las luces cambiantes de los semáforos, de los anuncios, de los autos, empañadas, en el suelo, con la lluvia. El lumínico del "Picasso Club". Las letras tiemblan. La cabeza doble se balancea. El contorno negro del anuncio, los signos disparejos pestañean, se encienden y se apagan. Los alambres chirriando. El rostro que se acerca, reidor, móvil. La cabeza de un toro. La cola dorada del pelo. La boca abierta. Un ángel. Diluvia. Ella corre a lo largo de la acera. La puerta del club se abre, se va cerrando por golpes exactos. Un aire fresco y azuloso sale. Olor a menta, humo. Un piano. Entrar. Adentro debe hacer fresco. Aire. La puerta se abre nuevamente. "Push". Aire acondicionado. Adentro el suelo estará seco, alfombrado. La vidriera debe brillar, nítida. Clima frío. Entrar. Ella empuja, se detiene, entra.

Un zaguán estrecho. La sala. Americanos, "muchachos" "muchachas".
Tropical people, Cuban typical, Daiquirí.
Ella se detiene junto a la puerta. La gente no se vuelve para mirarla. El agua escurre de la ropa, cae al cemento grisoso y descascarañado. Ella pone la pequeña maleta en una silla. Un mostrador de madera oscura se extiende junto a la pared empapelada hasta el fondo del bar. Banquetas de metal niquelado y cojines verdes. Un estante empañado sobre cuyas repisas se acumulan botellas, vasos limpios y sucios, cubetas de hielo. Sobre las puertas del gran refrigerador empotrado en la pared, las tres sílabas del nombre del bar. Ella aparta una silla, se sienta. El camarero uniformado marca sin hacer ruido las teclas negras de la contadora, abre y cierra la llave, mezcla el agua con el ron, saluda, pregunta, traduce, sirve.
—Una cerveza cualquiera... sí, sí... llueve mucho... gracias, estoy bien así... no, no me molesta... gracias.
Se abre la puerta. El paisaje aparece recortado por los rectángulos negros que forman las fotos de los artistas del show superpuestas al cristal. Entre los cuadros, a lo lejos, en distintos tonos de verde, se ven las luces de la acera de enfrente, los límites de las casonas coloniales, una lámpara, la silueta de la gente que pasa de un lado a otro y a veces se detiene frente a las fotos. Alguien marca sobre el

cristal una cruz, una letra, un corazón flechado, un muñeco que corre y se desliza entre las piernas desnudas de la cantante, un cometa cuya cola estalla en pequeños planetas, aerolitos, asteroides, estrellas gemelas y lunas a la altura de la bikini que cubre el sexo del malabarista. La gente se detiene junto a las fotos, sigue.

Ella bebe. El aire espeso, irrespirable, se condensa en torno a las cosas, se apodera de ellas. Calor. English Spoken. Cesa el piano. Comienza en traganíquel, cambian las luces. Se ve claramente el mural del fondo, la cinta dorada del título: "Guernica en colores".

—...otra cerveza, sí, como la anterior... mientras pasa el agua... no, no la paso mal... no, gracias, no fumo.

Afuera el aguacero, la calle inundada. Salir. Respirar, huir del humo.

—No, no tenemos aspirina... eso en la botica... ¿le duele la cabeza? Pero vamos, ¿no me dijo que se sentía muy bien, very well here, eh? Entonces ¿what is the matter, tiene frío? ¿No me va a decir que tiene frío, no? ¿Ni que la atomic blond toca mal, no?

—¿Oiga, usted no siente el empuje?

—¿El empuje?

—El empuje general.

—But ¿what do you mean?

—El de los otros, el de las cosas.

—Oiga, perdóneme la pregunta: ¿Usted es "aleluya"?

—¿Cómo?

—De esos que hablan del día en que se acaba el mundo y eso, ¿you know?

—No, no, yo no know. Yo digo el empuje: lo que asusta, lo que aprieta, los que están arriba.

El camarero mira a su alrededor. Recoge la botella vacía de la mesa, la coloca en la bandeja y empieza a dar vueltas con el dedo índice a la chapita; luego desgarra con las uñas la etiqueta húmeda. La cara del indio queda dividida en franjas por el arañazo.

—Oiga, estamos en familia. ¿Me deja hacerle una pregunta?

Ella toma la botella llena y se sirve. La espuma desborda el vaso y se expande sobre el vinil azul en un aro efervescente. El camarero pasa una esponja babosa.

—Usted es un poco barbuda, ¿no?

Ella se pone de pie. El camarero sigue jugando con la botella. La seda amarilla y húmeda del vestido aprieta el cuerpo. El camarero sigue los entrantes y salientes desde los senos hasta el borde de la mesa. Arranca los restos de la etiqueta. Se va.

—Yo no comprendo nada. Nothing about nada.

Todo se mueve, da vueltas. Los vasos de la vitrina ondulan, comienzan a desproporcionarse. Objetos mirados a través de un líquido espeso. Mareo. El aire asfixiante. So early. Abrir. Salir a la noche. Sin tambalear, sin caer. Como en el teatro. Esconderse entre los decorados hasta que llegue el texto de salida. Como cuando se da la espalda al actor que mientras nos alejamos debe lanzarnos un cuchillo, disparar. Ir lentamente, de modo que nadie se fije. ¿Going? Bullicio. Cambio de luces. La pista encendida. Una cortina plateada, espesa, corre sobre el mural. Silencio. El humo azul forma en el aire estratos leves que el movimiento de una mano, la cortina al moverse, desordenan y mezclan. El animador.
—"Ahora... ladies, gentlemen... la revelación del año... la creadora del "feeling"... la inolvidable... con ustedes... en persona... la explosión: ¡Musmut!"

El locutor se aleja. Las palmadas baten delirantes a un mismo ritmo. Coro en inglés. La cantante aparece. Trigueña. Cabellos muy largos. Decorada, pintada, dorada. Sortijas. Quincalla. La impostura. Las palmas baten. El coro sigue las inflexiones, los movimientos. Feeling. El piano se detiene y queda la voz, el ritmo de las caderas. Afuera el aguacero. Encore. Termina el número. Aplausos. Protestas... "no puedo repetir hoy, imposible... debo partir a otros clubes... mañana sin falta... imposible... imposible... los espero". El público se calma. El locutor aparece de nuevo.
—"Amigos del Picasso Club, acaban de ver a Musmut, el gran transformista japonés, que mañana estará de nuevo con nosotros."
—¡De película! ¡Éste sí que canta de película! —Una de las asistentes se acerca tarareando aún el último aire—. Sobre todo cuando tiene deseos.
—A mí me pasa lo mismo.
—Ah, pero usted también es artista.
—Bueno, aquí quién no es artista.
—Sólo unos pocos. Así vamos pasando todos... y... ¿qué hace para estar tan delgada?
—No le dije que soy artista. ¿Cuándo comen los artistas? Pero yo hasta con agua engordo. Terminaré en un circo como la mujer más gorda del mundo.

La mujer se va, llamada por un americano. Otra cerveza. El azul brillante de los vasos comienza a desplazarse en vetas que ondulan de un lado a otro de la vitrina, de un lado a otro de la cabeza. Como el mar. Como el agua de mar. Como la cabeza llena de agua de mar. Ahora un disco. Los sonidos se desproporcionan, alargan sus ondas, se detienen en las mismas cornetas, en las mismas cornetas. Las voces se van afinando, más cerca, más lejos, hasta terminar en un largo chiflido, en un silbato en la vibración de la cuerda más alta de una guitarra que se prolongara, que se prolongara tocada desde la cabeza, en el interior de la cabeza, en el hueco de la guitarra como el de la cabeza. Afuera debe haber escampado, debe hacer fresco. Las manos frías, sudorosas, próximas al hielo, convertidas en hielo. La cabeza —so early— las vetas azules de los vasos. Sabor metálico como el de la paleta de una cuchara de cobre sobre la lengua. Saliva, sal. Salir al aire. Yes. Dolor de cabeza. La cabeza —see you later— las vetas azules, el chiflido de los vasos, el sabor metálico de los vasos, la canción con vetas azules, la canción salivosa, que se aproxima al hielo. Todo gira. Los acontecimientos dan vueltas. El bosque, el teatro. Salir. El aguacero azul veteado, silbido. Qué calor, qué asco de vida, qué mierda.

—... no, gracias... no estoy borracha... puedo ir sola... eso a usted no le importa... no traduzca nada... hablo lo que me da la gana.

La puerta está próxima. La salida. La cabeza gira. El mural del fondo se precipita hacia la sala, se desune y rueda sobre la pista, contra los estantes, bajo el mostrador. El caballo rojo, dividido, veloz, salta sobre las líneas negras que lo enmarcan y galopa sobre el piano, se eleva, relincha, se diluye, estalla. El ángel sobre la contadora. El toro doble se desune y arde en el traganíquel. La lámpara azul se invierte y el aceite desciende sobre la pista. Los cascos de la bestia se escuchan. Las cabezas dilatadas, los cuerpos descompuestos, el brazo dorado que sostiene la pica la impulsa, la clava contra la pared. La puerta se abre de un tirón. Las copas ascienden y descienden. Se alejan. El ángel rueda a lo largo del mostrador, sobre un vaso de cerveza, ondula, tiembla. Correr. Los pies húmedos. La pianista se desarma como un rompecabezas bajo los cascos negros y acerados del toro. El letrero de las puertas del refrigerador se desintegra: CASSO, PISSO, PICA. Ruido, afuera. Todo asciende y desciende, huye y se acerca en ráfagas. Curva. Escaleras, casas llenas de bombas, jardines, raíces, ríos, manos que dicen adiós, rifles, castillos que se viran y arden, granadas. Todo en desorden. Se aleja, se acerca, sube, gira. La montaña rusa. La montaña rusa.

Afuera aún llueve.

GUILLERMO CABRERA INFANTE
Como a muchos cubanos

Como a muchos cubanos, le gustaba bromear con las desviaciones sexuales y su especialidad era la imitación perfecta de un pederasta. Mulato, pequeño y delgado, se peinaba con peine caliente y dejaba un tupé al frente. Al principio, cuando se unió al grupo, le apodaban de cierta manera; pero luego mostró valor y sangre fría y audacia suficientes para escoger él su alias. En otro tiempo habría sido rumbero porque bailaba bien la columbia, pero ahora era un terrorista y llegó a ser responsable provincial de acción y sabotaje, que era un puesto al que no podía aspirar todo el mundo. Hacer terrorismo político no es, como se dice, juego de niños. Y si es un juego, debe parecerse a la ruleta rusa.

Uno de los métodos favoritos de este terrorista era encender el pabilo bajo el saco con un cigarrillo, la dinamita segura por el cinto, y luego dejar que el cartucho rodara por la pierna del pantalón, por dentro, mientras caminaba tranquilo, paseando. Poco después de perfeccionado el método hasta hacerlo una técnica, lo cogieron.

Venía pensando cómo escapar a la tortura mientras subía la escalera del precinto, esposado a un policía, cuando se le ocurrió una treta. Quizá diera resultado. Iba vestido como siempre, con pantalón mecánico, la camisa por fuera y los tennis blancos y terminó de subir los escalones que faltaban con alegría ligera, casi alado, contoneando las caderas. Al entrar, pasó la mano libre para alisar el pelo y formó la concha al mismo tiempo. Los policías lo miraron extrañados. Cuando el sargento de guardia le preguntó las generales, entonó un nombre falso y una falsa dirección y una ocupación también falsa: decorador exterior. Los que lo arrestaron insistieron en que se le asentara como peligroso y el sargento lo miró de nuevo, de pies a cabeza. La anotación significaba que lo viera el jefe de la demarcación. Los policías aseguraron que era el cabecilla de una organización terrorista y ante la insistencia salió el jefe. Al oír la puerta y los pasos autoritarios y ver la respetuosa atención con que todos saludaron, se volvió con un gesto que Nijinski habría encontrado gracioso, y girando solamente las caderas enfrentó a su némesis y a la escolta con una sonrisa casi erótica. Era un coronel que había comenzado su carrera al mismo tiempo que el terrorista, pero en otra dirección. Los dos hombres se miraron y el terrorista bajó sus largas pestañas, humilde. El coronel lanzó una carcajada y gritó entre la risa generalizada: Pero coño, cuántas veces le voy a decir que me dejen quieto a los maricones. Nadie protestó, ¿quién iba a hacerlo? Lo soltaron y él se fue dando las gracias con floridas, lánguidas eses finales.

Pero la historia tiene otro final. Dos, tres meses después lo volvieron a coger, esta vez con un auto lleno de armas. El coronel quiso interrogarlo él mismo y al saludarlo le recordó la entrevista anterior. Apareció a la semana en una cuneta. Le habían cortado la lengua y la tenía metida en el ano.

JESUS DIAZ RODRIGUEZ
(1941-   )

Nace en La Habana. Participa desde joven en la lucha estudiantil contra Batista. En 1962 es profesor auxiliar de Filosofía y Letras de la Universidad de La Habana. Participa en la mobilización militar durante la Crisis de Octubre. Obtiene el premio Casa de las Américas con su colección de cuentos Los años duros *(1966). Entre 1966-1967 dirige* El caimán barbudo, *suplemento literario del periódico* Juventud Rebelde, *magazine que invita a Padilla a expresar su opinión sobre* Pasión de Urbino *de Lisandro Otero. (Esta crítica da inicios al "caso Padilla".) Colabora en* Pensamiento Crítico *y es profesor de la Facultad de Filosofía de la Universidad de La Habana. En 1979 publica la colección de cuentos* Canto de amor y de guerra. *Adapta los tres últimos cuentos de* Los años duros *al teatro político en* Unos hombres y otros *(1967). También escribe la obra de teatro* Ustedes tienen la palabra *(1972). Obtiene el Premio UNEAC de testimonio 1978 "Pablo de la Torriente Brau" con* De la patria al exilio *(1979). Es coguionista de los filmes* Viva la República *y* Ustedes tienen la palabra. *Es director de tres filmes de largometraje:* Puerto Rico, En tierra de Sandino *y* 55 Hermanos. *Este último narra el regreso de los hijos de los exiliados a Cuba y con él obtiene la Paloma de Plata en el Festival de Leipzig en la R.D.A. (1978), el premio de la Crítica y el de la Asociación de Cineastas Colombianos en el Festival de Cartagena y participa en la Semana de la Crítica del Festival de Cannes (1979). Se anuncia la voluminosa novela* Biografía política *y prepara el filme* Polvo rojo. *Actualmente trabaja en la empresa Instituto Cubano de Arte e Industrias Cinematográficas del Ministerio de Cultura y es militante del Partido Comunista de Cuba. "Como se ve del mero resumen argumental—dice Julio Miranda—,* Los años duros *es obra militante, moralista incluso, al menos en el sentido de proponer algunas conductas ejemplares, pero lo hace salvándose de todo cliché o simplificación, y sin descartar los conflictos, mientras literariamente endurece el tono, flexibiliza la narración y diversifica los modos del realismo. Paradojas aparte, creo que puede sugerirse que Jesús Díaz— y sobre todo pensando en su figura total: crítico, polemista, ensayista, director del* El caimán barbudo, *etc.— es el Cabrera Infante de la revolución."*

El capitán

Al fin pude liberar una noche y venir. Me costó un trabajo de madre porque la pincha es muy recia. Pero tenía que hacerlo, era un compromiso. No tuve tiempo ni de bañarme. Hace como tres días que no tengo tiempo y ando con una peste a mono arriba; pero, ¿qué se le va a hacer? Hay cosas más importantes que eso. A las diez dicen que viene el ingeniero Pérez. Lo voy a esperar, tengo que verlo tinto en sangre. Tengo que verlo aunque todavía no me he leído a Descartes. La verdad es que le traquetea leerse el librito ese que conseguí de él, las "Meditaciones Metafísicas", cuando lo que necesito es legislar mucha dialéctica. Para eso me compré el "Manifiesto Comunista". Pero tampoco le he metido. Deja ver si una noche de estas. Descartes, casi me pelan por tu culpa. Después no me pelaron por tu culpa, pero me pelaron igual, me sacaron los dientes a patadas y tampoco he tenido tiempo de ponérmelos. ¿Quién sería el chivato? Es una mierda tener sólo sospechas. Así no se puede acusar a nadie, y sólo tengo sospechas. ¿Por qué no prendieron también a Peña? ¿Y si lo acuso y me equivoco? Me saludó con tanto cariño. ¿Habrá gente capaz de ser tan hijoeputa, de chivatearlo a uno y luego abrazarlo y hablar con uno y mirarlo a la cara? ¿Y si fue Ana? No la he visto. Pero no, estaba muy cambiada cuando aquello. Más mujer. Claro, había pasado tiempo, la cosa estaba más dura que cuando la huelga, además, era más seria. Cuando la huelga Boby y El Chino andaban todavía con su estira y encoge.

—Si no me dan la mañana no voy —dijo El Chino.
—¡Pendejo! —le gritó Boby.
Después se quisieron fajar. Tuve que aguantarlos.
—No ha nacido el hombre que me diga eso, ¿oíste? No ha nacido —gritaba El Chino.
—Está bueno ya. Todo ese lío es por lucirse delante de Magaly —les dije— y la huelga no se hace para lucirse delante de las pepillas de la mañana.
La huelga se hizo y fue un piñazo, aunque el Chino y yo caímos presos. Pero el problema no acabó ahí. Acabó mal, tenía que aca-

bar mal, cuando la bomba. Le explotó al Chino arriba, no sé bien por qué. Seguro se pusieron a comer mierda él y Boby. Después apareció el limpiabotas y ya no hubo tiempo. El Chino se sacrificó, la verdad. Cuando eso, él era distinto. Yo no me di cuenta de nada casi hasta el final. Luego la discusión.

—¿A la clínica de mi viejo?
—Es el único lugar —le dije a Boby acelerando.
—Ya yo puse la máquina. Es que el viejo no sabe nada. ¿Por qué no a otro lado?
—¿Dónde?
—A un hospital —sugirió Boby.
—Allí la policía lo fríe y nos fríe.
—Bueno, está bien, sube por L. Vamos a ver qué pasa. Lo atendieron, pero no vimos más a Boby. Enseguida lo mandaron al Norte. De allá vino muy cambiado.
—No puede, tú —me dijo—. La revolución no puede tirarse con los yanquis. La joden, son muy fuertes. Además, no tiene por qué.
—Puede y tiene por qué —le contesté.
—¿Cuál es el por qué?
—Porque los yanquis son una bola de hijoeputas, chico, por eso.
—Vamos a dejarlo ahí —me dijo—. Tú eres mi socio y no vamos a fajarnos por esa bobería, ¿eh?
—Bueno, si tú quieres, lo dejamos—. Y lo dejamos. Pero yo me sentía molesto. Creo que él también. La conversación no duró mucho y fue muy fría. Me preguntó por el Chino. Ése es otro que está muy raro. —¿Has visto a Salas? ¿Sabes dónde vive?

Eso fue lo único que me dijo el Chino cuando lo vi. No entiendo cómo no me entiendo con mis socios, pero el caso es que no me entiendo. No sé qué le pasa. Está muy raro. Eso le dije a Boby.
—Está muy raro.

Después de la bomba perdí el contacto. Por un chivatazo lo perdí. Sin contacto, Boby en el Norte y el Chino ingresado, así estuve como un mes. Entonces fue que me citaron en el Instituto. Yo estaba expulsado y era un riesgo ir. Podía ser una encerrona, pero tenía que recobrar el contacto y ver si por fin podía subir a la Sierra. No debí haber ido, pero fui. Creo que estaba medio tostado.

Entrar sin carnet ahora es muy difícil y yo no tengo carnet. Voy a esperar que Peña, mi socio, esté en la puerta.
—Rolo —me dice, como si yo fuera un fantasma—. Si te cogen, me joden.
—Voy dentro, Peña, voy.

—Bueno, está bien, cuela —ahora hace un gesto de impotencia. Entro. Era el receso. Me confundo entre la gente tratando de esquivar a los conocidos. Por suerte en la sesión de la mañana son pocos. Llego al segundo descanso. No hay nadie con camisa azul y pantalón blanco y carpeta negra. Miro a todos lados. No, no ha llegado. Está oscuro y huele a queso esto. Es una encerrona. ¿Irme? No puedo, tiene siete minutos para llegar. Ahí viene Ana. ¡Qué lío! ¿Qué hago?
—¿Tú por aquí? ¿Volviste a matricular?
Qué lío. ¿Qué le digo? ¿Qué sí?...
—Sí, volví.
—Qué bien.
Está linda. Esa gente no llega, es una encerrona, cinco minutos...
—¿Sigues de revolucionario?
Me da un brinco el estómago. Comemierda, tú sigues de comemierda...
—¿Qué tú dices, muchacha? ¿Quién inventó eso? ¿Qué tú dices?
—Yo me entiendo.
Se ríe. No viene. ¿Ana chivata? No, no, sería una lástima...
—¿Tienes que hacer algo ahora?
¿Por qué esa pregunta? ¿Por qué? ¿Chivata? No, comemierda...
—No, digo sí; sí tengo que hacer.
—¿Esperas a alguien, eh?
Demasiada casualidad para ser casual, me quiere joder. Está en la cosa, está...
—Espero a un amigo.
—¿Amiguitos a mí? Será una amiguita. ¿Es rubia?
Está loca. No, no viene. Ése del pantalón... no, tampoco, no...
—No, de verdad que no.
—Tengo unas ganas de ir a tomar algo al Payret. ¿Pero tú estás esperando a un amigo, no?
¡Me cago en su madre! ¡Ahora!, ¿no? ¿Será aquél? ¿Aquél? A lo mejor, es...
—Si, espero.
—Qué lástima. Bueno... hasta lueguito. Deja ver si busco alguien menos ocupado. Chao, Rolo.
No es, tampoco es. Una encerrona. Irme con ella. Dos minutos. El contacto. La Sierra...
—Chao, linda.
Y de verdad que es linda. Pero qué distinta. No llega, no llega, una encerrona. Eso, no debía haber venido. No debía, pero vine.

Me voy creo. Dale, vete, anda, todavía espera, a lo mejor...
—¡RIIINNN!
¡El timbre! Ya me jodieron. Ya no puedo irme. Andar por los pasillos sin carnet en horas de clase es una locura. Me jodieron. Prieto me rompe seguro. ¿Qué hacer? Nadie sabe que estoy aquí. Nadie. Me meto en una clase, en cualquier clase. Después me voy, con la gente, en el otro receso. Esta misma. Aquí, entro. Me siento. ¿Qué carajo hay en la pizarra? Fórmulas. ¿Matemáticas? ¿Física? Es igual, no entiendo ni jaiba. La lista coño, el viejo empieza a pasar la lista. Quieto Rolo, tranquilo. No fumes, no. A lo mejor no le gusta al calvo ese con su traje de dril dando clases. Viejo, viejos de mierda, dando clases mientras Batista mata estudiantes. Viejos de mierda, viejos...
—¡Usted!
Ese dedo me señala a mí, es conmigo, conmigo. El de atrás, el de atrás. Me viro. ¡La pared! Se ríen.
—Con usted, jovencito, con usted.
—¿Con - con con?...
—Conga —dice alguien bajito. Hijoeputa.
—¿Con - conmigo?
—Con usted. Póngase de pie, por favor.
De pie, viejo de mierda, Respeto. Joderme es lo que quiere. Quieto, soo, Párate Rolo, párate...
—Dígame jovencito, ¿quién era Descartes?
Descartes, Descartes, Descartes... ¿Quién era Descartes?, Descartes no es cubano. Lo único que sé es que no es cubano...
—¿Descartes?
—Eso, Descartes, Renato Descartes.
Descartes, Descartes. ¿Quién carajo era Descartes? Ese nombre lo he oído. ¿Dónde? No es cubano, tengo que decir algo, no es cubano...
—Bueno, en primer lugar, Re - Re - Renanto Descartes no es cubano... "Es inglés" —dice alguien, ...— es inglés.
—¡Inglés!
Se ríen. Metí la pata, ese maricón me embarcó. Se ríen. Me jodieron. Prieto, Prieto preparó esto. Prieto y Ana lo prepararon. ¡Qué prepararon ni prepararon! ¿Descartes?...
—Renanto a lo mejor es inglés; pero Renato es francés. Dígame, por favor, ¿quién es?
Se ríe, se ríe de mí. Se ríen. Todos están. Esto es sádico, sádico. ¿Quién es? ¡Por tu madre, Descartes! ¿Quién? ¡Ya! ¡Ya, coño! ¡Ya! La Bohemia. Ya...

—Descartes, Descartes, Descartes es un Rosacruz que poseyó...
—¡Un Rosacruz!
Me volví a embarcar. Qué clase de berro tiene el viejo. Pero si La Bohemia lo dice, lo dice, lo dice... "...grado llega la indigencia cultural de este desdichado país. Un estudiante de bachillerato no sabe ni siquiera que Renato Descartes era francés. Ciencia es lo que le hace falta a este país, ciencia porque..." *...Revolución, viejo maricón, revolución es lo que le hace falta a este país, viejo esbirro, chivato, sádico...*
—Pero ya ven. ¡Descartes fue un matemático y un físico y un filósofo! ¡Fue un genio! ¡Un genio! Me indigna usted, jovencito. ¡Un Rosacruz! Habrase visto ignorancia, sí, porque...
¡Pero qué chivateo tiene! ¡Le va a dar algo, coñó! Parece que metí la pata en condiciones. ¿Será teatro? Qué jodienda ésta, mira que venirme a meter en la boca del lobo...
—Y ahora siéntese. Cuando acabe la clase hablaremos usted y yo.
Cuando acabe la clase, cuando acabe la clase arranco por la puerta de atrás que jodo. No me coge, no me coge, me voy. Coño cómo demora esto, me voy, me voy...
—¡Riiinnn!
—...Me fui...
—¡Joven!
Joven, ni joven, ¡Coñó! ¡Dios mío! El final. Prieto, la policía, la policía en la escalera. ¿Cómo? ¿Cómo supo? ¿Quién me embarcó? Ana, Peña, Prieto, Descartes. ¿Quién? Tengo que volver. En la escalera me joden...
—¡Jovencito!
—Diga, doctor.
—Usted no es alumno de aquí, ¿eh?
Es el final. Está en la combinación. Esto es sádico, es sádico...
—¿Yo? Sí.
—No había venido nunca a clases.
Gato viejo gato, viejo ratonera, viejo mierda...
—Es que, es que, es que vaya, yo...
—¿Usted?
Yo nada, yo soy el ratón, yo soy un comemierda...
—EsquesoyuntrasladodeMatanzas.
—¿Cómo?
—De Matanzas traslado yo.
—¿Tiene carnet?
...¿Carnet?

¿Carnet? Viejo chivato... ¿Carnet?...
—¿Carnet?
—Carnet.
Carnet. Me jode. Vienen ahorita. No puedo más, no puedo, no...
—No.
—Entonces no puede ser traslado. No es alumno de aquí.
Triunfaste, viejo gato, viejo ratonera, viejo maricón. No aguanto más, Jódeme, jódanme...
—Mire, yo fue alumno de aquí. Ahora estoy expulsado por revolucionario. Termine ya; ¿qué quiere?
—No sé qué Revolución van a hacer ustedes sin haber leído a Descartes.
¿Está loco o borracho o me quiere joder? Eso, me quiere joder hasta el final, viejo sádico...
—Ése es, Rolando Duany, ese mismo es.
Es Prieto el que habla. Prieto con la policía. Jódeme, Prieto, Ana, jódanme todos...
—Este viene con nosotros.
El sargento entró. Viene, viene por mí, ¡coño!...
—Espérese.
—No espero nada, este tipo es peligroso.
—¡Que se espere le digo!
¿Se volvió loco el viejo? ¿Es una comedia esto?
—¿Cómo se atreve?
—El que se atreve es usted, este alumno está hablando conmigo, en mi aula.
Se volvió loco. Y yo, y yo también...
—Ingeniero Pérez, siento comunicarle que este sujeto no es alumno. Está expulsado deshonrosamente de nuestro centro por agitador y fidelista.
—Este jovencito es alumno mío particular. Y muy bueno por cierto.
viejo, vejete lindo, viejo, viejito revolucionario, martiano, fidelista, valiente...
—Este viene con nosotros, le digo.
—¡Está en mi aula, y en mi aula mando yo!
Guapo, bravo, papá, revolucionario...
—Aquí manda el general en todas partes. ¡Éste viene con nosotros!
Viene hacia mí el sargento, viene. El viejo se interpone, con su traje blanco, como Varona, guapo...
—Está bueno ya de paños tibios. ¡Usted también viene con nosotros!

—¡Bestias! ¡La fuerza es el derecho de las bestias!
—Cállese, por su bien —le digo.
—Bestias.
Le pegó. Le pegó a él, hijoeputa. El viejo se va a caer. Tengo que aguantarlo. Lo aguanto y siento sobre la mejilla sus lágrimas y en el oído sus palabras...
—Pobre país.
Y me dan ganas, y se lo digo, le digo...
—¡Maestro!
Como ahora le repito cuando lo veo y corre hacia mí y me abraza y siento otra vez sus lágrimas, ahora sobre mis barbas de capitán rebelde.

REINALDO ARENAS
(1943-   )

Nace en Los Lazos, Holguín. Se cría en el campo hasta los dieciseis años. Al triunfo de la revolución se traslada a La Habana. Ingresa en la Escuela de Planificación y después en la Facultad de Letras de la Universidad de La Habana. Trabaja en el Instituto Nacional de Reforma Agraria y más tarde en la Biblioteca Nacional José Martí. Obtiene el premio Cirilo Villaverde con Celestino antes del alba *(1967), novela de caracter personal que forma parte de una pentagonía. La segunda obra de la serie es* El palacio de las blanquísimas mofetas. *Esta se publica en francés en 1975 y en español in 1980. Se sitúa entre los primeros narradores hispanoamericanos con* El mundo alucinante, *novela de tema historico. Esta recibe mención especial de la Unión de Escritores y Artistas de Cuba. En 1972 publica la colección de cuentos* Con los ojos cerrados *que contiene la novela* La Vieja Rosa. *Como resultado de la toma de la embajada peruana, sale de Cuba en mayo de 1980. Actualmente recide en Nueva York. "Mi obra—dice Arenas—, quiéralo yo o no, propóngamelo o no, está relacionada con la revolución. Es lo que conozco mejor. Sin embargo, siempre he procurado que esta relación no sea demasiado nominal. En la literatura (y quizás en la vida misma) resultan inútiles las apologías. Me interesa el hombre y escribo sobre él; al presentar sus conflictos doy una realidad, al dar una realidad tengo que referirme a un tiempo determinado."*

Mi primer desfile

Detrás —pero casi junto a mí— viene Rigo, silbando y haciendo rechinar sus botas. Y después las hijas de los Pupos, con los muchachos de la mano, hablando, cacareando, muertas de risa; llamando a Rigo para decirles no sé qué cosa. Y más atrás vienen los Estradas, y Rafael Rodríguez, y los hijos de Bartolo Angulo y de Panchita, y Wilfredo el bizco. Y después los nietos de Cándido Parronda. Y más atrás los hijos de Caridad, la de Tano. Y Arturo, el hijo de la Vieja Rosa. Y la gente de la loma y de La Perrera y de Guayacán. Y delante las mujeres de las carretas, barrigonas, y el grupo de rebeldes, y todos los muchachos del barrio. Y más allá la gente de a caballos. Y después la bicicleta, y hasta un camión. Y Nino Ochoa, en muletas. Y otro camión que nos da alcance al pasar El Majagual. Y nosotros, y nosotros que nos echamos a un costado del camino. Pasa el camión repleto de gente que agita los sombreros y saca una bandera. Qué escándalo. Y el polvo del camino, levantándose, cubriéndonos, bajando otra vez como un humo rastrero, y luego, por los cascos de los caballos (que ya se acercan, que ya están junto a nosotros, que ya van delante de nosotros), alzándose otra vez, formando una nube que nos envuelve y casi me impide verte. Más atrás vienen todas aquellas gentes que no sé quienes son, y que parecen cantar. O quizá traen un radio. No sé. Están muy lejos. A lo mejor solamente hablan y desde aquí parece como si cantaran. Porque todo parece cantar. Y hasta la voz de Rigo —que ya me alcanza de nuevo, que ya va a mi lado cuando me dice "Huelo a cojón de oso" es como un canto. "Y yo también", digo. "Y yo..." y ya los dos caminamos juntos. Y ya nos confundimos con el barullo que se agranda. Y él se me pierde entre la gente. Pero me espera. Y de nuevo camina a mi lado. Y otra vez me habla de los olores. "Pero, qué baño", me dice. "Qué baño cuando llegue por fin a casa". Y yo lo vuelvo a mirar, riéndome. Te miro. Te veo con ese uniforme deshilachado, caminando a mi lado entre el tropel de la gente y los caballos; entre el tumulto. Tú, con ese formidable uniforme destartalado que se te cae a pedazos. Y la escopeta al hombro, amarrada con alambres. Y la gente que se te acerca. Y las Pupos que ya te sacan conversación. Conversan contigo, conversan para ti. Para mí no, qué va. A mí de ningún modo. Yo nada traigo encima. No quise traer nada. No pude... Estaba en el arroyo, llenando las latas de agua para las tinajas de mi tía Olga. Allí estaba cuando sentí el tiroteo. Otra vez el tiroteo, pensé. Pero después oí risas, y el escándalo de "Viva Cuba Libre" (ese grito que aunque parezca increíble aún no se ha gastado). Y eché a correr, dejando las latas en el mismo paso del arroyo, sin despedirme de mi tía. Así, jadeando, llegué hasta el camino real. Ya las Pupos estaban en la talanquera. Ellas, y la gente que iba llegando, me dieron la noticia que yo, de pronto, no pude creer. Estaba en el arroyo, llenando las latas de agua (ya era el segundo viaje). Y pensaba: Madre mía, esto no tiene fin; esta gente no ganará nunca la guerra, con esas armas destartaladas. Siempre estaré aquí, escondido, huyendo; sin volver jamás a Holguín. Durmiendo con las ratas en la prensa de las viandas. Y cargando agua para las tinajas. Sin otra esperanza que una reclamación lejana de un tío, que hace siglos lava platos y nos escribe. *Las carretas, las garrochas que se clavan en los lomos de los bueyes. "Caminen, condenados". Los cascos de los caballos. La polvareda que se alza, que asciende, que nos envuelve, que nos cae de pronto como un gran mosquitero. Hasta que tú apareces de nuevo, con el uniforme desarrapado, con la escopeta que bamboleas, que te ajustas a la espalda, que enarbolas triunfante.* "Tira un tiro", me dijiste aquella vez. Yo cogí el arma y traté de aculatarla en el pecho. "Así no", dijiste. Y yo te devolví la escopeta sin hacer el intento. Pero entonces esperaba; allí, en el campamento. Esperé durante un mes y pico. Entre los rebeldes. Sin hacer nada. Oyendo sus cuentos de relajo. Espantando las guasasas. Tomando, a veces, un trago de ron. Comiendo la carne chamuscada de las vacas que nos regalaban, o que (según ellos) comprábamos a crédito. Pero llega la noticia: no se reciben más alzados si no traen armas largas. Y con la noticia llegan 48 hombres y 7 mujeres que han sido rechazados desde la Sierra porque no hay cabida para tanta gente desarmada. Y cada día son más los que quieren alzarse, sin traer siquiera una pistola. "¡Armas largas! ¡Armas largas!" "Si no traen armas largas no podemos admitirlos". Y en verdad, qué puede hacer un ejército sin armas. Hay que regresar. Pero ya es tarde. Dejé un papel en la cama. Decía: "Querida mami, me voy con los rebeldes porque aquí no hago nada". Así decía. Y también: "No le digan nada a nadie". Y mi nombre. *Y ahora que ya pasamos por el río del Majagual, la caravana se va agrandando, se alarga y se ensancha. Y ya se nos acerca la gente de Las Carreteras, la de Perronales y Guajabales. Todos vienen detrás de nosotros, nos alcanzan, ya se nos adelantan. Gritan. Caminan. Casi corren. Se confunden en la polvareda. Y tú, con el uniforme deshilachado, sudando, tan orgulloso. Alzando la escopeta. Nombrando los diferentes olores de tu cuerpo. "También yo...", digo. Y callo. Y miro para mis manos, tan callosas de cargar las latas de agua. Y luego, casi con pena miro mi ropa. Y seguimos andando. Tú sin darte cuenta de nada, conversando. "Y la vieja, y la jeva, y todo el mundo esperándome", me dices. El tropel por momento es ensordecedor. Alguien pasa de mano en mano una botella de Paticruzado. Tomamos. Y ahora, rojos por el ron y el sol, entre la nube de polvo que baja y se levanta, que se mece delante de nosotros y luego se empina de nuevo, tapándonos la cara, borrándonos por momento, seguimos avanzando... Tenía yo razón: la gente que viene detrás cantaba. Está cantando. Alguien trae una guitarra. Y al pasar por el río Lirio, las risas, los cantos y el tropel de los caballos es tremendo. Casi no te oigo. Me hablas a gritos. "¿Qué?" pregunto yo también a gritos. "¿Que como te fue, chico, dónde te metiste después que saliste de Velasco?". Y seguimos trotando sudorosos. Tú con el uniforme que de mojado se te pega a las nalgas. Así, entre la polvareda que sigue levantándose. Dentro de media hora, o antes, entraremos en Holguín. Nada te respondo. Pero el cuchillo que tú me regalaste viene aquí, debajo de la camisa. Lo palpo, casi con lástima, pero no te lo enseño. Los dos juntos casi corremos. Huyendo de los cascos de los caballos saltamos a un costado del camino. Tú sigues hablando. "Sí", digo. "Sí". Aunque ya casi ni te oigo entre el tropel. Y de pronto, nada escucho. Nada. Nada oigo aunque sé que el escándalo es tremendo. Alguien me mira, alguien tropieza conmigo y sigue andando. Las mujeres quizá gritan, quizá lloran de alegría. Qué se yo. Porque ya nada oigo. Es sólo el silencio. Veo, sí. Veo que entras en el río. No lo cruzas por el pedregal. Las botas que rechinan se zambuyen en el agua revuelta. Y yo detrás, casi a tu lado, también hundo mis pies. El agua nos refresca. Quizá ya no estamos tan sofocados. Pero las manos me siguen sudando, como siempre.* Porque todo es insoportable. Porque en los últimos meses hasta se fueron las luces; la escuela cerrada y el pueblo bloqueado por los rebeldes, sin una vianda, sin una gota de leche. "Virgen Santa, dice abuela, nos morimos de hambre". Y yo en la sala; ya sin poder oír a Miguel Aceves Mejías. Y yo en la sala, dándome sillón, sin saber qué hacer. Y abuelo regando el *flit* noche tras noche; sin nada que comer y con esta casa llena de mosquitos, de cucarachas y ratones. ¡Ratones!, cualquier día vendrán silbando hasta mi cama, me tomarán por los pies y me llevarán hacia no sé qué sitio, a sus cuevas oscuras; allá, donde termina el mundo... Por eso, y porque estaba hasta la coronilla de este pueblo maldito que nunca ha visto, ni verá, jamás el mar. Porque ni de día ni de noche casi se puede salir a la calle. Y ya sólo me queda la sala (ese horno) pues la cocina y el comedor son territorios de abuela, abuelo y mi madre. Y, como si eso fuera poco, sin un quilo. Porque la fábrica cerró hace tiempo. Así estoy, sin saber qué hacer, oyendo el tiroteo. Noche tras noche, noche tras noche oyendo el tiroteo. "Están ya en Bayamo". "Están ya en Cacocún". "Tomaron La Chomba". "Entraron esta noche en la loma de la Cruz". Ahorita toman el pueblo. Y yo aquí, en este balance, enchoclado. Escuchando el zumbido del aparato de *flit* que el viejo maneja con una habilidad increíble. Y la vieja: "Ay, que nos morimos de hambre". Y el viejo: "Comemierdas, piensan ganar la guerra con banderitas". Y mi madre: "Qué destino, qué destino". Y Lourdes: "Me quieres o no me quieres? Dilo de una vez". Y estas cucarachas, y estos mosquitos inmortales. Por eso, y por este condenado calor (el techo de la casa es de fibrocemento) y por este pueblo caliente y central, sin aceras ni portales, casi sin árboles. Pueblo maldito. Por eso y por qué sé yo cuántas cosas más. Y sin siquiera una peseta para comprar ron. Ni un medio, que es lo que cuesta el trago más barato. Sin poder fabricar aquel vino de tamarindos fermentados (porque tampoco los tamarindos llegan a este pueblo). Sé que andan cerca. Sé que en la frontera de la loma pusieron un cartel que decía: "Hasta aquí llegan los hombres". Sé que a Holguín, según dicen, le enviaron una caja llena de blumeres. Pero yo no. Yo estoy hasta la coronilla. Yo no resisto más este lugar espantoso. Yo. *Comienza el tercer cruce del río. Los caballos en el agua, encabritándose. Una bestia se echa en la corriente. Gran escándalo de mujeres. Seguimos caminando. Tú, delante. Volviéndote. Mirándome. Para ti, los elogios. Para ti, las miradas de las Pupos. Te ajustas la escopeta al hombro y sigues conversando. Los dos vamos empapados.* Así que esa noche, después de la comida, fui a ver a Tico. "Chico, le dije, aquí no hacemos nada. ¿Qué tú crees? ¿Por qué no nos alzamos?". Pero él estaba en el sofá casi dormitando. Los padres sentados en la sala. "Paso mañana bien temprano a buscarte", le dije. "Podemos ir a pie hasta Velasco. Allí están los rebeldes. Les decimos que queremos alzarnos, y ya". "Sí", dice él. Y sigue acostado en el sofá. "Hasta mañana", le digo. *Y ahora el tiroteo, el escándalo, las risas y los cantos. Dentro de pocos minutos entrare-*

mos en el pueblo. De noche. El viejo riega de nuevo el flit; no sé qué es más horrible, si la furia de los mosquitos o ese olor a petróleo. No sé. Pero mañana bien temprano estaré lejos. Me voy. Amaneciendo me levanto. Me visto sin hacer ruido, por suerte los viejos no hicieron nada esta noche; otras veces no me dejan pegar los ojos con sus escándalos. Qué energía, con más de setenta años. "Querida mamá", escribo en el papel. Salgo despacio. Abro con cuidado la puerta. Estoy ya en la calle. *El trotar de los caballos, el escándalo del gentío; risas. Y más allá las carretas. Y ahora pasan las bicicletas, rozándonos casi; revolviendo el polvo que nos sube a la cara. "Vamos a montarnos en una carreta", dices. Pero no hacemos ni el intento. Seguimos caminando entre el barullo, los dos sudorosos. Pita un camión. "Paso", grita el chofer. Se va abriendo camino entre la muchedumbre que se aparta hacia los lados del camino. "Paso, paso", sigue gritando el chofer.* "Tico", dije no muy alto. "Tico", dije otra vez. Pero no respondió. Estaba dormido. O tal vez se hacía el dormido. Salí por la carretera de Gibara. Caminé por el borde sin pedir botella. Voy sólo hasta aguasclaras. Allí me uno a un grupo de mujeres recién paridas que van para Velasco. "Mi padre vive allá", le digo. Doy un nombre. Les ayudo a llevar los muchachos. Pasamos por la represa. Nos llaman los casquitos que todavía tienen en su poder la represa. Ahora sí que me hundí. Pero no. "Son la misma gente de la semana pasada", dicen los casquitos. Y seguimos andando. Después de treinta kilómetros de caminata entramos en Velasco. *Voces, de tan altas, increíbles. Otra botella de Paticruzado. "Bebe tú primero", me dices. "No, tú", digo. Y bebo yo. De nuevo enrojecemos. Qué calor. Qué polvareda. Estamos pegajosos. Uno al lado del otro seguimos avanzando. Los dos bañados por el sudor. Él me sigue hablando.* Pero no hay ni un rebelde en este pueblo. Y los 45 quilos que llevaba me los comí de panqueques en cuanto llegué. Me siento en el parque, debajo de un higuillo. Espero. Pero no pasa ni un alzado. Sólo hay un hombre frente a mí, en el otro banco, mirándome. Hace rato que me mira. A lo mejor es un chiva y me tiene fichado. Se para. Viene hasta mí. Tal vez me lleve a la jefatura, allí me sacarán los ojos... "Y tú, ¿de dónde eres?", me dice. "Soy de Holguín". Y los dos hacemos silencio. Así estamos un rato, sin dejar de mirarnos. "¿Y tienes familia aquí?". "No". Y volvemos al silencio. El sigue mirándome. Pero luego, quizá ya por la tarde, después de mirarnos durante un siglo, me habla en voz baja, y ronca. "Muchacho, dice, tú viniste a alzarte, ¿verdad?" "Sí", digo yo, y pienso que ahora no tendré escapatoria; que ahora ya... "De mis siete hermanos, dice, el único que no está alzado soy yo. Aunque también estoy medio arisco". Y me lleva para casa de su madre. Después, al campamento. "Mira lo que me hicieron los guardias cuando entraron al pueblo", me dice la madre mientras me pasea por toda la casa. "Los muy malditos me rompieron hasta los garrafones de manteca". Por la noche el hombre me guía hasta donde están los rebeldes, en la Sierra de Gibara. Allí estás tú, a la entrada. Haciendo la guardia con esa escopeta desvencijada. "Alto", dices. El hombre te saluda y te da la contraseña. "Traigo a este muchacho que quiere alzarse", te dice, y me señala. Tú me miras; luego enciendes un cigarro y me brindas uno. "Pasen", dices. *Detrás de las carretas repletas de mujeres barrigonas, el estruendo de los caballos, detrás de los caballos, los camiones pitando; y luego las bicicletas, y después el gentío de a pie. Y por encima de todo, la gran polvareda que sube y baja, se apaga y alza de nuevo como un estallido, envolviéndonos. Delante y detrás, arriba y abajo, por todos los sitios, la gran polvareda que levanta el desfile.* Y yo seguí acompañándote en las guardias, aunque más nunca me prestaste la escopeta. Hacíamos los dos la misma posta. Y hablábamos. Y así un día. Y el otro. Y el otro. "Mira esta foto", me decías. "Es la de mi madre, la pobre..." "Mira esta foto", me decías. "Es la de mi novia. La cogida que le voy a dar cuando salga. Aquí llevo once meses, imagínate qué atraso... *"delante y arriba, abajo y detrás: la gran polvareda. Y ahora ese canto. Un himno. Qué tú también cantas. Y hasta yo abro y cierro la boca, como si cantara. Pero sin hacerlo. Sudamos a chorros.* Sólo que al mes y pico de estar allí llegan los 48 hombres y las 7 mujeres de la Sierra. Llegan enfangados, destruidos por la caminata. Tú y yo les traemos agua en las cantimploras. Y luego, todos, esperamos la llegada del Capitán. Y su discurso. "Hijitos", dice, "no podemos admitir más soldados rebeldes que sólo cuentan con la voluntad. Se necesitan armas largas. Si no es así no podemos alistarlos"... ¡Armas largas! ¡Armas largas!... Dejas la guardia por un momento y bajamos hasta el cocal, donde no hace tanto sol. Nos agachamos. Cogemos unas malvas muy finas y los dos empezamos a comérnoslas. Así estamos un rato. Pero no mucho, porque ya no puedo seguir aquí, y tú tienes que volver a la guardia. "Me voy", digo. Ya cuando estamos de pie te metes una mano dentro de la camisa. "Toma", me dices. Y me entregas un cuchillo con funda y todo. "Vete a Holguín, raja un casquito, quítale el rifle. Y ven para acá". No te digo nada. No te doy las gracias. Es tarde. Bajo la Sierra y llego a Velasco. Al oscurecer salgo para Holguín. "Se lo entierras", dijiste. *Suena un radio portátil en la polvareda; se impone sobre el barullo. La voz del radio, los himnos del radio. Las grandes noticias. Confirmada la huida. La lista de los que se escapan. La lista de los capturados. Gritos de "viva". Gran escándalo. Las Pupos que se desmollejan de la risa. Un caballo, encabritándose, amenaza con patear a las mujeres que se apartan chillando. Y ya estamos en el Atejón. Dentro de cinco minutos entraremos en Holguín.* Espero la medianoche para entrar en el pueblo. Toco a la casa. "¿Quién es?", pregunta abuelo en voz baja, detrás de las persianas cerradas. "Soy yo, digo. Soy yo". El abre la puerta con mucha cautela. "Muchacho", dice. Y detrás mi madre envuelta en una sábana; y abuela. Las dos dando gritos. Las dos abrazándome y llorando. La sábana de mi madre se corre y queda casi desnuda. "Silencio", dice abuelo en voz baja. "Silencio, que los vecinos se van a dar cuenta". "Ay, muchacho", dice mamá, y continúa abrazándome. Logro al fin separarme de ella. La aparto. Y ya de pie, en el centro de la sala, empiezo a hablar. "Vengo a matar un casquito para quitarle el arma y volver a la Sierra". Y saco el cuchillo de entre la camisa. Y entonces, por primera vez, lo desenfundo y lo contemplo, deslumbrado. Es un cuchillo centellante. Sin estrenar. Cabo de tarro y filo formidable, como una navaja. Un cuchillo nuevo. Mi madre de un grito y se tira en el balance. "Estás loco", dice abuela, "crees con 14 años eres ya un hombre. Déjate de faineras y entra en el cuarto". Abuelo, farfullando, se me acerca y trata de quitarme el cuchillo. Pero yo me le escapo de un brinco. Me paro en la puerta de la sala, salgo casi corriendo. "No griten", oigo que dice abuelo, "que nos van a quemar la casa por culpa de ese comebola". *De nuevo la caravana de las bicicletas que pasa atropellándose, levantando la tierra. Algunas van ponchadas y las llevan en hombros o las depositan en las carretas repletas de mujeres y muchachos. Una de las Pupos llama a gritos a su hijo que se le ha extraviado. Se oye el estruendo de la guitarra, siguen los cantos. El desfile es imponente. La tercera botella de Paticruzado llega a nosotros. Sudorosos seguimos marchando muy juntos. Tu brazo húmedo roza con el mío ya empapado.* El casquito, de pie, hace la guardia frente a la planta eléctrica. A veces se mueve. Camina de uno al otro extremo de la gran portería metálica. El rifle al hombro. El casquito silba. El casquito va y viene. Se queda quieto. Mira para todos los sitios. Yo me voy acercando. A veces, con disimulo, me palpo el cuchillo por encima de la camisa. El casquito lleva botas relucientes; pantalones de kaki ceñidos al cuerpo fuerte y delgado. Parece jabao aunque en la oscuridad no lo puedo distinguir bien. Me sigo acercando. Es muy joven el casquito. Le cru-

zo por el frente. En la otra esquina me paro. Miro para atrás. Creo que él también me mira. Sigo caminando. Me detengo. Regreso. Ya un poco más cerca me vuelvo a parar. Lo miro. Él también me mira. Nos estamos mirando hace rato. Ahora camina de un lado al otro de la gran portería. Ahora silba. Ahora me mira y me da jamón. A lo mejor piensa que soy un maricón y le estoy sacando fiesta. Da dos o tres pasos más, avanzando hacia mí. Silba. Retrocede. Se vuelve de frente y se toca de nuevo. Sigue silbando. Por un rato me quedo en la esquina, mirándolo. Luego echo a andar rumbo a la casa. Toco en la puerta. Es ya de madrugada. Nadie me pregunta quién soy. La puerta se abre, y de nuevo mi madre, envuelta en la sábana, se me tira al cuello. "Ay, muchacho", dice, "tú estás loco. Dame acá ese cuchillo. No ves que tú eres lo único que tengo". Sigue llorando mientras me abraza. En el pasillo veo a mis abuelos. Iguales. Inmóviles. Mi madre continúa hablándome y yo pienso en lo ridícula que suenan sus palabras. Y al verla, bañada en lágrimas, abrazándome y diciéndome tantas tonterías, siento deseos de darle una trompada. Pero no lo hago. Y, aunque no sé por qué, también empiezo a llorar.
La gente, y después los perros que ladran asustados, que se revuelcan en la polvareda. Que gritan cuando alguien los patea desconsideradamente. Y luego, el rechinar de las carretas, el tropel de los caballos; el ruido de los camiones. Las bicicletas que se pierden en el camino polvoriento. Y tú a mi lado, la escopeta al hombro, el uniforme empapado cubierto por el polvo, hablas. Hablas. Una mujer se te acerca y te regala una sonrisa desprestigiada. Sigues hablando y yo trato de escucharte. A veces, como sin querer, me palpo el cuchillo por sobre la camisa. Estamos ya entrando en el pueblo. "Hijo de la gran puta", le grita una de las Pupos a alguien que le ha pellizcado una nalga. Paso un día debajo de la cama, escondido. "No le frían huevos", dice abuelo, "que el ruido puede traer sospechas". Por la noche, el tío Benedicto parquea su máquina frente a la casa. Mi madre me tira una toalla en los hombros. Abuela se encasqueta un sombrero viejo. Mamá y yo montamos en el carro que echa andar con los faroles apagados. La máquina nos deja en el Atejón. "Es peligroso seguir en auto, dice Benedicto, los casquitos, a los rebeldes nos pueden parar y hasta quitar la máquina"... Y ahora la aburrida peregrinación con mi madre. A casa de Arcadio. A casa de Guilo. Por todas las casas conocidas. Un día aquí y otro allá. En cualquier lugar donde nos den un plato de comida. Hasta que al fin, después de muchos ruegos por parte de mi madre (que yo nunca he abierto la boca para pedir nada), logro meterme en casa de la tía Olga. Y

allí me quedo (mamá regresa para el pueblo), cargando agua y leña. Trabajando durante todo el día para ganarme la comida. Escondido de los guardias. Y algunas veces, mientras voy con las latas de agua rumbo al arroyo, empiezo a cantar. Y un día me puse a pescar pitises. Y una vez me cogió la noche en el arroyo. Entonces saqué el cuchillo que me regalaste, y que siempre llevo debajo de la camisa, y me puse a mirarlo. Y luego le pasé el dedo por el filo cómo cortaba. Y así estuve mucho rato; pasándole la mano; silbando no muy alto, debajo de los cupeyes, en el arroyo. Regresé muy tarde a la casa. Mi tía estaba impaciente. Ese día las tinajas se quedaron a medias. Pero el otro día las llené. Y al otro. Y al otro. Y al siguiente. Y siempre así. Llenando las tinajas. Aquí, en este monte inútil, por donde no pasa ni un rebelde. Y sólo se oye el tiroteo lejano. Y me pregunto qué será de tu vida en la Sierra. Y sigo cargando agua. Yendo y viniendo al arroyo. Y algunas veces me baño en el charco; y algunas veces, para entretenerme, pesco pitises; y algunas veces me pongo a silbar. Y algunas veces creo que lo mejor sería... Y así estoy, con los pantalones arremangados, metido en el arroyo, pensando, cuando oigo el tiroteo. El tiroteo cercano. Y después el escándalo de la gente. Y los gritos de *viva*. Y dejo las latas y echo a correr por la sabana, rumbo al camino real. "Huyó Batista", me dicen en la portería de la finca las hijas de los Pupos y toda la gente que ya va llegando. Y yo así harapiento, corro con el grupo, hacia el pueblo. Y ya detrás viene la gente de Guayacán; aparecen las bicicletas. Una carreta, llena de mujeres, baja por la loma muy despacio, siguiéndonos. Pasamos por los Cuatro Caminos, y allí nos encontramos con el primer grupo de Rebeldes. Vienen a pie desde Velasco, disparando al aire, gritando "Viva Cuba, cojones", y miles de cosas más. Entre ellos estás tú. Yo te llamo a voz en cuello y tú, en cuanto me ves, dejas el grupo. Y vienes corriendo hasta mí. Me tiras el brazo por la espalda y empiezas a hablarme. *Banderas y banderas. Delante y detrás. Arriba y abajo; en las arcadas que de pronto se improvisan en las calles; en los postes de telégrafo de la Primera Avenida. Colgando de los laureles; en las puertas y ventanas de todas las casas. Dispersas por el suelo. Amarradas a largas retahilas de cordeles y agitadas por el viento. Banderas, miles de banderas colocadas con urgencia hasta en los más mínimos recovecos. Trapos rojos y trapos negros. Papeles de colores. Papeles, papeles. Trapos. Porque ya estamos entrando en Holguín. Y nosotros debajo de las banderas. Y todos gritando, soltando vivas, cantando. Y delante: banderas, amarradas a los palos de escobas, a los trapeadores, a cualquier cuje, agitándose. Y los carros sonan-*

do constantemente. Y todos los muchachos de la loma a un costado de la calle, viéndonos cruzar: "Ahí van los rebeldes", grita alguien. "Ahí van los rebeldes". Y ya todos te rodean. Y las putas de La Chomba y de Pueblo Nuevo ya se te acercan. Y una te toca la cara, "Pero qué joven es", dice, "ni siquiera tiene barba". Y tú las miras y te echas a reír... Banderas, banderas. Y, de pronto, un estruendo aún mayor apagando los demás estruendos, y gritos de ¡paredón, paredón! "Han cogido a un tigre de Masferrer", gritan todos y echan a correr rumbo al barullo. Los rebeldes tratan de evitar que maten al esbirro. Corren y lo protegen con los fusiles. Una vieja se acerca y logra darle un golpe. El pueblo brama. Pide la muerte. El esbirro no dice nada. Mira al frente. Parece estar en otro mundo. Así seguimos avanzando por toda la avenida repleta de banderas. Hasta que surge, en medio de la calle, frente a nosotros, una mujer alta y flaca. Cerrada de negro. Es la madre de una de las víctimas del esbirro. La mujer detiene la comitiva. "Por Dios", dice, "no lo maten, no lo maten. Castíguenlo, Pero no lo maten". Bañada en lagrimas sigue hablando. Pero ustedes, y todos nosotros, echamos a andar. La mujer va quedando atrás, en el centro de la calle repleta de banderas. Llegamos al parque infantil. Ya casi es de noche. Alguien ha arreglado el tendido eléctrico y se encienden las luces. En todos los radios comienzan a sonar los himnos más recientes que yo aún no había oído. Un grupo de rebeldes lleva al esbirro para el cuartel. Tú te quedas en el parque, rodeado de gente. Las mujeres de La Chomba te brindan cigarros. Te llevan para un banco y empiezan a hacerte preguntas. Tú hablas, siempre sonriendo, siempre mostrando la escopeta. Pero si alguien trata de tocarla, tú no se lo permites. Yo te sigo observando entre el barullo. Cada vez más la gente que te rodea, que te hace preguntas, que te elogia. Levanto la mano, trato de despedirme, de decirte: "Ya nos veremos por ahí". Pero no puedo acercarme. La muchedumbre te ha rodeado. Es posible que te lleven en hombros. Ahora se oyen más estruendosos los himnos. Alguien, a voz en cuello, los parodia junto a mí. "Viva, viva", dicen unos muchachos harapientos parados sobre la fuente de las jicoteas. Me voy abriendo paso por un costado del parque donde el tumulto es menor. Es ya de noche. Suenan los primeros cohetes. De repente, el cielo estalla en fuegos artificiales. Tomo la calle 10 Octubre y llego a mi barrio. Todos están alborotados; algunos vecinos me saludan entusiasmados. Me apuro y llego a la casa. Mi madre y mis abuelos están en el portal, esperándome. Los tres me abrazan al mismo tiempo. Los tres dicen: "Hijos". Yo trato de entrar a la casa. "Debes estar muriéndote de hambre", dice abuela, "¿Quieres que te prepare algo?". "No", digo, y me siento en el comedor. En ese momento entran Tico y Lourdes. "Y qué, caballón", me dice Tico. Yo le doy la mano, y abrazo a Lourdes. En el radio que mamá acaba de prender, una mujer recita una poesía patriótica. En la calle siguen retumbando los himnos. Y ahora llega abuelo, desde la venduta, con una bandera roja y negra y un 26 enorme en el centro. "Caray, muchacho", dice y me entrega la bandera. "Sal a la calle con ella", me dice mamá, "todos los vecinos te están esperando". Por un momento me quedo de pie, con la bandera en la mano. "Estoy cansado", digo finalmente, y tiro la bandera sobre la mesa. "Creo que primero me voy a bañar". Entro en el Baño. Prendo la luz. Me saco el cuchillo de entre la camisa y lo coloco en el borde del inodoro. Antes de desvestirme contemplo mi miserable ropa de civil, sudorosa y mugrienta. En el radio, la mujer sigue declamando con voz tronante. En la calle retumban los himnos y el bullicio de todo el pueblo. "Apúrate", dice mi madre al otro lado de la puerta. "Te estamos esperando". No le respondo. Desnudo, me coloco bajo la ducha y abro la llave. El agua cae sobre mi cabeza, rueda por mi cuerpo, llega al suelo completamente enrojecida por el polvo.

ROBERTO FERNANDEZ RETAMAR
(1930-   )

Nace en La Habana. Comienza su carrera literaria con el grupo de Orígenes *(1944-1956). En 1952 recibe su doctorado en Filosofía y Letras de la Universidad de La Habana. Estudia en la Sorbona de París y en la Universidad de Londres. Es miembro de la facultad de Yale University (1957-1958). Regresa a Cuba; dirige* Nueva Revista Cubana *y* Casa de las Américas *desde 1965. Es director del Centro de Estudios Martianos. También es profesor de la Universidad de La Habana. Con José Antonio Portuondo, es uno de los intelectuales más importantes de la revolución cubana. Su obra poética consiste en* Elegía como un himno *(1950);* Patrias *(1952), que recibe el Premio Nacional de Poesía;* Alabanzas, conversaciones *(1955);* Vuelta de la antigua esperanza *(1959);* En su lugar la poesía *(1959);* Con las mismas manos *(1962) representa la vertiente cotidiana que predomina en la poesía de Fernández Retamar; con* Historia antigua *(1965), su poesía se convierte en un habla. Recoge toda poesía hasta la fecha en* Poesía reunida *(1966). Publica* Buena suerte viviendo *(1967) y* Que veremos arder *(1970), en España se conocen con el título* Algo semejante a los monstruos antediluvianos *(1970). Escribe* A quien pueda interesar *(1970) que contiene poemas escritos después de 1958 y* Cuaderno paralelo *(1970). También escribe* Poemas de una isla y de dos pueblos *(1974),* Revolución nuestra, amor nuestro *(1976) y* Circunstancia de poesía *(1977). Su ensayo incluye su tesis doctoral* La poesía contemporanea en Cuba 1927-1953 *(1954); con esta obra denomina por trascendentalistas a un grupo de jóvenes poetas que incluye a José Lezama Lima y Cintio Vitier. Publica en 1958* Idea de la estilística *y en 1962 recoge artículos publicados en periódicos y revistas bajo el título* Papelería. *También escribe* Ensayo de otro mundo *(1967),* Introducción a Cuba: la historia *(1968),* Calibán *(1971), ensayo que el subestima,* Lectura de Martí *(1972),* El son de vuelo popular *(1973),* Para una teoría de la literatura hispanoamericana y otras aproximaciones *(1975),* Introducción a José Martí *(1978) y* Nuestra América y el occidente *(1978). "Retamar es un nombre clave de la nueva poesía cubana—dice Julio Miranda—, tanto en lo que se refiere intuir la dirección de cada momento como en la tarea no menos importante de teorizar con acierto sobre ella. Desde 1959 supo fijar metas, límites y modalidades que el tiempo ha hecho coincidir con exactitud digna de profeta, y como crítico es uno de los pocos dedicados seriamente a una labor algo desatendida en Cuba."*

El otro

Nosotros, los sobrevivientes,
¿A quiénes debemos la sobrevida?
¿Quién se murió por mí en la ergástula,
Quién recibió la bala mía,
La para mí, en su corazón?
¿Sobre qué muerto estoy yo vivo,
Sus huesos quedando en los míos,
Los ojos que le arrancaron, viendo
Por la mirada de mi cara,
Y la mano que no es su mano,
Que no es ya tampoco la mía,
Escribiendo palabras rotas
Donde él no está, en la sobrevida?

(enero 1, 1959)

CELIA SANCHEZ MANDULEY
(19   -1980)

Nace en Manzanillo. Su padre es un médico de Pilón. Es una de los fundadores del Movimiento 26 de Julio en la antigua provincia de Oriente donde distribuye la defensa de Fidel Castro, La historia me absolverá. Participa en la lucha del 30 de Noviembre de 1956 en Santiago de Cuba. Pertenece al grupo de apoyo que espera el desembarco del Granma; éste es el mismo grupo que ayuda a los guerrilleros en la Sierra Maestra. En 1957 se une a los guerrilleros y lucha en la Sierra Maestra. Organiza con Fidel Castro el pelotón de mujeres Mariana Grajales. Desde sus inicios en la Sierra es la asistente de Fidel. Ayuda a organizar el Ejército Rebelde y su emisora Radio Rebelde. Pertenece a la delegación que acompaña a Fidel en su viaje a Nueva York (1959). Es miembro del Comité Central del Partido Comunista, diputada a la Asemblea Nacional del Poder Popular y secretaria del Consejo de Estado. Muere de una dolorosa enfermedad en 1980. Dice el Ministro Armando Hart: "Celia fue convirtiéndose en el enlace principal entre la Sierra y el llano. Poco después, una vez asegurada la retaguardia, pasó a trabajar definitivamente en la Sierra, junto a Fidel, convirtiéndose en uno de los principalísimos baluartes del movimiento guerrillero. Conocedora de la zona, con innumerables contactos en el llano manzanillero, con vínculos estrechos con el Movimiento 26 de Julio en Santiago y con una confianza ilimitada en el triunfo de la causa rebelde, Celia se convirtió en la insuperable auxiliar de Fidel. Se transformó así en un símbolo."

HAYDEE SANTAMARIA CUADRADO (YEYE)
(19   -1980)

Nace en Esmeralda, Las Villas. Es combatiente de la revolución cubana desde sus inicios. Pertenece al grupo de revolucionarios que ataca al Cuartel Moncada el 26 de julio de 1953. En ese ataque muere su hermano Abel y su novio Boris Luis Santa Coloma; ella es prisionera. Permanece en la cárcel seis meses (1954). Participa en la lucha clandestina. Imprime y distribuye La historia me absolverá de Fidel Castro. En 1956 se casa con Armando Hart (Ministro de Cultura). Es miembro de la Dirección del Movimiento 26 de Julio y contribuye a los preparativos del alzamiento del 30 de Noviembre de 1956 en Santiago de Cuba. Lucha en la Sierra Maestra. Representa el Movimiento 26 de Julio en los Estados Unidos. Funda y dirige Casa de las Américas (1960) y la Organización Latinoameri-

cana de Solidaridad (1967). Es miembro del Comité Central del Partido Comunista y del Consejo de Estado. Escribe **Haydée habla del Moncada** *(1967)* y **Haydée habla de Vietnam** *(1969).* Se suicida en 1980. *"No la recordamos en su trágico minuto final—dice el Comandante Juan Almeida en su entierro—. La recordaremos junto a Abel y a Fidel en la preparación del movimiento revolucionario. La recordaremos como heroína del Moncada. La recordaremos como combatiente de la Sierra y del Llano. La recordaremos como constructora de nuestra nueva Patria. La recordaremos en su ejemplo de combatividad, de laboriosidad, de sencillez y de entrega total a la causa del socialismo. Y en ese ejemplo renovaremos nuestras energías los que debemos continuar adelante, cumpliendo el deber con la Patria y con la Revolución."*

Recuerdos

Celia: La primera vez que vi a Frank, cuando lo conocí, fue una oportunidad en que fue a casa, en Pilón, con Pedrito Miret, después que Fidel salió de la prisión.

Haydée: Recuerdo a Frank por primera vez en una reunión que tuvo la Dirección Nacional del 26 de Julio, que le llamaron para que se hiciera cargo de Santiago. Se le mandó venir a La Habana, a principios del año 1956, antes del viaje a México, a entrevistarse con Fidel.

Yo tengo dos cartas de él, una de las cuales recibí después que el murió. Él siempre me estaba diciendo: "Si no estuvieras tan apegada a los muertos, serías mejor revolucionaria". Al morir Jossué, me mandó una carta en la que me decía: "Yeyé, por primera vez te comprendo: te pido perdón".

Después que lo mataron recibí otra carta que había escrito unos días antes. Me decía que lo estaban persiguiendo, pero que lo único que deseaba era que lo dejaran treinta días con vida "para redondear todo el asunto".

Celia: Antes de que él fuera a mi casa de Pilón, yo lo había visto con Pepito Tey en una reunión que tuvimos en Manzanillo, después que Fidel salió de Isla de Pinos, cuando se constituyó el 26 de Julio. Él fue con Pedrito Miret a Pilón, porque estábamos estudiando el desembarco y queríamos inspeccionar los mares de aquella zona, para ver las profundidades y las posibilidades. Las profundidades yo las conseguí en las oficinas de Pilón. Pedí un día prestados unos mapas que tenían todos los datos y no los devolví. Recuerdo que después los encontraron en el *Granma* y se los llevaron a papá a casa, envueltos en un ajustador, para hacerle creer que yo había venido en el desembarco.

Teníamos un plan para esperar a Fidel y para ver si se podían entrar armas. Se decidió que Echevarría, que decía que era conocedor de la zona, podía ser el guía por Pilón, el Macho o la Magdalena, que por ahí hubiera sido perfecto el desembarco. De haber entrado ellos por ahí, hubieran podido coger las armas de Pilón, o las de Niquero, y haber tomado camiones, camionetas, etcétera.

Desde el día 29, nosotros teníamos por todos aquellos lugares, camiones, *jeeps* y tanques de gasolina. Había grupos de Manzanillo y de Campechuela; pusimos conocedores de la zona en todos los lugares.

También teníamos contacto con la familia de Crescencio, los Acuña, por si acaso desembarcaban por allá. Teníamos también a Carracedo, que le decían el *Jabao;* al hijo de Crescencio, Ignacio, que después murió en el combate de Jiguaní, que era tirador de caña del central.

A la gente de Campechuela las mandamos para el monte, para que fueran preparándose. A todas estas, sin armas, porque sólo teníamos dos M-1.

Cuando el desembarco estábamos en la Sierra. Llegamos la madrugada del día 29 a casa de Crescencio. Nos pasamos todo el día 30 esperando. Cuando nosotros llegamos a casa de Crescencio, le dije: "Crescencio, levántese; Fidel llegó por aquí y usted se tiene que ir con toda la gente suya a esperar a que llegue, sin decirle nada a nadie". Crescencio, de lo más apacible, dijo: "Un momento". Fue al cuarto y al rato salió ¡de punta en blanco!: con zapatos bajos, guayabera, lacito y un sombrero de fieltro, como si hubiéramos estado en una fiesta y no en el campo. Y con su revólver a la cintura. En Niquero, Fajardo y su gente se encerraron en una nevera de una fábrica de hielo que, por suerte, no estaba fría.

Nos enteramos inmediatamente del desembarco, por los movimientos. Empezaron a bombardear por Niquero, cerraron los caminos, y nada más transitaban los casquitos.

Nosotros tratamos de internarnos en la Sierra, a esperar contacto con Fidel. Como no teníamos contacto, yo decidí bajar; ya a Ignacio lo habían cogido preso en Pilón.

En ese tiempo, como no llueve, los caminos no estaban malos. Una hora hasta Niquero y de allí al lugar del desembarco un cuarto de hora. Nosotros teníamos gente en la línea de teléfono, para cortar el teléfono de Niquero a Pilón y que no tuviera el ejército comunicación. Así se hubiera podido haber hecho un ataque a Niquero un grupo y otro a Pilón, de la misma gente del *Granma*. Estando en Pilón era como si ya estuvieran en la Sierra, porque éste está en la falda de la Sierra. No hubiera habido problemas. Lo peor fue... Si en vez de desembarcar por el pantano lo hacen por la playita, aquello hubiera sido un paseo: desembarcar y encontrar camiones y gasolina y *jeeps,* y un cuartel que atacar, como venían ellos de armados y que hubiera sido por sorpresa. A mí, todos los guardias me conocían y yo me paseaba por todos aquellos caminos en camioneta sin que me reconocieran...

Haydée, estaba en Santiago.

Haydée: Sí, yo estaba en Santiago, en la casa de Rodríguez Font. Estaban Frank, Armando, Vilma... No recuerdo bien... Creo que estaba también Pena, Jossué, Otto Parellada, Pepito Tey... Yo creo que todo ese grupo estaba; a la salida fue cuando nos dividimos.

Conocí a Fidel poco tiempo después del 10 de marzo, en mi apartamento de la calle 25 en La Habana. Abel lo llevó allí un día. Yo recuerdo que había acabado de limpiar y él caminaba de un lado a otro y me echaba cenizas en el suelo. Yo pensaba: "¿A quién me habrá traído aquí Abel que me está ensuciando todo?" Cuando se fue le pregunté a Abel y él me dijo que era un muchacho, qué sé yo, y me empezó a hablar de él.

Recuerdo que antes del desembarco Celia se quería ir para México para tratar de venir con Fidel, y Frank vino a La Habana para decir que no. Nosotros no conocíamos bien a Celia todavía.

Celia: A mí me decían unos que debía irme, porque era peligroso que yo me quedara, que me conocían; pero Frank no quería, él no era de esa idea. Yo vine para La Habana.

Haydée: Cuando Celia nos dijo que quería irse, llamamos a Frank y se lo dijimos; nos contestó que le pusiéramos impedimentos, porque ella era muy necesaria aquí.

Celia: En el apartamento de Mario Hidalgo hablé con Yeyé del asunto. Ella me dijo que yo me decidiera, si convenía o no que me quedara. Pero yo quería estar aquí cuando llegara el momento y pensaba: "¿Si me voy a México y luego no me dejan venir?"

Haydée: Yo tenía esa misma preocupación, y así se lo dije a Celia, de que a lo mejor me iba y no me querían traer. Después tuve la gran satisfacción de que Fidel dijo que si yo hubiera estado en México no me hubíeran dejado.

Celia: Sí, pero ¿y si en el momento de arrancar dicen que no? A mí eso me daba terror.

Haydée: Sobre Celia, Frank nos dijo: "Yo tengo la gran preocupación de que por no dejarla ir le vaya a pasar algo, pero ella es de más utilidad aquí porque conoce esta zona". Frank no hablaba mucho, pero nos dijo que ella "era decisiva".

Celia: Y yo prefería quedarme aquí antes que irme y no me quisieran traer luego.

Haydée: Ésa también era mi preocupación. Ahora comprendo que si hubiera venido en el barco hoy no estuviera viva.

Celia: Además, hubiera sido una preocupación para los demás y para Fidel, porque habrían tenido que venir cuidando a una mujer.

Haydée: Yo a cada rato soñaba con eso, que estaba en México y que me dejaban. Recuerdo que mi gran sueño también, cuando estaba en la Sierra era bajar con Fidel. Cuando íbamos subiendo por las montañas, y yo no podía subir y la única que podía era Celia, Fidel me decia: "¿Descansamos?" y yo le decía que no, que siguiéramos... pero yo no podía más.

Me reconfortaba aquel pensamiento: "Ahora estoy subiendo pero yo bajaré algún día con ellos para Santiago". Esa fe me sostuvo cuando la muerte de Enrique y cuando Armando estuvo preso. Sin embargo, cuando bajaron a Santiago yo estaba en Miami.

Por lo menos, mandábamos dinero.

Celia: Se tuvo dinero y se tuvo avión y se trajeron armas y abastecimientos.

Haydée: Yo soñaba con eso. Era como si me fuera a encontrar en Santiago con Abel, que iba a poderle decir: "¡Estamos aquí!" Era una cosa como de compromiso con los muertos. Yo nunca voy al cementerio; sin embargo, yo me decía, como una cosa simbólica, que cuando bajé con los muchachos y ellos vayan al cuartel, yo voy al cementerio a decirles que ya estamos aquí. Eso me reconfortaba para poder seguir caminando.

Cuando Fidel me dijo que tenía que ir para Miami... Si me lo hubiera dicho Raúl, el *Che*, el propio Armando, no voy. Pero eran momentos terribles y Fidel me dijo: "Vamos a ver si tú no fallas", por eso me fui. (Fue después del fracaso de la huelga de abril.)

No fue solamente recaudar dinero, sino entrevistarse con todos los grupos. Por primera vez, a los dos meses de estar yo allí, se pudo decir que el Movimiento se organizó.

No sólo en Miami, sino en todo Estados Unidos. Nosotros recaudábamos 12 ó 15 mil dólares mensuales, pero peseta a peseta, centavo a centavo. De California a lo mejor venían 800 dólares o de Nueva York.

Y otros problemas, como con Díaz Lanz y Lorié, que tenía que darles miles y miles. Recuerdo que a Lorié, en un viaje, le di 500 mil dólares. Se fue para Venezuela y mandó a su mujer con diez mil dólares no sé adonde, y todo eso guardándolo, callándolo, porque yo sabía que al menos algo llegaba a la Sierra. Creía que no valía la pena decirlo por carta, porque ellos llegaban a donde Raúl o a donde Fidel y hablaban con ellos, no iba a hacer nada con cartas.

Melba es la que recuerda todas las cosas con mayor exactitud. Yo no recuerdo con precisión las horas, tal vez ella tampoco ahora, después de tantas cosas y tantos años, pero antes, cuando nos poníamos a hablar de aquellas horas, a ella le era más fácil reconocer los hechos en detalles.

Si yo comienzo a hablar y sigo hablando por mucho rato sobre el Moncada, seguro que voy a recordar muchas cosas.

Ahora en lo que más pienso es en los que fuimos al Moncada y en Fidel, y me pregunto: "¿Cómo es posible que siendo Fidel como es hubiera quien lo traicionara? ¿Cómo es posible que todos no estuvieran perfectamente identificados con Fidel, con la Revolución?"

Cada vez que veo a Fidel, que hablo con él, que lo escucho en la televisión, pienso en los demás muchachos, en todos los que han muerto y en los que están vivos y pienso en Fidel, en el Fidel que conocimos y que actualmente es el mismo. Pienso en la Revolución, que es la misma que nos llevó al Moncada.

Estábamos en la casa de Siboney, Melba, Abel, Renato, Elpidio y yo. A Renato se le ocurrió hacer un chilindrón "de pollos". Me reí cuando me lo dijo y empecé a argumentarle que no era un chilindrón sino un fricasé. "Así le dicen en Vuelta Abajo", insistía Renato.

Mientras cocinábamos y sin interrumpir la conversación con Melba y Renato, mirando a Abel, pensaba en la última vez que estuvimos en el central, a despedirnos de los viejos y la familia. Cuando fuimos a dejar la casa por la madrugada para regresar a La Habana, Aida nos advirtió que pusiéramos cuidado en no despertarle la niña. Abel quiso cargarla, quiso besarla. Yo dije: "Déjanos, a lo mejor es la última vez que la vemos". Aida me miró alarmada, y yo quise hacerle un chiste. "A lo mejor es en la carretera donde quedamos". "No seas trágica", me dijo Aida, y nos fuimos.

Cuando estuvo hecho el chilindrón de Renato, Abel no quiso comer. Iba a Santiago a acompañar a un viejo matrimonio que vivía frente a la casa de Siboney. Tal vez sea el último carnaval que vean, pensé.

Melba estaba a mi lado; hacía siete meses que no nos habíamos separado ni un solo día.

Pensaba en casa, en Melba que está a mi lado, en los muchachos. A esa hora no se me hubiera ocurrido pensar en la muerte, pero había dos cosas que me punzaban con dolor. Si todo se acaba, que quede Fidel, por él se hará la Revolución y nuestras vidas y nuestros hechos tendrán una significación; la otra se me reveló mucho después, con una terrible angustia; cuando nuestros muertos quedaron entre la sangre y la tierra y ya supimos que no los volveríamos a ver, temí que me separaran de Melba. Recuerdo a Melba tratando de protegerme; yo tratando de protegerla a ella, y unos a los otros tratando de protegernos. Cualquier cosa se hace, cualquier cosa cuando otras vidas están en nuestras manos. Cualquier cosa bajo las balas, bajo las ráfagas de ametralladoras, entre los gritos de dolor de los que caían heridos, entre las últimas quejas de los que morían. Cualquier cosa es poco y mucho, y nadie sabe cómo un hecho de esta naturaleza va a desarrollarse. Nadie sabe lo que va a hacerse en los minutos que siguen. Hay cosas que sí se saben, como todo lo que se ama. Fui al Moncada con las personas que más amaba. Allí estaban Abel y Boris, y estaba Melba y estaba Fidel, y Renato, y Elpidio, y el poeta Raúl, Mario y Chenard y los demás muchachos, y estaba Cuba, y en juego la dignidad de nuestro pueblo ofendida y la libertad ultrajada, y la Revolución que le devolvería al pueblo su destino.

Los muchachos llegaban con hambre. La medianoche nos encontró conversando, riéndonos, se hacían y decían bromas a todos. Servíamos café y un poco de lo poco que había quedado de la comida, de la comida que Abel no comió. Volvíamos a los cuentos, a la anécdota de mi llegada a Santiago con dos maletas llenas de armas, de tal modo pesadas, que un soldado que las movió, al pasar junto a mi en el coche del tren, me preguntó que si llevaba dinamita. "Libros", le dije. "Acabo de graduarme y voy a ejercer en Santiago. Aprovecharé el carnaval para divertirme un poco después de los estudios. Usted sería un buen compañero para divertirme en el carnaval". El soldado sonrió amistoso y me dijo dónde debíamos encontrarnos. Bajó conmigo al andén, llevando mi maleta. Abel y Renato estaban esperándome en la terminal. Yo me acerqué para decirles: "Ésa es la maleta" y agregué: "Es un compañero de viaje". Y al soldado: "Son dos amigos que vienen a esperarme". El soldado entregó la maleta y partimos.

Uno de los muchachos le hacía chistes a Boris: "Ten cuidado con Yeyé, que tiene una cita con un soldado de la dictadura" y todos nos reíamos.

Después llegó Fidel, y unos solos y otros en grupo, llegaron todos. Después salimos.

Luego estábamos en la máquina, Melba, Gómez García, Mario Muñoz y yo. Después y durante todo el viaje al Moncada, pensaba en casa, pensaba en la mañana que vendría: ¿qué pasaría?, ¿qué dirían en casa?, ¿cómo sería el día que comenzaba?

Después llegamos.

Después fueron los primeros segundos y los primeros minutos y luego fueron las horas. Las peores, más sangrientas, más crueles, más violentas horas de nuestras vidas. Fueron las horas en que todo puede ser heroico, y valiente y sagrado. La vida y la muerte pueden ser nobles y hermosas, y hay que defender la vida o entregarla absolutamente.

Éstos son los hechos que Melba recordaba con precisión.

Los que yo inútilmente he tratado de olvidar. Los que yo recuerdo envueltos en una nebulosa de sangre y humo. Los que compartí con Melba. Los que Fidel narra en *La historia me absolverá*. La muerte de Boris y la de Abel. La muerte segando a los muchachos que tanto amábamos. La muerte manchando de sangre las paredes y la hierba. La muerte, gobernándolo todo, ganándolo todo. La muerte, imponiéndosenos como una necesidad, y el miedo a morir sin que hayan muerto los que deben morir, y el miedo a morir cuando todavía la vida puede ganarle a la muerte una última batalla.

Hay esos momentos en que nada asusta, ni la sangre, ni las ráfagas de ametralladoras, ni el humo, ni la peste a carne quemada, a carne rota y sucia, ni el olor a sangre caliente, ni el olor a sangre coagulada, ni la sangre en las manos, ni la carne en pedazos deshaciéndose en las manos, ni el quejido del que va a morir. Ni el silencio aterrador que hay en los ojos de los que han muerto. Ni las bocas semiabiertas donde parece que hay una palabra que de ser dicha nos va a helar el alma.

Hay ese momento en que todo puede ser hermoso y heroico. Ese momento en que la vida, por lo mucho que importa y por lo muy importante que es, reta y vence a la muerte. Y una siente cómo las manos se agarran a un cuerpo herido que no es el cuerpo que amamos, que puede ser el cuerpo de uno de los que veníamos a combatir, pero es un cuerpo que se desangra, y una lo levanta y lo arrastra entre las balas y entre los gritos y entre el humo y la sangre. Y en ese momento una puede arriesgarlo todo por conservar lo que de verdad importa, que es la pasión que nos trajo al Moncada, y que tiene sus nombres, que tiene su mirada, que tiene sus manos acogedoras y fuertes, que tiene su verdad en las palabras y que puede llamarse Abel, Renato, Boris, Mario, o tener cualquier otro nombre, pero siempre en ese momento y en los que van a seguir puede llamarse Cuba.

Y hay ese otro momento en que ni la tortura, ni la humillación, ni la amenaza pueden contra esa pasión que nos trajo al Moncada.

El hombre se nos acercó. Sentimos una nueva ráfaga de ametralladoras. Corrí a la ventana. Melba corrió detrás de mí. Sentí las manos de Melba sobre mis hombros. Vi al hombre que se me acercaba y no oí una voz que me decía: "Han matado a tu hermano". Sentí las manos de Melba. Sentí de nuevo el ruido del plomo acribillando mi memoria. Sentí que decía, sin reconocer mi propia voz: "¿Ha sido Abel?" El hombre no respondió. Melba se me acercó. Toda Melba eran aquellas manos que me acompañaban. "¿Qué hora es?" Melba respondió: "Son las nueve".

Éstos son los hechos que están fijos en mi memoria. No recuerdo ninguna otra cosa con exactitud, pero desde aquel momento ya no pensé en nadie más, entonces pensaba en Fidel. Pensábamos en Fidel. En Fidel, que no podía morir. En Fidel, que tenía que estar vivo para hacer la Revolución. En la vida de Fidel, que era la vida de todos nosotros. Si Fidel estaba vivo, Abel y Boris y Renato y los demás no habían muerto, estarían vivos en Fidel que iba a hacer la Revolución cubana y que iba a devolverle al pueblo de Cuba su destino.

GUILLERMO CABRERA INFANTE
Tenía una cara mezquina

Tenía una cara mezquina, torpe y a veces, como ahora, feroz. Lo fusilaron. El juicio duró quince minutos. Cargos: robo, violaciones y deserción, quizás también habrá pasado informes al enemigo. El fiscal fue el comandante y temblaba cuando habló, que dijo: Este hombre que ustedes ven aquí (señalando: dejó todo el tiempo que duró el juicio el dedo así) es un malo y no merece la menor pena. Sí, dijo, merece varias penas, pero es la pena de muerte muchas veces. Como no podemos matarlo más que una, pido que lo condenemos en seguida y que no gasten muchas balas en él. El abogado defensor (un capitán, que fue nombrado contra la voluntad del acusado, que no quería defensa, y que habló muy rápido) dijo que no había atenuantes posibles para los delitos imputados y efectivamente cometidos por su defendido pero sin embargo apelaba a la justicia rebelde para que se le condenara a ser fusilado y no muerto de un tiro en la nuca como los perros rabiosos dijo que debía recordarse su coraje en el pasado dijo que la deserción no se había consumado y que no había pruebas evidentes de la información al enemigo dijo por lo que todo ello lo animaba a pedir él también la pena de muerte, por fusilamiento. Lo fusilaron ahí mismo, contra el arabo a cuya sombra se celebró el juicio: no hubo más que cambiar de sitio el tribunal. Antes de morir, el reo hizo una pregunta. Comandante, dijo, que cómo me pongo. ¿De frente o de espalda? De frente, condenado, dijo el comandante. Usté, de frente. Pidió dirigir el pelotón pero no le fue concedido.

NICOLAS GUILLEN
(1902-   )

Nace en Camagüey. Cursa un año de Derecho en la Universidad de La Habana. En 1922 regresa a su ciudad natal. Allí dirige la revista Lis y es redactor en El Camagüeyano. En 1927 vuelve a La Habana. Dos años después colabora regularmente en la página "Ideales de una raza" del periódico Diario de la Marina. Se inicia en la literatura y en el movimiento afrocubano con Motivos de son (1930) y Sóngoro cosongo (1931). En 1934 prolonga su poesía social en West Indies Ltd. y es redactor del diario Información y jefe del semanario El Loco. En 1935 se vincula al Partido Comunista de Cuba y es redactor del semanario Resumen; después es director de la revista Mediodia (1936-39) y más tarde es redactor del diario Hoy (1938-53). En 1937 publica Cantos para soldados y sones para turistas y escribe España, poema en cuatro angustias y una esperanza. Viaja en 1937 a México para participar en un congreso de la Liga de Escritores y Artistas Revolucionarios y después a España con la delegación cubana al Congreso Internacional de Escritores en Defensa de la Cultura. Recoge poemas escritos entre 1929 y 1946 bajo el título de El son entero (1947) publica Elegía a Jacques Roumain en el cielo de Haití (1948) y Elegía a Jesús Menéndez (1951). En 1954 recibe el Premio Internacional Lenin por la Paz. Cuatro años más tarde publica La paloma de vuelo popular. Después de seis años de exilio, regresa a Cuba en 1959. En 1961 es designado presidente de la Unión de Escritores y Artistas de Cuba. En 1962 recoge sus crónicas en Prosa de prisa. En 1964 publica tres libros: Poemas de amor, Tengo, con prólogo de José Antonio Portuondo y su Antología major. En 1972 da a conocer dos poemarios, El diario que a diario y La rueda dentada. En 1978 circula un libro de poemas para niños, Por el mar de las Antillas anda un barco de papel y en 1980 Las coplas de Juan Descalzo. La editorial UNEAC inaugura la colección "¿Quién fue...?" con Brindis de Salas (1980). Próximamente aparece Música de camara que reune toda la poesía lírica de Guillén. Es miembro del Comité Central del Partido Comunista de Cuba y el poeta nacional de su país. Dice Roberto Fernández Retamar: "A la verdad, viéndolo rodeado por la gente, con algo de niño grande tan contento, tan uno con su pueblo, se ve la realidad de lo que se dice: que él no ha escrito esos versos que todo el mundo sabe de memoria. Que esos versos no los ha escrito nadie. Los ha escrito el pueblo."

Canta el sinsonete en el Turquino

—¡Pasajeros en tránsito, cambio de avión para soñar!

—Oui, monsieur; sí, señor.
Nacido en Cuba, lejos, junto a un palmar.
Tránsito, sí. Me voy.
¿Azúcar? Sí, señor.
Azúcar medio a medio del mar.
—¿En el mar? ¿Un mar de azúcar, pues?
—Un mar.
—¿Tabaco?
—Sí, señor.
Humo medio a medio del mar.
Y calor.
—¿Baila la rumba usted?
—No, señor;
yo no la sé bailar.
—¿Inglés, no habla el inglés?
—No, monsieur; no, señor,
nunca lo pude hablar

—¡Pasajeros en tránsito, cambio de avión para soñar!

Llanto después. Dolor.
Después la vida y su pasar.
Después la sangre y su fulgor.
Y aquí estoy.
Ya es el mañana hoy.

Mr. Wood, Mr. Taft,
adiós.
Mr. Magoon, adiós.
Mr. Lynch, adiós.
Mr. Crowder, adiós.
Mr. Nixon, adiós.
Mr. Night, Mr. Shadow,
¡adiós!
 Podéis marcharos, animal
muchedumbre, que nunca os vuelva a ver.
Es temprano; por eso tengo que trabajar.
Es ya tarde; por eso comienza a amanecer.
Va entre piedras el río...
     —Buenos días, Fidel.
Buenos días, bandera; buenos días, escudo.
Palma, enterrada flecha, buenos días.
Buenos días, perfil de medalla, violento barbudo
de bronce, vengativo machete en la diestra.
Buenos días, piedra dura, fija ola de la Sierra Maestra.
Buenos días, mis manos, mi cuchara, mi sopa,
mi taller y mi casa y mi sueño;
buenos días, mi arroz, mi maíz, mis zapatos, mi ropa;
buenos días, mi campo y mi libro y mi sol y mi sangre
 sin dueño.

Buenos días, mi patria de domingo vestida;
buenos días, señor y señora;
buenos días, montuno en el monte naciendo a la vida;
buenos días, muchacho en la calle cantando y ardiendo
 en la aurora.
Obrero en armas, buenos días.
Buenos días, fusil.
Buenos días, tractor.
Azúcar, buenos días.
Poetas, buenos días.
Desfiles, buenos días.
Consignas, buenos días.
Buenos días, altas muchachas como castas cañas.
Canciones, estandartes, buenos días.
Buenos días, oh tierra de mis venas,
apretada mazorca de puños, cascabel
de victoria...

El campo huele a lluvia
reciente. Una cabeza negra y una cabeza rubia
juntas van por el mismo camino,
coronadas por un mismo fraterno laurel.
El aire es verde. Canta el sinsonte en el Turquino...
    —Buenos días, Fidel.

Tengo

Cuando me veo y toco
yo, Juan sin Nada no más ayer,
y hoy Juan con Todo,
y hoy con todo,
vuelvo los ojos, miro,
me veo y toco
y me pregunto cómo ha podido ser.

Tengo, vamos a ver,
tengo el gusto de andar por mi país,
dueño de cuanto hay en él,
mirando bien de cerca lo que antes
no tuve ni podía tener.
Zafra puedo decir,
monte puedo decir,
ciudad puedo decir,
ejército decir,
ya míos para siempre y tuyos, nuestros,
y un ancho resplandor
de rayo, estrella, flor.

Tengo, vamos a ver,
tengo el gusto de ir
yo, campesino, obrero, gente simple,
tengo el gusto de ir
(es un ejemplo)
a un banco y hablar con el administrador,

no en inglés,
no en señor,
sino decirle compañero como se dice en español.

Tengo, vamos a ver,
que siendo un negro
nadie me puede detener
a la puerta de un dancing o de un bar.
O bien en la carpeta de un hotel
gritarme que no hay pieza,
una mínima pieza y no una pieza colosal,
una pequeña pieza donde yo pueda descansar.
Tengo, vamos a ver,
que no hay guardia rural
que me agarre y me encierre en un cuartel,
ni me arranque y me arroje de mi tierra
al medio del camino real.
Tengo que como tengo la tierra tengo el mar,
no country,
no jailáif,
no tenis y no yacht,
sino de playa en playa y ola en ola,
gigante azul abierto democrático:
en fin, el mar.

Tengo, vamos a ver,
que ya aprendí a leer,
a contar,
tengo que ya aprendí a escribir
y a pensar
y a reír.
Tengo que ya tengo
donde trabajar
y ganar
lo que me tengo que comer.
Tengo, vamos a ver,
tengo lo que tenía que tener.

III. ACCIONES

FIDEL CASTRO
Playa Girón

Vamos ahora a analizar el plan de ataque del imperialismo contra Cuba, por qué desembarcaron ahí, por qué no desembarcaron en otro lado, qué intenciones tenían.

Ellos, en primer lugar, exageraron el número de mercenarios que decían reclutados. Ellos hablaban de cuatro o cinco mil mercenarios, y ni siquiera eso pudieron reunir. Los que desembarcaron aquí eran los grupos que tenían en Guatemala. Ellos tienen otro lotecito de mercenarios por allá por la Base de Caimanera pero mucho más reducido y mucho peor armados que éstos.

La élite de sus tropas, la élite del ejército mercenario, esa era la que estaba en Guatemala, entrenada allí en campamentos, uno de ellos Retalhuleu; tenían dos o tres campamentos allí donde estaban recibiendo entrenamiento, aunque parte del personal había recibido entrenamiento también en las Islas Vieques, en Puerto Rico; en Nueva Orleans, en Estados Unidos.

Hubo un conato de desembarco por la zona de Baracoa, pero los estaban esperando allí con cañones antitanques y con toda una serie de cosas, y aviones nuestros que salieron sobre ellos, puede ser que se hubiesen replegado. Pero el hecho es que el grupo de mercenarios que tenían por la zona de la Base no desembarcó; ese era un grupo de 400 o 500 mercenarios.

El grueso de los mercenarios, el que había recibido más entrenamiento, el que tenía el apoyo de la aviación y de un armamento muy potente, era el ejército mercenario que ellos organizaron en Guatemala.

En un principio, al parecer, las intenciones del imperialismo era apoderarse, por ejemplo de la Isla de Pinos; apoderarse de Isla de Pinos y liberar allí a los criminales de guerra que están presos y los contrarrevolucionarios que están presos, para disponer de un personal humano con que engrosar inmediatamente el ejército de invasión, y apoderarse así de un pedazo del territorio nacional, una Isla, planteándonos a nosotros la dificultad de tener que recuperarla, con los recursos del caso con que nosotros contamos, de Marina y de Aviación.

En esas circunstancias ellos orientaban su esfuerzo hacia el apoderamiento de un pedazo del territorio nacional, para establecer allí un "gobierno provisional", porque la dificultad más grande que tenía el imperialismo es que no tiene un pedazo del territorio aquí. Entonces tiene que operar desde Guatemala, desde Nicaragua, es decir, tienen que utilizar territorios extranjeros, incurriendo en la violación de una serie de normas internacionales y creando un verdadero escándalo, porque todo eso está contra el Derecho Internacional...

Ellos necesitaban un pedazo de territorio para poder operar libremente; entonces mandarles los barcos, aviones, hombres, todo eso, e iniciar una guerra de desgaste, entendiendo que bloqueo económico, supresión de cuota, más una guerra de desgaste, bombardeo diario del territorio, desde el propio territorio nacional, con abundante aviones y material de guerra, facilitados por ellos, crearía una situación difícil a la Revolución.

Casi todas las contrarrevoluciones siempre han hecho el esfuerzo de apoderarse de un pedazo del territorio, a lo largo de la historia. La propia guerra civil española, ustedes recordarán que empezó por ocupar las fuerzas que se sublevaron contra la República, una isla, un pedazo del territorio. Después que tenían un pedazo del territorio, los fascistas, el fascismo y el nazismo les mandó barcos, les mandó tanques, les mandó —incluso— unidades, una vez que ya tenían dentro de España un pedazo del territorio...

Ellos se arriesgan porque tienen mucha confianza en el éxito del plan. Ahora, nosotros; que teníamos confianza en el éxito de nuestros planes, considerábamos que para nosotros era preferible que vinieran juntos, puesto que ya Isla de Pinos era inatacable, por cualquier punto del territorio nacional que llegaran, era preferible para nosotros que vinieran como vinieron: con una sola fuerza, para descargar sobre ellos el peso de nuestra fuerza. Por esas mismas razones, porque considerábamos que ellos no iban a incurrir en ese error, o no debían incurrir en ese error, habíamos tomado medidas para atacarlos por distintos puntos, por dondequiera que llegaran.

Era evidente que se acercaba el momento en que ellos iban a lanzar sus fuerzas. Una serie de hechos lo evidenciaban: una serie de declaraciones, la constitución del Consejo en el exilio, el famosísimo "libro blanco" de Mr. Kennedy, toda una serie de hechos políticos y declaraciones, más las mismas cosas que se filtraban a través de la prensa norteamericana, más incluso ciertas discrepancias entre ellos acerca de la táctica a seguir, demostraban que el momento del ataque se acercaba...

La madrugada del día 15, sábado, nosotros estábamos allí en el Estado Mayor, esperando noticias, cuando a las seis de la mañana, pasa volando un B-26 bastante cerca e inmediatamente, a los pocos minutos, ya sentimos el estampido de las bombas y el fuego de las antiaéreas. Nos asomamos y vimos que efectivamente, se trataba de un ataque ya con bombas, de carácter militar, sobre Ciudad Libertad, la parte donde está la Escuela de Artillería, las pistas de aviación, y se estaba atacando. Otro B-26 se aproximó inmediatamente.

Entonces, ante un ataque ya tan descarado como ese, y tan abierto, que antes no se había producido, nosotros sacamos la conclusión de que, efectivamente, ya era síntoma inequívoco de que estábamos ante la agresión. Nosotros dijimos: "Esta es la agresión".

Se trató de comunicar inmediatamente con el campo de San Antonio, para que despegaran los aviones, y también se comunicó con Santiago de Cuba, y simultáneamente estaban atacando también San Antonio y Santiago de Cuba. A aquellos aviones, la artillería antiaérea le abrió fuego inmediatamente en la FAR; nosotros pudimos presenciar cómo un avión dió una vuelta nada más, el segundo dió un pase, volvió a pasar, y al volver a pasar una antiaérea lo alcanzó directamente y el avión se retiró, envuelto en humo, y se veían llamas también. Es decir, que ese avión puede haber sido de los que llegó o puede haber sido de los que cayeron en el camino.

Otra cosa similar había ocurrido en San Antonio de los Baños. Se encontraron con fuerte fuego antiaéreo, y los aviones fueron también agujereados. En Santiago de Cuba se encontraron también con fuego antiaéreo.

Nosotros tenemos pocos aviones e incluso teníamos menos pilotos que aviones. Es decir, los aviones que quedaban de la época de Batista, B-26, Jets y los "Sea-Fury". Pero esos pocos aviones, nosotros los estábamos cuidando bien; nosotros estábamos preocupados de que nos los destruyeran, porque nosotros habíamos calculado que lo primero que harían, en caso de ataque, era destruir la poca aviación que teníamos allí, que lo primero que harían era eso...

Cuando se produce el ataque en la base de San Antonio, la reacción de los artilleros fue formidable; incluso algunos artilleros antiaéreos tiran antes de que tiren los aviones. La artillería antiaérea está compuesta por muchachos todos menores de veinte años; son muchachos muy jóvenes, muy entusiastas, con muy buena vista, muy buena salud, y han recibido un gran entrenamiento, y esos muchachos respondieron inmediatamente al fuego, aviones envueltos en humo, los otros averiados los hacen retirar, y sólo han destruído un avión.

Los pilotos, a su vez, reaccionan muy bien. Muchachos que estaban durmiendo y se fueron como estaban, montaron en el avión sin paracaídas, sin salvavidas, sin nada; reaccionaron y los persiguieron hasta... ya, como iban rumbo a Miami, ya pues no pudieron seguir la persecución, porque se metieron en los Estados Unidos. Pero había sido una reacción formidable de todos.

En Santiago de Cuba, los artilleros antiaéreos también habían atacado duramente a los aviones, y los habían obligado a retirarse.

Eso ocurre el sábado. Inmediatamente se pusieron en movilización todas las fuerzas, en estado de alerta. El domingo se produce el entierro; el entierro fue cuidado por nuestros propios aviones de la Fuerza Aérea que estuvieron vigilando los cielos durante aquel día del entierro de las víctimas del ataque aéreo.

El domingo se produce el desfile con las víctimas del ataque aéreo. Todos esos días nosotros estábamos alerta; habíamos adoptado la costumbre de dormir por la tarde y no dormir por la noche; estábamos esperando.

El cálculo que nosotros hicimos fue que ese ataque no podía ser un ataque de hostigamiento, porque para hostigar, para sabotear hubieran podido atacar otros puntos industriales para tratar de hacer daño; que ese era un ataque aéreo afrontando todo el escándalo subsiguiente con un objetivo militar, y el objetivo militar era destruir nuestros aviones.

Por lo tanto, sacamos en conclusión de que era cuestión de horas el ataque. Lo que no podemos saber hasta ahora es por qué no desembarcaron simultáneamente el mismo día; por que atacaron dos días antes que desde el punto de vista militar es un error, porque puso a todo el mundo en estado de alerta; ya nosotros estábamos en estado de alerta, pero reforzamos las medidas tomadas y adoptamos más medidas, ya en seguridad de que tenía que venir el ataque de un momento a otro; movilizamos todas las unidades de combate.

Así es que atacan con la aviación dos días antes. Cometen un error. Pasó el domingo y nada; estaba pasando de domingo a lunes, cuando a las tres y cuarto de la madrugada —y ese día sí me había recostado, porque habíamos tenido la manifestación, el acto—, por la madrugada me comunican y le comunican a los demás compañeros de que se estaba combatiendo en Playa Girón y en Playa Larga, donde el enemigo estaba desembarcando, y allí estaban resistiendo los pelotones que estaban de vigilancia en esa zona.

Mandamos a comprobar, a ratificar, en estas cosas siempre hay que tener la seguridad, porque luego llegan las noticias de que hay barcos por tal punto, hay barcos por otro punto; y entonces, el hecho es que ya, de una manera cierta, total y con los primeros heridos de los combates, llega la noticia de que una fuerza invasora está cañoneando fuertemente con bazookas, con cañones sin retroceso, y con ametralladoras cincuenta y con cañones de barcos, están atacando fuertemente Playa Girón y Playa Larga en la Ciénaga de Zapata.

Ya no había la menor duda de que, efectivamente, estaba produciéndose un desembarco por aquel punto, y que aquel desembarco venía fuertemente apoyado por armas pesadas.

Ya la gente comenzó de inmediato a hacer una heroica resistencia allí. La microonda de Playa Girón y de Playa Larga comunicando, y estuvieron comunicando del resultado del ataque, informando sobre el ataque, hasta el mismo momento ya en que, como consecuencia del ataque mismo, dejaron de funcionar las microondas y de tres a cuatro de la mañana ya no hay más noticias de Playa Larga y de Girón por las microondas allí establecidas, puesto que ya había sido silenciada la comunicación.

Entonces ya estábamos frente a esa situación.

Miren (*comienza a señalar el mapa*), esta es la Bahía de Cochinos, esta es la Bahía de Cienfuegos. Nosotros habíamos considerado, entre los distintos puntos de desembarco, esa zona como un posible punto de desembarco.

Entonces había un batallón de Cienfuegos situado en el Central Australia; había distintos pelotones de campesinos carboneros que estaban armados, por la zona de Cayo Ramona, de Sopillar, de Buena Ventura, distintos núcleos que se sumaron inmediatamente allí a los compañeros que vigilaban esas posiciones y que se sumaron y que fueron los primeros que se enfrentaron a los agresores.

Voy a volver acá para hacer una explicación (*se dirige al mapa en que estaba situado anteriormente*). La Península de Zapata tiene estas características. Este pedazo de tierra firma de orilla de la costa; hay un pedazo de tierra firme de cinco, seis, ocho diez... dos, tres kilómetros a la orilla de la costa, tierra firme, recosa y de monte, hasta por aquí. Pero al norte de este pedazo de tierra firme, es una zona de ciénaga absolutamente intransitable.

Es decir, es una zona de ciénaga absolutamente intransitable. Antes no existía la menor comunicación; había unos ferrocarriles de vía estrecha del Central Australia a Cochinos, y de Covadonga a Girón. Así que ese era un lugar completamente intransitable, un ferrocarril de vía estrecha era la única comunicación que tenían los campesinos de esa zona.

En la zona de Ciénaga de Zapata es uno de los puntos donde más ha trabajado la Revolución. He hecho tres carreteras que atraviesan la Ciénaga; tres carreteras atraviesan la Ciénaga. Son los puntos de entrada a aquello. Los carboneros de la Ciénaga, aquí viven miles de personas y vivían en las peores condiciones de vida que pueda imaginarse nadie. Les compraban el saco de carbón a seis o siete reales, les cobraban pie de monte, y luego los intermediarios que sacaban el carbón por aquí, por este ferrocarril de la estrecha, lo vendían a un precio dos y tres veces mayor.

Es decir, que era la población más pobre y más abandonada de todo el país, y uno de los lugares donde la Revolución ha hecho más es, precisamente, en la Ciénaga de Zapata. Ha desarrollado centros turísticos en la Laguna del Tesoro, Playa Larga y Girón; se han construído vías de comunicación, no solamente esta carretera, sino se han construído cerca de doscientos kilómetros de carreteras y caminos en la Ciénaga de Zapata, por donde los campesinos ahora sacan el carbón, sacan la madera. Los ingresos de la población en esa zona han incrementado de manera extraordinaria, que hay personas que ganan ocho, diez y doce pesos al día extravendo maderas, y hasta más. Gente que vivían en unas condiciones terribles.

En la Ciénaga de Zapata había cuando se produce la invasión doscientos maestros, había doscientas maestras en la zona de la Ciénaga de Zapata alfabetizando en el momento en que se produce la invasión. Eso da idea del punto que han escogido esta gente.

Y es muy importante, porque demuestra cuál es la mentalidad imperialista, al revés de la mentalidad revolucionaria. El imperialista va a la geografía, analiza el número de cañones, de aviones, de tanques, las posiciones; el revolucionario va a la población social. Al imperialista le importa un bledo cómo piensa o cómo siente la población que está allí, eso lo tiene sin cuidado; el revolucionario piensa primero en la población, y la población de la Ciénaga de Zapata era enteramente nuestra.

¿Por qué? Porque era una población redimida de la peor miseria, del peor aislamiento.

Yo recuerdo que conversando con unos campesinos de aquella zona, por esta zona de Santo Tomás, me dijeron: "mire, el hombre resiste más que el perro, porque aquí hay perros que se murieron de hambre y nosotros no nos morimos de hambre; hubo perros que se morían de hambre y nosotros no nos morimos de hambre. El hombre resiste más que los perros". Esa es la frase de un campesino de la zona de Santo Tomás.

La campaña de alfabetización que se estaba desarrollando en esos lugares era una cosa fantástica; era uno de los lugares pilotos de la campaña de alfabetización. Todos estos pueblos, Jagüey Grande, Covadonga, Australia, todos estos pueblos de por aquí no tenían acceso al mar, era ciénaga exclusivamente. Ahora toda esta gente tiene playa; a Playa Girón y Playa Larga van miles de personas los domingos, aún cuando no está terminado. Existía el propósito de dejar inaugurada Playa Girón para el 20 de Mayo; también la Laguna del Tesoro, Playa Larga; se estaba trabajando intensamente.

Hay doscientos hijos de campesinos, no; trescientos hijos de campesinos de la Ciénaga, estudiando en La Habana, que están estudiando cerámica, que están estudiando en curtido de pieles, mecánica, carpintería; porque se van a establecer allí una serie de industrias de curtir pieles, de trabajos de mecánica, de cerámica, de carpintería. Y tenemos 300 muchachos y muchachas estudiando en La Habana. Por cierto que a dos de esas niñas que estaban aquí, a la madre la mataron en el ataque aéreo los mercenarios. Hay una historia de unas de las hermanitas de ellas, que tenía una obsesión con que le compraran unos zapatos blancos, unos zapatos blancos. Por fin los padres le habían comprado un par de zapatos blancos, y en medio del bombardeo la niña lo que quería era buscar los zapatos blancos, ir a buscar los zapatos blancos a la casa. Por fin, recogió los zapatos, incluso ametrallados, casi destruídos. Y a la madre de esa niña, la perdieron en el ataque de los mercenarios allí.

Esa es la situación de la población donde estos mercenarios desembarcaron. Van a desembarcar en Playa Girón, donde hay un pueblo que tiene 180 casas, un centro que tiene 180 casas y que va a tener capacidad para albergar más de mil personas, porque son centros turísticos, que van a estar organizados de manera que puedan ir los trabajadores, las familias más humildes del pueblo. Allí, nada menos que allí en Girón y la Ciénaga, lugares que hemos llenado de carreteras, en un pueblo construído por entero por la Revolución, que tiene campo de aviación y todo allí, es donde los mercenarios pensaban instalar su territorio. Allí, nada menos, es donde iba a instalar su territorio ocupado el imperialismo, el lugar donde más se ha hecho en menor tiempo; posiblemente en ningún lugar del mundo se haya hecho más por una población, que lo que se ha hecho por la Ciénaga de Zapata en dos años.

Fíjense si son ajenos, fíjense si son indiferentes por completo a cómo piensa la población, que vive allí. ¿Por qué? Porque geográficamente el lugar les convenía para el plan. ¿Cuál es el cálculo que hacen ellos? Ellos tienen una Brigada de unos 1,300 ó 1,400 hombres, bien armada. Nunca ha combatido en ninguna guerra una unidad de combate con el equipo militar que tenía esta Brigada.

Es decir, que las armas más modernas del ejército americano, y más efectivas, se las entregaron, en cantidad enorme. Calculen ustedes que nosotros habíamos ocupado hasta hace tres días: 60 bazookas; tenían morteros pesados de 4.2, ocho morteros pesados; varios cañones antitanques sin retroceso, de 75 milímetros; cinco tanques Sherman o M-41, que es lo mismo; tanques modernos con antiaéreas, con cañones potentes; 10 camiones artillados y blindados con ametralladoras 50.

Entonces ellos calculan lo siguiente, para realizar su plan de apoderarse de un pedazo del territorio nacional. Lanzan el ataque sobre Girón, contando con el dominio total de aire. Ellos han lanzado su ataque el día 15, y por aquí... (busca documentos)... Ellos consideran que dominando totalmente el aire, apoderándose de un aeropuerto grande que hay en Girón, donde pueden descender aviones grandes, tomar Girón y en uno de los barcos traían de 30 a 40 mil galones de gasolina de avión. Porque ellos empezaron a operar sus aviones desde Nicaragua, para ya establecer la base de operaciones. Ellos contaban con el dominio completo del aire, apoderarse de ese territorio, que como está rodeado por mar completamente... Entonces es una posición muy difícil de atacar, porque hay que atacarla por esta carretera que pasa sobre la Ciénaga, es decir, que tiene tres o cuatro puntos de entrada solamente. Y esos tres o cuatro puntos de entrada se podían defender perfectamente con tanques, con cañones antitanques, y con morteros pesados, de donde cualquier fuerza atacante se ve obligada a avanzar por las carreteras sobre la Ciénaga, completamente deprovista de protección, porque no hay árboles, no hay nada; hay que ir por la carretera descubierta. Un tanque destruido ya, o dos, sobre la carretera, se convierte en un obstáculo insalvable.

Y entonces, esa fuerza tenía que atacar bajo el fuego de los aviones enemigos. Es decir, que ellos, con la Brigada se apoderaban de ese territorio, tomaban esas carreteras, y entonces se atrincheraban allí en posiciones muy difíciles de tomar, más el dominio aéreo, ya establecida la cabeza de playa, el aeropuerto allí, el abastecimiento por mar y por aire, entonces crear allí el territorio, de donde ellos contaban con hacer una guerra de desgaste contra el país.

HABLAN LOS INVASORES/HABLAN LOS DEFENSORES

Durante la frustada invasión de Playa Girón la prensa revolucionaria recogió un sinnúmero de cartas, documentos y declaraciones. Un grupo de invasores capturadas se ofreció voluntariamente a comparecer ante la televisión para contestar las preguntas de un panel de periodistas. El grupo, representativo de la brigada, incluye desde hombres de negocio, políticos, hasta sacerdotes y conocidos torturadores. Sus declaraciones reflejan sus intenciones, sus valores y el propósito —dada su condición de prisioneros— de justificar su acción.

La voz de los defensores, los desconocidos de siempre que constituyen la fuerza de la revolución, expresan en términos románticos y exaltados sus experiencias y su altruismo en un momento decisivo para la consolidación de la revolución. Es precisamente unas horas después del ataque aéreo de la brigada invasora que Fidel Castro proclama el carácter socialista de la revolución cubana.

Son voces muy diferentes —en un caso condicionados por la derrota y en el otro por la victoria— pero que reflejan también ideales y objetivos muy diferentes.

Esta antología no existiría si el desenlace de la agresión hubiera sido otro.

VARIOS

Hablan los invasores

Pablo Organvides. (Servicio de Inteligencia):
Bueno, en el año de 1955 residía en los Estados Unidos... Como muchas personas saben, yo conocí a Fidel Castro cuando estuvo en el Cuartel Moncada en 1953. No sé cómo esto llegó a oídos de las autoridades del Departamento de Inmigración de los Estados Unidos. En el propio año de 1955, cuando pedí asilo político en Miami, cuando el gobierno de Batista... no, miento, fue en el 56... después de esto, en el año... le voy a decir exactamente, enero o febrero del 59, alrededor de un mes después del triunfo de la Revolución, fui llamado por el investigador, Mr. Everfield, que pertenece al Servicio Central de Inteligencia, al Departamento de Inmigración... Ese individuo me dijo... vaya... que necesitaba mi colaboración respecto a individuos que yo conociera de tendencia comunista.

Entonces, en el mes de abril, después de la visita de Fidel Castro a E. U., fui llamado por el segundo jefe del FBI en la ciudad de New York, que me dijo que no tenía más que dos caminos. En esto les estoy diciendo la verdad porque a esta declaración nadie me obliga, es exclusivamente voluntaria. Este señor me dijo cuál era mi situación en los Estados Unidos, pues yo tenía asilo político del régimen anterior, y que tenía que regresar a Cuba. El pasaporte con el cual entré, al entregarlo cuando solicité asilo, pasó a manos del Departamento de Inmigración; cuando mi abogado —sinceramente, no puedo recordar su nombre, es un apellido irlandés— hizo la reclamación al Departamento, ellos le dijeron que mi pasaporte me lo habían remitido, y que no eran culpables de que no hubiese llegado a mis manos.

Entonces quedé en una situación que era: venir a Cuba o ir a otro país.

Yo soy muy sincero. Desde que conocí a Fidel Castro solamente recibí atenciones de su parte. Anteriormente a la Revolución, no voy a negar aquí en este momento que tuve con él un pequeño problema, hace unos cuantos años, un mínimo roce... ¿cómo pudiéramos llamar...? una falta de interpretación... Por eso yo no quería que el gobierno me diera los medios para volver a Cuba. Entonces ellos me dijeron que pasara a ser miembro... que tenía que colaborar con ellos o me deportaban. Entonces, bajo... ¿cómo podríamos llamar...? bajo coacción me hicieron ingresar en el Departamento del FBI, donde el trabajo era chequear a los cubanos comunistas, o que ellos creyeran que eran comunistas, y a todos los que pudieran pertenecer al Movimiento 26 de Julio.

Después del problema político entre Cuba y los Estados Unidos, se hicieron trabajos diferentes... Por ejemplo, cuando los pilotos de la Compañía Cubana de Aviación llegaban a Miami, se trataba por todos los medios de establecer contacto con ellos en el hotel donde acostumbraban parar, uno que está en la Octava Avenida, donde tenían cuatro habitaciones. Se les tomaban líneas a los teléfonos para ver qué conversaban, y mandaban gente detrás de ellos para saber dónde iban...

¿De las últimas entrevistas que tuve con los jefes del FBI y de la CIA antes de la expedición? Fueron muchas... Recuerdo que la última oportunidad que tuve de hablar con Mr. Grodmann, uno de los asistentes de Allan Dulles... Hace alrededor de 17 días, fui a la ciudad de Washington, a la oficina de The Post Office Building, es un edificio viejo, donde estaban las oficinas del FBI en el quinto piso. Entonces hablé con Mr. Grodmann y recibí las últimas instrucciones.

Bueno, las últimas instrucciones estaban ya dadas por el asistente del Jefe instructor de las operaciones en Guatemala que era el señor William Freeman, a quien ustedes conocen por el nombre de Katt. Unos le decían Katt, otros le dicen Frank. Esos son sus seudónimos... El primer Jefe es un señor de procedencia irlandesa, me parece de Mr. MacQuaring, que pertenece al ejército de los Estados Unidos. Si mal no recuerdo, porque yo he estado estos días con fiebre, no me encuentro bien, me parece que ese es su nombre correcto.

En todo el entrenamiento participaron pilotos, náuticos e instructores militares de los Estados Unidos.

Yo no estaba supuesto a venir en la invasión. Mis actividades eran otras. La orden que yo tenía era quedarme en la Base de Puerto Cabezas, donde los americanos habían construido una base militar para los aviones B-26, pero por ciertas razones, de las cuales hoy sinceramente me alegro, a pesar de que esté preso y no sepa cuál pueda ser mi destino, no me encuentro arrepentido de estar en Cuba. Por una parte, me alegro.

Había una orden especial, dado el caso de que todo fallase, de que por ningún concepto nos quedáramos o entregáramos vivos, los que pertenecíamos al Departamento de Inteligencia. (En cierta oportunidad ellos nos llegaron a dar una cápsula de cianuro de potasio, una cápsula muy pequeña, que se llevaba en el bolsillo, para mascarla antes de ser arrestado.) Ustedes podrían ver que había dos destróyers americanos hacia la costa cuando iban saliendo unos barcos; lo único que un T-33 de usted hundió las barcazas y no pudimos llegar al destróyer. No vinieron ni oficiales ni pilotos ni miembros del FBI con nosotros. Americano vino uno solamente que habla español muy bien, y los demás hicieron como el "Capitán Araña", se quedaron todos en el campamento. Porque ahora, según he podido ver, analizando las cosas y debido a unas conversaciones que les voy a explicar, que sostuve con ellos en Washington, he llegado a la conclusión que ellos estaban seguros de que esto iba a ser un fracaso. Esto lo han hecho ellos, la opinión que yo tengo es que ha sido con el objeto de buscar otro punto de vista, que inclusive yo lo sé y lo voy a decir... porque no tengo nada que ocultar, sinceramente. No me importa cuál pueda ser mi suerte y no me importa cual pueda ser mi destino, porque soy hombre y estoy decidido. Lo hago porque he visto la mentira tan grande que nos pusieron en la cabeza, el veneno que han puesto en los corazones de muchos, y por eso es que voy a decir la verdad. Yo estoy completamente seguro que ellos sabían que esto iba a ser un fracaso; según ellos, al llegar la expedición, las Milicias y el Ejército, que estaba en contra del doctor Castro, porque estaban pasando hambre, se iban a pasar al movimiento. También dijeron ellos que la aviación había sido destruida, y entonces ellos pensaban establecer una cabeza de playa y hacer de ella un punto de desgaste constante.

En la última conversación que sostuve con ellos, cuando les dije que tenía que proteger a mi señora, que estaba en los Estados Unidos, y que yo no sabía qué podía pasarme... Me dijeron que yo no tenía que desembarcar, y que el problema de Cuba no podía fallar. Y el ayudante de Allan Dulles me cogió por un brazo y me dijo más o menos: "Si el problema de Cuba fallara con este intento de desembarco, y aunque la Organización de Estados Americanos no quisiera hacer nada, nosotros iremos a una intervención directa". Y me dijo que Cuba estaba a 90 millas de los Estados Unidos, y que ellos tenían la seguridad de que se habían establecido, o que se iban a establecer bases para lanzar cohetes, y que eso era un gran peligro para ellos. Me dijo que ellos no creían en los demás países de América

Latina, que no creían en México, por ejemplo, y en ninguno de los países que se estaban movilizando a favor de Castro. Y que las amenazas de los rusos con sus cohetes era un "bluff" comunista, porque los comunistas solamente sabían hablar y nunca hacían nada, y así que yo podía tener la seguridad de que si la invasión fallaba en menos de quince días ellos intervendrían en Cuba directamente.

José J. Martínez Suarez (Brigada de Sanidad):
Tengo 52 años. Fui militar durante 28 años, desde al año 31 al 58. En el ejército de Batista fui comandante, jefe del Escuadrón 54 de la Guardia Rural. Era la Guardia Rural de una parte de la provincia de La Habana. No participé en la guerra.

Yo esperé que transcurrieran los tres meses necesarios para que se hicieran las investigaciones sobre los hechos punibles que pudiera haber cometido durante el gobierno de la tiranía. Dado mi certificado de licenciamiento con hoja limpia fui autorizado a salir del territorio. En abril de 1959 fui a Miami.

En Miami estuve trabajando en los mercados, donde contraje una afección pulmonar que me imposibilitaba para seguir trabajando en los Estados Unidos, porque allí es necesario exhibir un certificado pulmonar en todo trabajo. Al cabo de un año y pico que trabajaba en los fregaderos del restaurante que estaba anexo a los frigoríficos, tuve que salir a consecuencia de lo cual contraje esa afección, y entonces tuve que quedarme en mi casa hasta tanto buscara otro trabajo que me fuera posible.

Entonces me entrevistó un señor norteamericano que tengo entendido que es el oficial que reclutaba para unos campamentos, que se decía que habían en el exterior de los Estados Unidos. A este señor, yo le expliqué que yo no podía hacer más ejercicios de las armas. Primeramente por mi edad; segundo, por la lesión que me aquejaba. Entonces me dijo que eso no tenía que ver, que las montañas a donde iba a ir posiblemente me curarían y no tendría que salir de allí, por cuanto ya ellos tenían "madurado" el problema de Cuba.

Enseguida que acepté, me informaron que me pagarían de acuerdo como pagaban a los demás cubanos, cubanos que muchas veces por necesidad tenían que buscarse la comida. Eran sumas que estimo fabulosas: se le pagaba 175 dólares por la señora, 50 dólares por el primer hijo y 25 por cada uno de los restantes. Había soldados en la brigada que devengaban hasta 400 dólares.

Yo tengo la señora y tres hijos. Me dieron 175 por la señora y 50 por el primer hijo, en total: 225; más 25 y 25 por los otros dos hijos, en total: 275 dólares. Se me informó entonces que yo iba como sanitario.

Ese dinero era entregado a la familia, nunca al individuo, y siempre después que dicho individuo abandonaba la ciudad para los campamentos. A los quince días venía un señor a la casa con un sobre y entregaba ese dinero. En una carta mi mujer me mandó a decir que el que me traía el dinero era un cubano. Decía que era del PDR. Pero dada la forma tan abundante con que se malgastaba la comida, y la abundancia de todo en los campamentos, yo nunca creí que pudiera ser, por mucho que se hubieran robado, lo que se hubiera gastado. Eso tenía que tener otro conducto, y no era precisamente de bolsillos particulares. Del State Department posiblemente.

A los exilados y a los que ingresaban, porque allí había muchos individuos que ingresaban sin estar exilados, se acostumbraba a llevarlos a una casa donde se les entregaba un equipo de dos botines de combate, un uniforme amarillo y una gorra azul.

En la casa, después de las seis de la tarde, no se podía salir. Sobre las 11 de la noche llegaba un camión tipo rastra. Subían a los cubanos por una puerta trasera, en la oscuridad, y los trancaban herméticamente, con instrucciones de no hacer ruido. Este carro se dirigía entonces a un aeropuerto cercano, cercano porque demora unos veinte o treinta minutos la travesía. Nunca llegamos a saber a ciencia cierta. Pudiera ser el aeropuerto de Opalaca, cerca de Miami.

Allí se cogía un avión que no tenía insignias, tipo C-54 y se estaban siete largas horas de vuelo. Lo primero que se veía al aterrizar decía: "Aeropuerto de Retalhuleu". Eso era en Guatemala. Los individuos que se quedaban en la aviación, que allí era donde radicaba la aviación, eran separados allí.

A los que continuaban la marcha les decían: "van a unas lomitas". El viaje era de tres horas o dos horas por las montañas, hasta siete mil pies de altura. Allí estaba el campamento central, que se llamaba Tracks. Es un campamento en una zona montañosa, donde en un día se fabrica una terraza para levantar veinte tiendas de campaña con un tractor, porque el terreno es esponjoso, volcánico y muy absorbente. Entonces, había una meseta central donde estaban los comedores, y un baño con unas letrinas.

Había una meseta superior, donde estaba lo que le llamaban Cuerpo de Ingenieros. Otra terraza superior, donde estaba el personal que se entrenaba para tanques, y una última terraza, donde estaban los instructores norteamericanos.

Yo estuve muy poco tiempo, en realidad, pero los instructores llevaban más de nueve meses. En más de una ocasión, tengo entendido por oídas, habían sido relevados. También se corría o se sabía que dichos instructores eran miembros activos y de alta graduación del Ejército de los Estados Unidos de Norteamérica.

En ese campamento se nos informó, a los jefes, en un briefing, que le llaman, de todos los acontecimientos de Cuba. Allí se informaba diariamente de cómo la cosa empeoraba aquí, de cómo el pueblo desesperado, con hambre, estaba ya clamando a grito herido que fueran a liberarlos; que el Ejército Rebelde estaba "pasado" la mitad; que la aviación se sumaría en el momento oportuno, así como la marina. Nos hablaron de los sabotajes. Horrible: aquí no se podía, según ellos, transitar por ninguna carretera, todos los puentes estaban volados...

Se corría insistentemente ya a última hora que algunos sabotajes habían sido preparados en los propios Estados Unidos. Pero eso era un rumor, no era una exactitud.

Estuve tan poco tiempo en el campamento que no pude captar bien el ambiente. Hubo una cosa especial allí, y es que no se dieron grados, porque anteriormente cada vez que se trató de dar grados —ese campamento llevaba nueve meses de existencia—, todo el mundo quería los grados máximos. Entonces, los americanos no le dieron grados a nadie. Allí, el jefe de las unidades era el instructor, aunque siempre estaba con un auxiliar; se suponía que el auxiliar era el que iba a ser el jefe si el americano ese fallaba, porque era el que estaba detrás de él; pero allí no había grados.

El armamento moderno con que sirvió la Brigada, los tanques, los submarinos eran norteamericanos. Había soldados que durante la travesía vieron los submarinos, yo no los ví. Yo sí vi la escuadra... Una mañana se avistaron tres destróyeres a babor, una fragata a estribor, y me dijeron que atrás era que venían los submarinos, aparte. Se nos informó en un briefing, que el support tenía un cien por ciento de seguridad, que por encima iría una flota de Super-Sabres, por los costados la Quinta flota, y por debajo los submarinos.

Nosotros, además traíamos cinco tanques Sherman.

Antes de salir se nos informó de los bombardeos a La Habana, Santiago de Cuba y San Antonio de los Baños. Se nos informó que la aviación se sublevaría unas 48 horas antes del desembarco; y efectivamente, se nos dijo que sintonizáramos Radio Swan, y comprobamos en los barcos que la aviación de Columbia se había alzado, había descargado sus bombas allí, y los pilotos prófugos estaban llegando a Miami, según reportes de la propia Miami, uno con una hélice paralizada y otro con el fuselaje roto.

Para mí, hasta el momento del desembarco, los jefes militares iban a ser norteamericanos, porque así lo habían dicho. Inclusive, ví a todos los instructores con su equipo en el momento de coger los barcos; cosa que creí posible, dado que aquello iba a ser una cosa que no iba a tener trascendencia ninguna: la Brigada sería una tropa mayormente que convoyaría la ocupación y pacificación total de la isla, porque no iba a haber nada. Se subleva la marina, se subleva la aviación, gran parte del Ejército Rebelde está de nuestra parte: pues con eso habría muy poca operación militar que hacer.

Yo, que he sido militar, siempre tengo aquello de que conozco un poco cómo son los procedimientos militares, e inmediatamente que el convoy se acercó a la playa, en el barco en que yo estaba, y sentí fuego de ametralladora, y ví las trazadoras de ambas partes, supuse que no era para destruir la instalación eléctrica, como se nos dijo. Entonces yo en seguida fui uno de los que le pregunté, no podía preguntar más, porque yo iba de simple soldado, no iba con grado allí, pero pregunté a uno de los que podían informarme, de que cómo era aquello, y me dijo: "No, es que están apagando las luces".

"¿Apagando las luces con calibre 50?" Pero ya entonces ahí mismo empecé a sospechar, todo este problema no era nada más que un "embarque", o el comienzo de un "embarque". Por la mañana, cuando amaneció, los Super-Sabres que iban a soportarnos como un techo aéreo brillaban por su ausencia... y nosotros sí estábamos soportando el fuego de la aviación del Ejército de Cuba.

Creo que durante el desembarco voló un B-26 por muy poco tiempo. Eso es todo lo que yo ví de los que derribaron. Y de ahí en adelante no hubo más apoyo aéreo. Inclusive, yo tuve que desembarcar con una caja de medicina de primeros auxilios, que fue lo único que se salvó: un poco de agua oxigenada y un poco de yodo y unas gasas fue lo que la Brigada pudo desembarcar, porque los de la lancha apuraron a la gente.

Uno nos dijo: tenemos que regresar porque un Sea-Fury le había colocado un cohete en la santabárbara a un barco, creo que el Marsopa, y estaba ardiendo, y que como estaba cargado de municiones se suponía que la lancha no llegaría a tiempo, como no llegó a tiempo, para recoger la tripulación antes de que hiciera explosión. Y explotó.

Entonces, la lancha se llevó el resto de la medicina y sólo pudo salvar un poco de mercurocromo y un poquito de agua oxigenada.

Antes de las cinco horas de haber establecido el hospital, yo con los médicos, me di cuenta de que estábamos en una ratonera. Lo único que pensé fue salirme de esa ratonera. Aunque muchos incautos no lo creían, yo sabía que ya estaba cercado aquello, y dirigí mis pasos para ver cómo podía salirme de aquella lluvia de morterazos que me tienen casi ciego.

El señor Miró Cardona, o no conoce geografía, o él se cree que de la playa esa al Escambray se puede ir en un santiamén... no. Yo no creo que las tropas fueron al Escambray. Yo me tropecé con esas tropas, yo me les había adelantado... me pasaron por al lado. Llevaban al comandante Duque preso, porque lo ví... Esas fueron las tropas que se dirigieron al Escambray, las que llevaban al comandante Duque, porque yo se lo oí decir a los soldados.

Yo desconocía lo que dijo Miró Cardona en Estados Unidos. Ya sabe el doctor Miró Cardona dónde puede encontrar las tropas del Escambray; si no las consigue en el Escambray ya sabe dónde están, están aquí donde están los presos.

Nosotros traímos tanto potencial de fuego porque la Brigada trataría de ser la unidad preponderante dentro de las fuerzas que había en Cuba. Eso es lo que supuse: si eso lo preparan los norteamericanos, lógicamente llevarían la espina dorsal armada. A mí no me dijeron nada de los bombardeos para desembarcar. Se sabe de antemano que tropas —y esto lo saben los militares aunque tal vez lo desconozcan los civiles— que llegan bombardeando y ametrallando a un país jamás serán bien recibidas.

El triunfo de las fuerzas de la Revolución se debe principalmente al calor de pueblo que tiene el ejército y las milicias: aquí todos son soldados, todo el mundo trabaja con entusiasmo y sin interés.

He visto el formidable equipo cuando venía para acá. Lo que no me explico es cómo el Servicio de Inteligencia americano no sabía que aquí había esas ametralladoras, esos cañones y lanza una Brigada.

Es un crimen —créame sinceramente—, ese es un crimen grande, de los más grandes que van a caer sobre las espaldas de los norteamericanos. Han hecho una masacre premeditada.

Antes de venir para Cuba estuvimos 24 horas en Nicaragua. Allí nos visitó Tachito Somoza.

Hablaban inglés los que llegaron a recoger los heridos. Sí, oí que dijeron "Thank you".

Con la Unidad de Sanidad venían varios cirujanos. El doctor Almeida, el doctor Sordo, que era el único cirujano, porque los cirujanos que iban a venir no llegaron, porque no se pusieron de acuerdo en Miami, y los dos que bajaron, que eran Amstrong y Falla, cuando supieron que la candela iba a ser en tierra, o séase, que no había barco-hospital, me parece que no quisieron montar en los barcos.

La Sanidad se dividió en dos ramas: una, en la que venía yo, que venían con los sanitarios, el doctor Sordo, el doctor Lóriga y el doctor Almeida. Otra, que no sabemos que se ha hecho de ella, venía con el doctor Lamar y el doctor... un viejito canoso él. No recuerdo en este momento el nombre.

Cuando desembarcamos, una ametralladora antiaérea se fue de batería y se cayó. Entonces unos soldados estaban al lado de ella... y figúrese. La ráfaga mató a uno, e hirió a Adelkis Soto González y a Rolando Novoa le hizo explosión y le llevó la mitad del pie. Como no teníamos equipo para operar a bordo, pues no se pudo operar a los heridos. Entonces se empezó a clamar por el destróyer. Se pasaron, creo seis cables. Yo no sé a qué lugar, si era el destroyer o no a lo que llamaban, pero se pasó, porque yo oía que pasaban los mensajes urgentes. Yo no sé mucho de medicina, pero unos individuos dijeron que si se le endurecía el abdomen, era que tenía perforación intestinal. Y a las dos horas comenzó a crecerle y endurecérsele el abdomen.

Entonces oí a Sordo que decía: "Ya tiene la peritonitis ahí. Si no se le evacua en 72 horas, pues se va a morir de todas maneras."

Como a las 11 de la noche yo estaba durmiendo y me despertó un reflector que venía de sotavento. Entonces me asomé, y efectivamente, había un destróyer, o más bien parecía una barcaza que había echado una chalupa al agua. Entonces me asomé y me dijeron: "Es que van a evacuar a los heridos, ya llegó el barco de auxilio."

Manuel Pérez García (Paracaidista y mecánico de transporte):
Yo estuve en la II Guerra Mundial. Yo luché en el Pacífico. El gobierno de Estados Unidos me condecoró. Maté 83 japoneses, pero creo que la condecoración me la dieron porque le salvé la vida a un general norteamericano.

Regresé a Cuba después de 1945. Aquí murió mi esposa. Me llevé al Norte a mis cuatro hijos. Mi hijo mayor murió en la Guerra de Corea y lo traje a enterrar en el cementerio de Colón.

Trabajaba en Estados Unidos como mecánico y a veces salía fuera del territorio a hacer algunos trabajos, que para mí tenían la ventaja de que estaban libres de impuestos.

Yo no estaba en buena situación económica y por eso acepté cuando me ofrecieron ir a trabajar como mecánico en Guatemala. Me ofrecieron 300 dólares a la semana, sin impuestos también, por eso acepté. Fuí, y allí me encontré que era el ejército ése.

En seguida, cuando yo vi lo que había allí, reclamé a los americanos que estaban en la base. Reclamé como ciudadano norteamericano y como veterano, pero de nada me valió. La situación allí estaba completamente dominada por el gobierno norteamericano y no se podía salir.

Aquí ha venido un ejército mandado por los Estados Unidos para matar al pueblo. Esa "Radio Swan" dice que aquí están gobernando chinos, rusos y no sé qué. También dicen que se fusila día y noche.

Yo me fuí de aquí por hambre. En la playa en que desembarqué vi a un nieto mío entre los milicianos. Tengo testigos de que paré el camión en que venía mi nieto, y le grité a mi pelotón que no disparara.

Yo no alego engaño. Yo protesté aquí, en el periódico "Hoy", que llevaron a mi hijo a Corea, a morir en una guerra injusta. Vine aquí a pedir el fusilamiento para este viejo, que me fusilen porque creo que he vivido demasiado. Yo estoy en manos de ustedes como prisionero. No me pongan en esa situación de engañado. Estoy en manos de ustedes como prisionero del pueblo cubano y quiero que me castiguen. Yo quiero que me fusilen.

José Manuel Gutiérrez (Soldado de brigada 2506):
Llegué a Miami el 20 de marzo. Había ido a visitar a mi padre que estaba allí de vacaciones. Todas mis amistades allí me insistían en que yo debía enrolarme también. En el avión fue que me enteré que íbamos para Guatemala.

Nos decían que había más de 4,000 hombres y había solamente mil. El jefe era un americano que había allí. La comida era bastante mala y nos daban una sola al día. Nos sacaron en un camión para que no nos vieran los guatemaltecos. Nos llevaron a un avión. Nadie sabía a dónde íbamos. Caímos en Managua. Allí nos llevaron al embarcadero y nos montaron en los barcos.

Estando en los barcos, llegó Tachito Somoza. La recepción que le hicimos fue fría. Cuando nos dijeron que íbamos para la Ciénaga de Zapata, yo dije: ¡uf!, se acabó.

Desembarcamos en Playa Larga. Les dijimos a los guajiros que nosotros éramos del Ejército de Liberación y nos respondieron: "¡Patria o Muerte! ¡Viva Fidel Castro!" En seguida nos abrieron fuego con las ametralladoras.

Por la noche comenzaron a llegar los tanques de Fidel. Entonces unos a otros nos miramos, preguntándonos: "¿Pero esto qué es? ¿Dónde están los milicianos que se iban a unir a nosotros?"

Entonces todo el mundo se puso a esperar a nuestra aviación, pero lo que apareció fue un Sea Fury que por poco acaba con todos nosotros.

En medio del tiroteo nos llegó la noticia de que se había ido el Estado Mayor. Desde ese momento cada uno actuó por la libre. Nos replegamos.

Al otro día por la mañana pasó un jeep desde el que nos gritaron: "¡Ríndanse, ríndanse, ríndanse!" Y uno de los que iba en el jeep era Fidel. Nos entregamos y entonces nos interrogaron.

Nos da pena y roña lo que hemos hecho. Nosotros lo que quisiéramos es entrarle a tiros a los que nos trajeron. Esta es una invasión organizada por Estados Unidos, pero nosotros nunca creímos que esto iba a ser así.

Trajimos muchas armas, pero yo creía que eran para cuando los guajiros se alzaran tuvieran armas.

La verdad es que yo no tenía ningún móvil personal para venir en la invasión. Más bien, fue la acción de grupos.

Además, recibí muy poco entrenamiento militar. Aunque aquello lo dirigían los americanos, dentro de los campamentos había una serie de pugnas entre norteamericanos, cubanos y los del Frente. Una vez que se llegaba al campamento de entrenamiento ya no se podía salir. No se podía protestar ni nada.

Yo estuve en Cuba durante el gobierno de Batista. Hasta 1958 la situación era muy mala. Todo lo que se destinaba a obras se lo robaban. Las riquezas del país pertenecían a un grupo reducido de personas. Los grandes ingenios pertenecían a norteamericanos, algunos ingleses y españoles. Las tierras pertenecían a grandes latifundios.

Esta herida no es un tiro. Saliendo de Playa Girón, el jeep en que iba dió un frenazo de pronto, y yo salí expulsado, cayendo en el pavimento.

Padre Ismael de Lugo (Jefatura de la brigada):
En noviembre de 1960 salí de Cuba. Me enrolé en el Frente Revolucionario Democrático, para asistir espiritualmente a los muchachos católicos del campamento que habían solicitado un padre. Salí de La Habana por la vía legal. Obtuve autorización de mis superiores generales de Roma, de la orden de los capuchinos. Casi to-

dos los que venían en la expedición pertenecían a la Acción católica universitaria. El sacerdote católico tiene la misión de ir donde lo llaman. Mi misión era puramente espiritual. He venido prestando un servicio religioso, como va el médico, a donde lo llaman. Yo llevaba cinco años en Cuba, antes de ir a los campamentos. Y no hay ni puede existir ningún dato de que en la Iglesia donde yo ejercía, El Salvador de Marianao, tuve nunca un acto revolucionario ni contrarrevolución, porque no creo que sea la misión del sacerdote meterse en revolución ni en contrarrevolución, sino ejercer su ministerio. No llevé armas en el campamento ni aquí tampoco. Nunca fuí instruído en el manejo de armas. Yo no he matado a nadie, porque no he manejado un arma ni antes ni después. Estando en la Playa Girón un avión a chorro ametralló la base donde estaba la enfermería y uno de los heridos cayó ametrallado por una cincuenta, y cuando me pidió auxilio de que fuera a socorrerle, porque no quería morir sin la extremaunción, al atravesar la plazoleta me atacó de nuevo un chorro y un "rocket" estalló cerca y un poco de metralla me dió en el brazo.

Soy español. Participé en la guerra civil como Alférez provisional, en el ejército de Franco, cuando tenía dieciocho años. De mi familia cayeron 27 asesinados, y usted debe comprender que cuando de la familia uno pierde 27, hay que pelear.

Entre sus papeles se encontró de su puño y letra el siguiente "Llamamiento al pueblo":

"El Jefe de los Servicios Eclesiásticos de la Brigada de asalto, Reverendo Padre Ismael de Lugo, Capuchino, se dirige en nombre propio y en el de los demás capellanes, al pueblo, al pueblo católico de Cuba.

Las fuerzas liberadoras han desembarcado en las playas cubanas. Venimos en nombre de Dios, de la justicia y de la democracia, a restablecer el derecho conculcado, la libertad pisoteada y la religión calumniada. Venimos no por odio, sino por amor: venimos a traer la paz, aún cuando para conquistarla tengamos que hacer la guerra.

La Brigada de asalto está constituída por miles de cubanos que en su totalidad son cristianos y católicos. Su moral es la moral de los cruzados. Vienen a restablecer los principios que un día el Maestro legisló en el monte de las bienaventuranzas. Antes de desembarcar han oído la santa misa y recibido los santos sacramentos. Saben por qué luchan. Quieren que la Virgen Morena, nuestra patrona, la Caridad del Cobre, no sufra más al contemplar desde su santuario tanta impiedad y tanto comunismo.

En estos momentos necesitamos la colaboración de todos los católicos de Cuba; pedimos oraciones por nuestro triunfo, protección divina para nuestros soldados, cooperación cívica no saliendo de sus hogares y rogando al Dios de los ejércitos que la lucha sea breve para que se derrame la menor cantidad de sangre posible, de sangre fraterna y cubana.

Nuestra lucha es la de los que creen en Dios contra los ateos; la de los valores espirituales contra el materialismo. La lucha de la democracia contra el comunismo. Las ideologías sólo pueden derrotarse con otra ideología superior; y la ideología única capaz de derrotar a la ideología comunista es la ideología cristiana; para eso venismos y por eso luchamos.

Católicos cubanos, nuestra fuerza militar es invencible y mayor aún la fuerza de nuestra moral y nuestra fe en Dios y en su protección y ayuda. Católicos cubanos: os envío un abrazo en nombre de los soldados del ejército liberador para todos los familiares, parientes y amigos. Pronto podréis estar juntos. Teneá fe, que la victoria es nuestra, porque Dios está con nosotros y la Virgen de la Caridad no puede abandonar a sus hijos.

¡Viva Cuba libre, democrática y católica! ¡Viva Cristo Rey! ¡Viva nuestra gloriosa patrona!

Os bendice, Padre Ismael de Lugo, Jefe de los Servicios Eclesiásticos de la Brigada."

Manuel Artime (Delegado civil de la invasión):
Me engañaron como a un chino. Nuestro servicio de inteligencia, a cargo de José Raúl "Yayo" Varona, nos había informado que la aviación cubana estaba anulada por completo y que íbamos a tener pleno apoyo en cuanto a suministros y protección aérea se refiere, por parte de los norteamericanos.

Quince días dando vueltas por esos manglares sin comer un bocado decente, me han acabado con el estómago. Los compañeros que quedaron rezagados conmigo sólo pudimos comer raíces, algunos pájaros que cazamos con un tiraflechas improvisado con las ligas para sostener las medias, y cangrejos. Ese fue todo el menú en esos días.

Ví a Miró Cardona y Tony Varona por última vez entre el 8 y el 10 de abril. No recuerdo exactamente la fecha. Sé que fuímos juntos ellos dos, Carlos Hevia y yo, a Guatemala. Volamos directamente desde un aeropuerto abandonado en un punto de la Florida cuya ubicación exacta no conozco, hasta el campamento de Retalhuleu. Allí Miró Cardona y Varona arengaron a la tropa. Les dijeron que estaban en víspera de salir hacia Cuba y que sería la avanzada del Ejército de Liberación. Tres días más tarde salíamos hacia Puerto Cabezas para tomar los barcos.

Nunca estuve al tanto de los planes militares, pues desde el primer momento se me señaló como delegado civil para incorporarme a los expedicionarios a fin de organizar, ya establecidos en tierra cubana, todo lo concerniente a la ocupación de las poblaciones, organizar el transporte de tropas nuestras. Yo salí exilado hacia México. Allí hicieron contacto conmigo otros dirigentes y me trasladé a Miami, donde comencé a laborar en los trabajos preparatorios de la guerra contra Fidel Castro. En Miami nos visitó Montaner uno de los dueños del periódico "Información", quien me dió dinero para que hiciera un recorrido por Suramérica a fin de ofrecer conferencias de prensa y charlas desacreditando a la Revolución. El primer país que visité fue México. Después seguí a Costa Rica, Panamá, Venezuela, Perú, Chile, Argentina y Brasil. Me limité a citar a los periodistas en los hoteles donde me hospedaba y hacer declaraciones. En todas partes tuve incidentes con elementos pro-castristas. En Caracas las cosas se pusieron mal. Allí estuve a punto de que me "rompieran". Bueno, es mejor no recordar eso.

Contábamos para el apoyo aéreo con 13 aviones B-26 y más de 60 pilotos que se turnarían en el servicio de los aparatos. Como la Inteligencia nos había asegurado que la Fuerza Aérea Revolucionaria había dejado de existir después de los bombardeos a San Antonio, la FAR y Santiago, cuando navegábamos en el "Marsopa" hacia las costas cubanas, estábamos confiados de que íbamos a tener poca brega al llegar a tierra.

Fuímos el segundo grupo en desembarcar. Primero bajaron los hombres ranas, en Playa Girón. Inmediatamente después nosotros. Serían las tres de la mañana del lunes 17. En seguida se inició un violento tiroteo con los que defendían la playa. Las cosas empezaban mal. Al amanecer tuvimos noticias de que la gente que desembarcaba por Playa Larga se habían encontrado tenaz resistencia también. Además, supimos que un grupo que tenía que desembarcar por la derecha, hacía Cienfuegos, no había podido hacerlo. Entre ocho y nueve de la mañana fueron lanzados nuestros paracaidistas, pero inmediatamente después la aviación revolucionaria comenzó a hostilizarlos. Esto fue una desagradable revelación para nosotros, porque estábamos seguros que no iba a levantar vuelo un solo aparato de Fidel, ya que eso era lo que se nos había asegurado. Vimos caer varios B-26 nuestros, mientras la aviación leal nos hundía barcos y barcazas. Yo no pude salir en ningún momento de Playa Girón. Al atacar los aviones de Fidel nuestros barcos comenzaron a retirarse.

Recuerdo que en Playa Girón, Pepe San Román recibió un cablegrama o radiograma. El estaba en contacto con los instructores por radio. Le informaban que no íbamos a tener problemas con la aviación. (Ya los teníamos.) Que Nino Díaz, un ex comandante desertor se había "lanzado" por Oriente con una expedición. Que otro grupo lo había hecho por Pinar del Río. Que tampoco íbamos a tener problemas con los tanques de Fidel porque estos estaban dispersos por toda la isla y no podrían transportarse rápidamente a la zona de operaciones. Todo esto resultó falso y a medida que fue avanzando el lunes pudimos darnos cuenta.

Recuerdo que la última noche —es decir, la madrugada del 19—, pudo aterrizar un avión en Playa Girón que nos trajo suministros de municiones. Con ese parque pudimos resistir los últimos combates antes de que nuestras fuerzas se rindieran. Cuando lo ví todo perdido, me interné con otros compañeros en los pantanos. Por ellos vagamos desde el 19 de abril hasta el 2 de mayo en que nos capturaron.

Más da una vez me reuní con americanos, pero realmente no supe quiénes eran porque usaban nombres supuestos. Realmente, yo no tenía acceso a las intimidades de la alta dirigencia del Consejo. Me enteraba de cosas sueltas, como por ejemplo que Aureliano Sánchez Arango tenía pleno respaldo del presidente de Venezuela, Rómulo Betancourt, para organizar una expedición contra Fidel. Que Miró Cardona se entrevistaba con Bonsal, el ex embajador en Cuba, que era gran amigo suyo...

Esto ha sido un verdadero crimen, lo que se ha hecho con nosotros, con la Brigada. Se ha jugado con la vida y buena fe de 1,400 hombres. Por supuesto, que no le voy a decir que simpatizo con un régimen socialista, pero puedo asegurarle que odio también el imperialismo como forma de régimen. ¡Nos llevaron al matadero!

Ramón Calviño Insua (Cabo de la Quinta Estación)
Carlos Franqui, director del periódico Revolución, *comienza el interrogatorio:*
—¿Recuerda usted el 14 de mayo de 1951? Una exigencia de dinero que causó una muerte de la que usted fue autor.

—No.
—Y el 25 de junio de 1951, ¿lo recuerda? ¿Recuerda un atentado al señor Mario Carrillo de que fue acusado usted?
—No, no es verdad.
—¿Recuerda el día 9 de abril de 1958?
—Sí, en esa fecha hubo una especie de huelga en La Habana.
—¿Nada más?
—Y un tiroteo que hubo en el Vedado en que murió Marcelo Salado. Pero yo no disparé. En el auto conmigo iban el teniente Clausel y otros. Serían como las dos o tres de la tarde.
—¿Conocía a Marcelo Salado?
—Lo vi dos o tres veces. El teniente Sánchez también. Demetrio Clausel iba manejando y se bajó del auto. No recuerdo a las personas que iban con Marcelo Salado. Yo no señalé a Marcelo Salado. Yo iba de tripulante del automóvil porque pertenecía a la policía. El que señaló a Marcelo Salado fue el teniente Clausel. En el momento de yo apartarme del carro ya Marcelo Salado estaba muerto...
—¿Recuerda lo que ocurrió en la Vía Blanca y Carretera de Guanabo el 2 de julio de 1958? ¿Recuerda a un joven llamado Julio Alvarez Eduarte?
—No.
—En el acta de la Novena Estación aparece que murió de homicidio simple.
—No tuve participación.
—¿Recuerda a un joven negro, delgado? ¿A Fontán?
—Ni lo conocí. Se encontró muerto en la demarcación de nosotros. Ni fui al lugar. Yo no me lo encontré ni muerto.
—¿Recuerda el 15 de junio de 1958?
—No recuerdo.
—¿Recuerda el nombre de su jefe?
—Sí, Ventura.
—¿Recuerda a Jorge Sánchez Villar?
—Sé que estuvo detenido en la Quinta Estación de Policía.
—¿Recuerda que usted, Ariel Lima y otros lo mataron en la Playa de Santa Fe y después lo presentaron en la Casa de Socorros?
—No.
—Pero en el acta de Policía hecha por usted aparece así.
—Yo quisiera verla.
—¿Recuerda a Manuel Aguiar?
—Sí, sé que estoy acusado de su muerte, pero yo no fui quien lo mató. Y le voy a decir quién fue.

—Seguramente algún fusilado ya.

—No, murió en un atentado antes de caer Batista. Nosotros llevábamos en el carro a un individuo que fue el que entregó a Manolito Aguiar.

—¿Recuerda las calles de Juan Bruno Zayas y Lacret? ¿El 28 de junio de 1953? Tres de la tarde. ¿Recuerda el caso? Frente a la casa de Samalea. ¿A un joven asesinado allí, Andrés Torres?

—No.

—El día 21 de octubre, en Marianao, usted y Ventura trataron de arrestar a Machaco Ameijeiras. Atacaron a tiros a un joven de 25 años y lo asesinaron.

—No recuerdo. Todas las actas son para encima de Calviño.

—Desgraciadamente muchos jóvenes sufrieron sus torturas y fueron asesinados por usted.

—No, lo que pasa es que como Calviño se asiló, me han acusado de esa forma. Yo era cabo de la Quinta Estación. Yo estaba en el Departamento de Investigaciones. Yo no he torturado. Usted me dice casos que yo no sé.

—Del 7 al 18 de diciembre usted torturó a un grupo de jóvenes en la Quinta Estación. ¿Lo recuerda?

—No lo recuerdo.

—¿Te acuerdas de mí? *(dice Octavio Louit Venzant, una de sus víctimas),* ¿Te acuerdas de José Antonio? ¿Te acuerdas de Carlos? ¿Te acuerdas que te subías encima de mí y me pateabas? ¿Te acuerdas que los sacaste y los mataste? ¿Te acuerdas del pase que me diste?

—Bueno, yo... Yo...

—¿Te acuerdas que decías este mulato grande es el que me gusta para golpearlo? ¿Por qué no te ríes ahora?

Recuerda que golpeaste al cobrador de la Compañía de Electricidad. ¿Recuerdas a Alfredo Sánchez Martín?

—No lo recuerdo.

—¿Recuerda al estudiante de ingeniería Rafael Guerra que torturaron y mataron en agosto de 1958?

—¿Pero quiénes? Si lo saca otro yo no tengo responsabilidad.

—¿Recuerda al estudiante Luis Fajardo que fue torturado por usted? ¿Recuerda a una señora llamada María Elena, que desnudó y torturó?

—Yo fui a detenerla, pero no fui yo. Y sé que está ahí.

—Lo primero que me hizo, *(dice María Elena, vestida de miliciana),* fue darme una trompada que me fracturó el esternón. Y después siguió dándome trompadas y patadas y me rompió la bata y me entregó a Carlos Alfaro para que abusaran de mí, y me rompieron dos vértebras. Cuando estaba desfallecida y me venía en sangre me rompieron los tímpanos. Me llevaron a la Novena. Fuíste un miserable. Y en el aeropuerto te iba a tirar y si no es por Camilo Cienfuegos te mato. Te veo hecho un guiñapo, pero yo sigo aquí, con mis vértebras rotas, pero gritando Patria o Muerte. Y quiero formar parte del pelotón. Y también asesinaste y quemaste a Pepito Mendoza y a Morúa, porque tú fuíste del 26 de Julio y después nos traicionaste. Yo pido como revolucionaria, compañera de "Machaco", que me dejen formar parte del pelotón para tirarle.

—¿Por qué usted vino aquí?
—Yo vine engañado.
—¿Te recuerdas de mí, de "Pao"? ¿Y de Hiram, y de Marino? Tú trabajaste con nosotros y después nos traicionaste, y mataste a Morúa, junto con Ariel. Todos tomaron parte en los asesinatos. Tú y Ventura entregaron a Fontán. Tú te vendiste a Ventura y después denunciaste a todos tus compañeros. Tú identificaste y mataste a Marcelo Salado, mataste a Morúa y a Machaco, eras el agente más importante de Ventura; fuíste quien precisaste a Ariel a que nos traicionara. Eres un tipo indefendible.

—¿Me conoces a mí, a Arturo Morales? ¿Recuerdas que me fuíste a buscar y me torturaste en la Quinta Estación y me tuviste una semana colgado de una reja con la cabeza para abajo? Vengo a saber el nombre de un compañero mártir anónimo, que tú asesinaste delante de mí, en el sótano de la Quinta Estación y que cuando le dieron la primera pasada de palos le diste una patada por el hígado. Dí que lo asesinaste delante de mí. Sé que lo asesinaste, sé digno, y que después le pasaste por arriba y lo ultrajaste y dijiste palabras que aquí no puedo repetir. Esteban, tú, Sánchez, Rafaelito Salgado.

—Yo, yo... pero ahora es un grupo, no soy yo solo.
—Tú dijiste una palabrota y después "que sueño tan profundo está durmiendo". Eres un vil asesino.
—¿Recuerda que mató al estudiante Rafael Guerra Vives enterrándole clavos de línea?

El prisionero no responde.

—¿Te acuerdas de mí, Odón Alvarez de la Campa?
—Sí.
—Tú asaltaste el Banco de Bauta. En la prisión fuíste mayor de celdas; abusaste de los presos comunes, y cuando saliste de la cárcel

te pudiste infiltrar a través de un elemento revolucionario, en las filas del 26.

—Sí, recuerdo.

—Recuerdo que cuando caíste preso te entregaste a Ventura y le pediste una chapa y un revólver para ir a asesinar a tus compañeros y entregaste todos los contactos. ¿Te recuerdas que asesinaste a Morúa y otros compañeros, que desapareciste a algunos, que mataste en la Quinta Estación a un compañero que trató de fugarse de allí, Emiliano Corrales, y lo ametrallaste y te ensañaste con su cadáver, asesinaste a dos compañeros del Directorio y a otros en Santa Fe en presencia de su esposa e hijo? A Ramoncito, el del Vedado, lo asesinaste tú; a José que trabajaba con Machaco, lo mataste tú.

—Pero yo no actué en esos casos.

—Tú sí, Calviño. En la Novena Estación ahogabas a los compañeros con una manguera de agua. Eras el agente principal de Ventura y Carratalá, con Ariel Lima, Miguelito el Niño y Sánchez. ¿Tú conoces a esta señora, Pilar, la novia de Morúa, que tu mataste?

—Yo no la conocía a usted.

—Tú mataste a mi novio. Delante de mí lo mataste en la Avenida 106 a las 7 de la noche y dime que no. Y después que lo mataste me cogiste presa y te pusiste a contarme cómo lo habías matado.

—Yo quisiera ver las pruebas. Yo no tengo crímenes...

—Tú en Juan Bruno Zayas y Lacret a las 2 de la tarde, mataste a Andrés Torres, de 19 años; ¿te acuerdas?... *(pregunta otro ciudadano.)*

(El acusado guarda silencio a todas estas preguntas y es retirado de la sala, terminando así el interrogatorio.)

Hablan los defensores

Enrique Carreras Rolas (Capitán de la Fuerza Aérea Revolucionaria):
Llegó la orden de despegar a las cinco de la mañana. Cuando me dijeron que se trataba de un desembarco pensé que se referían a algún yate u otro buque más grande que estaba dejando gente por la costa. No podía imaginar ni remotamente que iba a vérmela con el espectáculo que me esperaba sobre la Bahía de Cochinos y Playa Girón. Sólo teníamos tres aparatos en activo al llegar el momento del despegue: dos "Sea-Fury" y un B-26 mal artillado. Me elevé el primero como jefe de escuadrilla. Me seguían Bourzac y Silva, que le había jugado una mala pasada a Lagás. Veinte minutos más tarde volábamos sobre el objetivo. Lo que vi seis mil pies debajo de mí, en la primera ojeada que lancé, me hizo creer que soñaba o que ante mis ojos proyectaban algún documental o película de la II Guerra Mundial. Pensé que lo que estaba viendo era un remedo del desembarco en Normandía, en pequeña escala. Cerca de la costa, en Playa Girón, había por lo menos entre siete y ocho embarcaciones grandes y un número indeterminado de lanchones y lanchas de desembarco en pleno ajetreo. Observé que un barco de transporte enorme navegaba hacia el interior de la Bahía de Cochinos seguido por una fragata de guerra, que viene a ser la unidad naval que sucede en importancia al destróyer.

Decidí por la libre, en segundos. Y escogí la primera presa: el buque que se dirigía a Playa Larga. Di instrucciones en clave por radio a mis compañeros y me lancé el primero al ataque. Desde una altura entre cinco y siete mil pies descendimos en picada hacia el "Houston", un transporte tipo "Liberty", de ocho mil toneladas, que era nuestro objetivo, repleto de tropas y suministros bélicos. A 1,500 pies afiné la puntería y le disparé mi carga de cuatro cohetes. Algo raro me daba vueltas por dentro. Me parecía que estaba envuelto por una neblina. Solamente tenía experiencias en contadas prácticas de tiro aéreo y no sabía lo que era una guerra.

Y habíamos sido avistados por el enemigo y el fuego antiaéreo que se desató contra nosotros era una cosa de locura. Docena de baterías —ametralladoras y cañones— vomitaban metralla hacia arriba. Era un espectáculo impresionante ver el espacio iluminado por las luces de las trazadoras y las explosiones de los proyectiles.

Les puedo asegurar que lo que ensayamos fue una acción como la de los pilotos suicidas japoneses.

Hice funcionar el mecanismo para disparar los cohetes y seguí con la mirada la ruta que tomaban. Confieso que me llenó de sorpresa verlos hacer blanco en la popa del "Houston". El buque comenzó a humear y comprobé que su piloto, en urgente maniobra, lo dirigía hacia la orilla para encallarlo. Bourzac y Silva también dispararon sus cohetes contra el "Houston", logrando impactos francos en el mismo. La fragata de guerra que lo escoltaba, comprendiendo que el barco estaba perdido, pues ya hacía agua, comenzó a zigzaguear y viró en redondo para ganar la boca de la bahía y unirse a la flotilla frente a Playa Girón.

Hice dos pases más sobre el objetivo descargando todo el parque de mis ametralladoras. Después retorné a la base.

Cuando descendí de la cabina, estaba muy excitado. Hasta cierto punto me había parecido todo tan fácil —apretar botones y ver la estructura de un barco deshacerse como si fuera de papel— que quería contar a todo el mundo lo ocurrido. Curbelo me llamó a Operaciones y rendí informe. Después me dijeron que casi no entendían lo que yo decía al principio, pues comencé confundiendo los rumbos y haciéndome un amasijo en las explicaciones. Hasta que me serené un poco y pude coordinar un parte decente.

No se qué tiempo demoraron en alistar mi aparato nuevamente. Combustible, municiones. Los mecánicos y la gente de armamento volaban. Hicieron las cosas en un tercio del tiempo normal, calculo yo. Y me lancé al aire de nuevo, cargando esta vez ocho cohetes de cinco pulgadas. Me dirigí a Playa Girón. Desde lo alto pude ver al "Houston", cerca de Playa Larga encallado, como un gran pez herido de muerte. Frente a Playa Girón divisé un barco todavía más grande que el "Houston". Era el "Río Escondido" que, según me enteré posteriormente, era uno de los que traía más personal y equipo para los mercenarios. A bordo llevaban la planta emisora con que esos canallas pensaban arengar al pueblo de Cuba una vez instalada en tierra. Además, camiones, piezas de repuesto para aviones —en sus planes estaba lograr una base aérea en la pista de Playa Girón y operar desde allí con su aviación— combustible para éstos y mucho parque. El "Río Escondido" se hallaba a unas tres millas al sur de la costa.

Los cohetes de mi "Sea-Fury" partieron en busca del enorme barco como unos relámpagos humeantes. ¡Tocado! Lo alcanzaron en el mismísimo centro. Más tiempo tardo yo en contarlo que lo que demoró el "Río Escondido" en estallar como un triquitraque, envuelto en llamas.

Cuando estaba gozando del espectáculo, todavía novedoso para mí, me percaté de que un B-26 se me acercaba. Pensé que era el avión de Silva, pero inmediatamente me di cuenta de que no teníamos ningún B-26 volando en esos momentos. El engaño era casi perfecto, pues el aparato estaba pintado como los nuestros. Lo único especial que distinguí fueron unas franjas azules en las alas. Aparte de eso, tenía los colores, la bandera cubana y la insignia de la FAR, exactamente igual que nuestras naves. Hice un giro, aprovechando la velocidad de mi "Furioso", superior a la del bombardero enemigo, y logré situarme en su cola. Era unas "doce en punto" perfecta. (Los pilotos, para definir la posición de adversarios en el aire, llamamos a la nariz de nuestro aparato "doce un punto", al ala derecha "las tres" y a la izquierda "las nueve", de modo que cuando lo tenemos encentrado decimos "avión a las doce"; cuando está en dirección del ala derecha decimos "avión a las tres", etcétera). A pesar de mi ventajosa posición, el B-26 logró abrirme fuego primero con las ametralladoras de cola. Contesté con una ráfaga larga de mi calibre 50, tocándolo un uno de los motores. Le vi perder altura, despidiendo humo y descender hacia los barcos de guerra que navegaban abajo como buscando su protección. Al fin cayó al mar junto a uno de los buques.

No sé bien si fueron los disparos del B-26 ó las descargas de las baterías antiaéreas de los barcos, pero comprendí que me habían tocado en el motor. El "Sea-Fury" fallaba. A pesar de ello hice varios pases sobre los barcos hasta agotar las municiones. Después me dirigí a la base. Al hacer plataforma, el aparato no respondía bien. Apenas le cayeron encima los mecánicos, me dieron la explicación. Dos proyectiles me habían averiado uno de los cilindros, percance bastante serio.

Pero todos los que estábamos allí sabíamos que era más peligroso tripular cualquier de aquellos aviones que enfrentarse al enemigo en un duelo a tiros.

Muy a mi pesar, tuve que someterme a un receso obligado. La reparación tomaba tiempo y ya no podría volver a volar ese día.

Pero estaba contentísimo: un saldo a mi favor de dos barcos grandes y un avión enemigos.

Pensé que Fidel Castro tenía que sentirse complacido. Carreras no le había fallado.

Luis Puig Pantoja (Miliciano del Batallón 148):
En diciembre de 1960 ingresé en las Milicias Bancarias. Había trabajado en la clandestinidad. Los domingos nos íbamos a Santa María del Mar a marchar, aprendíamos la guerra de guerrillas. Luego al Morro. Más tarde, al constituirse la Milicia Nacional y dividirse por zonas y batallones, hice la marcha de los 62 kilómetros, pasé a la escuela y de ahí salió mi batallón, el 148. Supongo que formaba parte de le pequeña burguesía de que el comandante Guevara hablaba el domingo pasado, la que se escindió y una parte adquirió conciencia revolucionaria.

Me bombardearon por primera vez en el Central Australia. El hombre que no tiembla al ser bombardeado o tiroteado por primera vez es porque no tiene sangre. Sólo un enorme control puede vencer el instinto de conservación. La idea que se está defendiendo en ese momento es lo que nos sostiene e impulsa en el esfuerzo sobrehumano de esa primera media hora. Pasada la prueba, la reacción es, en lenguaje boxístico "pegar hasta con el cubo". La segunda impresión pasa más rápidamente, no hay factor sorpresa, la impresión se espera y cuando pasa se comienza a combatir. No hay quien piense en correr. Todo el mundo aguanta a pie firme.

Salimos de Buenaventura hasta El Maíz, punto situado a unos cincuenta kilómetros dentro de la Ciénaga, con la misión de cuidar a varias familias de carboneros que no tenían armas. Sabíamos que hacia esa zona se estaban retirando los mercenarios. La otra misión era atajarlos. La noche del 24, empezamos a sentir ruidos por los alrededores de la escuelita rural donde acampábamos. Distribuí el personal del pelotón que mando en lugares estratégicos. Nos pusimos en contacto con Ñico, un miliciano carbonero de la Ciénaga. Conocí su sexto sentido extraordinario para saber la procedencia de los ruidos, el número de enemigos, la distancia que nos separaba de ellos. Nos dirigimos hacia el lugar de donde procedían los ruidos. Al poco rato salió de la espesura un mercenario que dijo llamarse General Palencia, extremadamente nervioso, pidiéndonos que no lo matáramos. Cayó extenuado. Le dimos agua y una naranja. Otros querían entregarse pero tenían miedo y él decidió entregarse primero para que los otros pudieran saber lo que les esperaba. Con él al frente, seguimos avanzando y los otros nueve del grupo se fueron entregando. Les dimos un cubo de agua. A duras penas impedía que se lo arrebataran. Su desmoralización y depresión eran terribles. Todos habían venido convencidos de que su única misión sería ocupar a Cuba, que la Revolución se caería sola. No parecían haber recibido mucho entrenamiento.

Enviamos los prisioneros a la comandancia del Australia. Regresamos a La Habana dos días después. Desde entonces estamos atrincherados, esperando.

No hubiera querido perderme la experiencia por nada del mundo. Es difícil contarla con palabras, contar la salvaje alegría que se experimenta al ver caer el avión que acaba de bombardearnos, derribado por los artilleros, muchachitos de 15 o 16 años que permanecen impávidos disparando hasta que tumban el avión.

Eusebio Bouza (sargento del Batallón 117):
Yo iba en el primer camión cuando fuimos sorprendidos por la emboscada. Iba sentado en el piso del carro y la gente me cayó encima. Pero me tiré en cuestión de segundos. La balacera era bárbara. Los bazukazos pasaban por los lados del camión. Yo nunca había visto salir tantas balas así. De momento me impresionó, pero me repuse en poco tiempo y me atrincheré en la cuneta y comencé a contestar con mi Fal al fuego enemigo. Ya después del primer tiroteo me dije que la bala que no está para uno no le da. Me impresionó también ver caer herido al segundo al mando de la compañía y muerto a un sanitario. Al segundo al mando lo vi regresar herido por la carretera. Gritaba: "Patria o Muerte" y nos daba voces de aliento. Esto me dió mucho coraje y cuando en nuestro avance caímos en la línea de fuego del enemigo y el comandante Duque nos ordenó retirarnos, le contestamos que "atrás ni para coger impulso".

El comandante Duque no le teme a nada. Avanzaba por el medio de la carretera con sólo una ametralladora de mano. Bueno, era tan valiente que le pusimos el comandante coño, una palabra que usted no puede publicar en el periódico. Les gritaba cobardes y ratones a los mercenarios y no se quitaba de la carretera ni cuando venía el avión. Con un hombre así no hay quien eche para atrás.

Felipe Garcia (miliciano):
Yo pensé que a mi casa no llegaba con vida. Pero no me importaba. Estaba defendiendo la patria y lo único que me preocupaba era que los mercenarios nos fueran a ganar. Además, había visto mo-

rir a mi compañero Silvio Hernández. Eramos muy amigos. En Santa Clara dormíamos uno al lado del otro. Me hablaba a menudo de un hijo de diez años que tenía, de las oportunidades que gracias a la Revolución tendría cuando fuera grande, del mundo feliz en que crecería y viviría. Lo mató un morterazo cuando iba al frente del pelotón. Si él había muerto por Cuba, ¿qué me importaba morir a mí, que ya era viejo y mis hijos estaban crecidos? Todos teníamos razones parecidas para avanzar. Y lo hacíamos por la carretera. Sólo buscábamos las cunetas cuando se entablaba algún tiroteo. Un grupo de mercenarios que capturamos dijeron que no sabían de dónde salían tantos milicianos, que nos veían caer y luego, de pronto, cuando nos daban por liquidados, salir de nuevo. Avanzamos tanto que nos metimos dentro del arco de fuego del enemigo. Nos retiramos bajo las balas. En 56 horas de combate continuo no tomamos agua ni probamos comida. No teníamos hambre, pero la sed era muy grande y algunos tomaron agua en huecos abiertos por los obuses. Y en 72 horas nadie durmió.

Luis Gil Alvarez (teniente del Batallón 180):
Voy a tratar de contar los momentos más importantes de la lucha contra los invasores de la patria. Después de salir de Playa Girón tuvimos que alejarnos como unos 25 kilómetros, pues la aviación bombardeaba constantemente los caminos que transportaban nuestro batallón. Nos vimos de pronto en zonas completamente desoladas en las que no teníamos protección de ametralladoras antiaéreas. En aquel tramo fue donde empecé a experimentar la responsabilidad y la emoción de la guerra. Cada vez que aparecían los aviones teníamos que desplegarnos a ambos lados del camino, internándonos en la manigua. Era terriblemente duro no poder defendernos. Pero más duro aún fue cuando logramos avanzar y entrar en contacto con el enemigo. Estando allí llegaron la Compañía Ligera de Combate, el Pelotón de Reconocimiento y la 3ra. y 4ta. Compañías y el teniente Vázquez nos dió órdenes de avanzar hacia el enemigo. Cuando nos aproximamos, los mercenarios, que habían visto la avanzada de la Policía Nacional, el Ejército Rebelde y nuestro Batallón 180, entramos bajo un intenso fuego de artillería cuyos estampidos eran casi insoportables. Nuestros compañeros caían muertos o heridos, pero nosotros seguíamos avanzando. En aquel momento pude darme cuenta de la que significaba una guerra, de lo que significaba aquella guerra contra los invasores, y de la responsabilidad que uno contrae al mando de una unidad de combate.

Hubo momentos en que me detuve a meditar y a controlar y proteger la tropa para evitar que tuviera muchas bajas. Ya le dije que ese fue un momento emocionante en medio del fragor de la batalla. Las granadas de los morteros enemigos caían entre nuestros hombres mientras seguíamos avanzando. Les ordené que se detuvieran y avancé para estudiar el punto estratégico del enemigo. Una vez reconocida la situación regresé y ordené seguir la avanzada, de dos en dos, llevando nuestro par de ametralladoras 7.92 desde el lado izquierdo de la carretera hasta el lado derecho de la misma.

Mientras cruzábamos la carretera recibimos un intenso fuego de las ametralladoras enemigas, pero pasamos sin sufrir bajas y rebasamos la línea de fuego hasta entrar en contacto, cuerpo a cuerpo, con el enemigo. Allí me encontré al comandante de la Policía Nacional Revolucionaria, Samuel Rodiles y me puse a su disposición. Emplazamos las dos ametralladoras 7.92, una hacia el flanco izquierdo del enemigo y la otra frente a la línea de fuego del enemigo. El comandante Rodiles peleaba como un león.

Bajo el fuego de los morteros mercenarios muchos compañeros iban quedando en el suelo. Eran momentos muy tristes y a la vez momentos en que nuestro coraje se encendía y peleábamos con más ímpetu. Creo que la llegada de nuestras dos ametralladoras fue decisiva en el triunfo de la batalla dirigida por el comandante Rodiles. En un momento lo ví solo con 10 ó 12 hombres. El comandante al ver surgir un tanque Sherman, dió órdenes de retroceder hacia la playa, pero cuando un compañero le lanzó una granada al tanque el aparato retrocedió. Yo me acercaba al Comandante y él al verme me gritó: "¡Agáchate, agáchate!". Varios enemigos ya estaban ahí mismo, a sólo unos cuantos metros de nosotros. Los enemigos le gritaron que se rindiera, pero él les respondió con una valentía y les gritó una andanada de palabras muy duras. Fue en aquel instante preciso cuando se acercaron nuestras dos ametralladoras. Luego llegaron nuestros aviones y muestros tanques y los cañones chicos. Los mercenarios empezaron a retroceder y a rendirse y luego huyeron y muchos trataron de embarcarse, pero nuestra aviación les hundió los barcos.

El hombre que no está convencido de la causa por la que lucha abandona la batalla en momentos como aquellos. Nosotros estábamos más que convencidos de nuestra causa y por eso triunfamos.

Raúl Vazquez (teniente del Batallón 111):
En pocas horas habíamos recogido més de 178 prisioneros. Se

entregaban o los sacábamos del medio del monte, en el más deplorable estado, no sólo militar sino también moral. Habían pasado días sin comer, sin tomar agua, y robado las ropas a los campesinos a los que dejaban desnudos, para tratar de escapar. Habían perdido sus avituallamientos que consistían en pastillas como de una pulgada de diámetro, de trigo, de azúcares, etcétera. Eran unas pastillas que se mascaban lentamente y según se mascaban crecían en la boca. Pero la mayor parte de estos alimentos cayeron en nuestras manos. Lo interesante es que ellos se presentaban como gente inocente diciendo que no habían combatido a nuestras tropas, pero tan pronto entrábamos en el monte comenzábamos a recoger una cantidad inmensa de armas, fusiles Browning, M-3, Garand, parque abundante, granadas por montones, radioemisores, camiones blindados con ametralladoras 50 montadas, en fin, todo un verdadero arsenal.

Al mismo tiempo, la moral del batallón 111 se mantenía en su punto más alto. Hubo hombres que soportaron 48 horas sin probar alimento alguno y al mismo tiempo sin proferir ninguna queja, hombres que se sabían lejos de sus compañeros, "perdidos", aislados en medio del campo ocupado por el enemigo, ametrallados en ocasiones, pero siempre allí, en sus puestos, sin dar un paso atrás. En esa parte de la Ciénaga, en época de la seca, no hay agua, la tierra es un enorme espacio estéril, batido duramente por los rayos del sol en las horas del día y por viento frío en la noche, rodeado de mosquitos, en las peores condiciones materiales en que un ser humano puede ser precipitado por una guerra a muerte frente a un invasor mercenario. Pero allí donde hay una gran necesidad, es que surge la habilidad frente a la muerte. Fue una puerca echada sobre un terreno húmedo quien les dió la clave del agua en la Ciénaga. Abriendo agujeros en la tierra calcinada por el sol, a poca profundidad, comenzaba a aflorar un agua oscura, sucia, "achocolatada" como la llamaban los milicianos, que filtrada por un pañuelo o un pedazo de tela fina podía ser bebida, sólo que los hombres del 111 prefirieron beberla así como surgía, porque el sistema de filtrar el agua no producía más que repugnancia ante la cantidad inmensa de porquería que se encontraba en el pañuelo. Tal era la sed que los consumía.

Aurelio Herrera Viart (miliciano del Batallón 116):
Estuve 3 horas prisionero. Al principio se nos amenazó con el fusilamiento. Pero luego la suerte les cambió. Oí a San Román cuando ordenó la retirada. Trataron de escapar en tres lanchas, que hundió nuestra aviación. Rezamos un rosario a un niño de dos años, a

quien la metralla le arrancó una pierna. Se desangraba y nadie venía a auxiliarlo. Murió.

Después que se fueron las 3 lanchas con los jefes, Ferrer, jefe de la policía militar enemiga, nos dijo que estaban derrotados, que los habían abandonado y quiso rendirse a nosotros y entregarnos las armas. Le dije que esperaran a nuestras tropas y se rindieran, que no salieran a la carretera porque los mataban. Reunió a un grupo de invasores. Nos pidieron consejo. Sus superiores los habían abandonado. Sin estar armados nosotros los entregamos a los comandantes René Rodríguez y Ameijeiras. La batalla había terminado.

Luis Manuel Cespedes (4ta. Compañía de bazookas del Ejército Rebelde):

La madrugada del ataque me encontraba en un lugar de la costa de Camagüey, vigilando posibles desembarcos. Recibimos un cable para que acudiéramos a Playa Girón. Se había producido un desembarco. Mi escuadra, mandada por el capitán Pupo y los sargentos Israel Sendeiras y Luis Sián, entró a la Ciénaga por Covadonga.

A la una de la tarde del martes 18 llegamos a la vista de Playa Girón, como a cosa de un kilómetro, y a las 3 tuvimos el primer combate. Combatimos sin cesar hasta las 11 de la noche.

Uno llega así al frente, que para nosotros está marcado por la presencia de los cuerpos enemigos, y para ellos por nuestra presencia, y se da cuenta que está en medio de una guerra cuando el enemigo comienza a tirar y uno tira.

No sabía dónde se ocultaba el enemigo. Uno nunca ve caras ni hombres, sólo oye el fuego y ve humo y ve caer hombres y tierra levantarse y un ruido terrible. Esa es la señal de que todo ha comenzado. La manera de precisar la posición del enemigo es dispararle. El primer disparo me reveló su posición, cuando me contestó; el segundo dió en un parapeto del enemigo. Yo acababa de matar a tres hombres, que vi después cuando avanzamos. Cesó el fuego. Seguimos. Ese fue mi primer contacto con la guerra.

Un poco más adelante, situado junto a un lagunato de la Ciénaga comencé a dispararle la bazooka a un tanque enemigo. Germán Velázquez me cargaba el proyectil. Un miliciano de Cienfuegos lo ayudaba. José Bechara también le disparaba al tanque por su lado. El tanque nos vió, nos enfiló la ametralladora 30 y comenzó a dispararnos. Poco después comenzó a tirarnos con el cañón de la torreta. Las balas de cañón nos cayeron como a 15 metros. Nos hicieron saltar sobre la tierra, que se estremecía. Disparábamos tratando de destruirle la estera. Logramos paralizarlo al tercer disparo. Nos arrojamos sobre el tanque y lo tomamos, sacamos a los siete artilleros que venían dentro. Los desarmamos y un carro se los llevó del frente. Avanzamos más hacia el enemigo, es decir, hacia la playa. Disparábamos las bazookas. La infantería nos cubría disparando las ametralladoras sin cesar.

Pero el fuego enemigo era muy intenso. Tuvimos que retirarnos. Nos disparaban con ametralladoras 50 y 30, cañones, morteros. Un avión nos pasó por encima tres veces dejando caer bombas explosivas. Pero la aviación nuestra lo derribó al terminar la tercera acometida. No pude verlo caer. Me encontraba peleando dentro del monte.

Retrocedimos 5 kilómetros, a pie. Peleamos en retirada hasta las 11 de la noche. Cayó la noche. Llegamos a donde habíamos dejado nuestros transportes. Caímos rendidos por el cansancio.

A la mañana siguiente empezamos a avanzar. Sentíamos que el enemigo se había debilitado. Volvimos a avanzar. Disparábamos sin cesar, y recogíamos prisioneros. Muchos se rendían. Nos decían que no venían a pelear. Otros nos disparaban emboscados, con granadas y fusilería. Ya nuestro avance no cesó. La aviación había desaparecido. Avanzábamos a pie, despacio, cuidándonos mucho. Otras veces, cuando el fuego enemigo cesaba, nos apresurábamos. Otras nos deteníamos a observar. Afortunadamente ninguno de mis compañeros cayó. Tuvimos tres heridos en el avance.

Tenía a mi mando 14 milicianos y un soldado. Yo servía de guía, como soldado experimentado del Ejército Rebelde, a los milicianos que nunca habían estado en combate. Mis milicianos eran de Cienfuegos. Conocían perfectamente sus armas, pero no tenían la experiencia de combate. Se portaron heroicamente, recibieron su bautizo de sangre como soldados aguerridos. Me sentía muy responsable por ellos. Eran mis hermanos. El peligro une mucho. Nos cuidábamos mutuamente.

En abril del 57 abandoné mi pueblo, Mayarí, y me fuí a la Sierra de Cristal, a la comandancia de Raúl Castro. Ahí adquirí mi experiencia de combate. Mi experiencia en Sagua de Tánamo, que nosotros atacamos y tomamos, fue mucho más intensa. Allí yo manejaba un Garand. Luego sostuve un combate con el Ejército de Batista en Guanina, entre Mayarí y el Preston, en la Carretera Central.

Pero nada de esto es una guerra, o lo que uno hace es tan poco que cree que no es una guerra. Yo considero que la guerra es mucho más intensa. No quiero verla. Tiene la cara fea lo que yo vi. Pero las grandes batallas deben ser otra cosa.

Mi reacción en el combate es avanzar, avanzar sin cesar. No sé dónde se esconden mis nervios, no hay tiempo para imaginar. Hay que concentrar todas las energías en mirar por el retículo de la bazooka, calcular el avance del enemigo, la distancia en yardas, la trayectoria en curva que describirá el proyectil al salir disparado. Todas mis energías se concentran en destruir lo que tengo ante mí, cuidándome, pero sin preocuparme demasiado porque si me preocupo mucho no puedo disparar. No pienso que voy a morir. Eso no se piensa.

Como a medio kilómetro de Playa Girón, encontramos las tropas que venían de Playa Larga. Ocupamos Playa Girón. Unos enemigos se rendían, otros seguían tirando, los silenciábamos. Cuando entramos en Girón, ya había calma. Venían a entregarse. No salí al monte a buscarlos, para eso se necesita arma corta. Mi pelea es solamente con los tanques, impedir con la bazooka que el tanque llegue a la infantería.

Aquella noche dormí por tierra en Playa Girón, sobre piedras. El jueves 18 llegaba a La Habana.

NICOLAS GUILLEN

La sangre numerosa

> *A Eduardo García, miliciano*
> *que escribió con su sangre,*
> *al morir ametrallado por la*
> *aviación yanqui, en abril de*
> *1961, el nombre de Fidel.*

Cuando con sangre escribe
FIDEL este soldado que por la Patria muere,
no digáis miserere:
esa sangre es el símbolo de la Patria que vive.

Cuando su voz en pena
lengua para expresarse parece que no halla,
no digáis que se calla,
pues en la pura lengua de la Patria resuena.

Cuando su cuerpo baja
exánime a la tierra que lo cubre ambiciosa,
no digáis que reposa,
pues por la Patria en pie resplandece y trabaja.

Ya nadie habrá que pueda
parar su corazón unido y repartido.
No digáis que se ha ido:
su sangre numerosa junto a la Patria queda.

EDUARDO HERAS LEON
(1940-   )

Nace en La Habana. Es limpiabotas de niño. Estudia magisterio. En 1960 es delegado al Primer Congreso Latinoamericano de Juventud. Desde 1960 a 1966 es miliciano y combate en Playa Girón. Recibe el grade de primer teniente. Es profesor en la Escuela de Periodismo de la Universidad de La Habana. Es miembro de la Unión de Jóvenes Comunistas y del consejo editorial de El Caimán Barbudo, suplemento literario del periódico Juventud Rebelde. Actualmente es redactor de la Editorial Letras Cubanas. Trabaja en la Dirección de Artes Plásticas del Ministerio de Cultura. Estudia en la Facultad de Filosofía de la Universidad de La Habana. En 1968 recibe por unanimidad el Premio David por su colección de cuentos La guerra tuvo seis nombres. En 1970 obtiene mención honorífica de Casa de las Américas con Los pasos en la hierba, colección de cuentos que precipita su despedida de El Caimán Barbudo en 1971. En 1977 publica Acero. "Playa Girón la llevo en la sangre—dice Eduardo Heras—. Tengo que hablar de la guerra, de nuestra guerra. Repaso a Sholojov, a Bek, a Simonov, los clásicos del tema. Quiero hablar de los hombres que ganaron nuestra guerra, quiero situarme en ellos, analizar sus reacciones, su miedo, su heroismo. Por eso escribo. Para que esos hombres del pueblo me lean."

Modesto

Aprendimos a guerrear como se debe. También aprendimos a odiar y amar. Sobre un caballito como es la guerra, todas las pasiones humanas se definen más nítidamente. Parece imposible que dos sentimientos como el amor y el odio pueden marchar juntos.

M. Shólojov

A nadie le sorprendió que la primera batería en salir fuera la nuestra. Porque todos te conocían perfectamente y todo el campamento lo esperaba.

—¡Horta, levanta la batería por alarma y forma la columna!— me habías gritado antes de salir hacia la jefatura.

Yo te escuché impresionado como siempre. Porque mi admiración había comenzado a crecer desde que hablamos por primera vez.

Corrí hacia la barraca y de un salto casi, hice sonar la vaina del proyectil que servía de campana. Alguien gritó: —¡Alarma de combate! ¡De pie!— Y todo fue un torbellino de botas y milicianos corriendo, de mochilas y equipos cambiando de manos, de nervios y gritos y músculos. La barraca se quedó sin vida y los motores de los camiones se tragaron las voces de los hombres.

A tu regreso, la batería estaba preparada para salir.

—¿Pasaste lista? ¿Están todos?

—Todos presentes.

—Bueno, a montar en los camiones. Salimos ya.

—Modesto, ¿dónde?

—Girón.

Todo fue perfecto. A tu señal, los camiones comenzaron la marcha como uno solo. Y el campamento apagado se fue quedando atrás. Los hombres dejaron de hablar y el silencio comenzó a dar órdenes: contar las balas, limpiar las metralletas, amarrar las mochilas. Esperar.

Hicimos un alto y te acercaste.

—Horta, desembarcaron por varios puntos. La cosa es dura...

—Me lo imagino —dije—. ¿Por dónde entramos?

—Por el central Covadonga.

Cuando monté nuevamente en el camión de la sexta pieza, Germán me saludó agitando las manos. Mi hermano Germán. El jefe de los exploradores. Reanudamos la marcha y esta vez aceleramos y ya no nos detuvimos más hasta el central.

En aquellos momentos yo había dejado de pensar. Registraba el maletín de las tablas de tiro, lo colocaba entre mis piernas, a mi lado, a mis pies. Tocaba la fría y pulida superficie de la metralleta y, más calmado, miraba hacia afuera respirando con avidez el aire de la noche.

El central Covadonga me sorprendió. Había perdido la noción del tiempo. Miré el reloj pensando en los minutos transcurridos y sólo entonces volví a la realidad de las horas. Habían sido minutos muy lentos. Largos.

Entramos en la Comandancia del Central. En la semipenumbra del ambiente, varios teléfonos sonaban a la vez y una sombra de mediana estatura contestaba mascullando blasfemias a cada nuevo timbrazo.

—Permiso, Comandante, el teniente Modesto con la batería 3 de morteros 120, listo para recibir órdenes.

La sombra se puso de pie y dijo: —¡Acérquense!

Encendió una linterna y desplegó una mapa arrugado. Después, informó en voz baja:

—Lo único que se conoce es que el enemigo desembarcó por aire y mar en esta zona de Playa Larga y Playa Girón —dijo señalando con el dedo—. Algunos campesinos han visto por el kilómetro 18 de la carretera, varios paracaidistas. Trabaron combate allí. Haga contacto con ellos y apóyelos.

Miraste fijamente el mapa. Levantaste la cabeza.

—¿Y con qué infantería vamos, Comandante?

—Con ninguna. Uds. son los primeros en llegar. El batallón de la Escuela de Matanzas ya está combatiendo por la zona del Australia. Le voy a dar veinte milicianos que es lo único que tengo por el momento. Pero hay varios batallones en camino. Eso es todo. ¿Alguna otra pregunta?

—No, ninguna. Permiso para retirarme.

El Comandante no respondió el saludo. Volvió a sentarse.

—Manténgame informado como pueda. Mande un enlace. Buena suerte, teniente.

Salimos sin decirnos nada, aunque comprendíamos la situación

perfectamente. Caminamos en silencio hacia los camiones. Sólo te oí decir:
—Bueno, lo que sea... vamos, Horta.

II

Nos detuvimos en la carretera cuando sonaron las primeras explosiones.
—¿Dónde se emplaza aquí?— grité entre las sombras. Pensaste lo mismo, porque apenas había espacio para los morteros.
—¡Emplaza en las cunetas! —dijiste—. —¡Pon tres morteros en fila a cada lado!
—Pero... quise protestar. No pude. Me detuvo tu voz: —¡Emplaza!— Y comencé a dar órdenes, corriendo de una cuneta a la otra.
—¡Segunda, aquí. Tercera, detrás de la segunda! ¡Wilson, deja la estaca...deja...!
—¡¡AVION!!
Nos tiramos al suelo, indefensos. Los hombres de la batería corrieron entre el diente de perro y el mangle...
—¡Al suelo, al suelo!
Todos se lanzaron como resortes, entre el ruido de las balas y las explosiones. Las ametralladoras del avión levantaban chispas y pedazos de asfalto de la carretera, mientras los hombres cerraban con fuerza los ojos luchando por esconder bajo la tierra un mar de cabezas y brazos y piernas.
Comencé a moverme, dejándome caer.
—¡No te muevas, no te muevas!
—¡Esto es del carajo, coño! ¡Si estuvieran aquí las cuatrobocas...!
Un sonido diferente nos estremeció. Sonó una explosión y otra y otra vez el sonido...
—¡¿Qué es eso, qué es eso?!
—¡Rockets, están tirando rockets!
Toda la carretera se cubrió de polvo y de un torbellino de fuego.
Un calor sofocante y un olor a goma quemada me asfixió. Me viré boca arriba buscando aire fresco y el humo me quemó los ojos.
Sentí una necesidad agobiante de disparar y disparar. Levanté la metralleta sin apuntar a nada y apreté el gatillo hasta que el peine se agotó. Otro peine. Y disparé. Sin aflojar la presión del dedo. Ráfagas y otro peine y ráfagas...
—¡Horta, no dispares más! ¡Es mierda! ¡No le vas a hacer nada a los aviones, no malgastes las balas!

Seguí disparando. Me sentía mejor.

—¡Horta!

Me agarraste el brazo con brusquedad y comenzaste a tirar de él con fuerza hasta que me detuve. El avión se alejó. Respiré profundo y comencé a sudar el miedo...

—¡Teniente, teniente! —gritó alguien con la voz entrecortada.

Te pusiste de pie rápidamente.

—¿Qué pasa?

—¡Jodieron al Malayo!

—¿Muerto?

—No, no, lo hirieron.

—¡Coge el yipi y llévalo al central! ¡Pero vuela!

III

El capitán llegó hasta nosotros.

—¿Dónde está el jefe de la batería? —preguntó dirigiéndose a todos.

—Doscientos metros adelante, capitán.

—Me hace falta una escuadra de la batería que salga conmigo.

El sonido nos sorprendió.

—¡Cuidado, cuidado, una granada!

La explosión me hizo perder la noción de las cosas. Agarré las piernas del capitán que se tiró a mi lado y las apreté con fuerza, mientras las piedras y las ramas secas y calientes me golpeaban el cuerpo.

—¡Coño —dije—, los hijoeputas nos están echando con tó los yerros!

En eso apareciste, corriendo.

—¡Qué le pasa al teléfono que no...!

Sólo entonces viste al capitán...

—Permiso, capitán.

Sin responder a tu saludo, te exigió:

—Me hacen falta siete hombres de su batería. ¿Quiénes son?

Cuando llamaste a mi hermano, me miraste interrogadoramente como buscando mi asentimiento. Yo no te miré. Bajé los ojos un momento. Después, volví la cabeza e hice un gesto disimulado con la mano tratando de quitarme el polvo de los ojos.

—¡Horta, Horta, acérquese!

Germán se acercó corriendo.

—¡Coja la escuadra de exploración y póngase a las órdenes del capitán!

Germán intentó decirme algo, pero se detuvo y comenzó a llamar a los milicianos de la escuadra.
—¿Cuántas balas tienen?
—Las 184 de la metralleta, capitán.
—Está bien, eso basta. Vamos.
Se alejaron. Quise decir algo pero las palabras se me ahogaron en la garganta. Me sentí débil de pronto. Cuando te miré todo tu cuerpo estaba rígido y tu rostro lleno de una disciplina casi inhumana. Tuve miedo y entonces me imaginé la muerte. La muerte de Germán. Mi muerte. La muerte de todos. Sé que en ese momento dejé de pensar como un soldado, porque la angustia me atenazó la sangre y ya no me dejó...
—Prepárate para hacer fuego —me ordenaste—. Espera mi voz de mando.
Y te perdiste hacia el observatorio.

IV

—¡Sargento primero, sargento primero!
El negro Wilson llegó hasta mí, pálido.
—¡Llena de granadas el emplazamiento!
—Pero ¿cuántas granadas traigo, teniente?
—¡Las que te salgan, pero que sean bastantes!
El tiempo se movió. No recuerdo cuánto.
La carretera comenzaba ahora a llenarse de vehículos, de carros, de autobuses. Los hombres marchaban en fila a ambos lados de la carretera, doblados bajo el peso de los fusiles y las cajuelas de las balas, mientras el sol castigaba los uniformes empapados de sudor...
—¡Pelotón uno, listo...pelotón dos, listo...!
...adónde carajo habrá ido el capitán... no traía ni mapa... no, claro, nada más se puede ir por la carretera aquí... como a tres kilómetros o más... si no se encontraron con...
La voz del telefonista me cortó los pensamientos...
—¡Batería reglar, sobre infantería, granada explosiva, carga seis, elevación 12-70, 1 disparo, fuego!
—¡Un momento! —grité—. ¿Qué coño es eso de 12-70? ¡Va a disparar sobre nuestra gente...! ¡Alto, alto!
Le arranqué el teléfono de las manos.
—¡Póngame a Modesto, de Horta!
—¡Oye, ¿qué es eso de elevación 1270?! ¡No se puede! ¡Le van a caer las granadas encima al capitán y a su gente...!

—¡Abre fuego, Horta, es una orden!
—Pero, Modesto...
—¡Qué abras fuego, coño, que aquí el jefe soy yo!
—¡El jefe eres tú, pero yo no abro fuego! ¡Eso es una barbaridad!
—¡Horta, cojones, voy a tener que ir yo y abrir fuego yo y te voy a meter un tiro por pendejo, Horta. ¡Abre fuego, fuego! ¡¡Fuego!!

Todo se me oscureció de pronto. Algo me revolvió el estómago y me fue subiendo hasta el pecho y se me clavó como un puñal de toneladas. Me mantuve unos segundos sin decir palabra porque no podía. Entonces las manos me temblaron y todo se me rebeló por dentro y se rompió todo y no pensé. Y todo había acabado entre nosotros. Y todo desapareció con aquella orden inhumana, injusta, miserable.

—Mira, Modesto... yo... yo voy a abrir fuego —dije dejando escapar un sollozo—. Pero por mi madre, coño, que si las granadas le caen encima a mi hermano y a la otra gente, ¡tú y yo vamos a vernos después, Modesto!

¡Fuego, fuego!

Y yo también grité: ¡fuego!

Quise taparme los oídos para no escuchar el ruido ensordecedor de los morteros disparando, cerrar los ojos para no hacerme cómplice de aquellos morteros que saltaban y caían al suelo a cada disparo por la potencia de la carga. Pero no pude. Porque una voz que no era la mía, gritaba ¡fuego, fuego! Y los latidos de un corazón que no era el mío, me golpeaban como latigazos, disparando andanadas de ansiedad y de miedo. Y de dolor. Y de muerte.

No sé. No quiero recordar ahora cuánto duró aquella agonía. Sólo guardo tu voz penetrante, inmisericorde, inhumana, gritando ¡fuego!, ¡elevación 12-80, fuego!, ¡elevación 12-90, fuego!... ¡y fuego y fuego y fuego...!

Disparamos hasta que los morteros se cansaron. Pero ya no escuchaba mi voz, ni las granadas saliendo de los tubos, sólo el sonido de mis nervios restallando y el sonido de mi sangre circulando acelerada y el sonido de mis propios pensamientos, y el sonido de mi cólera...

Por fin llegó tu orden ¡alto el fuego! Y los morteros callaron. Y entonces yo comencé a gritar en silencio. Cada poro del cuerpo protestaba y las venas protestaban hinchadas de desesperación. Y a mi alrededor los gritos, los gritos. Y el fuego de fusiles lejanos y murmullos sordos como voces rebeldes...

Sonó el teléfono.

—Prepara la batería para la marcha. Seguimos adelante.
No respondí nada.
—¡Horta, Horta, ¿copiaste? Responde!
—...comprendido, teniente, comprendido —dije seco—. ¡Orden de marcha, orden de marcha!
Todos se movieron con rapidez. Sacaron los morteros semidestrozados por el intenso fuego. Los engancharon en los camiones. Y subimos. Y comenzamos la marcha nuevamente, hacia adelante, hacia la victoria. Ibamos callados, con los rostros tiznados de pólvora y una sed terrible.
Un hormiguero de hombres vestidos de verde azul, de niños montados en cuatrobocas, se movían ahora por la carretera única. Por la carretera campo de combate. Por la carretera de la sangre, de la muerte y la victoria...
...¿y mi hermano?... ¿y mi hermano y el capitán y los otros? ¿y mi hermano y los otros y todos y mi hermano y mi hermano y mi hermano?
—¡Alto, alto!
Te acercaste corriendo.
—Horta, ¿te quedan granadas? Informa.
—No tengo... no sé cuántas... tiramos como cien o como mil o no sé...
—¿Qué estás diciendo, coño, Horta? ¡Estamos combatiendo! ¿Me entiendes? ¡Combatiendo!
Tus últimas palabras me hicieron reaccionar. Te miré con odio. Con odio.
—¡No tengo que darte explicaciones! —dijiste sin mirarme. Después, más bajo: —El jefe soy yo...
Pero ya no tenía nada que decirte. Porque no tenía palabras para ti. Y era como si no hablara ante mi jefe. Por eso te di la espalda.
Creo que dijiste algo que no escuché y seguimos la marcha.

V

Nos detuvimos nuevamente. Todos seguíamos sin hablar, pero una sensación de alivio suavizaba los ánimos. Antes, la soledad y el miedo comiéndonos los cuerpos. Ahora, miles de hombres marchando. Y el miedo había desaparecido. Y un calor de seguridad comenzaba a sentirse. Y a flotar alrededor de todos nosotros porque la victoria estaba cerca.

Entonces comenzaron a regresar camiones, ambulancias, cargados de heridos. Y de muertos. Regresaban lentos, como si su carga de muerte redujera la velocidad de las gomas, de las manos apretadas a los timones, de los ojos enrojecidos de sueño, cerrándose, cerrándose.

Pasaron por nuestro lado, despacio. Los hombres se apretujaban cerca de los camiones sin obedecer el ¡abran paso, paso, compañeros! ¡Son heridos, heridos, abran paso! Y murmullos, voces... ¿ése quién es?... ¿ése? ¿quién es ése?... ¿el gordo? no, no, aquél, el colorao... ¡oye, mira... el brazo, le falta un brazo! ¿no serían las granadas nuestras? ¡Noó, mira como tiene la cabeza!

—¡Abran paso, paso! ¡Coño, compañeros, mira que si vienen los aviones nos van a hacer mierda!

Me puse de pie. Tú también. Y miramos. Dos metros de odio me habían separado de ti. Ya era inevitable. Irremediable.

Entonces apareció el camión. Yo lo esperaba. Por eso miré fijamente. Para cerciorarme de algo que ya sabía. Ese camión me era conocido desde hace mucho. Pero ahora miré con la seguridad que te da saber las cosas desde siempre. Y allí estaba.

Te grité. No recuerdo cómo. Creo que con la voz vieja. Llena de rencor.

—¡Modesto, ahí lo tienes! ¿Lo ves?

Sin decir nada, me clavaste los ojos. Alucinados. No me mirabas. Mirabas al vacío. A la nada. Lejos. Al pasado. Al futuro. No sé. Lejos.

Después, bruscamente ambos nos llevamos las manos a la funda, sin dejar de mirarnos. Pero tú fuiste más rápido. Muy rápido. Tan rápido que no tuve tiempo. Porque antes de poder sacar mi pistola, sonó un disparo y ya rodabas por el suelo con la cabeza destrozada.

NORBERTO FUENTES COBAS
(1943-   )

Nace en La Habana. Es periodista a los 17 años para la revista Mella, órgano de la juventud comunista. También colabora en Cuba y el periódico Hoy. Es corresponsal de guerra a los 19 años en el Escambray. Estudia Artes Plásticas en la Academia de San Alejandro. Más tarde es alumno de literatura hispanoamericana del Curso para Trabajadores de la Universidad de La Habana. Es asesor literario del Ministerio de Cultura. Publica Condenados de Condado (1968), colección de cuentos que recibe el Premio Casa de las Américas. Además publica Cazabandido (1970), libro de crónicas. Prepara "Finca Vigía," un libro sobre las estancias de Hemingway en Cuba. Escribe bajo la influencia de escritores como Babel, Malraux, Faulkner, Rulfo, Beck, Simonov y Dos Passos. Su estilo origina en las crónicas y reportajes que escribe en las montanas, donde presencia las operaciones militares contra bandidos. Dice Areito: "Fue el primer periodista cubano en tener acceso a las más sensibles unidades de la FAR (Fuerzas Armadas Revolucionarias), de cohetería, de interceptores Mig 21 y de lanchas de combate, y a los archivos del Ministerio del Interior. En 1968, cuando su libro 'Condenados de Condado' recibió el Premio Casa de las Américas, Norberto había dado el salto hacia la literatura de ficción." Para Angel Rama, "... Norberto Fuentes que es para mi el narrador más original producido en el período revolucionario cubano."

El capitán descalzo

El campo labrado se hundía en el cañón de la montaña y lindaba con un maniguazo tupido donde el marabú se enlazaba con el limón y el limón con el almácigo y el almácigo con la enredadera y la enredadera con la marihuana y la marihuana con el cigüelón y el cigüelón con el cafeto y el cafeto con el marabú.

Un trillo roto a filo de machete enlazaba el campo de labranza con la casa del Capitán Descalzo. Frente a la casa cruzaba el camino que topa en Condado. Descalzo detuvo los bueyes. Las bestias se liberaron por un instante del vocerío y el aguijón, pero ellos sabían que era sólo por un instante y por eso siguieron rumiando sus penas y sus hierbas.

Descalzo se sentó en el linde del maniguazo y la labranza. A su lado yacía el saco de la merienda, compuesta de una barra de pan criollo y el porrón de agua fresca. Descalzo comenzó a masticar el pan, empujando cada trozo con un sorbo de agua; vestía una camisa de faena, un pantalón azul-brillo, amarrado a la cintura por una soga, y gorra de pelotero en la cabeza. Sus pies sobresalían más allá de los deshechos bajos del pantalón. Unos pies enormes, de plantas mugrientas y callosas.

—Me persiguen —dijo alguien. Descalzo echó mano por el machetín, se incorporó y le dio frente al dueño de esas palabras—. Me persiguen —repitió el hombre, que sostenía un Garand y sobre la cadera derecha le pendía una pistolera.

—No soy ladrón —aseguró el hombre.

—No me gustan las cosas de gente que huye —dijo Descalzo. El hombre miró hacia atrás y arriba, hacia el lugar donde un tumulto de polvo rojo, arrancado a la tierra, se acercaba seguro, calmoso.

—Esa es la Milicia —dijo Descalzo.

—Ellos vienen por mí, pero ya no puedo más—. El hombre se sentó al lado del porrón y la barra de pan.

—¿Me regala un pedazo de pan y un poco de agua?

—Sírvete —brindó Descalzo—. Y vete lo más rápido que puedas. No quiero perjudicar a mi familia.

El hombre vació el porrón de tres pasadas, ahogando la sed que tenía prendida en el encuentro de la lengua y la garganta. Descalzo le preguntó:

—¿Qué arma es ésa?

—Una Luguer —dijo el hombre.

—¿Es buena?

—Buena cantidá.

—Pero luce un poco vieja, ¿eh?

—La manigua me la oxidó —explicó el hombre—. Así y todo me dispara bien. Es una pistola muy noble.

—Esta es el arma que a mí me gusta —dijo Descalzo, blandiendo su machete.

—¿Es un Collin?

—Sí —respondió Descalzo—, un Collin que lleva conmigo más de diez años.

—Déjame ver la marca de fábrica —pidió el hombre. Descalzo le entregó el machete y él revisó abajo de la empuñadura, en el lugar que grabaron el gallo y las siglas del industrial: COLLIN.

—No cabe duda, es un Collin —y le devolvió el machete a Descalzo—. Cuide ese Machete, que es el de mejor calidad, el de mejor acero.

—¡No digo yo! —exclamó Descalzo.

El hombre dividió la barra de pan y Descalzo le recorrió el filo sobre las venas de la muñeca, abriéndole el paso a la sangre, que fue arrastrándose hasta la palma de la mano y enchumbando la masa de pan.

—Oiga, ¿por qué usté me hace esto? —preguntó el hombre.

Descalzo dio un golpe preciso y el machete se encajó en la culata del Garand que el hombre sostenía sobre los muslos. La mano cayó sobre la tierra, sujetando el pedazo de pan. El hombre quiso recoger su mano, pero un nuevo machetazo, esta vez en la nuca, hizo que el grito del hombre se ahogara en borbotones de sangre que se coagularon en la boca.

Descalzo recogió el Garand y la Luguer, llegó a su casa, entrando por la puerta de la cocina, regañando a los hijos que correteaban por la casa, dejando las armas sobre su cama y saliendo al portal en el momento que la caravana se detenía frente a sus ojos.

Del primer jeep se apeó Bunder Pacheco. Los soldados esperaron sentados en sus vehículos.

—¿Cómo anda ese Capitán Descalzo? —saludó Bunder Pacheco.

—Ahí me ve, comandante. —Descalzo se consiguió dos taburetes y los trajo hasta el portal. Se sentaron.
—¿Qué cosas tiene que contarme, Capitán?
—Ando muy mal en estos días, muy triste —respondió—. La mujer se fue y me dejó con esta docena de muchachos.
—Eso me dijeron, Capitán.
—Yo le pedí a la muerte que no lo hiciera, pero ya usted sabe lo terca que es ella.
—No me gusta verlo así, Capitán.
—Se la llevó de todas maneras.
—Ahora yo también me pongo triste, Capitán.
—No se preocupe por mí, comandante. ¿Quiere una taza de café?
—Si me la brindara...
Descalzo llamó a uno de los muchachos y le dijo que hiciera café.
—¿Y cómo anda en el trabajo?
—No se anda muy bien, ¿sabe? El maíz ha venido malo con esta seca y el café tiene el precio muy bajo. No, no ando muy bien. Además, ya estoy viejo y los surcos no me salen rectos.
—Oiga, Capitán, ¿por qué no se va para la Bana? Usted sabe que allá tiene casa, automóvil y sueldo.
—No puedo, comandante, no puedo. Ya usted sabe cómo son las cosas. El reglamento dice que el uso de las botas es obligatorio. Y así yo no puedo estar en ningún lado. Espérese un momento para que vea —y se levantó del taburete, entró en la casa, y al rato regresó con un par de botas en la mano.
—¿No las ve? Están nuevas de paquete, iguales que cuando me las dieron hace seis años. Pero por mucho que intento, no puedo andar con zapatos. No sé, me sucede algo así como si me faltara la respiración.
Bunder Pacheco sonrió.
—No se ría, no se ría. Yo le aseguro a usted que éstos son los mejores zapatos que existen —y mostró sus enormes pies—. El día que se me rompan éstos, ya no voy a necesitar más.
El muchacho trajo un café recalentado; después de apurarlo, Bunder Pacheco se levantó y fue a despedirse.
—¿Se retira, comandante?
—Sí, Capitán. Estamos de operaciones y los soldados esperan.
—No hay por qué apurarse —afirmó Descalzo—. ¿A quién buscan con tanto desespero?
—Andamos atrás del Magua Tondike, que ayer lo vieron por esta zona.

—Ah —se asombró Descalzo—. ¿Y usted no tendrá un tabaquito disponible?

Bunder Pacheco buscó en los bolsillos y halló dos tabacos. Se los dio a Descalzo.

—Bueno, Capitán, tengo que irme.

—No hay apuro, no hay apuro —repitió Descalzo—. Yo le digo a usted que no hay apuro, porque se me ocurre que Magua Tondike está echándose a perder bajo el sol de mi labranza.

Santa Juana

No hay gente como la del Abuelo Bueno y su pelotón del amor, dice el comandante Bunder Pacheco y camina alrededor de los veintidós hombres. Todos marciales. Vista al frente. Fusiles en tiercen. Menos Bunder Pacheco que se sujeta las manos a la espalda y camina alrededor de ellos y repite: Yo sé que no hay gente como la del Abuelo Bueno y su pelotón del amor. Sí que lo sé. ¿Pero, esto es justo, Abuelo Bueno?

No, comandante, no es justo. Somos sus peores soldados y mañana a estas horas debemos estar contra la pared, pagando con nuestros cuerpos a la justicia revolucionaria, responde el Abuelo Bueno y las lágrimas ensucian su rostro de cachetes rosados, de piel pelada.

Todo comenzó cuando les dio aquella fiebre por las cosas del arte.

Primero fue un collar de cuentas de peonías. Un racimo de peonías coloradas y corazón negro. Yíguere se lo hizo. Yíguere el fusilero-granadero. ¿Y eso?, le preguntó Abuelo Bueno. Ná, dijo Yíguere, pá lucir lindo en el cuello. Y Yíguere perforó las cien peonías con un clavo al rojo, las atravesó y unió con nylon de pesca, y se colgó el adorno al cuello. Miren qué bonito, comentó Abuelo Bueno y a la semana todos lucían collares de peonías.

Después, entre la hojarasca del otoño, Sabino el Ligero encontró miles de semillas de la santa juana. Frijoles de madera. Bruñido metal de caobas.

Sabino se construyó un collar de dos mil semillas de santa juana, que pesaba cinco libras. Durante dos días lo lució con orgullo sobre el débil collar de peonías. Hasta que todos se hicieron sus collares de la santa juana y el exagerado de Yíguere se mostraba como un gallo fino con su santa juana de ocho libras y cinco mil semillas. El collar daba muchas vueltas al cuello y caía en el estómago.

No hubo terminado Yíguere con su santa juana y ya el Abuelo Bueno traía un diseño copiado a los milicianos habaneros que se encontraban dislocados al este de Manicaragua. Observen esto, explicó Abuelo Bueno a su pelotón del amor.

Es el collar antibomba, dijo, y mostró una tablilla del mismo tamaño y forma que un lápiz, trabajada en majagua y atada en sus dos puntos con un cordel que pasaba alrededor del cuello.

Este collar sirve para morderlo en el momento que caen las bombas de quinientas libras que tiran los aviones. Si se muerde duro, en el momento de la explosión, entonces no se romperán los tímpanos.

Sin embargo, la pasión por los collares antibomba decayó mucho en la siguiente semana; más exactamente el día que perjudicaron al miliciano Berto Fonseca. Los bandidos se acercaron por la espalda y halaron el cordel, presionando la tablilla contra la nuez de Fonseca.

Berto Fonseca murió.

Además, los bandidos no tienen aviones, comentó Abuelo Bueno.

A la semana siguiente, el pelotón del amor hizo cruce de caminos con el Batallón de Granjeros de Pinar del Río. Los pinareños se habían cosido semillas de pino en los rabitos de las boinas. Abuelo Bueno y sus hombres quedaron embelesados.

En esa parte del Escambray no abundan los pinos, ni los eucaliptos, aunque siempre se consiguieron algunas semillas. Los demás se conformaron con flores de tuna y gajos de albahaca.

Y aparecieron los primeros sellos metálicos de prender al pecho. Yíguere fue quien consiguió más sellitos. Yíguere logró el tesoro con su nuevo amigo Vladimir, el marinero de tránsito por Casilda, con sus anchos pantalones de bolsillos vacíos.

Tres botellas de ron añejo, dos pomos de perfume y una botella de alcohol de 90 grados. Ese es el precio de la alegría de Vladimir y del pecho gozoso de Yíguere, impregnado de cruceros Auroras, cabezas de Lenin y de hoces y martillos en todas las posiciones imaginables.

¿Y éste quién es?, pregunta Abuelo Bueno y señala en los sellitos.

El señor Lenine, dice Yíguere y respira profundo para que el pecho se salga y luzcan bien sus condecoraciones.

¿Y éste, este barco qué es?

Ese, Abuelo Bueno, es el barco Aypopa, que ahí mismo lo dice. El barco que utilizó el señor Lenine para desembarcar en las montañas de Rusia.

Mire usted eso, mire qué cosa más grande, exclamó Abuelo Bueno.

Así, así mismo fue todo, y por eso, en este día de inspección, el comandante Bunder Pacheco camina alrededor de Abuelo Bueno y su pelotón del amor y dice con voz de jefe molesto:

Abuelo Bueno, ¿qué significa esto? Los collares y las flores y las prendederas son cosas de mujeres. Yo no quiero mujeres en mi ejército. Abuelo Bueno, ¿no me dirá que esto es técnica de camuflaje? Abuelo Bueno, comprenda, ¡esto es un ejército serio!

Fue cuando Abuelo Bueno pidió que se le ajusticiara. Pero el comandante Bunder Pacheco decidió dejar allí aquel asunto mientras el Abuelo Bueno se arrancaba los collares del cuello, con la misma dignidad que un general podría degradarse, y las cuentas de peonía y santa juana rodaban a sus pies y a los pies de todos sus hombres que también se arrancaban los collares. Ellos lloraban. Y la camisa de Yíguere quedó hecha jirones de tantos sellos que tenía prendidos.

La Yegua

Era noche de lluvias y en esas noches las hembras se ponen en celo y se descomponen y piden un macho con la mirada y del cuerpo le salen las ganas como el rocío a la madrugada.

El comandante había paralizado las operaciones desde la tarde aunque había dejado el cerco que era de veinte kilómetros porque él agarraba de todas maneras a Juan Gerónimo.

En el sitio del Venao se estaba bien y nosotros los mayimbes decidimos no mojarnos tanto. Adentro del sitio había un radio RCA y un altar con muchas velas que nos daba luz. El piso era de tierra. El Venao repartió café y el comandante quiso un poco de raspita de arroz que quedaba en el fondo de la cazuela y el Venao se la sirvió en un platico de dulces. Después vino la Wyllis de Seguridad y cargó con el Venao. La casa era de buenos horcones y techo de zinc.

Antes de dormirnos, el capitán Bayamo repartió una docena de tabaquitos y contó otra vez lo del afusilado que creía que lo iban a romper de mentiritas con esas balas que usan en las películas y se sorprendió mucho cuando sintió los plomos adentro.

El comandante quiso aclarar bien las operaciones de por la mañana y le dijo al topógrafo que enseñara el mapa. El topógrafo abrió el mapa en el suelo y la cartulina sonó gorda y bonita. El mapa lo cercamos con las velitas del altar; él se había batido con nosotros a lo macho y había visto a los ñámpitis con la cabeza desflorada y los pedazos de cerebro regados afuera como si fueran rebanadas de cebolla, y bueno, nosotros creíamos que era bragao igual que todos.

Pero cuando se sentó en el taburete y el comandante hablaba, cruzó las piernas y las puso muy junticas y yo le miré la nariz y abría mucho los huecos y yo pensé, ¿qué le pasa al topógrafo este, que luce desorbitado?

Dormimos todos en la casa y es cierto que apretada estaba. A medianoche el capitán dijo que le pusieran cerca las velitas porque le habían agarrado la portañuela.

El comandante se emperró y dio diez puñetazos en la pared y otras diez patadas en el piso y dijo que parecía mentira que se pensara así del topógrafo, que era un roce, una voltereta del sueño, que éramos muchos en tan poco lugar y que todos los allí presentes eran bragaos probados.

Pero que era noche de lluvia y la hembra estaba en celo. A medianoche hizo otro roce de esos y el capitán se arrancó los grados del cuello y gritó: ¡por estas tres barras yo tengo Buick grande, pistola de veinte tiros, casa en el Nuevo Vedado, mujer rubia que nunca huele a potrero! —y así dijo una lista muy grande de cosas que yo no sabía que se podían tener por tres barras y al final de la lista cogió al topógrafo por el cuello y respiró cuando dijo: ¡esta yegua se ha encarnado conmigo, yo le gusto, qué desgracia la mía, mire usted, comandante, que me la agarró otra vez!

El comandante se puso rojo porque era la segunda vez que lo despertaban y porque él no quería yeguas allí. La mañana vino buena y como si la lluvia no hubiera caído aunque le humedad seguía y los cigarros estaban fofos. Lo más molesto fue a los tres días cuando vinieron la madre y la novia y que venían de negro y yo no sabía decirles palabra de por qué el muchacho se había metido el cañón de la metralleta en la oreja agotando el racimo completo de balas.

Para la noche

Más allá de Condado, en donde la Sierra no tiene dueño, los ahorcados volvieron a sus árboles y se dejaron mecer, y un caballo blanco trotaba por las guardarrayas en busca de venganza; y más allá aún, después que se deja el camino de Lomo Perea y se entra en el firme de Los Cócoros, hay unos horcones de puntas ennegrecidas, ahogándose noche a noche en la maleza de la primavera.

Pero aquí en Condado, a Virgen María se la alarga una luz amarilla por el canto del cuerpo, hasta las once de la noche, hora en que la planta local cesa en sus funciones, y sólo Virgen María puede saber que ella está ahí, hundida en la cama, aspirando el humo del tabaco que se consume en el cenicero, pensando en aquellos horcones abandonados y que la maleza no debía ensañarse sobre lo que fue un piso de tierra, muy bien apisonado y barrido, cubierto de paredes hechas con madera de jocuma.

Sin embargo, los horcones desaparecerán en menos de un año, porque el incendio había sido fuerte y nadie lo detuvo. Los bejucos del techo se crispaban y consumían, apenas la candela les daba un lengüetazo, y parecía como si del cielo llovieran ratas y arañas enloquecidas, con el lomo incendiado.

A Virgen María y Narey no les quedó otro remedio. Tuvieron que salir de la casa. Afuera estaba el Realito Quiñones, porque él mismo lo dijo:

—Yo soy el Realito Quiñones.

—No me vayan a matar, caballeros —dijo Narey.

—¿Dónde está tu fusil? —preguntó Realito.

—Se me quedó adentro.

—¿Se te quedó?

—Oigan, caballeros, de verdad que se me quedó. Yo no quiero que me maten.

—No, Narey Becerra. Tú dejaste el fusil a propósito, para no entregarlo —afirmó Realito, presionando lentamente el gatillo del M-3. Una boquilla roja se le abrió sobre la portañuela del pantalón crema. Narey se asombró. A Virgen María se le salió un grito, sus piernas se aflojaron y cayó desmayada, pero el grito fue ahogado por la explosión de la pólvora golpeada.

—Yo no quiero que me maten —repitió Narey, mientras la portañuela se le inundaba.

—Termina con eso —le dijeron a Realito y otro hombre se acercó a Narey, que ya iba cayendo con los ojos volteados en blanco. El hombre le disparó en la sien.

Virgen María recobró el conocimiento. A cinco pasos de ella, el cráneo de Narey se había hundido; él había muerto como una vela, descendiendo lentamente hasta convertirse en una masa blanca y crema que se regaba en el piso.

Realito Quiñones dijo:

—Por chivato —y escupió el pelo empegotado de sangre.

Después Realito Quiñones ordenó:

—¡Nos vamos! —y todos los hombres salieron rumbo al firme.

Atrás dejaban aquella mujer que mordía la tierra y se golpeaba en el estómago y arañaba las piedras y se tiraba contra Narey y se volvía a golpear el estómago y volvía a morder la tierra. Hasta el amanecer.

Luego vino la casa en el pueblo que otorgó el Partido, la escuela primaria con el nombre de Narey Becerra; las horas que intentaba llenar con el trabajo del Comedor Popular, la secretaría de organización de la Federación de Mujeres y las visitas a la escuela Narey Becerra.

El día que capturaron a Realito Quiñones, Virgen María pidió al comandante que la dejara asistir al fusilamiento. Se lo permitieron. Pero nada cambió en ella, ni cuando Realito la reconoció, ni cuando Realito le pidió clemencia, ni cuando Realito estalló en el poste del Bramadero; y ella había pensado que a partir de ese día las cosas serían distintas.

Ahora, cada noche, Virgen María enciende un tabaco y lo deja quemar en el cenicero, mientras se acaricia los pezones, se aprieta en los muslos y llora.

LUIS ROGELIO NOGUERAS
(1944-   )

Nace en La Habana y estudia letras en la Universidad de La Habana. De 1961 a 1964 trabaja en el Instituto Cubano de Cine (ICAIC), primero como camarógrafo de cortos animados y luego como dibujante y realizador. En 1964 dirige el cortometraje "Un sueño en el parque". Luego es redactor de la revista **Cuba** y coredactor de **El Caimán Barbudo.** En 1967 recibe el premio David de Poesía por su cuaderno **Cabeza de zanahoria.** En 1976 obtiene el Premio Aniversario del Triunfo de la Revolución del Ministerio del Interior por la novela policial **El cuarto círculo,** *escrita en colaboración con el poeta y crítico Guillermo Rodríguez Rivera. Publica en 1977 su poemario* **Las quince mil vidas del caminante.** *Tiene dos libros inéditos:* **Patria, poesía, y mujer** *y* **Los agradecidos hablan de la luz.** *Es coautor del guión del filme de largometraje* **El brigadista.** *Actualmente es redactor de la editorial Pueblo y Educación del Ministerio de Cultura. "Utilizando el marco del llamado género policial en su vertiente de espionaje —afirma el jurado al premiar* **Si muero mañana—,** *Nogueras logra sobrepasarlo gracias a un cuidadoso lenguaje y a una creativa estructura, que fusionan hábilmente los elementos de acción y documentación a lo poético, en veraz y emotiva expresión de nuestro acontecer revolucionario."*

Si muero mañana...

> *Pero antes de que se acabe*
> *toda esta dicha, piérdela atacándola,*
> *tómale la médida, por si rebasa tu ademán:*
> *rebásala,*
> *ve si cabe tendida en tu extensión*
> CÉSAR

Miami, Fla. Bien: Richmond Hts. al suroeste, Biscayne Bay al este, Opa-Locka al noroeste... ¿Qué más? Al centro, Flager, cortada por la Avenida 47. Flagler, la arteria vital de la parte baja de la ciudad: una calle ancha, recta, iluminada de noche por el fuego multicolor de los anuncios lumínicos. A la izquierda; FOAM RUBBER CENTER; a la derecha: BILLY TEMPLE MOTORCYCLE CO.; a la izquierda: LOANS $30.00 TO $600.00 (ON YOUR SIGNATURE ONLY); a la derecha: SHOLTZ INSURANCE AGENCY; a la izquierda: MASTERS OF MIAMI (FEATURING HIGH FIDELITY); a la derecha: PEACKS: STUDIES OF DANCING (TAP MODERN BALLET ACROBATIC HAWAIAN MODERN JAZZ SON STYLING); a la izquierda... Bancos, agencias de seguros, funerarias, peleterías, cines, bares, casas de empeño, garages, ferreterías, farmacias, restaurantes, estudios fotográficos, discotecas. Pero sobre todo, Flagler es la calle de las grandes tiendas de Miami: Kress, Burdine's, Baker's Richard's Flagler. Los refugiados cubanos deambulan de día y de noche por esa calle limpia y arrogante. Los ojos se dilatan; los corazones palpitan más de prisa; las bocas se abren para dejar escapar asombrados ah, involuntarios oh; las narices se aplastan contra las vidrieras de Burdine's: ostentosas pieles, deslumbrantes vestidos (modelo exclusivo), bellos zapatos. Las lámparas, azules, verdes, amarillas que los decoradores han colocado hábilmente aquí y allá hacen resaltar aún más el brillo de los charoles, les arrancan irreales destellos a las sedas... Ver las vidrieras de Flagler se ha convertido en uno de los pocos entretenimientos que tienen los cubanos exilados que no han conseguido empleo, que viven todavía de los sesenta dólares que les pasa mensualmente el Cuban Refugee Center-Employee, los cubanos que se hacinan en insalubres covachas junto al río o en la zona que alguien ha llamado —con evidente humor negro— El Paraíso. Con las manos sumergidas en los bolsillos vacíos, los hombres recorren Flagler lentamente acompañados por sus pálidas mujeres. Ver. Ver. Llenarse los ojos de tocadiscos, grabadoras, aparatos de cocina, refrigeradores, armas de fuego, equipos deportivos, lavaplatos, cosméticos, alfombras, flores artificiales, relojes, muebles, lanchas, cortinas, abrigos, juguetes, automóviles, detergentes, alimentos enlatados, bicicletas, carteras. Soñar con aquel mundo de objetos hechos para todas las comodidades, todos los gustos, todas las horas, todos los usos, todos los caprichos. Objetos de cuántos colores y formas y tamaños; objetos confeccionados en plástico, cristal, barro, aluminio, madera, oro, yeso, plata, acero, cromo, piel, platino, estaño, lana, bronce, latón, caucho. Objetos para ponerse, tenderse, sentarse, bañarse, dormirse, despertarse, alegrarse, emborracharse, cubrirse. Objetos para las manos, los brazos, los pies, el pelo, la cara, las orejas, los ojos, la espalda, el sexo, la boca. Objetos frágiles, resistentes, eternos, desechables, plegables, irrompibles, dúctiles. Objetos para oír, ver, gustar, sentir, oler. Objetos que no sólo se venden, sino que igualmente se alquilan, se rentan, se hipotecan, se dan a comisión, se subastan, se intercambian. Por detrás de los que miran (mientras los dedos tocan en el fondo de los bolsillos el escaso menudo, los dos o tres dólares arrugados) pasan los veloces y silenciosos automóviles de los que compran. Todas las marcas, todos los colores, todos los precios, todos los tamaños. Al timón siempre irá un floridano, cuya mirada burlona se posará apenas un segundo en esas espaldas que se encorvan frente a los escaparates abarrotados de productos de primera, segunda, tercera, cuarta, quinta, sexta necesidad.

Miami, Fla. Bien. La calle de los refugiados cubanos (la que han tomado casi a la fuerza, desplazando a los yanquis) es la 47. Allí se sienten más en su ambiente. Han florecido, en menos de dos años, deslavadas calcomanías de los comercios que existían en La Habana de 1958: el Siglo XX, la Primera de Muralla, La Casa de los Tres Centavos, La Antigua Chiquita, La Gran Vía, J. Vallés, Los Reyes Magos, El Oso Blanco. Voces cubanas, risas cubanas, espesos bigotes cubanos, nalgas cubanas —enfundadas en pescadores color carne—, ademanes cubanos. En la calle 47 es posible ligar un punto, sacarse un terminal, darse el corte cuadrado, echarse un laguer, amarrar un bisne, meterse un café, ponerse en onda, organizar un güiro, romper un coco, hacer la media, picar un chester, meter un tacle, correr una bola, pegar un tarro, dar un sablazo. En las discotecas se escucha a Olga Guillot, Fernando Albuerne, Celia Cruz; en la radio se oyen los comentarios vitriólicos de Artalejo, los chistes sobados de Trespatines y Nananina; en los televisores asoma el rostro empolvado de Normand Díaz. Los bares se llenan de ruidosas descargas y del rodar de los dados de cubilete. A veces los ánimos se exaltan, las palabras se hacen más agrias, salen a relucir las madres y no falta una voz aflautada que pida "la galleta" y otra que diga, con tono conciliatorio, "aquí no ha pasado nada, caballeros". En la calle 47 el hamburguer ha sido desplazado por el pan con bisté, los pop corn's por los chicharrones de viento, la Coke por la malta con leche. Allí no se habla inglés, aunque se dice cofitera, dawtanear, hamanhuevo, fokear. No hay camisas con palmas y playas desiertas, como en los tiempos en que Miami era de los floridanos; asoman los zapatos de puntera, los sombreritos con pluma, las gorras tipo Lasserie, los pantalones de dril crudo, las guayaberas almidonadas, los colmillos de oro, los shorts media talla más pequeños (y los hombres vuelven la cabeza para gritar "ave maría que cu...ba!") El aire se llena de gritos, de ruidosas palmadas en la espalda, de chiflidos. Una masa heterogénea, en la que se confunden el traidor con el chulo, la antigua niña bien con la puta de Colón, el doctor sin reválida con el pepillo de treinta años, el batistiano con el auténtico, el cantante mediocre con el politicastro, el vago con el soldado de fortuna, el aventurero con el poquitacosa, el ignorante con el audaz, la antigua señora de Pérez con la querida de Rodríguez, el católico de dientes para afuera con el gánster. Una extraña fusión de fracasos y pasiones, de esperanzas y odios; un quiste en tierra yanqui; un hervidero de organizaciones que se disputan las migajas que reparte el gobierno; un surgir y desaparecer de líderes que "ahora sí van a cambiar los destinos de"; una lucha a muerte entre los viejos camajanes de la Cuba de ayer y los nuevos camajanes de la "República en el exilio"; un quítate tú para ponerme yo en medio de dos cervezas y una partida de dominó en camiseta; un oscuro presentimiento de que la única y la última oportunidad se perdió en las arenas de Girón; una fe alimentada sólo con las ediciones semanales de *Patria* y los programas de "La Voz" que ya nadie oye; un hastío de vivir; un sordo rencor contra el país que los margina, que los aparta como si fuesen la encarnación tropical de la peste; y, además la terrible certeza de que aquella señora de tan buena familia vale menos que un negro, de que aquel reputado caballero sólo sirve para despachar gasolina en los garages de Coral Gable. Una alteración de los viejos valores —porque Pérez Hernández era nadie en La Habana y ahora no saluda a Hernández Pérez que tenía una fábrica de chorizos en Santiago de las Vegas—; una extraña nostalgia de la sazón criolla. Y en el recuerdo, la imagen de una Cuba que añoran, pero que ya no existe. Van y vienen de una acera a la otra esos hombres y mujeres sin rostro, sin identidad. La falsa alegría de "oye vate pon una bear aquí para los amigos" esconde un miedo cerval a haber equivocado el camino, unos deseos insuperables de volver a conversar de balcón a balcón con los vecinos, de jugar pata en la bodega, de preguntar qué tiró Castillo, de apostar a las chapas en la esquina, de indagar qué se sabe del marido de la del 23, de rascabuchear a la mujer de los bajos, de estar en el tibiritábara, de coger la confronta y regalarle una pecuña al ciego que canta, de drenar la borrachera con sopa china en la Plaza del Vapor, de ser otra vez Pepe en La Habana, de echar un partido de billar en los garitos de Consulado, de limpiar el sable en Pila o en casa de Tía Nena, de tocar con limón al policía para que no nos clave la multa, de romperle el papo a la criadita que vino de Camajuaní, de tocarse con un pito en el Paradero de la Víbora, de untar al juez, de tener una botella en Gobernación, de quitarle dos onzas al pan, de imprimir billetes falsos, de pasar contrabandos por la aduana, de vestir el santo, de tomar Hatuey, de bailar en el Casino, de remar en el Miramar, de comprar en El Encanto, de jugar bingo en Tropicana, de leer el Caballero Audaz, de comprar billetes de la lotería, de ir al cine Capitolio a ver películas de relajo, de buscarse un chino, de fletear en Galiano, de estafar a los guajiros, de robar gallinas, de tener igualas, de ir al Vedado Tennis a matarse con la más chiquita de los Tarafa.

Miami, Fla. Bien. Ajiaco de las costumbres de Llegaypón, Las Yaguas y Los Pocitos con las del Nuevo Vedado, Miramar y el Biltmore. Fusión de vanas esperanzas, malos sueños, desquites, componendas, estafas, manejos turbios, fanfarronerías, mentiras, bravura de café con leche, buenas tajadas, pésimos negocios y miedo. Y en el vórtice del huracán de papeles mojados por el odio, cada mes corren ríos de tintas para anunciar que apareció el hombre indicado, el nuevo líder, el verdadero adalid, el esperado cabecilla, el gallardo capitán, el incorruptible dirigente, el carismático caudillo. Y hay un movimiento espasmódico en la masa desconcertada del exilio, y por un instante (un mes, una semana, tal vez un día) renacen las esperanzas de regresar por la puerta grande. Pero las esperanzas se desvanecen, el hombre se esfuma y todo vuelve a ser como antes: la misma implacable lucha entre pandillas, el mismo intercambio de insultos en los libelos, la misma competencia entre facciones, grupos, comandos, brigadas, sectores, todo con un trasfondo turbio de disparos en la noche.

Bien: Miami, Florida, a donde llegué el 12 de marzo de 1964, después de navegar a la deriva casi una semana en una lanchita de 15 pies de eslora.

Tres días después de la huelga de abril de 1957 abandoné mi casa y dejé el trabajo. El viejo me dio cien pesos, y me conseguí un cuartico en un hospedaje de la calle Benjumeda. Así logré salvarme. Muchos de los compañeros de nuestra célula, habían muerto; otros se habían asilado y unos pocos habían logrado llegar a la Sierra Maestra. En La Habana, quedábamos menos de cinco, en medio del estrecho cerco policial.
 Lavastida fue quien lo arregló todo para que yo me pudiese alzar. Era mi única alternativa. Un martes me dijo que ese viernes saldríamos para Santiago de Cuba en el auto de su padre. Llevaríamos un pequeño cargamento de relojes suizos y muestras de tela. Supuestamente, íbamos a venderles los relojes y los géneros a los minoristas polacos de Santiago, de Holguín y Tunas.
 Esa noche llamé a Yolanda. Nos citamos en el parque de San Marino, donde siempre.
 Nos encontramos a las ocho de la noche.

6.00 p.m.
—¿Cómo?
Me incliné un poco hacia ella para oírla.
—Que si hace mucho tiempo que no vas allá —dijo, tratando de alzar la voz por encima del ruido ensordecedor.
—¿A Fomento? —casi grité—. Sí, mucho tiempo.
—Ah... vuelve... vez...
El viento y el ruido del motor se tragaron sus últimas palabras. Ella sonreía ahora, y yo asentí con la cabeza, sin saber realmente lo que me había querido decir.
Durante algunos minutos simulé buscar en el cielo la bandada de gaviotas que un rato antes daba vueltas en torno a la lanchita. Sin necesidad —pues el sol tocaba la línea del horizonte— hice con las manos una visera sobre mis ojos. El cielo estaba rojo y vacío.
La miré. Ella se había vuelto hacia el poniente.

5:10 p.m.

—Me alegro de haberte encontrado.

Deslizó una de sus manos delgadas sobre la arena: los dedos fueron dejando cinco surcos uniformes.

—También yo —dije—, mirando su mano, que se había detenido de pronto.

La levantó de un golpe y atrapó sobre su cabeza el sombrerito de lona azul, que el viento había estado a punto de arrebatarle. Comenzó a hacer un complicado ajuste para deslizar dentro de él algunos mechones rebeldes de cabello castaño, mientras yo la observaba —por primera vez después de tanto tiempo— detenidamente.

¿Cuántos? Cinco años. "No me olvides", así le llaman en Pinar del Río al arbusto que echa estas flores de color lila.
—*¿Qué es eso? —le pregunté.*
—*Una flor de "no me olvides".*
Estábamos sentados en el parquecito de San Mariano, a unas diez cuadras del Edison. Había llegado la noche. La flor morada dormía en las hojas de su libro Física III. Me la había enseñado —tal vez— para poder pronunciar su nombre: "no-me-ol-vi-des", "nomeolvides".
No había sido fácil. Las primeras veces que la acompañé hasta la casa, declinó mis sucesivas y vehementes invitaciones al cine.
La había conocido en la bodeguita de chinos de Luis Estévez, a la que iba toda la tángana del Edison a tomar helados de frutas.
¿Cómo te llamas?"
"Lucrecia Borgia", me dijo, mientras saboreaba un helado —creo que de tamarindo—.
"Yo soy Popeye el Marino, encantado".
La seguí un par de cuadras.
"¿Vives por aquí?"
"Sí, no muy lejos".

—Aquella vez —le digo ahora— no me quisiste decir cómo te llamabas.

—Pero yo sí sabía cómo te llamabas tú.

—¿Lo sabías? ¿Y cómo?

—Así, así.

—¿Qué es eso de "así, así"?

Ella se rió:

—Me lo habían dicho mis espías, chico. Los dos nos reímos.

Entonces, por fin, la beso. Un beso torpe, ahogado, húmedo, mien-

tras el libro de Física rueda por sobre la hierba y mis manos buscan sus senos breves por encima de la blusa.

5:25 p.m.
Cuando terminó la complicada operación, el sombrerito había quedado firmemente encajado en su cabeza, y ya no caían sobre su frente los remolinos de cabellos castaños. Se colocó con cuidado los espejuelos oscuros y me miró.
Sonrió.
—¿Estoy más vieja?
—Estás igual —murmuré.
—No exageremos.
Se quedó unos segundos observándome a través de los cristales ahumados; pero la sonrisa se fue borrando de sus labios hasta que volvieron a plegarse.
Miré de nuevo hacia el mar. Tomé un puñado de arena y dejé que se me fuera escapando de entre los dedos.
—¿Te has casado? —pregunté, mirando el montoncito de polvo dorado que se formaba bajo mi mano.
Se oyó el ruido apagado de la lanchita de turismo de Bacuranao, que se acercaba lentamente al muelle.
—Mejor cuéntame de ti —me dijo.

"Hay poco que contar", dijo ella. "Tengo dieciocho años, estudio en el Instituto, nací en Fomento, Las ..."
Yo solté una carcajada.
"No es posible".
"¿Qué?", preguntó ella.
"Yo también nací en Fomento. Vine muy pequeño para La Habana".
Se echó a reír también. Botó el barquillo. Yo me apresuré a ofrecerle el pañuelo para que se secara los dedos.
"¿Puedo acompañarte hasta la casa?"
"Hasta la esquina".
"¿Dónde vives?"
"Acosta y Juan Delgado".
"Yo en Heredia y Libertad".
"Es lejos".
"No importa. Yo te acompaño hasta tu casa", le dije.

7:00 p.m.

—¿Qué es eso? —le grité al viejo que manejaba la lancha.

Volvió hacia mí un rostro enrojecido por el resplandor del sol declinante.

—No se preocupe... soy un veterano...

La miré a ella y ambos sonreímos. Volví a dirigirme al viejo gritando:

—Oiga: le preguntaba qué es eso que se ve allí.

—Ah, son corales —respondió el viejo sin volverse esta vez—; no se preocupe, no vamos a chocar.

Eran unas sombras de complicada estructura que sobresalían a flor de agua. Parecía el casco de un barco hundido.

—Son corales —dije, como si ella no hubiese oído al viejo.

Soplaba un viento fuerte, seco. Comenzó a amarrarse sobre el sombrero de lona un pañuelito de colorines. Con los brazos levantados, sus senos vibraron un instante bajo el pulóver. Terminó de ajustarse el pañuelo a la barbilla. Las puntas sueltas ondeaban al viento y le azotaban suavemente el rostro. Sus rasgos comenzaban a borrarse, a suavizarse bajo las sombras del anochecer. El sol había desaparecido por completo y ahora sólo nos iluminaba un débil resplandor que emergía del horizonte.

—¿Volvemos? —murmuré, inclinándome casi hasta su rostro.

Ella no me escuchó.

—Amigo, vamos a regresar ya —le grité al viejo—. La verdad, no vale la pena seguir; no se ve nada.

No sabía por qué había dicho aquello. Aparte del mar, del atardecer y de la costa lejana —en la que brillaban ya algunas luces— ¿qué debíamos ver?

La lanchita comenzó a girar fatigosamente, hasta que puso proa a la costa.

Ella seguía inmóvil, mirando hacia el mar. La fugaz visión de sus senos erguidos persistía en mi memoria.

—¿Te gusta el mar? —le dije al oído, sabiendo que decía algo tonto.

Volvió de golpe su rostro hacia mí. Nuestras bocas estuvieron muy cerca unos segundos.

"Sí", dijo y no la oí; sólo vi el movimiento imperceptible de sus labios, y hasta mí llegó, de pronto, su aliento dulce de otros tiempos.

"Me gusta el mar".

—¿Passport? —me dice el funcionario de Inmigración.

Sonrío. Tengo una barba de cinco días, estoy quemado por el sol. ¿Nadie le explicó que huí de Cuba en un botecito de agua dulce, que casi me muero de sed en el Caribe, que me recogió un guardacosta de US Navy? ¿O es que debí haber escapado con mi pasaporte?

—Sorry —dice el hombre.

Un tipo como para anunciar cerveza: rostro rubicundo, cabellos blancos y fuerte como un toro. Me ha dicho que lo siente. ¿Qué es lo que siente? ¿Que yo haya llegado a los Estados Unidos o mi aventura en las aguas del Golfo, infestadas de tiburones?

Me mira con simpatía. Si no me equivoco, se ha disculpado por su estupidez.

¿Como puede un náufrago tener pasaporte?

Saca de una caja metálica una tarjetica blanca. Me explica que es la ficha de Parolee. Empieza a llenármela (con "capital letters", según las instrucciones).

—Family name?

—Villa.

—Given name?

—Solana.

—With one L?

—Yes, just one.

—United States Address?

¿Dirección en los Estados Unidos? ¿Qué dirección puedo dar? Le digo que no tengo familia en USA.

—¿Friends?

¿Amigos? No, ninguno.

El funcionario no se inmuta. Son muchos los que llegan a Estados Unidos sin tener la menor idea de adónde van a ir a vivir. Al menos yo hablo bien el inglés y soy joven. Supongo que eso es lo que le ha pasado por la mente, porque me guiña un ojo.

—All right, Mr. Villa. Have you money?

¿Dinero? Sí, logré sacar de Cuba 300 dólares.

Media hora después, con mi tarjeta de parolee en la mano, salgo de las oficinas de Inmigración. Debo presentarme al día siguiente en el Cuban Refugee Center-Employee (me ha anotado la dirección) y solicitar mi credencial de "refugee", que me dará derecho a sesenta dólares mensuales, una factura y,... ¿Qué más? Nada más, creo.

Ahora lo importante es afeitarme, bañarme, comprar algo de ropa y buscar algún hotel barato. Echo a caminar por la calle 26 NW. Nadie me mira, a pesar de mi aspecto. Claro, la ropa no está rota: sólo un poco estrujada. Debe haber alguna barbería cercana.

Tres cuadras más adelante, Carl's Barber Shop. Entro. Hay tres sillones, pero sólo uno de ellos está ocupado.

—Por aquí, señor —dice en un inglés con una pizca de pimienta mexicana un barbero de bata inmaculadamente blanca, calvo y con espesos bigotes negros.

—Pelado y afeitado —digo en español, para probar.

Me mira con una expresión que parece de disgusto. Quizá algún cubano le ha quedado debiendo algo. Qué se yo.

—¿Mexicano? —pregunto mientras me echa al cuello un paño blanco y almidonado.

—Yes, sir.

Me ha contestado en inglés, lo cual es un claro indicio de que no quiere hablar mucho conmigo. No me doy por vencido.

—Ando en busca de un hotel barato —digo, mientras él, con un golpe un poco brusco, reclina hacia atrás el sillón.

—Por aquí cerca no hay ninguno —responde, ahora en español.

Me ha empezado a enjabonar la barba: un olor delicioso, a espuma de chocolate (si cabe la expresión).

—No tiene que ser por aquí cerca. Da igual dónde esté.

Durante un buen rato no hace más que frotarme el rostro con la jabonadura.

Cierro los ojos.

—Hay uno bastante bueno en la calle 47. El Silvia.

La voz que acabo de escuchar no es la del barbero mexicano. Es una voz cubana. Abro los ojos, vuelvo el rostro y veo al que ha hablado: es un viejo que está en el otro sillón y al que acaban de afeitar.

—Gracias —digo—. ¿Eso queda lejos de aquí?

—Un poco —responde el hombre.

Me hace una pequeña mueca:

—¿Acaba de llegar?

—Anoche.

—¿España o México?

—En lancha.

Deja escapar un silbido.

—¿Fue duro?

—Bastante.

El barbero invirtió cuarenta minutos en afeitarme y pelarme. El viejo había terminado hacía rato, pero lo vi sentarse en una de las sillas de espera a fumar. Evidentemente quería hablarme.

—¿Cuánto? —le dije al mexicano, mirándome en el espejo.
—Tres ochenta, plus tax, señor.
—¿Cuánto en total?
—Cuatro dólares.
Le di los cuatro dólares exactos. Traía mis trescientos en una carterita de piel.
No me dio las gracias.
El viejo se puso de pie y ambos salimos a la calle 26. Echamos a caminar en la dirección del tráfico.
—¿Va por aquí? —le dije.
—Anjá.
Para satisfacer su curiosidad tuve que contarle mi aventura. Le expliqué que había salido de noche, por Varadero, en una lanchita de motor fuera de borda. Remé hasta que se me agotaron las fuerzas. Cuando creí haberme alejado lo suficiente de la costa puse en marcha el motor. Navegué durante dos días, gracias al tanque de gasolina auxiliar que había tenido la previsión de cargar conmigo. Al tercer día se agotó el combustible y quedé a la deriva. Al cuarto día se me acabó el agua. Por la noche, cerca de Andros, me recogió un guardacostas de la Marina norteamericana. Dormí en la prisión. Al quinto día, por la mañana, me interrogó el FBI y me hicieron fotos. Al sexto día me dejaron en libertad (despues de comprobar que era "solvent", pues tenía $300.00). Al séptimo día no pude hacer lo que Dios (descansar): tuve que presentarme —así me lo indicaron en la Policía— en el edificio de Inmigración.
—El séptimo día es hoy.
—Ya veo —me contestó—. ¿Y dónde durmió el sexto día?
—En un parque —le respondi sonriendo.
Caminamos unas cuadras más.
—Aquí puede tomar un bus hasta la calle 14 y allí...
—Voy a ir en taxi.
Me dio la mano, me dijo que se llamaba Ernesto Travieso y que había llegado a Miami en 1960. No me explicó de que vivía, pero a juzgar por la ropa no le iba mal.
—Ricardo Villa Solana —le dije—. Ya sabe dónde me tiene: Hotel Silvia, si hay habitaciones.

La esperaba todos los días a la salida del Instituto. Me dejaba acompañarla hasta el bar Victoria, a una cuadra de su casa; pero no quería detenerse a conversar. Ni tampoco ir al cine.
Nuestra primera escapada fue aquella del parque de San Mariano.

(La flor lila de "no me olvides", el libro de Física III, el largo, ansioso beso...) Después de ese día nos vimos casi todas las noches; ahora se me confunden los lugares y las fechas, pero creo que visité por primera vez su casa en mayo de 1956.

Nos amábamos, creo. Pero no nos conocíamos. Tuvo que ocurrir la huelga de los planteles de Segunda Enseñanza de la Víbora para que yo supiera realmente quien era ella y ella supiera realmente quién era yo.

Fue un martes. Y aunque ha pasado tanto tiempo no se me olvida que fue un martes 17 de noviembre, porque ese día cumplí 19 años.

Se había creado un Comité de Huelga y el 26 de Julio nombró un delegado por cada plantel. A mí me tocó ir en representación del Edison a una reunión que tendría lugar en la casa de Papo Molina, de la escuela Maristas. (Papo Molina, fue torturado y asesinado la nochebuena de 1958)

Llamé a Yolanda y le di una excusa, insostenible teniendo en cuenta que era mi cumpleaños. Pero me creyó. No recuerdo bien, pero creo que le dije que debía visitar a mi madrina Margot que estaba bastante mal de salud. (Entre paréntesis, mi madrina gozaba de una salud extraordinaria a pesar de sus setenta y cinco años.)

A las 8 de la noche llegué al número 179 de la calle Juan Bruno Zayas, donde vivía Papo Molina.

Toqué a la puerta.

Ambos estuvimos a punto de dar un grito de sorpresa. Fue Yolanda quien me abrió.

5:30 p.m.
La lanchita continuaba acercándose al muelle.

—¿Te has casado, Yolanda? —volví a preguntar, sacudiéndome la arena que se había quedado adherida a la palma de mis manos.

No conseguía verle los ojos tras los cristales ahumados, pero sabía que me miraba fijamente.

—Sí, me casé.

Se levantó, apoyando las manos en la arena, y caminó luego hasta la orilla. Se recogió la falda más arriba de las rodillas y entró unos pasos en el agua. Tenía los muslos bronceados y muy llenos. Me puse de pie, me descalcé los tenis y avancé hacia el agua. Muy cerca había un pedacito rojizo de caracol. Lo cogí.

—Sí —dijo— vamos.

Recogí la camisa y, balanceando los zapatos en la mano, eché a caminar junto a ella hacia el muelle.

—¿Cuántos años te llevo? —pregunté.
Quedé esperando unos segundos, mientras simulaba examinar con gran atención el brillante trocito de concha.
—Tengo veinticinco años. ¿No es eso lo que querías saber? Y tú veintiséis, ¿correcto?
No la miré. Lancé con fuerza el pedacito de concha hacia el agua. Salió a la orilla y comenzó a exprimir sobre la arena el borde mojado de su saya.
—¿Damos una vuelta en la lanchita? —dije.
Se sacudió un poco la arena de los pies y se puso sus zapatillas de goma.

Después de aquel martes, ya no nos ocultamos mutuamente nuestras actividades revolucionarias. Como es natural, seguimos trabajando en grupos distintos, y algunas veces —cuando ella me lo pedía— la acompañaba a llevar algunos bonos al Instituto de La Habana o al de Marianao. Ella nunca participaba en las misiones que yo debía cumplir. Lo nuestro era otra cosa: más arriesgado, más peligroso. Sólo una vez, me guardó en su casa un par de niples. Los mismos niples que volaron la estación de registros de la Compañía Telefónica en Santos Suárez.

Yo había terminado el Bachillerato en septiembre de ese año (1956), pero no había ingresado en la Universidad. Necesitaba trabajar y conseguí a través de mis padres, un puesto de 100 pesos mensuales como auxiliar de ventas en Publicidad en Transporte S.A.

Yolanda y yo hacíamos planes. ¿Quién no los hace cuando es joven? Queríamos casarnos, tener hijos, ser felices. Pero ¿quién no piensa en casarse, tener hijos, ser feliz? Después sabríamos que la felicidad es sólo uno de los rostros de la vida, como el sufrimiento o el cumplimiento del deber. La felicidad, como entonces la imaginábamos, no existía.

7:20 p.m.
Cuando la lanchita comenzó la complicada maniobra de atracar ya era de noche. Salté al muelle y la ayudé a descender.
—Compadre —dijo el viejo cuando nos disponíamos a irnos—: son cincos pesos.
Yolanda y yo nos miramos y comenzamos a reír.
—Así es la vida —dijo ella.
Yo saqué un billete de cinco pesos del bolsillo de la camisa y se lo alargué al viejo.

Reanudamos la marcha por el muellecito en penumbras, pisando con cuidado sobre las desajustadas y húmedas tablas.

Allá arriba había una luna turbia, recortada contra la noche. Caminamos por la arena, que conservaba el calor de sol. A lo lejos, parpadeaban las luces del restaurante de Bacuranao. La playa estaba desierta. Me detuve de pronto y tomé a Yolanda por la cintura. La atraje suavemente hacia mí y la abracé. Dejó los brazos colgando a lo largo del cuerpo. Miraba hacia abajo.

—Suéltame —murmuró.

Yo avancé la boca hacia la de ella, pero retiró la cara.

—No, por favor.

La luna se escondió detrás de unas nubes gordas, oscuras. Quedamos uno frente al otro, bajo la noche.

—Vamos —dijo.

Bajé los brazos y nos apartamos. Echamos a caminar hacia el restaurante.

Había habitaciones en el Silvia. El dueño resultó ser un cubano lo suficientemente bicho como para sacar su dinero a tiempo después de 1959. Tuve que pagar una semana por adelantado: 56 dólares, a razón de 8 dólares diarios.

El hotel estaba muy alejado del centro, era pequeño y nada cómodo. Pero el precio no era excesivo. Me dieron una habitación en el segundo piso (el hotel tenía 30 habitaciones, pero la mía ostentaba un exagerado 209). Era extremadamente reducida: paredes empapeladas de color crema, una cama chica, una silla, un parabán de aluminio, una mesita de noche también de aluminio y una lámpara de luz fría en la cabecera de la cama. Como único adorno, un marco dorado con una reproducción del cuadro de Remington, *Atraco de un tren de abasto*.

Hice un pequeño balance de mis finanzas: me queban 210 dólares. No era mucho, pero al menos no tendría que preocuparme por el alquiler durante una semana. Tenía aún que comprarme alguna ropa, ir al Cuban Refugee y luego buscar trabajo.

El propio dueño me indicó un lugar cercano en el que se comía bastante bien y por precios relativamente módicos: el restaurante Hong-Kong, en 47 y la Avenida Segunda, a cinco cuadras de allí.

Eran las doce del día y estaba hambriento. Pero decidí ir primero a comprar alguna ropa.

No muy lejos, encontré una tiendecita de polacos en la que se apiñaban anoraks para la nieve y trusas, sombreros de playa y paraguas. Después de un interminable regateo, adquirí dos pantalones, tres camisas, ropa interior, medias, un par de zapatos de suela de goma, un maletín, un sweater y un saco de sport a cuadros (algo pasado de moda) por algo menos de cincuenta dólares. Regresé al Silvia, subí a mi habitación y me cambié. La comida en el Hong-Kong era bastante mala, pero barata. Almorcé (arroz frito "special" chop-suey y una cerveza) por tres dólares.

Volví a regresar al Silvia, y me senté en uno de los dos viejos sofás del lobby a hojear un no menos viejo ejemplar del *The Miami News*. Me puse a buscar en los clasificados alguna solicitud de empleo que pudiera convenirme, aunque, a decir verdad, cualquier cosa me convenía, teniendo en cuanto que apenas restaban de mi capital unos ciento cincuenta dólares.

Eran ya casi las cuatro de la tarde. El lobby estaba vacío y tras el mostrador de la carpeta bostezaba ruidosamente Félix Martínez, el dueño. Era un tipo singular. Más que cubano, parecía español: cachetes colorados, pelo pajizo, ojos claros. Dejé el ejemplar de *The Miami News* donde lo había encontrado (es decir, sobre la alfombra) y me acerqué al hombre.

Había visto, por la mañana, que junto al casillero de las llaves había una foto de Kennedy y al lado un cartel impreso en español e inglés: NO NOS INTERESA LA POLÍTICA. NUESTRO INTERÉS ES SERVIRLO. Me acodé sobre el mostrador y le pregunté:

—¿Puede hacer una excepción conmigo?

Me miró sin comprender. Sonriendo, le señalé el cartelito.

—Cuando se está buscando trabajo en Miami es inevitable hablar de política, ¿no le parece?

Encendió un cigarro para desperezarse, y luego sus ojos azules e inexpresivos me miraron. ¿Qué edad podía tener? Acaso unos cincuenta, a juzgar por las bolsas que se le formaban bajo los pómulos.

—¿Quiere un consejo? —me dijo despaciosamente.

—Seguro —repliqué.

—No trabaje con cubanos. Trabaje con americanos.

—¿Por qué dice eso?

—Yo me sé mi negocio —respondió.

—¿No es usted cubano?

—Era —dijo—. Pretérito... ¿cómo se dice?

—Simplemente pretérito...

—Ahora soy norteamericano.

—Ya veo.

Sentí ganas de fumar, pero la caja de Camel que me habían regalado en la Estación de Policía se me había acabado.

—¿Qué tiempo lleva en los Estados Unidos?

—Desde 1959. Me fui de allá en julio.

—¿Y por qué me aconseja usted que trabaje sólo con los yanquis?

Me miró duramente.

—Yo no le dije "los yanquis", mi amigo; yo le dije los norteamericanos. No es lo mismo. Oiga, ¿y cuándo llegó usted? No hace ni dos días, me imagino.

—En efecto, dos o tres días.

—Todavía no tiene tiempo para haber empezado a hablar mal de los americanos. Aquí muchos lo hacen. Los mal agradecidos. Si yo fuera Johnson, ¿sabe lo que haría? Pues los devolvería para Cuba. Eso es lo que haría. ¿Hablas mal de nosotros, después de lo que hemos hecho por ti? Pues, paf, para Cuba.

Sacudió la cabeza.

—Ahí tiene. Por eso no quiero hablar de política.

—Comprendo —dije.

Apagó el cigarro en un cenicero de cristal que había sobre el mostrador.

—¿Tiene familiares aquí? —me preguntó.

—Ninguno.

—¿Y amigos?

—Eso mismo me preguntó el de Inmigración. Conocidos sí. Gente que vino antes. En fin. Pero no amigos. No pienso llamarlos.

—Y hace bien —me dijo el hombre—. ¿Sabe usted? Se sorprendería de saber qué rápidamente la gente pierde aquí la memoria. Nadie quiere acordarse de nadie. Apuesto a que si llama a alguno de esos conocidos le da el esquinazo.

—Probablemente —dije.

—Seguro —puntualizó.

Hablamos una buena media hora más. Indagué sobre los grupos de acción de Miami.

—Mucho charlatán, mucho descarado, mucho vividor. Gente con verdaderos cojones, muy pocos, la verdad. Se reúnen en el hotel McAllister, dan banquetes, prometen, y nada. A mí me da igual, después de todo; yo sí que no pienso regresar, ni aún si el mulato de la grulla vuelve a ser el presidente. Lo mío es aquí, en los Estados Unidos.

—Pero no todos los grupos son iguales. Digo, pienso yo —comenté—. Tiene que haber alguno que tenga contactos sólidos con el gobierno...

—Todos dicen tener abiertas las puertas de la Casa Blanca; todos se entrevistan con almirantes, almuerzan con funcionarios del State, se acuestan con la hija del jefe de la CIA... Puro bla, bla, bla, bla. En mi opinión el único que tiene algo concreto en la mano es el cojo Orosmán; usted sabe, el del MNR.

—¿MNR?

—Movimiento Nacional Revolucionario. Hacen mucho y hablan poco. Me gusta ese tipo de gente.

—¿Dónde lo puedo encontrar?

El hombre sonrió.

—Oiga, usted va de prisa.

—Tengo prisa —dije.

Guardé silencio unos instantes.

—No es fácil ver al cojo. Tiene un restaurante cerca de Lummus Park, en Ocean Drive, Miami Beach.

—¿Usted lo conoce?

—Algo —respondió el hombre evasivo.

—¿Lo suficiente para...?

—No —me cortó—. No lo suficiente.

Me quedé callado unos instantes. Bajé los ojos y luego hice una mueca de desaliento.

¿El azar o el destino? Ni uno ni otro: sólo la vida. Ella nos separó en abril de 1958. Ya me fuí para la Sierra y tres meses después, Yolanda se marchó exilada hacia Venezuela. No volvimos a saber el uno del otro hasta aquella tarde de septiembre de 1959. No recuerdo dónde nos encontramos. Creo que fue frente al cine Radiocentro. Recuerdo, sí, sus lágrimas corriendo por mi barba y sus dedos aferrados a mi uniformemente verdolivo. Ella había llegado de Venezuela en abril y me había buscado tenazmente. No sabía que yo me había casado en marzo, con una muchacha de Placetas que había conocido en la Sierra de Gibara: Irmina. Todavía hoy no puedo explicar por qué nos casamos. El matrimonio duró poco más de un año; nos separamos como solíamos hacerlo en la Sierra, antes de algún combate: con un apretón de mano y una mirada triste.

—Me casé —dije.

Su rostro no reveló nada.

—Me alegro.

Yo guardé silencio. La invité a tomar algo, pero no quiso aceptar.

Se marchó y no volvimos a encontrarnos más, hasta este día de 1963, en Bacuranao.

5:35 p.m.
La lanchita venía acercándose a nosotros. Detrás, diez o doce gaviotas revoloteaban sobre la estela de espuma, se posaban sobre las olas, hacían uuigh uuuigh, movían blandamente las alas. Prendí un cigarro y arrojé el fósforo al agua verdosa que espumajeaba contra los pilones del muelle. Miré al cielo. Fingí no notar que ella me estaba mirando con curiosidad. Saqué el pañuelo; no hice nada con él. Lo doblé cuidadosamente y lo guardé de nuevo.

La lanchita golpeó contra el muelle, que se estremeció. Parado frente al timón, había un viejo con una boina y un short.

—Esto trabaja sólo hasta las cinco —dijo levantando la cabeza hacia nosotros.

Ella me miró consternada y yo me encogí de hombros. Comenzó a golpear con la zapatilla sobre las tablas. El aire batía ahora su pelo, que había vuelto a escaparse en mechones castaños, ondulados, bajo el sombrerito de lona. Sonrió. Se quitó los espejuelos, se acercó al borde del muelle y se los tendió al viejo, que la miró sin comprender, haciendo equilibrios en la popa de la lanchita que cabeceaba suavemente:

—¿Qué quiere, joven?

—Se los doy como recuerdo y usted nos da como recuerdo un pequeño viaje.

El viejo me miró y yo solo atiné a sonreír y hacer una pequeña mueca de desconcierto.

—¿Sí? —dijo ella.

El viejo se rascó la frente con el envés de la mano. De pronto, sin mirar a Yolanda, extendió hasta los espejuelos una mano de dedos ásperos, los cogió y los hizo desaparecer rápidamente bajo la boina.

—Vamos —dijo.

7:30 p.m.
Caminábamos ahora por la hierba, uno al lado del otro, en silencio. De pronto sentí la mano de ella que rozó un momento la mía y luego la retuvo suavemente.

—Ven —dijo deteniéndose.

La luna había vuelto a asomar, ahora un poco más alta y con un halo amarillento alrededor.

—¿No vamos al restaurante? —pregunté.

—No. Vamos a mi cabaña.

7:45 p.m.
—No te preocupes —dijo, tanteando la pared en busca del conmutador—: Tengo algo de comida. Encendió la luz y entré a la única pieza de la cabañita. La cama estaba destendida y sobre ella algunas piezas de ropa interior, que Yolanda recogió rápidamente e hizo desaparecer en una maleta.

Cerré la puerta y me senté en la cama. Encendí un cigarro. Ella sacó de un pequeño closet una cocinita eléctrica.

—¿Te ayudo? —dije.
—Ahora no —dijo colocando la cocina sobre la mesita de noche.
Sacudí las cenizas sobre el piso. Me miró un segundo.
—No te has vuelto a casar, ¿verdad?
Moví negativamente la cabeza.
—Me lo imaginaba.
—¿Por qué?
—Eso es natural —dijo, señalando las cenizas que estaban en el piso— en los solteros.
—Perdona, tú querrás decir en los solterones.
—¿Solterón a los veintiséis?
—Un barco que se va a pique —dije sonriendo.
—Bueno, si tú lo dices.

Sacó del closet una bolsa plástica llena de huevos y una pequeña sartén; luego una lata de galletas de soda y dos botellas de vino.

—Hazme un favor, conecta la cocinita.

Me agaché junto a la mesita, con el cordón de la cocina en la mano, buscando el enchufe.

—Ahí, junto a la pata de la cama —dijo—. Vamos a hacer revoltillo si te parece; tenemos poca grasa.

Pasaron aún otros tres días antes de que conociera a Tony Méndez, la persona que me iba a desbrozar el camino hacia el cojo Orosmán. Fueron tres días largos, tediosos, que empleé de diversas maneras. Fui al Cuban Refugee Center-Employee (Primera Avenida y calle 5ta. del NE). Me vacunaron contra la polio, me hicieron placa, me prometieron la "waiver" para dos semanas después, me entregaron la tarjetica azul para la factura del almacén de la calle 26 NW y 23 Court, y la Cruz Roja me regaló una cajita con algodón, aspirina, una máquina de afeitar desechable y curitas. Lo más importante fue, sin lugar a dudas, el cheque por sesenta dólares.

Había estado leyendo, de manera acuciosa, el *Miami Herald* y el *Miami News;* pero en los clasificados no había ningún empleo en el que pudiese caber.

Era viernes. Se había cumplido mi sexto día en Miami. A las 8 de la noche, después de comer en el Hong-Kong (entre paréntesis, ya estaba harto de la comida china), me senté en el lobby del hotel a fumarme un cigarro. No había vuelto a hablar con el dueño. Nos limitábamos a intercambiar saludos.

A la media hora de estar allí llegó.

Tendría unos veinticinco años, era alto, bien parecido y vestía elegantemente. Transpiraba un suave aroma de buena colonia y fumaba un tabaquito de capa roja con boquilla de plástico. Diez minutos antes de que entrara en el hotel yo había oído el áspero ronquido de un motor de auto de carreras en la calle.

Se sentó frente a mí a hojear un número de una revista dedicada al automovilismo, *Warm Road*.

Mi suerte fue doble, porque me pidió candela y porque tuve la ocurrencia de decirle (en inglés) que el *Miami Herald* anunciaba un Ferrari en sólo tres mil dólares. La frase fue mágica. Claro que él no había leído la sección de clasificados con tanta atención como yo en los últimos tres días. Pero evidentemente, le había alcanzado el corazón (que debía funcionar como un motor v-8 reforzado).

—¿De veras? —me dijo con gran interés.

—Lo leí ayer.

—¿Sólo tres mil?

Me devolvió los fósforos y se sentó en el sofá donde yo estaba.

—¿Cubano? —me dijo.

—Sí —le respondí en español.

—Yo también.

Me extendió la mano:

—Tony.

—Ricardo.

—¿Desde cuando estás aquí?

Había comenzado tuteándome y me pareció conveniente hacer lo mismo.

—Menos de una semana.

—¿Qué vía?

Sonreí:

—El mar. Le adopté un motor de Chevrolet a una lancha y... bueno. Aquí estoy.

—¿De Chevy?

—Anjá.

—¿Qué año?

—Cincuenta y seis. Le rebajé la tapa y le limpié la entrada de gasolina.

Yo sabía un poco de mecánica; pero no tanto como trataba de hacerle creer; naturalmente, lo del motor del Chevy era un cuento. Pero mordió el anzuelo.

Cada cierto tiempo consultaba su reloj pulsera. Yo hacía esfuerzos por no dejar caer la conversación y pasaba de los delcos a Indianapolis; de Le Mans a aquella vez en que Fangio no pudo correr en La Habana porque lo secuestraron. Estuvimos más de una hora conversando, hasta que, de pronto, dijo:

—Ya no viene. Que se vaya al carajo.

Yo lo miré un tanto asombrado. Sonrió y se creyó en la obligación de explicarme que se trataba "de una chamaquita" que lo había dejado plantado.

—Vengo mucho aquí —me dijo en tono confidencial—. A Martínez no le gusta que le usen el hotel de posada, pero le pago bien, que coño.

Se quedó en silencio.

—¿Tomamos algo? —me dijo por fin.

—Lo siento. No tengo dinero para gastar en bebida. Aun no he conseguido trabajo.

—Yo invito.

—Si es así...

Me hizo admirar su MG descapotable. Cuatro velocidades, tres litros por kilómetros, 220 en carretera... Si a los hombres les circulara por las venas alguna otra cosa que no fuera sangre, a Tony Méndez (ese era su apellido) le corría gasolina de alto octanage.

En un barcito de Miami Beach despachamos casi tres botellas de ginebra. Tony se emborrachó; yo tomé más despacio, para no perder del todo la lucidez.

Cuando estuvo "a punto" volví a recordarle que no tenía trabajo.

—Ezo ez um azunto mío, mi hermano —me dijo con la lengua estropajosa por el alcohol.

Me explicó como pudo que su padre era dueño de un negocio de autos de uso.

—Te voa ponez cómodo.

Lo tuve que llevar cargado para el auto y manejar yo. Todo el trayecto lo hice preguntando en las esquinas, y erizado de que la policía pudiera pararnos y cogerme manejando sin cartera. Llegamos al Silvia. Desperté a Martínez y conseguí que entre los dos subiéramos a Tony a mi habitación.

Tuve que pasarme la noche sentado en una silla, oyéndolo roncar y hablar en voz baja.

Por suerte, a la mañana siguiente seguía tan afable como durante la noche. Y no se olvidó de su promesa. Volvió a repetirme.

—Te voy a poner cómodo, cubano.

4:10 p.m.
Me acerqué. Tenía que ser ella. Estaba sentada en la arena, con los brazos enlazados alrededor de las piernas recogidas, y la barbilla apoyada sobre las rodillas.

—Yolanda.

Se volvió lentamente.

Alzó con la punta de los dedos los grandes espejuelos ahumados y me miró. Se puso de pie casi de un salto. Se quedó sin saber qué hacer, con los espejuelos en la mano.

—Ricardo —dijo.

Me echó los brazos al cuello.

Estuvimos un minuto abrazados, sin decir nada. Se separó lentamente de mí. Dejó caer los espejuelos en la arena. Los dos nos apresuramos a recogerlo y tropezamos ligeramente.

—Ricardo —murmuró perpleja—. Ricardo.

8:05 p.m.
Terminó de servir en platos de cartón el revoltillo y se dirigió al baño.

—Por favor, guarda la cocinita en el closet y destapa una de las botellas. Me doy una ducha en cinco minutos.

Cuando se cerró la puerta del baño, encendí un cigarro. Me apresuré a guardar en la tabla superior del closet la cocinita. Cogí un cuchillo y comencé a destapar una de las botellas de vino.

Dejé la botella sobre la mesita de noche y luego me senté en la cama.

—¿Te puedo hacer una pregunta? —dije en voz alta.

De adentro salió su voz, ahogada por el rumor del agua de la ducha.

—¿Cómo?

—¿Que si te puedo hacer una pregunta? —dije alzando la voz.

—Bueno.

Me puse de pie y me acerqué a la puerta.

—¿Por qué no has venido con tu esposo?
—¿Cómo?
—¿Que por qué no has venido con tu esposo?
Durante unos segundos sólo oí el sonido del agua.
—Porque está muerto —dijo por fin.

Me volví a dejar caer en la cama. Cerca me quedaba la maleta de ella. Levanté la tapa tratando de no hacer ruido. Un olor fragante e indefinible me hizo mover imperceptiblemente las aletas de la nariz. Olía a limpio, a algo infinitamente apetecible y limpio. El sonido del agua cesó de pronto. Bajé la tapa de la maleta.

La puerta se abrió y Yolanda salió con una bata gris oscura, envuelta en un suave perfume.

—¿Serviste el vino?
—No —respondí—, pero ya está abierta la botella.

Llené dos vasos. Nos sentamos uno frente al otro, ante la mesita, yo en la cama y ella en la única silla que había en la cabaña.

—¿Desde cuándo trabajas? —le dije.

Ella se inclinó hacia adelante, apoyando los codos sobre la mesa.

—Desde hace años. Comencé a trabajar en mil novecientos sesenta.

Bebió unos sorbos de vino.

—Dime una cosa: ¿por qué te divorciaste de...? ¿Cómo se llamaba?

Sonreí:

—Irmina.
—Anjá —dijo ella—. Irmina.
—Fue un error casarnos. ¿De qué murió tu marido?

Evidentemente, no esperaba la pregunta.

—¿Un accidente? —dije.
—No exactamente, Ricardo —respondió ella, mirándome a los ojos—. Se fue del país en mil novecientos sesenta.

9:40 p.m.

Se levantó y empezó a recoger los platos. Nos habíamos tomado una botella de vino y habíamos comenzado la otra. Yo seguía sus movimientos con la vista.

—Y bien —dijo—. Ahora te toca a ti.

Me dio la espalda y comenzó a guardar las cosas en el pequeño armario. Por debajo de la bata, los muslos le asomaban firmes y tostados por el sol.

—¿Por qué no te has casado de nuevo?

—¿Es que eso te importa? —le dije—. Y tú, ¿por qué no te volviste a casar?

Ella se volvió hacia mí. La respuesta había sido tan brusca que yo mismo estaba sorprendido.

—Perdona —murmuré—. He tomado más de la cuenta.

Me puse de pie y caminé hasta la puerta, Abrí: la noche, afuera, seguía siendo húmeda; no había estrellas en el cielo. No se veía el mar; sólo se escuchaba su pulso sereno.

—Tal vez —dije sin mirarla—, tal vez no he encontrado...

—Igual que todos —me interrumpió; un hombre de cada dos dice lo mismo. Sólo que, los que no lo dicen, también lo piensan.

Me volví para mirarla.

—Creo que te equivocas.

Tony no me puso cómodo, pero logró que el padre me empleara como vendedor, con ochenta pesos a la semana. Empecé a trabajar un lunes, y el viernes de esa semana devolví mi tarjeta de refugee. Ya era solvente y no quería problemas con el FBI.

A través de Tony conocí a Wanda, una muchacha pecosa, de grandes dientes de conejo y bonitos ojos azules. Era norteamericana. La tesis de Tony era que a las gringas las volvía loca "la macabia cubiche". Wanda vivía en un apartamentico de la calle 67 del SW; lo compartía con la mujercita de Tony, Alice, una trigueña de grandes tetas, pero con las piernas bastante cobardes, como todas las gringas.

En junio —tres meses después de mi llegada— ya ganaba noventa y cinco pesos y podía pagar un apartamento de regular tamaño en el SW. Abandoné el Silvia y me instalé en el 18564 de la Avenida 92.

Las puertas hacia el MNR se abrieron una tarde...

Una tarde, en que, en el parqueo de gravilla del Rouse Car's, el padre de Tony me presentó a Jack Moreno, uno de los hombres más allegados al cojo Orosmán.

El hombre me dio la mano. A pesar de su "Jack", parecía haber sido extraído dos minutos antes de un billar de Zanja. Grandes patillas, calobares como los que usaba la gente de Orlando Piedra que querían que todo el mundo supiera que eran de la "Secreta", medalla de Santa Bárbara, pantalón de dril hacendado, guayabera rosada.

—Un muchacho emprendedor —me elogió el padre de Tony.

El tipo sonrió, mostrando unos cuarenta adarmes en oro distribuidos entre un par de colmillos y un incisivo.

—Esta noche damos un acto en el Viscaya —dijo.

—¿El MNR? —quise saber.
—Nosotros, sí. ¿Quién más?
Esa noche asistí al Viscaya. En la puerta me paró un mastodonte rubio que hablaba un inglés de Jorrín que metía miedo; pero yo invoqué a Jack Moreno. El tipo dudó un rato, y por fin me dejó pasar. En el acto no había más de cien personas. Nos sentamos en sillas de tijeras, frente a una mesa presidencial que permaneció vacía un buen rato. A las 9 de la noche apareció Pedro Orosmán.

Una nube de ayudantes y guardaespaldas lo rodeaba. Pero en la mesa presidencial sólo se sentaron Orosmán, "Jack" Moreno, dos tipos más que yo no conocía y un viejo que fumaba una pipa, al que luego presentaron como el senador Víctor Pepper.

Mientras Orosmán hablaba con su voz áspera y pausada, tuve una idea que me pareció buena. Saqué una pluma y, en mi libreta de teléfonos, comencé a apuntar frases salteadas del discurso. Durante una hora Orosmán atacó sin piedad a esos "que se dicen antifidelistas, y anticomunistas y que son en el fondo antiamericanos, antidemócratas..." Mencionó por su nombre y apellido a algunos líderes de las facciones autodenominadas "de ultraderecha" y los calificó como "charlatanes de esquina". "Nosotros —terminó diciendo— no prometemos nada. Haremos. Haremos. Haremos..."

Antes de que terminaran los aplausos salí del Viscaya, tomé un taxi y me aparecí en el apartamento de Wanda. Eran más de las once de la noche y ella tenía que madrugar. Me abrió soñolienta, envuelta en una bata de casa.

Le di un beso y le dije casi enseguida:
—¿Tienes máquina de escribir?
—¿Qué rayos...?
Le tapé la boca suavemente.
—¿Tienes...?
—Un cacharro...
Desde adentro oí la voz de Alice.
—Who is it, Wanda.
—Richard —dijo Wanda.
—Dámela y te la devuelvo mañana —la apremié.
Era una Underwood, bastante vieja, pero manuable. Tomé un taxi y me fui a mi apartamento. A las tres de la mañana había terminado el pequeño artículo. Unas cuatro cuartillas.

Salí a la calle y llamé a Tony: no estaba en la casa. Supuse que andaría por el Silvia. Llamé.
No me equivoqué.

—Es urgente, Martínez —le dije al dueño.
—Está bien. Le aviso.
El Silvia no tenía teléfono en las habitaciones. Tuve que esperar un buen rato antes de que Tony bajara a la carpeta.
—¿Tony?
—Habla, habla —dijo de mal humor.
—¿Sigues en buenas relaciones con Savoy, el de *Las Américas?*
La pregunta lo sorprendió.
—¿Y me jodes a esta hora para eso?
—Es un asunto sumamente importante, Tony.
—Sí.
—Bien. Necesito que lo llames ahora mismo.
—¿A las cuatro de la mañana? ¿Estás loco?
—¿Tienes el teléfono de su casa?
—Me lo sé...
—Llámalo. Dile que necesitas que inserte en el próximo número un artículo...
—¿De quién?
—Mío —dije.
—¿¡Tuyo?! Oye, ¿estás borracho?
—No estoy borracho. Tienes que hacerme ese favor. Te llamo en quince minutos. El artículo tiene cuatro cuartillas. Díselo.
—Está bien. Y vete al carajo.
Colgué.
Veinte minutos después volví a llamarlo.
—¿Y?
—Que se lo lleves mañana a la redacción. Después de las nueve. Me preguntó se era el anuncio del fin del mundo, porque para llamarlo a esta hora...
—Es más o menos eso —le dije—. Mañana te cuento.
No era el anuncio del fin del mundo. Era una breve y ácida reseña del discurso de Orosmán; pero sazonada con un toquecito de escándalo.
A las nueve y media me recibió Savoy. Leyó el trabajo. Luego me miró fijamente.
—No es nada ultraterreno...
—Pero no me negará que es...
—Sí, está bien. ¿Veinte dólares?
No entraban en mis cálculos, así que me parecieron muy bien.
—Pasa dentro de cuatro días por la caja.
Apuntó mi nombre en un block.

Estuve dos días esperando que saliera el artículo. Por fin, el martes 18 de junio apareció. Segunda plana. Lo firmaba R. Villa Solana; se titulaba: "La gran esperanza: Pedro Orosmán y su MNR".

Pasó casi una semana antes de tener noticias del cojo. Una mañana apareció un Mercedes negro en el parqueo de Rouse Car's. El padre de Tony corrió a abrirle la puerta al propio Orosmán. El chofer y dos guardaespaldas lo acompañaban. Los vi acercarse a mí. El padre de Tony, radiante de felicidad, nos presentó.

—Así que tú eres Villa Solana —me dijo, mirándome a través de sus calobares.

—Sí, señor.
—Muy bien tu artículo.
—Gracias, señor.
Me estudiaba y sonreía socarronamente.
—Muy bien —repetía.

10:30 p.m.
—Papá murió —dijo ella.
—Papá también, hace dos años —dije.
—¿Qué has hecho en todo ese tiempo?
—Nada importante.
—Y ¿qué cosas no importantes has hecho entonces?
—Trabajar. En fin.
—¿En qué?
—Me licencié del Ejército en 1961. Después he estado aquí y allá.
—¿Y ahora qué haces?
—Me gano la vida como puedo.
—Vienes mucho a la playa, me imagino.
—No creas. Hacía años que no venía. ¿Y tú?
—Siempre vengo con la niña.
—¿Tu hija?
—Sí. Tiene tres años.
—¿Cómo se llama?
—Como la madre.
—Eso me imaginé. ¿Y por qué no vino contigo?
—Quería descansar un par de días aquí, sola.

11:45 p.m.
Estábamos sentados en la arena, con las espaldas recostadas a la pared de la cabaña.

—Son casi las doce —dije.
—Está haciendo frío.

Me acerqué a ella un poco más y le pasé un brazo sobre los hombros. Ella se encogió, como si fuese a quemarla con mi mano.

Permanecimos un rato en silencio, escuchando el ruido monótono de las olas.

—¿Es cierto lo que he sabido, Ricardo?

Quedé sorprendido con la pregunta.

—¿Qué te pueden haber dicho de mí?
—Cosas...
—¿Qué?
—Que te has apartado de la Revolución.
—¿Quién te ha contado eso?
—Eso no importa. Amigos tuyos y míos.

Cerré los ojos. A otro, a otra, le hubiese dicho algo así como "esto no era lo que yo creía" o cualquier otra cosa. Pero no podía mentirle a ella. Ni decirle la verdad. Haciendo un esfuerzo, dije:

—Estás con la Revolución, ¿no es así?
—¿Y tú no?
—Te lo pregunto a ti.
—¿Cómo puedes hacerme esa pregunta?

No respondí. Le quité suavemente el brazo de los hombros y me puse de pie. Le ayudé a ponerse de pie. Le tomé una mano.

—Ven —dije, caminando hacia el interior de la cabañita.

—¿Tú comprendes que yo no te quiero? —susurró ella.

La obligué suavemente a entrar. Cerré la puerta y apagué a tientas la luz.

Me acerqué a ella en la oscuridad y le dije al oído.

—Levanta los brazos.

Lentamente, muy lentamente, los alzó. Entonces, casi con un mismo impulso, le saqué la bata por la cabeza.

Cuando la abracé me di cuenta de que, bajo la bata, ella había estado todo el tiempo completamente desnuda.

En junio abandoné el Rouse Car's y comencé a trabajar en un empleo mejor pagado, que me consiguió Orosmán: traductor de la casa editorial Diamond & Meyer. Seguí escribiendo, pero ahora publicaba mis artículos a favor del MNR en *Alborada,* el periodiquito semanal de la organización.

En ese momento había en Miami no menos de cincuenta organizaciones contrarrevolucionarias, todas ellas en pugna. En el conjunto, el MNR resaltaba no sólo como la más activa, sino también como la más silenciosa. El Movimiento Nacional Revolucionario había llevado a cabo un ataque contra la Misión Cubana ante la ONU, había ametrallado en las Bahamas a un buque mercante griego que se dirigía a Santiago de Cuba y se preparaba —económica y materialmente— para desembarcar una fuerza de cincuenta hombres en las costas de Las Villas. Además, el MNR contaba con un grupo que operaba en El Escambray, bajo el mando de Benito Parúa.

No me fue difícil —aunque tampoco fácil— lograr que Orosmán me llegara a considerar su "consiglieri". Eso, como es natural, levantó algunos celos entre los más veteranos y, sobre todo, me atrajo la enemistad de Orlando Conde Santos, el tipo que tenía dentro del MNR la misión de atender a la banda de Parúa en el Escambray.

En octubre de 1964, las cosas estaban entre Conde y yo en términos de que alguno de los dos salía sobrando. Orosmán no se inclinaba ni hacia uno ni hacia otro. Decidí pasar a la ofensiva.

El 26 de octubre se celebró en el cuartel general del MNR —una casa marcada con el número 14562 en Sevilla Avenue— una reunión en la que se iban a decidir los detalles de la fuerza de apoyo al grupo de Parúa, que entraría en la Isla por Las Villas.

Antes de que Conde hablara me levanté y, volviéndome hacia Orosmán, le dije:

—A mí me parece que no vale la pena mandar a nadie a apoyar a un grupo que ya no existe.

Diez cabezas se volvieron hacia mí. El rostro de Conde palideció.

—No te entiendo, Ricardo —dijo Orosmán.

—Lo que quiero decirle es que en el Escambray ya no queda nadie. Y el tal Parúa ese, si es que existe, está muerto o está preso hace mucho rato.

Conde se puso de pie de un salto:

—¿Qué pruebas tienes de...?

Lo interrumpí.

—Tú no tienes moral para hablar aquí, Orlando Conde, porque tú ni sabes lo que está pasando en el Escambray. Tú has estado engañando a todo el mundo; tu Escambray me lo paso por los cojones.

Conde era muy fuerte y, cuando lograron apartarnos, yo sangraba por la nariz y tenía un ojo adolorido; pero él no había salido ileso. so.

Orosmán la cogió con Conde. Era tan bruto que aquellos argumentos habían parecido bastarle. Le mentó la madre y lo botó de la reunión. Conde no se lanzó con Orosmán porque Racielito y Bombón Echevarría —los dos mastodontes que no le perdían pie ni pisada al cojo— lo disuadieron con sólo algunas muy significativas miradas.

Cuando todo se calmó, Orosmán se dirigió hacia mí.

—¿Y tú, Ricardo, qué sugieres con respecto al Escambray?

Había ganado la batalla.

La experiencia me sirvió en dos sentidos: primero, porque subí varios puntos en la escala de valores de Orosmán; segundo, porque me di cuenta de que tenía que prepararme físicamente.

En enero matriculé en un dojo de karate en Purdy Avenue. Lo dirigía un japonés nacido en San Francisco llamado Ryo-Mond. Los alumnos le llamaban Raymond, pero sólo fuera del dojo; durante el entrenamiento había que llamarlo sensei. Las clases se daban tres noches a la semana (cuatro horas) y costaban 150 dólares al mes. Baratas, si se tiene en cuenta que la práctica del karate era, por lo general, muy cara en los Estados Unidos (quizá con la excepción de New York, en donde habían florecido cientos de dojos en Harlem y el Bronx).

Mi fama de tipo enérgico y sin pelos en la lengua (pero con sangre en las venas) fue creciendo entre la gente de MNR. Mi posición se fue solidificando y en febrero de 1965 el propio Orosmán me nombró jefe de operaciones del movimiento.

4:50 a.m.

Abrí los ojos. Lo primero que vi fueron dos ojos, a unos centímetros de los míos, que me escrutaban; unos ojos pardos, con un puntito rojo y distante en alguna parte del iris. Ella estaba echada junto a mí y me miraba dormir. Sonreí y ella sonrió.

—¿No te gusta que te miren?

Comencé a acariciarle la espalda suavemente, hasta que ella se estremeció.

—¿Vives sola?

Ella cerró los ojos.

—Con la niña.

Ahora le acariciaba el pelo.

—¿Por qué tardé tanto tiempo en encontrarte? —le dije.

Ella abrió los ojos, giró sobre sí misma un poco y se acostó a mi lado.

—Me voy por la mañana —dijo.

Yo no respondí enseguida.

—Lástima —dije por fin.
—¿Nos volveremos a ver? —preguntó ella.
—No sé.
Me alcé sobre los codos, y la besé en los labios. Fue un beso largo, tranquilo.
—¿Tú amas la vida, Yolanda?
—Es algo que no he aclarado todavía —dijo.
Se quedó en silencio. Me miró de pronto.
—Pero oye, ¿de qué vida hablas tú?
—De la vida —dije—. De esta vida.
—¿La Revolución quieres decir?
—Digamos que sí.
—Sí, la amo. Tú no, ¿verdad?
Ella se incorporó de pronto y se recostó a la pared. Se cubrió los pechos con la sábana.
—¿No te pones bravo si te digo una cosa?
Me senté también, y comencé a tantear junto a la cama buscando la camisa. Saqué la caja de cigarros y los fósforos.
—Eres muy ingenuo, ¿sabes?
Encendí un cigarro. Las manos me temblaban un poco.
—¿Por qué ingenuo?
Solté una bocanada de humo y miré el techo.
—¿Crees que no me he dado cuenta de que evitas hablarme de...
No encontraba las palabras.
—...de la Revolución?
La miré. Su rostro se había alterado un poco.
—¿Cómo es posible, Ricardo? Le dimos la juventud, se lo dimos todo. ¿Cómo es posible que ahora le vuelvas la espalda como hizo mi... el que era mi marido? ¿Para qué luchaste entonces?
Estaba a punto de llorar y traté de tomarle una mano, pero me la retiró.
—Es como si hubieras muerto —dijo, y comenzó a sollozar amargamente.
—Es demasiado tarde —murmuré.
Levanté bruscamente la cabeza. Sentía un dolor agudo, muy agudo, en el pecho.
Me puse de pie y comencé a vestirme de prisa. Con la camisa abierta aún, me dirigí a la puerta.
Ella me miró, con el rostro bañado en lágrimas.
—Ricardo.

Me detuve en el umbral de la puerta y me volví para mirarla por última vez.

—¿Te sirve de algo que te diga que no dejé de amarte hasta hoy?
—Sí —le dije—. Me sirve de algo.
Le volví la espalda y salí de la cabaña.

5:10 a.m.
Amanecía. El viejo de la lancha estaba parado en el muellecito. Tenía puesto los calobares que le había dado Yolanda.
—Buenas —le dije.
—Buenas —respondió.
Estaba enrollando una soga deshilachada a un clavo jorobado que sobresalía de uno de los espigones del muelle.
Sobre la cubierta de la lancha había extendido un pedazo de lona húmeda. Debajo algo se movía rítmicamente.
—¿Qué es eso? —le dije.
—¿Eso? —dijo, señalando con el dedo la lona.
Se montó en la lancha de un salto, se agachó sobre la cubierta de proa y retiró la lona. Debajo había un pargo de regular tamaño que agonizaba.
—Una birria —me dijo—; y para eso estuve dos horas en el mar. Desde las cuatro.
Me quedé mirando la lenta agonía del animal. Su respiración entrecortada producía un leve murmullo, como un silbido. Cerraba sobre los ojos una película membranosa, luego la levantaba rápidamente y aparecía una córnea muy blanca, una pupila azul, fija. La muerte llegó; de pronto el pescado se quedó quieto. La última burbuja estalló casi en el momento en que la película membranosa se cerraba para siempre sobre el ojo redondo, duro.
Levanté la vista hacia el viejo, que ahora estaba encendiendo un cigarro de espaldas al viento.
—¿Le tiene usted miedo? —dije de pronto.
—¿A qué? —preguntó el viejo volviéndose hacia mí.
La frase era absurda. Había pensado en voz alta.
—A la muerte —dije.
—Bueno —respondió el viejo, como si le hubiese formulado la más cotidiana de las preguntas—, eso depende.
—¿De qué? —murmuré.
El viejo le dio una larga chupada al cigarro.
—De muchas cosas —dijo por fin.

—Eso pensaba yo —murmuré al cabo de algunos segundos—. Depende de muchas cosas.

Cumplí mi primer año en los Estados Unidos de una manera más bien triste. Elizabeth y yo (creo que aún no les he hablado de Liz; pero tampoco vale la pena) nos fuimos a comer a un restaurantico de Miami Beach y después fuimos al cine. Yo me había comprado un Buick del 59, en bastante buen estado, y eso nos permitió dar después un breve paseo por los alrededores de la Universidad. Hicimos el amor sin mucho entusiasmo en el asiento de atrás del auto, en un recodo de la carretera que conduce al aeropuerto.

Un año.
Y sin noticias de Cuba.
Pero iba a haberlas el 20 de abril.
Eran aproximadamente las once de la mañana. Yo me había levantado un poco tarde y estaba poniendo al día el trabajo de casi una semana para Diamond and Meyer. Eran unas aburridas cuartillas de Geometría Analítica:

There is a process called addition by which two vectors of the set can be combined, the result which, called the sum, is also a...
Sonó el teléfono.
—¿Yes?
—¿Ricardo Villa Solana? —me dijeron en español.
—Sí —dije—. Es el que habla.
—¿Perdió un abrigo color terracota en el cine Capitol?
Retuve el aliento, mientras asimilaba el hecho de que acababa de escuchar la esperada contraseña de La Habana.
—En efecto —dije con un susurro—. Color terracota con puños negros.
—Lo espero mañana a las diez antes meridiano en el Ace's Bar, en la calle 8. Yo lo conozco a usted; usted a mí no. Siéntese en una mesa lejos de la barra y pida un trago. Estaré allí.
—Gracias —dije.
Gracias, pensé.

La abracé.
—*¿Cuándo? —me dijo.*

—*El viernes.*

Estábamos en el parque de San Mariano.

—*Dentro de tres días* —murmuró ella.

—*Sí, dentro de tres días.*

Sus lágrimas caían sobre mi hombro. La apreté con fuerza contra mi cuerpo.

—*Ella está por encima de nosotros.*

—*¿Quién?* —dijo ahogadamente.

—*Ella* —respondí cerrando los ojos—, *la Revolución.*

—*Tal vez cuando todo haya pasado...*

Le besé los ojos llenos de lágrimas.

—*Sí* —dije—. *Cuando todo haya pasado. Quizás entonces.*

Y hubiese querido sembrar su vida en mi pecho. Pero ya estábamos muy distantes, tan distantes como sólo pueden estarlo una piedra y una estrella.

> y entonces oirás cómo medito
> y entonces tocarás cómo tu sombra es
> (esta mía desvestida)
> y entonces olerás cómo he sufrido
>
> Vallejo

Algo se había roto para siempre.

Se pasó las manos por los labios: había sangre. Empezó a toser y todo su cuerpo se contrajo de dolor. Algo se había roto para siempre allá adentro: iba a morir.

Levantó sin fuerzas el brazo y trató de mirar su reloj: una gasa de sombras se interponía entre sus ojos y la esfera; lo acercó a su rostro; confusamente, logró ver los números y las manecillas: eran más de las ocho y media.

Se dejó caer de lado. Ahora tuvo una arcada y se le llenó la boca de sangre espesa, acre, caliente. Se arrastró por la alfombra hacia la cama. Lenta, lentamente pasó junto al cuerpo de Chang: iba dejando un rastro de sangre oscura, que la alfombra absorbía enseguida.

Tenía burbujitas de sangre en la nariz y un collar de espuma rojiza alrededor de los labios. No le hacía falta palparse el abdomen para saber que el terrible golpe del chino lo había herido de muerte: el hígado quizá. Se frotó la cara con la manga de la camisa, haciendo un esfuerzo por sostenerse erguido con el otro brazo.

Volvió a apoyarse con las dos manos y, dándolo todo, dejó caer el cuerpo sobre la cama.

Sus dedos se estiraron hasta alcanzar el interruptor del radio. Lo encendió. Casi fin fuerzas, accionó el botón del dial y buscó los 43 metros. El bombillito rojo que indicaba que el aparato estaba a punto para la transmisión lanzó destellos intermitentes. Al lado del radio estaba el mensaje ya cifrado.

Iba a morir.

Las lágrimas comenzaron a rodarle por las mejillas para confundirse con su sangre. No era miedo. Era un sordo rencor, una áspera sensación de angustia por tener que morir tan lejos.

Empezó a convertir las cifras en impulsos eléctricos. Empezó a enviar hasta ellos, por encima del tibio y azul Caribe, su propia vida.

IV. CAMBIOS

ALEJO CARPENTIER
Los convidados de plata

I

Había algo cambiado, no diría yo en la atmósfera, sino en las energías secretas de la ciudad que, como ciudad al fin, tenía sus mecanismos soterrados, acaso invisibles, actuantes sobre el amasijo de casas, de palacios, de tugurios, de azoteas y columnatas, que la componían. Ahí estaban, alzando sus blasones y alegorías, imágenes de la estabilidad, el Muy Ilustre Centro Gallego, el no menos ilustre Centro Asturiano —cimborrios, torres, cornisas vertiginosas, almenares inaccesibles, desfiladeros entre balaustradas que se dispersaban en lo inalcanzable de las perspectivas— sin que nada hubiese variado, al parecer, bajo el vuelo tardo de algún aura tiñosa y el alboroto de los gorriones parduzcos, algo adiposos, que en el parque se disputaban migajas urbanas bajo las frondas de los álamos y laureles. Ahí estaba, pues, el Muy Ilustre Centro Gallego con sus estatuas a la moda de Viena 1900 o parecidas, también, a las que señorean los mausoleos de cementerios italianos; ahí estaba, con sus encrespados entablamentos, sus enormes locales de exposición, a nivel de acera, que hubiesen propiciado, años antes, presentaciones de automóviles, venta de discos (con el perfil de Stokowsky estampado en algún cartel) y hasta, en días de penuria debidos al número de socios desempleados, la exhibición de un enorme cetáceo —¿pez dama? ¿ballena? ¿cachalote abisal?— acostado entre columnas de mármol, al cual habían tenido que sacar un día, despedazando su carne a hachazos, porque empezaba a oler demasiado a lo que era en realidad: un inmenso pescado podrido. Así, pues, seguía la sombra de Prisciliano amparando el oeste del Parque Central, mientras el otro muy ilustre Centro, el de los asturianos, alzaba sus escudos regionales al este, próximo —solo un tramo de la calle arbolada los separaba— al edificio donde tenían sus oficinas tantas y tantas agencias de publicidad, compañías de seguros, bufetes de abogados, negocios de corretaje, representaciones de enlatados norteamericanos (allí se ostentaban etiquetas de sopas campbeles, espárragos del monte, encurtidos heinzianos...), talleres de arquitectura, sobre el ámbito de jugueterías y zapaterías de abajo, repartidas sobre cuatro fachadas y dos galerías de pasaje cuyas entradas designaban los cuatro rumbos capitales de la ciudad. Alrededor de esos enormes edificios se abrían, en tiendas de más o menos, bajo portales construidos a principios del siglo, tras de columnas mal repelladas, los comercios de Cuban Souvenirs que ofrecían pequeños caimanes embalsamados, maracas adornadas de paisajes tropicales, ceniceros de madera torneada, botellas de ron en maletas de cartón, y encajes y bordados, de una estética vagamente criolla, traídos de no se sabía dónde. Arrancaban de por ahí las viejas calles del Obispo y de O'Reilly —el municipio les había cambiado los nombres pero las gentes las seguían designando por sus títulos coloniales—, con sus escaparates abiertos, puerta a puerta, a ambos lados del camino, de la pista asfaltada que solo aceptaba la anchura del auto que marcara en verano sus ruedas, en una suerte de melcocha grisácea fabricada por el calor, conduciendo al magnífico Palacio de los Capitanes Generales, de hermosa fachada asomada al puerto por sobre la mole geométrica del Castillo de la Fuerza. Y era allí, acaso, ante la gran arquitectura dórica, visibles ya las fortalezas de arriba, de la otra orilla, donde se advertía mejor que la ciudad tenía sus luces de verano y sus luces de invierno. Las luces de verano eran amarillas y difuminadas: desdibujaban los contornos lejanos; ponían una neblina opalescente en las distancias. Las luces de invierno, en cambio, eran blancas, netas, acercaban las cosas a quienes las miraran, daban profundos relieves a los portones, abreviaban los caminos, ponían ahí, mejor, aquí mismo, a diez minutos de andar lo que, en realidad, estaba a varias leguas de distancia. Y en luz de invierno estábamos cuando algo empezó a cambiar, no diría yo en la atmósfera, sino en las potencias secretas, las energías ocultas, de la ciudad. Seguían abogando los abogados; seguían las jugueterías jugueteando con sus juguetes; seguían jaguarizando las gentes del Jaguar; seguían cubanosuverizando los mercaderes de Cuban Souvenirs; seguían ruleteando los coimes de las ruletas instaladas en los magnos hoteles, y seguían puteando las putas, tremendamente patrióticas por cierto, de poco tiempo a esta parte, dispuestas a "darlo de gratis" a quien tuviese traza de combatiente. Pero nada era lo mismo, Lo sentía yo, aquella tarde, mientras esperaba, junto al reloj de los monigotes que descargaba sus martillos en los flancos de la esfera empavesada de números romanos, pardos, verticales, donde los tres palos de las III se erguían a la derecha del XII, frente al magro IX, dominando, con su empaque de tridente, la modesta "ve" de las cinco, Sonó el paso leve y pronto fue la cama. Una cama mal llevada, Tenías la mente en otra cosa. Tenía ella la mente en otra cosa. Los sexos se las entendían, solos, allá abajo, pero sin que lográramos, como se dice, entrar en situación. Yo hablaba demasiado, sin pensar en lo que decía, buscando el deslumbrante clima verbal de ciertas noches. Ella no respondía sino con respiros cortos que mal hallaban el contrapunto de mis palabras. No bastaba con que las carnes se machiembraran. Desgarbado era el acoplamiento, desacompasado, mal ritmado, terminando aquí cuando allá se andaba por el medio trecho. Volvimos al descanso de los yacentes, lado a lado, sin mirarnos las caras. "Habrá cambios, ciertamente; pero no serán tantos como se cree" —decía el uno, decía la otra—. Sin embargo, afuera, eran esos pasos. Pasos que cobraban una enorme sonoridad. No eran, acaso, los pasos que creíamos. Pero creíamos que sí eran esos pasos. La Habana estaba invadida por hombres de otra raza.

Hombres de otra raza. Pues, tales me parecían esos extraños barbudos, de bragas desgarbadas —como patizambos, a veces en el andar— que circulaban por la ciudad, con la mirada lejana, puesta en otra parte, bajo los cabellos largos que les bajaban de los sombreros sobre pómulos que resultaban islas claras en medio de tanto pelo. Las barbas, en mi niñez, eran cosas de abuelos. Aparecían en fotos montadas en cartón, marcadas al sello de algún fotógrafo de París, de Nueva York, de Lausanne, traídas de viajes en que los retratos hubiesen ido a "posar" a algún estudio famoso, junto a los accesorios de las escenografías al uso: libro abierto para descanso de la manno izquierda, columna trunca al fondo de alguna alameda pintada al difumino, para acompañar mejor el noble empaque de la levita cerrada, del cuello de tiesos ribetes, o del pulgar llevado a la sisa del chaleco. Las barbas eran el emblema de la respetabilidad burguesa, del buen ejemplo, de las virtudes demostradas, del pensamiento sosegado, del juicio ecuánime. Y después, en un espaciamiento, una minimisión, un descalabro de las barbas, traídos por modas nuevas, se habían ido afirmando las mejillas rasuradas —"a la americana", decían algunos— que eran las de la generación de mi padre. Y también las de la generación mía, particularmente favorecida por las navajas, artefactos eléctricos, jabones, aguas, untos mentolados, que mejor pudiesen hacer desaparecer de las caras, por siempre, sus sombras venidas de adentro. Tenía yo las barbas por olvidadas, cuando, de pronto, de tierras lejanas, de lo remoto, de los altos de la Sierra, nos llegaban estos barbudos como hechos de un barro distinto, que habían dejado que las caras se les alargaran en espesuras de vegetación propia. Andaban, de aquí, de allá, aquí, allá, en sus quehaceres mal definidos, patrullando o acaso andando por antojo propio, fumando en las esquinas, acurrucados en sus jeeps, entrando, saliendo, avispeando, fisgoneando, buscando putas, o tal vez no haciendo nada, misteriosos, sin preguntar, con algo a la vez altivo y fríamente cortés, que nos llevaba a abrirles el paso en las aceras, aunque jamás parecieran pedir nada, metidos en otro mundo, surgidos de donde no habíamos estado. Y era eso, precisamente, lo que rompía nuestras filas de transeúntes, lo que ablandaba y segmentaba nuestros corros, lo que nos hacía ansiar una comunicación que jamás se establecía. Ellos habían estado. Nosotros no habíamos estado allá, en las cimas, en los picos, cuya visión, tenida únicamente a través de tratados de geografía elemental, de libros ilustrados, se nos había quedado en nociones buenas para maquetas de configuraciones orográficas o de mapas en relieve. Ellos —esos, que nos miraban sin mirarnos— habían medido las cumbres con sus pasos de hombres; habían dormido, sesgados, en las laderas, sabían de amaneceres distintos a los que se veían, abajo, en los llanos y en las tierras —tierras coloradas, tierras negras— que eran las de nuestros campos, donde trenes de largos vagones amarillos y desusada estampa conducían, a cualquier hora, hacia las promesas de las ciudades. A veces se les interrogaba, cuando el atrevimiento era grande, sobre sus hechos, sus recuerdos, sus vidas. Ellos contaban, entre silencios, enlazando monosílabos, parcamente —acostumbrados a hablar poco—, de batallas aún recientes, de marchas agotantes, bajo la lluvia, de muertes de compañeros (de nombres mudos, para nosotros) caídos en la acción. Semejantes en ello a los alpinistas, eran poco dados a hablar de proezas propias. El trabajo había sido uno solo. Las ametralladoras enemigas habían sido padecidas por todos. Los balazos, recibidos entre varios. Entre varios, el caballo sacrificado y comido, al cabo de varios días de hambre. Entre varios, entre muchos, se había entrado en Santa Clara. Y entre muchos, entre miles, se estaba ya en la gran ciudad de La Habana, sobre la cual despedían su humo, sin parar, las chimeneas de una Planta Eléctrica monumental, con empaque de monumento romano. Y era la admiración, para los hombres venidos de arriba, de encontrar tabaco en la esquina más próxima, y el pan en la panadería de aquí cerca, y, acaso, un caramelo un poco más lejos, y acaso, también, una hembra que los llamara desde el misterio entreabierto de una puerta entornada. Y andaban, andaban, esas gentes de bragas un poco caídas, de largos pelos, de collares al cuello, de amuletos ocultos por el mentón hirsuto de las largas caras, vestidos de verde, que nos llegaban de las montañas, llevando, sobre las aceras, el paso renqueante, rastreante, de quienes están demasiado acostumbrados a bordear pendientes y a caminar entre malezas. Y (pero) La Habana, poblada de semejantes barbados, proseguía una vida hacendosa, activa, regida por los relojes marcadores de tarjetas, el tráfago de los bancos, el movimiento de las casas de cambio, aparentemente agradecida al Acontecimiento, pero, en realidad, medrosa, temerosa de cambios verdaderos, en presencia de los hombres de raza nueva que ahora la habitaban. Los representantes de automóviles ofrecían sus últimos modelos. El distribuidor de chicle pedía setenta mil dólares de crédito al Banco Nacional para seguir importando sus gomas de mascar. Las agencias de publicidad anunciaban que una era nueva se les abría por cuanto la Revolución había dado a las gentes una nueva conciencia de lo nacional, que se traduciría en un mayor consumo de productos nacionales y de mercancías que fuesen importadas de concierto con las firmas nacionales que las trajeran de acuerdo con un sano concepto de las necesidades nacionales. Jamás habían trabajado mejor los especialistas en relaciones públicas para explicar, apaciguar, destruir viejos rencores, anunciar un futuro halagüeño. Por lo demás, el abejeo de las cien ruletas se escuchaba cada día; corrían los dados sobre las mesas, deslizábanse las barajas sobre los tapetes verdes: pero sobre esos tapetes, abiertos en hoteles, casinos, boites, garitos, de aquí, de allá, solo corrían ya las fichas del miedo de unos cuantos. Nunca se había apostado tanto, nunca se había jugado tanto, como en aquellos días en que tantísimos hombres andaban lentamente, como inseguros aún de la solidez de las aceras, por las calles de la ciudad.

Los yacentes se movieron, volviendo a armar su quehacer de estar juntos, con levantamiento, entumecimiento, alargamiento, entesura, del tercer brazo que nunca acaba de hallar donde colocarse. La montas en los estribos de tus pies. Hincas los codos en lo blando para no pesar demasiado. Comenzó la cantata a dos voces. Pero es una cantata en falsete. Demasiado se habla. Allá abajo, donde las negruras de los cuerpos se confunden, hay algo contrariado por lo que ocurre, aquí arriba, donde los ojos no pueden verse por lo cerca que están. Suena el reloj de los monigotes dando lo que puede ser una media hora, un cuarto de hora, una hora en punto. Antes no oíamos el reloj. Ahora, las campanadas del artefacto plantado en la esquina de la ferretería golpea en nuestros oídos. Nada parece cambiado; y sin embargo, hay como una mutación, un trastrueque, una transfiguración, en la ciudad. No se trata de algo aparente. Ni de nada audible. Los automóviles pasan. Los pregoneros pregonan. Hay la voz de la comadre esquinera discutiendo con el chino del puesto de frutas —esa voz que nos vuelve siempre, a la misma hora, junto a la del mecánico del garaje de al lado, siempre enojado, colérico, imprecatorio, en los mismos momentos del día, siempre furioso, a las cinco en punto de la tarde—. Me encuentro distante, blando, sin nervios, esta tarde. Y me imagino que demasiado presentes están, para ti, las colecciones de cuadros de tu padre. "¿Tú crees que las vayan a nacionalizar?" No lo creo más que nada, porque no creo mucho en el valor de las colecciones de tu padre. El se guiaba, en sus compras, por lo que aconsejaba, en materia de arte, la revista La Esfera de Madrid. Por ello ha comprado varios cuadros de Zuloaga, varios cuadros de Sorolla, No anda falto de toreros, de manolas, de majas, ni de marinas mediterráneas con balandros de velas amarillas y chicos desnudos, captados en pincelada maestra, trepándose a botes llenos de peces. En algún ensayo de Ortega y Gasset se leyó un homenaje a los Hermanos Zubiaurre —doblemente mudos, según él, por ser vascos y mudos de nacimiento— y, por ello, compró retratos de pescadores tristes, tocados de boina, hincando el cuchillo en alguna hogaza de anchos ojos, con fondo de rías vascas, y, acaso, del puerto de Pasajes. También le aconsejaron que adquiriese obras de Anglada Camarasa y hasta de Muñoz Degrain, el del "Coloso de Rodas". Posee también, los he visto, muchos lienzos minúsculos de Fortuny, con escenas domésticas ejecutadas en un tamaño bueno para un museo de enanos. "Esos cuadros valen una fortuna" —dices—. Acaso. Aunque no sé de gentes que hoy adquieran una pintura de Zuloaga o de Sorolla. Pero tu padre está convencido de que posee una fortuna en lienzos comprados oportunamente. Como ese otro pariente tuyo que se envanece de sus trofeos de Austerlitz, de sus uniformes de granaderos imperiales montados en maniquíes, de una viruta sacada al puente de Arcola por el cepillo de un carpintero sobornado, de armas recogidas en los campos de batalla de Marengo, de Jena, de Waterloooooo (y siempre alarga las "oes" cuando pronuncia la palabra, exhibiendo algún sable roído por el salitre del trópico, a pesar de su resguardo de glicerina); y también se envanece ese pariente tuyo de poseer cartas amorosas de Josefina, páginas inéditas del Memorial de Santa Helena, una tabaquera de Antommarchi, un colmillo del Corso, sacado en día de mal dolor por un sacamuelas local. Todo eso, evidentemente, vale acaso una fortuna. Cambias de posición y vas a orinar. También yo voy a orinar. Los monigotes del reloj esquinero acaban de dar la hora. Nada nos apura. Pero has vuelto a la cama con el periódico que traías en la mano. "Pero, en fin, tu crees que...?" —dices—, leyendo y releyendo los anuncios, como si en ellos hallaras un punto de apoyo, un afianzamiento, una seguridad. Este periódico, por lo demás, es uno de los tantos. Aquí se publican doce, trece, catorce, al día. Cada noche, cada mañana, cada tarde, las redacciones olientes a tintas acres, próximas a las rotativas, bullen de redactores. Hacemos un recuento de hechos menudos que nos vienen a la memoria. En enero, los hacendados cubanos respaldaron al gobierno. En febrero, las iglesias evangélicas invitaron a un culto de acción de gracia por el triunfo de la revolución. Tres días después, la Shell de Cuba saludaba la misma revolución como un nuevo amanecer, en un anuncio de plana entera, publicado por el Diario de la Marina. Hoy la Compañía Cubana de Aviación hace grandes publicidades para sus vuelos a Miami. Los industriales apoyan la Reforma Agraria. Un empresario propone la organización de corridas de toros en Cuba, ya que éstas, suprimidas al instaurarse la república, a comienzos del siglo, podrían volver a darse al calor de una revolución que había instaurado un orden nuevo. Silvana Pampanini quiere conocer personalmente a Fidel Castro. Es cierto, por otra parte, que se frena un tanto la importación de chiclets y de pastillas de menta. Es cierto que los fiatizantes de la Fiat, los cadillicantes del Cadillac, los chevrolizantes, los mercedesbenzantes, los lincolnizantes-Mercury, comienzan a alarmarse ante una evidente crisis de sus comercios; pero la Shell, nacionalista como nunca, invita al cubano a visitar su isla, a gastar su capital turístico en terreno propio en vez de irlo a despilfarrar al extranjero. El Chase National Bank invita a abrir cuentas pagando altos intereses sobre los depósitos. Se denuncia un mercado negro sobre la adquisición de terrenos en el cementerio. Se filma, en La Habana, una película sobre una novela de Graham Greene. Toda la publicidad está del lado de la Revolución. Se nos aconseja, incluso, que nos vistamos como auténticos cubanos, usando pantalones de dril blanco, guayabera de lino de Irlanda, zapatos de fina puntera, en anuncios donde un mozo de hermosa prestancia aparece sosteniendo, en mano amorosa, un feo gallo de lidia tan espeluado como bárbaramente rasurado. Claro está que también se han abierto las playas al pueblo; que se anuncia el fin de la discriminación racial. Pero los negros —lo advertimos ambos— no han tomado la noticia con harto apresuramiento. Todavía se muestran tímidos ante la posibilidad de entrar a ciertos restaurantes. Muchos mozos de café los sirven con ostentoso desgano, una lentitud, unos modales de agárrate-este-tenedor-que-te-va-volando, que pronto acabarán con sus intentos de codearse con el blanco. Seguirán teniendo barberías de negros, sus cines de negros, sus parques municipales ocupados, de mucho antes, por derecho propio. Lo cual es injusto, inhumano, absurdo, dices tú, volviéndote hacia mí como si yo tuviese la culpa de algo. Los negros. El jazz. El arte negro (hojeaste las revistas viejas que te presté...). La música cubana. Es tiempo de recuperar a los negros. Y se me vuelve revolucionaria, de pronto, evocándome aquel grabado, de la colección de su pariente donde aparece Theroigne de Mericourt rodeada de aceros y bayonetas. Rusia no sería lo que es sin la Revolución Rusa. Lenin fue un gran hombre. ¡Oh, aquel hombrecillo que jugaba al ajedrez! Sin la toma de la Bastilla no seríamos la gente que somos. Te preocupas porque, dentro de pocos días, habrá una gran concentración de campesinos en La Habana. Habrá que agasajar a esos campesinos; habrá que alojarlos, pasearlos, mostrarles cosas que no conocen. Muchos no han visto el mar. Ofreces tu casa, tu mesa, la mesa de tus parientes, las camas de toda tu parentela, las habitaciones donde tus abuelas guardan baúles llenos de cartas viejas y sederías de colores desvaídos. Ante tu repentina facundia, tu impulso, nuestra realidad de gentes desnudas se hace ridícula. Nos vestimos. Los monigotes del reloj acaban de dar una nueva hora. Y abajo es la calle, con su puesto de frutas, su pequeña barbería —"de negros", porque todavía existen—, el garaje que siempre contemplamos —descubrimos— con una suerte de tedio, después de haber hecho el amor como el otro día, como antes, como tantas veces, desde hace tanto tiempo, con los mismos paroxismos, los mismos ritmos, la misma melancolía que nos invade cuando se despinta el día en crepúsculo, y tenemos que encender la lámpara de cabecera, con el mismo fastidio de tenernos que vestir, otra vez, sin que sea noche del todo. Te vas hacia tu lado: el del puesto de frutas. Yo, pasando delante del garaje de acera escorada, yendo hacia el mismo café donde siempre me detengo para beber algo. Me has dado ganas de comprar el periódico de la tarde que me viene a la mano. Ahí las compañías de publicidad, las oficinas de relaciones públicas presentan, conjuntamente, un gran anuncio "Las naciones más poderosas del mundo son precisamente aquellas en que mayor desarrollo ha alcanzado la publicidad. Incidentalmente, son también las que simbolizan la verdadera democracia"... Dos barbudos de bragas algo colgantes te pasan por el lado. Tratas de buscar sus miradas. Pero apenas si te miran. Siguen en su quehacer de andar hacia algo. Son como hombres de otra raza.

III

Oh!... Nada del clásico regreso de tantas y tantas novelas italianas y centroeuropeas que he leído últimamente al tuntún de lo hallado por casualidad —tomos flotantes en las charcas esquineras o despatarrados en el medio de la calle; otros más, arrojados de sus estantes por el estallido de una granada —aquí y allá, oyendo pasar la bala en el encuentro con un título poco incitante para mí en aquel minuto, aunque acabara cargando con el tomo, en última instancia, a falta de lecturas más apetecidas. En mis decepcionadas buscas de una novela de enredos, de un tomo de la "Serie Negra" de Gallimard, de una novela a lo Francoise Sagan, recordaba los relatos que un viejo amigo, veterano de las Brigadas Internacionales, me hacía del éxito logrado en Barcelona, en los postrimeros días de la Guerra Civil Española, por un empresario que había tenido la inspirada idea de hacer representar "La Viuda Alegre" en un teatro cada noche repleto de soldados. Donde buscaba el entretenimiento, alguna "Viuda Alegre" literaria, o alguna "ciencia ficción" situada en Saturno o en Júpiter, con naves interplanetarias y fusiles disparadores de avispas, hallaba cosas —regresos— que eran, a lo mejor, cuadro de mi futuro regreso, en el caso de que regresara...

¡Pero no!... Nada, por ahora, del clásico regreso —ya lugar común— del soldado un tanto maltrecho y herido —cine— que vuelve al pueblo natal hallando la casa en ruinas, niños desconocidos que juegan entre las susodichas ruinas, visiones del mercado negro, insinuaciones de prostitutas y noticias de la hermana violada— elementos todos de una ya vieja literatura. En esas escenificaciones de un regreso hay que sentarse en un cipo esquinero, sacar un mendrugo de pan de la mochila mal remendada, percibir la inmensa tristeza de la calle real huérfana de comercio, y asistir al paso cojitranco del cura que, después de haberte bautizado, no conoce ya a quien lo mira. Tu padre descansa en el Camposanto —Avenida 5ta., Tumba Nº 4— a donde irás a verlo después con un ramo de flores silvestres, recordando que cerró los ojos sin haberte visto. De la madre siempre enlutada, de las mujeres que tejían la calceta a la tibia sombra de un olmo copudo, nada se sabe. El ya clásico regreso... Pero yo también volvía de la guerra: de los duros días de Santa Clara. Y ahora, al tomar el camino de mi casa —pensando en tantas novelas italianas y centroeuropeas— tenía que confesarme que rodaba entre avenidas hermosas plantadas de árboles hermosos, orladas de casas hermosas con jardines hermosos, que jamás parecieran haber sabido de días difíciles. Ahí estaban los canarios, los periquitos del Brasil, los jilgueros, de la vieja de las muletas, siempre sonriente entre sus dos caballetes de andar; ahí las "nurses" inglesas o francesas, sorprendidas por los acontecimientos, que se preguntaban, por encima de las rejas medianeras, que a dónde iría a parar todo aquello que se estaba viendo, con los disparos que aún sonaban en el centro de la ciudad, y los hoteles de lujo invadidos por una horda de hombres sudorosos, barbudos, cuyas cabelleras largas alcanzaban el nivel de los collares que les rubricaban los pechos velludos. Los canteros de flores estaban poblados. En una jaula con perfil de belvedere dormitaban dos papagayos, abriendo y cerrando los párpados en lo alto de las mejillas estriadas de negro. Limpios lucían los céspedes entregados al sol de aquel atardecer, bajo la lluvia artificial que regaderas automáticas, giratorias, les ofrecían como ayer. Allá en las sierras, en las ciudades de provincias, habían ocurrido enormes acontecimientos, recogidos en reportajes, en impresionantes fotografías, por la prensa mundial. Pero, en este rincón donde había transcurrido mi infancia, parecía que no se tuviera noticias de nada. Sonaron nuevos disparos en el centro de la ciudad. "Quoi, ils se battent encore?" preguntó una nurse francesa, que había empezado a creer en la realidad de una Revolución Cubana cuando vio, en número de "Paris-Match", una gráfica a dos páginas que mostraba unos soldados de Fidel Castro preparando un cochino a la barbacoa, y vistas de un campamento en el que había hasta un sillón de dentista instalado a la sombra de los árboles festoneados de lianas... Me detuve frente a mi esquina, sin hallar la emoción esperada, asombrado, en cambio por algo que jamás había observado: el jardín, el soberbio jardín de los míos, era un jardín cerrado, enclaustrado, invisible para las gentes de la calle, con esas placas de metal negro que las rejas llevaban atornilladas tras de sus barrotes, impidiendo que los transeúntes vieran lo que ocurría entre las calas blancas que, como cirios votivos, escoltaban las palmeras alineadas entre macizos de hojas encarnadas, verde-rosa, malva-verde, negro-verde, tierno-con-ojos-rojos, cultivados por un jardinero japonés que harto cuidaba de sus crisantemos particulares y de sus "Obras Completas" de Federico Nietzche —lo había descubierto mi hermano Juan, un día en que, sin previo aviso, había entrado en su habitación— para ser un jardinero auténtico aunque sus cartas de recomendación estuviesen firmadas por un rico compatriota suyo instalado en el Brasil y por el arquitecto Burie-Marx, especialista en diseño de parques y jardines.

En medio de las rejas y de las placas metálicas se dibujaba una puerta de honor, ciertamente; pero a mi casa —¿no sería mía por herencia, algún día?— no se accedía tan fácilmente. La Puerta de Honor sólo se abría cuando mi tía estaba de gran salida, o recibía, en visita de cumplidos, algún Embajador, un Título Español de paso por La Habana, un Príncipe de Sangre o —se había dado el caso— un Jefe de Estado. Por lo tanto, en la imposibilidad de usarse la Puerta de Honor cuyo sólo timbre, transformado en campanas eléctricas internas, tenía el efecto de movilizar de inmediato a once camareros, me fui a la puerta de servicio, escoltada por dos pabellones ornados —¿por qué?— de cornucopias, destinados a los menesteres de portería, recepción de telegramas, bultos o identificación de recaderos.

Mi mano buscó la anilla del llamador, aunque quedara en el vacío, arañando levemente la pared de cantería. Una acera es poca cosa: cosa de pisar, si acaso. Una manta verde es poca cosa. Las empresas funerarias no las hacen figurar, siquiera, en sus listas de gastos, servicios y pompas. Pero una manta verde, echada sobre el cuerpo joven de un hombre de forma penetrada, fracturada, desangrada a balazos, sobre un insólito relieve, una rara dimensión, cuando su sangre tiñe la acera donde se halla derribado. Hoy la acera estaba limpia. Su granito azuloso reflejaba el sol poniente en algo semejante a un tenue espolvoreo de azafrán.

Pero el cuerpo seguía ahí, tendido, invisible, pero presente para quien pudiera pensarlo —recordarle— en valores de risas, de hembras jubilosamente manoseadas, de alegrías del crawl, de entusiasmos poéticos o de tiros al blanco en que rompía todas las botellas, perforaba los cartones en el mismo centro, haciendo girar todas las estrellas. Seguía su cuerpo ahí: silueta presente, forma ausente. Por ese cuerpo había luchado yo, saliendo con vida de la empresa.

La batalla de Santa Clara había sido dura. Por lo mismo, había entrado en La Habana un poco dormido, cabeceando, entendiendo mal el trazado de las calles nuevas, irritado por el exceso de luces —después de tantas y tantas noches en las que nos estaba prohibido hasta encender un cigarrillo—, reconociendo con sorpresa el perfil de ciertas esquinas iluminadas por comercios nuevos... Por fin —¿pasarían segundos, minutos, desde que esbocé el gesto?— mi mano halló la anilla del llamador. Me sonó la campanilla a nave de catedral. Y, el criado, de sweater —estábamos en enero, ciertamente—; a comienzos de enero, pero... ¿cuándo mi tía, la Marquesa, habría permitido que sus fámulos anduvieran de sweater por la casa y menos aún, de sweater como éste, de anchas rayas horizontales?, asomó la cara al rastrillo de la puerta cerrada con seis candados. "¡Un barbudo!" —exclamó con el miedo reflejo que, en ciertos momentos, pueden producir unas barbas de más o menos. Y luego, abriendo nuevamente el rastrillo después de un rápido conciliábulo con gente presurosamente acudida: "¿No desearía tomar una taza de café? Acaban de colarlo..." Respondí que si con el antebrazo, subiéndose la pistola que, por flojamente fijada al cinto me estaba pesando —enfrente ya que no encima— sobre los testículos. Me abrieron la portezuela que dentro del marco de la puerta verdadera se pintaba, y entonces unos Peregrinos de Emaus cuyos nombres conocía de sobra empezaron a identificarme eliminando mentalmente, mis barbas de sus memorias.

"¿Así que era el señorito? ¿De regreso ya de aquella Sierras?"... "La señora Marquesa siempre decía que era loco", dijo el Portero. "Pas si fou que ca", dijo el cocinero francés, de alto gorro y delantal, redondeado por la redondez del vientre, que el recién llegado había considerado siempre con buen humor por su irrefrenable afición a la mujeres negras. (De noche —y lo recordaba ahora, en el tiempo de un pálpito— Juan y él se habían divertido, desde una ventana a oscuras en escuchar lo que el cocinero decía, después de limpiar sus baterías de cazuelas de cobre, a la negra Mercedes, de firme nalgatoria y boca suelta, pintándole un mundo que equilibrara, en maravillas, aquel otro que ella, nieta de Negros de Nación, situaba en un continente llamado Guinea: Cuando yo te lleve a París —decía el Chef, quitándose la servilleta de mesa que le servía de bufanda cuando estaba junto a los hornos— verás la Foire du Trone; allí te entenderás en tu lengua con las echadoras de cartas que hablan todos los idiomas. Y también con las que leen tu historia en la palma de la mano.

¿Tú nunca oíste hablar de la Foire du Trone? Es algo prodigioso. Aquí he visto carruseles de caballitos. Mierda pura. Hay que ver, en la Foire du Trone, la Mujer Araña que mueve las patas mientras sonríe con semblante amable; aquel busto parlante, que responde a todas las preguntas. Y, sobre todo, el tiro al blanco en el cual te puedes ganar una botella de vino.

Es muy sencillo. El escenario representa la entrada de la Prisión de la Roquette, con iluminaciones de amanecer. Así. Grisosa. Como cuando llueve en Cuba. ¿Te das cuenta? Frente a la entrada de la prisión hay una guillotina. ¿Tu no sabes lo que es una guillotina? Es algo semejante a esa cuchilla que venden en Cuba para cortar los cabos de los tabacos habanos. ¡Zás! Cayó el culo del tabaco. ¡Y, zás! Disparas a la guillotina y cayó la cabeza de un forzado. Una muñeca, para premiar tu buen tino y puntería, te trae una botella de vino espumante, del que llaman mousseux. Y aparece iluminado un letrero: LIBERTE, EGALITE, FRATERNITE... Así, ya que el cocinero ro francés y el portero habían reconocido a aquel "Señorito" de antaño que, al oirse nombrado como tal, alzaba el brazo como en ademán de defensa, empezaron las preguntas. "Alors, ca a bardé la-haut? Comme sur le plateau de Craonne? —decía el francés. Pero, de pronto, pensando en su soñado retiro au bord de l'eau, en aquella casita que tenía negociada cerca de Chinon (preguntándose, a menudo, por cierto, por qué el castillo de la ciudad, ruinoso, desdentado de almenas, era tan visitado por los turistas extranjeros), preguntó: "On va du moins nous payer? Non?" El barbudo ocultó, tras de su barba, la sorpresa que le causaba semejante pregunta: "¿Y mi tía?" "Foutue le camp" —dijo el francés pintando, en mímica de sus dos manos galopantes y contrariadas la huída de un ciervo ante un perro de caza. "¿La casa estaba deshabitada?" —preguntó el barbudo. "Todo el mundo está en Miami" —dijo el portero. "Vous savez, Monsieur" —proseguía el otro— la frousse du socialisme. L'assasinat de Jean Jaurés, la peur qu'ils ont de Monsieur Fidel Castro que vouz avez sans-doute beaucoup frequenté... Alors, vous comprennez: chez des gens qui n'ont aucune vision de la perspective historique (con la inflexión verbal subrayaba estas últimas palabras), c'est la chiasse, c'est la peteche, c'est la trouille, c'est la merde jusqu'ici... Et pour la merde je garde encore un certain respect. Car votre tante —excusez-moi—, elle disait commeca ...pour emporter ses robes, et tout le fourbi. Tous ces gens sont des degonflards. Et votre tante —excusez-moi encore— s'est couverte de merde jusqu'au cou... El barbudo se dirigió al Jardinero lector de Nietzche: "¿Crecen las arecas, todavía quedan hermosas malangas, todavía hay begonias en mis ventanas?" "Todo igual" —dijo el japonés. "Sauf, Monsieur, que nous avons une revolution de plus —proseguía el otro. "¡Ah! Robespierre, Danton, Marat!... Voila ce qu'il nous faudrait... Car, voyez-vous Monsieur, les hommes, ici, ca vous claque dans la main... Enfin: on verra ce que l'on verra. Comme disait Maitre Prosper Montagné"—. El barbudo no lo dejó continuar. Harto sabía que todos los cocineros franceses venidos a América se jactaban de haber sido discípulos de Prosper Montagné, aquel que había aplicado al arte de la cocina una frase de Verlaine acerca de la necesidad de torcer el cuello a la elocuencia.

Seguían llegando los camareros de la casa: Paudilio Fausto, Carmelo, el argentino; José, el mulato criollo, nieto de un esclavo de la familia; el otro José, siempre harto empolvado; y el otro José, peluquero de emergencia, con Basilisa, Encarnación y el ama de llaves española María Fuensanta, cuya bisabuela había echado las cartas, más de una vez, a Su Majestad Doña Isabel II. Todos alababan las barbas del hombre de uniforme, observando la anchura de su pecho bajo la camisa demasiado estrechada por lejías de arroyo, lo soleado de la tez, la firmeza de los brazos, el sombrero de alas bajadas sobre la frente, cuando el recién llegado, agradeciendo saludos y parabienes, pidió que le encendieran todas las luces de la casa y lo dejaron solo. Todavía dijo al portero: "¿Tendrá usted una navaja nueva?" Hubo, en lo circundante, un silencio semejante al que, en la remota Antigüedad, saludaba los grandes ritos de pubertad, tonsura y circuncisión. "El señorito se iba a cortar las barbas". Corrió la noticia de sótanos a desvanes —de los cuales, por no hallarse lo bien vestidas que era deseable, en tales casos, no habían salido la negra Mercedes, amante del cocinero francés, ni la ayudante de lavandería, Carmita Regulez, de la que mi hermano decía que "tenía nombre de personaje de Juan Valera". Corrió lo noticia, pues, de arriba a abajo, alcanzando las bodegas esquineras, la mercería aún abierta, el café donde un aparato de radio difundía noticias más o menos oficiosas ante un corro de ansiosos por saber que ocurría. Entretanto se prendieron las luces de la casa y el recién llegado se detuvo ante una fachada blanca, iluminada por reflectores, con atrio de honor y escalinata de gran empaque sobre la que velaban unos amores —des amours— a lo Bouguereau, abrazados a vasos antiguos, a escudos aún huérfanos de inscripciones, para mejor remate y redondez, en huída, de los ángulos de las cornisas superiores. La puerta central, puerta de honor, acristalada y enrejada, se abrió lentamente —movida, como lo estaba, por un mecanismo eléctrico manejado desde la portería. Y el recién llegado vio pintarse, en un sueño de mármoles, en una florescencia —vetas, manchas, difuminos— de la materia inerte y fría, la escalera de honor de la casa. Por ahí descendía su tía —siempre ligeramente retrasada ante sus invitados, desempeñando el papel de Mariscala vienesa—, dando su mano a besar, seguida de sus sobrinas que en días de recepciones lucían encantadoras ocurrencias de París.

Y bajaban las primas, primorosas, mostrando finas las piernas, para llegar al espacio comprendido entre dos lienzos de Hubert Robert, altamente verticales, que presentaban unos puentes en ruinas y unos jardines cuyas hojarascas no acababan nunca de librarse de una melancólica presencia de hojas mustias. Estos cuadros formaban parte de una cierta pintura fría, a la que su tía había estado muy aficionada, y más ahora que un pariente suyo obtuviera, mediante tráfico de papeles, un título de Duque Bizantino, desconocedor, por lo visto, del Cisma de Focio, puesto que iba, todos los domingos, a oir misa católica a la Catedral de La Habana. La Marquesa, al menos, no había comprado su título al Vaticano ni al Real Otorgamiento de la Corona de España. Era Marquesa por herencia y no por almoneda, ni premios reales, ni reales proclamaciones, ni méritos de más o menos. Sus antepasados habían llegado a estas tierras con los morriones de títulos que, a través de la explotación del azúcar, y del latifundio, aún conservaban una vigencia nobiliaria. La Marquesa había hecho ejecutar los planos de su casa en Nueva York —allí donde los Vanderbilt, los Grambril, los Stanford White o Charles Spague buscaban las suyas, entre reminiscencias de Castillos de la Loire, de la Sala de Armas del Castillo de Blois, o de claustros italianos. Nada tenía que ver con Bizancio, ni con los títulos que unos toscanos antaño arruinados por la ascensión del fascismo, vendían al mejor postor, cargando con bosques de árboles genealógicos y escudos de recientes redorados. "Mi modesta residencia es clásica", decía la tía: "Y es que yo misma, soy clásica en mis gustos. Nada de pintura moderna. Nada de Picasso. Para mí: Racine". (Pronunciaba Rasín). Racine, ciertamente, pero dentro de un culto muy desconocedor de Fedra y de Atalia. Junto a los Hubert Robert, había, en esta casa, demasiados paisajes, demasiadas marinas, debidos a los pequeños maestros ingleses del Siglo XVIII. Abajo —sólo se manifestaba la fantasía (inteligentemente orientada hacia fantasías estéticas diecyochescas, hay que reconocerlo) en unos paravanes chinos de enorme descarte —diez, doce caras visibles por ambos lados— que a la verdad, más parecían cosas de Indochina, de gentes tamules, voluptuosas, gozadoras, despreocupadas de religiones, con sus poetas que iban de casa en casa para cantar pequeñas canciones acompañándose con pequeñas guitarras.

El barbudo se complacía en mirar esos paravanes, esos biombos, esas enormes crónicas desplegables —comics sacados de sus tarros de laca, hacía siglos, por artesanos de largas uñas— siguiendo la navegación de sus pequeños botes entre muelles harto vecinos, admirando esos halcones fieramente desprendidos del guante del halconero para promover, arriba una lluvia de plumas tiernas y ensangrentadas, y esas cazas de ciervos en las cuales la presa parecía gozosa de sentirse flechada por príncipes magnánimos, que en las cabeceras de sus mesas sentaban divinidades acaso hastiadas del monótono condumio que en el Cielo se reservaba a los inmortales. Cansado de vegetaciones de nácar, de flores de coral, de frutas de lapislázuli encajadas en la laca del biombo que, junto a un apagado Coromandel que se difuminaba en lejanías habitadas por árboles llorosos, lucía casi explosivo y nuevo rico, el barbado anduvo hacia el pequeño salón de recepción, adornado al modo rococó, sentándose —para eso estaban los sofás— ante la visión de un jardín donde los fustes de columnas jónicas alternaban con esos otros fustes de árboles, que eran los troncos de ocho palmas reales. Podían, allí, dormitar voluptuosas estatuas mitológicas entre los macizos de buganvilias, con begonias florecidas, y pensamientos y claveles rojos entre las piernas. Nada sonaba a alegoría clásica donde demasiado se encaramaban las enredaderas criollas a las nalgas de las diosas. Como tampoco resultaba clásico —en un barroquismo que harto se las entendía con lo tropical— la arquitectura de ménsulas con loros, cacatúas, cotorras de porcelana, que cerraba la pared principal. Aquellos pájaros, ahí estaban demasiado en casa; respondían demasiado a la realidad circundante, como tampoco exóticos resultaban, aquí, los negritos vieneses, vestidos de rasos amarillos y azules, de madera policromada, que sobre sus hombros endebles o sobre sus turbantes de bailable morisco, sostenían los mármoles de mesas posadas, en realidad, sobre firmes garabatos de bronce... El barbado subió la escalera principal —la de los grandes bailes y paradas— oyendo como le sonaban los tacones de las botas en los peldaños. Se acodó en el barandal de la rotonda donde, tras de frías marinas inglesas, se desparramaban los teros enanos de una "Tienta" de Benlliure. (La Marquesa, aunque poco admiradora del arte español contemporáneo, compraba una pieza en Madrid, de cuando en cuando, porque estimaba que el gesto —la generosidad nobiliaria— era algo necesario al relumbre de su título de condesa hispánica.) Entró en el cuatro de su tía. Sus muebles eran de un Luis XVI bastante estimable, con pequeñas miniaturas diecyochescas enracimadas en las paredes— de esas cosas que están y nadie contempla nunca, aunque hacen falta cuando, por algo, desaparecen. Abrió una puerta que estuvo a punto de matarlo por estar fuera de goznes y ser de mármol rosado montado en marcos de plata.

Cuando pudo ladear, esquinar, poner en equilibrio esa mole de Carrara que se le venía encima, ya estaban, junto a él, el Chef y el Portero. "Vous allez vous faire assomer, Monsieur". "Se nos olvidó advertirle"... "Una puerta, así, es un peligro"... "¿Que voulez-vous? Madame la Marquise voulait de marbre partout... "Y que pesa como un demonio"...

Cuando la puerta de mármol volvió a su lugar, el barbado se acercó a un pequeño estante-relicario donde su tía había guardado objetos merecedores de íntima devoción. Acaso recuerdos de aquellos cuya trivialidad de aspecto —juguete callejero, trébol de cuatro hojas, pañuelo, postal, pétalos hallados en un libro... —puede conservar, pasados los años, un gran sentido. Lo que no entendía el barbado, ahora, era por qué su tía, entre aquellas gratas baratijas sentimentales, conservara la siniestra cajita que contenía una viruta de madera que —por inscripción adjunta, hecha por mano de buen calígrafo— pretendía ser un resto —una reliquia— de la guillotina en la cual se había decapitado a María Antonieta. Miró hacia la cama. "Cama de pocos retozos", decían las gentes, que no acababan de explicarse una austeridad que acaso fuese mera consecuencia de frigidez. "Cama de pocos retozos". "Ojalá los hubiese tenido y grandes y seguidos", dijo el barbado, a media voz, pensando que aquella enorme y fría mansión coronada por amores a lo Bouguereau jamás había conocido, en sus corredores, los pasos afelpados y madrugadores de un amante. "Ojalá mi tía hubiese sido retozona: hubiese amado menos la pintura fría, las marinas sin olas, las ruinas de Hubert Robert, un poco menos, también, a los cancerberos y perros de presa". Porque eran imágenes, en bronce, en mármol, en piedra, en vaciados o en talla, de canes furiosos, de dogos espumarajeantes, los que acogían al visitante, al huésped, en los umbrales de un Teatro Jardín que, al confín de los jardines, prolongaba los jardines hacia un escenario, tapizado de emparrados, donde Carmen Amaya hiciera sonar, cierta noche de fiesta, sus tacones flamencos, poco después de que los actores de Louis Jouvet, de paso por La Habana, hubiesen representado allí algunas escenas de Marivaux a la luz de reflectores instalados en las azoteas de la casa... Detrás del jardín, era el invernadero, con sus cristales empañados de humedad en el que crecían centenares de rosales designados por sus nombres botánicos o por los apellidos de sus más ilustres cultivadores en tablillas verdes donde los caracteres se dibujaban en blanco o negro, solicitando la curiosidad del contemplador o promoviendo el atrevimiento de su olfato que, arrimado a las flores, solía deshacerlas en bruscas nevadas de pétalos promovidas por el contacto inesperado. El barbado volvió a la casa, deteniéndose un rato para contemplar un pastel de Latour que el Trópico había cubierto de hongos. Se encogió de hombros y, poseído por un raro desgano que le ablandaba las articulaciones, volvió a subir las escaleras, buscando, muy al fondo, ahí donde el piso de mármol se volvía de tablas, cerca de los cuartos de criados, la que había sido su habitación de estudiante. Había, ahí, pocas cosas que echar de menos, salvo unos cuantos discos —la Misa en Ré, La Consagración de la Primavera, los Gurrelieders... —y unas reproducciones de Cézanne, de Gauguin, de Picasso —Los Músicos— en las ediciones del Museo de Arte Moderno de New York, cuyo director, Alfred Barr, hubiese visitado esta casa algunos años antes de la Revolución. Por lo demás: banderines deportivos de universidades norteamericanas, retratos de actrices de cine con la firma ejecutada al gomígrafo, que parecían cosas tremendamente pasadas, ajenas a toda realidad actual. "Aquí tiene la navaja" —dijo el portero: "Y agua caliente en una palangana, pues hoy no hemos abierto el calentador". (Pausa) Y, de pronto, con una intensa curiosidad reprimida: "¡Ah: Como debe saber cosas el señorito. Por fin... ese socialismo que dicen... ¿viene o no viene? Como me decía la señora Marquesa: "Belarmino: tú, en el fondo, eres un socialista solapado que nos ahorcarías a todos". (Risa en falsete). El barbado echó levemente del cuarto al importuno. Se miró en el espejo. Tomó las tijeras y empezó por rebajarse las barbas. Luego, de sienes para abajo, atacó la barba misma. Estuvo por renunciar a ello desde el comienzo. Pero, entonces habría asimetría: un lado rasurado a fondo, el otro hirsuto y revuelto. Atacó furiosamente los bigotes hasta reconocer la claridad de su cutis. Y remató, con la navaja, en el mentón y el cuello. Era una cara nueva la que tenía delante de sí. Acaso, menos máscula; pero, más clara y limpia. Se quitó las ropas militares, cubiertas de costras de lodo endurecido. Se bañó largamente, buscando después, en su armario, algún traje de buen ver. No faltaban. Y ya de cuello y corbata bajó a cenar. Vasta y solitaria lucía la mesa de los grandes y frecuentes convites con un solo cubierto en la cabecera. Movido por un repentino deseo de sentirse menos solo abrió uno de los grandes aparadores de nogal, y sacando parte de la vajilla de plata situó los platos en la mesa, pero no como si hubiese de darse un banquete, sino como si solo estuviesen presentes, para una comida normal, los miembros de su familia. Afuera retumbaban largos truenos anunciadores de un pronto chubasco seguido de lluvia recia. El viento, oliente a aguas que sabían ya de árboles mojados, de nidos mal abrigados, entraba por los ventanales, moviendo las leves cortinas amarillas.

El Chef francés se había tomado la iniciativa de encender velas en dos candelabros, pues estimaba que así la iluminación sería más tranquila, más íntima, para un comensal solitario. "Soy algo así como el Hombre Invisible de Wells", se dijo el joven desbarbado, que no acababa de pasarse las manos por el mentón, por las mejillas, para gozarse mejor de su lisura. Raros reflejos se movían en los platos de plata. Era como si los bordes ornamentados se transformaran en los arcos de retratos de familia. Los reflejos dibujaban caras. Y las caras, de repente, montadas en sus cuellos acostumbrados, en sus hombros de siempre, luciendo las corbatas de su elección, los collares preferidos, las vestimentas de colores predilectos, emitieron voces raras, como liberadas de alguna estática, vibrantes a ratos —como sacadas de las entrañas del metal pulido. Y, de pronto, el Primer Plato empezó a hablar. Y así como en los retratos renacentistas aparece el modelo —Virgen de las Rocas entre rocas, cazador con fondos de perros y venablos...— sobre aquello que sirviera de fondo mayor a su existencia o razón de ser, detrás del Convidado de Plata apareció, batida por el viento, la Isla de Aruba, con sus dramáticas esculturas de lava. Ahora el Convidado hablaba, en tanto que la Marquesa, pintada en el plato de la cabecera opuesta a la del desbarbado escuchaba, como solía hacerlo, con dos dedos apoyados en la sien. Aquella noche, los platos habrían de hablar muy largamente. Presentes estaban los convidados. Me miraban sin parpadear.

ANTONIO BENITEZ ROJO
(1931-   )

Nace en La Habana. Vive con sus padres en Panamá los primeros seis o siete años de su vida. Regresa a La Habana y estudia en un colegio de jesuitas y se gradúa de Bachiller en Letras. Después estudia Ciencias Comerciales en La Universidad de La Habana. Consigue una beca de la Organización Internacional del Trabajo para estudiar estadística en la American University de Washington, D.C. Regresa a Cuba y tiene muchos trabajos. Cuando triunfa la revolución, pasa a trabajar en la Central de Trabajadores Cubanos como técnico en economía y estadísticas. Más tarde trabaja seis años con el Ministerio del Trabajo. Abandona la estadística para ser uno de los asesores del ministro de Justicia. Después trabaja dos años en la Casa de Teatro del Consejo Nacional de Cultura. Es periodista de la revista Cuba. Dirige el Centro de Investigaciones Literarias de la Casa de las Américas. Mantiene este último hasta su salida de Cuba en el verano de 1980. Actualmente reside en Boston. Como escritor, se forma en la revolución. En 1967 recibe el Premio Casa de las Américas por su colección de cuentos Tute de reyes. Su estilo se asemeja al de Cortázar y al de Cabrera Infante. En 1967 obtiene el Premio Luis Felipe Rodríguez de la Unión de Escritores y Artistas de Cuba por su El escudo de hojas secas. Publica Los inquilinos *(1976),* Heroica *(1977)* y El mar de las lentejas *(1979). Como crítico, edita numerosas antologías.* El Instituto Cubano de Artes E Industrias Cinematográficas lleva su cuento "La tierra y el cielo" a la pantalla. También es guionista del filme Los sobrevivientes *de Tomás Gutiérrez Alea.* Escribe "Victoria sobre los Sterlines," novela juvenil y Fruta verde *(1979) libro de cuentos.* "Se ha dicho—dice Luis Alvarez Alvarez—, y es exacto, que Benítez pone la imaginación y la técnica al estricto servicio del tema. Es así, pero, como narrador de certera puntería—cuentero, al fin y al cabo, ducho en su quehacer—, el oficio y artificio han sido puesto en función de lograr, en sus más íntimos detalles, una atmósfera de incisiva eficiencia comunicativa."

Estatuas sepultadas

Aquel verano —cómo olvidarlo— después de las lecciones de don Jorge y a petición de Honorata, íbamos a cazar mariposas por los jardines de nuestra mansión, en lo alto del Vedado. Aurelio y yo la complacíamos porque cojeaba del pie izquierdo y era la de menor edad (en marzo había cumplido los quince años); pero nos hacíamos de rogar para verla hacer pucheros y retorcerse las trenzas; aunque en el fondo nos gustaba sortear el cuerno de caza, junto al palomar desierto, vagar por entre las estatuas con las redes listas siguiendo los senderos del parque japonés, escalonados y llenos de imprevistos bajo la hierba salvaje que se extendía hasta la casa.

La hierba constituía nuestro mayor peligro. Hacía años que asaltaba la verja del suroeste, la que daba al río Almendares, el lado más húmedo y que la excitaba a proliferar; se había prendido a los terrenos a cargo de tía Esther, y pese a todos sus esfuerzos y los de la pobre Honorata, ya batía los ventanales de la biblioteca y las persianas francesas del salón de música. Como aquello afectaba la seguridad de la casa y era asunto de mamá, irreductibles y sonoras discusiones remataban las comidas; y había veces que mamá, que se ponía muy nerviosa cuando no estaba alcoholizada, se llevaba la mano a la cabeza en ademán de jaqueca y rompía a llorar de repente, amenazando, entre sollozos, con desertar de la casa, con cederle al enemigo su parte del condominio si tía Esther no arrancaba (siempre en un plazo brevísimo) la hierba que sepultaba los portales y que muy bien podía ser un arma de los de afuera.

—Si rezaras menos y trabajaras más... —decía mamá, amontonando los platos.

—Y tú soltaras la botella... —ripostaba tía Esther.

Afortunadamente don Jorge nunca tomaba partido: se retiraba en silencio con su cara larga y gris, doblando la servilleta, evitando inmiscuirse en la discordia familiar. Y no es que para nosotras don Jorge fuera un extraño, a fin de cuentas era el padre de Aurelio (se había casado con la hermana intercalada entre mamá y tía Esther, la hermana cuyo nombre ya nadie pronunciaba); pero, de una u otra forma, no era de nuestra sangre y lo tratábamos de usted, sin llamarlo tío. Con Aurelio era distinto: cuando nadie nos veía lo cogíamos de las manos, como si fuéramos novios; y justamente aquel verano debía de escoger entre nosotros dos, pues el tiempo iba pasando y ya no éramos niños. Todas queríamos a Aurelio por su porte, por sus vivos ojos negros, y sobre todo por aquel modo especial de sonreír. En la mesa las mayores porciones eran para él, y si el tufo de mamá se percibía por arriba del olor de la comida, uno podía apostar que cuando Aurelio alargara el plato ella le serviría despacio, su mano izquierda aprisionando la de él contra los bordes descarados. Tía Esther tampoco perdía prenda, y con la misma aplicación con que rezaba el rosario buscaba la pierna de Aurelio por debajo del mantel, y se quitaba el zapato. Así eran las comidas. Claro que él se dejaba querer, y si vivía con don Jorge en los cuartos de la antigua servidumbre, separado de nosotras, era porque así lo estipulaba el Código; tanto mamá como tía Esther le hubieran dado habitaciones en cualquiera de las plantas y él lo hubiera agradecido, y nosotras encantadas de tenerlo tan cerca, de sentirlo más nuestro en las noches de tormenta, con aquellos fulgores y la casa sitiada. Al documento que delimitaba las funciones de cada cual y establecía los deberes y castigos, le llamábamos, simplemente, el Código; y había sido suscrito, en vida del abuelo por sus tres hijas y esposos. En él se recogían los mandatos patriarcales, y aunque había que adaptarlo a las nuevas circunstancias, era la médula de nuestra resistencia y nos guiábamos por él. Seré somera en su detalle:

A don Jorge se le reconocía como usufructuario permanente y gratuito del inmueble y miembro del Consejo de Familia. Debía ocuparse del avituallamiento, de la inteligencia militar, de administrar los recursos, de impartir la educación y promover la cultura (había sido subsecretario de Educación en tiempos de Laredo Brú), de las reparaciones eléctricas y de albañilería, y de cultivar las tierras situadas junto al muro del nordeste, que daba a la casona de los Enríquez, convertida en una politécnica desde finales del sesenta y tres.

A tía Esther le tocaba el cuidado de los jardines (incluyendo el parque), la atención de los animales de cría, la agitación política, las reparaciones hidráulicas y de plomería, la organización de actos religiosos, y el lavado, planchado y zurcido de la ropa.

Se le asignaba a mamá la limpieza de los pisos y muebles, la elaboración de planes defensivos, las reparaciones de carpintería, la pintura de techos y paredes, el ejercicio de la medicina, así como la preparación de alimentos y otras labores conexas, que era en lo que invertía más tiempo.

En cuanto a nosotros, los primos, ayudábamos en los quehaceres de la mañana y escuchábamos de tarde las lecciones de don Jorge; el resto de la jornada lo dedicábamos al esparcimiento; por supuesto, al igual que a los demás, se nos prohibía franquear los límites del legado. Otra cosa era la muerte.

La muerte moral, se entiende; la muerte exterior del otro lado de la verja. Oprobioso camino que había seguido la mitad de la familia en los nueve años que ya duraba el asedio.

El caso es que aquel verano cazábamos mariposas. Venían del río volando sobre la hierba florida, deteniéndose en los pétalos, en los hombros quietos de cualquier estatua. Decía Honorata que alegraban el ambiente, que lo perfumaban —siempre tan imaginativa la pobre Honorata—; pero a mí me inquietaba que vinieran de afuera y, como mamá, opinaba que eran un arma secreta que aún no comprendíamos, quizá por eso gustaba de cazarlas. Aunque a veces me sorprendían y huía apartando la hierba, pensando que me tomarían del cabello, de la falda —como en el grabado que colgaba en el cuarto de Aurelio—, y me llevarían sobre la verja atravesando el río.

A las mariposas las cogíamos con redes de viejos mosquiteros y las metíamos en frascos de conservas que nos suministraba mamá. Luego, al anochecer, nos congregábamos en la sala de estudio para el concurso de belleza, que podía durar horas, pues cenábamos tarde. A la más bella la sacábamos del frasco, le vaciábamos el vientre y la pegábamos en el álbum que nos había dado don Jorge; a las sobrantes, de acuerdo con una sugerencia mía para prolongar el juego, les desprendíamos las alas y organizábamos carreras, apostando pellizcos y caricias que no estuvieran sancionados. Finalmente las echábamos al inodoro y Honorata, trémula y con los ojos húmedos, manipulaba la palanca que originaba el borboteo, los rumores profundos que se las llevaban en remolino.

Después de la comida, después del alegato de tía Esther contra las razones de mamá —que se iba a la cocina con el irrevocable propósito de abandonar la casa en cuanto fregara la loza—, nos reuníamos en el salón de música para escuchar el piano de tía Esther, sus himnos religiosos en la penumbra del único candelabro. Don Jorge nos había enseñado algo en el violín, y aún se le mantenían las cuerdas; pero por la desafinación del piano no era posible concertarlo y ya preferíamos no sacarlo del estuche. Otras veces, cuando tía Esther se indisponía o mamá le reprochaba el atraso en la costura, leíamos en voz alta las sugerencias de don Jorge, y como sentía una gran admiración por la cultura alemana, las horas se nos iban musitando estanzas de Goethe, Hölderlin, Novalis, Heine. Poco. Muy poco; sólo en las noches de lluvia en que se anegaba la casa y en alguna otra ocasión especialísima, repasábamos la colección de mariposas, el misterio de sus alas llegándonos muy hondo, las alas cargadas de signos de más allá de las lanzas, del muro enconado de botellas; y nosotros allí, bajo las velas y en silencio, unidos en una sombra que disimulaba la humedad de la pared, las pestañas esquivas y las manos sueltas, sabiendo que sentíamos lo mismo, que nos habíamos encontrado en lo profundo de un sueño, pastoso y verde como el río desde la verja; y luego aquel techo abombado y cayéndose a pedazos, empolvándonos el pelo, los más íntimos gestos. Y las coleccionábamos.

La satisfacción mayor era imaginarme que al final del verano Aurelio ya estaría conmigo. "Un párroco disfrazado os casará tras la verja", decía don Jorge, circunspecto, cuando tía Esther y Honorata andaban por otro lado. Yo no dejaba de pensar en ello; diría que hasta me confortaba en la interminable sesión de la mañana: el deterioro de mamá iba en aumento (aparte de cocinar, y siempre se le hacía tarde, apenas podía con la loza y los cubiertos) y era yo la que baldeaba el piso, la que sacudía los astrosos forros de los muebles, los maltrechos asientos. Quizá sea una generalización peligrosa, pero de algún modo Aurelio nos sostenía a todas, su cariño nos ayudaba a resistir. Claro que en mamá y tía Esther coincidían otros matices; pero cómo explicar sus devaneos gastronómicos, los excepcionales cuidados en los catarros fugaces y rarísimos dolores de cabeza, los esfuerzos prodigiosos por verlo fuerte, acicalado, contento... Hasta don Jorge, siempre tan discreto, a veces se ponía como una gallina clueca. Y de Honorata ni hablar; tan optimista la pobre, tan fuera de la realidad, como si no fuera coja. Y es que Aurelio era nuestra esperanza, nuestro dulce bocado de ilusión; y era él quien nos hacía permanecer serenas dentro de aquellos hierros herrumbrosos, tan hostigados desde afuera.

—¡Qué mariposa más bella! —dijo Honorata en aquel crepúsculo, hace apenas un verano. Aurelio y yo marchábamos delante, de regreso a la casa, él abriéndome el paso con el asta de la red. Nos volvimos: la cara pecosa de Honorata saltaba sobre la hierba como si la halaran por las trenzas; más arriba, junto a la copa del flamboyán que abría el sendero de estatuas, revoloteaba una mariposa dorada.

Aurelio se detuvo. Con un gesto amplio nos tendió en la hierba. Avanzó lentamente, la red en alto, el brazo izquierdo extendido a la altura del hombro, deslizándose sobre la maleza. La mariposa descendía abriendo sus enormes alas, desafiantes, hasta ponerse casi al alcance de Aurelio; pero planeando más allá del flamboyán, internándose en la galería de estatuas. Desaparecieron.

Cuando Aurelio regresó era de noche; ya habíamos elegido a la reina y la estábamos preparando para darle la sorpresa. Pero vino serio y sudoroso diciendo que se le había escapado, que había estado a punto de cogerla encaramándose en la verja; y pese a nuestra insistencia no quiso quedarse a los juegos.

Yo me quedé preocupada. Me parecía estarlo viendo allá arriba, casi del otro lado, la red colgando sobre el camino del río y él a un paso de saltar. Me acuerdo que le aseguré a Honorata que la mariposa era un señuelo, que había que subir la guardia.

El otro día fue memorable. Desde el amanecer los de afuera estaban muy exaltados: expulsaban cañonazos y sus aviones grises dejaban rastros en el cielo; más abajo, los helicópteros encrespaban el río y la hierba. No había duda de que celebraban algo, quizás una nueva victoria; y nosotros incomunicados. No es que careciéramos de radios, pero ya hacía años que no pagábamos el fluido eléctrico y las pilas del Zenith de tía Esther se habían vuelto pegajosas y olían al remedio chino que atesoraba mamá en lo último del botiquín. Tampoco nos servía el teléfono ni recibíamos periódicos, ni abríamos las cartas que supuestos amigos y familiares traidores nos enviaban desde afuera. Estábamos incomunicados. Es cierto que don Jorge traficaba por la verja, de otra manera no hubiéramos subsistido, pero lo hacía de noche y no estaba permitido presenciar la compraventa, incluso hacer preguntas sobre el tema. Aunque una vez que tenía fiebre alta y Honorata lo cuidaba, dio a entender que la causa no estaba totalmente perdida, que organizaciones de fama se preocupaban por los que aún resistían.

Al atardecer, después que concluyeron los aplausos patrióticos de los de la politécnica, los cantos marciales por arriba del muro de vidrios anaranjados y que enloquecían a mamá a pesar de los tapones y compresas, descolgamos el cuerno de la panoplia —don Jorge había declarado asueto— y nos fuimos en busca de mariposas. Caminábamos despacio, Aurelio con el ceño fruncido. Desde la mañana había estado recogiendo coles junto al muro y escuchado de cerca el clamor de los cantos sin la debida protección, los febriles e ininteligibles discursos del mediodía. Parecía afectado Aurelio: rechazó los resultados del sorteo arrebatándole a Honorata el derecho de distribuir los cotos y llevar el cuerno de caza. Nos separamos en silencio, sin las bromas de otras veces, pues siempre se habían respetado las reglas establecidas.

Yo hacía rato que vagaba a lo largo del sendero de la verja haciendo tiempo hasta el crepúsculo, el frasco lleno de alas amarillas, cuando sentí que una cosa se me enredaba en el pelo. De momento pensé que era el tul de la red, pero al alzar la mano izquierda mis dedos rozaron algo de más cuerpo, como un pedazo de seda, que se alejó tras chocar con mi muñeca. Yo me volví de repente y la vi detenida en el aire, la mariposa dorada frente a mis ojos, sus alas abriéndose y cerrándose casi a la altura de mi cuello y yo sola y de espaldas a la verja. Al principio pude contener el pánico: empuñé el asta y descargué un golpe; pero ella lo esquivó ladeándose a la derecha. Traté de tranquilizarme, de no pensar en el grabado de Aurelio, y despacio caminé hacia atrás. Poco a poco alcé los brazos sin quitarle la vista, tomé puntería; pero la manga de tul se enganchó en un hierro y volví a fallar el golpe. Esta vez la vara se me había caído en el follaje del sendero. El corazón me sofocaba. La mariposa dibujó un círculo y me atacó a la garganta. Apenas tuve tiempo de gritar y de arrojarme a la hierba. Un escozor me llevó la mano al pecho y la retiré con sangre. Había caído sobre el aro de hojalata que sujetaba la red y me había herido el seno. Esperé unos minutos y me volví boca arriba, jadeante. Había desaparecido. La hierba se alzaba alrededor de mi cuerpo, me protegía, como a la Venus derribada de su pedestal que Honorata había descubierto en lo profundo del parque; yo tendida, inmóvil como ella, mirando el crepúsculo concienzudamente, y de pronto los ojos de Aurelio en el cielo y yo mirándolos quieta, viéndolos recorrer mi cuerpo casi sepultado y detenerse en mi seno, y luego bajar por entre los tallos venciéndome en la lucha para entornarse en el beso largo y doloroso que estremeció la hierba. Después el despertar inexplicable: Aurelio sobre mi cuerpo, aún tapándome la boca a pesar de las mordidas; su frente, señalada por mis uñas.

Regresamos. Yo sin hablar, desilusionada.

Honorata lo había visto todo desde las ramas del flamboyán.

Antes de entrar al comedor acordamos guardar el secreto. No sé si sería por las miradas de mamá y tía Esther detrás del humo de la sopa o por los suspiros nocturnos de Honorata, revolviéndose en las sábanas; pero amaneció y yo me di cuenta de que ya no quería tanto a Aurelio, que no lo necesitaba, ni a él ni a la cosa asquerosa, y juré no hacerlo más hasta la noche de bodas.

La mañana se me hizo más larga que nunca y acabé extenuada.

En la mesa le pasé a Honorata mi porción de coles (nosotras siempre tan hambrientas) y a Aurelio lo miré fríamente cuando comentaba con mamá que un gato de la politécnica le había mordido la mano, le había arañado la cara y desaparecido tras el muro. Luego vino la clase de Lógica. Apenas atendí a don Jorge a pesar de las palabras: *ferio y festino, barroco,* y otras más.

—Estoy muy cansada... Me duele la espalda —le dije a Honorata después de la lección, cuando propuso cazar mariposas.

—Anda, no seas mala —insistía ella.

—No.

—¿No será que tienes miedo? —dijo Aurelio.

—No. No tengo miedo.

—¿Seguro?

—Seguro. Pero no voy a hacerlo más.

—¿Cazar mariposas?

—Cazar mariposas y lo otro. No voy a hacerlo más.

—Pues si no van los dos juntos le cuento todo a mamá —chilló Honorata sorpresivamente, con las mejillas encendidas.

—Yo no tengo reparos —dijo Aurelio sonriendo, agarrándome del brazo. Y volviéndose a Honorata, sin esperar mi respuesta, le dijo: "Trae las redes y los pomos. Te esperamos en el palomar."

Yo me sentía confusa, ofendida; pero cuando vi alejarse a Honorata, cojeando que daba lástima, tuve una revelación y lo comprendí todo de golpe. Dejé que Aurelio me rodeara la cintura y salimos de la casa.

Caminábamos en silencio, sumergidos en la hierba tibia, y yo pensaba que a Aurelio también le tenía lástima, que yo era la más fuerte de los tres y quizás de toda la casa. Curioso, yo tan joven, sin cumplir los dieciséis, y más fuerte que mamá con su alcoholismo progresivo, que tía Esther, colgada de su rosario. Y de pronto también que Aurelio. Aurelio el más débil de todos; aún más débil que don Jorge, que Honorata; y ahora sonreía de medio lado, groseramente, apretándome la cintura como si me hubiera vencido, sin darse cuenta, el pobre, que sólo yo podía salvarlo, a él y a toda la casa.

—¿Nos quedamos aquí? —dijo deteniéndose—. Creo que es el mismo lugar de ayer—. Y me guiñaba los ojos.

Yo asentí y me acosté en la hierba. Noté que me subía la falda, que me besaba los muslos; y yo como la diosa, fría y quieta, dejándolo hacer para tranquilizar a Honorata, para que no fuera con el chisme que levantaría la envidia, ellas tan insatisfechas y la guerra que llevábamos.

—Córranse un poco más a la derecha, no veo bien —gritó Honorata, cabalgando una rama.

Aurelio no le hizo caso y me desabotonó la blusa.

Oscureció y regresamos, Honorata llevando las redes y yo los pomos vacíos.

—¿Me quieres? —dijo él mientras me quitaba del pelo una hoja seca.

—Sí, pero no quiero casarme. Quizás para el otro verano.

—Y... ¿lo seguirás haciendo?

—Bueno —dije un poco asombrada—. Con tal que nadie se entere...

—En ese caso me da igual. Aunque la hierba se cuela por todos lados, le da a uno picazón.

Esa noche Aurelio anunció en la mesa que no se casaría aquel año, que pospondría su decisión para el próximo verano. Mamá y tía Esther suspiraron aliviadas; don Jorge apenas alzó la cabeza.

Pasaron dos semanas, él con la ilusión de que me poseía. Yo me acomodaba en la hierba con los brazos detrás de la nuca, como la estatua, y me dejaba palpar sin que me doliera la afrenta. Con los días perfeccioné un estilo rígido que avivaba sus deseos, que lo hacía depender de mí. Una tarde paseábamos por el lado del río, mientras Honorata cazaba por entre las estatuas. Habían empezado las lluvias, y las flores, mojadas en el mediodía, se nos pegaban a la ropa. Hablábamos de cosas triviales: Aurelio me contaba que tía Esther lo había visitado de noche, en camisón, y en eso vimos la mariposa. Volaba al frente de un enjambre de colores corrientes; al reconocernos hizo unos caracoleos y se posó en una lanza. Movía las alas sin despegarse del hierro, haciéndose la cansada, y Aurelio, poniéndose tenso, me soltó el talle para treparse a la reja. Pero esta vez la victoria fue mía: me tendí sin decir palabra, la falda a la altura de las caderas, y la situación fue controlada.

Esperábamos al hombre porque lo había dicho don Jorge después de la lección de Historia, que vendría a la noche, a eso de las nueve. Nos había abastecido durante años y se hacía llamar el Mohicano. Como, según don Jorge era un experimentado y valeroso combatiente —cosa inexplicable, pues le habían tomado la casa— lo aceptaríamos como huésped tras simular un debate. Ayudaría a tía Esther a exterminar la yerba, después cultivaría los terrenos del suroeste, los que daban al río.

—Creo que ahí viene —dijo Honorata, pegando la cara a los hierros del portón. No había luna y usábamos el candelabro.

Nos acercamos a las cadenas que defendían el acceso, tía Esther rezando un apresurado rosario. El follaje se apartó y Aurelio iluminó una mano. Luego apareció una cara arrugada, inexpresiva.
—¿Santo y seña? —demandó don Jorge.
—Gillette y Adams —repuso el hombre con voz ahogada.
—Es lo convenido. Puede entrar.
—Pero... ¿cómo?
—Súbase por los hierros, el cerrojo está oxidado.
De repente un murmullo nos sorprendió a todos. No había duda de que al otro lado del portón el hombre hablaba con alguien. Nos miramos alarmados y fue mamá la que rompió el fuego:
—¿Con quién está hablando? —preguntó, saliendo de su sopor.
—Es que... no vengo solo.
—¿Acaso lo han seguido? —dijo tía Esther, angustiada.
—No, no es eso... Es que vine con... alguien.
—¡Pero en nombre de Dios...! ¿Quién?
—Una joven..., casi una niña.
—Soy su hija —interrumpió una voz excepcionalmente clara.
Deliberamos largamente: mamá y yo nos opusimos; pero hubo tres votos a favor y una abstención de don Jorge. Finalmente bajaron a nuestro lado.

Ella dijo que se llamaba Cecilia, y caminaba muy oronda por los senderos oscuros. Era de la edad de Honorata, pero mucho más bonita y sin fallas anatómicas. Tenía los ojos azules y el pelo de un rubio dorado, muy extraño; lo llevaba lacio, partido al medio; las puntas vueltas hacia arriba, reflejaban la luz del candelabro. Cuando llegamos a la casa dijo que tenía mucho sueño, que se acostaba temprano, y agarrando una vela entró muy decidida en el cuarto del abuelo, al final del corredor, encerrándose por dentro como si lo conociera. El hombre —porque hoy sé que no era su padre— después de dar las buenas noches con mucha fatiga y apretándose el pecho, se fue con don Jorge y Aurelio al pabellón de los criados, su tos oyéndose a cada paso. Nunca supimos cómo se llamaba realmente: ella se negó a revelar su nombre cuando al otro día don Jorge, que siempre madrugaba, lo encontró junto a la cama, muerto y sin identificación.

Al Mohicano lo enterramos por la tarde cerca del pozo que daba a la politécnica, bajo una mata de mango. Don Jorge despidió el duelo llamándolo "nuestro Soldado Desconocido", y ella sacó desde atrás de la espalda un ramo de flores que le puso entre las manos. Después Aurelio comenzó a palear la tierra y yo lo ayudé a colocar la cruz que había fabricado don Jorge. Y todos regresamos con excepción de tía Esther, que se quedó rezando.

Por el camino noté que ella andaba de un modo raro: me recordaba a las bailarinas de ballet que había visto de niña en las funciones de Pro Arte. Parecía muy interesada en las flores y se detenía para cogerlas llevándoselas a la cara. Aurelio iba sosteniendo a mamá, que se tambaleaba de un modo lamentable, pero no le quitaba los ojos de encima a Cecilia y sonreía estúpidamente cada vez que ella lo miraba. En la comida Cecilia no probó bocado, alejó el plato como si le disgustara y luego se lo pasó a Honorata, que en retribución le celebró el peinado. Por fin me decidí a hablarle:

—Qué tinte tan lindo tienes en el pelo. ¿Cómo lo conseguiste?
—¿Tinte? No es tinte, es natural.
—Pero es imposible... Nadie tiene el pelo de ese color.
—Yo lo tengo así —dijo sonriendo—. Me alegro que te guste.
—¿Me dejas verlo de cerca? —pregunté. En realidad no le creía.
—Sí, pero no me lo toques.

Yo alcé una vela y fui hasta su silla; me apoyé en el respaldar y miré su cabeza detenidamente: el color era parejo, no parecía ser teñido; aunque había algo artificial en aquellos hilos dorados. Parecían de seda fría. De pronto se me ocurrió que podía ser una peluca y le di un tirón con ambas manos. No sé si fue su alarido lo que me tumbó al suelo o el susto de verla saltar de aquel modo; el hecho es que me quedé perpleja, a los pies de mamá, viéndola correr por todo el corredor, tropezando con los muebles, coger por el corredor y trancarse en el cuarto del abuelo agarrándose la cabeza como si fuera a caérsele; y Aurelio y tía Esther haciéndose los consternados, pegándose a la puerta para escuchar sus berridos, y mamá blandiendo una cuchara sin saber lo que pasaba, y para colmo Honorata, aplaudiendo y parada en una silla. Por suerte don Jorge callaba.

Después de los balbuceos de mamá y el prolijo responso de tía Esther me retiré dignamente y, rehusando la vela que Aurelio me alargaba, subí la escalera a tientas y con la frente alta.

Honorata entró en el cuarto y me hice la dormida para evitar discusiones. Por entre las pestañas vi como ponía sobre la cómoda el plato con la vela. Yo me volví de medio lado, para hacerle hueco; su sombra, resbalando por la pared, me recordaba los Juegos y Pasatiempos del Tesoro de la Juventud, obra de mamá que había negociado don Jorge hacía unos cuatro años. Cojeaba desmesuradamente la sombra de Honorata; iba de un lado a otro zafándose las trenzas, buscando en la gaveta de la ropa blanca. Ahora se acercaba a la cama, aumentada de talla, inclinándose sobre mí, tocándome una mano.

—Lucila, Lucila, despiértate.

Yo simulé un bostezo y me puse boca arriba. "¿Qué quieres?", dije malhumorada.

—¿Has visto cómo tienes las manos?

—No.

—¿No te las vas a mirar?

—No tengo nada en las manos —dije sin hacerle caso.

—Las tienes manchadas.

—Seguro que las tengo negras. Como le halé el pelo a ésa y le di un empujón a mamá...

—No las tienes negras, pero las tienes doradas —dijo Honorata furiosa.

Me miré las manos y era cierto: un polvo de oro me cubría las palmas, el lado interior de los dedos. Me enjuagué en la palangana y apagué la vela. Cuando Honorata se cansó de sus vagas conjeturas pude cerrar los ojos. Me levanté tarde, atontada.

A Cecilia no la vi en el desayuno porque se había ido con tía Esther a ver qué hacían con la hierba. Mamá ya andaba borracha y Honorata se quedó conmigo para ayudarme en la limpieza; después haríamos el almuerzo. Ya habíamos acabado abajo y estábamos limpiando el cuarto de tía Esther, yo sacudiendo y Honorata con la escoba, cuando me dio la idea de mirar por la ventana. Dejé de pasar el plumero y contemplé nuestros predios: a la izquierda y al frente, la verja, separándonos del río, las lanzas hundidas en la maleza; más cerca, a partir del flamboyán naranja, las cabezas de las estatuas, verdosas, como de ahogados, y las tablas grises del palomar japonés; a la derecha los cultivos, el pozo, y Aurelio agachado en la tierra, recogiendo mangos juntos a la cruz diminuta; más allá el muro, las tejas de la politécnica y una bandera ondeando. "Quién se lo iba a decir a los Enríquez", pensaba. Y entonces la vi a ella. Volaba muy bajo, en dirección al pozo. A veces se perdía entre las flores y aparecía más adelante, reluciendo como un delfín dorado. Ahora cambiaba de rumbo: iba hacia Aurelio, en línea recta; y de pronto era Cecilia, Cecilia que salía por entre el macizo de adelfas, corriendo sobre la tierra roja, el pelo revoloteando al aire, flotando casi sobre su cabeza. Cecilia la que ahora hablaba con Aurelio, la que lo besaba antes de llevarlo de la mano por el sendero que atravesaba el parque.

Mandé a Honorata a que hiciera el almuerzo y me tiré en la cama de tía Esther: todo me daba vueltas y tenía palpitaciones. Al rato alguien trató de abrir la puerta, insistentemente pero yo estaba llorando y grité que me sentía mal, que me dejaran tranquila.

Cuando desperté era de noche y enseguida supe que algo había ocurrido. Sin zapatos me tiré de la cama y bajé la escalera; me adentré en el corredor, sobresaltada, murmurando a cada paso que aún había una posibilidad, que no era demasiado tarde.

Estaban en la sala, alrededor de Honorata; don Jorge lloraba bajito, en la punta del sofá; tía Esther, arrodillaba junto al candelabro, se viraba hacia mamá que manoteaba en su butaca sin poderse enderezar; y yo desapercibida, recostada el marco de la puerta, al borde de la claridad, escuchando a Honorata, mirándola escenificar en medio de la alfombra, sintiéndome cada vez más débil; y ella ofreciendo detalles, explicando cómo los había visto a la hora del crepúsculo por el camino del río, del otro lado de la verja. Y de repente el estallido: las plegarias de tía Esther, el delirio de mamá.

Yo me tapé los oídos. Bajé la cabeza con ganas de vomitar. Entonces por entre la piel de los dedos escuché un alarido. Después alguien cayó sobre el candelabro y se hizo la oscuridad.

H. ZUMBADO
(1932-   )

Nace en La Habana. Su nombre de pila es Héctor. Pasa buena parte de su adolescencia en colegios norteamericanos de Tennessee y Kentucky, reside dos años en Venezuela y en 1950 regresa a Cuba. Desempeña innumerables empleos, desde vendedor de equipos de oficina hasta redactor de textos de publicidad. Al triunfar la revolución es nombrado responsable de propaganda del Instituto Nacional de la Industria Turística (INIT) y asesor de mercados del Ministerio de la Industria Alimenticia (MINAL) del Instituto Nacional de Reforma Agraria (INRA) y del Ministerio de Industrias (MININD). Publica sus cuentos humorísticos en diversos periódicos y revistas. Trabaja en el diario Juventud Rebelde *y colabora en el suplemento humorístico DDT. Actualmente trabaja en el Instituto de la Demanda Interna. Su experiencia en diferentes ministerios y organismos le ha dado una oportunidad única para conocer y revelar los tortuosos caminos de toda deformación burocrática. "La función del escritor, sobre todo en la revolución —afirma—, debe ser crítica; y creo que el humor es un magnífico instrumento para eso."*

Solicitud personal

Inesperadamente me encontré con Pepe Armenteros. Hacía cuatro o cinco años que no lo veía. Y, claro, me pasó lo de siempre. Primero, la sorpresa: "¡Armenteros en Cuba!" Y después, la duda: "¿Estará claro?" No tuve tiempo de pensar mucho porque Pepe ya se me acercaba con la boca abierta y una ancha sonrisa en la mano.
—¡José María Iturbide! Iturbide... ¡y Rodríguez! ¡Siempre me acuerdo de tu segundo apellido!
—¿Y qué, Pepe?
—Pues aquí... aquí... ¿Y tú, qué?
—Aquí... aquí... Y qué ¿te casaste?
—Sí, cómo no... ¿y tú, qué?
—Yo también... Bueno, ¿y qué? ¿Qué haces ahora, Pepe? ¿Sigues vendiendo seguros?
Lo dije con toda intención. Y sonreí con picardía. Como la Mona Lisa.
Pepe no asimiló la sutil ironía y me miró serio.
—No, Iturbide, ahora *no* estoy vendiendo seguros. En realidad, estoy de vacaciones. Pero ni así, ¿sabes? Entre el Comité... soy responsable de abastecimientos, ¿sabes? Además, la milicia... Soy miliciano, ¿sabes?
Sonreí de nuevo. Qué idiota puede ser uno a veces. La misma desconfianza que yo tenía de él, la tenía él de mí. Hombre, después de todo, yo había sido importador de jabón de tocador de baño. Para hacer burbujas. Ahora Pepe se había identificado políticamente y me había puesto en la precisa. "¿Y tú, qué?"
—¿Yo? ¡Patria o Muerte, campeón! ¿Qué pasa?
Pepe brilló como un anuncio lumínico. Por poco me da un abrazo.
—¡Ya sabía yo, cará!
—Bueno, Pepe, pero por fin no me dijiste... ¿Qué haces? ¿Dónde estás?
—Ah, verdad, Chico, pues estoy en el INSINVESTICTIO.
—¿En el qué?
—INSINVESTICTIO, vate. Ésas son las siglas. Tú sabes, para abre-

viar. Quiere decir Instituto de Investigaciones Ictiológicas.
—Ah, vaya. ¿Cómo es? INVISTIC... ¿Cómo es? in-sin-ves-tic-tio. Es fácil Iturbide.
—¿Fácil? Más fácil es el vasco. Pero en fin... Bueno, ¿y qué? ¿Y qué me cuentas, Pepe?
—Pues ná... aquí... aquí... Y tú, Iturbide, ¿en qué andas metido?
—Yo estoy en el ECATROMPIN.
—¿Un laboratorio?
—No, un consolidado. Empresa Consolidada de Artículos de Tocador y... y no sé; nunca me he podido aprender el resto. Por cierto, Pepe, la verdad es que no estoy muy contento donde estoy. Me siento un poco oxidado... tú me conoces; tú sabes que a mí me gusta la agresividad, agitarme... Tú sabes...
—¿Te gusta el mar?
—¿El mar?
—Sí... Estamos necesitando gente como locos.
—¡Pues ya estamos ahí, Pepe!
—¿De verdad, Iturbide?
—De verdad, campeón.
—Pues ni hablar. Ahora mismo me das los datos tuyos y hoy mismo te pedimos. Se hace una solicitud de personal... ¡y ya está!

Le di los datos. Primer apellido, segundo apellido, nombre, edad, fecha de nacimiento, estudios cursados, color del cabello, color de los ojos, color de las orejas, estado civil, experiencia, sueldo, carnet laboral, comité, milicia, carnet LPV, libreta de abastecimientos, sindicato, Círculo Social... en fin, todos los hierros.

—Pepe, ¿y tú crees que eso tarde mucho?
—Supongo que un par de semanas o algo así. Eso tiene sus trámites... Su curso normal, ¿no?
—Sí... claro.
—Dime... ¿qué día es hoy?
—¿Hoy? junio 20 ó 21, no sé bien.
—Bueno, pues llámame de aquí a una semana para decirte cómo anda la cosa.

Nos despedimos. Estaba verdaderamente contento porque al fin iba a salir de la ECATROMPIN.

Dejé pasar algo más que la semana, para dar tiempo, y entonces llamé a Pepe.

—¿Pepe? ¡Dime algo!
—Iturbide, ya lo tuyo está caminando. Al otro día de hablar contigo enviamos el memo al Vice-Director. Yo espero que si no es para

la semana que viene, será para alrededor del 15 de este mes que ya estarás trabajando aquí.

—Ojalá. Por cierto, Pepe, fíjate si estoy embullado que me compré un libro que trata sobre la plataforma submarina de Cuba. Me estoy poniendo al quilo en la malanga ictiológica esa. ¡Te voy a sorprender!

—Está bien eso, Iturbide. Okey, campeón, yo te llamo tan pronto como tenga más noticias.

El 25 de julio todavía no tenía noticias de Pepe. Lo volví a llamar.

—Pepe, ¿cómo va eso?

—Eso va a millón, Iturbide. Mira, la solicitud ya fue aprobada por el Vice-Director. Pero ahora hay una nueva disposición: que todas las solicitudes tienen que ser aprobadas por el Vice-Primer Director. Después, creo que bajan al Departamento de Personal. Ya te dije que eso tenía su trámite, Iturbide.

—Sí, sí, comprendo. Pero ya pasó un mes y...

—No te desesperes, campeón. Ah, ven acá, tu apellido es con i latina las dos veces, ¿no?

—Sí.

—Pues parece que hubo un pequeño error de mecanografía. La segunda i la pusieron con i griega. Se puede arreglar. Yo hago un memo...

—No, deja. Si eso no tiene importancia.

Un mes después, exactamente un mes después, me volvía a empatar con Pepe. Esta vez fue él quien llamó.

—¡Dime, Pepe, dime!

—Oye, la solicitud no bajaba del Vice-Primer Director al Departamento de Personal como yo creía, sino que del Vice-Primer Director regresa al Vice-Director y de ahí a Personal. ¿Entiendes?

—Sí. ¿Y entonces?

—No nada, que eso va muy bien. Ya bajó al Vicedirector y posiblemente mañana o pasado baje a Personal. Yo me estoy agitando.

—¡Qué bueno!

—Por cierto, parece que estás fatal con lo de tu apellido. Alguien se comió la B y ahora no se lee Iturbide, sino Iturvde. ¿Qué tú crees?

—Déjalo así, no te preocupes por eso. Lo importante es entrar a trabajar ahí.

Durante los tres meses siguientes hablé como unas diez veces con Pepe y ocurrieron cosas muy interesantes. La solicitud había bajado del Vice-Director al Departamento de Personal, donde sufrió un proceso de añejamiento que duró tres semanas. De ahí pasó al Departamento de Finanzas, pues era necesario saber si había dinero suficiente —de acuerdo con la planificación— para absorber otro empleado. Finanzas aprobó en principio, pero siguiendo directivas trazadas en reunión de abril del 63 (Acuerdo III, Inciso B), se vio en la necesidad de consultar con el Departamento de Planificación. Y allá fue a dar la solicitud. Sin embargo, como Planificación se estaba reestructurando —aparentemente por un error de planificación— pues hubo que esperar a la reestructuración y, naturalmente, la solicitud se demoró más de lo debido. Felizmente, la combinación a la inversa, o sea, de Planificación a Finanzas a Personal, se pivoteó con elegancia y precisión: dos semanas. Después de todo, los tres departamentos estaban en el mismo piso.

También pude enterarme de que en el transcurso de la mecánica de organización, no sólo mi nombre, sino también el apellido, había sufrido ligeras modificaciones. Originalmente era José María Iturbide Rodríguez. Y ahora: Mario José Iturrial Rodríguez. (¡Ese RODRIGUEZ resultaba inconmovible!).

Lo importante, sin embargo, es que la solicitud ya estaba aprobada. Esto es, aprobada a nivel de INSINVESTICTIO. Ahora faltaba la otra parte: su envio y tramitación correspondiente en la ECATROMPIN, organismo al que yo pertenecía. Pepe me explicó:

—Bueno, Iturbide, ya tú sabes. Ahora te toca agitarte a ti para que la solicitud se tramite lo más rápidamente posible.

—Ni te ocupes, Pepe. Estando la cosa en mis manos, eso lo saco yo a mil. Ahí habrá tardado cinco meses, pero yo te aseguro que antes de un mes ya la tengo aprobada aquí en la ECATROMPIN. ¿Te quieres apostar algo?

—¡Va!

—¿Una botella de matarrata?

—Lo que tú digas, campeón.

La botella de ron me costó $4.50. Le serví otro jaibol a Pepe y empecé a explicarle:

—Mira, la cosa fue así: resulta que la solicitud fue enviada del INSINVIRETISO...

—INSINVESTICTIO, Iturbide. Es fácil.

—...Bien, pero no me interrumpas. Pues fue enviada del INSINVIRTICIO ese al Departamento de Personal de la ECATROMPIN, pero como yo no trabajo en las oficinas del organismo sino en una Unidad, pues hubo que enviar la solicitud al otro Departamento de Personal...

—¿Al de tu Unidad?

—No, Pepe. Al Departamento de Personal de la Unidad Administrativa que comprende varias unidades, entre ellas, la mía.
—Anjá.
—Pues bien, de ahí, del Departamento de Personal de la Unidad Administrativa H-11, se mandó entonces —por fin— a Personal de mi Unidad, la H-003, ¿comprendes?
—¿La H-003? Ah, la Unidad Administrativa esa, H-11, tiene diez unidades bajo su administración, ¿no?
—No, Pepe, tiene cuatro. Pero eso no importa ahora. No divagues. Déjame seguir. El caso es que... en fin, que fue necesario esperar más tiempo del que yo esperaba. Y no fue un mes, sino cuatro. Pero todavía un mes menos que en tu organismo, ¿eh?
—Esta bien, está bien. Bueno, pero ahora, ¿cuál es la situación?
—¿Ahora? Pues ahora me imagino que ya. Que la cuestión será esperar al sencillo trámite de que la solicitud aprobada en mi Unidad pase a tu organismo, o sea, al INSINVERTITIO —o como rayos se llame—, y que de ahí me avisen... y ya.
—¡INSINVESTICTIO! Bueno, pues voy a estar al tanto, Iturbide. Ah, ¿y de los cambios de nombre, qué?
—Deja eso. Eso no importa.
Tres meses después —exactamente un año y una semana desde aquel día en que me había encontrado con Pepe Armenteros— recibí la esperada llamada. Pepe al teléfono. Excitado.
—¡Iturbide, arranca pa'cá! ¡Ya estás aprobado!
Pepe me condujo al Departamento de Personal de la INSINVESTICTIO. Tardamos un poco en encontrar la puerta buena, pues siendo un departamento muy grande, tenía muchas puertas. Y, claro, todas decían lo mismo: PERSONAL. Felizmente, tenían un número distinto. Entramos en el 1067. Pepe me tomó por el brazo y se dirigió a un hombre de espejuelos, con cara muy seria.
—Agustín, ¡aquí está el hombre!
Agustín me miró despacito. De arriba abajo. De abajo a arriba. Simplemente dijo:
—No puede ser.
—Agustín, ¿qué pasa? Este es el compañero que viene de la ECATROMPIN.
Agustín sonrió levemente. Se echó para atrás y dejo escapar una pequeña, casi imperceptible risita.
—Anjá. ¿Así que usted es... María Josefa Rodríguez de Iturrial?
Me puse pálido. ¡María Josefa Rodríguez de Iturrial! No podía ser. Pensé en protestar, pero me contuve. ¿Y si había que comenzar

todo de nuevo? No, eso no. Y lo importante era empezar a trabajar allí. Sólo que... ¿María Josefa? ¿Llamarme así *para siempre?*

Bajé la cabeza y sin mirar a Agustín respondí muy bajito:

—Sí,' compañero, mi nombre es María Josefa Rodríguez de Iturrial.

ROBERTO FERNANDEZ RETAMAR

Con las mismas manos

Con las mismas manos de acariciarte estoy
   construyendo una escuela.
Llegué casi al amanecer, con las que pensé que
   serían ropas de trabajo,
Pero los hombres y los muchachos que en sus
   harapos esperaban
Todavía me dijeron señor.

   Están en un caserón a medio derruir,
Con unos cuantos catres y palos: allí pasan las
   noches
Ahora, en vez de dormir bajo los puentes o en los
   portales.
Uno sabe leer, y lo mandaron a buscar cuando
   supieron que yo tenía biblioteca.
(Es alto, luminoso, y usa una barbita en el insolente
   rostro mulato.)
Pasé por el que será el comedor escolar, hoy sólo
   señalado por una zapata
Sobre la cual mi amigo traza con su dedo en el aire
   ventanales y puertas.
Atrás estaban las piedras, y un grupo de muchachos
Las trasladaban en veloces carretillas. Yo pedí una
Y me eché a aprender el trabajo elemental de los
   hombres elementales.
Luego tuve mi primera pala y tomé el agua silvestre
   de los trabajadores,

Y, fatigado, pensé en ti, en aquella vez
Que estuviste recogiendo una cosecha hasta que la
    vista se te nublaba
Como ahora a mí.
  ¡Qué lejos estábamos de las cosas verdaderas,
Amor, qué lejos —como uno de otro—!
La conversación y el almuerzo
Fueron merecidos, y la amistad del pastor.
Hasta hubo una pareja de enamorados
Que se ruborizaban cuando los señalábamos riendo,
Fumando, después del café.

  No hay momento
En que no piense en ti.

  Hoy quizás más,
Y mientras ayude a construir esta escuela
Con las mismas manos de acariciarte.

MANUEL PEREIRA
(1948-   )

Nace en La Habana. En 1961 participa en la Campaña Nacional de Alfabetización como brigadista en la Sierra Maestra. Al concluir sus estudios secundarios ingresa en el Servicio Militar Obligatorio (1965-1968). Estudia Artes Plásticas en la Academia de San Alejandro. Es colaborador de El Caimán Barbudo *y* Juventud Rebelde, *órgano de la Unión de Jóvenes Comunistas de Cuba. Publica varios poemas en selecciones de escritores jóvenes. Es redactor de la revista* Cuba Internacional *(1969-1978). Estudia Periodismo en la Universidad de La Habana; se gradúa en 1978. Actualmente es jefe de Redacción de la revista* Cine Cubano. *"Sus personajes y usted, hablan 'en cubano', pero su cubano es siempre inteligible para un lector situado a distancia" —afirma Alejo Carpentier—. Acertada manera, esta, de universalizar lo nuestro." Y García Márquez, después de leer* El comandante Veneno, *afirma: "Esta es la novela cubana que me hubiera gustado escribir."*

Se publica próximamente El ruso *y* El 231.

El Comandante Veneno

> *Cuba será el primer país de América que a la vuelta de algunos meses pueda decir que no tiene un solo analfabeto.*
>
> (FIDEL, 26 DE SEPTIEMBRE DE 1960, EN LA ONU.)

Cuando el brigadista Joaquín Iznaga quiso aprenderse el abecedario, rompió a llover y lo asediaron sus recuerdos. Por eso —porque las lluvias suelen despabilar la memoria— recordó las barbas, las melenas y los collares de los Rebeldes que tomaron La Habana en pleno invierno; la baraúnda popular, los tiroteos, los arrestos, los himnos, las tribunas instantáneas y las banderas del 26 de Julio tremolando en los edificios públicos. Recordó aquel delirio de astillar las vidrieras de los casinos y levantar grandiosas fogatas con las mesas de billar, las máquinas de juego, las cortinas y las alfombras de peluche rojo. Evocó la alucinante osadía de romper a mandarriazos los parquímetros y arrastrar por la ciudad las carretillas rebosantes de pesetas. Y luego, aquel tumulto de reflectores y sirenas barrenando los aires un día antes de Girón, aquel ir y venir de precoces guerreros cantando detrás de las cuatrobocas y encima de los tanques, como si en vez de ir al combate fueran de carnaval. Fue cuando se habló de socialismo. Y fue aquella fiebre impetuosa y romántica la que lo encaramó en el camión lleno de estudiantes que los llevó al campamento de Varadero, donde se quitó los tenis de escolar y se puso aquellas botas de alfabetizador, tan semejantes a las de los guerrilleros que lo habían deslumbrado con sus hedores a pólvora.

Eso recordó Joaquín Iznaga mientras viajaba a Oriente en un tren repleto de alfabetizadores que se cruzaban consignas con los milicianos atrincherados en la línea férrea. Lo acompañaba su padre, Coliseo Iznaga, vestido con una camisa de guinga, pantalones de frescolana y una gorra de pelotero con una H blanca y un león de tela roja en la frente. Pero Coliseo no iba a alfabetizar: estaba allí voluntariamente, haciéndose llamar comisario político de aquel vagón. Por eso pronunció aquella perorata cuando Joaquín —a pesar de los recuerdos— se aprendió el abecedario y lo declamó con tanto arrebato que el resto de los alfabetizadores estallaron en risas y burlas:

—Yo no estoy aquí como padre, sino como revolucionario —dijo abanicándose con la gorra de pelotero—, pero sépase que Joaquín no tiene aún el sexto grado ni pelos en los sobacos, y si aprovecha este viaje para aprenderse de memoria el *abecé* es porque tiene tanto interés como ustedes en alfabetizar. Además, según las historias, nadie nació grande y sabiendo. Decía Martí, quien nació chiquito e ignorante, que al venir al planeta todo hombre tiene derecho a que se le eduque, y en pago, el deber de enseñar a los demás. Quiero decir, que sin hombre no hay hombre.

A pesar de la arenga del comisario, algunas carcajadas se dejaron oír en la profundidad del vagón, hacia donde Coliseo descargó miradas incendiarias. Afuera seguía lloviendo y, sobre el cristal empañado de su ventanilla, Joaquín dibujó con el dedo figuras incomprensibles. Su compañero de asiento, Polo de apellido, le ofreció una lata de leche condensada con una etiqueta en colores que decía *Moloko* y *Made in CCCP*. Después de viajar durante dos noches con un día, la locomotora se detuvo rodeada de manzanilleros que acudían seducidos por los simbombazos que metía la chimenea y por la rebambaramba de los muchachos que coreaban su himno: *¡Cuba, Cuba! ¡Estudio, trabajo, fusil! ¡Lápiz, cartilla, manual! ¡Alfabetizar, alfabetizar! ¡Venceremos!*

El tren retrocedió bruscamente, haciendo que mochilas y faroles chinos *red heart* rodaran por los pasillos de los vagones. Y en cuestión de minutos el ferrocarril estaba vacío, derramando vaharadas de humo por sus engranajes, mientras los brigadistas irrumpían en la cafetería del andén, impulsados por el recóndito apetito que suelen despertar los largos viajes.

De pronto, y alternando con los últimos pitazos de la locomotora, alguien sopló un silbato. Los muchachos se habían concentrado en el parque, en torno a una glorieta mudéjar, para tomar la brisa que corre desde el golfo de Guacanayabo hasta los remates de la ciudad. Se habían sentado en los bancos, en las aceras y sobre el césped, donde algunos ya empezaban a dormirse cuando aquel silbato desgarró la urdimbre del aire.

—¿Quién mandó a romper filas? —preguntó, silbato en cuello, el jefe de la Compañía.

Antes que todos terminaran de incorporarse, alguien respondió:
—Yo.

El del silbato giró sobre los talones, y su mirada perpleja descendió desde el león de tela roja hasta coincidir con la mirada del padre de Joaquín.

—¿Y quién es usted?

—Soy el comisario político del octavo vagón. Soy voluntario. Soy padre de un alfabetizador. Soy martiano, ateo, gastronómico, marxista, bombero, albañil y bodeguero. Y ahora le voy a hacer una pregunta: ¿cuándo nació usted?

Guardándose el silbato niquelado en un bolsillo, el jefe respondió que en 1931.

—Pues cuando usted daba sus primeros vagidos —aseguró Coliseo—, este que viste y calza ya le ponía petardos en las verijas a Machado y hacía atentados con una recortada. ¿Sabe usted lo que es una recortada?

Aturdido por el giro inesperado de aquel diálogo, pues él había comenzado preguntando y ahora era interrogado, el treintañero expresó algunas incoherencias: habló de bienvenidas, de órganos y de calles engalanadas a las que había que llegar corriendo.

—Si les van a hacer una película —protestó Coliseo Iznaga—, que corran únicamente frente a las cámaras. Pero estos niños no son esquimales, son cubanos. Y Lenin dijo que la revolución se haría en cada país de acuerdo a su idiosincrasia. Y como en Alaska hay nieve y en Manzanillo fango, estos niños van despacio a donde los espere el órgano.

Cargando mochilas y faroles, los brigadistas recorrieron sin prisa las calles de Manzanillo que van desde el mar hasta las lomas. La muchedumbre aplaudía frenéticamente a la caravana. Algunas mujeres corrían con cubos de limonada, mitigando la sed de los alfabetizadores. Las muchachas escapaban de los colegios para pedir sus autógrafos y ayudarlos a llevar algunos bultos. Enardecidos por aquel recibimiento, los alfabetizadores entonaron su himno que se mezcló con los acordes y las voces de los organistas: Somos la Brigada Conrado Benítez / *el golpe de bibijagua es muy fácil de bailar* / Somos la vanguardia de la Revolución / *se baila así, así, así namá* / con el libro en alto cumplimos una meta / *cuando el coco pierde el agua se le llama coco seco* / llevar a toda Cuba la alfabetización / *pero nunca pierde el eco este golpe de bibijagua / el golpe de bibijagua es muy fácil de bailar...*

En un pasaje angosto, de cuyos balcones colgaban enredaderas de malangas, bombillos de colores y banderas de todas las naciones del mundo, los aguardaba una suerte de trapiche musical: el órgano de Pancho Borbolla. Varios hombres cantaban luciendo el guarandol de sus guayaberas y guayabanas, mientras un negro de deslumbrante dentadura movía sensualmente la manivela haciendo girar dentro del mueble unos cilindros encartonados. Aunque el órgano era el instrumento central, en torno a él se agrupaban claves, cencerros, pailas, tumbadoras y guayos que lo apoyaban en su frenesí. Algunas manzanilleras se quitaron los zapatos y, en plena calle abarrotada de curiosos, empezaron a bailar como dicen que bailan las bibijaguas: un pasito alante, otro pasito atrás. Aquel son montuno, más la amplia participación de las caderas, arrastró a la mayoría de los brigadistas. Otros se prolongaron más allá de los autógrafos y enamoraban con las pepillas, mientras que un grupo reducido —entre los que estaba Joaquín— se limitó a desentrañar el misterio de aquellos cartones perforados que gestaban la música.

Eran las seis de la tarde y el padre de Joaquín no aparecía. Hacía media hora que los organistas se habían ido con su música a otra parte y las muchachas también, con sus libretas atestadas de autógrafos y corazones flechados. En aquella calle sólo quedó un zapato de tacón afilado —abandonado por alguna febril bailadora— que un brigadista se apresuró a esconder en su mochila como si fuera un talismán. Eran las seis y diez minutos cuando el jefe, soplando el silbato ordenó formar:

—No hay transporte ni alojamiento para tantos —dijo—, pero serán apadrinados por los vecinos de este pueblo. Comerán y dormirán en sus hogares hasta nuevo aviso.

Entonces apareció, acompañado de una mujer y un hombre bien trajeados, el padre de Joaquín con una temperatura de triunfo en el rostro. Por ser el más pequeño del pelotón, Joaquín era el cabo de la tercera escuadra. Desde esa posición privilegiada, advirtió que su padre y los dos extraños lo miraban, murmuraban, reían y volvían a mirarlo. Cuando llegaron los manzanilleros y empezaron a escogerlos, la pareja que minutos antes había hecho su aparición con Coliseo, se precipitó sobre Joaquín para apadrinarlo. Pero el jefe, silbato en mano, hizo algunas preguntas:

—¿Quiénes son ustedes?
—Soy el doctor Osorio Pujol, y acá es mi señora.
—¿Dónde viven?
—En la calle Merchán, número dos mil.
—¿Es grande la casa?

—Tiene un patio largo, cuatro cuartos, una salacomedor, aunque para comer empleamos el patio; la cocina al fondo y mi gabinete dental a un costado de la puerta que da a la calle.

—Entonces caben dos brigadistas allí —sugirió el jefe de la Compañía agobiado por la descripción. El médico consultó de reojo al padre de Joaquín, quien, para evitar nuevos altercados con el del silbato, se encogió de hombros.

—Yo quiero que sea Polo —pidió Joaquín.

—Pues que sea Polo —resolvió el jefe y anotó algo en un bloc en cuya tapa se destacaban una hoz y un martillo en bajo relieve.

Cuando el doctor Pujol abrió la puerta de su casa, un penetrante olor a yodoformo abordó a Joaquín, removiéndole el recuerdo de cierto dentista que mientras cantaba una gallegada le desencajaba un molar, y que en enero se había ido del país.

—Éste es mi hijo —explicó el médico señalando al muchacho que saludaba con timidez desde el umbral, y agregó, apartando un sillón de mimbre:

—Perdonen el desorden, pero es que hoy no vino la criada.

Después que les mostraron sus habitaciones decoradas con los inevitables cisnes transcurriendo entre nenúfares, fueron a cenar al patio, bajo un cielo tan estrellado que parecía que una de aquellas estrellas iba a caer en la sopa. La mujer de Pujol no hablaba: se complacía en mirar a sus huéspedes con remota ternura, a reír los chistes de su marido y a fruncir el ceño en signo de aprobación a cada comentario que él hiciera. Al perfume de las frutas que estaban sobre el mantel, se sumó la esencia de clavo evadida del consultorio, y si Pujol levantaba el brazo para subrayar una frase, Joaquín imaginaba en su mano un fórceps y recordaba al dentista exiliado, en el momento de la extracción.

Incómodo porque le gustaba ser centro de las conversaciones, Coliseo Iznaga comenzó a tamborilear con los dedos sobre un cenicero de Murano. Pujol no lo dejaba poner una en aquel diálogo delirante donde se hablaba de béisbol, luego de política y más tarde de agricultura, o de las tres cosas al mismo tiempo. Como si adivinara las vicisitudes que le esperaban en las montañas, Polo se anexaba un poco de cada bandeja, con tanta premura, que derribó de un codazo la fuente de frijoles negros. La mujer del doctor, que casi dormitaba, se despertó en un sobresalto. Su hijo comenzó a toser cuando quiso reprimir una carcajada. Coliseo se agachó para recoger los fragmentos de la fuente, pero Pujul lo agarró por el codo alardeando:

—Aquí hay dinero para comprar más vajillas —y enarboló una billetera abierta, donde en lugar de billetes de a diez firmados por el Che, de a cinco y de a veinte, con los rostros serenos de Céspedes, Máximo Gómez y Maceo, Joaquín creyó ver exploradores, pinzas y jeringas.

Al otro día temprano tocaron a la puerta, y a través de los mosquiteros, Polo y Joaquín vieron entrar a un hombre uniformado como ellos: pantalón verdeolivo, boina del mismo color, camisa caqui y, en el hombro, el monograma del Ejército de Alfabetizadores con una letra A y un lápiz de punta afilada. La mujer del doctor le llevó café al visitante que cruzaba las piernas mientras miraba desconfiado el altar con la virgen del Cobre, custodiada por luces de neón y flores de parafina. Cerca de la imagen había, sobre una repisa, un vaso lleno de agua, un tabaco a medio fumar y la foto de Fidel firmando la Ley de Reforma Agraria. El visitante habló con Coliseo. Derramó un poco de café en el plato de servicio, apuró el resto y se fue sin despedirse.

—¡Verán que a Coliseo Iznaga no hay juez que lo condene! —tronó el padre de Joaquín trancándose en el baño. Afeitado, peinado y vestido como si fuera a un baile, despidió a su hijo media hora más tarde en una cafetería sobre cuyas paredes alguien había rotulado una leyenda: AQUÍ EL CLIENTE NUNCA TIENE LA RAZÓN.

Polo, Joaquín y el hijo del dentista caminaron por la calle que desemboca en el parque, frente a la Purísima Concepción de María —la única iglesia de Manzanillo— con sus campanarios indiferentes a la avalancha del tiempo, sus vitrales bíblicos patentados contra la furia de los vientos, y el viejo reloj de la fachada, que tiene los números romanos y jamás da la hora sincronizada con los campanazos. El hijo del doctor se persignó frente a la cruz rematada por un pararrayos y prosiguieron por calles empedradas de adoquines redondos y azules como cangrejos. Calles pertrechadas de balaustradas de madera, aleros de tejas francesas y españolas, puertas con aldabas metálicas —que eran manos con frutas o cabezas de leones— y luego tachonadas con clavos herrumbrosos. Calles con arcos ojivales, cuyos vitrales derramaban sus tintas sobre los hombres que jugaban dominó mientras las mujeres se aburrían en los portales. Doblaron por un recodo saturado con el olor de los escaramujos, que los condujo al malecón de Manzanillo, cuya bahía se dilataba dejando entrar el salitre del golfo como si ella fuera el pulmón de la ciudad.

Cuando sus sombras ya no se vieron sino debajo de sus propios cuerpos, y asediados por la hambruna, regresaron a la casa del doctor, donde de pie, e improvisando algunas escenas, Coliseo Iznaga le narraba a Pujol y a su esposa los sucesos de aquella mañana:

—El jefe de la Compañía me citó a un consejo disciplinario porque ayer mandé a romper filas. Expliqué mis motivos, que no eran motivos de padre, pues mi hijo iba alante con todos sus andariveles. Dije que el viaje desde Varadero hasta aquí había sido muy accidentado porque en cada provincia íbamos dejando brigadistas. Aclaré que mi presencia entre los alfabetizadores duraría hasta que fueran ubicados, que yo era voluntario. En fin, lo entendieron todo menos mi alusión a la recortada, que fue interpretada como una obscenidad.

—Yo tampoco sé lo que es eso —comentó divertido el médico.

—Querido amigo, una recortada es una escopeta calibre 16, pero sin la mitad del cañón.

—¿Y para qué sirve semejante artefacto? —preguntó aún más divertido el doctor Pujol.

—Depende, porque la escopeta se usa generalmente para cazar pájaros. Pero en el machadato la usábamos para cazar hijos de puta; perdone la expresión, señora, pues usted sabrá que Cuba es una isla rodeada de agua por todas partes...

—Exacto, ése es la definición geográfica —interrumpió el dentista.

—Pues aquí viene la mía: Cuba era también una isla rodeada de hijos de puta por todas partes, y perdone otra vez la señora, pero había que acabar con ellos, y para que los perdigones se abrieran en abanico le recortábamos el cañón a la escopeta.

—Pero entonces el arma perdía alcance —aseguró Pujol.

—Más que el alcance nos preocupaba la certeza de dar en el blanco. Además, esas recortadas estaban pensadas para disparar a boca de jarro. Así le hicimos al teniente Peñate: autor de no se sabe cuántos crímenes. Aún lo recuerdo saliendo de su *bungalow,* besando a la mujer y yendo a buscar su Chevrolet al garaje. Parqueamos nuestro coche frente al suyo, y cuando estaba a poca distancia: ¡ran, ran, ran! Y el teniente dio una voltereta, puso cara de sorprendido y cayó echando carajos en un charco de sangre negra. Y la mujer gritó como endemoniada. Y nos dimos a la fuga. Y me lavé las manos con arena y jabón, le cambiamos la chapa al carro y, al otro día, la prensa aseguraba que tenía 16 balines en el pescuezo. Habíamos apuntado a la espalda, pero esas recortadas brincan más que los chivos en primavera.

Se produjo un silencio compacto que hizo espejear los muebles como si fueran de plata, y la mujer del dentista se retiró a sus habitaciones llevándose a la boca un pañuelo bordado con las iniciales H de P: Herminia de Pujol.

Por la noche, el cine de Manzanillo era un hervidero de brigadistas. El azar hizo que Joaquín, Polo y el hijo de Pujol coincidieran en las últimas butacas con algunos alfabetizadores del octavo vagón: Justino el gago, Fonseca, Ponciano el sabio, Purón, Danilo y Vilaboy, quien tenía el rostro enteramente salpicado de pecas y acné. Pero lo menos que hicieron fue ver la película, sino reírse de Fonseca que no hallaba dónde encajar su trasero de extravagantes proporciones, hasta que saltando de butaca en butaca se derrumbó estrepitosamente; y hubo luces encendidas, rechiflas y parejas fastidiadas que escandalizaron: ¡Cojo, apaga la luz!

Cuando terminó la proyección, en el vestíbulo del cine, y acosado por los alfabetizadores, el hijo del dentista se excusaba:

—Soy hijo único —decía.

—Mamá no tiene quien la cuide —se burló Fonseca poniendo voz de saxofón.

—¡Está enfermo y no puede alfabetizar! —gritó Polo a favor del muchacho.

—¿Qué es lo que tiene? —preguntó Fonseca sofisticando aún más la voz.

—Tengo lumbago —respondió el muchacho, avergonzado totalmente.

—Es es un bi bi bitongo. Yo yo tengo u u una escalera en en la columna ver ver vertebral y voy voy a su subir la la loma.

El último en hablar fue Justino el gago, a quien Polo —decididamente solidarizado con el hijo de Pujol— miró con rabia demoledora. Al día siguiente, Joaquín supo por su padre que el muchacho quería irse con ellos, pero que Herminia de Pujol se lo prohibía.

—¡Es como tu madre: terca, burra, obstinada, españolizante! ¡Sólo le falta ser sorda! ¡Siempre quieren tenerlo a uno bajo la saya! ¡Qué carajo, hiciste bien en falsificar su firma cuando llenaste la planilla de alfabetizador! —le dijo Coliseo a su hijo frente al ómnibus que los llevaría a Media Luna, y se tuvo que callar abruptamente, porque en eso llegaron el médico y su esposa para despedir a Joaquín con una avalancha de admoniciones. En algún lugar le dieron demasiada cuerda a Coliseo Iznaga para que hablara y, por eso, tronó el motor de la guagua y por más que Coliseo gritó que lo esperasen, el chofer no oyó nada con la bulla, y el vehículo partió sin esperarlo. Abrumado por aquella trapisonda de aplausos, pitos, abrazos y matracas con que los manzanilleros los despedían, Joaquín sólo advirtió la desaparición de su padre cuando se sorprendió a sí mismo haciendo con sus compañeros el juramento de escoger en la Sierra el lugar más remoto. Porque en presencia de Coliseo jamás se hubiera gastado aquella libertad.

Ponciano el sabio usaba dos mochilas: una para la ropa y otra para su biblioteca portátil, donde se atropellaban los autores y las materias más disímiles. Joaquín le pidió prestado el *Robinson Crusoe*, y cuando el sabio lo fue a buscar advirtió la pérdida de un mapa de la provincia de Oriente, que él quería para marcar su itinerario a través de la cordillera. Tratando de mantener el equilibrio en medio del vaivén del ómnibus, el sabio descargó el caos de su mochila literaria y buscó fatigosamente el mapa, pues era miope.

El diario de navegación de Cristóbal Colón, un *Manual de primeros auxilios*, *El reino de este mundo*, *Veinte mil leguas de viaje submarino*, *El Estado y la Revolución*, *El hombre mediocre*, *Poemas humanos*, *La piel*, *Así se templó el acero*, *Mientras agonizo*, *Historia de la magia*, *La metamorfosis*, *La filosofía penal de los espiritistas*, *Adiós a las armas*, el último tomo de *El capital*, *Poemas árticos*, *Martín Fierro*, *Flores del destierro*, *Residencia en la tierra*, *El Quijote*, *Los hombres de Panfilov*, *El cuentero*, *La guerra de guerrillas: un método*, *Cantos para soldados y sones para turistas*, *La guerra de los mundos*, *Flor de fango*, *Muerte diaria* y otros libros de menor envergadura rodaron por el pasillo de la guagua. No le bastó con aquel despliegue y volcó camisas, pantalones, jabones, carne rusa en conserva, calcetines, calzoncillos, un pomo de gofio, un tubo de pasta dental, un rollo de tela metálica, un radio transistor holandés, jarabes, píldoras, tijeras y toallas estampadas que suscitaron ciertos comentarios. Estuvo muy serio el resto del día, pero el mapa no apareció.

Los primeros resplandores de Media Luna comenzaban a vislumbrarse cuando un revuelo de palabras estalló al fondo del vehículo. Era Purón que no estaba decidido a escalar tan alto como los demás se lo habían propuesto. Se justificaba con sus ataques de asma, y entonces Justino aludía nuevamente a los peldaños de su espinazo.

—¡Basta de llantén! —gritó Polo, quien descollaba en el grupo por su autoridad, aunque no hacía nada sin consultarlo con Ponciano, que para eso era el *sabio sin mapa,* como le decían a raíz del último incidente. El más introvertido era el pecoso Vilaboy, a quien Fonseca no podía ver ni en pintura. Justino se ganaba —por su pronunciación fragmentada y cierta torpeza al andar— las glorias histriónicas de la tropilla. Como esos gases inertes que pululan en la atmósfera: así era Purón. Danilo era incapaz de expresar un concepto ni elaborar un plan, pero incontrolable a la hora de ejecutar una acción inesperada. En Varadero solía ser algo así como el abastecedor, pues siempre tenía debajo de su litera un almacén de laterías, que nunca se supo dónde ni cómo las obtuvo. Si una cantimplora tenía siempre agua era la suya, si un cuchillo tenía siempre filo era el suyo. La inagotable impericia de Joaquín para las actividades manuales hacía que lo molestara constantemente: "Danilo, ¿me quieres amarrar el paquete de la colcha? ¿Cómo se enciende el farol, Danilo?..."

Las resonancias mágicas del nombre de Media Luna hacían suponer a todos carretas entoldadas cobijando a mujeres de ojos ovalados y húmedos como peces. Mujeres con lunares en la frente que echaban las cartas, leían las manos frente a esferas de cristal y hablaban del porvenir exhalando escencias indescifrables. Pero ni ojos como peces ni carretas de andar infinito. El viento batía sus violencias sobre aquel pueblo de casas con techos de tabla y paredes de adobe tapizadas con cal. El viento galopaba por las calles de barro, soplando su frío en las cunetas de aguas fétidas que era menester cruzar por sobre puentes de palma.

Cuando llegaron al pueblo ya nadie los esperaba, y los alfabetizadores dieron voces hasta despertar a las bestias, a las aves y a los vecinos que fueron saliendo poco a poco al batey.

Mientras los medialuneros apadrinaban por una sola noche a los brigadistas, Polo se acercó a Joaquín con un gran alboroto de tripas y le hizo el recuento del último banquetazo en la casa del doctor Pujol:

—Lástima que no esté aquí tu padre para que nos buscara la casa de otro médico —concluyó apretándose la barriga.

Danilo, Purón, Polo y Joaquín fueron acogidos por un conductor de ganado que, por razones de cuernos, estaba reñido con su mujer. Subieron una escalera de madera que crujía con el fragor de las ratas. Comieron cualquier cosa en el piso alto de la destartalada cabaña, y luego bajaron a dormir entre arreos, monturas y polainas mojadas. Durante la comida, Lucinda —la mujer del vaquero— ponía en orden su pelambrera, regalándole a los alfabetizadores sonrisas y mimos.

Joaquín pensaba en esto mientras se acurrucaba contra el piso de cemento, cuando sintió unos pasos y vio una luz en la escalera. La llama zozobrante de aquel candil iluminó el rostro de Lucinda quien, en su afán por sonreír, puso al descubierto una colección de dientes cariados y amarillos. Fue entonces cuando ella entró en la letrina de la casa. Pero aquella letrina no tenía puerta: el comején, los años y la pobreza la habían desbaratado. Por eso Joaquín alertó a los demás para que la vieran, con el vestido levantado hasta unos senos derrotados por el pellejo, orinando en la vaga penumbra de aquel inodoro. Sin reparar en los que permanecieron fingidamente dormidos por orden de Polo, Lucinda terminó de hacer sus necesidades. Y luego un tropel de ratas estalló alrededor del repulsivo urinario de madera, y duró tanto como lo noche.

Amanecía en Media Luna cuando Joaquín rechazó el jarro de café con leche que Lucinda le extendía. Purón tampoco pudo después de haberla visto orinar. Polo y Danilo desayunaron doble: por ellos y por los escrupulosos. Lo último que vieron en aquella casa, donde las cuchillos estaban enterrados en el huerto por temor a una contienda amorosa, fue al marido de Lucinda escupiendo pedazos de tabaco y poniéndose unas espuelas sin brillo.

—¡Muchachos! —gritó el jefe de la Compañía dando paseítos frente al octavo pelotón—, de aquí pa'lante no hay más pueblo. Se acabó la luz eléctrica. Se acabó el pavimento. Se acabó el agua por tuberías. Ahora lo que viene es loma y más loma, río y más río, monte y más monte. Allá arriba todos son analfabetos. Nuestra meta es que aprendan a leer y a escribir antes de diciembre, y que nadie se raje y baje llorando a la ciudad. Voy a leer enseguida la lista de cuartones donde hacen más falta ustedes: El Purial, Dos Bocas de Caldero, La Gloria, Las Campanas, El Veneno...

Cuando Joaquín escuchó el último nombre descartó la posibilidad de preguntar cuál era el cuartón más intrincado, porque un lugar llamado así sería el idóneo para ejecutar hazañas semejantes a las de los barbudos que dos años atrás habían irrumpido en La Habana mostrando las cicatrices, las armas, los uniformes remendados: fabricando la leyenda. Ésas fueron sus conjeturas, y por eso expresó su deseo de ir a El Veneno.

—¿El Veneno? —lo interrogó el jefe haciendo un ademán que Joaquín consideró ridículo—, eso está a 66 kilómetros de aquí... ¿Dónde está tu padre... el de la recortada?

—Creo que se equivocó y cogió la guagua que iba para Campechuela, pero él me autoriza —mintió Joaquín.

—El jefe de la Compañía consultó con sus superiores, quienes gesticularon con los hombros hasta que le preguntaron el nombre y los apellidos:

—Joaquín Iznaga Alcántara.

Todos fueron consecuentes con el juramento hecho en la guagua. Todos escogieron El Veneno menos Purón, que alzó la mano para preguntar cuál era el paraje más próximo a Media Luna.

—La Guanábana —respondió el jefe de la Compañía, explicándole que por ser llano, aquel lugar estaba destinado a las hembras. Pero Purón volvió a mencionar sus crisis asmáticas, llegó a inventar malestares desconocidos, y tanto matraqueó hasta que el jefe le pidió sus apellidos y lo incluyó en la lista de muchachas que alfabetizaban en la Guanábana.

En el camión —pues ya el ómnibus no podía remontar aquellas cumbres de roca y arcilla— Justino se acercó a Purón y le deslizó al oído el siguiente mensaje:

—La Gua gua nábana y tu tu asma son son ma ma mariconancias tu tu tuyas.

NELSON HERRERA YSLA
(1947-   )

Nace en Morón, Ciego de Avila. Estudiante de arquitectura de la Universidad Occidental. Es presidente de la Brigada Hermanos Saiz en la ciudad de La Habana hasta 1980. Trabaja en la Empresa de Promoción integral del Instituto de la Demanda Interna. Obtiene el premio de poesía en el Concurso 13 de Marzo con La tierra hoy florece *(1975)*. Escribe ensayos sobre arquitectura urbanística. Recoje algunos de estos en Siete notas para siete ensayos *(1978)*. En 1979 publica Escrito con amor. Otros dos libros son Construir la vida *(fotos y textos poéticos sobre los constructores, en colaboración) y* Diez poemas de amor y uno más. *Dice Guillermo Rodríguez Rivera que "la poesía de Nelson Herrera se abre, dentro de la expresión conversacional, a un tono discursivo en el que domina un versículo amplio, de corte narrativo y reflexivo. Su poesía es crónica de amor y de la historia, más de una vez unidos en sus textos."*

Como una canción de amor

Sería 1963, no recuerdo, cuando empezaste a
    trabajar.
Tenías 42 años y nunca lo habías imaginado,
ni siquiera cuando hablabas de aquella extraña
furia por la casa,
por todos los utensilios de cocina que llenaban tu
memoria
de recuerdos ingratos,
bordeando la locura, como me decías.
Me contaban que la Revolución crecía en ti
    como yerba feroz
inundando tu cuerpo, y eras otra.
Diste el salto bruscamente sin haber caído.
Sentías llegar a lugares conocidos, queridos
    por siempre,
sin pedirle a nadie, sola y cercana a mi padre
que te seguía en silencio, entusiasmado.
Eras en lo adelante
un miembro más de la columna,
noticia grande para los amigos que no lo creían,
júbilo en nuestra casa de la calle Castillo.

No estaba a tu lado,
Pero aprobabas, como buen sabio,
aquellas explosiones de los años veinte,
y me dejabas descubrirlo todo.
Deseaste mi triunfo como me contaron más tarde.
Pasando el tiempo te hiciste directora.

Los problemas de la educación de mi pueblo eran
    tuyos como nunca antes lo habían sido.
Coordinabas reuniones semanales, planificabas
    recursos, encuentros deportivos
    seminarios, todo lo que podías dar.
Parecías escapar rápido al recuerdo de cuarenta
    años lavando,
fregando, aceptando un orden antiguo de familia
    que nos impusieron sin contar contigo.
Plenarias curso de superación, hicieron de ti
un dirigente sólido peleando por los sitios
    difíciles de batalla.

Ahora, a la vuelta de tantos años, no sabías cómo
    decirlo,
qué hacer frente a mí en la cocina,
en el centro de ese mundo que casi te obliga a
    perecer de olvido y melancolía.
Viejos cubiertos que encendieron de nuevo tu
    memoria,
viejos delantales que cubrieron tu cintura como
    bosques, te hacían reir.
No sabías qué hacer esa madrugada de junio
cuando me dijiste que te analizaban para entrar al
    Partido Comunista de Cuba.
Recordándolo todo, sonreíste nerviosa al abrazarme.
Estabas ahí como una hoja pura,
como una vieja canción de amor,
como una bandera de hilo muy fino.

Ya te oí y estallo en versos.
Para nombrarte héroe del trabajo, madre ejemplar,
combatiente de la sierra, mujer universal, cordial
    vecina,
amiga entrañable, y cientos de títulos que ahora
    no llegan a mi voz.
Cuánta literatura debía estar aquí para saludarte
    especialmente.
A ti, y a todas las mujeres que se debaten en
    lejanos parlamentos por la salud de su
    pueblo, por el futuro de sus hijos.

A todas las mujeres que fabrican piezas de repuesto
para que nada se detenga,
a todas las mujeres que han decidido cambiar unas
    partes de sus vidas,
    como lo hiciste aquella mañana de 1963.

Desde la superficie de este poema
en que vuelvo a oir tus viejas y sabias palabras
    avisándome de peligros, obstáculos,
    tus viejos consejos
que se mantienen como los grandes monumentos a
    la humanidad,
como las frases inmortales de los hombres inmortales,
te envío mi eterna confianza en lo que somos
    capaces de hacer
cuando hay detrás verdades como piedras,
te envío estos versos,
este lenguaje que vibra junto al tuyo cuando una
    Revolución
abre puertas y ventanas, y tu voz y tu sangre
está obligada a saltar junto a tu cuerpo,
a llegar hasta las filas, a incorporarte al batallón
de hombres y mujeres nuevos
y ocupar un lugar en la vida definitivamente.

NANCY MOREJON
(1944-   )

Nace en La Habana. En 1964 es coeditora con Rogelio Felipe de Ediciones El Puente. Obtiene el Premio de Poesía 1964 auspiciado por la Escuela de Letras y de Arte. Publica Mutismo *(1962) y* Amor, cuidad atribuida *(1964). En 1966 es licenciada en Lengua y Literatura Francesa. Ese año recibe mención en el concurso de poesía de la Unión de Escritores y Artistas de Cuba con* Richard trajo su flauta y otros argumentos *(1977). En 1979 publica* Parajes de una época *y en 1980* Poemas, *selección y prólogo de Efraín Huerta. Se anuncia* Octubre, *poemario que recibe primera mención del Concurso UNEAC en 1978. Escribe con Carmen Gonce* Lengua de pájaro *(1971), libro de testimonio. También publica* Recopilación de textos sobre Nicolás Guillén *(1974). Traduce a escritores del Caribe: a Césaire, a Roumain y a Depestre. Es redactora de* La Nueva Gaceta *y de la editorial UNEAC. "Formada e influida por la poesía francesa—dice Belkis Cuza Malé—, Nancy Morejón está aún a la caza de un decantamiento lógico de lo que comienza a ser ya un estilo propio. Es posible que de las mejores influencias de la poesía francesa y su necesidad de retomar los ritos y símbolos africanos, la Morejón logre extraer la fuerza poética que hay en ella y que ya comienza a aflorar. Porque Nancy Morejón ve al mundo de una manera peculiar: a través de la palabra y la música. Releyendo sus mejores poemas me he deleitado como ante la cadencia de nuestros danzones, suaves, preciosos con una fineza y una afirmación de la vida, como en este brevísimo poema: 'Estamos todos juntos/ suena la música/ felicidades Gladys/ Gladys/ pero Gladys no baila/ no/ eso jamás'."*

Mujer negra

Todavía huelo la espuma del mar que me hicieron atravesar.
La noche, no puedo recordarla.
Ni el mismo océano podría recordarla.
Pero no olvido al primer alcatraz que divisé.
Altas, las nubes, como inocentes testigos presenciales.
Acaso no he olvidado ni mi costa perdida, ni mi lengua ancestral.
Me dejaron aquí y aquí he vivido.
Y porque trabajé como una bestia,
aquí volví a nacer.
A cuánta epopeya mandinga intenté recurrir.

        Me rebelé.

Su Merced me compró en una plaza.
Bordé la casaca de Su Merced y un hijo macho le parí.
Mi hijo no tuvo nombre.
Y Su Merced murió a manos de un impecable *lord* inglés.

        Anduve.

Ésta es la tierra donde padecí bocabajos y azotes.
Bogué a lo largo de todos sus ríos.
Bajo su sol sembré, recolecté y las cosechas no comí.
Por casa tuve un barracón.
Yo misma traje piedras para edificarlo,
pero canté al natural compás de los pájaros nacionales.

					Me sublevé.

En esta misma tierra toqué la sangre húmeda
y los huesos podridos de muchos otros,
traídos a ella, o no, igual que yo.
Ya nunca más imaginé el camino a Guinea.
¿Era a Guinea? ¿A Benín? ¿Era a Madagascar? ¿O a Cabo Verde?

					Trabajé mucho más.

Fundé mejor mi canto milenario y mi esperanza.
Aquí construí mi mundo.

					Me fui al monte.

Mi real independencia fue el palenque
y cabalgué entre las tropas de Maceo.
Sólo un siglo más tarde,
junto a mis descendientes,
desde una azul montaña,
Bajé de la Sierra
para acabar con capitales y usureros,
con generales y burgueses.
Ahora soy: sólo hoy tenemos y creamos.
Nada nos es ajeno.
Nuestra la tierra.
Nuestros el mar y el cielo.
Nuestras la magia y la quimera.
Iguales míos, aquí los veo bailar
alrededor del árbol que plantamos para el comunismo.
Su pródiga madera ya resuena.

V. OBSESIONES

GUILLERMO CABRERA INFANTE
Salieron las amas de casa...

Salieron las amas de casa batiendo cacerolas y ollas y gritando: "¡Queremos comida!" La manifestación adelantaba hacia el centro del pueblo, hacia la plaza donde había "ondeado por primera vez la enseña nacional".

A treinta kilómetros de allí, en la capital de la provincia, el jefe de la guarnición que era a su vez el gobernador de la provincia ordenó que los tanques avanzaran sobre el pueblo.

Todo terminó en que subrepticiamente se hicieron llegar alimentos a la ciudad sublevada y al temeroso militar que había enfrentado tanques contra cacerolas lo enviaron de embajador a un país africano—y desde entonces se le conoce como el Rommel de aluminio.

HUMBERTO ARENAL
(1926-   )

Nace el La Habana, de una familia de clase media. Alterna sus primeros estudios con un trabajo en la Cuban Telephone Company. Allí establece una estrecha amistad con Calvert Casey. En 1948 se traslada y establece durante once años en Nueva York, trabaja por necesidad en la revista Visión *y dirige teatro por gusto. Viaja por varios países de América y Europa. Al triunfar la revolución publica su primera novela,* El sol a plomo *y regresa a Cuba; desde entonces escribe por necesidad. Muchos de sus cuentos hablan de un infierno-paraíso perdido, el de la niñez; otros tocan, con agudeza psicológica, la relación entre las personas y la sociedad, entre el hombre y la mujer. Publica libros de cuentos* La vuelta en redondo, *en 1962, y dos años más tarde* El tiempo ha descendido; *su segunda novela,* Los animales sagrados, *en 1967. En Cuba dirige varias obras claves del teatro cubano;* Aire frío, *de Virgilio Piñera, ha sido uno de sus excepcionales puestas en escena. Actualmente trabaja como crítico teatral en diferentes publicaciones nacionales y prepara un nuevo libro de cuentos y una novela. "Arenal ha convertido la vida cotidiana de los hombres y mujeres que se niegan a ser devorados por el tiempo y por la historia en figuras patéticas y trascendentales. No conozco otro escritor que haya hecho tanto con hombres y mujeres que parecían tan poco. Sólo una intensa compasión, una intensa empatía, han hecho posible cuentos como* El caballero Charles *y* Cerdos o perros adiestrados para encontrar trufas."

Cerdos o perros adiestrados para encontrar trufas

Digo yo: Pucho me llamó para decirme que pescó un emperador así de grande. ¿De cuánto? dice Emelina. Digo yo: bueno como de unas cincuenta libras o más, creo yo. ¿De cincuenta libras, estás segura? dice Emelina. Bueno, más o menos, digo yo, eso dice él, eso dice Pucho. Entonces, ¿cuánto pide por él? dice Emelina. Digo yo: él dice, Pucho dice que, vaya, por menos de sesenta pesos no lo da. Está caro, dice Emelina. Está caro, la verdad. ¿Caro? digo yo, tú estás loca muchacha, mira que decir... Entonces dice Emelina, mamá está caro, la verdad se está aprovechando de ti, esa es la verdad, Pucho es muy carero, siempre ha sido muy carero. Digo yo: mira muchacha, como están las cosas no está caro nada, ¿sabes? Todo está por los cielos. Yo conozco a Pucho no se sabe ni desde cuándo, desde que tu padre trabajaba en la Shell o antes y siempre me ha vendido pescado y nunca me ha engañado y siempre me ha vendido a un buen precio. Como están las cosas no sé cómo tú dices, la verdad. Entonces dice Emelina; acuérdate, acuérdate de aquella rabirrubia podrida que nos vendió, acuérdate, aquella vez que desde que entró yo dije o alguien dijo no me acuerdo que estaba podrida, acuérdate. Digo yo: fue descuido de María Pepa, de María Pepa, digo yo. Dice Emelina; la verdad es que estaba podrido mamá. No le des más vueltas. Desde que papá lo trajo olía mal. No estaba podrido, digo yo. Que sí estaba podrido, dice Emelina. Que no, digo yo. Que sí, dice Emelina. Que no. Que sí. Que no. Que sí. Hasta que entonces le digo yo que está bueno ya. Ya hemos hablado mucho de eso, digo yo. Está bien, dice Emelina, vamos a dejarlo ahí. Pero la verdad que está caro. Qué condenación todo, digo yo. Mira chica, digo, ¿lo compramos o no lo compramos? Esta bueno ya, tengo que contestarle esta misma tarde a Pucho que está esperando por mí.

El se lo puede vender a cualquiera, ¿sabes? Como tú comprenderás compradores no le van a faltar. Ahora la gente se pasa la vida pidiéndole que si Pucho consígueme un pargo, que si Pucho consígueme un serrucho, que si esto que si lo otro. El vino y me dijo: Señora, a usted primero que a nadie. A quien mejor que a usted que la conozco y quiero servir. Tengo que preguntarle a Ismael, dice Emelina. Está bien, digo yo. Tu hermano Jorge está de acuerdo en que la compremos. Dice Emelina: podemos llamar a María Luisa para compartirlo. Y digo yo: No, no, no. No tienes que llamar a nadie. La cosa es entre nosotros. Ustedes, Arturo y yo. ¿Arturo? dice Emelina, ¿Arturo también? Sí, digo yo. Entonces Emelina me dice que me contestará a la hora del almuerzo. ¿Arturo, y el dinero de Arturo? Digo yo: el dinero de Arturo lo pongo yo.

Pucho lo trajo y ella lo midió con un centímetro. De la cabeza a la cola medía 1 metro y 60 centímetros exactamente. Como él le había dicho pesaba más de cincuenta libras. Exactamente 53 libras. Ella se sintió contenta. Lo colgó en la cocina y llamó a su primo Arturo. Arturo dijo que no se sentía bien. Arturo había sufrido dos infartos cardíacos y apenas salía de su casa. Para las salidas excepcionales que hacía tenía un Rolls Royce y un chofer. Ella le pidió que viniera. Era algo importante. Arturo dijo que iría. Se sentó frente al emperador a mirarlo y a sonreír. Hacía tiempo que no sonreía. Ahora se sentía satisfecha. Se sentía como antes cuando su marido vivía y traía pescados los sábados al mediodía o los domingos por la mañana. Grandes pargos o rabirrubias o chernas o meros o emperadores, como este. Desde que había muerto su marido tres años antes no había comprado más pescados. Pucho había venido otras veces y no se había decidido a comprarle nada. Ahora sentía como si su marido estuviera allí. Pensó que era quizás una buena manera de recordarlo, de no olvidarlo sobre todo. Siempre temía que con el tiempo lo fuera a olvidar. Quizás por eso lo había comprado ahora y quería esmerarse al prepararlo. Le parecía que a él le hubiera gustado que lo hiciera.

El vendría y le diría:

—Bilina, qué lindo pescado —y le echaría un brazo por los hombros.

Ella lo miraría y sonreiría.

—¿Te gusta, de verdad que te gusta?

—Como no.

Ella sentiría su mano caliente en un hombro y después diría:

—Lo compré para ti. Si tú no hubieras estado no lo hubiera comprado. Lo he comprado especialmente para ti.

Cuando Arturo llegó lo llevó a la cocina y se lo mostró, sin decirle lo que era.

—Ahí lo tienes —lo señaló con la mano y echó la cabeza hacia atrás. Sonrió.

Arturo también sonrió.

—Un emperador, un señor emperador.

Se puso las manos en la cintura, se acercó, lo miró con minuciosidad, lo olió, lo tocó varias veces con el dedo índice de la mano derecha. Se alejó. La miró a ella.

—Qué lindo está —dijo—, está entero, está precioso. Te felicito.

—Está bueno, ¿eh? —sonrió con modestia. Bajó un poco la cabeza.

—Insuperable. Has hecho una gran compra, una gran compra —tenía las piernas largas y comenzó a dar grandes zancadas frente a ella, describiendo dos veces un triángulo. Era viejo, la mujer lo sabía, pero cuando se animaba parecía un hombre joven. Ahora le parecía joven otra vez. Como cuando iban a veranear a Varadero y ella lo veía nadar, remar y jugar al tennis. O cuando la visitaba en La Habana, en esta misma casa de la calle seis en el Vedado, o en la otra casa de la calle 17 donde habían nacido sus tres hijos. Arturo había jugado siempre al tennis y acostumbraba a visitarla por las tardes vestido con una camisa blanca, pantalón de franela crema y zapatos blancos de tennis. Traía la raqueta en la mano derecha y el envase cilíndrico de tres pelotas en la izquierda.

El hombre dejó de caminar. Se le acercó, ahora jadeaba un poco al hablar.

—Hay que tratarlo como lo que es: como un emperador. Me has hecho salir de mi cueva para algo que vale la pena. La verdad.

Rieron. Rieron en voz alta y después se sentaron frente al pescado que parecía mirarlos con recelo con su ojo gelatinoso y plateado. Arturo dijo que había que cocinarlo de una manera especial. Juntos conseguirían los ingredientes. El le diría cómo. Tenía que dejarlo tal como estaba. No debía cortarlo ni seccionarlo de ninguna manera para cocinarlo entero en el horno. A ella le preocupaba dónde lo guardaría. No conocía a nadie que pudiera conservarle en frío aquel pescado tan grande.

—Lo guardas aquí mismo en tu refrigerador —dijo Arturo—. Le sacas las tripas y lo metes dentro.

—¿Dentro, dentro del refrigerador, así entero? No cabe.

—Le quitas todos los entrepaños y le sacas todo lo que hay dentro y ya.

—No sé... ¿Tú crees? Tantas molestias.

—Vale la pena. Es un pescado muy hermoso. Un señor emperador —volvió a sonreir, se puso en pie.

Estaba animado, locuaz, alegre, entusiasmado. Hacía tiempo que no lo veía así. Volvió a recordar cuando venía a visitarla después de jugar tennis.

—¿Y qué dirá María Pepa?

—¿Qué va a decir, hija?

—Tú sabes como es ella. No le gusta que se le meta nadie en la cocina. A Pepe era al único que se lo permitía.

—Olvídate de María Pepa, ustedes le han dado demasiada importancia a esa mujer.

—Es muy leal. Tiene su carácter eso sí.

—No es más que una criada, ustedes la han malcriado mucho.

Volvió a decir que era muy leal.

—Pepe la quería mucho y ella a él. Eso sí.

Sonrió.

—Le decía a Pepe el caballerazo.

—El caballerazo.

—Sí.

—Qué barbaridad. Está loca.

—Es una mujer muy extraña, es verdad, pero es muy buena. Quiere mucho a los animales. Quisiera que la vieras con Niño Lindo.

—¿El perro de Cucú?

—Sí. Desde que la niña se fue para el Norte se ha hecho cargo de él. Lo quiere como un hijo. Le ha puesto su apellido y todo. Niño Lindo Oliver. Lo quería apuntar en la libreta de la comida y todo. La tuve que aguantar. Es capaz de buscarme un problema con el comité.

—Qué barbaridad.

Se quedaron en silencio. El hombre se había sentado un momento antes, mientras la mujer hablaba. Ahora estaba serio y jadeaba. La mujer miró al suelo, con las manos entrelazadas y puestas en los muslos, con el tronco inclinado hacia adelante. El hombre se llevó la mano derecha al pecho. La mujer lo miró.

—¿Te sientes mal?

—Un poco. No me puedo ajetrear.

—Vete, vete ya. No sea que te vayas a sentir peor. Perdóname que te haya hecho venir hasta aquí.

El se puso en pie, ella también.

—Tienes que esmerarte con ese emperador. Está precioso. ¿Cómo lo vas a hacer?

—No sé. ¿Cómo tú crees?

Caminó hasta la puerta de la calle.

—Creo que la mejor manera es a la Jardinera, a la Gran Jardinera.

Ahora es difícil hacerlo pero ese peje lo merece. Yo te ayudo a buscar los ingredientes.

Pescado Gran Jardinera

Se escamará, limpiará y lavará muy bien un pez de 10, 20 libras o más. Se pondrá en la tártara suficiente cantidad de aceite o manteca, una libra de carne de ternera cortada en pedacitos. Un cuarto de libra de tocineta fresca, una copa de vino de Jerez y un poco de harina de castilla. Se cocina a fuego lento hasta que la carne esté casi triturada y se revuelve constantemente; la carne y la tocineta se pasan por un tamiz, exprimiendo bien para que suelten la sustancia en la salsa.

Digo yo disponte a coger una guagua espérate que te espera la ventidós y no llega la desgraciada guagua qué desesperación con las condenadas guaguas digo yo pasa una llena y no para hay que esperar la otra digo yo paciencia pasa otra que no va tan llena y no para tampoco qué es esto mi madre digo yo todavía me lleno de paciencia y espero después de un rato alguien me dice que cambiaron de esquina la parada que ahora está en diez camino hasta diez y espero cojo la ventidós viene también llena hasta el tope hasta el mismo tope me meto como quiera que sea digo yo me meto como sea en cuatro patas como sea el caso es llegar a Marianao digo yo me encuentro a Cuca en la guagua ella allá al fondo y yo aquí al lado del chofer está más sorda que nunca, no le entiendo nada, me habla a gritos que si Jorge ahora está viviendo en Miami, que si está muy bien, que si tiene una máquina nueva o algo así, no sé la verdad porque estoy aturdida y no le oigo nada y ella en la luna de Valencia sin darse cuenta de nada yo le digo que no la oigo bien que se acerque que se acerque y ella nada diciéndome ¿eh? ¿eh? y se pone la mano derecha en el oído le hago señas que se acerque y nada por fin logro pasar y me le acerco y le digo yo bajito que voy a Marianao a buscar unos ingredientes y entonces ella me grita que qué parientes ¿alguien enfermo? me dice y digo yo que ningún pariente que nada de enfermos que ingredientes in-gredien-tes para un emperador y ella me pregunta gritando ¿ingredientes, para un emperador? poniendo una cara de asombro tremenda y yo le digo que sí con la cabeza y ella me pregunta otra vez ¿INGREDIENTES? todavía más alto que antes y digo yo trágame tierra porque todo el mundo nos está mirando y nos está oyendo especialmente un miliciano de boina verde y todo que va delante de nosotras y que no me quita la vista de encima, tú verás que voy a ir a parar a la Cabaña digo yo y Cuca se queda como una idiota esperando que le conteste algo y entonces yo por decir algo le pregunto por Florentino y ella me dice que muy mejorcito aunque después me dice que tiene algo en la vista catarata o algo que se está quedando medio ciego y que tiene el corazón muy mal y que tiene algo en la próstata un tumor o algo y que no lo pueden operar porque tiene el azúcar alta o algo no sé y me digo yo ¿de qué estará mejorcito entonces? entonces me doy cuenta que estoy llegando allá al Crucero de la Playa y entonces me despido y ella me grita que cuándo voy por allá por su casa pronto pronto le digo y empujo para llegar a la puerta porque la guagua estaba ya arrancando y yo gritando: esperen esperen que me bajo y yo quería llegar a esa dirección en Marianao para buscar un poco de aceite Sensat español y una botella de vino de Jerez y pensando que tenía que conseguir la tocineta porque si no no quedaba bien el emperador y el sol pegado a mi espalda como un gato porque ya eran como las doce del día y resultó que era un negro dulcero un viejo dulcero que yo conocía del Cerro aunque no tenía aceite ni Jerez ni nada sino unos limones de una mata que tenía allí en el patio de su casa.

Aparte se tiene pasado por colador el zumo de treinta tomates cocinados, una taza de aceite de oliva, dos cebollas pasadas por máquina, perejil bien picado, un diente de ajo machacado, pimienta en polvo, un poco de nuez moscada, espárragos partidos, champignones, petit-pois, trufas picadas, sal y el zumo de uno o dos limones; esta preparación se une a la anterior. Se coloca la salsa en la pescadera pero teniendo cuidado de no echar las trufas, champignones, espárragos, petit-pois, etc., etc., etc.

—Señora Julia, hay que cocinar ese pescado. Me tiene cogida toda la cocina.

María Pepa se quejó porque el pescado ocupó todo el espacio del refrigerador. La mujer quitó todas las divisiones y lo colocó en diagonal, ocupando todo el espacio. Las papas se podrían, los tomates también. Los ajíes, los ajos, las cebollas, los limones, estaban dispersos por toda la cocina. Algunas de las papas hubo que botarlas y los tomates también.

—Me tiene loca el olor de ese pescado, señora. Es horrible, no lo

aguanto, yo creo que huele un poco mal, me parece que se está pudriendo. Niño Lindo se acerca, lo huele y sale despavorido. El sabe, los animalitos saben.
—Cállese, María Pepa, cállese ya. No está podrido nada. Es un emperador precioso. Como le gustaban a Pepe.
—No sé, señora, no sé. A mí no me huele bien. El caballerazo...
Se pone el pescado en la pescadera y se cubre con todo el resto de la salsa y se cocina a fuegolento.
Entonces el chofer dice que él era maestro antes y que ahora ya lo veo y yo digo la vida la vida usted sabe nadie sabe para quién trabaja mi marido me criticaba que yo siempre quería ahorrar y ahora creo que tenía la razón la vida es un carajo dice el chofer y perdone usted señora la expresión grosera pero es que y entonces digo yo a él le gustaba disfrutar de lo que tenía y compartirlo con los demás era en hombre bueno muy bueno digo yo demasiado bueno y dice el chofer no se puede ser así la gente perdone usted dice el chofer la gente es un carajo y perdone usted señora la expresión grosera la verdad digo yo él no era casa sólo eso sí todo era para su familia y hasta para sus amigos se pasó la vida trabajando para los demás para su madre para sus hermanos para sus tías se pasaba la vida dando esto del pescado me remuerde la conciencia pero en parte lo hago por él como a él le gustaba un pescado grande asado al horno mi primo Arturo me recomendó que lo hiciera a la Gran Jardinera por eso estoy buscando aceite Sensat y vino de Jerez el chofer dice que si no lo encontramos en Arroyo Apolo podemos ir a Mantilla a ver una mujer que él conoce que tiene aceite español y vino y espárragos ¿espárragos también? digo yo cuando menos dice el hombre yo se lo encuentro no se ocupe usted señora en el Cerro en Miramar donde sea hay que ayudarse en estas cosas está bien digo yo porque el hombre tiene cara de buena persona y me parece que puedo confiar en él. **...y al servir se pone por encima rebanadas de huevos duros, pepinos y cebollitas en encurtido, y las trufas, champiñones, etc., y el resto de la salsa. Antes de sacar la salsa se debe cuajar con un poco de polvo de pan rallado.**
—Mamá no está bien, yo te digo —dice la mujer.
—Es lo de papá —dice el hombre.
—Yo se lo he dicho, tú sabes, yo soy muy fuerte con ella para ver si reacciona, yo se lo he dicho: si tú te sientes así suicídate chica, suicídate y ya está. ¿Por qué no lo haces? La verdad es que ella es más mujer que madre, ¿sabes?, ahora me doy cuenta yo de esto.
—No debes hablarle así.

—Es para que reaccione.
—Así no va a reaccionar. La estás maltratando.
La mujer lo mira.
—Ahora esto del chofer. Cuando me llamó hoy yo dije, ah, esto es el colmo, yo llamo a Jorge. La llevó por toda La Habana y le cobró 25 pesos, 25 pesos que tuve que pagar yo porque ella había comprado aceite y vino y no sé qué más. Se gastó hasta el último quilo porque quiere hacer ese pescado, ya sabes. Tienes que ayudarme.
—Yo no tengo un quilo. Tú sabes que no tengo nada, estoy sin trabajo. Estoy aguantando lo poco que tengo hasta que me vaya.
—Y hasta que tú te vayas para Miami...
—Para Nueva York.
—Para Nueva York o donde sea, yo tengo que hacerme cargo de todo. Eso no va, ¿sabes? Tú y Marta se van y yo que cargue con todo. Eso no va.
—Yo no inventé lo del pescado, eso es cosa de ustedes.
—Es cosa de mamá.
—Allá ustedes.
—Por qué no le dices eso a mamá. Tú siempre eres el hijo bueno y noble y yo soy la mala. Pero yo me quedo con mamá y tú y la otra se largan.
—Tú y tu marido son revolucionarios. Yo les dejo esto, con emperador y todo.
Con calma, no, primero, más bien con lentitud, quizás con pereza, pero no con calma, ni con tranquilidad, ni con sosiego; y después, un poco después, comenzó a moverse más aprisa, con menos reposo, con menos sosiego, con menos placidez. En verdad, el hombre lo sabía mejor que nadie, siempre estuvo inquieto, o tal vez no inquieto pero sí disgustado y molesto desde el momento que la mujer le contó que había gastado 25 pesos en una máquina buscando por toda La Habana aceite Sensat y vino de Jerez y champignones y espárragos y sólo había conseguido en Mantilla una botellita de vino de Jerez que le había costado 10 pesos y que el aceite que había comprado era español pero no Sensat y que la latica de champignones no estaba en buen estado. La mujer había estado llorando y él le había dicho hacía un momento que la ayudaría. Había llamado a Jaime el chofer y le había dicho que viniera a buscar el Rolls Royce y que lo engrasara, le echara gasolina, le echara aire a las gomas y aceite al motor y que después viniera a buscarlo. Caminaba del teléfono a la mesa que estaba enfrente, exactamente a tres pasos uno de la otra, pensando en los amigos o los conocidos que iba a vi-

sitar. A Ramón en Miramar y a Cristina en La Habana Vieja, y a Sigifredo en la Víbora y a Juan en la calle Animas. Quizás ellos tuvieran las trufas o los espárragos o el aceite Sensat o supieran de alguien que los tuviera. Eran tiempos difícilies y él tenía que ayudar a Julia, que siempre había sido como una hermana. Subió las escaleras. Más aprisa que de costumbre y cuando llegó al final jadeaba más que de costumbre. Su mujer estaba en la habitación cuando él entró y lo notó. Le dijo que iba a salir. La mujer notó que jadeaba y le dijo que no debía agitarse. Tenía que ayudar a Julia a encontrar los ingredientes dijo él. Se sentía bien. Tenía que hacerlo, por ella y por los demás. La mujer no sabía en realidad a quiénes se refería, pero repitió que no debía agitarse. La mandó a sacar el traje azul de casimir, los zapatos negros de charol, la camisa blanca de hilo irlandés, las medias de seda, y la corbata roja de piqué. Se dio un baño y se afeitó. Cuando estaba terminando de afeitarse sintió el primer dolor en el pecho. Cerró los ojos y se llevó la mano derecha al centro del pecho. Respiró lento y profundo y el dolor casi desapareció. Fue al botiquín y extrajo un pomo pequeño y cogió una pildorita y la tomó. Fue a la habitación y se vistió. Cuando bajaba la escalera volvió a sentir dolor pero no se llevó la mano al pecho porque se mujer venía subiendo. Le dijo que pasaría toda la tarde fuera y le preguntó que si había llegado Jaime. Jaime no había llegado. Fue al jardín y se puso a mirar las flores. Ya no cuidaba personalmente el jardín y no estaba tan esmerado como antes. Se acercó y tomó una rosa y se la puso en el ojal del saco. Fue hasta la verja y miró hacia la esquina y volvió junto a la misma mata de rosa. Volvió a la verja. La abrió y salió a la acera. Caminó hasta la esquina. Volvió junto a la verja y comenzó a caminar hasta la esquina. A la mitad del camino sintió el dolor en el pecho. Quizás esto fuera lo último que recordaba. Entonces Jaime apareció en la esquina. La mujer, también en ese instante, ni antes ni después, también apareció en la acera y lo vio tendido.

Estaba en el centro de la cocina mirando el refrigerador. Desde donde estaba, que no era cerca, percibía la peste pero quería abrirlo para demostrarle a la señora Julia el estado en que estaba el pescado. Un momento antes se lo había dicho y la mujer le había gritado que la dejara tranquila. El pescado no estaba podrido. No habría peste en la casa. Era una excusa de ella para no ayudarla. Ella lo cocinaría sola. La mujer estaba sentada en la sala, o en la terraza, la otra no lo sabía bien entonces, con los ojos cerrados y un pañuelo empapado en alcohol porque tenía una fuerte jaqueca. Alguien tocó el timbre de la puerta y la otra fue a abrir. Se acercó y la tocó en el hombro. Le dijo que alguien, el vecino de al lado, tenía que hablar con ella. La mujer no contestó. La otra volvió a tocarle el hombro. La mujer abrió los ojos.

¿Qué pasa ahora, María?

Cuando le decía María la otra sabía que estaba de mal humor.

—Es el joven ese de al lado, señora, que quiere verla.

Volvió a cerrar los ojos.

—¿Que quiere?

—No sé.

—Dile que no estoy.

—Es para lo del pescado, señora.

Abrió los ojos.

—¿Qué pasa con el pescado?

La otra contrajo el labio inferior y cruzó los brazos.

—Vaya, dice el muchacho ese. Mire señora —había abierto las piernas y comenzó a bambolearse— hable usted con él. Ya yo estoy cansada de esto.

—Yo no tengo que hablar con nadie.

La otra comenzó a caminar.

—Allá usted y él, pero la verdad es que no hay quien aguante la peste. Esa es la verdad. Niño Lindo desde ayer está perdido de la casa. Cuando terminó de hablar ya estaba llegando a la cocina que estaba a tres o cuatro metros.

La que estaba sentada se puso en pie. Ahora caminó aprisa. Desde la cocina la otra oía la voz grave y monótona del hombre y la voz ahora aguda y nerviosa de la mujer sin poder percibir en detalle la conversación. Sólo oyó cuando la mujer comenzó a gritar.

—¡No hay peste, no hay peste, no hay peste!

Se quedó en la cocina, calentando en una lata el café que había hecho para el almuerzo.

Sintió los pasos de la mujer y la vio cuando se paró en la puerta pero no volvió la cabeza.

—No sé para qué tuvo que llamarme, María. Ese estúpido me ha aumentado el dolor de cabeza. Consígame una aspirina.

Cuando se volvió la otra le dijo:

—Señora —la estaba mirando, con la latica de café en la mano derecha y la otra apoyada en la cintura—. La verdad es que no hay quien aguante esto. La peste es horrible —caminó entonces hasta el refrigerador y abrió la puerta—, mire esto, mire como está el pescado en un rincón.

El pescado ahora estaba partido en pedazos y caído éste.
La mujer no lo veía desde donde estaba y comenzó a gritar:
—¡No hay peste, no hay peste!
—Está podrido, señora, está podrido, no lo ve, está podrido —gritó la otra.
—No está podrido, no hay peste, no está podrido, no hay peste, no hay peste... —caminó hacia la otra y comenzó a empujarla y cerró la puerto del refrigerador—. Váyase, váyase de aquí, todos están contra mí porque estoy sola, están abusando, no hay peste, Pepe es el único que está conmigo, él no me abandonará nunca, él no me abandonó nunca. ¡Váyase, váyase!
La otra se iba a marchar y entonces la miró. Estaba llorando, estaba pálida y tenía el pelo en desorden.
—Señora —le dijo y alargó la mano.
—¡Que se vaya, María, que se vaya le digo!
La otra caminó hasta llegar al patio. Entonces se detuvo y la miró a través de la ventana. Estaba en el mismo lugar. Después caminó sin volverse.
Cuando sintió la verja de hierro cerrarse, comenzó a caminar y a decir:
—No está podrido, no está podrido. No hay peste. No hay peste. No está podrido, No está podrido.
Recorrió el comedor, los pasillos, la sala, los tres dormitorios, el cuarto de baño. Siempre diciendo:
—No está podrido, no está podrido. No hay peste. No hay peste. No está podrido. No está podrido.
Volvió a recorrer el comedor, los pasillos, la sala, los tres dormitorios, el cuarto de baño.
Después fué a su dormitorio y se acostó. Un rato, mucho rato. Ella no podía decirlo. Se acostó sobre el lado derecho y lloró. Las lágrimas fueron humedeciendo la almohada. Fué dejando de sentir la humedad de la almohada.
María Pepa y Arturo se acercaban a la cabecera de su cama a decirle que viniera con ellos a la cocina. Ella estaba muy cansada, dijo, muy cansada, repitió, y quería descansar. Pidió que la dejaran sola. María Pepa insistió que viniera halándola por un pie. Ella protestó. Estaba muy cansada. La otra le haló el pie hasta que la forzó a levantarse. Arturo la tomó de la mano y la condujo. María Pepa abrió la puerto del refrigerador. Niño Lindo estaba a su lado, al lado de María Pepa. Dentro no estaba el emperador, le dijo. Ella no quiso mirar. María Pepa insistió. Se acercó porque Arturo la em-

pujó por la espalda y le dijo algo al oído que ella no entendió pero que la inquietó porque percibió el nombre Bilina que era por el que Pepe su marido la llamada. Arturo la fue acercando, presionándola con la mano por la espalda. María Pepa abrió más la puerta y ella se puso las manos en la cara. Los dos comenzaron a gritarle que mirara, que mirara. Miró hacia atrás, hacia donde estaba Arturo, y él le señaló con la mano el refrigerador. Ahora miró. Volvió a mirar a Arturo y comprobó que ya no estaba allí. Entonces María Pepa le gritó: "Mire, señora, mire". Ahora miró bien. Dentro del refrigerador estaba el cuerpo desnudo de su marido. Se precipitó a sacarlo y el cuerpo comenzó a desintegrarse en porciones. Tomó la mano derecha, el antebrazo derecho, la mano izquierda, el pie izquierdo, el pie direcho, el antebrazo izquierdo. La cabeza se desprendió del tronco y cayó a sus pies. María Pepa se acercó, la recogió con cuidado y la puso sobre una mesa, mientras iba repitiendo "el caballerazo, el caballerazo, el caballerazo, el caballerazo". El perro corría a su lado, ladrando y dando saltos. Ella se precipitó dentro del refrigerador para extraer el resto del cuerpo. Ahora se iba fraccionado en porciones más pequeñas que ella trataba de extraer con la ayuda de María Pepa que estaba a su lado: un hombro, un muslo, una nalga, un pie, el otro hombro, parte del pecho, los intestinos, el corazón. Estaba de rodillas y se puso en pie. Caminó con el corazón en la mano, que todavía latía, era la única parte del cuerpo que había sentido viva y caliente. María Pepa se aproximó y ella se lo acercó a su pecho y lo cubrió con las dos manos y los brazos. Niño Lindo corría a su lado. La otra le pidió que se lo diera. Le dijo que no, era de ella, era el corazón de su marido, lo único que le quedaba de él. Entonces María Pepa corrió hacia la mesa y tomó la cabeza. El perro la siguió saltando. Ella le corrió detrás gritándole que se la devolviera; la otra gritaba que no. Siguieron corriendo y gritando. En la carrera, ella no sabía cuándo, el corazón cayó al suelo y el perro se lo llevó entre los dientes. Ya no lo vio más. Dio un grito, un alarido, un chillido. Ahora no sabía si antes soñaba o si esto era el sueño. El ritmo acelerado y el ruido de su propia respiración la fue volviendo a la realidad. Se quedó tendida un rato. Empezó a sentir el olor del pescado. La peste que hasta entonces no había percibido. Enseguida, casi enseguida, o quizás tardó un rato, se fue a la cocina. Tendió unos papeles en el suelo, frente al refrigerador y lo abrió. Comenzó a sacar los pedazos podridos del pescado que estaban dispersos. Hizo un gran paquete y lo sacó al patio donde estaba el depósito de basura. Lo echó dentro y se alejó, sin mirar atrás. Las moscas, enseguida, comenzaron a revolotear encima y a posarse. El pez plateado y blanco se fue cubriendo de negro.

Caminó hacia su habitación. Esperaría la llegada de María Pepa y le diría:

—Estaba podrido, María Pepa, estaba podrido. Tenía razón.

—Yo lo sabía, señora, yo lo sabía hace tiempo —diría la otra.

Se tendió en la cama, bocarriba, con las piernas estiradas, los ojos cerrados y las manos entrelazadas sobre el pecho. Sintiendo su propia respiración. Menos. Cada vez menos. Menos, menos. Hasta que ya no sintió nada.

JESUS DIAZ
Amor, La Plata Alta

Después el amanecer
Que de mis brazos te lleva
y yo sin saber qué hacer
de aquel olor a mujer
a mango y a caña nueva.
(Canción Cubana)

¿Escaparíamos a la noche? Y si a la noche, ¿a la lluvia? ¿Y si a la lluvia? No, no escaparíamos. ¿Escaparía? Claro, escaparía. Sólo con dejarme llevar, loma abajo, impulsado por el peso de las dos mochilas, como ahora. —¡Roberto!— Eso, no escaparía. —¿Qué?—. grito mientras me vuelvo y la veo allá, en lo alto, difícilmente detenida, tentando el aire con las manos, pisando a traición, como una ciega. —Dale—. La impulso, se impulsa. —¡De lado, clava el tacón!—. No lo hace, cae. Otra vez. Subir otra vez con las dos mochilas sobre las espaldas, con las cuatro correas sobre los hombros, como un mulo. Eso, como un mulo. Ella está allí, tan distinta, sentada en el suelo, sucia de fango, sin pintura. Ella que estaba arreglándose siempre en el tren durante el viaje. Tan distinta en el tren, con su uniforme nuevo, su mochila que se zafa, que arreglo, su desprecio que dice: gracias, y sigue dando tumbos por el pasillo, y mi pregunta que queda colgando, apagada primero por el ruido del tren, ¿cómo te, luego por mis labios que la ahogan, llamas? —Roberto, ¿estará muy lejos la gente?—. La gente, ¿estará muy lejos? —No, le digo—. ¿Estará muy lejos la gente? Ya no se oyen. —Vamos—. Se incorpora, hace un gesto, se palpa la rodilla. —¿Te duele?— —No—. Sé que miente, que no quiere ceder, que quiere hacerse. La dejo que avance, que se adelante. Allá va, apoyada en su palo, con su pañuelo de cabeza y su rodilla hinchada, con llagas, con las uñas partidas, maltrecha. Pienso en San Lázaro y me río. Me mira y trato de sorprender en su mirada una razón a todo aquello, pero sólo hay cansancio, mucho. La imagino en La Rampa, también en pantalones, pero limpia, llegando de la playa, sonriente. ¿Por qué no, si quiere ser maestra igual que yo, llegar igual que yo, si quiere? —Ven—. Me dejo caer, de lado. Es lindo dejarse caer loma abajo, rápido, sin esfuerzo, levantando polvo con las botas, metiendo ruido, una mochila, la de ella, se me sale. —¡Me caigo, coño!— —No digas malas palabras—. Habla de espalda, sin mirarme. Ahora se vuelve, suelta una risita, se tapa la boca, vuelve a reírse. Me siento estúpido, enfangado, sucio. Otra vez se ríe. Fue su mochila, correr con dos mochilas, fue su rodilla lastimada, ella que se quedaba atrás, ella. ¿Por qué? —Yo me quedo con la compañera—. ¿Por hacerme el héroe? Fue la primera vez que me sonrió. Otros también se rieron aquel día en Minas del Infierno. Fue por hacerme el héroe, porque era la única forma de sacarle aquella sonrisa, la única. ¿O fue por ella? Quizá porque no quiso escucharme en la Ciudad Escolar la primera noche, y yo sin saber qué hacer — de aquel olor a mujer. ¡Bebita!, y se va a saludar a Bebita y yo me quedo de verdad sin saber qué hacer, tan estúpidamente sin saber qué hacer como ahora. Fue por ella, ¿o porque me oyeran todos cuando le dije: dame tu mochila? Lo dije alto y ella que no y yo que dame. —¿Te hiciste daño?— ¿Daño? Y todavía se ríe, fue su mochila, coño. —¿Por qué dices malas palabras?— —Perdona, es que...— —No, si no es nada, es que...— Es que, es que..., es que así no vamos a salir nunca de La Plata Alta y mucho menos llegar al Turquino. El Turquino. ¿Cómo será el Turquino? Una loma más grande dicen, dicen que tiene un Martí, dicen que una estatua de la Caridad del Cobre, haría falta ponerle un Fidel, pero dicen que a él no le gusta; también dicen que hace mucho frío, que tiene muchas latas, dicen, dicen. Pero después de ésta no más dicen, después de ésta digo, porque llego al Turquino o me quito el nombre. —No te apures tanto—. Pedro, Juan, René. Sería lindo dejarse caer otra vez, loma abajo. Aunque también es lindo ir así, a su lado, mirarla. Mirarle tras la camisa azul el sostén rosado, imaginarle tras el sostén rosado el seno blanco, tibio; con unas venas leves en el seno. —¿En qué piensas?— —¿Yo? En, en nada, en la lluvia—. La lluvia de la que no escapamos, que casi ya, que ya comienza a caer, que salta, se violenta, nos detiene. Nos sentamos sobre una roca. —¿Y tu nailon?— —¿Mi nailon? Se me perdió—. Perdió el nailon. No, lo dejó caer, recuerdo. Pedro no tenía y se hace el que se lo lleva, la deja y ahora —aquí está el mío—. Pero el mío es muy chiquito, un mantel de cocina que me dio la vieja. Las mochilas se mojan, me mojo y ella también, un poco. El pelo se le une a la cara y me da pena, hasta risa verla así. Aunque no deja de ser lindo el pelo húmedo sobre la frente y el sostén marcándose en la camisa pegada a la espalda. Bajo el nailon se escurren a veces ciertos goterones fríos que nos obligan a huir de los bordes, a acercarnos más. Bajo el nailon hay una especie de calor húmedo, un olor a sierra mojada mezcla de olor a helechos y a lomas, un olor agreste. No se puede fumar bajo el nailon. Bajo el nailon estamos ella y yo y está ese olor. Vamos, poco a poco, quedando muy cerca. Una gota sería el pretexto, pero no cae, y sin pretexto uno mi brazo al suyo lentamente. Ella queda en silencio, sin mirarme ni moverse, sintiéndome y pretendiendo que no, que no se da cuenta, que nada sucede. Baja la cabeza y una gota le corre del pelo a la barbilla, dejándole en la cara un surco húmedo que seco suavemente con el revés de la mano. La dejo así, artificialmente sostenida, ella no se mueve, no habla. La acerco al labio y es otro calor entonces el que siento, un beso mínimo, un sonido elemental. Luego toma mi mano entre las suyas y vuelve a besarla, después la lleva hacia mis piernas, la coloca, me mira, dice: —No.

Ha escampado. Unos vapores blancos como velos de novia o qué sé yo se unen a los últimos rayos, a los árboles mojados, al gris de las espaldas de las lomas, y todo, hasta ella, se va envolviendo en un color distante, irreal, en una atmósfera. Los tres disparos de fusil suenan broncos en aquella garganta de monte. —La señal—. —Sí—. ...deeestén..., estén..., tén... Las voces se multiplican, quédense donde estén, comienzo a gritarlo —quédense...—, pero no sigo porque seguramente somos los últimos, quédense..., siento mi voz repetida, quédense... —¿Y ahora?— Hay algo de temor en su pregunta, de nerviosismo. —Tenemos que hacer noche aquí, es una locura andar sin luz por estas lomas—. Queda un rato en silencio y luego va hacia la mochila. —No mires—. Me vuelvo automáticamente. Está frente a mí, sonriendo, tapándose los ojos con las manos. Yo repito el gesto pero con la mano abierta, mirando entre los dedos. Dice que no con la cabeza y se pierde tras un árbol, con un bulto de ropa en las manos. Recuerdo que ahorita tenía miedo y ahora ríe, como los niños. Hago las dos hamacas, me tiro sobre la tela húmeda con la camisa húmeda y me pego a la humedad tratando de vencerla por el contacto. No es posible. Me siento y la sorprendo de pronto sin camisa, y me sorprendo mirándola sin sostenes, siguiéndole el cuerpo, estirándose hasta colocarlos sobre una rama, inclinándome, inclinándose y dejándose ver sólo si me movía un poco, moviéndome, el perfil de sus senos agresivos, sin hacer ruido, llenos, quedándome quieto, alcanzando los secos, mordiéndome las uñas, colocándose las copas, sin respirar casi, abrochándose sobre las espaldas, pensando en lo difícil que me resulta zafarlos, desabrochándose el cinto, apretándome la barbilla, dejando caer los pantalones, apretándome la cara, los otros, apretándome los muslos, rosados, el sexo, quitándoselos, el sexo, desnuda, y volviéndome, inexplicablemente volviéndome sobre la hamaca, mordiendo la tela mojada y mirando el suelo el suelo el suelo, y con sólo sentarme ella desnuda, y me dan ganas y casi y me quedo así, bocabajo, mirando la tierra.

—Ya—. Ahora me autoriza, ahora no puedo. Oigo sus pasos, la imagino sonriente, dando saltitos, viniendo hacia mí, vestida. La imagino otra vez desnuda y otra vez me obligo a clavar la vista en la tierra y otra vez me parece que no puedo mirarla más me parece. —¿No te vas a cambiar de ropa? Estás todo mojado, te va a hacer daño—. Cambiarme de ropa. Si me cambiara y ella me mirara, entonces, pero no. Las mujeres no miran a los hombres desnudos, no les interesa. ¿Por qué? ¿Por qué es tan importante para nosotros una mujer desnuda? Una mujer, desnuda. Yo desnudo, qué risa. ¿A quién le voy a interesar yo desnudo? —¿Qué te pasa?— ¿Qué me pasa? Se sienta en la hamaca, no la veo. La siento junto a mí, ¿su pierna?, ¿sus muslos?, ¿los que vi ahorita? Siento que no puedo, que no, que no tengo derecho, me corro hacia un lado. —¿Qué te pasa?— ¿Se lo digo? ¿Me incorporo y le digo?: soy un..., un canalla, un sinvergüenza. Cuando te estabas cambiando, cuando te sentías segura, cuando estabas de espalda, desnuda, te miré. No, no fue un instante, no, tampoco fue casualidad, hasta cambié de posición para mirarte. Sí, fue mucho, bastante rato, y me gustaste, no, ahora sigo, y te vi los senos y me apreté el sexo, y no te vayas, no corras de noche, no. Mira, te prometo no decirlo a nadie, te prometo no hacerlo más, llevarte siempre la mochila, no andar más contigo te prometo. —Rober, ¿qué te pasa?— Ahora son sus dedos en mi pelo, en mi cuello, en mi cara. Es ahora ella quien me acaricia, quien deja su mano artificialmente sostenida. Yo quien no la mira, quien se deja ganar, quien se queda sin saber qué hacer de aquel olor a mujer, a mango, a caña nueva, a yerba mojada, a lluvia. Soy yo ahora quien olvida y besa, quien sigue de la mano al brazo, quien se va volviendo con los ojos cerrados por no mirarla, quien toma el cuello aquel y aquella cara; aquella cara que se resiste levemente, aquellos labios que murmuran —no, Rober, no—, aquella boca que se abre y muerde y entonces sólo es —Rober, Rober, Rober.

Es de noche aún, las cuatro, y hace frío, mucho. El rocío ha continuado la humedad que formó la lluvia y se tiene la impresión, a veces, de estar en la grieta de una cueva. Ella hace su mochila, despacio. No me ha permitido, con gestos, que la ayude. Le di un beso, recuerdo, en la frente, y se encogió sobre la hamaca mirándome mucho, cubriéndose con la frazada de mis ojos, extraña. Ahora la espero y pienso y la respiro. Sobre todo eso, la respiro. Respiro una especie de aliento a alguna planta, a romerillo quizá, o a otra cosa, no la reconozco, no sé. Ha terminado con su mochila, pero sigue inclinada, pasando los dedos por la lona. Pienso empezar a caminar, no lo hago porque siento, de un modo extraño, que algo sucede, algo. Ahora está como clavada en el camino, con la cabeza gacha, pasándose las manos por el cuerpo, deteniendo las yemas de los dedos en el pecho, bajo la camisa, donde a estas horas debe habérsele formado un círculo negro, de sangre. Me sorprendo palpándome también y balbuceando. —¿Qué pasa?— —No, murmura, hay que seguir—. Pero no se mueve, ni yo, sólo me mira, nos miramos. ¿Qué hay tras aquellos ojos? ¿Tras aquel sudor frío de sus manos? ¿Tras aquel Rober tan bajo que casi no escucho? Pienso en partir, en decir vamos y acabar con aquello, digo: va..., y siento que no, que es otra cosa. —Ahora es distinto, Rober—. —¿Cómo distinto? ¿Qué cosa es distinto?— Me acerco temiendo que me rechace, pero no, es otra cosa, siempre otra cosa. —¿Qué?, pregunto—. —Tú sabes, dice, es distinto—. No sé por qué, pero parece que sí, que es distinto. —No, le digo, no es, mira yo. No es, no puede ser—. —Es—. Me mira siempre, estamos cerca ahora, demasiado cerca para aquella mirada. —¿Por qué?, grito, dime—. —Ellos, dice, los otros.

NICOLAS GUILLEN

Digo que yo no soy un hombre puro

Yo no voy a decirte que soy un hombre puro.
Entre otras cosas
falta saber si es que lo puro existe.
O si es, pongamos, necesario.
O posible.
O si sabe bien.
¿Acaso has tú probado el agua químicamente pura,
el agua de laboratorio,
sin un grano de tierra o de estiércol,
sin el pequeño excremento de un pájaro,
el agua hecha no más de oxígeno e hidrógeno?
¡Puah!, qué porquería.

Yo no te digo pues que soy un hombre puro,
yo no te digo eso, sino todo lo contrario.
Que amo (a las mujeres, naturalmente,
pues mi amor puede decir su nombre),
y me gusta comer carne de puerco con papas,
y garbanzos y chorizos, y
huevos, pollos, carneros, pavos,
pescados y mariscos,
y bebo ron y cerveza y aguardiente y vino,
y fornico (incluso con el estómago lleno).
Soy impuro ¿qué quieres que te diga?
Completamente impuro.
Sin embargo,
creo que hay muchas cosas puras en el mundo
que no son más que pura mierda.

Por ejemplo, la pureza del virgo nonagenario.
La pureza de los novios que se masturban
en vez de acostarse juntos en una posada.
La pureza de los colegios de internado, donde
abre sus flores de semen provisional
la fauna pederasta.
La pureza de los clérigos.
La pureza de los académicos.
La pureza de los gramáticos.
La pureza de los que aseguran
que hay que ser puros, puros, puros.
La pureza de los que nunca tuvieron blenorragia.
La pureza de la mujer que nunca lamió un glande.
La pureza del que nunca succionó un clítoris.
La pureza de la que nunca parió.
La pureza del que no engendró nunca.
La pureza del que se da golpes en el pecho, y
dice santo, santo, santo,
cuando es un diablo, diablo, diablo.
En fin, la pureza
de quien no llegó a ser lo suficientemente impuro
para saber qué cosa es la pureza.

Punto, fecha y firma.
Así lo dejo escrito.

CALVERT CASEY
La ejecución

"—¿Y el proceso comienza de nuevo?— preguntó K... casi incrédulo.
—Evidentemente— respondió el pintor."
Franz Kafka, *El proceso,* capítulo VII.

I

Una hora antes de que se produjera la detención, el teléfono sonó.

Mayer se estaba afeitando en el baño. Tenía la piel sensible, sobre todo la del cuello, y cada afeitada hacía invariablemente brotar un poco de sangre.

Se secó con cuidado la mitad afeitada de la cara y comprobó que la espuma que cubría la otra mitad se había secado un poco. Salió al corredor, pero se detuvo indeciso al darse cuenta de que había dejado abierta la llave del lavabo.

Vaciló unos instantes.

El teléfono, en una mesa baja, descansaba sobre un cojín que disminuía el ruido de la campanilla.

Mayer pensó que si regresaba a cerrar la llave, el teléfono podía dejar de sonar. Volviendo sobre sus pasos, la cerró; luego salvó la distancia entre el baño y la habitación y descolgó.

—Oigo.

Nadie contestó.

—Oigo— repitió Mayer.

No hubo respuesta.

—Oigo, oigo— volvió a decir.

Tampoco esta vez obtuvo respuesta. Esperó unos instantes, decidido a colgar. Pero antes de que pudiera hacerlo, oyó que al otro extremo colgaban suavemente.

Contrariado, volvió al baño. Al pasar por el corredor miró el reloj que colgaba de la pared: las seis. Abrió de nuevo la llave del lavabo, se humedeció con la brocha la cara y reanudó la afeitada. Sus movimientos eran metódicos; tenían la presión exacta para que la navaja cortara la barba sin llegar a rasgar la piel.

Mayer concentró la mirada en el mentón, donde la barba formaba pequeños remolinos, casi invisibles, y que era preciso afeitar al sesgo. Afortunadamente aquí la piel era más dura y la presión de la navaja podía ser mayor. Al desaparecer la pasta, pudo comprobar que había procedido con pericia y que el mentón brillaba limpio.

El teléfono volvió a sonar. Mayer colocó la navaja en el borde del lavabo. Volvió a cerrar la llave, llegó al teléfono antes de que hubiera dado el cuarto timbrazo y contestó con voz seca.

—Oigo.

No obtuvo respuesta.

—Oigo.

Del otro lado de la línea reinaba un silencio absoluto. Instantes después, volvieron a colgar con la misma suavidad.

Mayer decidió no inmutarse. No era la primera vez que esto ocurría. El teléfono era inoportuno cuando necesitaba estar más tranquilo. En esos momentos, sobre todo en medio de la noche, lo cubría con cojines, disponiéndolos hasta ahogar casi el timbre.

Pensó en descolgarlo, pero no lo hizo.

Volvió al espejo, confinando en que más tarde o más temprano el autor de la broma acabaría por cansarse y él podría pasar la tarde como lo había planeado, verificando la maquinaria de su reloj, que atrasaba, puliendo y limpiando su encendedor, cuyo niquelado barato tendía a oscurecerse. Mucho más tarde se prepararía la cena y comería. No pensaba salir ni esperaba a nadie; el resto de la noche transcurriría tranquilamente en la lectura, o mejor aún, como hacía con frecuencia, fumando en la pequeña sala, dejando vagar la mente sin objeto preciso, en la oscuridad, abiertas las ventanas y apagadas todas las luces para no ser observado por sus vecinos.

Para aprovechar estas horas había cubierto con papeles opacos los cristales por donde podía filtrarse la luz de la calle. En estas veladas a oscuras, fumaba despacio hasta agotar su cuota diaria de cigarrillos.

Comenzó a afeitarse el cuello, la zona de la barba que más cuidados requería. A través del cojín que había dejado colocado sobre el teléfono, el timbre se dejó oír de nuevo, paciente. Mayer decidió ignorarlo y terminar de afeitarse. La navaja corrió torpemente sobre la piel del cuello y vio cómo la espuma se teñía, primero por un lugar, luego por otro, de una tenue coloración roja. Tiró la navaja contra el lavabo, se enjuagó el cuello y la cara, comprobó en el espejo que las cortadas eran superficiales y decidió interrumpir la afeitada. Esta alteración en el orden de la tarde le contrarió profundamente.

Entró en la habitación y contempló un momento la mesa donde reposaba el teléfono, ahora cubierto. Bruscamente, destapó el aparato, descolgó el receptor y escuchó sin decir nada.

Del otro lado tampoco dijeron nada. Mayer trató de identificar algún ruido dentro del auricular. Pero el más absoluto silencio reinaba en el lugar desde donde llamaban. Largo rato permaneció Mayer con el auricular pegado al oído, tratando de penetrar el silencio.

Reconoció la habitación con la mirada. Sin que pudiera precisar qué exactamente, creyó notar que algo había cambiado de modo imperceptible en los objetos que le rodeaban.

Transcurrieron varios minutos sin que el tenaz interlocutor interrumpiera el silencio.

Con infinitos cuidados, a fin de no revelar sus movimientos, Mayer depositó el receptor sobre el cojín y se alejó. Contempló un momento el aparato. Luego fue despacio hasta la habitación que daba a la calle. No pudo evitar una sonrisa al comprobar que caminaba de puntillas. Cuando llegó junto a la puerta de entrada encendió un cigarrillo. De allí fue hasta la ventana y miró la calle. Había oscurecido un poco. Pensó que con el otoño los días se acortaban. Tras varias bocanadas de humo que le parecieron insípidas, tiró el cigarrillo. Entonces fue a su habitación. Contempló el reloj y el encendedor que al llegar había dejado sobre la cama. El metal reflejaba la palidez de la tarde, ya muy avanzada. Lentamente, regresó a la habitación donde estaba el teléfono. Al acercarse a la puerta, volvió a andar tratando de no ser oído.

De puntillas, se aproximó al aparato, y arrodillándose, sin tomar el receptor en la mano, acercó el oído. Sólo pudo oír el mismo silencio tranquilo e impenetrable. Era evidente que no habían interrumpido la comunicación porque el tono no se había restablecido. Se puso de pie, pero creyó percibir un ruido en el auricular y volvió a arrodillarse apresuradamente. El silencio se mantenía, sin variaciones.

Al poco rato, sintió dolor en los músculos y se acostó en el suelo, descansando la cabeza sobre el cojín. Con sumo cuidado, alejó la bocina para que su respiración no se oyera. Se dio cuenta entonces de que los ruidos de la calle, el claxon de los automóviles, las voces de la gente, entraban sin obstáculo por la bocina y eran oídos por los que escuchaban. Decidido a quitarles esa pequeña ventaja, se sacó el pañuelo del bolsillo tratando de evitar todo movimiento brusco que pudiera delatar su presencia junto al teléfono, y procediendo con extremo cuidado cubrió la bocina con el pañuelo, sin desdoblarlo. Escuchó ansiosamente para verificar si la interrupción de los sonidos había tenido algún efecto al otro extremo. Pero no hubo modificación perceptible en el silencio.

La tarde terminaba y la pequeña habitación se inundaba de sombras. La llegada de la noche traía a Mayer cada día un profundo sosiego. Al desdibujarse lentamente el contorno de las cosas, sentía como una pequeña victoria diaria. Prefería el invierno con sus breves horas de luz difusa, a veces gris, a los días largos del verano en que la noche tardaba en llegar.

Pero por primera vez en muchos años, en la posición forzada en que yacía en el suelo hacía rato, apoyado el cuerpo sobre un brazo y los músculos de las nalgas entumecidos, apretando el pañuelo contra la bocina del teléfono, Mayer sintió que con las sombras no llegaba la acostumbrada sensación de bienestar, y que el corazón le latía desaforadamente en el pecho.

Quiso encender la luz, pero no se atrevió. Se dio cuenta de que si se movía, el roce de la tela delataría sus movimientos y su silencioso interlocutor volvería a penetrar en el pequeño mundo privado que, Mayer sentía, acababa de perder. Quizá para siempre, pensó, quizá para siempre, sosteniendo con fuerza el pañuelo contra la bocina, como una última línea de defensa.

Tenía el cuerpo bañado en un sudor copioso, que le bajaba desde el pecho hundido hasta el ombligo y le rodeaba la cintura empapándole las espaldas. Sentía el sudor de los muslos correrle por las corvas.

Sus ojos exploraron la oscuridad. De nuevo le asaltó la idea, fugaz e inexplicable —aquello no dejaba de ser una broma— de que todo era diferente, de que cada objeto, cado libro de su minúscula biblioteca, cada uno de sus muebles mal pintados y feos, había sufrido un cambio profundo y que lejos de sosegarle como antes, lo amenazaban de una manera vaga pero formidable.

Sentía que si lograba sostenerse todo el tiempo que fuera necesario en su incómoda posición, quienquiera que estuviera al otro extremo de la línea acabaría también por cansarse y todo volvería a la normalidad.

Tres aldabonazos breves pero firmes a la puerta, lo sobresaltaron. Casi simultáneamente, sintió que al otro lado de la línea colgaban el receptor.

Se levantó del suelo; cojeando y saltando casi sobre una pierna (apoyar la pierna dormida le hacía sentir un dolor cómico) fue por el corredor hasta la puerta de entrada, la abrió y se encontró frente a tres policías fuertemente armados. Recordó después que uno de ellos era muy alto, rubio, con un hermoso rostro de muchacha adolescente.

—¿El señor Mayer?
—Sí.
—Tiene que venir con nosotros.

Mayer no dijo nada. Alzó una mano hasta el conmutador y encendió la luz.

—¿Podemos entrar?

Mayer notó el tono cortés del más viejo.

—Debemos practicar un registro antes de irnos.
—Pasen—. Mayer se oyó la voz tranquila. —¿Puedo cambiarme de ropa?

—No es necesario— dijo el policía rubio y alto, en el mismo tono cortés del más viejo.

Dando golpecitos con el pie dormido, Mayer esperó tranquilo que dos de los policías concluyeran el breve registro, mientras el tercero montaba guardia junto a la puerta. Se sintió invadido de pronto por un cansancio enorme. Sus golpes en el suelo se hicieron más lentos hasta cesar del todo, restablecida la circulación en la pierna dormida.

Miró hacia la ventana. Era casi de noche. Sintió de nuevo el placer familiar que la oscuridad le causaba y estuvo tentado de apagar la luz mientras se efectuaba el registro. Pero pensó que su gesto podía ser mal interpretado y esperó.

Al terminar el registro, uno de los policías llevaba en la mano su chaqueta y varios papeles.

—¿Son éstos sus documentos?
—Sí.
—Entonces, vamos.

El más joven apagó la luz, Mayer echó una rápida mirada al apartamento. En la luz moribunda, todo volvió a adquirir su aire de intimidad y reposo.

Con un sonido seco, el policía más joven cerró la puerta.

II

La comisaría era un lugar sumamente limpio. Hubiera podido tomarse por un hotel o una clínica. Como en los grandes hoteles, cada cierto tiempo pasaba un hombrecillo de uniforme oscuro con un brillante recogedor de basura —Mayer nunca había visto un recogedor tan brillante, posiblemente era de cobre muy pulido— y una escobilla pequeña, y con un movimiento casi imperceptible de la escobilla hacía desaparecer en el recogedor, cuya boca se abría al ser apoyado en el suelo, todo lo que pudiera disminuir la limpieza del lugar: colillas, pedazos de papel, polvo. El lugar olía a desinfectante.

Desde la puerta de la pequeña oficina, donde se detuvieron al llegar para identificarlo, Mayer pudo ver dos largos corredores cerrados por puertas a un lado y otro, que de día iluminaban claraboyas y de noche lámparas adosadas a la pared de trecho en trecho.

El oficial de carpeta extendió a Mayer una pluma y con un gesto preciso le indicó un renglón al final de una hoja de papel que le alargaba con la otra mano.

—Lea el acta y firme aquí.
—¿Dónde?
—Aquí.— Y el hombre señaló con el dedo meñique el renglón exacto.

Mayer firmó rápidamente donde se le indicaba.

—Pero no ha leído el acta— dijo el oficial mirándolo fijamente.

Mayer no contestó.

Los tres policías que lo habían detenido y el de la carpeta se miraron por un breve instante.

—¿Quiere decir que la acepta?

Como Mayer tardaba en contestar, el oficial colocó lo hoja dentro de una cubierta de cartulina, abrió un archivo de metal a su derecha, guardó el escrito, cerró el archivo y se volvió hacia él. Después de un momento de vacilación, dijo con voz segura a un guardián que esperaba junto a la puerta:

—Conduzca al detenido.

El guardián, mucho más viejo que los policías, reducido quizá por la edad a trabajar dentro del edificio, lo condujo a través del corredor que comenzaba en la puerta de la oficina de carpeta. Caminaban despacio. Era evidente que el esfuerzo de andar agitaba al guardián. Al principio agarró a Mayer por un brazo; luego, cuando se hizo más fatigosa su respiración, la presión de su mano sobre el brazo de Mayer aumentó. A medida que avanzaban por el largo corredor, el prisionero sintió que el hombre se apoyaba cada vez más en él y su respiración se hacía más penosa.

—¿Quiere que nos detengamos un momento?— preguntó Mayer.

—Sí, por favor— repuso el guardián.

—Apóyese en mí— sugirió Mayer cuando reanudaron la marcha.

El hombre apoyó la mano en el hombro de Mayer, que sintió que el otro descansaba ahora en él todo su peso. Como la posición llegó a hacerse muy incómoda, Mayer lo agarró por el brazo y lo sostuvo firmemente. De esa manera pudieron avanzar mejor.

Después del primer corredor, atravesaron un patio cerrado por ventanas de cristal opaco y alumbrado por un solo foco; luego una especie de vestíbulo en forma de bóveda que daba a un corredor ligeramente más frío, con puertas de metal de pequeñas mirillas con barrotes.

Siempre sostenido por Mayer, el guardián abrió una puerta al fondo del pasillo, separada de las demás.

—Es aquí— dijo el guardián. —Tiene suerte. Estas celdas dan a un patio. Una vez al día vendré a abrirle para que pueda tomar el aire.

—Gracias— dijo Mayer, tratando de sonreír.

Atareado en respirar, el hombre no volvió a hablar. Cerró la puerta, pasó de nuevo el cerrojo y Mayer lo oyó alejarse.

Mayer inspeccionó la celda. Posiblemente no se diferenciaba de muchas otras, aunque quizás estuviera un poco más limpia. Los pisos y paredes despedían el mismo olor a desinfectante que los corredores de todo el edificio.

Mayer se sentó en la cama de flejes de metal, cubierta con un colchón y una sábana, uno de cuyos extremos estaba atornillado a la pared. Pensó que no era demasiado incómoda. Una luz pálida, que venía probablemente de algún foco en lo que el guardián había llamado el patio, iluminaba la celda. Mayer se quitó la camisa, cubrió lo mejor posible la estrecha ventana de barrotes que daba al exterior hasta obtener una oscuridad casi completa dentro de la celda, se acostó y se quedó profundamente dormido.

III

Cuando otro guardián, más joven y aparentemente saludable, le trajo el desayuno, le anunció que la instrucción de cargos no tendría lugar ese mismo día.

Por la ausencia casi absoluta de ruidos en el corredor exterior, que notó cuando el guardián depositó la bandeja de lata con el desayuno sobre el banco de la celda, dejando la puerta abierta varios minutos, Mayer se dio cuenta de que pocas celdas estaban ocupadas. De otro modo, a esta hora de la mañana se hubieran oído voces, ruido de objetos al caer, pasos. Sólo se oía un murmullo que no permitía decir exactamente de qué celda venía, pero que debía sin duda proceder de alguna de ellas, por la completa incomunicación en que se encontraba la sección adonde lo habían llevado.

Cuando se marchó el guardián, Mayer se lavó cuidadosamente en un lavabo pequeño situado en una esquina de la celda. Luego, con lentitud, tomó su desayuno. Terminado éste, lavó la bandeja, la colocó en el suelo de modo que el agua escurriera y se sentó en el banco.

Algún tiempo después (Mayer calculó que dos horas) el guardián viejo vino y le abrió la puerta de metal que daba a lo que él llamaba el patio, cuyas dimensiones y aspecto Mayer ignoraba, pues no se había ocupado de retirar la camisa de los barrotes ni de mirar al exterior.

—Tiene derecho a media hora— dijo el guardián, y se fue.

Mayer salió al exterior y quedó complacido del tamaño del patio. Era bastante amplio, quizá cuatro veces el de la celda. Otras celdas daban a él, pero las puertas de metal y las mirillas estaban cerradas. Evidentemente no había nadie.

Sorprendió a Mayer —que la noche anterior había recibido la impresión de que el edificio tenía una sola planta— que los muros que rodeaban el patio se elevaran hasta una altura enorme. En aquella parte, el edificio debía tener varios pisos, por lo menos diez.

La luz llegaba al espacio descubierto como al fondo de un pozo. Mayer pensó que sólo en verano el sol tocaría el piso, y eso por breves momentos. Luego reflexionó que al dar los rayos sobre la inmensa superficie de los muros, pintada de blanco, producirían un resplandor molesto.

Recorrió varias veces el patio, en un sentido y luego en otro, hasta agotar todas las direcciones posibles. Cuando comenzaba a cansarse, el viejo guardián abrió la puerta interior, y haciéndole una señal le dijo:

—Ya debe entrar.

Al volver a la celda, Mayer se sintió tentado de preguntarle la causa de su mala respiración, pero se limitó a darle las gracias, y se sentó de nuevo en el banco. La puerta exterior volvió a cerrarse.

Dos días después condujeron a Mayer a un salón que le pareció muy distante de aquél en que había firmado el acta, aunque no del todo distinto. Esta vez no vino a buscarlo el viejo guardián sino un funcionario civil que le leyó el acta, le mostró la firma que había estampado tres días antes y lo invitó a acompañarle.

El salón de interrogatorios estaba en el extremo opuesto del edificio. Cuando el funcionario abrió la puerta de cristal, se hizo silencio en el salón donde tres funcionarios civiles y dos de uniforme hablaban en voz baja, sentados detrás de una larga mesa. El lugar estaba tan escrupulosamente limpio como el resto del edificio; lo iluminaban altas ventanas. Todo era moderno y confortable, incluso de buen gusto.

Mayer fue invitado a sentarse en una silla colocada frente a la mesa, pero algo separada de ésta. Inmediatamente notó que frente a él y sobre la mesa, habían colocado un grueso legajo de documentos.

Hechas las confirmaciones de rigor con respecto a los particulares del detenido, el funcionario civil que presidía se dirigió a Mayer abriendo el legajo.

—¿Reconoce las firmas al pie de cada uno de los documentos aquí incluidos?

Mayer se inclinó porque desde donde se encontraba no podía alcanzar a ver las páginas que el funcionario le indicaba. Se paró e hizo ademán de acercarse a la mesa.

—Con permiso.

—El acusado debe permanecer sentado.

El funcionario levantó el legajo y lo colocó verticalmente sobre la mesa acercándolo al extremo para que Mayer pudiera verlo.

—¿Reconoce las firmas?— repitió el funcionario.

A medida que éste hacía pasar las hojas, Mayer pudo ver su firma claramente estampada en el extremo derecho de cada una.

—Sí.

El funcionario volvió a mirar a sus colegas, que asintieron en silencio.

—¿Recuerda en qué oportunidad fueron firmados estos documentos?

—Firmaba con frecuencia documentos similares.

—¿Sabe a qué se refieren? Mayer no contestó.

—¿Sabe usted que un empleado de una oficina superior, de cuya complicidad se sospechaba, ha sido hallado muerto?

Mayer permaneció en silencio.

El funcionario civil repitió la pregunta sin que Mayer contestara.

Después de consultar a sus colegas con la vista, prosiguió:

—Se refieren a sumas que nunca fueron utilizadas y cuyo destino se ignora.

Mayer pensó que hablaba nuevamente de los documentos.

Se hizo silencio en la sala. El fuerte resplandor que se filtraba a través de los cristales de las ventanas hizo parpadear a Mayer. Los días pasados en la celda habían aumentado la sensibilidad de su retina.

Acercando las cabezas, los que ocupaban el otro lado de la mesa sostuvieron una breve conferencia que Mayer no pudo oír.

—¿El acusado tiene algo que declarar?— preguntó el funcionario.

—No— repuso Mayer.

—¿Desea firmar una confesión?

—Sí.

Terminado el trámite, el funcionario civil que lo había traído recondujo a Mayer hasta su celda. Junto a la puerta esperaba el viejo guardián, que hizo girar la llave en el cerrojo. Mayer entró en la celda.

El resplandor del salón le había producido un vivo ardor en los ojos. Recordó haber leído la historia de un confinado a largos años que había enfermado de la vista, y se la refrescaba aplicando la palma de las manos al suelo húmedo y colocándosela en seguida sobre los párpados cerrados. Hizo esta operación y sorprendido sintió cierto alivio.

Sentado en el banco, recordó detalles insignificantes del lugar de donde acababa de regresar, peculiaridades en los rostros, los gestos y las ropas de los funcionarios que le habían llamado la atención. A uno de ellos le faltaba un dedo de la mano derecha. Como se sentía observado por Mayer, trataba de ocultar la ausencia del dedo, cubriéndose la mano mutilada con la otra. Mayer se preguntó si siempre haría el gesto de cubrirse la mano o si lo había hecho esa mañana al saberse observado.

Pensó en muchos otros detalles de la escena, que de un modo u otro habían retenido su atención, como el rostro de uno de los funcionarios, que encontró infinitamente plácido.

El día pasó sin incidentes. Por algún motivo el viejo guardián no vino a abrirle la puerta que daba al patio, pero Mayer no concedió al hecho mayor importancia. Sentado en el banco, las horas transcurrieron sólo interrumpidas por el ruido de la puerta al abrirse para la comida del mediodía y de la noche.

Después de comer, Mayer se sintió cansado. Segundos antes de conciliar el sueño, pensó en las firmas, burdamente falsificadas, que aparecían al pie de cada pliego del legajo. Trató de recordar la cara de algún empleado de la oficina superior, pero jamás había visto a ninguno.

Cuando pensó que Lens, su vecino de escritorio, era el único que tenía, además de él, acceso a los documentos que le habían mostrado, ya casi estaba dormido y la cara de Lens se mezcló con las imágenes superpuestas, deformadas y tranquilas que suelen preceder al sueño.

En los días que siguieron, pocos incidentes trascendentales, o que Mayer no esperara, vinieron a perturbar la vida de la prisión. El prisionero se hizo rápidamente a la rutina de cada día. Algunas veces el guardián olvidaba venir a abrirle la puerta del patio, pero Mayer no echaba demasiado de menos los paseos por el patio, donde a veces el resplandor de los muros llegaba a mortificarlo.

Cuando podía salir, caminaba en una dirección y luego en otra en el pequeño patio. Luego se tendía en el suelo, menos húmedo que el de la celda, y si el día estaba gris miraba al cielo. Pronto consideró su celda como un lugar transitorio, pero nada desagradable.

Pensaba que hubiera podido ser peor, dadas las circunstancias, y estaba agradecido de las pequeñas comodidades adicionales, como el disfrute del pequeño patio que, estaba seguro, no se le concedía a otros prisioneros. En un momento dado, se sintió lleno de gratitud y se enjugó las lágrimas que le corrían por el rostro. Cuando el viejo guardián vino a traerle la cena, se interesó vivamente por él. Hablaron un rato y el hombre prometió comprar ciertos medicamentos que Mayer le había sugerido.

Un día deseó ardientemente que lloviera. Era una de las pocas cosas que alguna vez deseaba. Más que nada, la lluvia lo sosegaba. Recordaba haber emprendido largas caminatas bajo la lluvia fría de la primavera. El recuerdo de los paseos le trajo por primera vez claramente —hasta ahora sólo había pensado en ella de modo impreciso— el recuerdo de Eva. Pero no llegó a ser doloroso, a pesar del agudo deseo que sintió de verla.

Su recuerdo lo visitó con frecuencia y lo distrajo en las largas sesiones del juicio, en las que Mayer, por lo general, guardaba silencio.

La primera vez que vio a Lens desde la detención, fue en una segunda visita al salón de interrogatorios. Durante toda la sesión Lens evitó mirarlo. La segunda fue en la sesión del juicio donde todos los testigos —no eran muchos— declararon, Lens primero, como testigo de cargo. En un momento en que otro testigo prestaba declaración, Lens alzó la vista y tropezó con los ojos de Mayer. Trató de desviar la mirada, pero una y otra vez sus ojos se posaron en los de Mayer, como si no pudieran evitarlo.

Lens se agitó extraordinariamente. Pidió permiso para retirarse por breves instantes. Como ya había hecho su declaración, fue autorizado a ausentarse de la sala. Al pasar cerca de Mayer, alzó la vista, como impelido por una fuerza irresistible. El ujier que lo acompañaba tuvo que sujetarlo para que no cayera al suelo. Casi arrastrándolo, ayudado por otro ujier, pudo sacarlo de la sala. Mayer no volvió a verlo hasta la sesión final. Había envejecido mucho y parecía enfermo. Mantuvo la mirada en el suelo hasta el momento en que, dictada la sentencia, el presidente declaró cerrado el caso, tramitado con arreglo al más escrupuloso procedimiento.

Pero esa última mañana del juicio, Mayer estaba muy lejos de la amplia sala del tribunal. Llovía y Eva estaba a su lado.

IV

Durante todo el tiempo en que Mayer permaneció en la celda junto al pequeño patio, no llovió.

Hacia el segundo mes, oyó decir al guardián que había mejorado, gracias quizás a las indicaciones del prisionero, aunque esto no podía afirmarse con completa exactitud por la gran cantidad de medicamentos que tomaba. Esto fue para Mayer motivo de gran complacencia. A su vez dijo al guardián que también él había mejorado de salud. No lo decía por contentarlo, ni por agradecer de alguna manera la regularidad con que recibía los alimentos. En realidad había mejorado visiblemente, lo que atribuía sobre todo a que su sueño era ahora tranquilo. Si alguna vez despertaba en medio de la noche, disfrutaba por unos segundos el silencio que reinaba en el inmenso edificio y volvía a quedar rendido.

La mañana en que Mayer abandonó la celda entre el alcaide y un ayudante, seguidos por el capellán, sus deseos se vieron colmados. A medida que el pequeño cortejo avanzaba hacia el gran patio central por pasillos descubiertos que Mayer veía por primera vez, sintió unas gotas de lluvia mojarle la frente y las manos. Luego las gotas se hicieron más abundantes, hasta convertirse en una lluvia fina y refrescante que lo complació sobremanera. Se miró las manos atadas, y como ocurría siempre, las pequeñas gotas de lluvia lo conmovieron. Cuando llegaron al gran patio central, el suelo brillaba, empapado. El cortejo se detuvo.

Sin explicarse por qué, Mayer pensó en Eva. Por una asociación de ideas, repitió varias veces mentalmente: "Mi nardo dio su olor..." Mientras esperaba, las imágenes se agolpaban en su mente, sin perturbarlo. Pensó, sonriendo, que si permanecía mucho rato allí en la lluvia con el recuerdo de Eva, una erección incipiente podía llegar a hacerse visible, lo cual quizá molestaría al capellán.

Pero todo pasó tal como había sido previsto.

Segundos antes de que, girando a gran velocidad y a enorme presión, el tornillo mayor le fracturara la segunda vértebra cervical desgarrándole la médula, en un movimiento sincronizado con el del anillo que cerró el paso del aire, Mayer tuvo, con más claridad que en ningún otro momento, la sensación de hallarse, como una criatura pequeña e indefensa, en el vientre seguro, inmenso y fecundo de la iniquidad, perfectamente protegido —¡para siempre, se dijo, para siempre!— de todas las iniquidades posibles.

EDMUNDO DESNOES
(1930-   )

Nace en La Habana, de padre cubano y madre jamaicana. Se inicia en Orígenes *(1944-56) con la ayuda de José Lezama Lima. En 1952 publica* Todo está en el fuego, *cuaderno de poesía y prosa. Se educa en Cuba y los Estados Unidos, donde reside ocho años. Estudia en Columbia University y es redactor de la revista* Visión. *En 1960 regresa a Cuba y escribe para el periódico* Revolución *mientras colabora en su suplemento literario* Lunes de Revolución. *Es redactor de arte y literatura para la editorial Nacional de Cuba y el Instituto del Libro (1961-66) y miembro del consejo editorial de* Casa de las Américas *(1966-1970). Después es asesor a la Comisión de Orientación Revolucionaria (1966-1969) y profesor de Historia de la Cultura en la Escuela de Diseño Industrial (1969-1973). Escribe* No hay problema *(1961),* El cataclismo *(1965) y* Memorias del subdesarrollo *(1965). Lleva esta última Tomás Gutiérrez Alea a la pantalla. Publica* Punto de vista *(1967),* Now; el movimiento negro en Estados Unidos *(1967) y* La sierra y el llano *(1961) y* Para verte mejor, América Latina *(1972). Escribe un libro de arte:* Lam: Azul y negro *(1963) y uno de afiches:* Cubaanse Affiches *(1971). Es asesor a la Empresa de películas y diapositivas didácticas del Ministerio de Cultura. En el otoño de 1979 regresa a los Estados Unidos y ocupa la prestigiosa cátedra de Montgomery Professor en Dartmouth College. Después es profesor en Stanford University (1980) y actualmente es el Five College Professor of Latin American Studies en Amherst, Massachusetts. "En parte—afirma Desnoes—,* Memorias *es un relato autobiográfico; es una parte de mi que intenté exorcisar. Si hubiera sido mayor, si no me hubiera unido a la revolución, si no hubiera creído en la revolución, me habría quedado subdesarrollado como hombre de negocios, que es lo que mis padres querían que fuera. Por tanto, presento en la novela parte de mi vida. Yo me pregunto si yo hubiera podido elegir otros caminos, ¿qué es lo que yo habría sido o hecho? Lo que narro en la novela es una parte de mi mismo que intento rechazar, entender, exorcizar, como una especie de catársis... Somos siempre dos. El que lo entiende todo, lo justifica todo con el análisis frío de la implacable historia, desde arriba, en teoría — y el pobre yo que sólo tiene su vida individual en medio del caos sorprendente y contradictorio de la revolución".*

Desnoes será recordado por la comunidad intelectual—dentro y fuera de Cuba —por su coraje al mantenerse fiel al diálogo humano en una época polarizada.

Aquí me pongo

1

No puedo. Mira la cara congestionada de Paco y una sonrisa torpe ablanda aún más la expresión desconcertada de Sebastián. ¿No creerán que me molestan las canciones? Mi sonrisa estúpida. No me sale, no puedo cantar, sencillamente no sé... Se frota la cara con las manos y las yemas de los dedos, rosadas y blandas, pasan y repasan los miles de cañones de aquella barba de un día. No se afeitaría en el campo. ¿Cuánto crecerá la barba en quince días? La quincena de Girón. El mes de Girón. El año de Girón. *Cortando caña también se derrota al imperialismo.* Un hijo para la caña, un cura en cada familia, como en España.

—*Yo vivo en el agua* —cantaban voces ásperas y voces desentonadas y voces entonadas, melosas—, *como el camarón
y a nadie le importa
cómo vivo yo...*
No soy el único, pensó Sebastián al ver el sombrero sobre la cara de Orlando y su cabeza recostada contra la ventanilla, y mira hacia el campo. No podía fijar la vista en nada, las palmas, los bohíos, las casas, una cerca, las piedras, una vaca, los bienvestidos en flor, hasta las ondulaciones pasaban como interminables sábanas sacudidas. Sólo permanecían y se repetían en los ojos tres o cuatro tonos verdes del paisaje. Así seguramente se verá desde bien alto, pero más chiquito todo. Desde lejos, desde allá arriba. Aislado de todo en el aire; limpio, solo. Los pilotos y los cosmonautas sí la pasan bien. Desde un cohete la isla se verá como un caimán flaco, como una mancha verde moteada de nubes... nubes oscurecidas por el cielo.

—¡Atención! ¡Atención! —grita incorporándose Orlando—. Estamos en este mismo instante cruzando a la provincia de Matanzas. ¡Ultima oportunidad para los que quieran regresar a La Habana!

Grandes risotadas, sonrisas, y el repiqueteo abrupto de los timbales.

—Hablo en serio —dice agitando ahora el sombrero—, ya no po-

dremos volver atrás, no hay regreso posible. Estamos perdidos... No se rían, no.
—¿Quién me metió a mí en esto?
—¿A dónde nos llevan?
—¿Ustedes se creen que van a cortar caña? ¿Saben por qué todos estamos aquí juntos en esta guagua? Señores, ha comenzado la purga de los intelectuales.
—No me sorprende, hacía mucho tiempo que yo lo esperaba. El intelectual y los escritores y los pintores nacieron para eso, para ser jodidos.
—Ustedes bromean, pero ya verán. Algún día la revolución eliminará a todos los escritores y artistas de origen pequeñoburgués... Nosotros estamos maleados por la sociedad capitalista que conocimos antes de la revolución, ya no tenemos remedio.
—Todos los escritores y artistas son maricones.
—¡Patria o muerte!
—Venceremos.
El autobús salta en un bache y acelera después de cruzar las líneas desiertas del ferrocarril.
Ante sus ojos, arriba, frente al chofer, entre el respaldo y el asiento, Sebastián ve un bulto de nalgas carnosas, apretadas por un pantalón estampado con flores moradas y amarillas y anaranjadas. Alza la cabeza y se fija en unas greñas muy negras, azules, teñidas, flechudas, y en un pedazo de piel aceitunada, tersa, con una nariz fina. Seguro piensa que su pantalón floreado es algo despampanante, muy... Total. Y Sebastián se mira las botas negras, relucientes, y pasa las manos por la piel flexible y suave. Espero que no me salgan ampollas. No, me quedan bien. El problema es cuando tenga que caminar mucho, caminar...
Con los brazos velludos en alto, Paco baila en el pasillo y Brígida, con un hilo de saliva entre los labios, se retuerce sin apenas moverse, rozando los asientos. *Ay, arrímate pacá nené...* canta con las venas del cuello abultadas. Paco se muerde los labios y mueve torpemente los pies en las pesadas botas. Sebastián alza la cabeza y sonríe. Las yemas de los dedos saltan sobre los cueros. *No me pongas la mano en el hombro, ni mi mires así con desprecio.* Brígida mueve los hombros y cierra la boca húmeda.
—¡Atención! Estamos ante uno de los paisajes más hermosos de Cuba, y por lo tanto del mundo, el famoso valle de Viñales, cantado en versos inmortales por tantos ilustres poetas...
—No es Viñales, Orlando, es el valle de Yumurí... —interrumpe

tristemente Ramón ladeando la cabeza enorme, casi calva y de rasgos delicados—. Los mogotes...

—Todos los paisajes son iguales.

—¡Qué hermosa es mi Cuba linda! —grita Paco.

—Un paraíso.

—Yo no veo nada, ¿dónde está?

—Abajo.

—¿Ese es el famoso valle de Yumurí?

—Mira qué pequeño se ve todo allá abajo, las palmas y los caballos, parece un paisaje chino...

—Cultura, cultura, demasiada cultura.

—¿Tienes esparadrapo ahí? —pregunta rengueando Paco y se apoya en la barra cromada junto a la puerta.

—¿Qué te pasa? —pregunta Sebastián—, ¿ya necesitas primeros auxilios?

—No, chico, es que las botas estas me aprietan mucho... No son mías, me las prestaron.

—Empiezas mal —y acerca de un tirón la mochila verdeolivo. Hurga entre objetos blandos y finalmente agarra y extrae una bolsa de plástico casi transparente, dentro se ve todo lechoso.

—Vienes bien preparado —dice Paco balanceándose ya en un solo pie, con el otro descalzo, en el aire.

Ella se vuelve; Sebastián ve las rodillas del ajustado pantalón estampado con flores y levanta la cabeza; sonríe y ve otra sonrisa en la cara de labios carnosos y oscuros.

—¿No tienes otros zapatos? —pregunta mientras Paco se ajusta las esquinas blancas del esparadrapo en el calcañal.

—Sí, traje unos zapatos viejos en la mochila...

—Y ¿qué tienes ahí? —pregunta ella desde arriba señalando la bolsa y luego mordiéndose la uña del índice.

—Aquí hay de todo: yodo, curitas, mercurocromo, aspirinas, algodón, sulfaguanidina, cortisona, alcohol, un torniquete, meprobamato, elíxir paregórico...

—Ahí no cabe todo eso.

—¿Qué necesitas, por ejemplo? Quieres un meprobamato...

—No, gracias, no necesito nada, yo estoy sanita como una manzana.

Se ve, pensó Sebastián, pero no dice nada. No se me ocurren más que vulgaridades cuando me gusta una mujer. A veces es mejor decir vulgaridades en lugar de quedarse callado... No. Una manzana. Vuelve a colocar la mochila debajo del asiento:

—Entonces usted se llama Eva —y ve desde abajo la barbilla afilada y las finas ventanas de la nariz.

—No, Diana —sonríe—. Hasta luego —y se vira hacia el frente del autobús.

Sebastián se frota los ojos y ve sobre sus párpados la barbilla y el pelo y los ojos de Diana. Juntos toda la quincena. En el cañaveral; trabajando todo el tiempo. Luego por la noche... No comas mierda. No va a pasar nada. Nos metimos en el cañaveral. Yo estaba sudando. Hice un esfuerzo tremendo. Mira que hace tiempo de eso. Sí, catorce años. La vieja nos descubrió y la botó. Hasta nos bañamos juntos en el manatial de agua apestosa. Martín Mesa, cerca de Mariel o más bien de Guanajay. Todo pasó por bañarnos juntos en el agua sulfurosa. Parecía leche. Nos revolcamos en el cañaveral... ¡Qué vacaciones aquellas! Luego la vieja decía que la pobre Juana era una mala mujer, una cualquiera; había corrompido a su hijo. Que me iba a pegar una enfermedad. Sobre papel periódico en el cañaveral.

—¿Alguno de ustedes tiene hora? —pregunta Orlando estirándose de pie ya en la acera.

—Yo dejé a propósito el reloj, ya iba yo a mirar... —contesta Sebastián, abriendo y cerrando las manos. Las tendré hinchadas de aquí a dos días, pensó y se pasa el pulgar por los bordes acolchados de la palma. Endurecérmelas, tengo que hacer algo. Si hay que orinárselas, me las orino. Si funciona. Total.

—Vamos a comer.

—¿Y si se van?

—¿Ya el comisario político dijo que podíamos ir a comer?

—Ten cuidado que ahí está, se va a molestar...

—Pero si es un honor.

—El poder siempre corrompe.

—Ya lo dijiste.

—Sí, viejo, ya Marino dijo que fuéramos a comer rápido. Si demoramos nos esperan. No se van a ir sin nosotros. Somos muchos. Siempre hay que contar con las masas.

Cuatro, siete salen andando por el medio de la calle. Las fachadas blancas, desconchadas, amarillas, torcidas, pintadas y repintadas se levantan y derrumban sobre la acera. Una reja negra es lo único que separa las salas limpias y oscuras y casi vacías de la calle ardiendo al sol.

—Allí parece que hay algo —exclama Ramón y todos cruzan por unas tablas salpicadas de tierra colorada sobre una profunda zanja que seguía y doblaba por la esquina.

—¿Qué tienen para tomar? —dice Sebastián colocándose junto a Diana.

—Pídeme un batido de mamey, anda.

—Cobre los dos aquí —repite Sebastián dejando el vaso vacío pero cubierto por dentro de una película rosada.

—Ven —sugiere Diana ladeando la cabeza.

—¿Adónde?

—¿Me tienes miedo?

—Terror.

Cruzan de nuevo las maderas combadas y se alejan hacia el cruce del ferrocarril. *Y estoy aquí, aquí para quererte* —viene y va en el aire desde la víctrola de un bar lejano—, *y estoy aquí, aquí para adorarte.*

—Toma —dice Diana al llegar a la esquina.

—¿Y eso?

—Empanadas. No alcanzan, si las saco allá en el café no alcanzan...

No tengo hambre, pensó Sebastián mordiendo la pasta y mirando hacia la esquina. Tres mujeres, vestidas de azul brillante y blanco y azul pálido, esperan junto a dos maletas amarradas con cordeles. Las caras tensas, sin expresión, miran la vía desierta del ferrocarril.

—¿Trabajas en una dulcería?

—No.

—¿Vives de la reforma urbana?

—No.

—¿Escribes versos?

—No.

Siguen caminando y se detienen junto a una vieja casa de madera, con un cartel que dice VIVA LA UNIDAD DEL CAMPO SOCIALISTA, de dos pisos, la única de dos pisos en toda la zona, y abandonada. Se sientan en el contén.

—¿Qué haces?

—Yo pinto... No me mires así con esa cara. Nunca has visto mis cosas. Yo he exhibido muy poco. Quieres que te diga la verdad: nunca he exhibido nada.

—¿Qué pintas?

—Flores.

—¿Qué clase de flores?

—Yo no pinto cosas monstruosas como las de Antonia Eiriz. Yo no quemo telas ni hago muñecos con muletas...

—Las flores también son monstruosas, parecen heridas, rojas, amarillas como el pus o moradas como la carne podrida.

—No te soporto, mira que te gusta decir boberías... Mis flores son flores.

—Las flores de Van Gogh parecen personas, eso dijo una vieja tortillera que se llama Gertrude Stein.

—Los girasoles de Van Gogh son girasoles y nada más.

—¿Nunca una cosa te recuerda otra? — y Sebastián se pasa nerviosamente la mano por la cara.

—A mí la sicología me aburre. ¿No quieres otra empanada?

—Y ¿qué es lo que no te aburre?

—No sé —responde Diana encogiendo los hombros y mirando fijamente la empanada como un cangrejo entre sus dedos—. Yo nunca sé lo que me gusta o no me gusta. Un día pienso una cosa y otro día pienso otra. ¿Eso es malo?

Si fuera posible, piensa Sebastián levantando los ojos y frunciendo el ceño de tanto sol venenoso y mirando hacia las tejas rojas de una casa tercamente afincada en la esquina, si fuera posible levantarnos de aquí y al doblar la esquina encontrarnos de pronto caminando por la Sexta Avenida sobre los enrejados del subterráneo y sentir el aire caliente levantándote la falda como a Marilyn y el estrépito cuando pasa el tren y doblar por la calle cincuenta y tres. Llevarte al Museo de Arte Moderno y ver de nuevo la vulgar noche estrellada de Van Gogh y las frías manzanas de Cézanne y enseñarte las flores de Redon, la lección de piano de Matisse, los desnudos sensuales y decorativos de Modigliani con la piel viva y todos los pelos, el Guernica. Abrazarte y besarte allí mismo, en un rincón del museo, sentir que todo me arde por dentro, como las venas y los nervios de Pollock, entrecruzándose los colores y estallando.

—Nada es malo —dijo Sebastián mirándole los ojos, la piel de la cara y allí la boca sin pintura, con el borde de los labios casi morado, y el cabello— si lo puedes hacer sin sufrir, sin que te sorprendan y te castiguen...

Diana tragó el último bocado de la última empanada y se chupó la punta de los dedos.

Y olvidarme también de los cuadros, del museo estúpido y recorrer la ciudad tú y yo solos, sin ninguna obligación, sin que nadie nos vigile, nadie nos conozca; lejos de todo, solos por las calles con edificios prietos, indiferentes; todo desde afuera, como siempre he vivido; solos, en otoño, cuando el Parque Central está vacío, y revolcarnos en la yerba y las hojas van a crujir y se pegarán a tu falda y a mi saco y la tierra tiene otro olor, un olor extranjero, no es nuestra tierra, y nos sentiremos extraños, abandonados y tendremos un pequeño cuarto y el piso de madera crujirá bajo nuestros pies descalzos y me contarás tus vergüenzas, tu infancia, y comeremos juntos y dormiremos juntos y caminaremos juntos e iremos juntos al cine y nunca nos aburriremos porque Nueva York es el mundo, nunca se conoce todo ni se ven todos los rincones, es infinito como el universo y triste. Judíos, americanos, alemanes, negros y los puertorriqueños gritando ¡ay bendito!, hablando español como nosotros y mal inglés, el building y el job y el furnished room. Sebastián cogió el cartucho vacío, lo llenó de aire y lo explotó contra el contén. Diana no dijo nada, sólo parpadeó y Sebastián, allí sentados, tuvo de nuevo deseos de abrazar aquellas piernas recogidas y apoyar la cabeza sobre sus muslos duros y plenos.

—Vámonos, que se nos va la guagua. Ya debe haber pasado por lo menos una hora. A ver si cogemos un asiento juntos.

Aprietan el paso y Sebastián se fija por un momento en las sacudidas leves que van agitando los senos que avanzan a su lado.

"¿Por qué no pueden ir?" Y se bajan cuidadosamente tres, cuatro del enorme autobús. "A mí me dijeron en La Habana... Si sé eso no vengo." "Compañeros, ya yo planté la cosa... en el partido... discutí eso..." Marino, en la acera, manotea, se justifica rodeado de preguntas y exclamaciones. "Entonces yo me voy..." "Hay que ser disciplinados, no se puede..." "Nosotros, compañeras, lo sentimos más que ustedes." "¿Por qué?" preguntan ellos con las manos. "¿Aumenta el rendimiento de las masas?" "No, no hay condiciones para alojar aparte a las compañeras. La caña es muy dura." "Todavía no estamos preparados, el año que viene..." "Hoy no fío, mañana sí, como decían los bodegueros antes." "Está bien." "Sí, yo sé eso." "Ya, vamos a sacar las cosas de la guagua, las cosas de las mujeres." Suben al autobús. "¿Y la comida?" "Hay que dividirla." "Los huevos y la leche condensada." "La igualdad, la igualdad separados."

—Eso es moralidad victoriana, retrógrada —exclama Orlando—, yo creo en el marxismo-leninismo y en el amor libre, como en los primeros años de la revolución rusa... ¿Si imitamos a los rusos en otras cosas por qué no los imitamos en eso también?

—Aquí ya nadie imita a los rusos en nada, ahora tenemos el derecho a cometer nuestros propios errores.

—Luego dicen que nosotros somos burgueses.

—Esta es una revolución muy revolucionaria en política, en lo social, pero conservadora en las costumbres. En las relaciones per-

sonales sigue dominando la mentalidad burguesa, la hipocresía, el qué dirán...
—No se puede tener todo.
—Ya se fueron. Vamos al hotel Ritz.
—Están fomentando la homosexualidad.
—Las locas deben estar muy contentas. No se puede satisfacer a todo el mundo.

Ramón se ruboriza y sonríe:
—Yo quiero comprarme un sombrero, no tengo, la cabeza me arde, el sol; recuérdenmelo...

La vida es eso, piensa Sebastián aguantando la respiración. Tira de la cadena del inodoro. Uno empieza imaginándose grandes aventuras románticas, y acaba en un inodoro apestoso. Sonríe. Total. No iba a pasar nada. ¿Y si yo le hubiera propuesto que regresáramos juntos a La Habana? Seguro que hubiera meneado la cabeza. Me gustaba cantidad. Esa piel mulata, esos labios morados, los muslos con flores, los ojos del mismo color de las alas de una cucaracha... Nadie se arriesga. La gente se separa, rompe con las personas que más quiere, se muere y no pasa nada. ¡Coño, qué vida, carajo!

Respira profundo al pasar frente a la cocina: Olor a pescado frito y humo y sudor y cebolla picada y grasa hirviente y sacos llenos de arroz, garbanzos y sudor.

—No tengo ganas de comer, ya comí unas empanaditas... —exclama Sebastián sentándose frente a Orlando—. ¿No hay ningún dulce? Tengo ganas de comer algo dulce.

—Mira, la mermelada de manzana está buena, está muy buena —y vacía el fondo de la cerveza en el grueso vaso de cristal—. Debe ser mermelada búlgara, en La Habana se acabó enseguida.

Sebastián moja una galleta en la mermelada y se la lleva con cuidado a la boca.

—Esta es nuestra despedida de la civilización —dice Marino—. Mañana a esta hora estaremos comiendo sentados en la tierra colorada... Nosotros, que pensábamos que las mujeres nos iban a cocinar y llevar el agua y el café al cañaveral...

—Aunque sólo fuera para verlas.

—Yo ya he aprendido a ser obediente y disciplinado —insiste Orlando—. Es más cómodo. Para sobrevivir hay que ser sumiso... Yo no soy como esos escritores que ponen en sus biografías: Siempre defendió a los pobres y se rebeló contra la injusticia. La mía diría: Su pluma nunca se ha levantado para defender una causa justa...

—Eso es muy bueno —dice Sebastián—, debíamos inventar el

decálogo del hombre sumiso. Podríamos empezar con algo así: Desde muy chiquito comprendió que sus padres no tenían la razón pero sí tenían el poder, y se sometió.

—Y: Nunca tuvo una idea original en su cabeza.

—Lo olvidaba todo menos las órdenes.

—Tengo uno muy bueno. El lema del hombre sumiso es: Siempre con el poder, pero haciendo bajezas.

—Eso ya tiene hasta doble fondo.

—¿Ustedes se dan cuenta de que nosotros vamos a cortar caña de aquí a unas horas igual, pero igualito que lo hacían los esclavos hace ciento cincuenta años?

—Los esclavos trabajaban dieciséis horas al día —afirma Eusebio con el cigarro blanco entre los dientes manchados de nicotina y los labios gruesos y oscuros—. ¿Ustedes piensan cortar dieciséis horas todos los días? ¿Piensas quedarse toda la vida trabajando en el cañaveral?

—Yo sólo recuerdo las órdenes.

—El subdesarrollo hunde a cualquiera. Casi toda la población lanzada a la agricultura, toda la isla de cara al campo, y en los países adelantados, en Estados Unidos, en ese cabrón imperialismo, algo así como el ocho por ciento de la población resuelve el problema de la comida para todos, y encima nos saqueaban...

—Es más cómodo no pensar. ¡Qué inventen ellos! como decía Unamuno.

—La cibernética lo resolverá todo —exclama Sebastián—, las máquinas son la solución.

—¡De aquí a que la automatización llegue a Cuba!

—En Estados Unidos la automatización crea treinta y cinco mil desempleados a la semana —recuerda Marino dándole vueltas a la botella vacía de cerveza sobre la mesa de mármol.

—En la Unión Soviética está pasando lo mismo, están automatizando la producción, pero sin desempleo.

—¿Y nosotros?

—No piensen en eso, si siguen hablando así no van a cortar ni una sola caña —dice Marino prendiendo un cigarro—. Ya llegaremos al comunismo algún día.

—¡No sé cómo!, cortando caña no vamos a llegar, aunque cortemos un trillón de arrobas —comenta Sebastián mirando a dos muchachos que rodean la mesa, uno tocándose un grano caliente y duro y el otro agarrando el respaldar de una silla y meciéndola.

—Yo sólo recuerdo las órdenes —repite Orlando sintiéndose atendido—. Soy un hombre sumiso. ¿Quién ha dicho que la civilización es buena? Hay que mantener la inocencia del hombre primitivo.

—Eso es como ser un animal hermoso en una jaula. Yo quiero ser un tipo civilizado, sin pelo y sin músculos, pero industrializado. Eso, aunque viva enajenado y me tiren la bomba atómica. Es un riesgo que hay que tomar, como dijo Fidel, para entrar en la historia. Aunque lo descojonen a uno, es la única justificación. El hombre no es más que una aspiración, la desesperación por llegar a yo no sé donde...

—Todo eso es muy abstracto.

—Yo me acuerdo ahora del turismo, de los turistas que venían a Cuba para descansar con los nativos al fondo entreteniéndolos con sus mujeres culonas y la música caliente y los cuadros en los prostíbulos con el Supermán negro, ¿cuántas pulgadas tenía, te acuerdas?

—Yo ni sé, como quince...

—El Che tenía razón. Los países socialistas desarrollados deben pagar un precio por sacarnos del cañaveral...

—La política no funciona así —comenta Sebastián y deja sin terminar el plato de mermelada espesa—. Cada uno va a lo suyo.

—¿Tú crees?

—Ya hemos comido bastante mierda, vamos, que debe ser tarde.

—¿Quiénes son esos dos muchachos? —pregunta Ramón señalando con un gesto la cara lampiña y cubierta de granos.

—No sé, creo que son escritores noveles —dice sonriendo Orlando—. Uno, me parece, se llama León. El otro creo que pinta. Ellos están más jodidos que nosotros. Ya nosotros por lo menos viajamos y hemos visto museos y experimentado cosas y leído todo lo que nos ha dado la gana.

—Ya ellos no necesitan ninguna libertad burguesa. Tienen un país, nosotros teníamos una colonia, una factoría. Yo hubiera preferido ser joven ahora —y Marino le quita el anillo al tabaco—. Tienen algo concreto por lo que sacrificarse y joderse un poco... yo me jodí por gusto... están construyendo el socialismo.

—Qué jodedor eres... Tú no quisieras estar en su pellejo.

—No, lo digo en serio. Yo soy un mierda, yo lo sé.

La chimenea del ingenio, esbelta pero más gruesa que las tres palmas junto al chucho, echa un humo que desgarra el aire en una nube sucia y débil. Es el único punto de referencia en el paisaje, lo único que, al cambiar de posición el autobús, indica los kilómetros que van pasando. Todo lo demás es verde; los cañaverales cuadrados se repiten a lo largo de la carretera, ahogando el ingenio.

—¿Hay que cortar toda esa caña? Una generación va y otra generación viene pero la caña siempre permanece...

Dos cabezas se viran hacia la voz, pero nadie responde; sólo un gruñido.

Doblan frente a una enorme valla blanca cubierta de letras negras anunciando la "Granja Cuba Libre"; el autobús disminuye la velocidad. Algunas casas, bajas y como maquetas regadas entre los cañaverales y la tierra roja, tienen rosales en el jardín. El paisaje llano y monótono se traga al caserío.

—De mampostería, ésta es una granja modelo, ¿tú crees que los baños tengan bidet?

—Y bar.

El jinete mueve las riendas ligeramente y el caballo coge por el trillo junto al camino. El caballo es flaco y huesudo, pero el campesino lleva un rifle cruzado sobre las piernas; saluda con un movimiento de cabeza.

El autobús se cruza con una carreta vacía, tirada por un pequeño tractor de ruedas enormes; dobla por un camino de tierra entre un cañaveral y un sembrado de yuca. Se detiene junto a un barracón largo y estrecho, con techo de guano y piso de tierra. Entre los horcones, al fondo, se ve un platanal, unas palmas y un pedazo de cielo ya pálido.

—Vamos a buscar las hamacas, que ahorita oscurece. ¿Dónde están dando hamacas?

—Allá, son sacos...

—Voy al baño.

—¿A qué baño?

—Al platanal —y enseña una cinta de papel sanitario que se desdobla y ondea al aire.

—Estos sacos están podridos.

—Coge otro.

—Por la noche aquí se caerá de culo más gente que el carajo.

—Yo traigo mi hamaca —dice Orlando sacando de la mochila una lona verdeolivo con fundas anchas en los extremos.

—Vamos a meternos todos aquí.

—Aquí no caben ya más hamacas, hay siete. Vayan para la otra habitación.

—¿Qué habitación? —pregunta Sebastián señalando la tierra rojiza, irregular, y los horcones.

—¿Qué es, entonces?
—Yo no sé, pero no es una habitación. Es un espacio entre dos palos ahí. En mi vocabulario no hay palabras para esta experiencia nueva. Mi vocabulario es muy pobre, y encima sólo tengo palabras urbanas, de la ciudad.
—¿De dónde sacaste ese machete?
—Ya están dando los machetes por allá, mira, el mulato ése grande...
—¿Y los guantes?
—También.
—Vamos, Eusebio, vamos a buscar los instrumentos de trabajo...
—Ya mis antepasados cortaron por mí —y Eusebio sonríe con el cigarro entre los dientes—, yo no tengo que preocuparme, mi cuenta ya está más que cubierta. Ahora son ustedes, los blanquitos, los que tienen que cortar la caña.
—Esto de la caña parece que va en serio —exclama Orlando—, yo creía que todo esto era un juego. A mí me engañaron.
—Acabo de llegar —dice Sebastián— y ya estoy cansado.

2

¡DE PIE! ¡DE PIE! es agradable y desagradable una puñalada de frío afilado grita sacude los cuerpos indefensos retorcidos en la tambaleante hamaca desagradable porque todavía es de noche y hace frío y todo cambio irrita jode y el piso es de tierra y los pies los dedos torpes tibios buscan las botas y las botas pesan una tonelada y agradable porque siempre después de oír ¡DE PIE! uno puede quedarse unos minutos más en la precaria hamaca y refocilarse y soñar con mandar todo al carajo y seguir durmiendo y mover sensualmente los brazos frotar las piernas contra la rugosa hamaca estirarse seguir unos minutos más unos segundos más consciente de dormir y de despertar y levantarse con tortícolis la espalda adolorida todo torcido combado como una madera y total qué importa si se durmió mal se pasó un frío tremendo el aire frío se colaba por debajo de la hamaca por los lados si te movías te caías y si levantabas la frazada quedaban descubiertos los pies el culo y los hombros si bajabas mucho la manta y hace tanto frío de noche tanto frío recio que no se puede dormir te despiertas duele quema en Cuba de noche a la madrugada el frío es insoportable y despertarse no es desagradable porque se durmió ovillado como un perro la misma cama de los indios la misma casa de los indios hamacas y bohíos el tiempo atascado no avanza dormido ¡DE PIE! ¡DE PIE! ya se grita uno mismo los cuerpos tibios tosen escupen se rascan las picadas de mosquitos carraspean bostezan soplan absorben arrojan mucosidades y se enrosca uno la frazada y tropieza con los horcones y la piel de las botas se incrusta en los tobillos salir a la madrugada y el miembro congelado tieso y desea servirse la señora pregunta el casi viejo a su mujer antes de ir al baño cada mañana verdad o sólo un cuento es posible y satisfecho orina mirando el cielo las sombras las matas y siempre alguna palma siempre alguna palma en el horizonte no existe la palma está fotografiada pintada dibujada una alucinación es el escudo de la patria y algún gracioso insorportable grita de nuevo ya desde adentro de nuestro barracón ¡DE PIE! y es un chiste pesado y sin embargo hay que sonreir no queda más remedio es el hombre siempre un poco estúpido y muy valiente en su persistencia terca ¡DE PIE! y piensa orinarse las manos y no lo hace decide aguantar esperar más tarde y pasan dos días y al tercero se orina las manos las ampollas las muñecas y ya ¡DE PIE!

La caña insistentemente crece ahí en el cañaveral es persistente monótona interminable y sólo la violencia puede cortarla sólo la obstinación puede tumbarla sólo la locura puede insistir el cuerpo molido las manos llagadas los riñones quejándose levanta el machete baja el machete la caña es siempre la misma y el sol pero primero el rocío por la mañana las botas mojadas caminando por la carretera o en camión o el tractor por el camino las guardarrayas al amanecer todavía frío aunque no se ve en la oscuridad la caña está ahí se descubren los cañaverales en la sombra la niebla y se ven eso sí las cañas al borde del camino y entonces tu surco inmóvil y primero tienes que cagar tienes que meterte detrás de un aromal y descomer los primeros días trancado aterrado el cuerpo cerrado nada todos si fuiste o no fuiste y fui o no fui y cuántas veces es otra victoria y las nalgas se llenan de rocío y se siente uno descongestionado y vuelve al surco inmóvil al plantón contra la caña obstinación contra la caña rabia contra la caña el rocío se ha evaporado se lo traga el sol la menor onda chupa al menor hilo y a Góngora se lo chupa el sol se pierde disuelve la caña cortamos con el alma y ahora el sudor cae sobre las hojas afiladas y la camisa empapada y caliente húmedo el cuerpo y el sol y la caña y siempre hay otro plantón y agua tomar agua y la sed las ansias atoran atragantan el agua cae un chorrito de la cantimplora por la barbilla y el cuello y te secas con la manga llena de millones de alfileres los alfileres de las hojas afiladas la caña siempre atrasada indiferente pasiva boba y uno quisiera una máquina enorme una cuchilla gigantesca del largo de un cañaveral cortando tallos y más tallos abajo y de un solo tajo y se vira el tobillo y corta y se mete una canción en la cabeza estoy aquí aquí para quererte estoy aquí aquí para adorarte estoy aquí aquí para decirte AMOR AMOR AMOR y estoy aquí aquí para quererte y no quieres seguir cantando y cantas y no quieres seguir cortando levantas el machete y tienes miedo ya las manos engarrotadas miedo de que salga volando el machete y corte la cabeza una mano y la caña quemada quemada y temprano se precipita uno se embala no hay que despajar sólo cortar y cuando levanta el sol todo se llena de ceniza la ceniza entra por los ojos por la nariz por el cuello por los pantalones por el pelo ceniza y por la cintura por el pito y por el culo y ya no da gusto ni siquiera sentarse a chupar caña la caña está más sabrosa está fría por la mañana temprano pero tan ansioso uno tan desesperado que no disfruta nada y todo sucio las manos almibaradas y uno cree que no puede más y sigue y no tiene ya energía y camina y corta y camina en el cañaveral la caña obstinada vegetal sucia dulce rural la caña insistentemente crece ahí en el cañaveral.

Y bañarse bañarse por la tarde cayendo el sol volcarse encima agua fría desnudo indefenso como desplumado y jabón y agua fría y churre a los pies churre gris y espumoso y luego tirarse limpio en la hamaca la eternidad es mediodía la brisa tirado en la hamaca leyendo el periódico si viene el periódico de hace cinco días no importa siempre aquí es de ayer las noticias siempre deformando la realidad el mundo aislados y moverse un poco en la hamaca y sentir los músculos adoloridos y la brisa y algún compañero pasa ofrece un caramelo viene del pueblo de la tienda un cigarro porque el barracón es una tribu y el enemigo el responsable y el jefe del campo los guajiros que pasan a caballo los guajiros cazurros que piden más voluntarios todos los años y hacen bien el trabajo del campo hoy es trabajo de bestias más voluntarios miran y se sonríen y pasan por el barracón con la carreta y le gritan a los bueyes comandante almirante y a veces habanero voluntario hijo de puta la culpabilidad de muchos de nuestros intelectuales y artistas reside en su pecado original no son auténticamente revolucionarios una bomba en el barracón llegó el *Granma* con la carta del Che sobre el hombre nuevo y silencio la gente rascándose las ronchas de los mosquitos leyeron en alta voz y qué tenemos que hacer para que nos consideren revolucionarios integrarse al pueblo seis años la revolución Playa Girón la Crisis del Caribe morir habrá que morir habrá que nacer de nuevo y no se puede ponerse en cuatro patas yo no sé y hay que reirse y seguir aquí obstinados cortar caña tumbarla y se come con voracidad y se ronca y al final viene la noche desquiciada la última noche y no se duerme y no se corta caña se cortan hamacas las carcajadas forzadas pujadas las risas histéricas los gritos piñazos las amenazas de machetazos duermes finalmente cierras los ojos cañas y cañas un mar de cañas verdes pasando como mancha de peces en el agua verde las cañas la caña y bañarse ¡DE PIE!

3

—¿No sientes nada raro? —pregunta Orlando tambaleándose hacia un lado y sonriendo.
—Me parece que Jovellanos es La Habana, Londres, París...
—No, ¿no te parece extraño caminar aquí?
—Verdad —exclama Sebastián—, ya no sabemos caminar por la calle, todo el tiempo uno espera, las piernas esperan, los músculos, encontrarse con los surcos y el camino de terrones todo desnivelado.
—Yo notaba las piernas flojas —y Marino se pasa las manos por los muslos— y es eso, eso mismo.
—El mundo bajo nuestros pies ha cambiado.
—No es para tanto, señores —sonríe Ramón—, no es para tanto, sólo pasamos quince días en la caña.
—Cada día era un año.
—Cuando regrese a La Habana no voy a salir del aire acondicionado —dice Paco—, me voy a pasar una semana metido en mi estudio, en shorts y oyendo a Bach y a Mozart y pidiéndole a Irene que me sirva grandes vasos de té frío y limonada...
—Yo lo que tengo ganas es de meterme en una bañadera de agua caliente —sugiere Sebastián—, remojarme en una bañadera de agua caliente. Aunque yo creo que después de meterse en la caña uno no puede disfrutar ya de la civilización. Le han amargado el dulce a uno... Ahora siempre voy a pensar en el cañaveral a las once de la mañana con el sol en el cogote... Ya me jodieron para siempre, ya yo no soy burgués ni revolucionario. Soy un reburgolucionario.
—Eso se te pasa —dice Orlando—, después de una semana no te acordarás de nada.
—¿Vamos a comer al hotel Ritz?
—¿Estará allí todavía? Pero yo lo que quiero es llegar pronto a La Habana.

—Vamos a estar aquí un buen rato —dice Marino—, en el partido me dijeron que teníamos que regresar a La Habana en caravana, hay que esperar a que llegue toda la gente de los alrededores...

—¿Caravana? —pregunta Paco—. ¿Caravana para qué?

—Somos héroes del trabajo socialista.

—Lo que yo quiero es llegar pronto a mi casa.

—Además, cuando lleguemos a La Habana nadie se dará cuenta de nada, una caravana de guaguas es como si nada, como oír llover... Eusebio ya se fue por tren, cogió el tren.

—Tienes razón —dice Marino—, después de comer podemos ir a hablar, a plantear el asunto. Discutir en el partido.

—Yo estoy un poco corto de plata —dice Orlando.

—Yo tengo, me quedan diez pesos del dinero para los gastos, quedan diez pesos al que le falte algo yo lo pongo.

—Yo tengo unos pesos —dice Sebastián agarrando con los dedos torpes un billete de cinco pesos y dos monedas de a veinte centavos—, ni siento el dinero en las manos, no tengo casi tacto en los dedos.

—Todavía no puedo cerrar las manos, siento un dolor...

—Es un dolor agradable —dice Ramón—, puedes y no puedes cerrar las manos.

Sebastián pasa las manos por encima del mantel blanco y limpio:

—Cuando acaricies a tu mujer no vas a sentir nada, Orlando.

—Será una sensación diferente, una sensación agrícola.

—Yo hace años que no siento nada con mi mujer —comenta Marino, encendiendo un tabaco—, llevo casado más de quince años.

—Ahora cuando vuelvas será diferente...

—No, si yo tengo una mulata ahí...

Ramón se frota las callosidades debajo de la mesa, en la oscuridad, con el pulgar.

—Ahora confesad, patriotas subalternos, como dice Roberto, ¿quién que es no es romántico, y no vive con una mujer de color?

—Es el coco de los blanquitos cubanos.

—Ahora ya todos somos negros, los blancos y los negros, todos somos negros para los americanos. Gente de color, atrasada, sucia, hambrienta.

—¿Qué pasa que no nos atienden aquí? Te has fijado, todos parecemos guajiros.

—Sebastián parece un inglés en su plantación de las islas, sólo le falta el casco.

—No comas mierda, todos parecemos guajiros, cuando vinimos

la primera vez nos atendieron enseguida, nos están discriminando por campesinos.

—¡Psst! ¡Camarero!

—De todas maneras —dice Marino—, ha sido una experiencia muy buena, cortar caña es saludable, nos quejamos, pero yo no me arrepiento.

—Me siento por primera vez metido de cabeza dentro del país, ya no podemos soñar con otra vida, tenemos más de treinta años, no podemos andar criticando todo como niños comemierdas; si esto se hunde, tú te hundes, si esto se salva, tú te salvas. Aquí me pongo yo para siempre.

—Después de la caña me cuesta trabajo hablar —dice Orlando—, me doy cuenta de que estoy hablando siempre mucha mierda. Digo las mismas cosas pero ya no es lo mismo.

—¿Por qué no nos atienden? Llevamos aquí ya casi media hora. ¡Camarero!

—Hay que actuar —dice Orlando, y da un manotazo en la mesa—. ¡Camarero! —grita y rompe violentamente un vaso contra el suelo—. Tú verás como ahora nos atienden.

Al llegar frente al parque y antes de rallar el fósforo para encender un tabaco, Sebastián ve que Ramón cruza la calle y se dirige al grupo de muchachos sentados y de pie alrededor de un banco junto a la yerba.

—Son los muchachos de la brigada nuestra, ahí están los artistas noveles —dice Sebastián—, parece que pasa algo.

—Nosotros vamos para la casa del partido —dice Orlando—, allí en el portal se puede uno acostar y echar una siestecita.

—¿Qué pasa? —pregunta Sebastián acercándose al grupo taciturno—, ¿algún problema?

—No, nada —dice León tocándose la cara.

—No te toques más la cara con las manos llenas de tierra —dice Ramón—, vas a coger una infección.

León baja la mano:

—Eso no se hace.

—¿Qué?

—¿Ustedes ya comieron? —pregunta el pintor—. Nosotros no.

—¿Por qué no vinieron con nosotros? —pregunta Sebastián—. Con lo que teníamos alcanzaba para ustedes también.

—¿Cómo íbamos a meternos en el grupo si nadie nos invitó?

—No importa, Orlando tampoco tenía dinero y vino con nosotros.

—La cosa no es así —dice León—, tú no tienes por qué invitarnos. Es obligación del responsable, de Marino, ver que todo el mundo almuerce... El no pensó en los demás. ¿Vamos a estar aquí hasta las ocho sin comer?

—Yo tengo un peso —dice Ramón—. Coge... coge...

—A mí me sobraron dos pesos, vaya —dice Sebastián.

—No, ya no.

—¿Por qué?

—Nosotros no somos muertos de hambre ni un carajo. Eso no es de compañeros, irse a comer y dejarnos a nosotros así.

—Es verdad —dice Ramón—, pero ahora el problema es que ustedes vayan a comer. No sean bobos, cojan el dinero...

—No vamos a coger nada. Marino siempre se las dio de viejo comunista del partido y nos hace tremenda cochinada... Eso no es revolucionario, no es comunista.

—Es que ya salimos del barracón, ya vamos para La Habana, ahora es la ley de la ciudad, cada uno que resuelva su problema como pueda, la solidaridad del barracón se acabó.

—No es revolucionario eso, luego dicen que hay que sacrificarse...

—Nadie, ni el sistema, es perfecto...

—Sí, pero nosotros no comimos, y cortamos juntos caña, compartimos todo durante quince días —y coloca una bota sucia en la punta del banco—. Muchas veces que le adelanté su surco cuando se cansaba...

—Ya eso no se puede arreglar —dice Ramón, todavía extendiendo el brazo con los tres pesos arrugados—, cojan, vayan ahora a comer...

—No vamos a coger nada, ni vamos a comer nada.

El cepillo del limpiabotas va barriendo el polvo y la tierra de las botas, dejando, sin embargo, las puntas despellejadas, sucias. Hacia el tobillo la bota izquierda tiene un tajo del machete, una herida llena de tierra colorada.

—¿Ustedes qué clase de trabajo hicieron? —pregunta Sebastián mirando el brazo de Diana encajado en la ventanilla del autobús y a lo lejos las mismas palmas y lomas y ceibas de antes y ahora. El vello del brazo es rubio, desteñido, dorado por el sol. Diana se mira las uñas rotas, llenas de tierra, y cierra las manos, esconde los dedos. Ahora el sol, sin embargo, se hundía tras unas vacas inmóviles en el campo, con la cabeza junto a la hierba azul ya sin sol, lejos.

—Primero recogimos tomates pero los tomates se acabaron y entonces nos mandaron a otra granja y allí cortamos caña. Si me hubieras visto...

—¿No decían que cortar caña era muy fuerte para las mujeres?

—Sí, pero yo lo hice muy bien... —y sonríe—. Podíamos haber estado junto con ustedes.

—Sí, las extrañamos mucho —pero Sebastián pensó que todo había sido mejor así—, te extrañé mucho. ¿Y tu pantalón ajustado y lleno de flores? —dice mirando los muslos ahora en verdeolivo.

—Se me ensuciaron. Me los ponía de noche, me caí como una boba en un charco de fango. Una noche salimos sin linterna...

Era mejor así. Me hubiera visto sudado y adolorido y rascándome y la hubiera visto en un charco de lodo. Con mis manos sin tacto. El fango y las ronchas de los mosquitos rezumando linfa. Las mujeres con pantalones no son mujeres, pensó Sebastián mientras atravesaban Matanzas y fijaba los ojos sorprendidos en las mujeres con vestidos, con las piernas descubiertas y la falda tremolando. La higiene es anticipación de caricias, como dice Dolores del Río. Se fija en una vieja arrugada con un velo pequeño cogido en el pelo teñido; avanza lenta, arrugada. ¿Habrán comido? Se sentía culpable, paladeaba aún la comida. Eso no es revolucionario, no es comunista.

—¿Y eso lo cortaste tú? —pregunta Sebastián mirando un mazo de gruesas cañas en el suelo, atadas con cuidado, verdes todavía y manchadas de tizne negro en los nudos, junto a sus botas limpias con un tajo todavía sucio.

—¿Qué tú crees? Se las llevo a la vieja. ¿Tú no trajiste para tu casa?

—Yo no tengo vieja, yo vivo solo, la vieja está en el Norte. Además, yo no quiero saber nada de la caña.

—Hasta el año que viene.

—Sí, hasta el año que viene. Yo lo dejé todo en el cañaveral; los guantes, el sombrero, los pantalones manchados de cortar caña quemada. Así no se me contamina el apartamento... Quiero olvidar que existe la caña y el cañaveral... Hasta cuando cierro los ojos veo caña.

—Mira que eres bobo.

—Y tú eres preciosa, tu piel, tus ojos, a pesar del fango, de la caña y de tus uñas rotas y sucias.

—*Madrid, qué bien resistes,*
Madrid, qué bien resistes,
mamita mía, los bombardeos, los bombardeos... —cantan por aquí y por allá en el autobús; Marino canta con la voz rajada.

León se pone de pie y dirige desde su asiento el coro con las manos, sonriendo, gesticulando:

—*De las bombas se ríen,*
de las bombas se ríen,
mamita mía, los madrileños, los madrileños... —cantan León y Marino juntos.

—No seas bobo —insiste Diana—, en cuanto llegues a La Habana, a la semana en La Habana no te acordarás de nada. Yo me encargo. De aquí a unos días te lo recordaré y te parecerá mentira...

—Sí, soy bobo, tonto, comemierda. La gente olvida pronto todo. Yo no puedo —y se queda oyendo cómo cantan. No han comido y sin embargo cantan, están bravos y sin embargo cantan. Estaban... ahora no. Se me pone otra vez la carne de gallina. Yo creía que ya dudaban, estaban desilusionados de la revolución y mira, los muchachos y Marino juntos cantando canciones de lucha... Saben vivir con el error y la contradicción y no enloquecer. Y palante con la revolución.

VI. CANCIONES

SILVIO RODRIGUEZ
(1946-   )

Nace en San Antonio de los Baños. Cursa la primera y la segunda enseñanza. Participa como brigadista en la campaña de alfabetización nacional en 1961; más tarde ingresa en las Fuerzas Armadas, para cumplir con su servicio militar obligatorio. Allí comienza su vida de trovador: toca la guitarra y compone canciones. Ha visitado Chile, durante el gobierno de Salvador Allende, Santo Domingo, México, Estados Unidos, España e Italia. "Este disco —escribe Silvio Rodríguez sobre Días y flores— es el resultado de que una madre cantara desde siempre y de un secreto placer de escucharle tararear al jabón y la ropa, a los frijoles, al piso y la balleta. Es el resultado de los cantos con que los alfabetizadores intentaban ahuyentar los atributos de la noche y la historia, al sur de Las Villas, cerca del Escambray. Es el resultado del canto de una noche de octubre de mil novecientos sesenta y dos. Es el olor de los manglares de un campamento militar donde cualquier soldado, de madrugada, va a preguntar secretos a ese gran animal que es la guitarra. Aquí hay la ceguera parcial de teatros y estudios, pero hay mucho más de la pupila constante sobre el espectáculo de La Habana, ciudad mestiza de Nuestra América... Por eso estos cantos están llenos de rabias y de amores (que son otras rabias) que son de este tiempo."

Playa Girón*

Compañeros poetas
tomando en cuenta los últimos sucesos
en la poesía, quisiera preguntar
—me urge—,
qué tipo de adjetivos se deben usar
para hacer el poema de un barco
sin que se haga sentimental, fuera de la vanguardia
o evidente panfleto,
si debo usar palabras como
Flota Cubana de Pesca, y
Playa Girón?

Compañeros de música,
tomando en cuenta esas politonales
y audaces canciones, quisiera preguntar
—me urge—,
qué tipo de armonía de debe usar
para hacer la canción de este barco
con hombres de poca niñez, hombres y solamente
hombres sobre cubierta,
hombres negros y rojos y azules,
los hombres que pueblan el Playa Girón.

*Nombre de un buque pesquero, buque en que viajó y trabajó y cantó el poeta-cantor, o cantor-poeta, durante varios meses.

Compañeros de historia,
tomando en cuenta lo implacable
qué debe ser la verdad, quisiera preguntar
—me urge tanto—,
qué debiera decir, qué fronteras debo
respetar. Si alguien roba comida
y después da la vida, qué hacer?
¿Hasta dónde debemos practicar las verdades?
¿Hasta dónde sabemos?
Que escriban, pues, la historia, su historia
los hombres del Playa Girón.

La vergüenza

Tengo una mesa que me alimenta,
que a veces tiene hasta de fiesta;
mas si tuviera sólo una araña
burlona en mi despensa,
tendría la vergüenza.
¿A qué más?

Tengo zapatos, tengo camisa,
tengo sombrero, tengo hasta risa.
Mas si tuviera en mi ropero
sólo las perchas vacías,
la vergüenza tendría.
¿A qué más?

Tengo billetes como de octava clase
pero así viajo: contento de ir de viaje,
pues para un viaje me basta con mis piernas:
viajo sin equipaje.

Más de una mano en lo oscuro me conforta
y más de un paso siento marchar conmigo:
pero si no tuviera, no importa:
sé que hay muertos que alumbran los caminos.

Tengo luz fría y lavamanos,
cables, botones casi humanos:
pero si fuera —ay— mi paisaje
sólo de ruinas intensas,
tendría la vergüenza.
¿A qué más?

Días y flores

Si me levanto temprano,
fresco y curado,
claro y feliz,
y te digo "voy al bosque
para aliviarme de ti",
sabe que dentro tengo un tesoro
que me llega a la raíz.
Si luego vuelvo cargado
con muchas flores
(mucho color)
y te las pongo en la risa,
en la ternura, en la voz,
es que he mojado en flor mi camisa
para teñir mi sudor.
Pero si un día me demoro no te impacientes,
yo volveré más tarde.
Será que a la más profunda alegría
me habrá seguido la rabia ese día:
la rabia simple del hombre silvestre
la rabia bomba, la rabia de muerte
la rabia imperio asesino de niños
la rabia se me ha podrido el cariño
la rabia madre por dios tengo frío
la rabia es mío eso es mío sólo mío
la rabia bebo pero no me mojo
la rabia dame o te hago la guerra
la rabia todo tiene su momento

la rabia el grito se lo lleva el viento
la rabia el oro sobre la conciencia
la rabia coño paciencia paciencia.

La rabia es mi vocación.

Si hay días que vuelvo cansado,
sucio de tiempo,
sin para amor,
es que regreso del mundo,
no del bosque, no del sol.

En esos días,
compañera,
ponte alma nueva
para mi más bella flor.

*PABLO MILANES
(1943-   )*

Nace en Bayamo, Granma. En 1960 canta profesionalmente con el Cuarteto de El Rey. En 1966 siente la necesidad de escribir canciones de inquietudes sociales. Intenta la fusión de la música tradicional cubana con la música popular internacional, sin abandonar el son montuno que está presente en todas sus composiciones. En 1968 es integrante de la Nueva Trova. "Las canciones de ese trovador extraordinario (poeta y músico, como los trovadores medievales) que es Pablo Milanés—dice Guillermo Rodríguez Rivera—, constituye un pequeño y perfecto mundo de historia y de arte. En ellas está la palabra de la Cuba revolucionaria, de sus hombres que construyen y luchan y aman y piensan; en ellas, el anhelo y la certeza de una América nueva, que nace y crece en el combate contra sus enemigos. En ellas, el aliento poderoso del son como lo cantan, riendo y llorando, las gentes de Oriente, allá, a lo ancho del valle del Cauto; en ellas, una expresión musical tradicional y contemporánea, nuestra y del mundo, arraigada en sus 'modos de hacer' y abierta a la vez, sin prejuicios, a toda sonoridad que sea capaz de enriquecerla; en ellas, esa transparencia, esa brillantez de concepción y ejecución unidas siempre a nuestra música, y que a lo largo de la historia se ha llamado Ignacio Cervantes o Sindo Garay, Miguel Matamoros o Benny Moré."

La vida no vale nada

La vida no vale nada
si no es para perecer
porque otros puedan tener
lo que uno disfruta y ama.

La vida no vale nada
si yo me quedo sentado
después que he visto y soñado
que en todas partes me llaman.

La vida no vale nada
cuando otros se están matando
y yo sigo aquí cantando
cual si no pasara nada.

La vida no vale nada
si escucho un grito mortal
y no es capaz de tocar
mi corazón que se apaga.

La vida no vale nada
si ignoro que el asesino
cogió por otro camino
y prepara otra celada.

La vida no vale nada
si cuatro caen por minuto
y al final por el abuso
se decide la jornada.

La vida no vale nada
si tengo que posponer
otro minuto de ser
y morirme en una cama.

La vida no vale nada
si en fin lo que me rodea
no puedo cambiar cual fuera
lo que tengo y que me ampara.

Para vivir

Muchas veces te dije que antes de hacerlo
había que pensarlo muy bien
que a esta unión de nosotros le hacía
falta carne y deseo también
que no bastaba que me entendieras
y que murieras por mí,
que no bastaba que en mis fracasos
yo me refugiara en ti... y ahora vesa lo que pasó:
al fin nació al pasar de los años
el tremendo cansancio que provoco
ya en ti...
y aunque es penoso lo tienes que decir.
Por mi parte esperaba que un día el tiempo
se hiciera cargo del fin
y así no hubiera sido yo habría seguido
jugando a hacerte feliz
y aunque el llanto es amargo piensa en los años
que tienes para vivir
que mi dolor no es menos
y lo peor es que ya no puedo sentir... y ahora, a
tratar de conquistar con vano afán
este tiempo perdido que nos deja vencidos
sin poder conocer eso que llaman amor para vivir

NOEL NICOLA
(1946-   )

Nace en La Habana. Su padre, Isaac Nicola, es creador de la escuela cubana de guitarra. Pertenece su madre a la Orquesta Sinfónica. Recibe su primera guitarra a los siete años. A pesar del talento de su familia, no estudia música sistematicamente hasta que se integra en el Instituto Cubano de Arte e Indústrias Cinematográficas. Participa en la Campaña de Alfabetización. Es Miembro de las Fuerzas Armadas durante tres años. Viaja por América del Sur, el Caribe, Europa y la Unión Soviética donde recibe el premio de la Unión de Compositores. Pertenece a la columna Juvenil del Centenario. Es coordinador nacional e integrante del Movimiento de la Nueva Trova. "El autodenominarse 'trovador' implica—para Noel Nicola—, entonces inconscientemente, un tácito compromiso con la defensa y el desarrollo de nuestras tradiciones más enraizadas. Por eso creemos que—definiciones musicológicas aparte—la denominación de nueva 'trova' ha influido positivamente en el proceso de autoeducación y en la proyección ulterior de la búsqueda formal de los integrantes del Movimiento. La denominación de la agrupación 'de la Nueva Trova' respondió ya a una concientización de lo antes percibido de manera espontánea: Es a través de una profunda revalorización de nuestras tradiciones, de nuestro acercamiento desprejuiciado y crítico a los valores más genuinos de nuestro acervo cultural, como podremos desarrollar un arte verdaderamente revolucionario, afincado a nuestra identidad nacional, para que sirva de contén y respuesta a los intentos de penetración cultural por parte del imperialismo.

Comienzo el día

Es tan temprano y tú ya me despiertas,
no me dejas dormir, algo sucede,
a ojos cerrados busco la ventana
para mirarte a ti mientras los abro.
Te digo que estás bella como nunca,
así, sin arreglarte aún el pelo,
rodamos en un beso cama abajo
y siento que estás viva de milagro.

Comienzo el día, así como si nada,
apretado a tus pechos, pidiéndote café y amor.

Comienzo el día, aún alucinado,
los ruidos suenan lejos a esa hora turbia.
Afuera la gente hace lo suyo por vivir,
afuera la gente quiere averiguar,
afuera la gente habla del amor,
afuera me están llamando.

Comienzo el día, y antes de que me hables,
ya te he hecho mil promesas que no logro cumplir.

Comienza el día, y al mirar hacia afuera,
me entra como un mareo y tengo que sentarme.
Afuera la vida apenas comenzó,
afuera todo tiene que cambiar,
afuera los lobos son lobos aún,
afuera hay que salir armado.

Quiero darle mi vida a los que sueñan,
a los que hacen el pan de madrugada,
a los que ponen piedras sobre piedra,
a los que te mantienen tan despierta.

Comienzo el día, aseguro las llaves,
registro mis bolsillos en busca de monedas.

Comienzo el día, y aún detrás de la puerta,
te pido un beso fuerte para salir al sol.
Afuera comentan la televisión,
afuera el sindicato discute una ley,
afuera la patria está por reventar,
afuera me están llamando
              —y voy.

María del Carmen

María del Carmen
debió haber nacido
en Vertientes aquí
hace veinte años y pico
María del Carmen
atraviesa el parque
y todos los ojos
le halan el vestido
María del Carmen
revuelve la tarde
del pueblo pequeño
que ve como pasa
María del Carmen
el recien llegado
descubre enseguida
lo mucho que sueñas.

A María del Carmen
la envuelven los ruidos
que salen del tandem
inglés del central
A María del Carmen
el pelo y la piel
de seguro le huelen
a miel residual
María del Carmen
tan limpia y tan libre
limpia de ser virgen

libre de prejuicios
María del Carmen
tu entrega es total
porque a ti los misterios
te sacan de quicio.

María del Carmen
puede conversar
sobre la economía
y sus ojos son anchos
María del Carmen
me mira el anillo
en la mano derecha
y sonríe despacio
María del Carmen
no piensa en los trapos
ni en lazos ni en cintas
ni en viejas muñecas
María del Carmen
olvida los novios
La patria es quien toca
de noche en su puerta

María del Carmen
conoce la iglesia
sabe donde está
pero no la visita
María del Carmen
se asombra con todo
pero si la miran
no baja la vista
María del Carmen
aunque no te he visto
pudiera pintarte
en todo tus detalles

María del Carmen
será inevitable
que un día tropiese
contigo en la calle.

María del Carmen
si llego a encontrarte
tendré de seguro
que amarte y amarte y amarte
amarte y amarte y amarte.

VIII. CONTRADICCIONES

HEBERTO PADILLA
(1932-   )

Nace en Pinar del Río. Emigra a los Estados Unidos (1948). Publica a los dieciseis años Las rosas audaces *(1948). Regresa a Cuba en 1949. Al comienzo de la revolución, trabaja para el periódico* Revolución *y colabora en su suplemento literario* Lunes de Revolución. *Escribe* El justo tiempo humano *(1962),* La hora *(1964) y* Poesía y política: poemas escogidos *(1964). Es periodista en Londres y en la Unión Soviética. Regresa en 1966. Desde 1967 es el centro de numerosas polémicas. En 1968 obtiene el premio Julián del Casal de la Unión de Escritores y Artistas de Cuba por su poemario* Fuera del juego. *El jurado está formado por José Z. Tallet, Manuel Díaz Martínez, César Calvo, José Lezama Lima y J.M. Cohen. Publica* Por el momento *(1970). Es detenido por un mes (1971). Su autocrítica ante la UNEAC recibe atención mundial. En 1971 Lourdes Casal recoge documentos importantes acerca de la problemática en torno a la figura de Padilla bajo el título* El caso Padilla: Literatura y revolución en Cuba. *En 1973 aparece* Provocaciones *con una introducción de José Mario. En 1967 publica la antología* Cuban poetry, 1959-1966. *Recibe y acepta permiso para ir a los Estados Unidos (1980). "Hay clichés del desencanto—dice Padilla durante su autocrítica—. Y esos clichés yo los he dominado siempre. Aquí hay muchos amigos míos que yo estoy mirando ahora, que lo saben. César Leante lo sabe, César sabe que yo he sido un tipo escéptico toda mi vida, que yo siempre me he inspirado en el desencanto, que mi desencanto ha sido el centro de todo mi entusiasmo—valga esa absurda forma de expresión—. Es decir, el motor de mi poesía ha sido el pesimismo, el escepticismo, el desencanto. Y ese libro,* Fuera del juego, *está marcado por ese escepticismo y por esa amargura."*

En tiempos difíciles

A aquel hombre le pidieron su tiempo
para que lo juntara al tiempo de la Historia.
Le pidieron las manos,
porque para una época difícil
nada hay mejor que un par de buenas manos.
Le pidieron los ojos
que alguna vez tuvieron lágrimas
para que contemplara el lado claro
(especialmente el lado claro de la vida)
porque para el horror basta un ojo de asombro.
Le pidieron sus labios
resecos y cuarteados para afirmar,
para erigir, con cada afirmación, un sueño
(el-alto-sueño);
le pidieron las piernas,
duras y nudosas,
(sus viejas piernas andariegas)
porque en tiempos difíciles
¿algo hay mejor que un par de piernas
para la construcción o la trinchera?
Le pidieron el bosque que lo nutrió de niño,
con su árbol obediente.
Le pidieron el pecho, el corazón, los hombros.
Le dijeron
que eso era estrictamente necesario.
Le explicaron después
que toda esta donación resultaría inútil
sin entregar la lengua,

porque en tiempos difíciles
nada es tan útil para atajar el odio o la mentira.
Y finalmente le rogaron
que, por favor, echase a andar,
porque en tiempos difíciles
ésta es, sin duda, la prueba decisiva.

El discurso del método

Si después que termina el bombardeo,
andando sobre la hierba que puede crecer lo mismo
entre las ruinas
　　que en el sombrero de tu Obispo,
eres capaz de imaginar que no estás viendo
lo que se va a plantar irremediablemente delante
　　　　　　de tus ojos,
　　o que no estás oyendo
lo que tendrás que oír durante mucho tiempo todavía;
　　o (lo que es peor)
piensas que será suficiente la astucia o el buen juicio
para evitar que un día, al entrar en tu casa,
sólo encuentres un sillón destruido, con un montón
　　de libros rotos,
　　yo te aconsejo que corras enseguida,
　　que busques un pasaporte,
　　alguna contraseña
　　un hijo enclenque, cualquier cosa
que puedan justificarte ante una policía por el momento torpe
　　(porque ahora está formada
　　de campesinos y peones)
　　y que te largues de una vez y para siempre.

Los poetas cubanos ya no sueñan

Los poetas cubanos ya no sueñan
        (ni siquiera en la noche).

Van a cerrar la puerta para escribir a solas
cuando cruje, de pronto, la madera;
el viento los empuja al garete;
unas manos los cojen por los hombros,
los voltean,
          los ponen frente a frente a otras caras

(hundidas en pantanos, ardiendo en el napalm)
y el mundo encima de sus bocas fluye
y está obligado el ojo a ver, a ver, a ver.

Sobre los héroes

A los héroes
siempre se les está esperando,
porque son clandestinos
y trastornan el orden de las cosas.
Aparecen un día
fatigados y roncos
en los tanques de guerra,
cubiertos por el polvo del camino,
haciendo ruido con las botas.
Los héroes no dialogan,
pero planean con emoción
la vida fascinante de mañana.
Los héroes nos dirigen
y nos ponen delante del asombro del mundo.
Nos otorgan incluso
su parte de Inmortales.
Batallan
con nuestra soledad
y nuestros vituperios.
Modifican a su modo el terror.
Y al final nos imponen
la furiosa esperanza.

Mis amigos no deberían exigirme

Mis amigos no deberían exigirme
que rechace estos símbolos perplejos
que han asaltado mi cultura.

(Ellos afirman que es inglesa)

No deberían exigirme
que me quite la máscara de guerra,
que no avance orgulloso sobre esta isla de coral.

Pero yo, en realidad, voy como puedo.
Si ando muy lejos debe ser porque el mundo
lo decide.

Pero ellos no deberían exigirme
que levante otro árbol de sentencias,
sobre la soledad de los niños casuales.

Yo rechazo su terca persuasión de última hora,
las emboscadas que me han tendido.
Que de una vez aprendan que sólo siento amor
por el desobediente de los poemas sin ataduras
que están entrando en la gran marcha
donde camina el que suscribe,
como un buen rey, al frente.

Poética

Di la verdad.
Di, al menos, tu verdad.
Y después
deja que cualquier cosa ocurra:
que te rompan la página querida,
que te tumben a pedradas la puerta,
que la gente
se amontone delante de tu cuerpo
como si fueras
un prodigio o un muerto.

Fuera del juego

> *A Yannis Ritzos, en una cárcel de Grecia*

¡Al poeta, despídanlo!
Ese no tiene aquí nada que hacer.
No entra en el juego.
No se entusiasma.
No pone en claro su mensaje.
No repara siquiera en los milagros.
Se pasa el día entero cavilando.
Encuentra siempre algo que objetar.

A ese tipo, despídanlo!
Echen a un lado al aguafiestas,
a ese malhumorado
del verano,
con gafas negras
bajo el sol que nace.
Siempre
le sedujeron las andanzas
y las bellas catástrofes
del tiempo sin Historia.
Es
    incluso
        anticuado.
Sólo le gusta el viejo Armstrong.
Tararea, a lo sumo
una canción de Pete Seeger.
Canta,
    entre dientes,
                La Guantanamera.

Pero no hay
quien lo haga abrir la boca,
pero no hay
quien lo haga sonreír
cada vez que comienza el espectáculo
y brincan
los payasos por la escena;
cuando las cacatúas
confunden el amor con el terror
y está crujiendo el escenario
y truenan los metales
y los cueros
y todo el mundo salta,
se inclina,
retrocede,
sonríe,
abre la boca
   "pues sí,
    claro que sí,
     por supuesto que sí..."
y bailan todos bien,
bailan bonito,
como les piden que sea el baile.
A ese tipo, despídanlo!
Ese no tiene aquí nada que hacer.

Instrucciones para ingresar en una nueva sociedad

Lo primero: optimista.
Lo segundo: atildado, comedido, obediente.
(Haber pasado todas las pruebas deportivas)
Y finalmente andar
como lo hace cada miembro:
un paso al frente, y
dos o tres atrás:
pero siempre aplaudiendo.

El hombre que devora los periódicos de nuestros días

El hombre que devora los periódicos de nuestra época
 no está en un circo como los trapecistas o los
 comecandela
Si hace un poco de sol se le puede encontrar en los
 parques nevados o entrando en el Metro, arras-
 trado por sus hábitos de lector.
Es un experto en la credulidad de nuestro tiempo
 este reconcentrado.
La vida pasa en torno a él, no lo perturba, no lo alcanza.
Los pájaros lo sobrevuelan como a la estatua de
 la Plaza de Pushkin.
Habitualmente, los pájaros lo cagan, lo picotean
 como a un tablón flotante.

No fue un poeta del porvenir

Dirán un día:
él no tuvo visiones que puedan añadirse a la posteridad.
No poseyó el talento de un profeta
No encontró esfinges que interrogar
ni hechiceras que leyeran en la mano de su muchacha
el terror con que oían
las noticias y los partes de guerra.
Definitivamente él no fue un poeta del porvenir.
Habló mucho de los tiempos difíciles
y analizó las ruinas,
pero no fue capaz de apuntalarlas.
Siempre anduvo con ceniza en los hombros.
No develó ni siquiera un misterio.
No fue la primera ni la última figura de un cuadrivio.
Octavio Paz ya nunca se ocupará de él.
No será ni un ejemplo de los ensayos de Retamar.
Ni Alomá ni Rodríguez Rivera
Ni Wichy el pelirrojo
se ocuparán de él.
La Estilística tampoco se ocupará de él.
No hubo nada extralógico en su lengua.
Envejeció de claridad.
Fue más directo que un objeto.

CINTIO VITIER
(1921-   )

Nace en Key West, Florida. A la edad de diecisiete años publica su primer libro: Poemas *(1938). Pero su poesía adquiere madurez y personalidad con* Sedienta cita *(1943) y* Extrañeza de estar *(1943). Recoge su obra poética en dos libros fundamentales:* Vísperas *(1953) y* Testimonios *(1968). Además de poeta — de los más destacados en lo que suele distinguirse como "generación de* Orígenes", *dado su revista homónima, y uno de sus principales animadores — es crítico, ensayista e investigador literario de indiscutible autoridad. Entre sus libros de ensayos se destacan, como indispensables:* Diez poetas cubanos *(1948),* Lo cubano en la poesía *(1958), y en colaboración con Fina García Marruz,* Temas Martianos *(1969) y* Flor oculta de la poesía cubana *(1978). En 1978 publica también su primera novela* De peña pobre. *Actualmente trabaja en la Biblioteca Nacional José Martí. Nada lo define mejor que el poema que da título a esta antología: "Torre de marfil". Su estética actual revela su profundo espíritu cristiano y revolucionario: "Este libro no es tanto de poesía / como de conciencia. / Sus versos resultan duros y desabridos / pero dicen la verdad de mi corazón / cambiante y una / como la profunda luz de agosto. / Ya no vale la pena escribir / una línea / que no sea completa, aunque después resulte poca, / la verdad. / La poesía no está por encima de nada. / Echo mi vida a un fuego: ser honrado. / ¡Cómo no voy a querer serlo si en ello me va la vida!"*

Torre de marfil

La política está llegando a la raíz del mundo,
a los átomos,
a los electrones.

El cielo parece libre,
los árboles, ajenos a la historia,
la mariposa, ausente del periódico.

Todavía
podemos ir al mar
y pensar en los griegos,
o, tal vez, sumergirnos
en la feroz frescura del olvido.

Naturaleza, en suma
(aquí donde no caen bombas
todavía)
es una torre de marfil inesperada.

Mas no hay que preocuparse, pues ya será la última.
Los dispositivos están situados en el centro de la flor.

Consignas

> *"el poeta sabe que puede anegarse*
> *en la realidad sin consignas."*
>
> JULIO CORTÁZAR.

Quien sabe, ilusionado amigo!
Ya no estoy tan seguro. Todo depende
increíblemente de las circunstancias.
Las circunstancias pueden ser los barrotes
de una prisión invisible, tan grande como el mundo.
Su discurso del Camaleón, que parece tan libre,
que es indudablemente tan hermoso,
a ratos suena como el monólogo de un prisionero:
usted mismo dice escribirlo en las paredes de la
   comisaría.
Esas paredes pueden ser una avenida de castaños
—y a mí me ha sucedido mirar por la única ventana,
   la del cielo,
y ver allá en el fondo una gruesa estrella ardiendo
como una terrible lágrima que es la consigna indescifrable.

El aire, aquí

El aire, aquí, ya no es el mismo;
los árboles ostentan otro verde.

La ciudad ha cambiado de sabor,
de dirección, de peso.

La noche, el día,
tienen distintas significaciones.
Los adjetivos están rotos, inservibles.

La muchacha que fue al Canadá
para ver a sus padres,
comprendió que ellos eran extranjeros.

En sus ojos violetas he visto estupor.

Escasez

Lo que no hay
primero brilla como una estrella altiva,
después se va apagando
en el espacio vacío, consolador y puro
de lo que hay.

Amanece.

La ciudad está llena de su carencia
como de una luz
dintinta.

Compromiso

¿Comprometido? ¡A fondo, nupcialmente!
¡Deseo: lo real que se ilumina!
Si no rompe el futuro no hay presente.
Si no quiero el minero, ¿a qué la mina?

¿Militante? ¡Sin duda, de la frente
al corazón la aurora me domina!
¡Amargo, como el mar, abiertamente
me entrego a la pelea cristalina!

La dedico a la luz, la doy al viento.
Nada me pertenece, ni un instante
que no sea de todos pensamiento.

La justicia es mi ser desesperante,
el que no alcanzo nunca. ¡A muerte siento
que vivo enamorado, hacia adelante!

Cántico nuevo

Este libro no es tanto de poesía
como de conciencia.

Sus versos resultan duros y desabridos
pero dicen la verdad de mi corazón
cambiante y una
como la profunda luz de agosto.

Ya no vale la pena escribir
una línea
que no sea completa, aunque después resulte poca,
la verdad.

La poesía no está por encima de nada.

Echo mi vida a un fuego: ser honrado.
Cómo no voy a querer serlo si en ello me va la vida.
No la que otros pueden darme o quitarme sino la que yo
    me doy
en mi conciencia que Dios me dio
para hacer este cántico nuevo,
áspero, duro y desabrido.

He pasado de la conciencia de la poesía
a la poesía de la conciencia, porque estoy, a no dudarlo,
entre la espada y la pared.

Este libro no contiene las notas de una lira
salvo que una lira sea
el tiempo y el espacio que van de la espada a la pared.

La profunda luz de agosto me lo dice:
Nada está por encima de nada.
Todo va a salvarse o a perderse junto en un solo cuerpo
 y en una sola alma.

Estamos

Estás
haciendo
cosas:
música,
chirimbolos de repuesto,
libros,
hospitales,
pan,
días llenos de propósitos,
flotas,
vida
con tan pocos materiales.

A veces
se diría
que no puedes llegar hasta mañana,
y de pronto
uno pregunta y sí,
hay cine,
apagones,
lámparas que resucitan,
calle mojada por la maravilla,
ojo del alba,
Juan
y cielo de regreso.

Hay cielo hacia adelante.

Todo va saliendo más o menos
bien o mal, o peor,
pero se llena el hueco,
se salta,
sigues,
estás
haciendo
un esfuerzo conmovedor en tu pobreza,
pueblo mío,
y hasta horribles carnavales, y hasta
feas vidrieras, y hasta
luna.

Repiten los programas,
no hay perfumes
(adoro esa repetición, ese perfume):
no hay, no hay, pero resulta que
hay.

Estás, quiero decir,
estamos.

Ante el retrato de Guevara yacente

A Paco Chavarry.

Derrumbado en el hilo de la muerte
por el plomo que fuiste a procurarte
en la lucha feroz, no estás inerte
ni está fuera de ti el rudo arte

de atacar con lo débil a lo fuerte:
arqueado el torso roto, el rostro aparte
de la sombra que quiere conocerte,
parece que ya vas a incorporate

otra vez al fragor de la batalla,
lleno de luz el pecho, grave el ojo
de gaucho que a la muerte pone a raya,

y que otra vez ceñido el cinto flojo
de tu ropa viril, por la metralla
pasas triunfando al fin de tu despojo.

No me pidas

No me pidas falsas
colaboraciones, juegos
del equívoco y la confusión:
pídeme que a mi ser
lo lleve hasta su sol sangrando.

No me pidas firmas,
fotos, créditos para un abominable
desarrollo de la doblez: pídeme
que estemos como hermanos
abriéndonos el corazón hasta la muerte.

No halagues mi vanidad, busca mi fuerza,
que es la tuya. No quieras, con tu delicadeza,
que me traicione. No simules
que vas a creer en mi simulación.
No hagamos otro mundo de mentiras.

Vamos a hacer un mundo de verdad, con la verdad
   partida como un pan terrible para todos.

Es lo que yo siento que cada día me exige,
   implacablemente, la Revolución.

Clodomira

De pronto sentí la clase,
lo que nunca quise admitir, la tara,
delante de aquel campesino
que hablaba bien, como se debe,
con palabras iguales a matojos o pedruscos,
de la muchacha alzada de la Sierra
que mataron a golpes: Clodomira.

(Su nombre original en su cara indígena.)

"La asesinaron totalmente", dijo, y vive,
digo yo, sin retórica, en su tierra
que tiene que ser una parte de su cielo.

Haber nacido tan distintos,
sin pies descalzos por las breñas ni mañana dura,
habrá que remediarlo de algún modo.

Ella podía mirar a las estrellas, *verlas,*
desde su taburete a la intemperie,
y el campesino que la evoca
puede
hacer su elegía. Nosotros no podemos.
Nacimos ciegos, ignorantes. Las escamas
se resisten a caer de nuestros ojos.
                      Las estrellas
de Clodomira nos están mirando.

VIII. VISIONES

FIDEL CASTRO
Angola y el internacionalismo cubano

Queridos compañeros:

Hace quince años exactamente, a esta misma hora, no se habían apagado todavía los ecos de los últimos disparos de la batalla en que se aplastó una de las más tenebrosas y traicioneras acciones del imperialismo yanqui contra un pueblo de América Latina.

Girón quedó en la historia como la primera derrota de ese imperialismo en este continente.

Sería inútil todo intento de encontrar el menor principio ético en un sistema cuyos actos todos se caracterizan por la explotación, el pillaje, el engaño y el crimen. Cuántas páginas han escrito los Estados Unidos de Norteamérica en sus relaciones con los pueblos latinos de este hemisferio, desde que arrebataron a México más de la mitad de su territorio hasta que propiciaron su criminal golpe fascista en Chile, que culminó con el asesinato de su ilustre, revolucionario y digno presidente Salvador Allende, pasando por la ocupación del istmo de Panamá, las sórdidas y piratescas intervenciones armadas en numerosos países de Centroamérica y del Caribe, el asesinato de Sandino y el desembarco en Santo Domingo de la Infantería de Marina yanqui para liquidar la revolución de Francisco Caamaño, tienen todas el mismo estilo de prepotencia, engaño, traición y violencia.

No hay obra humana perfecta y tampoco lo son, por supuesto, las revoluciones, que las hacen los hombres con sus limitaciones e imperfecciones. La marcha de la humanidad hacia el futuro debe necesariamente conocer experiencias dolorosas, pero ese futuro pertenece a los principios, a la solidaridad revolucionaria entre los pueblos, al socialismo, al marxismo-leninismo y al internacionalismo.

Esta alternativa entre el pasado y el futuro, la reacción o el progreso, la traición o la lealtad a los principios, el capitalismo o el socialismo, el dominio imperialista o la liberación, fue lo que se decidió en Girón aquel 19 de 1961. Tres días antes, frente a las tumbas de los primeros mártires de la brutal agresión, el pueblo proclamó el carácter socialista de nuestra Revolución, y los hombres y mujeres de nuestra patria se dispusieron a morir por ella. Nadie sabía el número de mercenarios; nadie sabía cuántos infantes de marina y soldados yanquis vendrían detrás de ellos, cuántos aviones, cuántos nuevos bombardeos habría que soportar. Nunca, como en ese instante, la consigna de Patria o Muerte se hizo más dramática, real y heroica. La decisión de morir o vencer, encarnada en un pueblo entero, era superior a todos los riesgos, sufrimientos y peligros. Esto hizo doblemente histórica aquella fecha, porque a partir de Girón nació realmente nuestro partido marxista-leninista, a partir de aquella fecha se cuenta la militancia en nuestro Partido; a partir de aquella fecha el socialismo quedó para siempre cimentado con la sangre de nuestros obreros, campesinos y estudiantes; a partir de aquella fecha el destino de los pueblos de este continente, en la libertad y dignidad que conquistaba uno de ellos frente a la agresión del poderoso imperio que los avasallaba a todos, sería diferente. Porque, dígase lo que se diga, a partir de Girón todos los pueblos de América fueron un poco más libres.

El espectáculo de un pueblo valiente, heroico y victorioso conmovió hasta los cimientos y cambió la psicología política, los viejos esquemas y los hábitos de pensar en este continente. El propio Gobierno de Estados Unidos se vio en la necesidad de declarar nuevas políticas y métodos para impedir el avance revolucionario. Surgió la Alianza para el Progreso, y muchos gobiernos de este hemisferio que hasta entonces no habían conocido la menor consideración, recibieron los honores de la recepción en la Casa Blanca, préstamos a largo plazo y créditos bancarios. La sangre de los caídos en Girón fue incluso capitalizada por muchos gobiernos burgueses de América Latina, como ya habían capitalizado antes las agresiones contra nuestra cuota azucarera. Palabras como Reforma Agraria, Reforma Fiscal, redistribución de ingresos, planes de vivienda, educación y salud pública para los pueblos de América Latina, que hasta ese momento jamás habían aparecido en el léxico de Washington, se pusieron de moda. Toda una filosfía fue elaborada en medio del pánico de los imperialistas, terratenientes y burgueses, para impedir la revolución social en América Latina. En Chile se inventó la "revolución en libertad", para demostrar que la justicia social era posible sin el socialismo, que es tanto como demostrar que puede haber justicias bajo el dominio imperialista, el sistema capitalista, la dictadura de la burguesía y la explotación del hombre por el hombre.

Hoy al imperialismo, después de estos ensayos engañosos, ridículos y utópicos, sólo le queda el fascismo. Esta verdad clara y descarnada la comprenden los pueblos. Ya no hay siquiera modelos clásicos de "democracia representativa", como lo fueron durante mucho tiempo, para regocijo de liberales e ignorantes, Uruguay y Chile. Sólo hay dictadura fascista, tortura y crimen. ¿Y qué puede ser ésta, sino la única antesala de los cambios verdaderamente radicales y profundos que nuestros pueblos necesitan? ¿Después del fascismo, qué queda al imperialismo?

Al conmemorar este XV Aniversario de la heroica y gloriosa victoria de Girón, nuestro pueblo tiene un motivo adicional de orgullo, que expresa su más hermosa página internacionalista y que trasciende las fronteras de este continente: la historica victoria del pueblo de Angola, a la que ofrecimos la generosa e irrestricta solidaridad de nuestra Revolución.

En Girón se derramó sangre africana, la de los abnegados descendientes de un pueblo que fue esclavo antes de ser obrero, y fue obrero explotado antes de ser dueño de su patria. Y en Africa, junto a la de los heroicos combatientes de Angola, se derramó también sangre cubana, la de los hijos de Martí, Maceo y Agramonte, la de los que heredaron la sangre internacionalista de Gómez y el Che Guevara. Los que un día esclavizaron al hombre y lo enviaron a América, tal vez no imaginaron jamás que uno de esos pueblos que recibió a los esclavos, enviaría a sus combatientes a luchar por la libertad en Africa.

La victoria de Angola fue hermana gemela de la victoria de Girón. Angola constituye para los imperialistas yanquis un Girón africano. En una ocasión dijimos que el imperialismo sufría sus grandes derrotas en el mes de abril: Girón, Viet Nam, Cambodia, etcétera. Esta vez la derrota llegó en marzo. El 27 de ese mes, cuando los últimos soldados sudafricanos, después de una retirada de más de 700 kilómetros, cruzaron la frontera de Namibia, se había escrito una de las más brillantes páginas de la liberación del Africa Negra...

La guerra de Angola fue en realidad la guerra de Kissinger. Frente al criterio de algunos de sus colaboradores más cercanos se empeñó en realizar operaciones encubiertas para liquidar al MPLA, a traves de los grupos contrarrevolucionarios FNLA y UNITA, con el apoyo de mercenarios blancos, Zaire y Africa del Sur. Se dice que la propia CIA le advirtió que tales operaciones clandestinas no podrían mantenerse en secreto. Aparte de que el FNLA fue apoyado por la CIA desde su fundación, hecho que ha sido ya reconocido públicamente, Estados Unidos desde la primavera de 1975 invirtió decenas de millones de dólares an abastecer de armas e instructores a los grupos contrarrevolucionarios y escisionistas de Angola. Tropas regulares de Zaire, instigadas por Estados Unidos, entraron en el territorio de Angola desde el verano de ese mismo año, mientras fuerzas militares de Africa del Sur ocupaban la zona de Cunene el mes de agosto y enviaban armas e instructores a las bandas de la UNITA.

Por ese tiempo no había un solo instructor cubano en Angola. La primera ayuda material y los primeros instructores cubanos llegaron a Angola a principios de octubre a solicitud del MPLA, cuando Angola estaba siendo ya invadida descaradamente por fuerzas extranjeras. Sin embargo, ninguna unidad militar cubana había sido enviada a Angola a participar directamente en la contienda ni estaba proyectado hacerlo.

El 23 de octubre, instigadas igualmente por Estados Unidos, tropas regulares del ejército de Africa del Sur, apoyadas por tanques y artillería, partiendo de las fronteras de Namibia invadieron el territorio de Angola y penetraron profundamente en el país avanzando de 60 a 70 kilómetros por día. El 3 de noviembre habían penetrado más de 500 kilómetros en Angola, chocando con la primera resistencia en las proximidades de Benguela, que le ofrecieron el personal de una escuela de reclutas angolanos recién organizada y sus instructores cubanos, que virtualmente no disponían de medios para contener el ataque de los tanques, la Infantería y la artillería sudafricana.

El 5 de noviembre de 1975, a solicitud del MPLA, la Dirección de nuestro Partido decidió enviar con toda urgencia un batallón de tropas regulares con armas antitanques, para apoyar a los patriotas angolanos en su resistencia a la invasión de los racistas sudafricanos. Esta fue la primera unidad de tropas cubanas enviadas a Angola. Cuando arribó al país, por el norte los intervencionistas extranjeros estaban a 26 kilómetros de Luanda, su artillería de 140 milímetros bombardeaba los alrededores de la capital y los fascistas sudafricanos habían penetrado ya más de 700 kilómetros por el sur desde las fronteras de Namibia, mientras Cabinda era defendida heroicamente por los combatientes del MPLA con un puñado de instructores cubanos.

No pretendo hacer un relato de los acontecimientos de la guerra de Angola, cuyo ulterior desarrollo es a grandes rasgos de todos conocido, sino señalar la oportunidad, la forma y las circunstancias en que se inició nuestra ayuda. Estos hechos son rigurosamente históricos.

El enemigo ha hablado de cifras de cubanos en Angola. Baste decir, que una vez entablada la lucha se enviaron los hombres y las armas necesarios para concluirla victoriosamente. En honor a nuestro pueblo, debemos decir que cientos de miles de combatientes de nuestras tropas regulares y reservistas estaban dispuestos a luchar junto a sus hermanos angolanos.

Nuestras bajas fueron mínimas. A pesar de que la guerra se libró en cuatro frentes y nuestros combatientes participaron junto a los heroicos soldados del MPLA en la liberación de casi un millón de kilómetros cuadrados que habían sido ocupados por los intervencionistas y sus secuaces, murieron en las acciones de Angola, que duraron más de cuatro meses, menos soldados cubanos que en los tres días de combate de Girón.

La decisión cubana fue absolutamente bajo su responsabilidad. La URSS, que siempre ayudó a los pueblos de las colonias portuguesas en su lucha por la independencia y le brindó a la Angola agredida una ayuda fundamental en equipos militares y colaboró con nuestros esfuerzos cuando el imperialismo nos había cortado prácticamente todas las vías de acceso por aire al Africa, jamás solicitó el envío de un solo cubano a ese país. La URSS es extraordinariamente respetuosa y cuidadosa en sus relaciones con Cuba. Una decisión de esa naturaleza sólo podía tomarla nuestro propio Partido...

Ningún país de América Latina, sea cual fuere su régimen social, tendrá nada que temer de las Fuerzas Armadas de Cuba. Es nuestra más profunda convicción de que cada pueblo debe ser libre de construir su propio destino; que cada pueblo y sólo el pueblo de cada país debe hacer y hará su propia revolución. No ha pensado jamás el Gobierno de Cuba llevar la revolución a ninguna nación de este hemisferio con las armas de sus unidades militares. Sería absurda y ridícula semejante idea. Ni es Cuba quien arrebató a México la mayor parte de su territorio, ni desembarcó 40 mil infantes de marina para aplastar la revolución en Santo Domingo, ni ocupa un pedazo del territorio panameño, ni oprime un país latino en Puerto Rico, ni planifica asesinatos de dirigentes extranjeros, ni explota las riquezas y recursos naturales de pueblo alguno en este hemisferio.

Ningún país del Africa Negra tiene nada que temer del personal militar cubano. Somos un pueblo latino-africano enemigo del colonialismo, el neocolonialismo, el racismo y el apartheid a los que protege y apaña el imperialismo yanqui...

Sólo pueden ser intimidados los pueblos que no tienen dignidad. Nosotros vivimos ya la Crisis de Octubre de 1962 y decenas de armas atómicas apuntando contra Cuba no hicieron vacilar en nuestra patria ni siquiera a los niños. A las amenazas de Kissinger el pueblo de Cuba puede responder con aquellos versos de una poesía clásica española:

Y si caigo
¿qué es la vida?
Por perdida
ya la di
cuando el yugo
del esclavo
como un bravo
sacudí.

Los imperialistas yanquis poseen cientos de miles de soldados en el extranjero; poseen bases militares en todos los continentes y en todos los mares. En Corea, Japón, Filipinas, Turquía, Europa Occidental, Panamá y otros muchos sitios, se cuentan por decenas y cientos sus instalaciones militares. En la propia Cuba ocupan por la fuerza un pedazo de nuestro territorio.

¿Qué derecho moral y legal tienen a protestar de que Cuba facilite instructores y asistencia en la preparación técnica de sus ejércitos a países de Africa y otras áreas del mundo subdesarrollado que así lo soliciten?

¿Qué derecho tienen a impugnar la ayuda solidaria que brindamos a un pueblo hermano de Africa criminalmente agredido como Angola?

Duele a los imperialistas que Cuba, el país agredido y bloqueado, al que hace 15 años quisieron destruir con una invasión mercenaria, sea hoy un sólido e inexpugnable baluarte del movimiento revolucionario mundial cuyo ejemplo de valentía, dignidad y firmeza es un aliento en la lucha de los pueblos por su liberación.

Por otro lado, nuestra acción revolucionaria no se libra al margen de la correlación mundial de fuerzas ni de los intereses de la paz internacional. No somos enemigos de la distensión ni de la coexistencia pacífica entre los Estados de diferentes sistemas sociales, basadas en el acatamiento irrestricto a las normas del derecho internacional. Estaríamos dispuestos, incluso, a mantener relaciones normales con los Estados Unidos sobre la base del respeto mutuo y la igualdad soberana, sin renunciar a uno solo de nuestros principios y sin dejar de luchar para que en la esfera internacional las normas de convivencia pacífica y el respeto a los derechos de cada nación se apliquen, sin exclusión, a todos los pueblos del mundo.

Estados Unidos ocupa en Guantánamo un pedazo de nuestro territorio; Estados Unidos mantiene hace más de 15 años un bloqueo criminal contra nuestra patria. Cuba no se plegará jamás ante esta política imperialista de hostilidad y fuerza y luchará contra ella incansablemente. Hemos dicho que no puede haber negociaciones mientras haya bloqueo. Nadie puede negociar con un puñal en el pecho. No importa si estamos 20 años más sin relaciones con Estados Unidos. Hemos aprendido a vivir sin ellas y apoyándonos en nuestra sólida e indestructible amistad con la URSS hemos avanzado más en estos años que cualquier otro país de América Latina. Si el comercio con Estados Unidos pudiera significar, tal vez, algunas ventajas y un ritmo algo más rápido de desarrollo, preferimos marchar más despacio pero con la frente en alto y las banderas de la dignidad absolutamente desplegadas. No cambiaremos la primogenitura revolucionaria, que nos da el hecho de ser la primera revolución socialista en el hemisferio occidental, por un plato de lentejas. También como los cristianos, podemos decir, que no sólo de pan vive el hombre...

Inclinemos nuestras frentes con respeto y gratitud eterna a los héroes que, con la victoria de hace 15 años, hicieron posible la patria digna, valiente e indestructible de hoy.

¡Patria o Muerte!
¡Venceremos!

La Habana
19 de Abril de 1976

ERNESTO CHE GUEVARA
Diario de Bolivia

NOVIEMBRE 12, 1966

Día sin novedad alguna. Hicimos una breve exploración para preparar el terreno destinado a campamento cuando lleguen los 6 del segundo grupo. La zona elegida está a unos 100 metros del principio de la tumba, sobre un montículo y cerca hay una hondonada en la que se pueden hacer cuevas para guardar comida y otros objetos. A estas alturas debe estar llegando el primero de los tres grupos de a dos en que se divide la partida. A fines de la semana que empieza deben llegar a la finca. Mi pelo está creciendo, aunque muy ralo y las canas se vuelven rubias y comienzan a desaparecer; me nace la barba. Dentro de un par de meses volveré a ser yo.

DICIEMBRE 31

A las 7.30 llegó el Médico con la noticia de que Monje estaba allí. Fui con Inti, Tuma, Urbano y Arturo. La recepción fue cordial, pero tirante; flotaba en el ambiente la pregunta: ¿a qué vienes? Lo acompañaba "Pan Divino", el nuevo recluta. Tania, que viene a recibir instrucciones y Ricardo que ya se queda.

La conversación con Monje se inició con generalidades pero pronto cayó en su planteamiento fundamental resumido en tres condiciones básicas:

1º) Él renunciaría a la dirección del partido, pero lograría de éste al menos la neutralidad y se extraerían cuadros para la lucha.

2º) La dirección político-militar de la lucha le correspondería a él mientras la revolución tuviera un ámbito boliviano.

3º) Él manejaría las relaciones con otros partidos sudamericanos, tratando de llevarlos a la posición de apoyo a los movimientos de liberación (puso como ejemplo a Douglas Bravo).

Le contesté que el primer punto quedaba a su criterio, como secretario del partido, aunque yo consideraba un tremendo error su posición. Era vacilante y acomodaticia y preservaba el nombre histórico de quienes debían ser condenados por su posición claudicante. El tiempo me daría la razón.

Sobre el tercer punto, no tenía inconveniente en que tratara de hacer eso, pero estaba condenado al fracaso. Pedirle a Codovila que apoyara a Douglas Bravo era tanto como pedirle que condonara un alzamiento dentro de su partido. El tiempo también sería el juez.

Sobre el segundo punto no podía aceptarlo de ninguna manera. El jefe militar sería yo y no aceptaba ambigüedades en esto. Aquí la discusión se estancó y giró en un círculo vicioso.

Quedamos en que lo pensaría y hablaría con los compañeros bolivianos. Nos trasladamos al campamento nuevo y allí habló con todos planteándoles la disyuntiva de quedarse o apoyar al partido; todos se quedaron y parece que eso lo golpeó.

A las 12 hicimos un brindis en que señaló la importancia histórica de la fecha. Yo contesté aprovechando sus palabras y marcando este momento como el nuevo grito de Murillo de la revolución continental y que nuestras vidas no significaban nada frente al hecho de la revolución.

Fidel me envió los mensajes adjuntos.

FEBRERO 4, 1966

Caminamos desde la mañana hasta las 4 de la tarde, con parada de 2 horas para tomar una sopa a medio día. El camino fue siguiendo el Ñacahuasu; relativamente bueno pero fatal para los zapatos pues ya hay varios compañeros casi descalzos.

La tropa está fatigada pero todos han respondido bastante bien. Yo estoy liberado de casi 15 libras y puedo caminar con soltura aunque el dolor en los hombros se hace a ratos insoportable.

No se han encontrado señales recientes del paso de gente por el río pero debemos toparnos con zonas habitadas de un momento a otro, según el mapa.

FEBRERO 16

Caminamos unos metros para ponernos a cubierto de la curiosidad del hermano y acampamos en un alto que da al río, 50 metros abajo. La posición es buena en cuanto a estar cubierto de sorpresas, pero un poco incómoda. Comenzamos la tarea de preparar una buena cantidad de comida para la travesía, que haremos cruzando la sierra hacia el Rosita.

Por la tarde, una lluvia violenta y pertinaz, que siguió sin pausas toda la noche, entorpeció nuestros planes, pero hizo crecer el río y nos dejó nuevamente aislados. Se le prestará $1,000 al campesino para que compre y engorde puercos; tiene ambiciones capitalistas.

FEBRERO 25

Día negro, Se avanzó muy poco, y, para colmo Marcos equivocó la ruta y se perdió la mañana; había salido con Miguel y el Loro. A las 12 comunicó esto y pidió relevo y la comunicación; fueron Braulio, Tuma y Pacho. A las 2 horas retornó Pacho diciendo que Marcos lo había enviado porque ya no se escuchaba bien. A las 4.30 envié a Benigno para que avisara a Marcos que si a las 6 no encontraba el río retornara; después de la salida de Benigno, Pacho me llamó para decirme que Marcos y él habían tenido una discusión y que Marcos le había dado órdenes perentorias amenazándolo con un machete y dándole con el cabo en la cara; al volver Pacho y decirle que no seguía más, lo volvió a amenazar con el machete, zarandeándolo y rompiéndole la ropa.

Ante le gravedad del hecho, llamé a Inti y Rolando, quienes confirmaron el mal clima que existía en la vanguardia por el carácter de Marcos, pero también informaron de algunos desplantes de Pacho.

MARZO 4

Miguel y Urbano salieron por la mañana y estuvieron todo el día macheteando, retornando a las 6 de la tarde; avanzaron unos 5 kilómetros y ven un llano que debe permitir avanzar; pero no hay lugar para campamento, por lo que decidimos quedarnos aquí hasta alargar el trillo. Los cazadores lograron dos monitos, una cotorra y una paloma, que fue nuestra comida junto con el palmito, abundante en este arroyo.

El ánimo de la gente está bajo y el físico se deteriora día a día; yo tengo comienzo de edemas en las piernas.

MARZO 21

Me pasé el día en charlas y discusiones con el Chino, precisando algunos puntos, el francés, el Pelao y Tania. El francés traía noticias ya conocidas sobre Monje, Kolly, Simón Reyes, etc. Viene a quedarse pero yo le pedí que volviera a organizar una red de ayuda en Francia y de paso fuera a Cuba, cosa que coincide con sus deseos de casarse y tener un hijo con su compañera. Yo debo escribir cartas a Sartre y B. Russell para que organicen una colecta internacional de ayuda al movimiento de liberación boliviano. Él debe, además, hablar con un amigo que organizará todas las vías de ayuda, fundamentalmente, dinero, medicinas y electrónica, en forma de un ingeniero del ramo y equipos.

El Pelao, por supuesto, está en disposición de ponerse a mis órdenes y yo le propuse ser una especie de coordinador, tocando por ahora sólo a los grupos de Jozamy, Gelman y Stamponi y mandándome 5 hombres para que comiencen el entrenamiento. Debe saludar a María Rosa Oliver y al viejo. Se le dará 500 pesos para mandar y mil para moverse. Si aceptan, deben comenzar la acción exploratoria en el norte argentino y mandarme un informe.

Tania hizo los contactos y la gente vino, pero según ella, se la hizo viajar en su jeep hasta aquí y pensaba quedarse un día pero se complicó la cosa. Jozamy no pudo quedarse la primera vez y la segunda ni siquiera se hizo contacto por estar Tania aquí. Se refiere a Iván con bastante desprecio; no sé qué habrá en el fondo de todo. Se recibe la rendición de cuentas de la Loyola hasta el 9 de febrero (1,500 dólares)*.

Se reciben dos informes de Iván; uno sin interés, con fotos, sobre un colegio militar, otro informando de algunos puntos, sin mayor importancia tampoco.

Lo fundamental es que no puede descifrar la escritura (D. XIII). Se recibe un informe de Antonio (D. XII) donde trata de justificar su actitud. Se escucha un informe radial en que se anuncia un muerto y se desmiente luego; lo que indica que fue verdad lo del Loro.

* e informa de su separación de la Dirección de la juventud.

ABRIL 25

Día negro. A eso de las 10 de la mañana volvió Pombo del observatorio avisando que 30 guardias avanzaban hacia la casita. Antonio quedó en el observatorio. Mientras nos preparábamos llegó éste con la noticia de que eran 60 hombres y se aprestaban a seguir. El observatorio se mostraba ineficaz para su cometido de avisar con antelación. Resolvimos hacer una emboscada improvisada en el camino de acceso al campamento; a toda prisa, elegimos una pequeña recta que bordeaba el arroyo con una visibilidad de 50 ms. Allí me puse con Urbano y Miguel con el fusil automático; el Médico, Arturo y Raúl ocupaban la posición de la derecha para impedir todo intento de fuga o avance por ese lado; Rolando, Pombo, Antonio, Ricardo, Julio, Pablito, Darío, Willi, Luis, León ocupaban la posición lateral del otro lado del arroyo, para cogerlos completamente de flanco; Inti quedaba en el cauce, para atacar a los que retornaran a buscar refugio en el cauce; Ñato y Eustaquio iban a la observación con instrucciones de retirarse por atrás cuando se iniciara el fuego; el Chino permanecía en la retaguardia custodiando el campamento. Mis escasos efectivos se disminuían en 3 hombres, Pacho, perdido, Tuma, y Luis buscándolo.

Al poco rato apareció la vanguardia que para nuestra sorpresa estaba integrada por 3 pastores alemanes con su guía. Los animales estaban inquietos pero no me pareció que nos hubieran delatado; sin embargo, siguieron avanzando y tiré sobre el primer perro, errando el tiro, cuando iba a darle al guía, se encasquilló el M-2. Miguel mató otro perro, según pude ver sin confirmar, y nadie más entró a la emboscada. Sobre el flanco del Ejército comenzó un fuego intermitente. Al producirse un alto mandé a Urbano para que ordenara la retirada pero vino con la noticia de que Rolando estaba herido; lo trajeron al poco rato ya exangüe y murió cuando se empezaba a pasarle plasma. Un balazo le había partido el femur y todo el paquete vásculo nervioso; se fue en sangre antes de poder actuar. Hemos perdido el mejor hombre de la guerrilla, y naturalmente, uno de sus pilares, compañero mío desde que, siendo casi un niño, fue mensajero de la columna cuatro, hasta la invasión y esta nueva aventura revolucionaria; de su muerte oscura solo cabe decir para un hipotético futuro que pudiera cristalizar: "tu cadáver pequeño de capitán valiente ha extendido en lo inmenso su metálica forma".

El resto fue la lenta operación de la retirada, salvando todas las cosas y el cadáver de Rolando (San Luis). Pacho se incorporó más tarde: se había equivocado y alcanzó a Coco, tomándole la noche el regreso. A las tres enterramos el cadáver bajo una débil capa de tierra. A las 16 llegaron Benigno y Aniceto informando que habían caído en una emboscada (más bien un choque) del Ejército, perdiendo las mochilas pero saliendo indemnes. Esto sucedió cuando, según cálculos de Benigno faltaba poco para llegar al Ñacahuasu. Ahora tenemos las dos salidas naturales bloqueadas y tendremos que "jugar montaña", ya que la salida al Río Grande no es oportuna, por la doble razón de ser natural y de alejarnos de Joaquín, de quien no tenemos noticias. Por la noche llegamos a la confluencia de los dos caminos, el de Ñacahuasu y el de Río Grande donde dormimos. Aquí esperaremos a Coco y Camba para concentrar toda nuestra tropita. El balance de la operación es altamente negativo: muere Rolando, pero no sólo eso; las bajas que le hicimos al Ejército no deben pasar de dos y el perro, a todo tirar, pues la posición no estaba estudiada ni preparada y los tiradores no veían al enemigo. Por último, la observación era muy mala, lo que nos impidió prepararnos con tiempo.

Un helicóptero descendió dos veces en la casita del cura; no se sabe si a retirar algún herido y la aviación bombardeó nuestras antiguas posiciones, lo que indica que no avanzaron nada.

MAYO 16

Al comenzar la caminata, se me inició un cólico fortísimo, con vómitos y diarrea. Me lo cortaron con demerol y perdí la noción de todo mientras me llevaban en hamaca; cuando desperté estaba muy aliviado pero cagado como un niño de pecho. Me prestaron un pantalón, pero sin agua, hiedo a mierda a una legua. Pasamos todo el día allí, yo adormilado. Coco y el Ñato hicieron una exploración encontrando un camino que tiene rumbo sur-norte. Por la noche lo seguimos mientras hubo luna y luego descansamos. Se recibió el mensaje No. 36, de donde se desprende el total aislamiento en que estamos.

MAYO 30

De día llegamos a la línea del ferrocarril, encontrándonos con que no existía el camino señalado que nos debía llevar a Michuri. Buscando, se encontró a 500 ms. del cruce un camino recto, petrolero y la vanguardia siguió por él en jeep. Cuando Antonio se retiraba, un jovencito venía con una escopeta y un perro por la vía y al darle el alto huyó. Ante esa noticia, dejé a Antonio emboscado a la entrada del camino y nosotros nos apartamos unos 500 ms. A las 11.45 apareció Miguel con la noticia de que había caminado 12 Kms. con rumbo este sin encontrar casa ni agua; sólo un camino que apartaba al norte. Le di orden de explorar con tres hombres en el jeep ese camino hasta 10 Kms. al norte y volver antes del anochecer. A las 15, cuando dormía plácidamente, me despertó un tiroteo de la emboscada. Pronto llegaron las noticias: el ejército había avanzado y cayó en la trampa. 3 muertos y un herido parece ser el saldo. Actuaron: Antonio, Arturo, Ñato, Luis, Willy y Raúl; este último flojo. Nos retiramos a pie caminando los 12 Kms. hasta el cruce sin encontrar a Miguel en este punto, tuvimos noticias de que el jeep se encangrejaba por falta de agua. A unos 3 Kms. de allí lo encontramos: orinamos todos en él y con una cantimplora de agua pudimos llegar al punto máximo alcanzado, donde esperaban Julio y Pablo. A las 2, ya estaba todo el mundo reunido allí, alrededor de un fuego en el que asamos 3 pavos y freímos la carne de puerco. Guardamos un animal para que tome agua en las aguadas, por las dudas.

Estamos bajando: desde 750 ms. llegamos ahora a 650 ms.

JUNIO 26

Día negro para mí. Parecía que todo transcurriría tranquilamente y había mandado 5 hombres a reemplazar a los emboscados en el camino de Florida, cuando se oyeron disparos. Fuimos rápidamente en los caballos y nos encontramos con un espectáculo extraño: en medio de un silencio total, yacían al sol cuatro cadáveres de soldaditos, sobre la arena del río. No podíamos tomarles las armas por desconocer la posición del enemigo; eran las 17 horas y esperábamos la noche para efectuar el rescate: Miguel mandó a avisar que se oían ruidos de gajos partidos hacia su izquierda; fueron Antonio y Pacho pero di orden de no tirar sin ver. Casi inmediatamente se oyó un tiroteo que se generalizó por ambas partes y di orden de retirada, ya que llevábamos las de perder en esas condiciones. La retirada se demoró y llegó la noticia de dos heridos: Pombo, en una pierna y Tuma en el vientre. Los llevamos rápidamente a la casa para operarlos con lo que hubiera. La herida de Pombo es superficial y sólo traerá dolores de cabeza su falta de movilidad, la de Tuma le había destrozado el hígado y producido perforaciones intestinales; murió en la operación. Con él se me fue un compañero inseparable de todos los últimos años, de una fidelidad a toda prueba y cuya ausencia siento desde ahora casi como la de un hijo. Al caer pidió que se me entregara el reloj, y como no lo hicieron para atenderlo, se lo quitó y se lo dio a Arturo. Ese gesto revela la voluntad de que fuera entregado al hijo que no conoció, como había hecho yo con los relojes de los compañeros muertos anteriormente. Lo llevaré toda la guerra. Cargamos el cadáver en un animal, y lo llevamos para enterrarlo lejos de allí.

Se tomaron prisioneros dos nuevos espías; un teniente de carabineros y un carabinero. Se les leyó la cartilla y fueron dejados en libertad, en calzoncillos solamente, debido a una mala interpretación de mi orden, en el sentido de que fueran despojados de todo lo que sirviera. Salimos con 9 caballos.

JULIO 10

Salimos tarde, porque se había perdido un caballo, que apareció luego. Pasamos por la altura máxima 1,900 ms., por un camino poco transitado. A las 15.30 se llegó a una tapera donde decidimos pernoctar, pero la sorpresa desagradable fue que se acababan los caminos. Se mandó exploración a unas sendas desechadas, pero no conducen a ningún lado. Enfrente se ven unos chacos que podían ser el Filo.

La radio dio la noticia de un choque con guerrilleros en la zona de El Dorado, que no figura en el mapa y es ubicado entre Sumaipata y Río Grande; reconocen un herido y nos atribuyen dos muertos.

De otro lado, las declaraciones de Debray y el Pelado no son buenas; sobre todo, han hecho una confesión del propósito intercontinental de la guerrilla, cosa que no tenían que hacer.

JULIO 30

El asma me apuró bastante y estuve toda la noche despierto. A las 4.30, cuando Moro estaba haciendo el café, avisó que veía una linterna cruzando el río, Miguel, que estaba despierto por hacer cambio de posta, y Moro fueron a detener a los caminantes. Desde la cocina oí el diálogo así: Oiga, ¿quién es?

Destacamento Trinidad. Allí mismo la balacera. Enseguida Miguel traía un M-1 y una canana de un herido y la noticia de que eran 21 hombres en camino hacia Abapó y en Moroco había 150. Se les hicieron otras bajas no muy bien precisadas en la confusión reinante. Los caballos tardaron mucho en ser cargados y el Negro se perdió con el hacha y un mortero que se le había ocupado al enemigo. Ya eran cerca de las 6 y todavía se perdió más tiempo porque se cayeron algunas cargas. Resultado final fue que ya en los últimos cruces estábamos bajo el fuego de los soldaditos quienes se envalentonaron. La hermana de Paulino estaba en su chaco y con gran tranquilidad, nos recibió, informando que todos los hombres de Moroco habían sido apresados y estaban en la Paz.

Apuré a la gente y pasé con Pombo, nuevamente bajo el fuego, el cañón del río donde se acaba el camino y por ende, se puede organizar la resistencia. Mandé a Miguel con Coco y Julio a que tomaran la delantera mientras yo espoleaba la caballería. Cubriendo la retirada quedaban 7 hombres de la vanguardia, 4 de la retaguardia y Ricardo, que se rezagó para reforzar la defensa. Benigno, con Darío, Pablo y Camba estaba en la margen derecha; el resto venía por la izquierda. Acababa de dar la orden de descanso, en la primera posición aceptable, cuando llegó Camba con la noticia de que habían caído Ricardo y Aniceto, cruzando el río; envié a Urbano con el Ñato y León con dos caballos y mandé a buscar a Miguel y Julio, dejando a Coco de posta hacia adelante. Éstos pasaron sin recibir instrucciones mías y, a poco, Camba de nuevo con la noticia de que los habían sorprendido junto con Miguel y Julio que habían avanzado mucho los soldados y que aquél había retrocedido y esperaba instrucciones. Le reenvié al Camba más Eustaquio y quedamos sólo Inti, Pombo, Chino y yo. A las 13 mandé a buscar a Miguel dejando a Julio de posta adelantada y me retiré con el grupo de hombres y los caballos. Cuando llegaba a la altura de la posta de Coco, nos alcanzaron con la noticia de que habían aparecido todos los sobrevivientes, Raúl estaba muerto y Ricardo y Pacho heridos. Las cosas sucedieron así: Ricardo y Aniceto cruzaron imprudentemente por el limpio e hirieron al primero. Antonio organizó una línea de fuego y entre Arturo, Aniceto y Pacho lo rescataron, pero hirieron a Pacho y mataron a Raúl de un balazo en la boca. La retirada se hizo dificultosamente, arrastrando a los dos heridos y con poca colaboración de Willi y Chapaco, sobre todo de este último. Luego se le juntaron Urbano y su grupo con los caballos y Benigno con su gente, dejando desguarnecida la otra ala por la que avanzaron sorprendiendo a Miguel. Tras una penosa marcha por el monte, salieron al río y se nos unieron. Pacho venía a caballo, pero Ricardo no podía montar y hubo que traerlo en hamaca. Envié a Miguel, con Pablito, Darío, Coco y Aniceto a que tomara la desembocadura del primer arroyo, en la margen derecha, mientras nosotros curábamos los heridos. Pacho tiene una herida superficial que le atraviesa las nalgas y la piel de los testículos, pero Ricardo estaba muy grave y el último plasma se había perdido en la mochila de Willi. A las 22 murió Ricardo y lo enterramos cerca del río, en un lugar bien oculto, para que no lo localicen los guardias.

Se mantienen los puntos negativos del mes anterior, a saber: imposibilidad de contacto con Joaquín y con el exterior y la pérdida de hombres, ahora somos 22, con 3 baldados, incluyéndome a mí, lo que disminuye la movilidad. Hemos tenido 3 encuentros, incluyendo la toma de Sumaipata, ocasionándole al Ejército unos 7 muertos y 10 heridos, cifras aproximadas de acuerdo con partes confusos. Nosotros perdimos dos hombres y un herido.

Las características más importantes son:

1º) Sigue la falta total de contacto.

2º) Sigue sintiéndose la falta de incorporación campesina aunque hay algunos síntomas alentadores en la recepción que nos hicieron viejos conocidos campesinos.

3º) La leyenda de las guerrillas adquiere dimensiones continentales; Onganía cierra fronteras y el Perú toma precauciones.

4º) Fracasó la tentativa de contacto a través de Paulino.

5º) La moral y experiencia de lucha de la guerrilla aumenta en cada combate: quedan flojos Camba y Chapaco.

6º) El ejército sigue sin dar pie con bola, pero hay unidades que parecen más combativas.

7º) La crisis política se acentúa en el gobierno, pero E.U. está dando pequeños créditos que son una gran ayuda a nivel boliviano con lo que atempera el descontento.

Las tareas más urgentes son:

Restablecer los contactos, incorporar combatientes y lograr medicinas.

AGOSTO 8

Caminamos algo así como una hora efectiva, que para mí fueron dos por el cansancio de la yegüita; en una de ésas, le metí un cuchillazo en el cuello abriéndole una buena herida. El nuevo campamento debe ser el último con agua hasta la llegada al Rosita o al Río Grande; los macheteros están a 40 minutos de aquí (2-3 kms.). Designé un grupo de 8 hombres para cumplir la siguiente misión: Salen mañana de aquí, caminando todo el día; al día siguiente, Camba retorna con las noticias de lo que hay; al otro día, retornan Pablito y Darío con las noticias de ese día; los 5 restantes siguen hasta la casa de Vargas y allí retornan Coco y Aniceto con la noticia de cómo está la cosa; Benigno, Julio y el Ñato siguen el Ñacahuazu para buscar medicinas mías. Deben ir con mucho cuidado para evitar emboscadas; nosotros los seguiremos y los puntos de reunión son: la casa de Vargas o más arriba, según nuestra velocidad, el arroyo que está frente a la cueva en el Río Grande, el Masicuru (Honorato) o el Ñacahuazu. Hay una noticia del ejército en el sentido de haber descubierto un depósito de armas en uno de nuestros campamentos.

Por la noche reuní a todo el mundo haciéndole la siguiente descarga: Estamos en una situación difícil; el Pacho se recupera pero yo soy una piltrafa humana y el episodio de la yegüita prueba que en algunos momentos he llegado a perder el control; eso se modificará pero la situación debe pesar exactamente sobre todos y quien no se sienta capaz de sobrellevarla debe decirlo. Es uno de los momentos en que hay que tomar decisiones grandes; este tipo de lucha nos da la oportunidad de convertirnos en revolucionarios, el escalón más alto de la especie humana, pero también nos permite graduarnos de hombres; los que no puedan alcanzar ninguno de estos dos estadíos deben decirlo y dejar la lucha. Todos los cubanos y algunos bolivianos plantearon seguir hasta el final; Eustaquio hizo lo mismo pero planteó una crítica a Muganga por llevar su mochila en el mulo y no cargar leña, lo que provocó una respuesta airada de éste; Julio fustigó a Moro y a Pacho por parecidas circunstancias y una nueva respuesta airada, esta vez de Pacho. Cerré la discusión diciendo que aquí se debatían dos cosas de muy distinta jerarquía: una era si se estaba o no dispuesto a seguir; la otra era de pequeñas rencillas o problemas internos de la guerrilla lo que le quitaba grandeza a la decisión mayor. No me gustaba el planteamiento de Eustaquio y Julio pero tampoco la respuesta de Moro y Pacho, en definitiva, tenemos que ser más revolucionarios y ser ejemplo.

AGOSTO 14

Día negro. Fue gris en las actividades y no hubo ninguna novedad, pero a la noche el noticiero dio noticias de la toma de la cueva adonde iban los enviados, con señales tan precisas que no es posible dudar. Ahora estoy condenado a padecer asma por un tiempo no definible. También nos tomaron documentos de todo tipo y fotografías. Es el golpe más duro que nos hayan dado; alguien habló. ¿Quién?, es la incógnita.

AGOSTO 18

Salimos más temprano que de costumbre, pero hubo que pasar cuatro vados, uno de ellos un poco profundo y hacer sendas en algunos puntos. Por todo ello, llegamos a las 14 al arroyo y la gente quedó como muerta, descansando. No hubo más actividad. Hay nubes de nibarigüises por la zona y sigue el frío por las noches. Inti me planteó que Camba quiere irse; según él, sus condiciones físicas no le permiten seguir, además no ve perspectivas a la lucha. Naturalmente, es un caso típico de cobardía y es un saneamiento dejarlo ir, pero ahora conoce nuestra ruta futura para tratar de unirnos a Joaquín y no puede salir. Mañana hablaré con él y con Chapaco.

h - 680 ms.

AGOSTO 30

Ya la situación se tornaba angustiosa; los macheteros sufrían desmayos, Miguel y Darío se tomaban los orines y otro tanto hacía el Chino, con resultados nefastos de diarreas y calambres. Urbano, Benigno y Julio bajaron a un cañón y encontraron agua. Me avisaron que los mulos no podían bajar, y decidí quedarme con el Ñato, pero Inti subió nuevamente con agua y quedamos los 3, comiendo yegua. La radio quedó abajo de manera que no hubieron noticias.

h - 1,200 ms.

SEPTIEMBRE 7

Camino corto. Sólo se cruzó un vado y luego se tropezó con dificultades por la faralla, decidiendo Miguel acampar para esperarlos. Mañana haremos exploraciones buenas. La situación es ésta: la aviación no nos busca por aquí a pesar de haber llegado al campamento y la radio informa incluso que yo soy el jefe del grupo. El interrogante es: ¿tienen miedo? Poco probable; ¿consideran imposible el paso hacia arriba? Con la experiencia de lo que hemos hecho y ellos conocen, no lo creo; ¿Nos quieren dejar avanzar para esperarnos en algún punto estratégico? Es posible; ¿creen que insistiremos en la zona de Masicuri para abastecernos? También es posible. El Médico está mucho mejor, pero yo vuelvo a recaer y paso la noche en blanco.

La radio trae la noticia de las valiosas informaciones suministradas por José Carrillo (Paco); habría que hacer escarmiento con él. Debray se refiere a las imputaciones de Paco contra él, diciendo que a veces cazaba, por eso lo han podido ver con fusil. Radio la Cruz del Sur anuncia el hallazgo del cadáver de Tania la guerrillera en las márgenes del Río Grande; es una noticia que no tiene los visos de veracidad de la del Negro; el cadáver fue llevado a Santa Cruz, según informa esa emisora y sólo ella, no Altiplano.

h - 720 ms.

Hablé con Julio; está muy bien pero siente la falta de contacto y de incorporación de gente.

OCTUBRE 7

Se cumplieron los 11 meses de nuestra inauguración guerrillera sin complicaciones, bucólicamente; hasta las 12.30 hora en que una vieja, pastoreando sus chivas entró en el cañón en que habíamos acampado y hubo que apresarla. La mujer no ha dado ninguna noticia fidedigna sobre los soldados, contestando a todo que no sabe, que hace tiempo que no va por allí. Sólo dio información sobre los caminos; de resultados del informe de la vieja se desprende que estamos aproximadamente a una legua de Higueras y otra de Jagüey y unas 2 de Pucará. A las 17.30, Inti, Aniceto y Pablito fueron a casa de la vieja que tiene una hija postrada y una medio enana; se le dieron 50 pesos con el encargo de que no fuera a hablar ni una palabra, pero con pocas esperanzas de que cumpla a pesar de sus promesas. Salimos los 17 con una luna muy pequeña y la marcha fue muy fatigosa y dejando mucho rastro por el cañón donde estábamos, que no tiene casas cerca, pero sí sembradíos de papa regados por acequias del mismo arroyo. A las 2 paramos a descansar, pues ya era inútil seguir avanzando. El Chino se convierte en una verdadera carga cuando hay que caminar de noche.

El hombre nuevo

El hombre comienza a liberar su pensamiento del hecho enojoso que suponía la necesidad de satisfacer sus necesidades animales mediante el trabajo. Empieza a verse retratado en su obra y a comprender su magnitud humana a través del objeto creado, del trabajo realizado. Esto ya no entraña dejar una parte de su ser en forma de fuerza de trabajo vendida, que no le pertenece más, sino que significa una emanación de sí mismo, un aporte a la vida común en que se refleja: el cumplimiento de su deber social.

Hacemos todo lo posible por darle al trabajo esta nueva categoría de deber social y unirlo al desarrollo de la técnica, por un lado, lo que dará condiciones para una mayor libertad, y al trabajo voluntario por otro, basados en la apreciación marxista de que el hombre realmente alcanza su plena condición humana cuando produce sin la compulsión de la necesidad física de venderse como mercancía.

Claro que todavía hay aspectos coactivos en el trabajo, aun cuando sea voluntario; el hombre no ha transformado toda la coerción que lo rodea en reflejo condicionado de naturaleza social y todavía produce, en muchos casos, bajo la presión del medio (compulsión moral, la llama Fidel). Todavía le falta el lograr la completa recreación espiritual ante su propia obra, sin la presión directa del medio social, pero ligado a él por los nuevos hábitos. Esto será el comunismo.

El cambio no se produce automáticamente en la conciencia, como no se produce tampoco en la economía. Las variaciones son lentas y no son rítmicas; hay períodos de aceleración, otros pausados e incluso, de retroceso.

Debemos considerar, además, como apuntáramos antes, que no estamos frente al período de transición puro, tal como lo viera Marx en la *Crítica del Programa de Gotha,* sino a una nueva fase no prevista por él; primer período de transición del comunismo o de la construcción del socialismo.

Este transcurre en medio de violentas luchas de clase y con elementos de capitalismo en su seno que oscurecen la comprensión cabal de su esencia.

Si a esto se agrega el escolasticismo que ha frenado el desarrollo de la filosofía marxista e impedido el tratamiento sistemático del período, cuya economía política no se ha desarrollado, debemos convenir en que todavía estamos en pañales y es preciso dedicarse a investigar todas las características primordiales del mismo antes de elaborar una teoría económica y política de mayor alcance.

La teoría que resulte dará indefectiblemente preeminencia a los dos pilares de la construcción: la formación del hombre nuevo y el desarrollo de la técnica. En ambos aspectos nos falta mucho por hacer, pero es menos excusable el atraso en cuanto a la concepción de la técnica como base fundamental, ya que aquí no se trata de avanzar a ciegas sino de seguir durante un buen tramo el camino abierto por los países más adelantados del mundo. Por ello Fidel machaca con tanta insistencia sobre la necesidad de la formación tecnológica y científica de todo nuestro pueblo y más aún, de su vanguardia.

En el campo de las ideas que conducen a actividades no productivas, es más fácil ver la división entre necesidad material y espiritual. Desde hace mucho tiempo el hombre trata de liberarse de la enajenación mediante la cultura y el arte. Muere diariamente las ocho y más horas en que actúa como mercancía para resucitar en su creación espiritual. Pero este remedio porta los gérmenes de la misma enfermedad: es un ser solitario el que busca comunión con la naturaleza. Defiende su individualidad oprimida por el medio y reacciona ante las ideas estéticas como un ser único cuya aspiración es permanecer inmaculado.

Se trata sólo de un intento de fuga. La ley del valor no es ya un mero reflejo de las relaciones de producción; los capitalistas monopolistas la rodean de un complicado andamiaje que la convierte en una sierva dócil, aun cuando los métodos que emplean sean puramente empíricos. La superestructura impone un tipo de arte en el cual hay que educar a los artistas. Los rebeldes son dominados por la maquinaria y sólo los talentos excepcionales podrán crear su propia obra. Los restantes devienen asalariados vergonzantes o son triturados.

Se inventa la investigación artística a la que se da como definitoria de la libertad, pero esta *investigación* tiene sus límites, imperceptibles hasta el momento de chocar con ellos, vale decir, de plantearse los reales problemas del hombre y su enajenación. La angustia sin sentido o el pasatiempo vulgar constituyen válvulas cómodas a la inquietud humana; se combate la idea de hacer del arte un arma de denuncia.

Si se respetan las leyes del juego se consiguen todos los honores; los que podría tener un mono al inventar piruetas. La condición es no tratar de escapar de la jaula invisible.

Cuando la revolución tomó el poder se produjo el éxodo de los domesticados totales; los demás, revolucionarios o no, vieron un camino nuevo. La investigación artística cobró nuevo impulso. Sin embargo, las rutas estaban más o menos trazadas y el sentido del concepto fuga se escondió tras la palabra libertad. En los propios revolucionarios se mantuvo muchas veces esta actitud, reflejo del idealismo burgués en la conciencia.

En países que pasaron por un proceso similar se pretendió combatir estas tendencias con un dogmatismo exagerado. La cultura general se convirtió casi en un tabú y se proclamó el súmmum de la aspiración cultural una representación formalmente exacta de la naturaleza, convirtiéndose ésta, luego, en una representación mecánica de la realidad social que se quería hacer ver; la sociedad ideal, casi sin conflictos ni contradicciones, que se buscaba crear.

El socialismo es joven y tiene errores. Los revolucionarios carecemos, muchas veces, de los conocimientos y la audacia intelectual necesarios para encarar la tarea del desarrollo de un hombre nuevo por métodos distintos a los convencionales y los métodos convencionales sufren de la influencia de la sociedad que los creó. (Otra vez se plantea el tema de la relación entre forma y contendio.) La desorientación es grande y los problemas de la construcción material nos absorben. No hay artistas de gran autoridad que, a su vez, tengan gran autoridad revolucionaria.

Los hombres del partido deben tomar esa tarea entre las manos y buscar el logro del objetivo principal: educar el pueblo.

Se busca entonces la simplificación, lo que entiende todo el mundo, que es lo que entienden los funcionarios. Se anula la auténtica investigación artística y se reduce el problema de la cultura general a una apropiación del presente socialista y del pasado muerto (por tanto, no peligroso). Así nace el realismo socialista sobre las bases del arte del siglo pasado.

Pero el arte realista del siglo XIX, también es de clase, más puramente capitalista, quizás, que este arte decadente del siglo XX, donde se transparenta la angustia del hombre enajenado. El capitalismo en cultura ha dado todo de sí y no queda de él sino el anuncio de un cadáver maloliente; en arte, su decadencia de hoy. Pero, ¿por qué pretender buscar en las formas congeladas del realismo socialista la única receta válida? No se puede oponer al realismo socialista *la libertad,* porque ésta no existe todavía, no existirá hasta el completo desarrollo de la sociedad nueva; pero no se pretenda condenar a todas las formas de arte posteriores a la primera mitad del siglo XIX desde el trono pontificio del realismo a ultranza, pues se caería en un error proudhoniano de retorno al pasado, poniéndole camisa de fuerza a la expresión artística del hombre que nace y se constituye hoy.

Falta el desarrollo de un mecanismo ideológico-cultural que permita la investigación y desbroce la mala hierba, tan fácilmente multiplicable en el terreno abonado de la subvención estatal.

En nuestro país, el error del mecanicismo realista no se ha dado pero sí otro de signo contrario. Y ha sido por no comprender la necesidad de la creación del hombre nuevo, que no sea el que represente las ideas del siglo XIX, pero tampoco las de nuestro siglo decadente y morboso. El hombre del siglo XXI es el que debemos crear, aunque todavía es una aspiración subjetiva y no sistematizada. Precisamente éste es uno de los puntos fundamentales de nuestro estudio y de nuestro trabajo y en la medida en que logremos éxitos concretos sobre una base teórica o, viceversa, extraigamos conclusiones teóricas de carácter amplio sobre la base de nuestra investigación concreta, habremos hecho un aporte valioso al marxismo-leninismo, a la causa de la humanidad.

La reacción contra el hombre del siglo XIX, nos ha traído la reincidencia en el decadentismo del siglo XX; no es un error demasiado grave, pero debemos superarlo, so pena de abrir un ancho cauce al revisionismo.

Las grandes multitudes se van desarrollando, las nuevas ideas van alcanzando adecuado ímpetu en el seno de la sociedad, las posibilidades materiales de desarrollo integral de absolutamente todos sus miembros, hacen mucho más fructífera la labor. El presente es de lucha; el futuro es nuestro.

Resumiendo, la culpabilidad de muchos de nuestros intelectuales y artistas reside en su pecado original; no son auténticamente revolucionarios. Podemos intentar injertar el olmo para que dé peras; pero simultáneamente hay que sembrar perales. Las nuevas generaciones vendrán libres del pecado original. Las probabilidades de que surjan artistas excepcionales serán tanto mayores cuanto más se haya ensanchado el campo de la cultura y la posibilidad de expresión. Nuestra tarea consiste en impedir que la generación actual, dislocada por sus conflictos, se pervierta y pervierta a las nuevas. No debemos crear asalariados dóciles al pensamiento oficial ni *becarios* que vivan al amparo del presupuesto, ejerciendo una libertad entre comillas. Ya vendrán los revolucionarios que entonen el canto del hombre nuevo con la auténtica voz del pueblo. Es un proceso que requiere tiempo.

En nuestra sociedad, juegan un gran papel la juventud y el partido.

Particularmente importante es la primera, por ser la arcilla maleable con que se puede construir al hombre nuevo sin ninguna de las taras anteriores.

Ella recibe un trato acorde con nuestras ambiciones. Su educación es cada vez más completa y no olvidamos su integración al trabajo desde los primeros instantes. Nuestros becarios hacen trabajo físico en sus vacaciones o simultáneamente con el estudio. El trabajo es un premio en ciertos casos, un instrumento de educación, en otros, jamás un castigo. Una nueva generación nace.

El partido es una organización de vanguardia. Los mejores trabajadores son propuestos por sus compañeros para integrarlo. Este es minoritario pero de gran autoridad por la calidad de sus cuadros. Nuestra aspiración es que el partido sea de masas, pero cuando las masas hayan alcanzado el nivel de desarrollo de la vanguardia, es decir, cuando estén educadas para el comunismo. Y a esa educación va encaminado el trabajo. El partido es el ejemplo vivo; sus cuadros deben dictar cátedras de laboriosidad y sacrificio, deben llevar, con su acción, a las masas, al fin de la tarea revolucionaria, lo que entraña años de duro bregar contra las dificultades de la construcción, los enemigos de clase, las lacras del pasado, el imperialismo...

Quisiera explicar ahora el papel que juega la personalidad, el hombre como individuo dirigente de las masas que hacen la historia. Es nuestra experiencia, no una receta.

Fidel dio a la revolución el impulso en los primeros años, la dirección, la tónica siempre, pero hay un buen grupo de revolucionarios que se desarrollan en el mismo sentido que el dirigente máximo y una gran masa que sigue a sus dirigentes porque les tiene fe; y les tiene fe, porque ellos han sabido interpretar sus anhelos.

No se trata de cuántos kilogramos de carne se come o de cuántas veces por años pueda ir alguien a pasearse en la playa, ni de cuántas bellezas que vienen del exterior puedan comprarse con los salarios actuales. Se trata, precisamente, de que el individuo se sienta más pleno, con mucha más riqueza interior y con mucha más responsabilidad. El individuo de nuestro país sabe que la época gloriosa que le toca vivir es de sacrificio; conoce el sacrificio.

Los primeros lo conocieron en la Sierra Maestra y donde quiera que se luchó; después lo hemos conocido en toda Cuba. Cuba es la vanguardia de América y debe hacer sacrificios porque ocupa el lugar de avanzada, porque indica a las masas de América Latina el camino de la libertad plena.

Dentro del país, los dirigentes tienen que cumplir su papel de vanguardia; y, hay que decirlo con toda sinceridad, en una revolución verdadera, a la que se le da todo, de la cual no se espera ninguna retribución material, la tarea del revolucionario de vanguardia es a la vez magnífica y angustiosa.

Déjeme decirle, a riesgo de parecer ridículo, que el revolucionario verdadero está guiado por grandes sentimientos de amor. Es imposible pensar en un revolucionario auténtico sin esta cualidad. Quizás sea uno de los grandes dramas del dirigente; éste debe unir a un espíritu apasionado una mente fría y tomar decisiones dolorosas sin que se contraiga un músculo. Nuestros revolucionarios de vanguardia tienen que idealizar ese amor a los pueblos, a las causas más sagradas y hacerlo único, indivisible. No pueden descender con su pequeña dosis de cariño cotidiano hacia los lugares donde el hombre común lo ejercita.

Los dirigentes de la revolución tienen hijos que en sus primeros balbuceos, no aprenden a nombrar al padre; mujeres que deben ser parte del sacrificio general de su vida para llevar la revolución a su destino; el marco de los amigos responde estrictamente al marco de los compañeros de revolución. No hay vida fuera de ella.

En esas condiciones, hay que tener una gran dosis de humanidad, una gran dosis de sentido de la justicia y de la verdad para no caer en extremos dogmáticos, en escolasticismos fríos, en aislamiento de las masas. Todos los días hay que luchar porque ese amor a la humanidad viviente se transforme en hechos concretos, en actos que sirvan de ejemplo, de movilización.

El revolucionario, motor ideológico de la revolución dentro de su partido, se consume en esa actividad ininterrumpida que no tiene más fin que la muerte, a menos que la construcción se logre en escala mundial. Si su afán de revolucionario se embota cuando las tareas más apremiantes se ven realizadas a escala local y se olvida el internacionalismo proletario, la revolución que dirige deja de ser una fuerza impulsora y se sume en una cómoda modorra, aprovechada por nuestros enemigos irreconciliables, el imperialismo, que gana terreno. El internacionalismo proletario es un deber pero también es una necesidad revolucionaria. Así educamos a nuestro pueblo.

Claro que hay peligros presentes en las actuales circunstancias. No sólo el del dogmatismo, no sólo el de congelar las relaciones con las masas en medio de la gran tarea; también existe el peligro de las debilidades en que se puede caer. Si un hombre piensa que, para dedicar su vida entera a la revolución, no puede distraer su mente por la preocupación de que a un hijo le falte determinado producto, que los zapatos de los niños estén rotos, que su familia carezca de determinado bien necesario, bajo este razonamiento deja infiltrarse los gérmenes de la futura corrupción.

En nuestro caso, hemos mantenido que nuestros hijos deben tener y carecer de lo que tienen y de lo que carecen los hijos del hombre común; y nuestra familia debe comprenderlo y luchar por ello. La revolución se hace a través del hombre, pero el hombre tiene que forjar día a día su espíritu revolucionario.

Así vamos marchando. A la cabeza de la inmensa columna —no nos avergüenza ni nos intimida el decirlo— va Fidel, después, los mejores cuadros del partido, e inmediatamente, tan cerca que se siente su enorme fuerza, va el pueblo en su conjunto; sólida armazón de individualidades que caminan hacia un fin común; individuos que han alcanzado la conciencia de lo que es necesario hacer; hombres que luchan por salir del reino de la necesidad y entrar al de la libertad.

Esa inmensa muchedumbre se ordena; su orden responde a la conciencia de la necesidad del mismo; ya no es fuerza dispersa, divisible en miles de fracciones disparadas al espacio como fragmentos de granada, tratando de alcanzar por cualquier medio, en lucha reñida con sus iguales una posición, algo que permita apoyo frente al futuro incierto.

Sabemos que hay sacrificios delante nuestro y que debemos pagar un precio por el hecho heroico de constituir una vanguardia como nación. Nosotros, dirigentes, sabemos que tenemos que pagar un precio por tener derecho a decir que estamos a la cabeza del pueblo que está a la cabeza de América.

Todos y cada uno de nosotros paga puntualmente su cuota de sacrificio, conscientes de recibir el premio en la satisfacción del deber cumplido, conscientes de avanzar con todos hacia el hombre nuevo que se vislumbra en el horizonte.

Permítame intentar unas conclusiones:
Nosotros, socialistas, somos más libres porque somos más plenos; somos más plenos por ser más libres.

El esqueleto de nuestra libertad completa está formado, falta la sustancia proteica y el ropaje; los crearemos.

Nuestra libertad y su sostén cotidiano tienen color de sangre y están henchidos de sacrificio.

Nuestro sacrificio es consciente; cuota para pagar la libertad que construimos.

El camino es largo y desconocido en parte; conocemos nuestras limitaciones. Haremos el hombre del siglo XXI: nosotros mismos.

Nos forjaremos en la acción cotidiana, creando un hombre nuevo con una nueva técnica.

La personalidad juega el papel de movilización y dirección en cuanto que encarna las más altas virtudes y aspiraciones del pueblo y no se separa de la ruta.

Quien abre el camino es el grupo de vanguardia, los mejores entre los buenos, el partido.

La arcilla fundamental de nuestra obra es la juventud: en ella depositamos nuestra esperanza y la preparamos para tomar de nuestras manos la bandera.

Si esta carta balbuceante aclara algo, ha cumplido el objetivo con que la mando.

Reciba nuestro saludo ritual, como un apretón de manos o un "Ave María Purísima", Patria o muerte.

EPILOGO PARA INTELECTUALES

RECUERDOS Y OBSERVACIONES: LA CULTURA EN CUBA - 1959/1980

Mi primer derramamiento fue la mujer. Toda la cultura del ambiente y algunos instintos desembocaron en Gloria. Se llamaba Gloria. Al no poder o saber volcarme por completo en otra persona, recurrí a la literatura. Busqué libros para entenderme y entender el pequeño mundo isleño, mi ciudad, La Habana; y empecé a escribir poesía por deficiencia, para decir todo lo que no podía expresar, compartir en una relación. Lo que faltaba y se perdía. Devoré novelas que no he vuelto a leer, Dostoievski, y poesía que se me fugaba, como arena, entre los dedos, Juan Ramón Jímenez; a los 21 años publiqué mis primeros garabatos, poemas marcados por Juan Ramón y Mallarmé, gracias a la generosidad interesada de José Lezama Lima. En Orígenes.

Entonces comprendí aquello de que no existe nada químicamente puro. Hay ingredientes y existen jerarquías. Un joven dedicado a la literatura tenía escaso valor de cambio en el mercado de las espléndidas hijas de la burguesía cubana. Había despertado el interés del poeta más puro (por idealista) en medio de la podredumbre cubana de los años cincuenta, pero mi torpe literatura resultó una mercancía despreciable. Más valor tenía mi juventud, al menos valor de uso.

Mis primeras inclinaciones fueron sentimentales y literarias (religión, verdad o vanidad). Buscaba resoluciones y encontraba sólo ajustes parciales y confusos. Toda esta ingenua introducción tiene un sólo propósito: destacar que la historia, la política, la lucha de clases no jugó un papel conciente durante mi turbia adolescencia y primera juventud. Vivía una falsa conciencia.

Hasta mi regreso a Cuba —después de casi una década de bohemia y trabajo en Nueva York— en el año de 1960. Tenía 29 años cuando descubrí la fuerza evidente, avasalladora y sutil, de la política. Han sido 20 años de intenso y deslumbrante y doloroso aprendizaje. Ahora, después de haber desvivido cincuenta años, sigo apasionado por la mujer y la palabra escrita, pero envuelto en la certidumbre de que a la larga, o en última instancia, la política es decisiva. He comprobado que "la política está llegando a la raíz del mundo, a los átomos, a los electrones" como anunció Cintio Vitier desde su dilapidada Torre de Marfil. "Los dispositivos están situados en el centro de la flor."

Mi exposición sobre la disputa del curso de la cultura en Cuba desde 1959 hasta hoy no podía comenzar sin poner el burro de mi propia experiencia por delante. En teoría, utilizando argumentos de lucidez dialéctica, todo el proceso de la cultura dentro de la revolución cubana se justifica y se puede explicar. En la práctica topamos con algunos detalles tal vez no absueltos aún por la historia. Detalles que son parte fundamental de mi vida literaria, y sospecho de la vida y la obra de algunos otros intelectuales cubanos. No es poca la importancia de ir trenzando teoría y práctica.

Pertenecí durante la década de los años sesenta al pequeño grupo de intelectuales que tácitamente, sin la ratificación abierta de la dirección política de la revolución, de alguna manera influyó en las decisiones y en la orientación de la práctica cultural de los años sesenta.

La revolución comenzó con la fuerza de un huracán, con la ambición y el dinamismo de una dirección política joven, empeñada en construir un socialismo justo y radical, decidida honestamente a encontrar un camino propio, preocupada por evitar los errores del sistema socialista oficial existente. "Pan sin terror" fue una de las primeras consignas lanzadas por Fidel Castro, en el Parque Central de Nueva York, pocas semanas antes de mi regreso a La Habana. Los incentivos morales tendrían precedencia sobre los estímulos materiales: "Crear dinero con conciencia y no conciencia con dinero" se convirtió en la fórmula feliz de las preocupaciones éticas del Che Guevara. La represión era menos importante que la unidad nacional, se construiría el socialismo y el comunismo al mismo tiempo. El espíritu expansivo de la revolución propuso la lucha armada como único camino para la liberación de todos los pueblos colonizados o neocoloniales de América Latina, Africa y Asia. La cultura gozaría de una relativa autonomía. Todo esto es una isla, la mayor de las antillas, pero antilla al fin y al cabo, del Caribe. Con una población que merodeaba entonces los 7 millones de habitantes, con una escolaridad promedio de un cuarto grado y una economía fundamentalmente agrícola.

La soberanía, la independencia de Cuba dependía (y depende) en gran medida de su proyección internacional. Para no perderse en el mar, Cuba necesita una discreta y constante acción moral y voz con ecos. Prestigio moral era y es lo único duradero que Cuba puede aportar al movimiento comunista internacional. Lo demás se ha dado y da por añadidura.

Y dentro del hermoso proyecto de una nueva sociedad, ejemplar y justa, los intelectuales jugaban un modesto pero importante papel. El español es la lengua de más de 250 millones de hombres y mujeres dentro del ámbito natural de la estratégica situación geográfica del archipiélago cubano.

Durante los primeros años la cultura cubana fue un instrumento de su política internacional. Se creó el Premio Casa de las Américas, en el que participaron, con sus obras o como miembros del jurado, los escritores más conocidos, o por afamarse, de América Latina. Algunos, como Cortázar, Vargas Losa, García Márquez, Fuentes, Benedetti consolidaron su prestigio y sus traducciones. No es despreciable la contribución de la revolución cubana al "auge" de la literatura latinoamericana. Que hoy el movimiento se conozca como el "boom" es una ironía. Surge impulsado por el triunfo de la revolución cubana y por la creciente madurez económica, política y cultural de regiones decisivas del continente —pero el hierro que marca esas vacas sagradas es inglés y su prestigio literario irradia primero desde Europa o sea, París, inclusive en el caso del cubano Carpentier. Lo cual algo nos dice de la historia social de la literatura latinoamericana. Y mucho más sobre la encrucijada de Nuestra América. La historia tiene hoy un importante afluente latinoamericano. Socialismo, sociedad de consumo, poder cultural.

Todo esto culmina en el Congreso Cultural de La Habana, en 1968, con la participación de escritores e intelectuales de todo el mundo. Y todos con suficiente prestigio para que sus voces, entusiasmados primero por la acción del Che y luego conmovidos por su muerte, se oyera, mejor dicho se leyera por todos los que supieran leer, en los tres mundos. La ironía va más contra mí mismo, pues formé parte del comité organizador, que a tocar con limón a los que participaron. Fue la culminación de la propuesta política cubana a través de la cultura. (El Congreso Cultural de La Habana nunca exis-

tió, ni su declaración final firmada por más de 500 intelectuales, según la selección oficial, publicada en 1976, de los documentos fundamentales de la política cultural de la revolución. Inclusive las palabras de clausura de Fidel Castro, situando la sensibilidad política de los artistas e intelectuales —fundamentalmente europeos— por encima de los partidos y movimientos radicales de vanguardia. El Che acababa de morir y Fidel se preguntaba dónde había tenido mayor repercusión: "¡Precisamente entre los trabajadores intelectuales!")

¿Pero internamente qué ocurría? He seguido el curso de mi pensamiento y me he saltado ciertos hechos y momentos. El primer órgano de los intelectuales jóvenes y no tan jóvenes fue Lunes de Revolución (dirigido por Guillermo Cabrera Infante), suplemento literario del periódico Revolución, creado por Carlos Franqui, y como toda publicación con tiradas de más de cien mil ejemplares, fue un instrumento de poder cultural. La otra publicación de peso creciente fue y es la revista Casa de las Américas, de distribución o repercusión más internacional que nacional. Y para los más jóvenes se creó más tarde El caimán Barbudo (dirigido por Jesús Díaz), suplemento en este caso de Juventud Rebelde.

¿Cuál era el público interno de esas publicaciones? Para empezar, nosotros mismos. Luego, algunos profesionales y los apasionados de la cultura que existen en todas las ciudades y en todos los pequeños pueblos de la isla, como le decía, salvando las distancias, Valery a Stephan Mallarmé sobre su literatura esotérica. Cuba no es Francia, pero esa era la cultura que habíamos asimilado y citábamos. Ese era nuestro talón de Aquiles, frase que entienden, en este caso, inclusive los que nunca leyeron a Homero.

En otras palabras, la mayoría de los cubanos, con un cuarto grado de escolaridad, no podía entender, reconocerse en una producción cultural dominada por técnicas y preocupaciones por encima (o por debajo) de sus cabezas. Aun cuando el artista se volcaba sobre la realidad revolucionaria lo hacía con todo el bagaje cultural de artistas e intelectuales formados por los movimientos de vanguardia o retaguardia occidentales. El lector dignificado por la revolución prefería leer las imágenes y rimas manidas del Indio Naborí, poeta populista y popular, inclusive antes que la musical y depurada transparencia de Nicolás Guillén.

(Un minuto, un aparte; todos los cubanos conocen íntimamente a José Martí, aunque muy pocos los hayan leído. La expresión literaria de la acción, el pensamiento y los sentimientos de Martí han *sido de alguna manera interiorizados por la mayoría de los cubanos. Se saben de memoria algunas frases claves, ciertos versos sencillos. La cultura tiene diversos vasos comunicantes, funciona de manera directa e indirecta. Podríamos decir lo mismo sobre los españoles y* El Quijote *o los ingleses y Shakespeare. Pero se trata de otro tema. No lo podemos pasar por alto sin caer en ridículas y estériles simplificaciones.)*

Pero hablamos de fenómenos concretos, de la realidad inmediata de la política y la práctica cultural de 20 años de poder revolucionario. Y de un pueblo en proceso voraz de culturización.

Durante los años sesenta se publicaron en Cuba libros sin los cuales ya no es posible seguir el proceso de nuestra cultura, ni ciertas revelaciones de nuestra identidad: El siglo de las luces, Paradiso, Pequeñas maniobras, Aire frío, La situación, La búsqueda, Así en la guerra como en la paz, El regreso, Celestino antes del alba, Himno a las milicias, Los años duros, La vida en un hilo, Condenados de Condado, La ceiba, El cimarrón, Los niños se despiden, Tute de reyes, Fuera del juego, Entrando en materia, El Ingenio, Ideología mambisa, *los ensayos de Retamar y Pérez de la Riva. Inclusive* Memorias del subdesarrollo *se convirtió, ampliada, en una película. He olvidado u omitido, sin duda, obras de igual o mayor valor pero mi propósito ha sido soltar los primeros nombres que me vinieron a la cabeza.*

La realidad, la historia, los procesos culturales tienen sus leyes y sus sorpresas. Cuando todos esperaban, descansando sobre la socialización espacial del muralismo mexicano, paredes con murales eternos —surge la proliferación de carteles transitorios en los espacios sociales y culturales. Los diseñadores gráficos —Alfredo Rostgaard, Felix Beltrán, Ñiko, Mederos, Reboiro, Azcuy, Cecilia Guerra— mezclan el servicio social con la búsqueda formal más eficaz y clamorosa. El cartel cubano —durante la década de los sesenta— introduce consignas y reclamos de la noche a la mañana y desarrolla un estilo sensual, un grito para los ojos, saqueando las últimas tendencias gráficas internacionales, dando pautas a una situación política y cultural que reclamaba un medio ágil, dinámico y económico. Afiches transitorios de valor permanente, la crónica visual, sucinta, de cada énfasis, de cada pauta o actividad cultural de un proceso revolucionario caótico y creador. Inclusive pintores como Raúl Martínez, René Portocarrero y Umberto Peña contribuyen a dar personalidad a unas paredes comidas por el sol, en crisis, y a informar o al menos entretener el ojo inquieto de una sociedad estremecida hasta sus raíces.

Lam pinta su mundo mitológico en Tricontinental; *Portocarrero* La ciudad, *una ciudad de La Habana coloreada y empastada durante la Crisis de Octubre, revelando la dignidad y el deterioro de un organismo que ha sobrevivido tercamente todo intento de destrucción u olvido; Antonia Eiriz pinta su irónica, desgarradora y vigorosa visión de aquellos años, pinta su* Anunciación, *un cuadro clave de la sensibilidad cubana; Chago, el único genio artístico que baja de la Sierra con Fidel, publica* Salomón, *una tira de humor otro que refleja el coraje y las dudas de una nueva realidad; Raúl Martínez lanza su serie patriótica, sus retratos de Fidel, sus amigos, el Che, los miembros del Comité de Defensa de la Revolución, la juventud, Camilo —todo con la poesía romántica y popular de una visión permanente de los años fundadores de los nuevos valores nacionales y sociales.*

Esta gran eclosión culmina durante los últimos tres años de la década de los sesenta. El maremoto de la revolución llega a su punto más radical, se produce la Ofensiva Revolucionaria, el fin final de los últimos vestigios de propiedad privada, pequeños negocios y comercios, y la producción literaria decide probar los límites del márgen de seguridad que define el "dentro" y el "fuera" de la revolución. La ola de libertad había llegado hasta lo que cualquier otro país socialista ortodoxo llamaría libertinaje; Nicolás Guillén· publica su poema más atrevido y revelador: "Digo que yo no soy un hombre puro."

El poema de Guillén es una epifanía del momento. Demuestra que Guillén no había perdido sensibilidad, contacto con el momento literario. Jamás había escrito y publicado en un tono tan personal y desenfadado —pronto se vería obligado a recoger velas. La institucionalización, después de un período de libertad y búsqueda en el plano político, social y cultural, estaba a unos pasos, a la vuelta de la década. Durante los setenta Guillén entraría a formar parte del Comité Central del Partido Comunista de Cuba.

A finales de 1968 Heberto Padilla obtiene el premio de poesía "Julián del Casal" de la Unión de Escritores. Fuera del juego *se había salido del cuadro y de las reglas del juego. El libro se publica —todavía se acepta al escritor como posible conciencia de la sociedad— pero se publica con una aclaración oficial de la dirección de la UNEAC: Desde el título, "juzgado dentro del contexto general de la obra, deja explícita la autoexclusión de su autor de la vida cubana... Su criticismo se ejerce desde un distanciamiento que no es el compromiso activo que caracteriza a los revolucionarios. Este criticismo se ejerce además prescindiendo de todo juicio de valor sobre los objetivos finales de la Revolución y efectuando trasposiciones de problemas que no encajan dentro de nuestra realidad. Su antihistoricismo se expresa por medio de la exaltación del individualismo frente a las demandas colectivas del pueblo en desarrollo histórico y manifestando su idea del tiempo como un círculo que se repite y no como una línea ascendente. Ambas actitudes han sido siempre típicas del pensamiento de derecha, y han servido tradicionalmente de instrumento de la contrarrevolución."*

Hasta el momento, las fricciones políticas, la lucha ideológica dentro de la cultura había culminado, después de algunas advertencias sobre la prioridad de los principios revolucionarios, en un triunfo relativo de la concepción del artista, como conciencia de la revolución. El punto crítico era la ubicación espiritual del escritor "dentro de la revolución."

Ya en 1961 se había producido el "minicaso PM", un documental sobre la vida nocturna habanera, sobre el desahogo de trabajadores y algunos elementos calificados de lumpen en bares y centros de mala muerte y mucha vida musical y sensual. El documental se había producido fuera del Instituto Cubano de Cine (ICAIC) y en un momento delicado: durante la movilización nacional que precedió a la invasión de Playa Girón. (De paso, no es casual que para los invasores y sus patrocinadores se conozca como Bahía de Cochinos y para los revolucionarios como Playa Girón.)

En junio de 1961, Fidel Castro se reunió con los artistas y escritores y pronunció su primer discurso sobre cultura y revolución: "Palabras a los intelectuales."

A partir de ese momento se organiza el Primer Congreso de Escritores y Artistas de Cuba y se crea la UNEAC. La frase clave del discurso de Fidel, usada y abusada durante y después del congreso para definir y dejar un sinnúmero de imprecisiones, fue (y es): "Dentro de la revolución, todo; fuera de la revolución, nada". En la práctica se convirtió en una covertura y se tradujo en una suerte de principio religioso: "Cree en la revolución y escribe lo que te venga en ganas." Y bajo esta consigna, donde no se definía lo que "dentro" implicaba y mucho menos qué o quiénes definían cuando una obra se salía de los amplios confines de la revolución, trabajaron durante años los escritores y artistas. Y otra vez me viene a la mente una referencia cultural europea; ante las dudas espirituales del personaje central de 8 1/2 de Fellini, en un baño turco, la autoridad eclesiástica, un cardenal, creo, concluye: "Hijo, recuerda que fuera de la

Iglesia no hay salvación." Lo decisivo era mantenerse dentro de la revolución. La crisis, ya vimos, surgió cuando el margen de seguridad, las fronteras de la revolución comenzaron, como dirían los franceses, a cuestionarse. Y a contraerse. Entonces un párrafo que siempre me produjo una mezcla de devoción e inquietud, pasó a primer plano: "Porque el revolucionario pone algo por encima de todas las demás cuestiones; el revolucionario pone algo por encima aún de su propio espíritu creador: pone la revolución por encima de todo lo demás y el artista más revolucionario sería aquel que estuviera dispuesto a sacrificar hasta su propia vocación artística por la revolución." La trampa está en que el revolucionario profesional nunca tiene que abandonar su vocación: la revolución. Pero acepté la subordinación y durante cerca de diez años decidió mi silencio. Admiro a los que así lo siguen creyendo y practicando, pero ya no puedo callarme y antes de morirme quiero echar mis prosaicas experiencias del alma. Traicionar el dogma sin, espero, traicionar la fe.

El arresto de Heberto Padilla en 1971 —por hablar mierda o escribir su verdad o por lo que le gritaba al oído al representante oficial del gobierno de Allende en Cuba, Jorge Edwards— fue una forma de arrestar y quebrar los mecanismos culturales descarriados. La revolución atravesaba años agónicos —en el sentido recto de la palabra— y para sobrevivir tuvo que replantearse la construcción simultánea del socialismo y el comunismo. Había sufrido tres reveses inesperados. La lucha armada como único camino para la liberación de los países coloniales y neocoloniales había sufrido un profundo y doloroso golpe con la muerte del Che en Bolivia. La esperanza de un despegue económico acelerado se vino abajo con el fracaso de la zafra de los 10 millones de toneladas de azúcar en 1970. La relativa autonomía de la cultura había convertido a ciertos escritores y artistas en críticos enojosos (o descentrados) de los evidentes errores y dificultades del proceso revolucionario.

El propio Fidel Castro reconoció en su informe al Primer Congreso del Partido Comunista de Cuba, en 1975, que se había dado "una interpretación idealista al marxismo y rechazado las experiencias prácticas de otros países socialistas, intentando establecer nuestros propios métodos." La vía cubana se había, al menos, pospuesto.

En ese mismo congreso se definió el lugar y la función de la cultura. Ya el escritor y el artista no podían considerarse la conciencia de la sociedad. Nada de imprecisiones ni vaguedades: "Nuestro Partido, que auspicia y orienta, de acuerdo con los principios mar-

xista-leninistas, el estudio crítico de la herencia cultural cubana, asimilando sus aspectos positivos y sus logros ejemplares, impulsa un arte y una literatura en que está presente, como sustento animador, el humanismo socialista inherente a nuestra Revolución." Y más adelante remacha: "La situación de nuestra cultura, tan rica en firmes perspectivas promisorias, reclama la fijación de normas orientadoras asentadas en los principios marxista-leninistas y arraigados en nuestras realidades nacionales."

Igual que se destruyó la maquinaria del Estado burgués a principios de la década de los sesenta, los primeros cinco años de los setenta eliminaron toda ambiguedad cultural. Son años de relativa aridez cultural.

Las medidas más drásticas se tomaron dentro del bullicioso campo teatral, que había favorecido la producción de La noche de los asesinos, *de José Triana, obra que había trucidado a la familia cubana tradicional; pero en la escena y detrás de bambolinas habían proliferado elementos cuya orientación sexual estaba reñida con el puritanismo de toda revolución joven.*

La transición más suave se produce dentro del ICAIC, organismo que mantuvo y mantiene cierta continuidad desde su fundación. Precisamente por tratarse de un organismo cultural creado por la revolución, con los controles naturales de todo complejo proceso industrial, y fundamentalmente por haber contado desde su nacimiento con una misma dirección y llamarse Alfredo Guevara la dirección. Hombre de peso político y habilidad cultural.

Mientras la UNEAC vio explotar en su seno el "caso Padilla", premio de poesía 1968; la Casa de las Américas, la disolución de su Consejo de Colaboración, integrado aún en 1969 por figuras tan heterogéneas como Mario Benedetti, Emmanuel Carballo, Julio Cortázar, Roque Dalton, René Depestre, Edmundo Desnoes, Ambrosio Fornet, Manuel Galich, Lisandro Otero, Graziela Pogolotti, Angel Rama, Mario Vargas Llosa, David Viñas y Jorge Zalamea (dos años más tarde la nueva política cultural provocaría diferencias insalvables); el ICAIC, sin embargo sobrevivió sin grandes traumas.

Los cambios dentro del ICAIC se produjeron sin estruendo; la ropa sucia no se lavó en público. El éxito alcanzado por el cine cubano durante los años sesenta se llevó a cabo virtualmente de espaldas al público nacional. El éxito internacional iba paralelo a su descrédito nacional. La complejidad del lenguaje cinematográfico, las búsquedas formales, y la falta de un hilo narrativo tradicional pro-

dujo la alienación de la mayoría del público nacional. La gente rechazaba la producción de largometrajes técnicamente deslumbrantes pero narrativamente tediosos. Recuerdo haber disfrutado la proyección de la Cantata de Chile, *de Humberto Solás, solo, en la dilapidada opulencia de un cine de barrio.*

A partir de 1970 el ICAIC se propone ganarse un auditorio cubano. La nueva línea de producción cuenta con un hilo narrativo tradicional, temas sensibles o sensibleros, el uso de personajes coherentes, familiares, y aborda temas de interés social y político. Películas como El hombre de Maisinicú *y* El brigadista *logran llenar las salas de cine y entusiasmar al auditorio. El esfuerzo culmina con* Retrato de Teresa, *dirigida por Pastor Vega con un guión del escritor Ambrosio Fornet; durante semanas el público hizo largas colas para verla y luego la discutió apasionadamente, tanto en las guaguas y centros de trabajo como entre amigos. Estas películas tienen elementos de realismo socialista, del mejor realismo socialista: orientador pero polémico, convencional pero imprescindible para la formación de nuevos valores. Fue un cambio necesario, que se produjo sin sacrificar por completo las producciones más ambiciosas, como* La última cena *y* Los sobrevivientes *de Tomás Gutiérrez Alea.*

En esto el cine cubano es ejemplo de las dos tendencias básicas de toda cultura revolucionaria vital y eficaz: creación de nuevos valores y crítica inteligente, sin concesiones, de los errores y problemas de una nueva organización social. Un desequilibrio entre las dos tendencias produce un arte conformista y alienado.

(Por otra parte no debemos olvidar la función lúdica del arte. La necesidad que todos tenemos —más, si se trata de una sociedad desgarrada por los inevitables sacrificios y dificultades de una revolución— de puro entretenimiento, placer, diversión, fuga de las tribulaciones cotidianas. De ahí el éxito, que tanto asombra a los teóricos exquisitos y radicales que visitan la isla, de ridículas comedias italianas, musicales españoles o simples obras de intriga, acción, sexo y violencia. En estos casos es más importante la catársis, el desahogo psicológico, que la ortodoxia ideológica.)

Nos hemos adelantado un poco, lo suficiente para preguntarnos si era inevitable suspender la gris teoría sobre un campo tan complejo como el de la producción cultural. La orientación centralizada de la cultura se desprende, aunque pueda discutirse su virtud, de la planificación económica, de la jerarquización de las funciones sociales, de la articulación de un sistema racional. La unidad ya no es suficiente, hay que institucionalizar el control, legitimizar las jerar-

quías, los objetivos y las decisiones.

Si el Partido es la vanguardia de la clase trabajadora debe inexorablemente ser la conciencia de la sociedad. Una economía planificada se articula con una cultura normada. La producción artística y literaria debe cumplir objetivos sociales definidos: *"El trabajo ideológico si ha de ser efectivo* —de nuevo citamos el documento final del Congreso del Partido—, *tiene que integrarse en un todo único con los diferentes factores materiales y culturales que forman este medio, tales como la vida económica, política, científica y espiritual de la sociedad, apoyar todo lo nuevo y positivo que hay en ella y combatir las influencias negativas que subsisten inevitablemente en una sociedad recién emergida del capitalismo."*

El discurso de la política cultural cubana sigue aquí el curso de mis pensamientos. Ante la situación definida, institucionalizada por el Primer Congreso del Partido, quisiera contrastar la situación fluida, analizada por el Che a mediados de los años 60, el único otro momento de análisis teórico de la cultura —pues los comentarios de Fidel siempre han tenido un carácter político, de principios, pero político—, me refiero al intento del Che dentro de su visión sistemática de la revolución en 1965: El socialismo y el hombre en Cuba.

"En el campo de las ideas que conducen a actividades no productivas, es más fácil ver la división entre necesidad material y espiritual. Desde hace mucho tiempo el hombre trata de liberarse de la enajenación mediante la cultura y el arte. Muere diariamente las ocho y más horas en que actúa como mercancía para resucitar en su creación espiritual." Así comienza el Che Guevara —el único dirigente revolucionario que intentó una definición global de la experiencia cubana— a tratar el tema de la cultura. Con una simplificación válida de las especulaciones entre morales y científicas de Marx. El arte, antes de la Edad de Oro de la revolución, "se trata sólo de un intento de fuga."

"Cuando la revolución tomó el poder... la investigación artística cobró nuevo impulso. Sin embargo, las rutas estaban más o menos trazadas y el sentido del concepto de fuga se encondió tras la palabra libertad. En los propios revolucionarios se mantuvo muchas veces esta actitud, reflejo del idealismo burgués en la conciencia." El "idealismo" de la libertad cultural, de la "investigación artística," terminó diez años más tarde.

Pero el Che continúa su exposición con una advertencia: *"En países que pasaron por un proceso similar se pretendió combatir estas tendencias con un dogmatismo exagerado. La cultura general se convirtió càsi en un tabú y se proclamó el summum de la aspiración cultural una representación formalmente exacta de la naturaleza, convirtiéndose ésta, luego, en una representación mecánica de la realidad social que se quería hacer ver; la sociedad ideal, casi sin conflictos ni contradicciones que se buscaba crear. El socialismo es joven y tiene errores. Los revolucionarios carecemos muchas veces de los conocimientos y la audacia intelectual necesarios para encarar la tarea del desarrollo de un hombre nuevo por métodos distintos a los convencionales y los métodos convencionales sufren de la influencia de la sociedad que los creó."* Las "tesis y resoluciones" tanto "sobre la lucha ideológica" como "sobre la cultura artística y literaria" del Primer Congreso recurre a los "métodos convencionales" que preocuparon al Che y a orientar la producción cultural hacia una "representación mecánica de la realidad social que se quería hacer ver." Con moderación, desde luego, sin hablar de "realismo socialista" pero dando todas las señas del santo.

"El capitalismo en cultura ha dado todo de sí y no queda de él sino el anuncio de un cadáver maloliente; en arte, su decadencia de hoy. Pero, ¿por qué pretender buscar en las fórmulas congeladas del realismo socialista la única receta válida?" Podemos o no estar de acuerdo con la visión del arte capitalista, pero entendemos la enorme aspiración revolucionaria del Che, su sueño sobre el hombre del siglo XXI. Y recordemos que hablaba en 1965: *"En nuestro país, el error del mecanicismo realista no se ha dado, pero sí otro de signo contrario... La reacción contra el hombre del siglo XXI nos ha traído la reincidencia en el decadentismo del siglo XX; no es un error demasiado grave, pero debemos superarlo, so pena de abrir un ancho cauce al revisionismo."* Y es lo que ocurrió durante los últimos años de la década de los sesenta. La situación se ha invertido, ha cambiado de signo: podemos caer en el error del mecanicismo realista, independiente de las libertades formales que se fomenten y del tratamiento de las contradicciones sociales reconocidas y señaladas por la dirección política, económica, militar y cultural de la sociedad cubana actual.

Pero siento la necesidad de intercalar un poco de práctica junto a la teoría. Cuando apareció el texto completo de El socialismo y el hombre en Cuba en las páginas del diario Granma, dio la casualidad de que me encontraba cortando caña durante la Semana de Girón. El sol de abril había sido implacable aquella mañana, especialmente para un grupo de escritores y artistas que, más por disciplina revolucionaria que habilidad con el machete, se encontraba rodeado *de caña, al mediodía, descansando en las hamacas del barracón. "Resumiendo, la culpabilidad de muchos de nuestros intelectuales y artistas reside en su pecado original; no son autenticamente revolucionarios. Podemos intentar injertar el olmo para que dé peras; pero simultáneamente hay que sembrar perales."* Recuerdo, y es obvio, que las palabras del Che calaron hondo en todos nosotros. Y escribí un cuento sobre aquella jornada de trabajo productivo en la agricultura.

"Y bañarse bañarse por la tarde cayendo el sol volcarse encima agua fría desnudo indefenso como desplumado y jabón y agua fría y churre a los pies churre gris y espumoso y luego tirarse limpio en la hamaca la eternidad es mediodía la brisa tirado en la hamaca leyendo el periódico si viene el periódico de hace cinco días no importa siempre aquí es de ayer las noticias siempre deformando la realidad el mundo aislados y moverse un poco en la hamaca y sentir los músculos adoloridos y la brisa y algún compañero pasa ofrece un caramelo viene del pueblo de la tienda un cigarro porque el barracón en una tribu y el enemigo el responsable y el jefe del campo los guajiros que pasan a caballo los guajiros cazurros que piden más voluntarios todos los años y hacen bien el trabajo del campo hoy es trabajo de bestias más voluntarios miran y se sonríen y pasan por el barracón con la carreta y le gritan a los bueyes comandante almirante y a veces habanero voluntario hijo de puta la culpabilidad de muchos de nuestros intelectuales y artistas reside en su pecado original no son auténticamente revolucionarios una bomba en el barracón llegó el Granma *con la carta del Che sobre el hombre nuevo y silencio la gente rascándose las ronchas de los mosquitos leyeron en alta voz y qué tenemos que hacer para que nos consideren revolucionarios integrarse al pueblo seis años la revolución Playa Girón la Crisis de Octubre morir habrá que morir habrá que nacer de nuevo y no se puede ponerse en cuatro patas yo no sé y hay que reirse y seguir aquí obstinados cortar caña tumbarla y se come con voracidad y se ronca y al final viene la noche desquiciada la última noche y no se duerme y no se corta caña se cortan hamacas las carcajadas forzadas pujadas las risas histéricas los gritos piñazos las amenazas de machetazos duermes finalmente cierras los ojos cañas y cañas un mar de cañas verdes pasando como mancha de peces en el agua verde las cañas la caña y bañarse ¡DE PIE!"*

Las deformaciones de la teoría y la práctica aparecen tanto en mis palabras como en el pensamiento lúcido del Che. *"Los hombres del partido deben tomar esa tarea entre las manos y buscar el logro del objetivo principal: educar al pueblo." Y con esa intención, estoy seguro, el Partido hizo su análisis y tomó medidas durante al Primer Congreso de 1975.*

Hablamos al principio de la cultura como instrumento de política internacional. La situación entró en crisis durante la intervención de las tropas del Pacto de Varsovia en Checoeslovaquia. Y el respaldo, con algunas reservas, de Fidel Castro a la invasión que puso fin a "la primavera de Praga." Los intelectuales y artistas europeos comenzaron a protestar y cuando se produjo el arresto de Padilla, a gritar su desacuerdo. Enviaron una carta pidiéndole a Fidel Castro que "reexamine la situación que este arresto ha creado" e invocando "el derecho de crítica dentro del seno de la Revolución." Firmaron la carta desde Simone de Beauvoir, Italo Calvino, Fernando Claudín, Julio Cortázar, y Hans Magnus Enzensberger, hasta Carlos Fuentes, Alberto Moravia, Octavio Paz, Jorge Semprún y Jean-Paul Sartre. Algunos se retractaron después de pensarlo dos veces o conocer los hechos. Pero lo que la prensa occidental llamó "la luna de miel entre Fidel Castro y los intelectuales" había terminado. El matrimonio, en algunos casos, no se disolvió. La mayoría de los intelectuales extranjeros jamás entendieron la revolución. Primero había sido una suerte de utopía y luego el paraíso perdido. Los intelectuales europeos, especialmente, debieron haber recordado lo que dicen que dijo Napoleón: "La política es la fatalidad del hombre moderno."

Y uno de los hombres más políticos de nuestra época, Fidel Castro, montó en cólera. Para sorpresa de los que pensaron que la revolución había colocado las buenas relaciones con figuras intelectuales de prestigio por encima de sus principios y objetivos, en la Clausura del Primer Congreso Nacional de Educación y Cultura, en abril de 1971, declaró: "Están en guerra contra nosotros. ¡Qué bueno! ¡Qué magnífico! Se van a desenmascarar y se van a quedar desnudos hasta los tobillos. Están en guerra, sí, contra el país que mantiene una posición como la de Cuba, a noventa millas de los Estados Unidos, sin una sola concesión, sin el menor asomo de claudicación, y que forma parte de todo un mundo integrado por cientos de millones que no podrán servir de pretexto a los pseudoizquierdistas descarados que quieren ganar laureles viviendo en París, en Londres, en Roma. Algunos de ellos son latinoamericanos descarados, que en vez de estar allí en la trinchera de combate, en la trinchera de combate, viven en los salones burgueses, a diez mil millas de los problemas, usufructuando un poquito de la fama que ganaron cuando en una primera fase fueron capaces de expresar algo de los problemas latinoamericanos. Pero lo que es con Cuba, a Cuba no la podrán volver a utilizar jamás, ¡jamás!, ni defendiéndola... Y desde luego, como se acordó por el Congreso, ¿concursitos aquí para venir a hacer el papel de jueces? ¡No! ¡Para hacer aquí el papel de jueces hay que ser aquí revolucionarios de verdad, intelectuales de verdad, combatientes de verdad! Y para volver a recibir un premio, en concurso nacional o internacional, tiene que ser revolucionario de verdad, escritor de verdad, poeta de verdad, revolucionario de verdad. Eso está claro. Y más claro que el agua. Y las revistas y concursos, no aptos para farsantes. Y tendrán cabida los escritores revolucionarios, esos que desde París ellos desprecian, porque los miran como aprendices, como unos pobrecitos y unos infelices que no tienen fama internacional... Ya saben, señores intelectuales burgueses y libelistas burgueses y agentes de la CIA y de las inteligencias del imperialismo, es decir, de los servicios de inteligencia, de espionaje del imperialismo: en Cuba no tendrán entrada, ¡no tendrán entrada!, como no se la damos a UPI y a AP. ¡Cerrada la entrada indefinidamente, por tiempo indefinido y por tiempo infinito!"

El sonido y la furia no eran emoción cruda, Fidel había decidido —independiente del encabronamiento que naturalmente sentía— cortar con aliados que habían perdido su eficacia. La resaca era fuerte: la izquierda cosmopolita ya dudaba y publicaba sus dudas: Karol, un amigo incondicional de todo antisoviético, decidió publicar un libro objetivo sobre Cuba: Los guerrilleros en el poder, tal vez el libro sobre Cuba con "informantes" del mayor calibre político y un análisis periodístico de primer orden. También apareció por esos meses el libro de René Dumont, un libro tonto pero hostil, por un pez francés fuera del agua. La revolución había sufrido reveses y Fidel recurrió a su táctica tradicional de subirle la parada al enemigo, ante cualquier ataque, un contraataque implacable. La audacia, el oportunismo político basado en sólidos principios no tiene paralelo en la historia de Nuestra América.

La ambiguedad de mi reacción es evidente: mi admiración por Fidel, contra viento y marea, no tiene aparente justificación. Fidel Castro es un hombre de escasa sensibilidad artística, lo cual podemos detectar desde sus posiciones culturales hasta su estilo retórico, pero sincero, de oratoria. Tal vez sea la fascinación que el hombre de acción siempre ejerce sobre el intelectual. Soy un admirador incondicional de su genio pragmático, superado sólo por Martí, como hombre total, y por Bolívar, como fundador de nuestra identidad hemisférica.

Las palabras de Fidel en 1971 bastaron para abrir las compuertas.

Así, después de cinco años —1970-75— dedicados directa e indirectamente a destruir o dejar marchitar los principios y organismos culturales con antecedentes burgueses o "pecado original", de protección al espacio individual para la competencia, se crea el Ministerio de Cultura. Armando Hart Dávalos, miembro del Buró Político, asume la responsabilidad de poner en movimiento, revitalizar la cultura. Tejido delicado que recibió tijeretazos que dieron al traste con la trama y la urdimbre tradicional y porrazos que dejaron anonadados a muchos creadores que ahora debían comenzar a funcionar como trabajadores de la cultura.

El nuevo ministerio centralizó en gran medida la vida cultural y creó nuevas estructuras que formaron una suerte de triángulo: la dirección ideológica del Partido, la creación de instituciones en la base, casas de la cultura y movimiento de aficionados y por último: estímulo a los creadores, facilidades materiales y espirituales para funcionar dentro del nuevo edificio cultural.

Todo sistema socio-económico tiene principios ideológicos y una práctica política que no siempre puede mantener una ortodoxia coherente y absoluta. La obra de Hemingway, por ejemplo, no resiste un riguroso análisis ideológico, pero vivió en Cuba y su casa es ahora un museo visitado por admiradores y curiosas de derecha, centro e izquierda. Inclusive existe un torneo de pesca Hemingway. Su visión de Cuba, no digamos de Africa, deja mucho que desear si prestamos atención a la voz del narrador y sus personajes. Pero tiene una función política. Su obra se publica y lee con voracidad. ¿Hace más bien que daño? Creo que sí, pero también considero que su ideología es la ideología de un romano del siglo xx. La cultura gana con esta flexibilidad, pero la pureza ideológica pierde algo. Como la realidad, no es un simple modelo ideológico.

Otro ejemplo sería El siglo de la luces, *de Alejo Carpentier, novela que destila, desde que el autor decide comenzar con una descripción de la llegada de la guillotina al Nuevo Mundo hasta que Sofía se lanza a una ambigua lucha callejera en Madrid, pesimismo social. Dudas sobre las posibilidades de una transformación radical y justa de la sociedad. Pero Carpentier se mantuvo fiel, contra viento y marea, a la revolución y murió siendo miembro del Partido Comunista de Cuba. La obra de José Lezama Lima, escritor católico, idealista hasta el tuétano, se publica y al morir el periódico Granma declara que su desaparición "es una pérdida sensible para la nación." Admitiendo que existe algo mayor que la revolución.*

Esta flexibilidad ideológica, aunque se aplica más a los escritores consagrados, es una virtud de la situación actual de la cultura cubana. Aunque los escritores y artistas más jóvenes no cuenten con ese mismo espacio, la obra de los mayores no deja de ser un factor vivo.

El ajuste entre las realidades, las tradiciones culturales cubanas, y las aspiraciones culturales de una nueva cultura es virtud y no deficiencia. "Hay más cosas entre el cielo y la tierra," como dijo Hamlet a Horacio, "que las que sueña tu filosofía."

Es demasiado temprano para medir los éxitos y fracasos de la vida cultural de los últimos años en Cuba. Los pintores del renacimiento se sintieron cómodos, participaban del mundo ecuménico, coral de la iglesia, pintando dentro de los valores, el dogma de la iglesia. Los ataques que padeció el Veronese por añadir elementos de su propia cosecha cuando pintó ciertas escenas del Nuevo Testamento, así como la ambiguedad de La profanación de la Hostia de Paolo Ucello, son despreciables, Veronese se arrepintió de su lujosa osadía y Ucello fue una excepción velada en ambiguedades. Prefirió pintar batallas. Los gigantes geniales y los enanos talentosos del Renacimiento italiano produjeron obras de gran libertad creadora dentro del marco de las creencias que compartían. Shakespeare, por otra parte, jamás soñó con atacar a la monarquía inglesa. El tan trajinado concepto de libertad de creación, del artista como conciencia de la sociedad es reciente, producto de la revolución burguesa, y algo ridículo aunque participemos del mito en cierta medida por nuestra formación dentro del humanismo burgués y del realismo crítico. Sólo que la ortodoxia ideológica cubana, como en todos los países socialistas oficiales, sufre constantemente la competencia de la deslumbrante superestructura del mundo occidental burgués. Esta competencia ha deformado, y deforma, la sociedad y la cultura de lo que llamó Bahro "socialismo actualmente existente."

Quiero terminar con dos ejemplos concretos —o abstractos pues son sólo parte de la totalidad— de una época, los años setenta, en que he sido más un observador que un participante activo en la vida cultural cubana.

No todo se perdió, La última mujer y el próximo combate, *de Manuel Cofiño López, Premio Casa de las Américas 1971, es un resumen del pasado y un anuncio del futuro. Esta novela elaborada con las técnicas del cajón de los años 60, resume varios elementos formales de la novelística que le precede, como debe ser, y los populariza, como puede ser, con un contenido político de receta, como no debe ser. La edición de Siglo XXI en la contraportada recurre a las palabras del crítico oficialista José Antonio Portuondo, "una realización feliz de novela revolucionaria, entendiendo por tal aquella forma de narración en la cual la imaginación creadora está al servicio de una intención clara y definidamente política: exponer el proceso dialéctico del nacimiento de una conciencia socialista." Creo que* La última mujer y el proximo combate *resume las virtudes y deficiencias de los nuevos modelos literarios. Que se haya leído ampliamente, es bueno, que sea menos ambigua y contradictoria que la realidad y los personajes que presenta, es un principio de degeneración espiritual.*

Otro ejemplo más reciente, El comandante Veneno, *de Manuel Pereira, demuestra habilidad técnica al tomar de García Márquez fórmulas literarias felices y encajárselas al tema de la alfabetización, tema políticamente delicado, que sólo un profundo respeto por la leyenda, el mito de uno de los primeros logros constructivos de la revolución, podía salvar del silencio de una gaveta.*

Mi sorpresa mayor ha sido la proliferación, estimulada por una serie de premios y publicación garantizada, de la novela policial. El Ministerio de las Fuerzas Armadas, lo que produce de inmediato el rechazo de los exquisitos, fomentó el género con éxitos que posiblemente han sorprendido a la propia empresa. Este género literario, basándose en el molde tradicional imperialista —inglés y norteamericano— ha producido obras de gran público, estereotipadas, entretenidas y cargadas de arquetipos revolucionarios encargados de desenmascarar a pseudorevolucionarios, vagos, antisociales, jóvenes ideológicamente descarriados, funcionarios con resabios pequeñoburgueses y puro lumpen proletario. En el molde de Dashill Hammet, Raymond Chandler y Agatha Christie donde inclusive aparecen los agentes de seguridad del Estado y demuestran que la contrarrevolución nunca paga. Y en el proceso desfilan todos los personajes de la sociedad cubana actual, todos los sueños, mezquindades y actos de sacrificio incorruptible.

Lo digo con sinceridad. Amamantado por una cultura elitista considero hoy que sus fronteras deben dinamitarse, que la literatura debe deshacerse de las categorías académicas y estudiar los géneros populares, desde la novela detectivista hasta la novela radial. Hasta los testimonios con faltas de ortografía y concordancia académica. De lo contrario la crítica contemporánea no podrá jamás entender el verdadero mundo cultural que habita. La novela policial, desarrollada durante los últimos años en Cuba, ya ha produ-

cido dos obras respetables: El cuarto círculo, *escrita por dos poetas,* Luis Rogelio Nogueras *y* Guillermo Rodriguez Rivera. *Obtuvieron en 1976 el Premio Aniversario del Triunfo de la Revolución de la Dirección Política del MININT (Ministerio del Interior). Además, estimulado por el éxito, nada despreciable para la vanidad del poeta o el fervor revolucionario del escritor que ambiciona llegar a los muchos, escribió* Y si muero mañana... *Novela revolucionaria, sin falsas pretensiones, sin un ápice de mala conciencia por dedicarse a un "género menor" tan sencillamente popular. Prefiero mil veces estas novelas al realismo socialista de receta y siempre condenado a la indigencia espiritual. Si no se puede escribir realismo crítico, lúcido, desgarrador —es preferible construir pequeñas joyas maniqueas del género policial.*

La música, para terminar. La conga, la rumba, el mambo y el cha cha cha eran, antes de la revolución, los productos, junto con el ron y el habano, más conocidos y reconocidos mundialmente que produjo la isla. Tal vez su momento culminante es cuando se produce el striptease de La dulce vida *al ritmo del mambo Patricia de Pérez Prado.*

Esa música tradicional cubana entra en crisis con el triunfo de la revolución. Aventuramos la hipótesis, ya expuesta por otros, de que se trata de una forma nacional de fuga, de huir de la frustración de la vida colonial y republicana. La música, de origen marginal, era la forma existencial que tenía el cubano de huir de su realidad, de sublimar su frustración social en desahogos sensuales.

Y gran número de músicos huyeron del país al triunfo de la revolución; orquestas enteras, como la Sonora Matancera, escogieron el exilio. Cantantes como Olga Guillot y Celia Cruz. Un mundo entre la creación y la marginalidad, entre la bohemia y las drogas.

Pero si la música sensual, de origen africano, está en crisis hoy en Cuba; si no ha producido figuras de la talla de Benny Moré o ritmos como el mambo del genial Pérez Prado —sí ha producido una música más racional, más poética que sensual, más discursiva que evasiva. Silvio Rodríguez y Pablo Milanés, son, para mí, los creadores más originales, inesperados, de estos últimos 20 años. La historia de la revolución está en las letras de sus canciones, y muchas contienen agudos comentarios sobre la realidad —desde "Comienzo el día..." de Noel Nicola hasta "Días y Flores" de Silvio Rodríguez y "La vida no vale nada" de Pablo Milanés.

La creación original no siempre aparece donde la esperábamos.

Cuando la buscábamos en la novela —apareció en el cine. Como la poesía en la canción y la pintura en un transitorio afiche.

Como nadie anticipaba —ni la derecha ni la izquierda— una revolución socialista, radical, a sólo noventa millas de Estados Unidos. Lo inesperado —en la historia y en la cultura— es señal de vida. Como inevitable, por otra parte, que al caos suceda el orden.

Orden que lleva en su vientre la semilla de otra aventura. Espero que ocurra más temprano que tarde.

Edmundo Desnoes
Abril de 1981

Bibliografía

I. ANTES DESDE AHORA

Alejo Carpentier. "La llegada de Colón" en *El arpa y la sombra* (La Habana: Editorial Letras Cubanas, 1979) y (México: Siglo XXI, 1980)

Guillermo Cabrera Infante. "El indio Hatuey" en *Vista del amanecer en el trópico* (Barcelona: Seix Barral, 1974)

Miguel Barnet. "El barracón" en *Biografía de un cimarrón* (La Habana: Instituto de Etnología y Folklore, Academia de Ciencias de Cuba, 1966)

José Lezama Lima. "En su interior el colegio" en *Paradiso* (La Habana: Contemporáneos. Ediciones Unión, 1966)

Fidel Castro. "Comentarios de infancia y juventud" en: Carlos Franqui, *Diario de la revolución cubana* (Barcelona: Ediciones R. Torres, 1976)

Lisandro Otero. "26 de agosto de 1951" y "10 de marzo de 1952" en *La situación* (La Habana: Casa de las Américas, 1963)

II. AHORA LA REVOLUCION

Guillermo Cabrera Infante. "El ambicioso general" en *Vista del amanecer en el trópico* (Barcelona: Seix Barral, 1974)

Fidel Castro. "El ataque al cuartel Moncada" y "Desde la cárcel" en *La historia me absolverá* (La Habana: Instituto cubano del libro, 1968)

Ambrosio Fornet. "Yo no vi na" en *Narrativa cubana de la revolución* (Madrid: Alianza Editorial, 1968)

Ernesto Che Guevara. "Alegría del Pío", "El cachorro asesinado", "Lidia y Clodomira", en *Pasajes de la guerra revolucionaria* (La Habana: Ediciones Unión, 1962)

Calvert Casey. "El regreso" en *El regreso y otros relatos* (La Habana: Ediciones R, 1962)

Severo Sarduy. "La bomba" en *Gestos* (Barcelona: Seix Barral, 1963)

Guillermo Cabrera Infante. "Como a muchos cubanos" en *Vista del amanecer en el trópico,* O.C.

Jesús Díaz: "El capitán" en *Los años duros* (La Habana: Casa de las Américas: 1966)

Reinaldo Arenas. "Mi primer desfile" en *Cuentos de la revolución cubana* (Santiago de Chile: Editorial Universitaria, 1970)

Roberto Fernández Retamar. "El otro" en *A quien pueda interesar* (México: Siglo XXI, 1970)

Celia Sánchez, Haydée Santamaría. "Recuerdos de la guerra" en: Carlos Franqui, *El libro de los doce* (La Habana: Instituto Cubano del Libro, 1968)

Guillermo Cabrera Infante. "Tenía una cara mezquina" en *Vista del amanecer...*

Nicolás Guillén. "Canta el sinsonte en el Turquino" y "Tengo" en *Tengo* (La Habana: Universidad Central de Las Villas, 1964)

III. ACCIONES

Fidel Castro. "Playa Girón" en *Revista Casa de las Américas,* 1961

Varios: "Hablan los invasores" y "Hablan los defensores" en *Revista Casa de las Américas,* 1961

Nicolás Guillén. "La sangre numerosa" en *Tengo,* O.C.

Eduardo Heras León. "Modesto" en *La guerra tuvo seis nombres* (La Habana: Ediciones Unión, 1968)

Norberto Fuentes. "El capitán descalzo", "Santa Juana", "La yegua", "Para la noche" en *Condenados de Condado* (La Habana: Casa de las Américas, 1968)

Luis Rogelio Nogueras. "Y si muero mañana..." en *Si muero mañana* (La Habana: Ediciones Unión, 1978)

IV. CAMBIOS

Alejo Carpentier. *Los convidados de plata* (Montevideo: Editorial Sandino, 1972)

Antonio Benítez Rojo. "Estatuas sepultadas" en *Tute de reyes* (La Habana: Casa de las Américas, 1967)

H. Zumbado. "Solicitud personal" en *Cuentos de la revolución cubana,* O.C.

Roberto Fernández Retamar. "Con las mismas manos" en *A quien pueda interesar,* O.C.

Manuel Pereira. *El comandante veneno* (La Habana: Instituto Cubano del Libro, 1977)

Nelson Herrera. "Como una canción de amor" en *Escrito con amor* (La Habana: Editorial Letras Cubanas, 1979)

Nancy Morejón. "Mujer negra" en *Areito,* vol. 6, número 24

V. OBSESIONES

Guillermo Cabrera Infante. "Salieron las amas de casa" en *Vista del amanecer,* O.C.

Humberto Arenal. "Cerdos o perros adiestrados para encontrar trufas" en *Antología del cuento cubano,* ed. José Miguel Oviedo (Lima: Paradiso, 1968)

Jesús Díaz. "Amor la Plata Alta" en *Narrativa cubana de la revolución;* selección de J.M. Caballero Bonald (Madrid: Alianza Editorial, 1968)

Nicolás Guillén. "Digo que yo no soy un hombre puro" en *Obra Poética 1958-1969,* Tomo 11, Letras Cubanas (La Habana: Instituto Cubano del Libro, 1973)

Calvert Casey. "La ejecución" en *El regreso y otros relatos* (La Habana: Ediciones R, 1962)

Edmundo Desnoes. "Aquí me pongo" en *Punto de vista* (la Habana: Instituto Cubano del Libro, 1967)

VI. CANCIONES

Silvio Rodríguez. "Playa Girón", "La vergüenza", "Días y Flores" en *Discos Nueva Trova* (La Habana: Egrem, 1977)

Pablo Milanés. "La vida no vale nada", "Para vivir" en *Discos Nueva Trova* (La Habana: Egrem, 1976)

Noél Nicola. "Comienza el día", "María del Carmen" en *Cuba canta a la República Dominicana* (La Habana: Disco Americanto, 1974)

VII. CONTRADICCIONES

Heberto Padilla. "En tiempos difíciles", "El discurso del método", "Los poetas cubanos ya no sueñan", Sobre los héroes", "Mis amigos no deberían exigirme", "Poética", "Fuera del juego", "Instrucciones para ingresar en una nueva sociedad", "El hombre que devora los periódicos de nuestros días", "No fue un poeta del porvenir" en *Fuera del juego* (La Habana: Ediciones UNEAC, 1968)

Cintio Vitier. "Torre de marfil", "Consignas", "El aire aquí", "Escasez", "Compromiso", "Cántico nuevo", "Estamos", "Ante el retrato de Guevara yacente", "No me pidas", "Clodomira" en *Testimonios* (La Habana: Contemporáneos, Ediciones Unión, 1968)

VIII. VISIONES

Fidel Castro. "Angola y el internacionalismo" (discurso del 19 de abril de 1976) en *Granma* (periódico cubano) 20 de abril de 1976.

Ernesto Che Guevara. "La guerrilla en Bolivia" en *Diario del Che en Bolivia* (La Habana: Instituto Cubano del Libro, 1968)

——————————— . "El socialismo y el hombre en Cuba" ("El hombre Nuevo") en *Ernesto Che Guevara Obras 1957-1967*. 2 tomos. (La Habana: Casa de las Américas, 1970)

Este libro se terminó de imprimir en mayo de mil novecientos ochenta y uno en los talleres de FOX PUBLISHING CORPORATION y BOOK PRESS en Vermont, U.S.A.